U0568937

“十三五”国家重点出版物出版规划项目

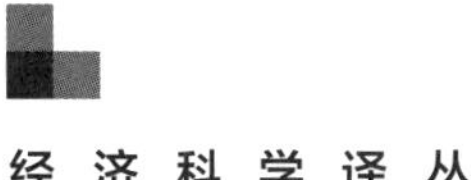

经济科学译丛

货币金融学

第十三版

The Economics of Money, Banking, and Financial Markets

Thirteenth Edition

Frederic S. Mishkin

弗雷德里克·S.米什金／著

王芳／译

中国人民大学出版社

·北京·

图书在版编目（CIP）数据

货币金融学：第十三版/（美）弗雷德里克·S. 米什金（Frederic S. Mishkin）著；王芳译. -- 北京：中国人民大学出版社，2024. 6
（经济科学译丛）
书名原文：The Economics of Money，Banking，and Financial Markets（Thirteenth Edition）
ISBN 978-7-300-32544-6

Ⅰ. ①货… Ⅱ. ①弗… ②王… Ⅲ. ①货币和银行经济学 Ⅳ. ①F820

中国国家版本馆 CIP 数据核字（2024）第 038088 号

“十三五”国家重点出版物出版规划项目
经济科学译丛
货币金融学（第十三版）
弗雷德里克·S. 米什金 著
王 芳 译
Huobi Jinrongxue

出版发行	中国人民大学出版社		
社 址	北京中关村大街 31 号	邮政编码	100080
电 话	010－62511242（总编室）		010－62511770（质管部）
	010－82501766（邮购部）		010－62514148（门市部）
	010－62515195（发行公司）		010－62515275（盗版举报）
网 址	http://www. crup. com. cn		
经 销	新华书店		
印 刷	涿州市星河印刷有限公司		
开 本	787 mm×1092 mm 1/16	版 次	2024 年 6 月第 1 版
印 张	37. 75 插页 2	印 次	2024 年 11 月第 2 次印刷
字 数	771 000	定 价	128. 00 元

总　序

自新中国成立尤其是改革开放40多年来，中国经济的发展创造了人类经济史上不曾有过的奇迹。中国由传统落后的农业国变成世界第一大工业国、第二大经济体，中华民族伟大复兴目标的实现将是人类文明史上由盛而衰再由衰而盛的旷世奇迹之一。新的理论来自新的社会经济现象，显然，中国的发展奇迹已经不能用现有理论很好地加以解释，这为创新中国经济学理论、构建具有中国特色的经济学创造了一次难得的机遇，为当代学人带来了从事哲学社会科学研究的丰沃土壤与最佳原料，为我们提供了观察和分析这一伟大“试验田”的难得机会，更为进一步繁荣我国哲学社会科学创造了绝佳的历史机遇，从而必将有助于我们建构中国特色哲学社会科学自主知识体系，彰显中国之路、中国之治、中国之理。

中国经济学理论的创新需要坚持兼容并蓄、开放包容、相互借鉴的原则。纵观人类历史的漫长进程，各民族创造了具有自身特点和标识的文明，这些文明共同构成了人类文明绚丽多彩的百花园。各种文明是各民族历史探索和开拓的丰厚积累，深入了解和把握各种文明的悠久历史和丰富内容，让一切文明的精华造福当今、造福人类，也是今天各民族生存和发展的深层指引。

“经济科学译丛”于1995年春由中国人民大学出版社发起筹备，其入选书目是国内较早引进的国外经济类教材。本套丛书一经推出就立即受到了国内经济学界和读者们的一致好评和普遍欢迎，并持续畅销多年。许多著名经济学家都对本套丛书给予了很高的评价，认为“经济科学译丛”的出版为国内关于经济理论和经济政策的讨论打下了共同研究的基础。近三十年来，“经济科学译丛”共出版了百余种全球范围内经典的经济学图书，为我国经济学教育事业的发展和学术研究的繁荣做出了积极的贡献。近年来，随着我国经济学教育事业的快速发展，国内经济学类引进版图书的品种越来越多，出版和更新的周期也在明显加快。为此，本套丛书也适时更新版本，增加新的内容，以顺应经济学教育发展的大趋势。

“经济科学译丛”的入选书目都是世界知名出版机构畅销全球的权威经济学教材，被世界各国和地区的著名大学普遍选用，很多都一版再版，盛行不衰，是紧扣时代脉搏、论述精辟、视野开阔、资料丰富的经典之作。本套丛书的作者皆为经济学界享有盛誉的著名教授，他们对西方经济学的前沿课题都有透彻的把握和理解，在各自的研究领域都做出了突出的贡献。本套丛书的译者大多是国内著名经济学者和优秀中青年学术骨干，他们不仅在长期的教学研究和社会实践中积累了丰富的经验，而且具有较高的翻译水平。

本套丛书从筹备至今，已经过去近三十年，在此，对曾经对本套丛书做出贡献的单位和个人表示衷心感谢：中国留美经济学会的许多学者参与了原著的推荐工作；北京大学、中国人民大学、复旦大学以及中国社会科学院的许多专家教授参与了翻译工作；前任策划编辑梁晶女士为本套丛书的出版做出了重要贡献。

愿本套丛书为中国经济学教育事业的发展继续做出应有的贡献。

中国人民大学出版社

前　言

没有什么比教货币银行学（金融学）更令人兴奋了。最近的全球金融危机和新冠疫情，让人们更加关注银行、金融市场和货币政策对经济健康运行的重要性。2006—2008年我担任联邦储备委员会委员期间对此曾有切身体验，所以本书着重强调了近年来丰富多彩的经济事件，让货币、银行和金融市场的学习过程更加生动有趣。

第十三版的更新之处

本书全部内容都用最新资料进行了修订，包括更新了2020年以来所有的可得数据。虽然经历了较大修订，但本书和前十二版一样依旧保留了货币银行学畅销教材的基本品质。与以往一样，第十三版教材运用基本经济学原理，清晰、准确地解释了金融市场、金融机构和货币政策。每一版我都是根据市场反馈来更新内容和特点：一方面是听取使用本书的经济学教授和学生的意见，另一方面则是考虑最新的世界金融轶事。

引人注目的新冠疫情新素材

2020年席卷全球的新冠疫情是21世纪的标志性事件之一。由此全书上下有必要及时添加许多新的小节、应用和专栏。

● 新的应用“新冠疫情与Baa级债券-国债利差”运用利率的风险结构分析来解释新冠疫情对Baa级债券-国债利差的影响（第6章）。

● 新的应用“2020年新冠病毒股市危机”（第7章）阐释了股票市场如何定价。

● 新的应用“新冠疫情会引发一场金融危机吗?”（第12章）指出如何运用金融危机发展过程分析来解释金融危机可能在未来何时发生。

● 新的应用“量化宽松与货币供给：全球金融危机及新冠病毒危机期间”说明了新冠病毒危机期间的量化宽松对货币供给的影响（第14章），展示了如何在货币供给过程模型里应用最新的数据。

● 更新“非常规货币政策工具与量化宽松”一节（第15章），讨论在新冠疫情期间这些工具是如何使用的。

● 更新关于新冠病毒危机期间美联储贷款工具的走进美联储专栏（第 15 章）。

● 更新讨论 MP 曲线位移的应用（第 21 章），用以解释为什么在新冠疫情开始时采取的这些措施是自主性货币宽松。

● 新的应用“新冠衰退的 AD/AS 分析”显示了总需求-总供给分析框架如何能对新冠衰退期间的情形做出解释（第 22 章）。

更贴近现实的货币理论分析方法

教材第 6 篇“货币理论”做了重大修订，对经济周期进行总供求分析的部分使用了真实数据，使得相关分析更贴近现实世界。第 22 章主要完成了两大修订。起点为全新的一节“经济周期和通货膨胀”，讨论总供求分析要解释什么，即：产出、失业和通货膨胀的周期性波动。然后是对总供求分析的拓展，用总产出指数（以潜在 GDP 为 100）取代总供求曲线图中横轴的总产出。相比之前版本的分析，这种方法有两个重要的优点：第一，使总供求曲线图稍稍简化一点，原因是图中没必要给出长期总供给曲线了，因为其永远在总产出指数为 100 的位置上。第二，更为重要的是，总产出指数的分析方法使得总供求曲线图可以使用真实数据，用以对特定经济周期片断（比如大衰退和新冠衰退）期间发生的情况进行描述。这一改变使得总供求分析对学生们而言更具实际价值了，现在他们会发现总供求分析能够解释真实数据，并非只是个理论框架。这种新方法也被应用于本书关于货币政策部分的后续各章。

补充的金融市场和货币新素材

对于货币银行学领域其他引人关注的新发展，我增加了如下这些新的专栏和应用，以保证本书与时俱进。

● 修订了应用“比特币或其他加密货币会成为未来货币吗?”（第 3 章），让学生们更好地理解货币的属性。

● 新的应用“特朗普减税案对债券利率的影响”（第 6 章）指出了如何用债券市场供求分析来解释税收对不同利率的影响。

● 新的走进美联储专栏“总统抨击美联储的独立性”（第 13 章）阐释了美联储的独立性何以会受到威胁。

● 新的走进美联储专栏讲述了美联储 2020 年 8 月宣布的新的货币政策战略（第 16 章），该战略对通货膨胀目标制做了修正。

● 新的 FYI 专栏讨论了“现代货币理论”（第 19 章），这个新理论认为绿色新政的费用很容易解决，由此产生的巨额预算赤字可以通过联邦储备体系购买政府债券来提供资金。

● 补充了解释货币政策曲线为什么向上倾斜的另一个基本原理（第 21 章）。

解决教学挑战

对学生们来说，理解经济学教科书中的模型、关键术语和公式非常重要。但是学生们有可能迷失于这些细节羁绊而忽略了重要的全局，捡了芝麻而丢了西瓜。本书的内容、结构和特点是基于市场反馈以及多年教学经验而设计形成的，目的在于培养学生们运用这些要素——模型、术语和公式——来解释现实事件的能力。学生们也学着运用所学来对一些直接关系个人生活的事情做决策，比如：汽车贷款或住房抵押贷款的利率会怎样，为什么有些事件会影响失业率（这对他们能否顺利找到工作有重大影响），等等。

标志性的学习特色

以下几点概括了本书在解决教学难题和辅助学生学习方面的特色：

● 统一的分析框架。运用一些基本经济学原理构建统一的分析框架，让学生们能够建立起一种训练有素的逻辑方法，据以分析金融市场的结构，以及理解外汇变动、金融机构管理和货币政策在经济中的作用。

● 严谨而逐步地展开经济模型。即采用顶尖经济学原理教科书所用的方法，让学生们的学习变得更容易。

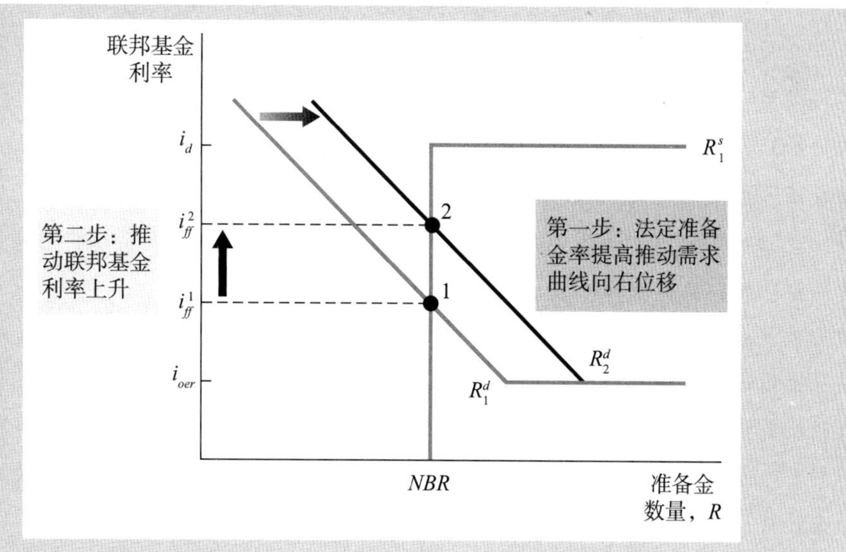

图 15-4 法定准备金率变动的影响

如果美联储提高法定准备金率，法定准备金增加，增加了对准备金的需求。需求曲线从 R_1^d 右移至 R_2^d，均衡点由点 1 移动到点 2，联邦基金利率从 i_{ff}^1 上升到 i_{ff}^2。

●“全球视野”专栏。完整统一的国际视角贯穿全书。利用“全球视野”专栏，本书展示了许多国际焦点问题的有趣素材。

全球视野　2007—2009年金融危机期间全世界的政府救助

2008年秋天，欧洲接连出现的银行破产引发了对金融机构的大规模救助：荷兰、比利时和卢森堡注入160亿美元支持一家重要的欧洲银行——富通银行；荷兰向银行与保险业巨头荷兰国际集团（ING）投入了130亿美元；德国为许珀不动产银行提供了总计500亿美元的一揽子救助方案；冰岛在银行体系崩溃后接收了三家最大的银行。爱尔兰政府同希腊一样，为商业银行的所有存款和银行间贷款提供担保。西班牙实施了类似美国的一揽子救助方案，购买了500亿欧元（700亿美元）银行资产以鼓励银行发放贷款。英国财政部救助计划和美国类似，金额达4 000亿英镑（6 990亿美元）。它为2 500亿英镑银行负债提供担保，增加1 000亿英镑用于将这些资产换成政府债券，且允许英国政府最多购买500亿英镑的英国银行股权。之后各种救助计划相继出台，韩国超过1 000亿美元，瑞典为2 000亿美元，法国为4 000亿美元，德国为5 000亿美元，所有这些计划都为本国银行提供债务担保并向银行注入资本。政府救助计划规模以及国际协调合作程度都是前所未有的。

- “走进美联储”专栏。让学生们直接感受美联储的业务和结构。

走进美联储　美联储新的货币政策战略：平均通货膨胀目标制

美联储最初的通货膨胀点目标是2%，特点是“过去的就过去了”，也就是说，无论过去通货膨胀情况怎么样，都要继续努力达到年度2%的通货膨胀率。2020年8月美联储公告称现在新目标是2%的平均通货膨胀率，意味着“过去的不再是过去了”，因为历史通货膨胀会影响其短期目标。一方面，如果通货膨胀过去一直在2%目标水平的下方运行（如同2020年之前的情形），那么平均通货膨胀就会降至2%以下，于是为了将平均值提升回到2%，美联储就要设法实现短期通货膨胀率超过2%。这就要求美联储执行比修正前更加宽松的货币政策。另一方面，如果通货膨胀过去一直高于2%，那么美联储就要暂时性地瞄准低于2%的通货膨胀率，执行更加紧缩的货币政策。

新货币政策战略有两个主要优点。第一，它使得通货膨胀预期滑降到2%的水平以下的可能性降低，因为执行宽松的货币政策慢慢地会把过去向下偏离目标的部分弥补回来。新货币政策战略的第二个优点在于，可以为经济生成一个自动稳定器。当发生负面冲击导致通货膨胀降到2%的目标下方时，平均通货膨胀目标制会要求美联储暂时提高通货膨胀到2%以上。那么通货膨胀预期就有可能暂时升高到超过2%的水平，由此自动降低了实际利率，即使美联储还没有或是尚无法调低联邦基金利率。

这个新货币政策战略有一个主要缺点。如果美联储暂时允许通货膨胀升高到2%以上，或许会有美联储不再致力于长期保持通货膨胀在2%水平上的担心。为了避免这个问题，美联储就需要让公众相信：向上偏离2%的通货膨胀目标不会削弱美联储将长期通货膨胀稳定在2%水平上的承诺。

●"应用"专栏。共计 50 多个，说明如何用学到的理论分析来解释许多重要的现实情况。

应用　新冠疫情会引发一场金融危机吗?

2020 年新冠疫情有潜力触发一场金融危机，严重程度堪比 2007—2009 年全球金融危机。2020 年 3 月美国开始经济封锁之际，股票市场崩盘了，下跌超过三分之一，失业率冲天飙升，许多原本健康的公司现在面对着不能支付账单或偿还贷款的前景。可以用图 12-1 中我们展开的讨论框架，来分析新冠疫情如何播下了另一场金融危机的种子（在前一场危机结束 12 年后），以及它为什么还没有变成下一场金融危机。

●"FYI 专栏"。着重介绍与各章内容相关的举世瞩目的历史片断、有趣的观点和热点事实等。

FYI 专栏　现代货币理论

现代货币理论认为绿色新政的费用很容易解决，只需让美联储购买政府债券即可为其产生的巨额预算赤字提供资金。如同我们这里的分析所表明的，政府支出大规模增加所导致的巨额预算赤字可以通过中央银行购买政府债券来支付，对此现代货币理论是正确的。但是它忽略了一个问题，这种通过中央银行购买政府债券而持续弥补预算赤字的做法引起了货币供给扩张。因此，由中央银行购买政府债券弥补巨额政府支出的结果可能是货币供给非常快速地增长。根据货币数量论可知，这种货币供给非常快速的增长会造成非常高的通货膨胀。

由此可见，由美联储购买政府债券给绿色新政提供资金不可能"免费"，因为会有可能导致非常高的通货膨胀。大多数主流经济学家，甚至一些左派（比如保罗·克鲁格曼等），都拒绝了现代货币理论的上述思路。他们的批评都非常符合这句经济学格言——"天下没有免费的午餐"。如果要避免通货膨胀，绿色新政就需要以未来某个时点的更高税收来支付，因此应当对其是否为生产性支出进行评估，也即评估这些新政能否收回成本，或者能否给社会带来足够多好处以使其值得这些成本。

● 章末习题。共计 600 多道思考题和应用题。通过经济概念的应用，帮助学生们更好地掌握知识点。

思考题

1. 对下列各国，请指出外部资金来源中最重要的（最大的）和最不重要的（最小的）单项：美国；德国；日本；加拿大。评价这些国家资金来源的异同点。

2. 如何用规模经济来解释金融中介机构的存在?

3. 解释为什么约会可以看作一种解决逆向选择问题的方法。

7. 假定你有两组国家的数据：一组国家的法律体系是有效的，另一组国家的法律体系是耗时、费钱而且无效的。你觉得哪组国家有更高的生活水平？

8. 你认为国家层面的腐败指标与生活水平之间存在怎样的关系？解释腐败可能影响生活水平的途径有哪些。

开发职场技能

本教材使用统一的分析框架和逐步展开的经济模型，能让学生们逐渐养成批判性思维能力，这是他们事业成功所必需的。如果想在金融部门求职，学习货币、银行和金融市场当然是特别重要的。不过，即使兴趣不在于此，学生们也能受益：理解了利率为什么升高或降低，有助于学生们决定是现在借钱还是等过段时间再说。了解了银行和其他金融机构如何管理，有助于学生们在需要借钱或是存钱的时候达成更有利的交易条件。懂得金融市场如何运行，有助于学生们为自己或其任职的公司做出更好的投资决策。

职场技能特色

本教材还有一个特色，就是直接开发职场技能。

● “金融新闻解读”专栏。这个特色专栏的目的在于鼓励阅读金融报刊。“金融新闻解读”专栏向学生们介绍有价值的新闻报道以及媒体每日公告的数据，并指导学生如何解读这些数据。能够批判性地思考金融媒体报道是一项重要的技能，让学生们可以在未来工作岗位上卓有成效。

金融新闻解读　收益率曲线

许多报纸和网站都会发布国债的每日收益率曲线，比如 http://www.finance.yahoo.com。下图是 2020 年 5 月 22 日的收益率曲线。纵轴数字表示国债利率，横轴数字表示到期期限，“m”表示月，“y”表示年。

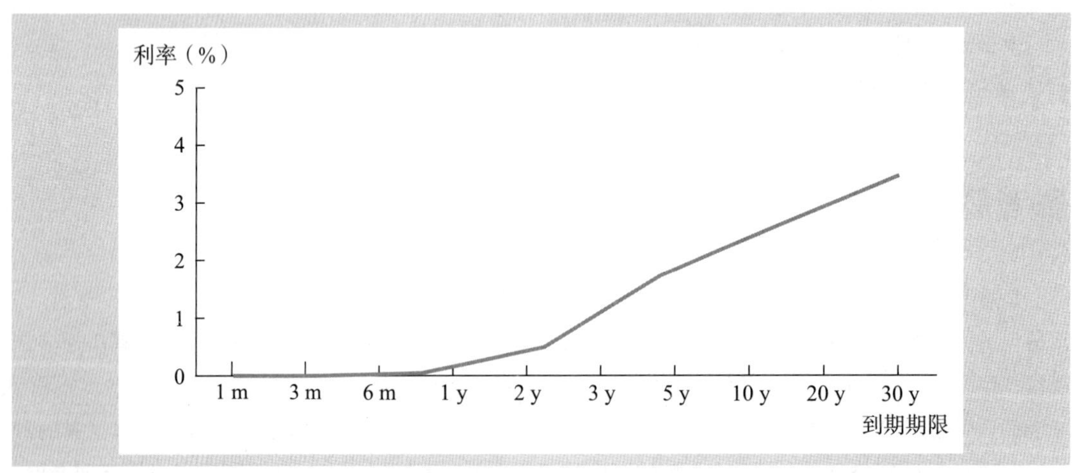

灵活性和模块化

在前几版的使用过程中，使用者、评论者和问卷对象都对这本教材的灵活性和模块化大加褒扬，也就是说，他们可以挑选其中需要的章节，并调整这些章节之间的顺序。灵活性和模块化对于货币银行学课程尤其重要，因为一个教师一种教法。为了满足教师们多元化的需要，本书实现了以下灵活性：

● 核心章节给出了全书所使用的基本分析，其他章节可以根据教师的偏好自由取舍。例如，第 2 章介绍了金融体系以及交易成本、逆向选择和道德风险等基本概念。学完这一章之后，教师可以选择讲授第 8 章，对金融结构进行更详细的讨论，或者选择跳过第 8 章，按照别的路径讲授本书。

● 如果教师不想详细讨论 *IS*、*MP* 和 *AD* 曲线的推导（第 20 章和第 21 章），可以只讲授货币理论中最重要的问题。对于希望全面介绍货币理论的教师而言，可以把所有这些章节都包括进来。

● 如果教师希望学生更深刻地理解货币政策背后的原理，可以直接把第 6 篇货币理论提到第 4 篇之前讲授。

● 第 25 章货币政策传导机制在整个课程中可以安排在多个不同的位置讲授——可以在第 4 篇讨论货币政策时讲授，也可以在第 20 章或第 22 章提出总需求概念时讲授。货币政策传导机制也可以作为一个专题放到课程最后讲授。

● 本书的国际化视角既体现在外汇市场和国际金融体系等独立的章节中，也体现在各章内部以“国际”为节题的部分，全面而又不失灵活性。教师可以讲授有关国际化的全部内容，也可以有选择性地讲授。不想过多强调国际问题的教师可以简单略去第 17 章外汇市场、第 18 章国际金融体系。各章内部的国际化小节篇幅都很有限，直接跳过也不影响教学的连贯性。

为了说明如何根据不同的侧重点来使用本书，我们为一个学期的课程设计了若干种课程大纲。有关如何灵活地使用本教材的更详细信息，可以参考教师手册。

● 一般货币银行学课程：第 1～5、9～13、15、16、22、23 章，在其余 11 章中选择 5 章。

● 重视国际问题的一般货币银行学课程：第 1～5、9～13、15～18、22、23 章，在其余 9 章中选择 3 章。

● 金融市场和金融机构课程：第 1～12 章，在其余 13 章中选择 7 章。

● 货币理论和政策课程：第 1～5、13～16、19～24 章，在其余 10 章中选择 4 章。

目 录

第1篇 引 言

第1章 为什么学习货币、银行和金融市场？ 3

1.1 为什么学习金融市场？ …… 3
1.2 为什么学习金融机构和银行？ …… 6
1.3 为什么学习货币和货币政策？ …… 8
1.4 为什么学习国际金融？ …… 12
1.5 货币、银行和金融市场与你的事业 …… 14
1.6 我们将如何学习货币、银行与金融市场？ …… 15
结束语 …… 16

第1章附录 定义总产出、总收入、物价水平和通货膨胀率 19

1.A1 总产出与总收入 …… 19
1.A2 实际量与名义量 …… 19
1.A3 物价总水平 …… 20
1.A4 增长率与通货膨胀率 …… 21

第2章 金融体系概览 22

2.1 金融市场的功能 …… 23
2.2 金融市场的结构 …… 25
2.3 金融市场工具 …… 27
2.4 金融市场的国际化 …… 31
2.5 金融中介机构的功能：间接融资 …… 33
2.6 金融中介机构的类型 …… 38
2.7 对金融体系的监管 …… 41

第 3 章　货币是什么？　47

3.1　货币的含义……………………………………………………… 47
3.2　货币职能………………………………………………………… 48
3.3　支付体系的演变………………………………………………… 51
3.4　货币的计量……………………………………………………… 54

第 2 篇　金融市场

第 4 章　利率含义　63

4.1　利率的计量……………………………………………………… 63
4.2　区分利率和回报率……………………………………………… 74
4.3　区分实际利率与名义利率……………………………………… 77

第 5 章　利率行为　83

5.1　资产需求的决定因素…………………………………………… 84
5.2　债券市场供给与需求…………………………………………… 86
5.3　均衡利率的变动………………………………………………… 89
5.4　货币市场供给和需求：流动性偏好分析框架………………… 98
5.5　流动性偏好分析框架中的均衡利率变动 …………………… 100
5.6　货币与利率 …………………………………………………… 102

第 6 章　利率风险结构和期限结构　110

6.1　利率风险结构 ………………………………………………… 110
6.2　利率期限结构 ………………………………………………… 117

第 7 章　股票市场、理性预期理论和有效市场假说　131

7.1　计算普通股价格 ……………………………………………… 132
7.2　股票市场如何定价？ ………………………………………… 134
7.3　理性预期理论 ………………………………………………… 136
7.4　有效市场假说：金融市场理性预期 ………………………… 139
7.5　为什么有效市场假说并非指金融市场有效？ ……………… 145
7.6　行为金融 ……………………………………………………… 146

第 3 篇　金融机构

第 8 章　金融结构的经济学分析　153

8.1　全世界金融结构的基本事实 …… 153
8.2　交易成本 …… 156
8.3　信息不对称：逆向选择和道德风险 …… 157
8.4　柠檬问题：逆向选择如何影响金融结构 …… 158
8.5　道德风险如何影响债务和权益合约选择？ …… 163
8.6　道德风险如何影响债务市场的金融结构？ …… 166

第 9 章　银行业与金融机构管理　175

9.1　银行的资产负债表 …… 175
9.2　基本银行业务 …… 179
9.3　银行管理的基本原则 …… 181
9.4　信用风险管理 …… 189
9.5　利率风险管理 …… 193
9.6　表外业务 …… 195

第 10 章　金融监管的经济学分析　201

10.1　信息不对称是金融监管的理论依据 …… 201
10.2　金融监管类型 …… 206

第 11 章　银行业：结构与竞争　219

11.1　银行体系的历史发展 …… 220
11.2　金融创新与“影子银行体系”的发展 …… 222
11.3　美国商业银行业的结构 …… 233
11.4　银行并购与全国性银行业 …… 235
11.5　银行业与其他金融服务业分离 …… 238
11.6　储蓄业：监管与结构 …… 241
11.7　国际银行业务 …… 242

第 12 章　金融危机　248

12.1　什么是金融危机？ …… 249

12.2　金融危机的发展过程 …… 249
12.3　全球金融危机：2007—2009 年 …… 254
12.4　金融监管的反应 …… 263
12.5　“大而不倒”和未来监管 …… 266

第 4 篇　中央银行与货币政策操作

第 13 章　中央银行与联邦储备体系 273

13.1　联邦储备体系的起源 …… 273
13.2　联邦储备体系的结构 …… 274
13.3　联邦储备体系有多独立? …… 283
13.4　美联储应当独立吗? …… 286
13.5　解释中央银行的行为 …… 288
13.6　欧洲中央银行的结构和独立性 …… 290
13.7　其他外国中央银行的结构和独立性 …… 291

第 14 章　货币供给过程 296

14.1　货币供给过程的三位参与者 …… 296
14.2　美联储的资产负债表 …… 297
14.3　控制基础货币 …… 299
14.4　多倍存款创造：简化模型 …… 302
14.5　货币供给的决定因素 …… 308
14.6　货币供给过程概览 …… 309
14.7　货币乘数 …… 310

第 15 章　货币政策工具 319

15.1　准备金市场和联邦基金利率 …… 319
15.2　常规货币政策工具 …… 325
15.3　非常规货币政策工具与量化宽松 …… 332
15.4　欧洲中央银行的货币政策工具 …… 339

第 16 章　货币政策操作: 战略与战术 343

16.1　物价稳定目标与名义锚 …… 343
16.2　货币政策的其他目标 …… 345

16.3 物价稳定应当为货币政策首要目标吗？ …… 347
16.4 通货膨胀目标制 …… 348
16.5 美联储货币政策战略的演进 …… 354
16.6 全球金融危机对货币政策战略的启示 …… 357
16.7 中央银行是否应制止资产价格泡沫？ …… 360
16.8 战术：选择政策工具 …… 364
16.9 战术：泰勒规则 …… 367

第 5 篇 国际金融与货币政策

第 17 章 外汇市场 375

17.1 外汇市场 …… 376
17.2 长期汇率 …… 378
17.3 短期汇率：供给-需求分析 …… 383
17.4 解释汇率变动 …… 385

第 18 章 国际金融体系 396

18.1 外汇市场干预 …… 396
18.2 国际收支平衡表 …… 400
18.3 国际金融体系的汇率制度 …… 402
18.4 资本管制 …… 410
18.5 IMF 的作用 …… 411
18.6 国际因素和货币政策 …… 412
18.7 挂钩还是脱钩：另一种货币政策战略汇率目标制 …… 413

第 6 篇 货币理论

第 19 章 货币数量论、通货膨胀与货币需求 423

19.1 货币数量论 …… 423
19.2 预算赤字与通货膨胀 …… 429
19.3 凯恩斯的货币需求理论 …… 432
19.4 货币需求的投资组合理论 …… 434

19.5 货币需求的实证证据 …… 435

第 20 章 *IS* 曲线 439

20.1 计划支出与总需求 …… 440
20.2 总需求的组成部分 …… 440
20.3 产品市场均衡 …… 445
20.4 理解 *IS* 曲线 …… 446
20.5 推动 *IS* 曲线位移的因素 …… 448

第 21 章 货币政策与总需求曲线 457

21.1 美联储与货币政策 …… 457
21.2 货币政策曲线 …… 458
21.3 总需求曲线 …… 462

第 22 章 总需求-总供给分析 471

22.1 经济周期和通货膨胀 …… 471
22.2 总需求 …… 475
22.3 总供给 …… 480
22.4 总供给曲线的位移 …… 483
22.5 总供求分析的均衡 …… 487
22.6 均衡的变化：总需求冲击 …… 491
22.7 均衡的变化：总供给（通货膨胀）冲击 …… 494
22.8 总供求分析的结论 …… 496

第 22 章附录 菲利普斯曲线与短期总供给曲线 502

22.A1 菲利普斯曲线 …… 502
22.A2 短期总供给曲线 …… 508

第 23 章 货币政策理论 510

23.1 货币政策对冲击的反应 …… 511
23.2 政策制定者应当多积极才能稳定经济活动？ …… 516
23.3 通货膨胀：随时随地都是货币现象 …… 518
23.4 通货膨胀型货币政策的起因 …… 519
23.5 位于有效下限的货币政策 …… 523

第 24 章 货币政策中预期的作用 534

24.1 政策评价的卢卡斯批判 …… 535

24.2 政策操作：规则还是相机抉择？ …… 536

24.3 可信度和名义锚的作用 …… 540

24.4 建立中央银行可信度的方法 …… 547

第 25 章 货币政策传导机制 552

25.1 货币政策传导机制 …… 553

25.2 货币政策启示 …… 561

词汇表 566

第1篇

引　言

危机与应对：全球金融危机和新冠病毒危机

2007 年 8 月，金融市场几近失灵，在接下来的两年里，世界经济经历了自 20 世纪 30 年代“大萧条”以来最为严重的全球金融危机。房价暴跌，股市震荡，失业率飙升，企业和居民都无法获取贷款。面对危机，美国的中央银行——美联储大幅下调利率，并向信用市场注入巨额流动性，联邦政府也加入了联合行动，不仅投入 7 000 亿美元来救助孱弱的金融机构，而且推出了超过 1 万亿美元的财政刺激方案。然而，即使有如此激进的政策行动来稳定金融体系和刺激经济，也用了 10 年时间才让美国经济回到充分就业水平。全世界许多国家的金融体系和经济运行依然是一片狼藉。

2020 年世界经济被另一场危机重创，但这场危机的源头并非人为原因，而是一种冠状病毒。2020 年 3 月 11 日世界卫生组织（WHO）宣布新冠疫情构成全球大流行，于是在全世界范围内，经济开始封锁，股票市场崩溃。美联储通过再次降低利率以及提供超大规模流动性的方式进行干预，目的是支撑起金融体系以及鼓励银行和其他机构放贷。美国国会当时通过了逾 3 万亿美元的一揽子财政刺激计划，创下美国历史上的最高金额。尽管如此努力，可到了 2020 年 4 月失业率仍然升至 14.7%，是 20 世纪 30 年代大萧条以来的最高水平。

全球金融危机和新冠病毒危机的余波证明了银行和金融机构对经济稳健运行的重要性，也充分展示了货币在经济中的核心地位。本书第 1 篇是学习货币、银行和金融市场的入门概述。第 1 章勾画了全书框架图，讨论了为什么学习货币、银行和金融市场如此重要。第 2 章介绍了金融体系的概况。之后的第 3 章解释了货币是什么以及如何计量货币。

第1章 为什么学习货币、银行和金融市场?

学习目标

1.1 认识金融市场在经济中的重要性。

1.2 描述金融媒介和金融创新对银行业和经济的影响机制。

1.3 明确货币政策、经济周期与经济变量之间的基本联系。

1.4 解释汇率在全球经济中的重要性。

1.5 解释为什么学习货币、银行和金融市场可以提升你的事业。

1.6 描述怎样使用本书来讲授货币、银行和金融市场。

本章预习

你在晚间新闻里刚听说美联储将联邦基金利率提高了 0.5 个百分点。如果你正准备贷款购买一辆漂亮的新款跑车，这会对汽车贷款利率产生什么影响？这意味着未来购房能力是变得更强还是更弱？明年你找工作会更容易还是更难？

本书可以回答上述问题以及其他问题，我们将考察金融市场（例如债券市场、股票市场和外汇市场）和金融机构（银行、保险公司、共同基金与其他金融机构）如何运行，探寻货币在经济中的角色。金融市场与金融机构不仅影响我们的日常生活，还牵涉到经济中数万亿美元资金的流动，因而会影响企业利润、商品与服务的生产，甚至还有美国和其他国家的经济福利水平。金融市场、金融机构以及货币方面的情况在很大程度上会影响选举结果，因而也会引起政治家们的极大关注。学习货币、银行和金融市场将帮助我们理解很多精彩刺激的问题。本章我们概述这些问题并探究它们值得学习的原因，从而向大家介绍本书的主要框架。

1.1 为什么学习金融市场?

目标 1.1 认识金融市场在经济中的重要性。

本书第 2 篇将着重介绍**金融市场**（financial markets）。在金融市场上，资金从那些拥有闲置货币的人手中转移到资金短缺的人手中。债券市场和股票市场等金融市场将资金从没有生产性用途的人手中向有生产性用途的人手中转移，从而提高了经济效率。事实上，运转良好的金融市场是经济高速增长的一个关键要素，而世界上许多国家仍然贫困的一个重要原因就在于金融市场不健全。金融市场活动也对个人财富、企业和消费者行为以及经济的周期性表现有着直接影响。

债券市场与利率

证券（security，又称金融工具）是对发行人未来收入或**资产**（asset，由所有权决定的金融债权或一项财产）的要求权。**债券**（bond）是债务证券，承诺在特定的一段时间里进行定期支付。① 债务市场，通常也称为债券市场，可以帮助政府和企业筹集到所需要的资金，并且是决定利率的场所，因此在经济活动中特别重要。**利率**（interest rate）是借款成本或为借入资金支付的价格（通常表示为 100 美元中每年利息所占的比例）。经济中有很多种利率，例如抵押贷款利率、汽车贷款利率以及各种不同债券的利率。

利率在许多层面上都很重要。对个人而言，高利率可能让人打消买房买车的念头，因为融资成本会高。相反地，高利率会鼓励储蓄，因为把部分收入存起来可以赚取更多的利息收益。更一般地看，利率对经济的整体健康有影响，因为利率不仅作用于消费者的支出或储蓄意愿，也影响企业投资决策。例如，高利率可能导致企业推迟建造新工厂，而新工厂会提供更多就业机会。

由于利率变动影响到个人、金融机构、企业乃至整个经济，因此解释清楚利率在过去 40 年中的大幅波动至关重要。例如，3 个月期国库券利率在 1981 年达到超过 16%的高点；该利率在 2004 年跌至 1%以下，又在 2007 年涨到 5%；之后在 2009—2015 年跌到零附近，接着在 2018 年涨到 2%以上，没想到在 2020 年 3 月新冠疫情导致新冠衰退时再次跌回到零附近。

由于不同利率在变动趋势上步调一致，经济学家通常将各种各样的利率糅合在一起，统称为“利率”。然而，如图 1-1 所示，不同种类债券利率的差别很大。例如，3 个月期国库券利率的波动幅度要大于其他利率，但利率水平通常更低。Baa 级（中等质量）公司债券利率通常要更高；它与其他利率之间的利差在 20 世纪 70 年代变大，在 20 世纪 90 年代收窄，在 21 世纪初短暂变大后再次收窄，然后从 2007 年夏天开始急剧扩大。该利差在接近 2009 年底时开始下降，至 2018 年回归到低水平；然后在 2020 年新冠衰退期间再度增大。

---

① 本书所采用的债券定义是学者们通常使用的广义范畴，既包括长期债务工具，又包括短期债务工具。然而，金融市场上的从业者通常认为，债券仅包括公司债券与政府债券等特定的长期债务工具。

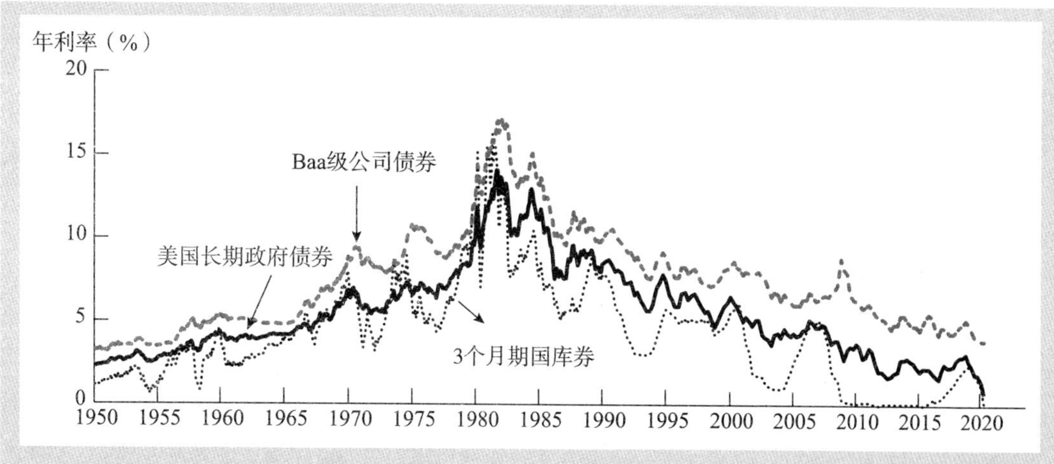

图 1-1　部分债券的利率，1950—2020 年

虽然不同利率有同步变动趋势，但各种利率差别很大，而且利差也持续波动。

资料来源：Federal Reserve Bank of St. Louis，FRED database：https://fred.stlouisfed.org/series/TB3MS；https://fred.stlouisfed.org/series/GS10；https://fred.stlouisfed.org/series/BAA.

我们在第 2 章学习债券市场在经济中的作用；在第 4～6 章考察利率是什么，利率同步运动是怎么发生的，以及为什么不同债券的利率有别。

股票市场

普通股（common stock），通常简称**股票**（stock），代表对公司所有权的份额。股票是一种可索取公司收益和资产的有价证券。向公众发行并出售股票是公司为其业务活动筹资的方式。公司收益（股份）的索取权证在股票市场进行交易；只要是有股票交易的国家，股票市场基本上就是最受关注的金融市场，所以人们经常把股票市场称为“市场”。股票市场价格的大幅调整永远是晚间新闻的“重头戏”。人们经常猜测市场走向，炫耀自己最近“大赚了一笔”时会特别兴奋，损失惨重时就垂头丧气。股票市场之所以受到高度关注，缘于一个简单事实：这个地方能让人快速致富（或变穷）。

如图 1-2 所示，股票价格极其反复无常。经历了 20 世纪 80 年代的逐步上涨后，股市遭遇了有史以来单日跌幅最大的时刻——1987 年 10 月 19 日“黑色星期一”，道琼斯工业平均指数（DJIA，简称“道指”）下跌了 22%。从那时起一直到 2000 年，股票市场迎来了历史上最大的上涨周期（通常称为“牛市”）之一，道指攀升到 11 000 点以上的高点。随着 2000 年高科技产业泡沫的破灭，股票市场急剧下跌，到 2002 年下半年跌幅已超过 30%。此后在 2007 年升到 14 000 点以上的历史高位，没想到到 2009 年已跌至 7 000 点以下的低位，市值跌幅超过 50%。然后另一个牛市开始了，到 2020 年 2 月道指已经接近 30 000 点的高点。其后，股票市场暴跌紧跟着新冠疫情而来，一个月跌幅超过了 25%。股票价格波动如此巨大，影响着投资者的财富规模，进而影响着他们的支出意愿。

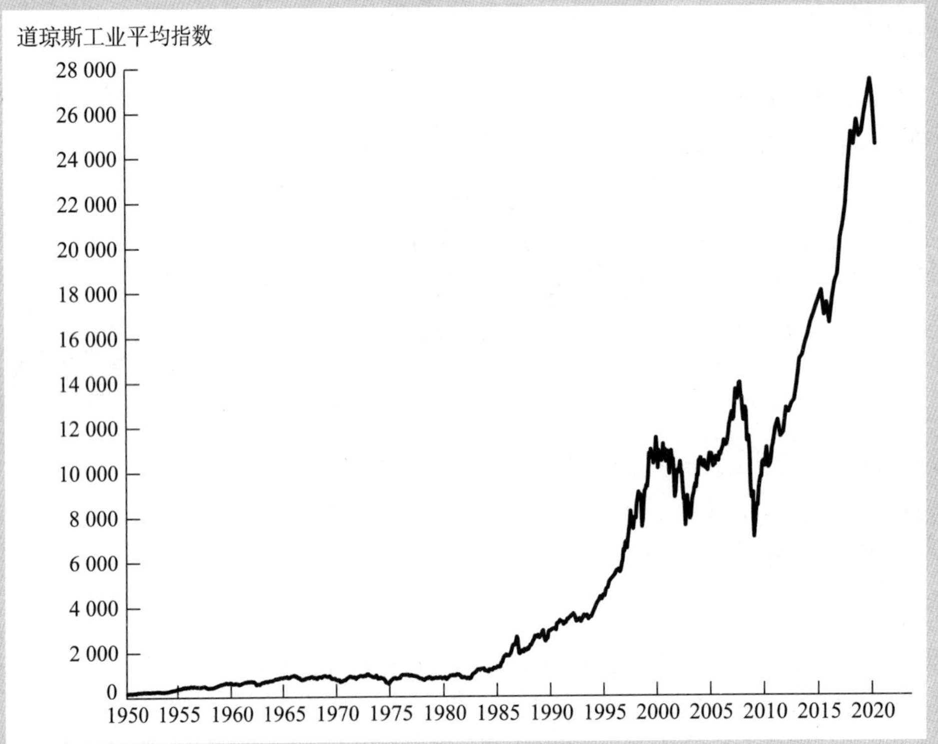

图 1-2　股票价格：道琼斯工业平均指数，1950—2020 年

股票价格极其反复无常。

资料来源：Federal Reserve Bank of St. Louis，FRED database：https://fred.stlouisfed.org/series/DJIA.

股票市场也是商业投资决策的重要影响因素，因为股价影响着企业出售新发行股份所能筹集到的资金规模，从而决定了企业的投资支出。股票价格更高，意味着公司可以筹集到更多资金，用于购置生产设施和设备。

我们在第 2 章考察股票市场在金融体系中的作用；在第 7 章再回到股票价格如何变动及其如何反映市场信息等问题上。

1.2　为什么学习金融机构和银行？

目标 1.2　描述金融媒介（financial intermediation）和金融创新对银行业和经济的影响机制。

本书第 3 篇聚焦金融机构和银行业经营。银行和其他金融机构让金融市场运作起来。没有它们，金融市场就无法实现从储蓄者向有生产机会的投资者转移资金。因此，金融机构在经济中起关键作用。

金融体系的结构

金融体系很复杂，由许多不同类型的私人部门金融机构组成，包括银行、保险公司、共同基金、财务公司、投资银行等，所有金融机构都受到政府的严格监管。例如，如果某人想对 IBM 或通用汽车公司提供一笔贷款，不会直接去找公司总裁放贷，而是要通过**金融中介机构**（financial intermediaries，这些机构从储蓄者那里借入资金，再向需要资金的人提供贷款）间接地给某家公司贷款。

为什么金融中介机构对于金融市场正常运转如此关键？为什么它们向一些人贷款却拒绝另外一些人的申请？为什么它们发放贷款时往往要签署复杂的法律文件？为什么这是经济中受监管最严格的行业？

我们在第 8 章回答上述问题，用一个统一框架来分析美国和其他国家的金融结构。

银行和其他金融机构

银行（banks）是吸收存款和发放贷款的金融机构。“银行”这个术语，指包括商业银行、储蓄与贷款协会、互助储蓄银行、信用社等在内的公司。银行是普通人打交道最多的金融中介机构。很多人是从当地银行获得贷款来买房买车的。大部分美国人将很大比例的金融财富以支票账户、储蓄账户或者其他存款形式存放在银行里。银行是我们经济中规模最大的金融中介机构，理应对其学得最仔细。不过银行并非唯一重要的金融机构。事实上，保险公司、财务公司、养老基金、共同基金和投资银行等其他金融机构近年来踩着银行上位，获得了快速发展，所以这些也要学习。

我们在第 9 章考察银行和其他金融机构如何管理资产和负债以获取利润。第 10 章在第 8 章经济学分析的基础上，进一步解释金融监管为什么采用现在这种形式以及监管过程中可能会出现什么纰漏。我们在第 11 章近距离观察银行业，详细检验竞争性环境如何改变了这个行业，也要了解为什么有些金融机构靠着占别人便宜而发家。

金融创新

我们在第 11 章也学习**金融创新**（financial innovation），即金融产品和服务的创新发展。我们将研究金融创新产生的原因和过程，重点关注信息技术的突飞猛进如何激发出新的金融产品并提高用电子化方式提供金融服务的能力，也就是所谓的**电子金融**（e-finance）。我们学习金融创新的原因还在于，它向我们展示了金融机构的创造性思维是如何拓宽利润空间但有时也制造金融灾难的。通过学习金融机构过去是怎样创新的，我们可以更好地把握它们未来可能如何创新。随着时间的推移金融体系会怎样变化？这些学识让我们对此问题能更有头绪。

金融危机

有时，金融体系会失灵，并爆发**金融危机**（financial crisis）。所谓金融危机，是指金融市场出现严重混乱，大多伴随着资产价格暴跌以及众多金融机构和非金融企业破产。金融危机是几百年来资本主义经济的特征，而且一般都会跟着发生严重的经济周期下行和低迷。以 2007 年 8 月为起点，美国经济被大萧条以来最严重的金融危机重创。次级住房抵押贷款违约造成了金融机构的重大损失，不仅导致无数银行破产，甚至掀翻了美国最大投资银行中的两家：贝尔斯登和雷曼兄弟。这场危机造成了自大萧条以来最严重的经济下行，因此我们将其称为“大衰退”。

我们在第 12 章讨论这些危机为什么会爆发，以及为什么对经济造成了如此严重的破坏。

1.3 为什么学习货币和货币政策?

目标 1.3 明确货币政策、经济周期与经济变量之间的基本联系。

货币（money），也称**货币供给**（money supply），被定义为在产品或服务购买以及债务偿付中被广泛接受的任何东西。货币相关经济变量的变化影响我们所有人，对经济的健康发展至关重要。本书的最后两篇考察货币在经济中的作用。

货币与经济周期

1981—1982 年间，美国的商品与服务总产量（即**总产出**，aggregate output）下降，**失业率**（unemployment rate，可雇佣劳动力中未就业的比例）上升至超过 10%。1982 年之后，经济开始迅速扩张，到 1989 年失业率已经降到 5%。为期 8 年的扩张在 1990 年结束，失业率升高至超过 7%。经济在 1991 年触底反弹，随后进入了当时美国历史上最长的一次经济复苏，失业率降到 4%左右。经济在 2001 年 3 月开始温和下滑，失业率升至 6%。2001 年 11 月经济开始复苏，失业率最终降到 4.4%的低位。以 2007 年 12 月为起点，经济进入了急剧下行期，失业率升高到 10%以上。到 2009 年 6 月经济开始缓慢复苏。截至 2020 年初，失业率已经降至 3.5%。没想到从 2020 年 3 月开始失业率急剧升高，新冠衰退来了。

为什么经济会经历如此剧烈的波动？有证据表明，货币在**经济周期**（business cycles，即经济中总产出上升和下降的运动）形成过程中发挥重要作用。经济周期迅速且显著地影响到所有人。例如，当产出上升时，很容易找到好工作；当产出下滑时，找到理想工作就比较困难。图 1-3 反映的是 1950—2020 年间货币供给增长率的变动，其中阴影部分代表经济**衰退**（recessions，总产出下降时期）。可以看到，大部分经济衰退之前都出现了货币增长率的下降，说明货币增长变动可能是经济周期波动背后的推动力。不过，有时候货币增长率下降后并没有跟着出现经济衰退。

本书第 19～25 章（第 6 篇）探讨货币和货币政策如何影响总产出。我们在这篇学习**货币理论**（monetary theory），该理论将货币数量和货币政策与经济活动总量变动和通货膨胀联系起来。

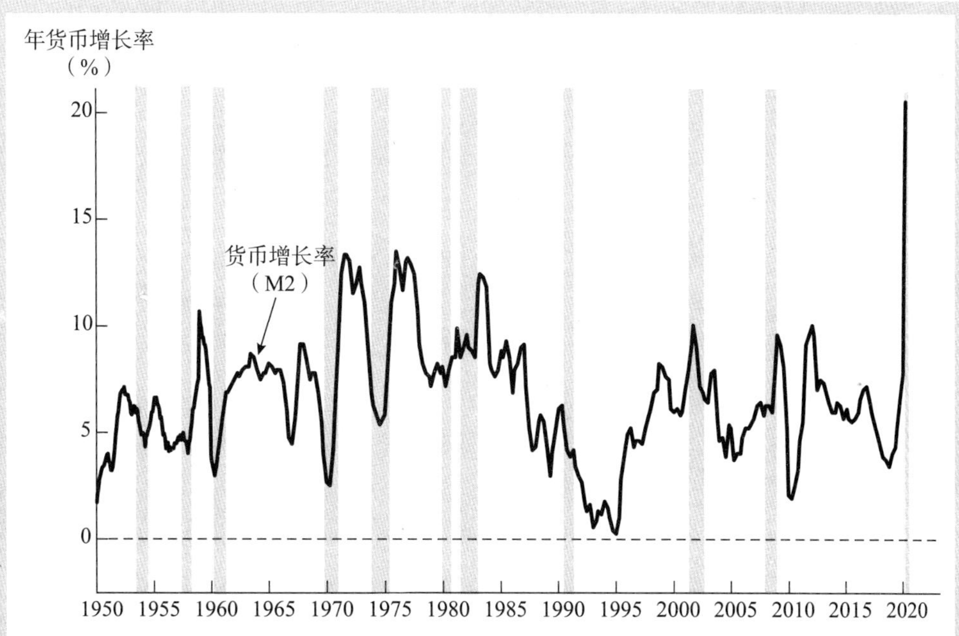

图 1-3　美国货币增长（M2 年增长率）与经济周期，1950—2020 年

虽然几乎每次经济衰退前都出现了货币增长率下降，但并非每次货币增长率下降后都跟着发生经济衰退。阴影部分表示衰退。

资料来源：Federal Reserve Bank of St. Louis，FRED database：https://fred.stlouisfed.org/series/M2SL.

货币与通货膨胀

上周你花 10 美元看了一场电影，要是 30 年前可能只需要 1 美元或是 2 美元。事实上，有 10 美元，你甚至可以吃一顿晚餐、看一场电影，再给自己买一大包黄油爆米花。图 1-4 展示了 1960*—2020 年间美国平均价格的变动，大部分商品现在的价格都比过去高很多。经济中产品和服务的平均价格被称为**物价总水平**（aggregate price level），或者简称物价水平（本章附录给出了更为准确的定义）。从 1960 年到 2020 年，物价水平上涨了 6 倍多。**通货膨胀**（inflation）即物价水平的持续上涨，影响着个人、企业和政府。通货膨胀通常被视为一个需要解决的重要问题，而且常常是政治家和政策制定者们的首要关切。要解决通货膨胀问题，我们需要了解它的成因。

用什么解释通货膨胀呢？图 1-4 画出了货币供给和物价水平，从中可以发现一个答案线索。如图所示，物价水平和货币供给通常一起走高。这些数据似乎表明，货币供给持续增加有可能是造成物价水平持续上涨（即我们所说的通货膨胀）的重要因素。

---

* 原文为 1950，疑有误，故作此更正。——译者注

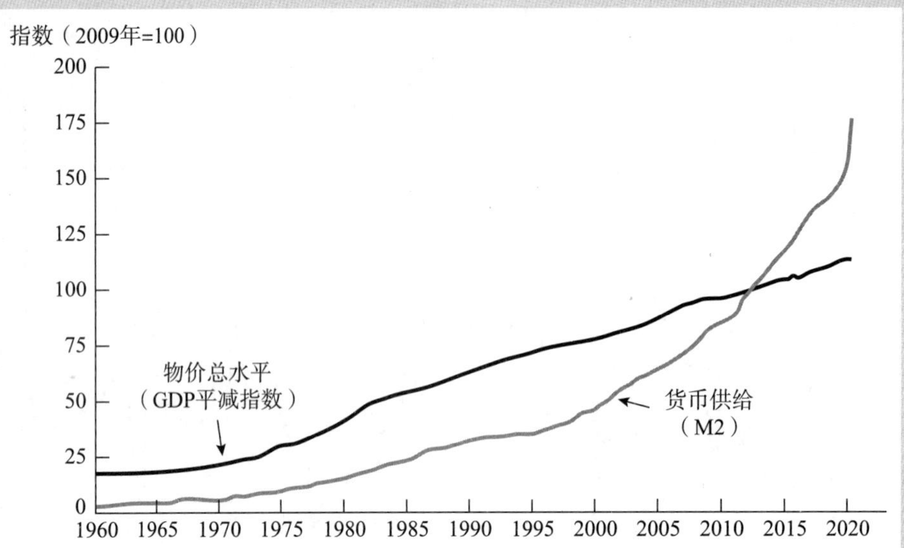

图 1-4　美国物价总水平与货币供给，1960—2020 年

从 1960 年到 2020 年，物价水平上涨了 6 倍多。

资料来源：Federal Reserve Bank of St. Louis，FRED database：https://fred.stlouisfed.org/series/M2SL；https://fred.stlouisfed.org/series/GDPDEF.

通货膨胀可能与货币供给持续增长有关，图 1-5 给出了进一步的证据。图中是若干国家 2009—2019 年十年间的平均**通货膨胀率**（inflation rate，即物价水平变动率，通常以年度变动百分比来度量）与同期的平均货币增长率。你会发现，通货膨胀与货币供给增长率之间存在正相关关系：货币供给增长率高的国家，比如俄罗斯和土耳其，通货膨胀率通常更高。相反，日本和欧元区国家同一时期是低通货膨胀率，而且货币增长率也低。该证据指向诺贝尔经济学奖得主米尔顿·弗里德曼（Milton Friedman）的那个著名论断："通货膨胀随时随地都是一种货币现象。"① 我们在第 19 章和第 23 章考察货币数量和货币政策在制造通货膨胀中的作用。

货币与利率

企业和消费者都非常关心利率波动。除了其他影响因素，货币在利率波动中起重要作用。图 1-6 给出了 1950—2020 年间长期国债利率和货币增长率的变动。20 世纪 60 和 70 年代，货币增长率升高，长期国债利率也随之上升。然而，1980 年以来，货币增长与利率之间的关系就不那么清晰了。我们在第 5 章考察利率变动时分析货币增长与利率之间的关系。

---

① Milton Friedman，*Dollars and Deficits*（Upper Saddle River，NJ：Prentice Hall，1968），39.

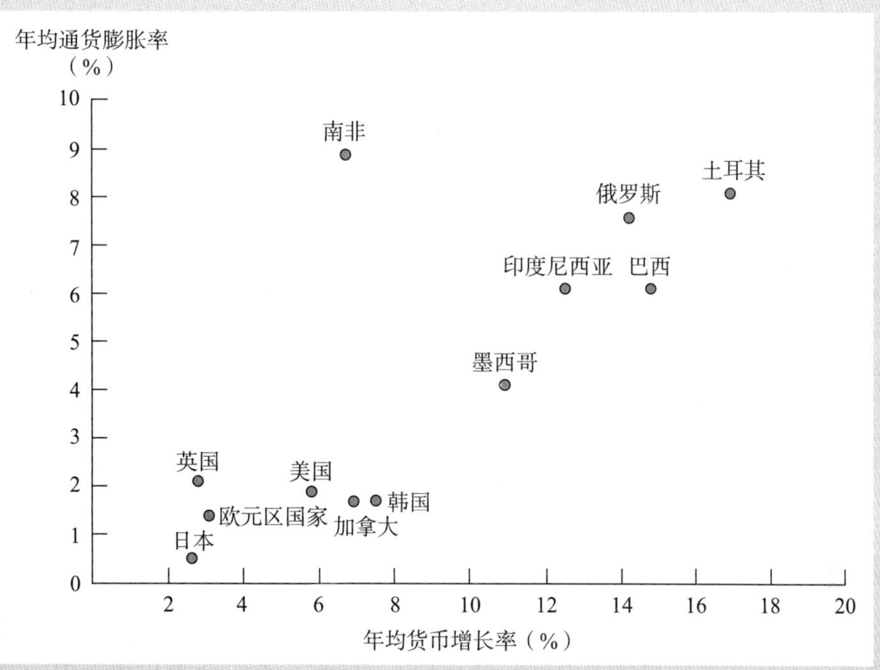

图 1-5　部分国家的平均通货膨胀率与平均货币增长率，2009—2019 年

图中可见，十年平均的通货膨胀与货币供给增长率之间呈正相关关系：货币增长率高的国家，通货膨胀率通常更高。

资料来源：Federal Reserve Bank of St. Louis，FRED database：https://fred.stlouisfed.org/.

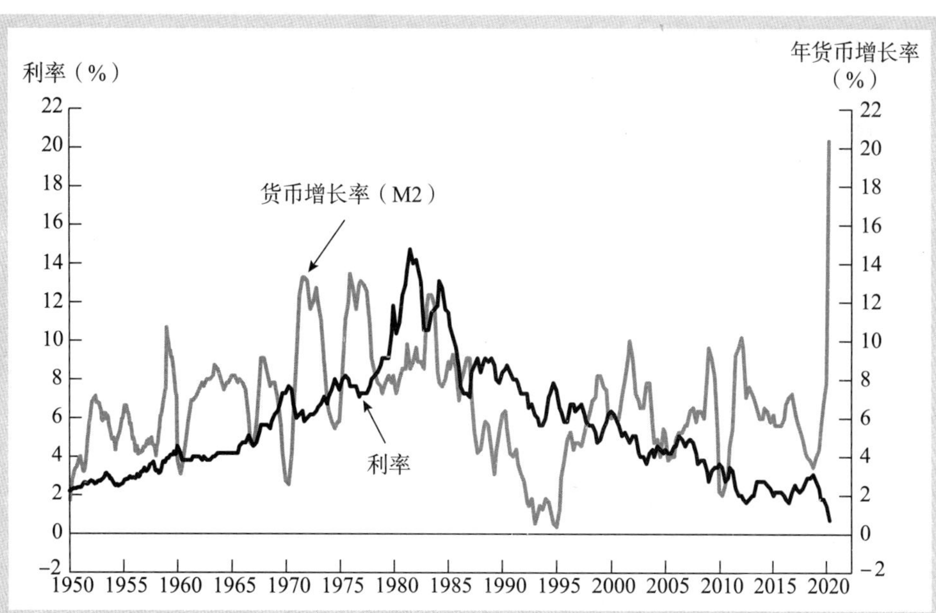

图 1-6　货币增长（M2 年增长率）与利率（长期美国国债利率），1950—2020 年

20 世纪 60 和 70 年代，货币增长率升高，长期债券利率也随之上升。然而，1980 年以来，货币增长与利率之间的关系就不那么清晰了。

资料来源：Federal Reserve Bank of St. Louis，FRED database：https://fred.stlouisfed.org/series/M2SL；https://fred.stlouisfed.org/series/GS10.

货币政策操作

由于货币影响着许多对于经济稳健性至关重要的经济变量，所以全世界的政治家和政策制定者都十分关注**货币政策**（monetary policy）操作，即对货币和利率的管理。负责一国货币政策操作的是**中央银行**（central bank）。美国的中央银行是**联邦储备体系**（Federal Reserve System），简称**美联储**（the Fed）。第13～16章（第4篇）学习美联储等中央银行如何能够影响经济中的货币数量和利率，然后我们考察美国和其他国家实际上如何进行货币政策操作。

财政政策和货币政策

财政政策（fiscal policy）是有关政府支出和税收的决策。**预算赤字**（budget deficit）指在一个特定时间段（通常是一年）内政府支出超过税收收入的差额；当税收收入超过政府支出时，就会出现**预算盈余**（budget surplus）。政府必须通过借款来弥补预算赤字，而预算盈余可以减轻政府的债务负担。如图1-7所示，预算赤字（相比于美国经济规模）在1983年达到了历史峰值，其占全国产出量[用**国内生产总值**（gross domestic product，GDP）来衡量，本章附录详细介绍这一总产出指标]的比例达到6%左右。从那时起，预算赤字占GDP的比例先是降至不足3%，再到20世纪90年代初期回升到5%，之后就持续下降，甚至在1999—2001年间出现了预算盈余。2001年“9·11”恐怖袭击之后，2003年3月爆发的伊拉克战争以及2007—2009年金融危机，把经济再次拖入赤字“泥潭”，预算赤字占GDP的比例一度接近10%，而后才又大幅度下降。后来，预算赤字从2016年开始升高，并在2020年新冠疫情重创经济时急剧猛增。该怎么处理预算赤字一直是个法律问题，近年来更是屡屡成为总统和国会之间苦战的导火索。

你或许在报纸上看到过或是从电视上听说过，预算盈余是好事，预算赤字不好。我们在第19章研究为什么赤字可能导致更高的货币增长率、更高的通货膨胀率和更高的利率。

1.4 为什么学习国际金融？

目标1.4 解释汇率在全球经济中的重要性。

近年来，金融市场的全球化加速发展。全世界金融市场越来越一体化。美国企业经常在海外金融市场筹资，外国企业也经常在美国金融市场借钱。摩根大通、花旗、瑞银、德意志银行等银行和其他金融机构变得越来越国际化，经营活动遍布世界上很多国家。本书第5篇讨论外汇市场和国际金融体系。

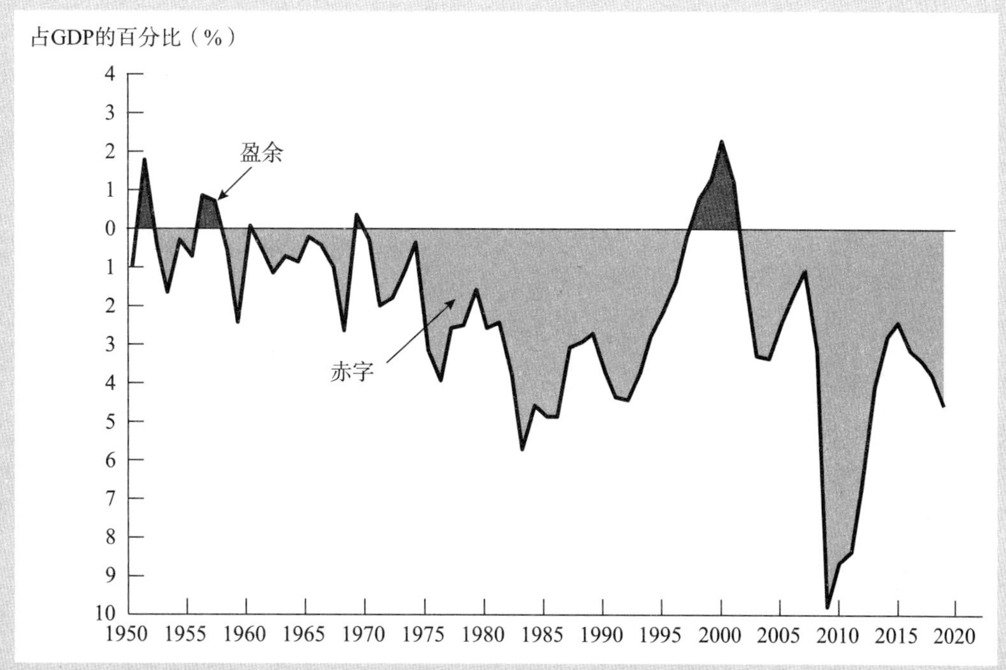

图 1-7　政府预算盈余或赤字占国内生产总值的比例，1950—2019 年

长期来看，预算赤字相对于美国经济规模的波动非常大。1983 年赤字占 GDP 比例升至 6%，之后下降，甚至在 1999—2001 年间出现了预算盈余。接下来，预算赤字大幅攀升，2009 年赤字占 GDP 比例的高点接近 10%，然后大幅度下降；2016 年开始又升高。

资料来源：Federal Reserve Bank of St. Louis，FRED database：https://fred.stlouisfed.org/series/FYFSGDA188S.

外汇市场

资金跨国转移需要从本国货币（例如，美元）兑换为外国货币（例如，欧元）。**外汇市场**（foreign exchange market）就是货币兑换的场所，帮助资金实现跨国转移。外汇市场的重要性还在于，它是**外汇汇率**（foreign exchange rate，即用一国货币表示另一国货币的价格）决定的场所。

图 1-8 给出了 1973—2020 年期间的美元汇率（用一篮子主要外国货币表示美元价值）。外汇市场的价格波动一直很大：美元价值小幅上升到 1976 年结束，然后在 1978—1980 年间跌到一个低点。从 1980 年到 1985 年初，美元急剧升值，之后再度走弱，在 1995 年达到另一个新低。接下来美元持续升值到 2002 年，然后从 2002 年一直到 2011 年显著贬值，其间仅在 2008 年和 2009 年的时候短暂好转。从 2011 年到 2020 年，美元再度升值到接近 2002 年高点的水平。

上述汇率波动对美国企业和公众意味着什么呢？汇率变动对美国的消费者有直接影响，因为它影响进口成本。2001 年时 1 欧元大约价值 85 美分，100 欧元的欧洲商品（譬如说，法国红酒）要价 85 美元。当美元持续走弱、将 1 欧元价值提高

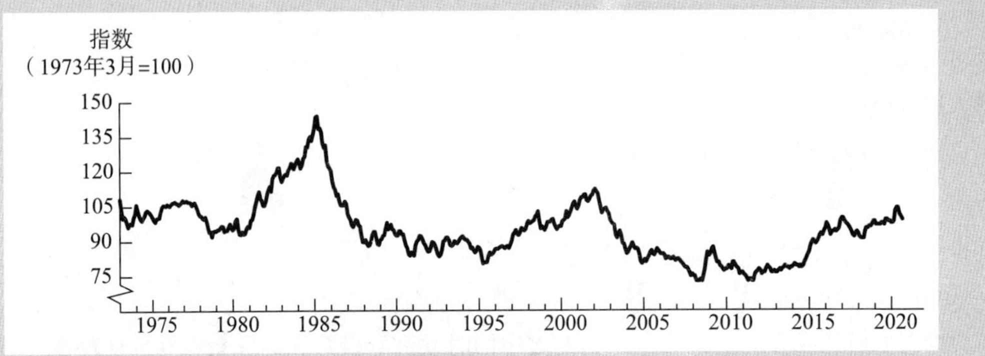

图 1-8 美元汇率，1973—2020 年

美元相对于其他货币的价值在长期里显著波动。

资料来源：Federal Reserve Bank of St. Louis，FRED database：https://fred.stlouisfed.org/series/TWEXM and https://fred.stlouisfed.org/series/DTWEXBGS.

到接近 1.5 美元高点的时候，同样 100 欧元红酒现在售价 150 美元。所以，弱美元导致外国商品更加昂贵，使得出国度假的开销更大，而且抬高了人们享用进口奢侈品的成本。当美元价值下跌时，美国人减少购买外国商品，增加消费本国商品（例如，在国内旅游、喝美国红酒）。

相反，强势美元意味着美国出口商品在国外市场上变得更贵，从而外国人将减少购买。例如，在 1980—1985 年间、1995—2002 年间以及 2011—2020 年间，当美元走强时，美国的钢材出口都减少了。强势美元使外国商品更便宜，对美国消费者有利；但使得美国商品的国内外销售减少，对美国企业不利并且会减少工作机会。1985—1995 年间和 2002—2011 年间美元价值下跌，效果完全相反：使得外国商品更贵，但是让美国企业更有竞争力。外汇市场波动对美国经济具有非常重要的影响。

我们在第 17 章学习在从事美元与外币买卖交易的外汇市场上，汇率是如何决定的。

国际金融体系

国与国之间资本流动的惊人发展大大增强了国际金融体系对国内经济的影响。我们在第 18 章讨论的问题包括：

- 决定采用固定汇率（将本国汇率钉住别的国家）如何影响该国的货币政策操作?
- 限制跨境资本流动性的资本管制对国内金融体系和经济表现有何影响?
- 国际货币基金组织等国际金融机构在国际金融体系中应当发挥什么作用?

1.5 货币、银行和金融市场与你的事业

目标 1.5 解释为什么学习货币、银行和金融市场可以提升你的事业。

上这门课前，你可能已经问过自己那个现实的问题："学习货币、银行和金融市场对我的事业发展有什么好处?" 对有些人来说，答案简单明了。金融机构位居美国最大雇主行列，学习货币、银行和金融市场能帮你在金融部门找到一份好工作。

即使你的兴趣不在于此，学习货币、银行和金融机构也会有助于你的事业发展，因为一生中有很多机会，无论是作为雇员还是企业主，在这里学到的批判性思维技能都将改进你的工作表现。比如，通晓货币政策能帮你预测利率的升降，有助于你决定是现在借钱更好还是等过段时间再说。了解银行和其他金融机构是如何管理的，在你需要向它们借钱或者决定把钱存入它们之中的时候，可以帮你达成更有利的交易条件。懂得金融市场如何运行，让你能为自己或任职的公司做出更好的投资决策。

1.6 我们将如何学习货币、银行与金融市场?

目标 1.6　描述怎样使用本书来讲授货币、银行和金融市场。

本教材强调"经济学的思维方式"，构建了一个统一的框架来研究货币、银行与金融市场。这个分析框架借助一些基本的经济学概念，系统梳理了对相关问题的思考，比如资产价格决定、金融市场结构、银行管理和货币在经济中的作用等。该框架包括以下基本概念：

- 资产需求分析的简化方法
- 均衡的概念
- 用基本供求分析来解释金融市场行为
- 追求利润
- 基于交易成本和不对称信息的金融结构分析方法
- 总供求分析

本书使用的统一分析框架让你学到的知识不会过时，也让教学素材更具趣味性。它能让你学到真东西，而不是死记硬背一大堆枯燥资料然后期末考完试就很快忘掉了。这个框架还将为你提供必要的工具，用于理解金融市场形势和经济变量走势，比如利率、汇率、通货膨胀和总产出等。

为了帮助你理解和应用这个统一的分析框架，本书构建了简单模型，详细描述了将一些变量假定为不变。模型推导的每一步都清楚地详细列出。假定其他变量不变，每次聚焦于一个变量的变动，可以用模型解释各种不同的现象。

为了增强模型的有用性，本书使用案例研究、应用和特定专栏等，为支持或质疑讨论到的理论观点提供证据。教材大量援引真实事件和经验数据，可以纠正很多学生的一个偏见，即错误地认为经济学家的工作就是在抽象假定下提出与真实经济几乎毫无关系的理论。

要在教室以外的真实世界里更好地运用所学到的金融知识，你必须掌握能正确解读顶级专业刊物和互联网上金融新闻的工具。为了帮助和鼓励你读好金融新闻，本书在正文插入了特殊专栏“金融新闻解读”，提供详细的信息和定义以助你评估那些媒体频繁讨论的资料。使用本书你还可以查看到最新数据，因为文中绝大部分数据图表使用了圣路易斯联储银行 FRED 数据库。

想要精通任何领域，你所需要的只有练习、练习、再练习。为了在这方面给你以帮助，本书包含了 700 多道章后思考题和应用题，要求你将所学到的理论分析运用到现实问题中。

结束语

学习货币、银行与金融市场是一个令人激动的领域，可以直接影响你的生活和事业。利率影响你的储蓄收益以及你为汽车、住房贷款支出的利息，货币政策可能影响你的就业前景和未来你购买商品要支付的价格。学习货币、银行与金融市场，将带你涉足政治舞台上热议的很多经济政策论战，将帮你更清醒地认识新闻媒体里听到的那些经济现象。你所学到的知识将伴你一生，即使课程结束后很久你依然能够从中受益。

总　结

1. 金融市场活动直接影响到个人财富、企业行为和经济运行效率。三个金融市场值得特别关注：债券市场（利率决定的场所）、股票市场（对人的财富和企业投资决策有着重要影响）和外汇市场（因为汇率波动对美国经济具有重大影响力）。

2. 银行和其他金融机构将资金从无生产性用途的人手中转移到有生产性用途的人手中，因而对于提高经济运行效率至关重要。当金融体系停止运转并引发金融危机时，金融企业破产，这会导致对经济的严重破坏。

3. 货币和货币政策看起来对通货膨胀、经济周期和利率有着重要影响。由于这些经济变量对于经济的健康发展至关重要，我们有必要了解货币政策是怎样操作的以及应当如何操作。我们也需要学习政府的财政政策，因为财政政策可以是货币政策操作的一个影响因素。

4. 学习货币、银行和金融市场有助于提升你的事业，可以帮你在金融部门找到一份高薪工作，决定你或你的企业是否应当借款，与金融机构达成更好的交易条件，或是做出更好的投资决策。

5. 本教材强调“经济学的思维方式”，用基本经济学原理构建了一个学习货币、银行和金融市场的统一分析框架。本书也特别强调理论分析与经验数据之间的相互作用。

关键术语

总收入	总产出	物价总水平	资产	银行
债券	预算赤字	预算盈余	经济周期	中央银行

普通股	电子金融	联邦储备体系（美联储）	金融危机	金融创新
金融中介机构	金融市场	财政政策	外汇市场	外汇汇率
国内生产总值（GDP）	通货膨胀	通货膨胀率	利率	货币政策
货币理论	货币（货币供给）	衰退	证券	股票
失业率				

思考题

1. 这些利率之间的典型关系是什么：3个月期国库券利率、长期政府债券利率与Baa级公司债券利率？

2. 股票价格下降可能对企业投资有何影响？

3. 解释债券与普通股股票的主要不同点。

4. 解释运转良好的金融市场与经济增长之间的关联性。说出一个金融市场可能影响经济增长或者贫困的作用渠道。

5. 2007年开始的经济衰退的主要原因是什么？

6. 人们一般不借钱给别人买房或买车，你认为原因是什么？你的答案能否解释银行的存在性？

7. 除银行以外，经济中还有哪些重要的金融中介机构？

8. 美国或者欧洲最近一场金融危机发生在什么时间？是否有理由相信这些危机可能相互关联？为什么？

9. 在过去几年中，美国通货膨胀率是上升的还是下降的？利率呢？

10. 如果历史可以重现，当我们看到货币增长率下降时，你认为下列经济变量将怎样变化？

a. 实际产出。

b. 通货膨胀率。

c. 利率。

11. 当利率下降时，企业和消费者会如何调整他们的经济行为？

12. 当利率上升时，每个人的境况都变坏了吗？

13. 为什么金融机构的经理们如此关注联邦储备体系的行动？

14. 与1950年以来美国历史上的预算赤字和预算盈余相比，目前美国预算赤字的规模如何？

15. 英镑贬值会怎样影响英国的消费者？

16. 英镑升值会怎样影响美国的企业？

17. 外汇汇率的变化会对金融机构的盈利产生怎样的影响？

18. 根据图1-8，你会选择哪一年去游览亚利桑那州大峡谷而不是伦敦塔？

19. 当美元相对于其他国家货币的价值上升时，你更愿意购买美国产的牛仔裤还是外国产的？生产牛仔裤的美国企业乐于看到美元走强还是走弱？从事牛仔裤进口的美国公司呢？

20. 许多美国政府债务被外国投资者以政府债券和国库券的形式持有。美元汇率变动如何影响外国投资者持有债务的价值？

应用题

21. 下表列举了2020年5月期间美元与英镑（GBP）的汇率。在哪一天把200美元兑换成英镑最好？哪一天最糟糕？这两天所能兑换的英镑相差多少？

日期	美元/英镑	日期	美元/英镑
05-01	1.250 9	05-06	1.234 7
05-04	1.243 0	05-07	1.234 9
05-05	1.244 9	05-08	1.243 6

1

续表

日期	美元/英镑	日期	美元/英镑
05-11	1.233 0	05-15	1.212 9
05-12	1.229 9	05-18	1.221 1
05-13	1.222 5	05-19	1.225 5
05-14	1.219 4	05-20	1.225 7

续表

日期	美元/英镑	日期	美元/英镑
05-21	1.222 7	05-27	1.223 1
05-22	1.217 8	05-28	1.232 5
05-25	NA	05-29	1.232 0
05-26	1.233 7		

第1章附录 定义总产出、总收入、物价水平和通货膨胀率

由于总产出、总收入、物价水平和通货膨胀率这些术语在全书中频繁出现，我们有必要清楚地了解它们的定义。

1.A1 总产出与总收入

国内生产总值（gross domestic product，GDP）是最经常使用的总产出指标，指一个国家在一年中生产的所有最终产品和服务的市场价值。这个指标不包括人们想当然地以为应当被包括在内的两个项目。首先，购买过去生产的产品，无论是伦勃朗的画作还是 20 年前建造的房屋，都不计入 GDP 范畴，股票或债券的购买也是如此。这些产品和服务不计入 GDP，原因在于并非当年的产出。其次，中间产品在生产最终产品和服务的过程中已经被耗尽，例如生产棒棒糖用的砂糖或在炼造钢铁过程中耗用的能源，同样不能被单独计入 GDP 范畴。因为最终产品的价值中已经包括了中间产品的价值，如果再将中间产品的价值单独计入，就会造成重复统计。

总收入（aggregate income）指生产要素（factors of production，土地、劳动力和资本）从生产经济中的产品和服务中所获得的一年全部收入，被认为应当等于总产出。因为对最终产品和服务的支付必须作为收入最终回流到生产要素所有者的手中，实现的收入额必须等于对最终产品和服务的支付额。例如，如果一个经济体的总产出为 10 万亿美元，那么该经济体实现的收入总额（总收入）也是 10 万亿美元。

1.A2 实际量与名义量

当最终产品和服务的总价值用现价计算时，得到的 GDP 指标被称为名义 GDP。“名义”一词是指按照现价衡量的价值。如果所有的价格都上升一倍但产品

和服务的实际产量保持不变，那么名义 GDP 也上升一倍，尽管人们并没有享受到两倍数量的产品和服务对应的好处。因此，名义变量可能是经济福利的误导性指标。

更可靠的经济产出指标是用任意基年（目前是 2009 年）的价格来表示价值。用不变价格衡量的 GDP 被称为实际 GDP。“实际”一词是指用不变价格来衡量价值。因此，实际变量衡量的是产品和服务的数量，它不因物价水平的变动而变动，只有当实际数量变动时，这一指标才会变动。

用个简单例子可以更清楚地区分二者。假定 2012 年和 2022 年你的名义收入分别为 15 000 美元和 30 000 美元。如果在 2009—2019 年间，所有价格都上涨了一倍，你的境况变得更好了吗？答案是否定的。虽然你的收入上涨了一倍，但由于物价水平也上涨了一倍，30 000 美元只能购买到同样数量的商品。实际收入指标表明，按照所能购买的商品来衡量，你的收入水平是不变的。以 2012 年价格衡量，2022 年30 000 美元的名义收入只相当于 15 000 美元的实际收入。因为这两年的实际收入其实是相等的，所以你 2022 年的生活境况与 2012 年相比没有变化。

由于实际变量衡量的是实际产品和服务的数量，它们当然比名义变量更有意义。本书所讨论的总产出和总收入都是指实际变量（例如，实际 GDP）。

1. A3 物价总水平

本章我们将物价总水平定义为经济中的一个平均价格指标。经济数据中广泛使用的物价总水平指标有三种。第一种是 GDP 平减指数（GDP deflator），被定义为名义 GDP 除以实际 GDP 的商。如果 2022 年名义 GDP 为 10 万亿美元，但是以 2012 年价格水平为基数计算的 2022 年实际 GDP 为 9 万亿美元，那么，

$$\text{GDP 平减指数}=\frac{10\text{ 万亿美元}}{9\text{ 万亿美元}}=1.11$$

GDP 平减指数公式表明，平均而言，物价自 2012 年以来上涨了 11%。通常情况下，物价水平指标用物价指数的形式表示，基年的物价水平（在我们的例子里，2012 年为基年）表示为 100。于是，2022 年的 GDP 平减指数是 111。

另一个常用的物价总水平指标（也即美联储官员密切关注的）是个人消费支出平减指数（PCE deflator），它类似于 GDP 平减指数，被定义为名义 PCE 除以实际 PCE 的商。

报纸杂志最常使用的物价总水平指标是消费者物价指数（consumer price index，CPI）。CPI 是用典型城市家庭所购买的一篮子产品和服务的定价来衡量的。如果在一年中，产品和服务篮子的花费从 500 美元上升到 600 美元，CPI 就上涨了 20%。CPI 同样是以基年为 100 的物价指数来表示的。

衡量物价总水平的CPI、PCE平减指数和GDP平减指数都可以将名义变量转化为实际变量。将名义变量除以物价指数就可以得到实际变量。在我们的例子中，2022年的GDP平减指数为1.11（用指数形式表示为111），2022年的实际GDP等于

$$\frac{10\text{万亿美元}}{1.11}=9\text{万亿美元（以2012年价格为基数）}$$

这与我们前面假定的2022年实际GDP是一致的。

1.A4 增长率与通货膨胀率

媒体常常谈到经济增长率，尤其是实际GDP增长率。增长率被定义为某一变量的百分比变动，即：

$$x\text{的增长率}=\frac{x_t-x_{t-1}}{x_{t-1}}\times 100\%$$

其中，t表示现在，$t-1$表示一年前。

例如，如果实际GDP从2022年的9万亿美元增加到2023年的9.5万亿美元，那么2023年GDP增长率就为5.6%，即：

$$\text{GDP增长率}=\frac{9.5\text{万亿美元}-9\text{万亿美元}}{9\text{万亿美元}}\times 100\%=5.6\%$$

通货膨胀率被定义为物价总水平的增长率。如果GDP平减指数从2022年的111上升到2023年的113，利用GDP平减指数计算的通货膨胀率就为1.8%，即：

$$\text{通货膨胀率}=\frac{113-111}{111}\times 100\%=1.8\%$$

如果是不足1年期间的增长率，通常要转换为年化数据；也就是说，在假定增长率保持不变的条件下计算一年期增长率。对于GDP季度数据而言，年度增长率大致等于GDP季度百分比变动的4倍。例如，如果从2022年第1季度到第2季度，GDP增长了0.5%，那么2022年第2季度的年化GDP增长率就是2%（=4×0.5%）。精确的计算结果是2.02%，因为严格意义上的季度增长率应当以复利方式按季度计算。

第2章 金融体系概览

学习目标

2.1 比较直接融资和间接融资。

2.2 明确金融市场的结构和构成要素。

2.3 列举和描述各类金融市场工具。

2.4 了解金融市场的国际化。

2.5 总结金融中介机构的交易成本、风险分担和信息成本等职能。

2.6 列举和描述各类金融中介机构。

2.7 列举金融监管类型并确定其原因。

本章预习

发明家伊内兹设计了一种低成本机器人，能够清扫房屋（甚至能擦窗）、洗车和割草，但是她没有钱将这么好的发明投入生产。沃尔特有很多储蓄，是他和过世的妻子多年积攒下来的。如果伊内兹和沃尔特能够合作，那么沃尔特可以提供资金给伊内兹，伊内兹的机器人可以有出头之日，而且经济会更美好：我们会有更干净的房子、更耀眼的汽车和更漂亮的草坪。

金融市场（股票市场和债券市场）与金融中介机构（比如银行、保险公司和养老基金）的基本功能就是把像伊内兹和沃尔特这样的人凑到一起，使资金从盈余者（如沃尔特）手中转移到短缺者（如伊内兹）手中。现实中，当苹果公司发明更高级的 iPad 时，可能需要资金把新产品投放到市场。类似地，当地方政府要修公路或是建学校时，可能所需资金超出了地方财产税收入。运转良好的金融市场和金融中介机构对经济健康运行至关重要。

要学习金融市场和金融中介机构对经济的影响，我们需要深入理解它们的一般结构和业务经营。本章我们学习主要金融中介机构、金融市场交易的金融工具，以及这些市场如何被监管。

金融市场和金融机构是一个令人着迷的领域，本章只是一个概览。我们在第8～12章更深入地讨论金融体系的监管、结构和演变等问题。

2

2.1 金融市场的功能

目标2.1 比较直接融资和间接融资。

金融市场行使的最重要功能，是在家庭、企业和政府间建立起资金融通的管道，从支出少于收入的资金盈余者向希望支出超过收入的资金短缺者转移资金。图2-1形象地展示了金融市场的这一功能。左边是拥有储蓄而发放贷款的经济主体，即贷款人-储蓄者，右边是需要通过借款来为支出筹资的经济主体，即借款人-支出者。最主要的贷款人-储蓄者是家庭，但是企业、政府（尤其是州政府和地方政府）以及外国人和外国政府有时也会有盈余资金，并且贷放出去。最重要的借款人-支出者是企业和政府（尤其是联邦政府），但是家庭和外国人也会借钱来买汽车、家具和房子。箭头表明资金通过两条路线从贷款人-储蓄者向借款人-支出者转移。

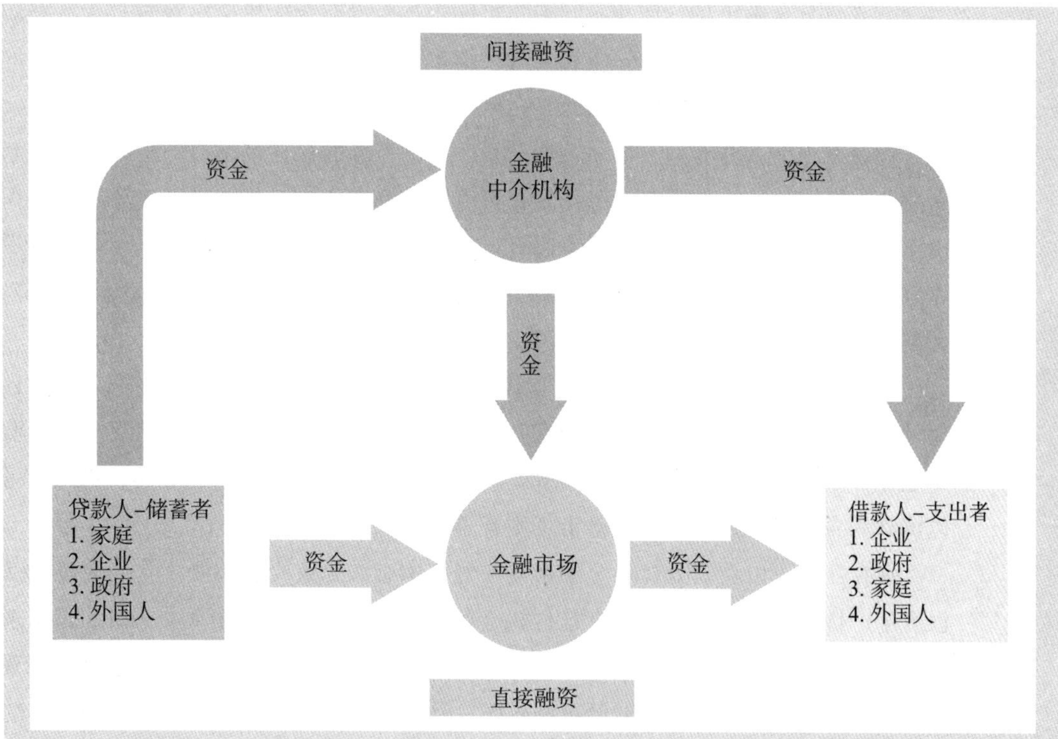

图2-1 金融体系中的资金流动

箭头表明资金通过两条路线从贷款人-储蓄者向借款人-支出者转移。一条是直接融资，借款人通过在金融市场上出售证券，直接借入资金；另一条是间接融资，金融中介机构从贷款人-储蓄者手中借入资金，再利用这些资金向借款人-支出者发放贷款。

在直接融资（direct finance，图 2-1 下端路线）中，借款人通过在金融市场上出售证券（或称金融工具），直接从贷款人处获取资金，这些证券事实上是对借款人未来收入和资产的索取权。证券是购买方的资产，是出售（发行）方企业或个人的**负债**（liabilities，借据或债务）。例如，若福特汽车公司需要借款建一家新工厂来生产电动汽车，可以向储蓄者借入资金，对他们出售债券（债务证券，即承诺在特定期间内定期支付）或者股票（证券所有人有权获得公司利润和资产的一部分）。

为什么储蓄者和支出者之间的资金转移对于经济而言如此重要？原因在于储蓄者往往不是拥有可盈利投资机会的企业家。我们先从个人的角度来考察这个问题。假定你某年积攒了 1 000 美元，但是在没有金融市场的情况下，借款和贷款都不可能。如果你没有用这些储蓄来赚取收益的投资机会，你就只能一直拿着 1 000 美元而得不到任何利息。但木匠卡尔有一个生产性用途给你的 1 000 美元：他可以用来购买一种新工具，缩短他建造一栋房屋的工期，从而每年可以额外赚 200 美元。如果你能联系上卡尔，你可以将 1 000 美元借给他，每年收 100 美元租金（利息），那么你们双方都能更富裕。你可以用你的 1 000 美元每年赚 100 美元，要不然只能是一无所获，而卡尔也能每年增加 100 美元收入（每年 200 美元额外收入减去使用这笔资金的租金 100 美元）。

如果没有金融市场，你和木匠卡尔可能永远也没有合作机会。双方都无法摆脱现状，谁的境况都不怎么样。没有金融市场，资金很难从缺乏投资机会的人手中向拥有投资机会的人手中转移。因此，金融市场对于提高经济效率而言必不可少。

即使有人借款并非为了增加企业产量，金融市场的存在也是有益的。假设你新婚燕尔，有一份称心如意的好工作，正打算购置一套住宅。虽然你的工资可观，但由于你刚刚工作，积蓄有限。假以时日，你肯定能攒够钱买下心仪的房子，但到那时你已经风烛残年，未必能从中获得充分享受。没有金融市场，你就陷入了困境：无法买房，只能继续挤在狭小的公寓中。

有了金融市场的存在，已经积累了储蓄的人可以借钱给你买房，你会乐不得地付他们利息，以便在还年轻时就拥有并尽情享受自己的家。然后你可以逐渐地还清贷款。如果能有这样的贷款，你的境况会好转，给你放贷的人也是一样。贷款人可以赚到利息，但如果不存在金融市场则赚不到。

现在我们可以看到为什么金融市场在经济中有如此重要的功能。它们使资金从没有生产性投资机会的人流向有这样机会的人。金融市场对于**资本**（capital，用来创造更多财富的财富，可以是金融财富，也可以是实物财富）的有效配置至关重要，这有助于提高整个经济的产出和效率。确实，当金融危机期间金融市场停摆的时候，正如 2007—2009 年全球金融危机期间出现的那样，结果导致严重的经济困难，甚至有时会引发危险的政治动荡——我们将在第 12 章讨论这些。

金融市场运转良好也可以直接提高消费者的福利，使他们能更好地安排购买时机。金融市场向年轻人提供资金，帮助他们购置现在需要（而且将来也能负担得起）的东西，使他们不必苦等到攒够全款时再购买。有效运行的金融市场提高了全社会每个人的经济福利。

2.2 金融市场的结构

目标 2.2　明确金融市场的结构和构成要素。

我们已经了解了金融市场的基本功能，下面来考察金融市场的结构。以下对几类金融市场的描述，阐明了这些市场的重要特征。

债务和权益市场

企业或者个人可以通过两种方式从金融市场获取资金。最常见的方式是发行债券或抵押单据等债务工具，即借款人以契约的方式，向债务工具持有人定期支付固定金额（利息与本金支付），直至在一个确定的日期（到期日）完成全部付款。债务工具的**期限**（maturity）就是距离该工具期满日的年数（期数）。期限在 1 年以下的为**短期**（short-term）债务工具；期限在 10 年或 10 年以上的为**长期**（long-term）债务工具；期限介于 1 年和 10 年之间的为**中期**（intermediate-term）债务工具。

发行**权益**（equity）工具是筹集资金的第二种方式。比如普通股，即对企业净收益（扣除费用和税款后的收入）和资产所持份额的索取权。如果你拥有一家公司 100 万发行在外普通股中的一股，你就拥有了该公司一百万分之一的净收益和一百万分之一的资产。权益工具经常给持有者定期付款（**股利**，dividend），而且被视为长期证券，因为没有到期日。此外，拥有股票意味着你拥有该公司的一定份额，因此你有权就公司的重大事项和董事选举进行投票。

拥有公司股权而非债权的主要不利之处在于，股权持有者是剩余索取人，也就是说，该公司必须先向所有债权人支付后才能向股权持有者支付。有利之处在于，由于股权持有者拥有的是公司所有权，因此可以直接分享公司盈利能力增强和资产扩张的好处。债权人获取的支付是固定的，因此无法享有这种好处。我们在第 8 章更详细地比较债务工具与权益工具的利弊，进行金融结构的经济学分析。

1990 年以来，美国权益工具总价值在 3 万亿～55 万亿美元之间波动，由股票价格决定。虽然普通人更加了解股票市场而不大关心其他金融市场，但其实债务市场规模往往比权益市场规模更大。2019 年底，债务工具价值为 47 万亿美元，而权益工具价值为 55 万亿美元。*

一级市场和二级市场

一级市场（primary market）是证券发行的金融市场，需要筹集资金的公司或

* 从原文看，2019 年数据应该是一个反例。——译者注

政府机构将新发行的股票或债券出售给初始购买者。**二级市场**（secondary market）是已经发行在外证券再出售的金融市场。

有价证券的一级市场不那么为公众所熟知，因为向初始购买者销售证券往往是秘密进行的。**投资银行**（investment banks）是在一级市场上协助证券首次发行的重要金融机构。投资银行提供**证券承销**（underwriting），即为公司证券提供价格保证，然后再把证券卖给公众。

纽约证券交易所和纳斯达克（NASDAQ，全国证券交易商协会自动报价表）是最著名的二级市场，用来交易已发行股票；尽管事实上债券市场的交易量更大，用来交易大公司和美国政府已发行债券。其他二级市场还有外汇市场、期货市场以及期权市场等等。证券经纪人和交易商对于二级市场的良好运转至关重要。**经纪人**（broker）是投资者的代理人，负责匹配证券的买方和卖方；**交易商**（dealer）按照报出的证券买卖价格将交易双方联系起来。

当一方在二级市场上买入证券时，出售证券者通过让渡证券获取货币收入，但发行该证券的公司并没有获得新资金。只有当证券在一级市场上首次出售时公司才能获得新资金。不过，二级市场仍然发挥着两个重要功能。其一，使得出售金融工具来筹措现金更容易、更快捷；也就是说，使金融工具更好地**流动**（liquid）起来。金融工具的流动性提高会使它们更受欢迎，也就意味着发行企业更容易完成一级市场的销售。其二，二级市场为发行企业在一级市场销售的证券确定价格。在一级市场上购买证券的投资者愿意支付给发行公司的价格，不会高于他们认为二级市场会为该证券给出的价格。二级市场证券价格越高，发行企业在一级市场上销售证券的价格就越高，从而能筹集到的金融资本规模就越大。因此，二级市场的情况对发行证券的企业来说最重要。正是基于这个原因，介绍金融市场的书籍往往将重点放在二级市场而非一级市场上，本书也是如此。

交易所和场外市场

二级市场的组织形态有两种。一种是**交易所**（exchange），即证券的买卖双方（或者他们的代理人或经纪人）聚集到一个中心场所进行交易。纽约证券交易所与芝加哥商品（小麦、玉米、白银和其他原材料）交易所都属于有组织的场内交易所。

二级市场的另外一种形态是**场外市场**（over-the-counter market，OTC 市场），即分处于不同地点的交易商手上拿着证券存货，随时准备着跟找上门来并愿意接受报价的任何人在“柜台”上买卖证券。由于场外交易商通过计算机相互联系，对彼此的报价了如指掌，所以场外市场的竞争十分激烈，与有组织的交易所差别也不大。

很多普通股股票在场外交易，但大部分大公司股票是在有组织的股票交易所里交易的。与此相反，交易规模比纽约证券交易所还要大的美国政府债券市场，却是一个场外市场。约 40 家交易商建立起这些证券的“市场”，随时准备买进和卖出美国政府债券。其他场外市场还包括交易可转让存单、联邦基金与外汇等其他金融工具的市场。

货币市场和资本市场

另外一种市场分类方法是以不同市场上交易证券的期限长短为依据。**货币市场**（money market）是交易短期债务工具（初始期限通常为 1 年以下）的金融市场；**资本市场**（capital market）是交易长期债务工具（初始期限通常为 1 年或 1 年以上）和权益工具的金融市场。货币市场证券通常比长期证券更广泛地交易，因而更具流动性。此外，我们将在第 4 章看到，短期证券的价格波动性要小于长期证券，因此是更加安全的投资。所以，企业与银行将其临时性的盈余资金积极地投放到货币市场上赚取利息。股票和长期债券等资本市场证券通常被保险公司、养老基金等金融中介机构所持有，它们对自己未来可持有资金的数量更有把握。

2.3　金融市场工具

目标 2.3　列举和描述各类金融市场工具。

金融市场如何在贷款人-储蓄者和借款人-支出者之间发挥资金融通的重要作用？为了更好地理解这一点，我们需要考察在金融市场上交易的证券（工具）。我们首先关注货币市场交易工具，之后再看资本市场交易工具。

货币市场工具

货币市场上交易的债务工具，由于期限短，所以价格波动性最小，投资风险最低。过去 30 年间，货币市场发生了翻天覆地的变化，有些金融工具金额的增长速度遥遥领先于其他。

表 2-1 列举了主要货币市场工具及其在 1990 年、2000 年、2010 年和 2019 年的年末金额。接下来的金融新闻解读专栏讨论了媒体报道中最常见的几种货币市场利率。

表 2-1　主要货币市场工具

工具类型	余额（十亿美元，年末数）			
	1990 年	2000 年	2010 年	2019 年
美国国库券	527	647	1 767	2 416
可转让银行存单（大额）	547	1 053	1 923	1 859
商业票据	558	1 602	1 058	1 045
联邦基金与证券回购协议	372	1 197	3 598	4 356

资料来源：Federal Reserve Financial Accounts of the United States：https://www.federalreserve.gov/releases/Z1.

2

美国国库券(United States Treasury bills) 美国政府发行期限为1个月、3个月和6个月的短期债务工具，目的是为联邦政府筹资。在到期日支付票面规定金额并且不付利息，但是通过最初的折价销售（销售价格低于到期支付的票面规定金额）而实际上完成了付息。例如，2022年5月你以9 000美元买入6个月期国库券，到2022年11月期满时可以赎回10 000美元。

美国国库券是所有货币市场工具中流动性最好的，因为它们的交易最活跃。它们同样也是最安全的货币市场工具，因为**违约**［default，指债务工具发行人（此处为联邦政府）无力支付利息或者到期无力偿还本金的情况］的概率很低。联邦政府总能如期偿还其债务欠款，因为它可以通过征税或者发行**通货**（currency，纸钞或硬币）来还债。国库券主要被银行持有，但也有少量金额被家庭、企业和其他金融中介机构持有。

可转让银行存单(negotiable bank certificates of deposit) 存单（certificates of deposit，CD）是银行向存款人出售的债务工具，按照给定金额计算并支付年利，到期时按照初始购买价格偿还。可转让存单在二级市场上出售，2019年未清偿余额为1.9万亿美元。可转让存单是商业银行极为重要的资金来源，持有人通常是企业、货币市场共同基金、慈善机构和政府机构。

商业票据(commercial paper) 商业票据是大银行或者微软、通用汽车等著名企业发行的短期债务工具，未清偿余额大约为1万亿美元。

回购协议(repurchase agreements，repos) 回购协议事实上是一种短期贷款（期限通常在两周以内），以国库券为抵押品，如果借款人未偿还贷款，则该资产归贷款人所有。回购协议的过程是这样的：某个大型企业（例如微软）可能银行账户上有些闲置资金，假定是100万美元，希望贷出一周。微软利用闲置的100万美元向银行购买国库券，银行同意在一周后以略高于微软购买价的价格购回这些国库券。效果上等于微软向银行发放100万美元贷款，并持有该银行100万美元国库券，直到银行购回国库券归还贷款为止。回购协议目前是银行重要的资金来源（超过1 000亿美元）。这个市场上最重要的贷款人是大型企业。

联邦基金(federal funds，fed funds) 该工具通常是指银行利用在美联储的存款进行同业隔夜贷款。“联邦基金”这个叫法有点含糊不清，因为这些贷款并不是由联邦政府或者美联储发放的，其实是银行之间的贷款。银行到联邦基金市场上借款，一个原因是它在美联储的存款账户的余额不满足监管要求。它可以向别的银行借钱，贷款银行利用美联储的电子转账系统把钱转到借款银行。这个市场对银行的信贷需求非常敏感，所以这类贷款的利率（即**联邦基金利率**，federal funds rate）就成为密切观察银行体系信贷市场松紧状况以及货币政策立场的晴雨表。联邦基金利率高，说明银行急需资金；联邦基金利率低，说明银行的信贷需求少。

金融新闻解读　货币市场利率

媒体最常讨论的4个货币市场利率如下：

优惠利率（prime rate）：企业的银行贷款基准利率，衡量企业向银行借款的成本的指标。

联邦基金利率：联邦基金市场隔夜贷款利率，反映银行间借款成本和货币政策立场的敏感指标。

国库券利率（Treasury bill rate）：美国国库券利率，反映总体利率变动的指标。

伦敦银行间同业拆借利率（Libor rate）：英国银行家协会公布的伦敦市场银行间美元存款利率的平均水平。

这些利率数据每日在报纸和网站（比如 http://www.bankrate.com）上公布。

资本市场工具

资本市场工具是期限超过一年的债务工具和权益工具。其价格波动性远远超过货币市场工具，被视为相当有风险的投资。表2-2列举了主要资本市场工具及其在1990年、2000年、2010年和2019年的年末余额。后面的金融新闻解读专栏讨论了媒体报道中最常见的资本市场利率。

表2-2　主要资本市场工具

工具类型	余额（十亿美元，年末数）			
	1990年	2000年	2010年	2019年
企业股票（市值）	3 530	17 628	23 567	54 624
住房抵押贷款	2 676	5 205	10 446	11 159
公司债券	1 703	4 991	10 337	14 033
美国政府证券（可流通长期证券）	2 340	3 171	7 405	14 204
美国政府机构证券	1 446	4 345	7 598	9 431
州和地方政府债券	957	1 139	2 961	3 068
银行商业贷款	818	1 497	2 001	3 818
消费者贷款	811	1 728	2 647	4 181
商业与农场抵押贷款	838	1 276	2 450	3 230

资料来源：Federal Reserve Financial Accounts of the United States：https://www.federalreserve.gov/releases/Z1.

股票（stocks）　股票是对公司净收入和资产的权益索取权。2019年末股票价值为55万亿美元，超过了资本市场上任何其他证券的价值。不过，每年新发行股票的规模通常都很小，不到流通股总市值的1%。个人持有的股票价值大约占一半，其他由养老基金、共同基金和保险公司持有。

抵押贷款（mortgages）和抵押支持证券（mortgage-backed securities）　抵押贷款是向家庭或企业发放的用于购置房屋、土地或者其他建筑物的贷款，这些建筑物或土地本身即为贷款抵押品。在美国，抵押贷款市场是第三大债务市场，住房抵押贷款

(用于购置居民住宅）余额几乎是商业与农场抵押贷款余额的 4 倍。抵押贷款主要由储蓄与贷款协会、互助储蓄银行、商业银行和保险公司等金融机构发放。但近年来，越来越多的抵押贷款资金是以抵押支持证券方式提供的，即以个人抵押贷款打包支持类似债券的债务工具，利息和本金款项被集中支付给抵押支持证券的持有者。我们在第 12 章将看到，抵押支持证券及其更加复杂的变种（担保债务凭证，CDOs）在 2007—2009 年全球金融危机中推波助澜，因而变得臭名昭著。联邦政府通过三家政府机构积极参与抵押贷款市场，即：联邦国民抵押贷款协会（Federal National Mortgage Association，FNMA，又称房利美，Fannie Mae)、政府国民抵押贷款协会（Government National Mortgage Association，GNMA，又称吉利美，Ginnie Mae）和联邦住宅贷款抵押公司（Federal Home Loan Mortgage Corporation，FHLMC，又称房地美，Freddie Mac)，它们用出售债券的收入来购买抵押贷款，以此为抵押贷款市场提供资金。

公司债券(corporate bonds) 这些长期债券由信用评级非常高的企业发行。公司债券通常向持有者每年支付两次利息，并在债券到期时按面值清偿。有些公司债券允许持有者在到期日前随时将债券转换为一定数量的股票，有此附加特征的公司债券被称为可转换债券。该特征使得可转换债券比普通债券更加受到潜在购买者的欢迎，而且还能让企业减少利息支付，因为只要股价上涨得足够多，这类债券也能增值。由于特定企业的可转换和不可转换债券的未清偿余额都很小，所以公司债券的流动性完全比不上美国政府债券等其他证券。

虽然公司债券市场的规模远不及股票市场，未清偿的公司债券余额不到股票的 1/3，但每年新发行公司债券的数量远远超过新股数量。因此，对于企业融资决策而言，公司债券市场走势或许比股票市场更为重要。公司债券的主要购买者是人寿保险公司，养老基金和家庭也大量持有。

美国政府证券(U. S. government securities) 这些长期债务工具是美国财政部为了弥补联邦政府财政赤字而发行的。因为是美国最广泛交易（平均每日交易量超过 5 000 亿美元）的债券，所以是流动性最好的资本市场工具。持有者包括美联储、银行、家庭和外国投资者。

美国政府机构证券(U. S. government agency securities) 这些长期债券由政府机构（比如吉利美、联邦农业信贷银行、田纳西河谷管理局等）发行，目的是为抵押贷款、农业信贷或者发电设备等项目筹资。许多这类证券是由联邦政府担保的。其运作方式类似于美国政府债券，两者的持有者也差不多。

州和地方政府债券(state and local government bonds) 州和地方政府债券，又称市政债券（municipal bonds)，是由州和地方政府发行的长期债务工具，目的是为建设学校、公路或者其他大型项目筹资。这类债券的一个重要特征是利息可以免缴联邦所得税，通常也可以免缴发行地的州税。商业银行所得税税率比较高，因此是这类证券的最大购买者，市场占有率超过 50%。第二大购买人群是适用所得税高税率的富人，紧随其后的是保险公司。

消费者贷款和银行商业贷款(consumer and bank commercial loans) 面向消费者和企业的贷款主要由银行发放，不过消费者贷款的发放者还有财务公司。

2

金融新闻解读　资本市场利率

媒体最常讨论的5个资本市场利率如下：

30年期抵押贷款利率（30-year mortgage rate）：由联邦房屋管理局（Federal Housing Administration，FHA）担保的、单笔金额在51.04万美元（高成本地区为76.56万美元）以下的30年期固定利率住房抵押贷款的利率。

大额抵押贷款利率（jumbo mortgage rate）：向优质客户发放的、单笔金额超过51.04万美元（高成本地区为76.56万美元）的30年期固定利率住房抵押贷款的利率。

5年可调整利率抵押贷款利率［five-year adjustable mortgage（ARM）rate］：向优质客户发放的住房抵押贷款前5年的利率，5年后利率可以调整。

新车贷款利率（new-car loan rate）：4年期固定利率新车贷款的利率。

10年期国债利率（10-year Treasury rate）：期限为10年的美国国债利率。

这些利率数据每日在报纸和网站（比如 http://www.bankrate.com 和 http://www.finance.yahoo.com）上公布。

2.4 金融市场的国际化

目标 2.4　了解金融市场的国际化。

金融市场日益国际化已经成为重要趋势。20世纪80年代以前，美国金融市场远远大于美国以外的其他市场，但近年来美国市场的主导地位正在逐步被削弱（参见全球视野专栏“美国资本市场是否正在丧失优势?”）。外国金融市场的超常发展可以归因于两个方面：一是外国（比如日本）储蓄总量大幅增长；二是外国金融市场纷纷放松管制从而能够扩张其业务活动。现在，美国的公司和银行更愿意从国际资本市场筹集所需资金，而且美国投资者也常常在国外寻求投资机会。同样，外国公司和银行也从美国市场筹集资金，外国人已经成为美国金融市场的重要投资者。观察国际债券市场和世界股票市场，可以让我们了解到金融市场的国际化是如何发生的。

全球视野　美国资本市场是否正在丧失优势?

在过去几十年里，美国丧失了在汽车、消费电子等制造业的国际主导地位，其他国家在全球市场上变得更具竞争力。近来的证据表明，金融市场正在出现同样的趋势：正如福特和通用汽车的市场份额当年输给了丰田和本田一样，美国股票和债券市场新发行企业证券的销售份额也在下滑。英国伦敦和中国香港股票交易所的股票首次公开发行（IPO）份额都超过了美国纽约证券交易所，后者可是2000年前IPO价值占绝对主导地位的交易所。此外，在美国股票交易所挂牌的股票数量在下降，而在美国以外上市的股票却在迅速增加：如今在美国以外上市股票超过美国国内上市股票的10倍。与此相似，全球新发行公司债券在美国资本市场上首次销售的份额已经落后于欧洲债券市场。

为什么通过发行新证券筹资的企业现在更多地转向欧洲和亚洲金融市场？很多因素助推了这一趋势，其中包括：外国金融市场采用技术创新的速度更快，2001年恐怖袭击后美国移民政策更加收紧，以及有观点认为在美国交易所上市将使外国证券发行人面对更高的诉讼风险，等等。

但很多人发现累赘的金融监管是主要原因，并且将矛头特别指向了2002年《萨班斯-奥克斯利法案》。国会在一系列会计丑闻曝光后通过了这一法案，丑闻牵扯到一些美国企业以及为其做审计的会计师事务所。《萨班斯-奥克斯利法案》旨在强化审计过程的完整性以及企业财务报表所提供信息的质量。企业遵守这些新规则和程序的成本非常高，对小公司而言更是如此，但如果企业选择在美国以外金融市场发行证券就可以在很大程度上规避这些成本。正是出于这样的原因，很多人建议修改《萨班斯-奥克斯利法案》，以减轻这些所谓的负面效应，吸引更多的证券发行人回归美国金融市场。不过，对于《萨班斯-奥克斯利法案》是美国金融市场地位相对下降的主因从而需要变革的观点，现在并没有确切的证据支持。

对美国金融市场竞争力下滑的讨论，以及关于该趋势影响因素的辩论，可能仍将继续。第8章会详细介绍《萨班斯-奥克斯利法案》及其对美国金融体系的影响。

国际债券市场、欧洲债券与欧洲货币

国际债券市场的传统工具被称为**外国债券**（foreign bonds）。外国债券指在外国发行并以该国货币计价的债券。例如，德国汽车制造商保时捷在美国发行以美元计价的债券，就属于外国债券。几个世纪以来，外国债券一直是国际资本市场的重要工具。事实上，美国19世纪修建的大部分铁路都是依靠在英国发行外国债券来筹资的。

欧洲债券（Eurobond）是国际债券市场近年出现的创新工具，指在外国发行并以发行国以外货币来计价的债券，比如在伦敦发行的以美元计价的债券。目前，国际债券市场新发行债券80%以上都是欧洲债券，而且这类证券的市场成长相当迅速。结果，欧洲债券市场现在超过了美国公司债券市场。

欧洲债券的一个变种是**欧洲货币**（Eurocurrencies），指存放在母国境外银行的外国货币。最重要的欧洲货币就是**欧洲美元**（Eurodollars），即存放在美国以外的外国银行或是美国银行海外机构的美元。由于短期存款同样可以赚取利息，它们类似于短期欧洲债券。美国银行从其他银行或本行海外机构那里借入欧洲美元存款，所以欧洲美元现在是美国银行的重要资金来源。

要注意，在名称上欧洲债券、欧洲货币和欧洲美元等可能与欧元这种货币相混淆。以欧元计价的债券，只有当其在欧元区国家以外发行时才可以被称作欧洲债券。事实上，大部分欧洲债券并不以欧元计价，而是以美元计价。同样，欧洲美元

只是存放在美国境外银行的美元，与欧元没有任何关系。

世界股票市场

直到最近，美国股票市场仍然是世界上最大的，但是外国股票市场的重要性在日益提高，美国并非总是第一。对外国股票越发感兴趣，使得专业从事外国股票市场交易的共同基金在美国大获发展。下面的金融新闻解读专栏说明，美国投资者现在不仅关注道琼斯工业平均指数，而且关注日经 300 平均指数（东京）、金融时报 100 指数（伦敦）等外国股票价格指数。

金融市场国际化正在对美国产生深远影响。外国人，特别是日本投资者，不仅向美国公司提供资金，而且还帮助联邦政府筹资。若没有这些国外资金，美国经济在过去 20 年的发展会慢得多。金融市场国际化也引领了世界经济一体化，使得商品与技术的跨国流动越来越普遍。国际因素在我们的经济中起重要作用，后面的章节中我们会看到很多例子。

金融新闻解读　股票市场指数*

报纸和网站（比如 finance. yahoo. com）每日公布世界股票市场指数。

其中最重要的股票市场指数有：

道琼斯工业平均指数（DJIA）：由道琼斯公司编制，是美国 30 家最大上市公司的指数。

标准普尔 500 指数（S&P 500）：由标准普尔公司编制，是美国 500 家最大上市公司的指数。

纳斯达克综合指数（NASDAQ Composite）：纳斯达克股票市场所有交易股票的指数，美国大部分科技股都在该市场交易。

伦敦金融时报 100 指数（FTSE 100）：在伦敦证券交易所挂牌的 100 家资本最雄厚英国公司的指数。

法兰克福 DAX 指数（DAX）：在法兰克福证券交易所交易的 30 家最大德国公司的指数。

巴黎 CAC 40 指数（CAC40）：在巴黎泛欧交易所交易的 40 家最大法国公司的指数。

恒生指数（Hang Seng）：在中国香港股票市场交易的若干最大公司的指数。

海峡时报指数（Strait Times）：在新加坡交易所交易的 30 家最大公司的指数。

2.5　金融中介机构的功能：间接融资

目标 2.5　总结金融中介机构的交易成本、风险分担和信息成本等职能。

如图 2-1 所示，资金从贷款人手中转移到借款人手中还有第二条路线，被称为间接融资（indirect finance），因为在贷款人-储蓄者与借款人-支出者之间有一个金

---

* 原文为“外国股票市场指数”，与内容不符，疑有误，故作此更正。——译者注

2

融中介机构，帮助实现资金在双方之间的转移。金融中介机构的做法是：向贷款人-储蓄者借钱，之后再将这些资金贷放给借款人-支出者。例如，银行可以通过对公众发行债务的方式获取资金，债务形式为储蓄存款（公众的资产）。然后银行可以用这些资金向通用汽车公司发放贷款，或者在金融市场购买美国国债，从而获得自己的资产。最终的结果是，在金融中介机构（银行）的帮助下，资金从公众（贷款人-储蓄者）手中转移到了通用汽车公司或者美国财政部（借款人-支出者）手中。

利用金融中介机构进行间接融资的过程被称为**金融媒介**（financial intermediation），是将资金从贷款人手中转移到借款人手中的主要途径。虽然媒体更关注证券市场，尤其是股票市场，但事实上，金融中介机构作为企业的融资渠道远比证券市场更加重要。不仅美国如此，其他工业化国家也是这样（参见下面的全球视野专栏）。为什么金融市场上的金融中介机构和间接融资如此重要？要回答这个问题，我们需要了解金融市场上交易成本、风险分担和信息成本的作用。

全球视野 **金融中介机构和证券市场的重要性：国际比较**

各国为企业融资的模式不尽相同，但一个关键事实已经显现：对包括美国、加拿大、英国、日本、意大利、德国与法国在内的主要发达国家的研究表明，当企业试图为其业务活动寻求资金来源时，它们通常都会求助于金融中介机构间接地获得资金，而不是从证券市场直接获得资金。[a] 即使在美国和加拿大这些拥有世界上最发达证券市场的国家，金融中介机构贷款对于公司理财而言也比证券市场重要得多。利用证券市场最少的是德国和日本；在这两个国家，通过金融中介机构融资几乎比证券市场融资多出 10 倍。不过，随着近年来日本证券市场放松管制，企业通过金融中介机构融资的份额相对于利用证券市场而言有所下降。

虽然在所有国家中，金融中介机构都明显压倒性地胜过证券市场，但债券市场和股票市场的相对重要性却因国别而迥然不同。在美国，债券市场作为企业融资渠道的重要性远远超过股票市场：用债券募集新资金的规模平均是股票的 10 倍。在法国和意大利等国家，则更多利用权益市场而不是债券市场融资。

a. 可参见 Colin Mayer，"Financial Systems，Corporate Finance，and Economic Development，" in *Asymmetric Information，Corporate Finance，and Investment*，ed. R. Glenn Hubbard（Chicago：University of Chicago Press，1990），307-332。

交易成本

交易成本（transaction costs）指在金融交易过程中所耗用的时间和金钱，这对于有多余资金需要贷放的人来说是个大问题。如我们所见，木匠卡尔需要 1 000 美元购置新工具，而且你知道这是个非常好的投资机会。你手上有现金，也愿意把钱借给他，但是为了保护你的投资，你需要雇个律师来起草贷款合同，规定卡尔要向你支付多少利息、利息支付时间以及归还 1 000 美元本金的时间。这样一份合同要花掉你 500 美元。当你把订立合同的交易成本考虑在内时，就会发现得不偿失（花费 500 美元，收益可能只有 100 美元），只能无奈地告诉卡尔到别处去碰碰运气。

这个例子说明，像你这样的小额储蓄者或是像卡尔那样的潜在借款人可能会被冻结在金融市场之外，也就难以从中受益。有谁能帮你们脱困吗？答案是金融中介机构。

金融中介机构能够大大降低交易成本，一方面是因为它们具备了降低成本的专业技能，另一方面是因为金融中介机构规模够大，可以享受**规模经济**（economies of scale）的好处，即随着交易规模扩大，平摊在单位交易上的成本降低。例如，银行知道如何找到好律师来制作无懈可击的贷款合同，这份合同可以在银行贷款交易中反复使用，于是降低了每笔交易的法律成本。银行不会花 500 美元买一份贷款合同（可能写得不够好），而会用 5 000 美元去聘请一位顶级律师，起草一份滴水不漏的贷款合同并用于 2 000 笔贷款，每笔贷款只需花费 2.50 美元。每笔贷款的交易成本只有 2.50 美元，现在金融中介机构向卡尔发放 1 000 美元贷款就变得有利可图了。

由于金融中介机构可以大大降低交易成本，这才使得你向卡尔这样拥有生产性投资机会的人间接地提供资金成为可能。此外，金融中介机构的交易成本较低，意味着它们能够向客户提供**流动性服务**（liquidity services），使客户进行交易更加容易。例如，银行为存款人提供支票账户，使他们能轻松地支付账单。另外，存款人可以用支票账户和储蓄账户赚取利息，而且任何时候有需要仍然可以转账用于购买产品和服务。

风险分担

金融机构交易成本低可能产生另一个好处，就是这些机构能帮助降低投资者的**风险**（risk，即投资者资产收益率的不确定性）头寸。金融中介机构做到这一点的业务过程就是所谓的**风险分担**（risk sharing）：它们根据人们乐于接受的风险特征来创造和销售资产，然后中介机构再用销售资产所得资金去购买更高风险的其他资产。低交易成本让金融中介机构能够以低成本进行风险分担，使它们能够在风险资产所实现收益与出售资产所进行支付之间保有差额利润。这个风险分担过程有时也被称为**资产转换**（asset transformation），因为在某种意义上，风险资产被转换成了对投资者而言的更安全资产。

通过帮助个人多样化投资从而降低他们的风险头寸水平，金融中介机构同样也促进了风险分担。**多样化**（diversification）必须投资于集合资产（即**资产组合**，portfolio），其中单个资产的收益并不总是一起变动，结果是总体风险比投资于单个资产时更低。（多样化是古老的谚语“不要将所有鸡蛋放在一个篮子里”的另外一种表述。）低交易成本让金融中介机构能够将很多资产集成一种新资产，再将它出售给个人客户。

2

信息不对称：逆向选择和道德风险

金融市场上存在交易成本，部分地解释了为什么金融中介机构与间接融资在金融市场上如此重要。另外一个原因在于，金融市场上一方主体对另一方主体的了解程度往往不足以让前者做出正确决策。这种不对等被称为**信息不对称**（asymmetric information）。例如，在涉及投资项目的贷款中，借款人对于项目潜在收益和相关风险通常比贷款人的信息更灵通。信息缺乏给金融体系造成两方面的问题：在交易之前和在交易之后。①

逆向选择（adverse selection）是信息不对称在交易发生之前造成的问题。若交易一方掌握有秘密信息，并在与信息劣势一方签订合约（交易）时利用该信息捞取经济利益，那么这时就发生了逆向选择。金融市场上的逆向选择是指，最有可能造成不利（逆向）后果（高信用风险）的潜在借款人积极寻求贷款并因此更有可能被选中而获得贷款。由于逆向选择使得贷款很有可能被发放给高信用风险者，所以即便市场上存在低信用风险，贷款人仍有可能决定不发放任何贷款。

要理解逆向选择为什么会发生，假定你正在考虑是否向两位姑妈放贷：路易丝和希拉。路易丝姑妈属于保守型，她只有在确信投资项目具备还款能力的情况下才会借钱。希拉姑妈则相反，她赌博成瘾，刚好碰到个能一夜暴富的项目，只要能借到 1 000 美元投资，该项目就能使其变成百万富翁。不过，与大多数快速致富项目一样，该投资颗粒无收的可能性很高，那样的话希拉姑妈就会损失 1 000 美元。

哪位姑妈更有可能找你要贷款呢？当然是希拉姑妈，因为如果投资见效，她就可以大赚一笔。可你不会想要借钱给她，因为她投资失败的概率很高，并将无法归还你的贷款。

如果你非常了解两位姑妈，也就是说你们之间的信息并非不对称的，你不会有任何问题，因为你知道希拉姑妈的风险相当大，不会借钱给她。可是，假定你不那么了解你的两位姑妈。由于希拉姑妈会对你软磨硬泡，你更可能贷款给希拉姑妈而非路易丝姑妈。鉴于可能存在逆向选择，你或许决定不向她们任何一位贷款，即使路易丝姑妈的信用风险相当低而且有时候确实需要贷款用于有价值的投资。

道德风险（moral hazard）是信息不对称在交易发生之后造成的问题。当信息优势方采取秘密（未被发现）行动损害了信息劣势方的利益时，即发生了道德风险。金融市场上的道德风险是指，借款人可能秘密从事对贷款人不利（不道德）的活动的风险（危险），因为这些活动降低了贷款清偿的可能性。由于道德风险降低了贷款偿还概率，所以贷款人也许宁可不放贷。

下面来看一个道德风险的例子，假定你向另一位亲戚麦尔文叔叔贷款 1 000 美元，他需要钱购置计算机，以便开一家学生论文誊印社。然而，在你提供了贷款

① 信息不对称、逆向选择和道德风险等概念在保险业中也是十分重要的问题。

后，麦尔文叔叔有可能不去购买计算机，而是溜去赛马场玩赌马。如果他拿你的钱下个 20∶1 的大赌注，赢了就能归还你 1 000 美元贷款，再用余下 19 000 美元过舒心日子。赌输了的话（这个可能性很大），你就拿不到还款，而他的全部损失无非是毁了正直可靠叔叔的好名声。麦尔文叔叔确实有动机去赛马场，因为赌对了的收益（19 000 美元）远远大于赌错了的成本（名声）。如果你了解麦尔文叔叔的想法，你会阻止他去赛马场，那样他就不能提高道德风险了。然而，由于信息是不对称的，你很难对他的下落一清二楚，很有可能的情形将是：他去了赛马场而你无法收回贷款。所以，道德风险的存在很可能阻止你向麦尔文叔叔贷款 1 000 美元，即使你确信如果贷款用于创业肯定能按时偿还。

逆向选择和道德风险造成的问题是阻挠金融市场正常运行的重要障碍。金融中介机构同样能缓解这些问题。

经济中有了金融中介机构，小额储蓄者就可以把钱提供给金融市场，做法是将资金贷放给一家值得信赖的中介机构（例如，诚信约翰银行），中介机构再通过发放贷款或者购买股票、债券等有价证券的方式将钱借出去。成功的金融中介机构有着比小额储蓄者更高的投资收益，原因是它们甄别信用风险高低的能力比个人更高，从而降低了逆向选择引致的损失。另外，金融中介机构有更高的收益也是因为它们开发了专门技术来监督借款人，于是降低了道德风险引致的损失。结果，金融中介机构可以为贷款人-储蓄者支付利息或提供大量服务，同时仍然能够赚取利润。

正如我们所看到的，金融中介机构在经济中发挥着重要作用，它们提供流动性服务、促进风险分担并解决信息问题，使小额储蓄者和借款人也可以受益于金融市场的存在。大部分美国人把自己的储蓄投资给金融中介机构，也从金融中介机构那里获取所需的贷款，这一事实证明金融中介机构成功地履行了其职责。由于金融中介机构帮助金融市场实现了贷款人-储蓄者与有生产性投资机会的人之间的资金转移，对于提高经济效率起到了关键作用。如果没有一整套金融中介机构的良好运作，经济将很难充分释放增长潜力。我们在第 3 篇进一步探讨金融中介机构在经济中的作用。

范围经济和利益冲突

金融中介机构在经济中如此重要的另外一个原因是，通过向客户提供多种金融服务，例如发放贷款以及帮助客户销售证券等，金融中介机构也能够实现**范围经济**（economies of scope）；也就是说，通过将同一信息资源应用于多种金融服务，它们能降低每种金融服务的信息生产成本。例如，银行发放贷款时需要评估公司的信用风险，这也帮助银行判断是否容易把该公司债券卖给公众。

虽然范围经济对金融机构非常有利，但也造成如**利益冲突**（conflicts of interest）这样的潜在成本。利益冲突是一种道德风险问题，指个人或者机构的多重目标（利益）相互矛盾的情形。金融机构提供多元服务时尤其可能发生利益冲突。这些服务之间潜在的利益竞争，可能导致个人或企业隐瞒信息或者散布误导性信息。我们关心利益冲突，是因为金融市场信息质量的严重下降会增加信息不对称问题，并阻碍金融市场为生产性投资机会有效地融通资金，结果金融市场和整个经济都因此变得更加低效。

2

2.6 金融中介机构的类型

目标 2.6 列举和描述各类金融中介机构。

我们已经看到为何金融中介机构在经济中有如此重要的功能。现在来了解主要金融中介机构以及它们是如何履行中介功能的。金融中介机构可以分为三类：存款机构（银行）、契约型储蓄机构和投资中介。表 2-3 描述了各类金融中介机构的主要负债（资金来源）和资产（资金运用）。表 2-4 给出了 1990 年、2000 年、2010 年和 2019 年美国这些金融中介机构的年末资产额，从中可以看出它们的相对规模。

表 2-3 金融中介机构的主要资产和负债

中介类型	主要负债（资金来源）	主要资产（资金运用）
存款机构（银行）		
商业银行	存款	工商业贷款、消费者贷款、抵押贷款、美国政府证券与市政债券
储蓄与贷款协会	存款	抵押贷款
互助储蓄银行	存款	抵押贷款
信用社	存款	消费者贷款
契约型储蓄机构		
人寿保险公司	保单保费	公司债券与抵押贷款
火灾和意外伤害保险公司	保单保费	市政债券、公司债券与股票、美国政府证券
养老基金、政府退休基金	雇主与雇员的缴款	公司债券与股票
投资中介		
财务公司	商业票据、股票、债券	消费者贷款与工商业贷款
共同基金	基金份额	股票、债券
货币市场共同基金	基金份额	货币市场工具
对冲基金	合伙人提供的资金	股票、债券、贷款、外汇与其他资产

表 2-4 主要金融中介机构及其资产价值

中介类型	资产价值（十亿美元，年末数）			
	1990 年	2000 年	2010 年	2019 年
存款机构（银行）				
商业银行、储蓄与贷款协会和互助储蓄银行	4 744	7 687	12 821	18 518
信用社	217	441	876	1 534

续表

中介类型	资产价值（十亿美元，年末数）			
	1990 年	2000 年	2010 年	2019 年
契约型储蓄机构				
人寿保险公司	1 367	3 136	5 168	8 508
火灾和意外伤害保险公司	533	866	1 361	2 650
养老基金（私人）	1 619	4 423	6 614	10 919
州和地方政府退休基金	820	2 290	4 779	9 335
投资中介				
财务公司	612	1 140	1 589	1 528
共同基金	608	4 435	7 873	17 660
货币市场共同基金	493	1 812	2 755	3 634

资料来源：Federal Reserve Financial Accounts of the United States：https://www.federalreserve.gov/releases/Z1，Tables L110，L114，L115，L116，L118，L120，L121，L122，L127.

存款机构

存款机构（为简便起见，本书用银行来指代存款机构）是指接受个人和机构存款并发放贷款的金融中介机构。学习货币银行学特别强调这类金融机构，因为它们参与存款创造（货币供给的重要组成部分）。这类机构包括商业银行，以及被统称为**储蓄机构**（thrift institutions，thrifts）的储蓄与贷款协会、互助储蓄银行和信用社。

商业银行(commercial banks)　这些金融中介机构主要通过发行支票存款（可以签发支票的存款）、储蓄存款（存款人可以随时提取但不能签发支票的存款）和定期存款（有固定期限的存款）筹措资金。之后它们再用这些资金发放商业贷款、消费者贷款和抵押贷款，以及购买美国政府证券和市政债券。美国有大约 4 500 家商业银行；整体上商业银行是最大的金融中介机构，拥有最多元化的资产组合（集合）。

储蓄与贷款协会(savings and loan associations，S&Ls)和互助储蓄银行(mutual savings banks)　美国有将近 700 家这样的存款机构，主要通过储蓄存款（通常被称为份额）、定期存款和支票存款的方式吸收资金。过去，这些机构的业务活动受到严格限制，大部分资金都用于发放住房抵押贷款。随着时间的推移，上述限制已经放松，所以这类存款机构与商业银行之间的界限已经模糊。它们之间越来越像，相互竞争现在也更加激烈。

信用社(credit unions)　美国有 5 000 多家这类金融机构，它们通常是由特定群体（如工会成员、指定企业的雇员等）组成的小微合作贷款机构。它们通过吸收存款（称为份额）获得资金，主要发放消费者贷款。

2

契约型储蓄机构

契约型储蓄机构指在契约基础上定期获得资金的金融中介机构，例如保险公司和养老基金。由于它们能够准确预测在未来年份的对外支付金额，所以不必像存款机构那样担心资金快速流失。因此，资产流动性对它们来说也不像存款机构那样作为重要考虑因素，它们倾向于把资金主要投向公司债券、股票和抵押单据等长期证券。

人寿保险公司（life insurance companies） 人寿保险公司为人们提供保险保障以解决死亡引起的财务风险，同时也出售年金保险（按年支付退休金）。它们的资金来自保费（人们为维持保险单有效而缴纳），使用方向主要是购买公司债券和抵押单据。它们也买股票，但是持有数量受到限制。目前，人寿保险公司的资产超过8万亿美元，跻身于最大的契约型储蓄机构之列。

火灾和意外伤害保险公司（fire and casualty insurance companies） 这些公司为保单持有人提供因失窃、火灾和意外事故而遭受损失的保险保障。它们与人寿保险公司非常相似，通过保单保费获得资金，但是在遭遇重大灾害时损失资金的可能性更大。因此，比起人寿保险公司，它们动用资金购买的资产要更具流动性。它们持有份额最大的资产是市政债券，也持有公司债券、股票和美国政府证券。

养老基金和政府退休基金（pension funds and government retirement funds） 私人养老基金与州和地方政府退休基金以年金形式向参加养老金计划的雇员提供退休收入。它们的资金来自雇主和雇员的缴款，后者或是从雇员工资中自动扣除，或是由雇员自愿缴纳。养老基金持有最多的资产是公司债券和股票。养老基金的建立一直得到联邦政府的积极鼓励，联邦政府既立法要求建立养老金计划，又以税收优惠鼓励缴款。

投资中介

这类金融中介机构包括财务公司、共同基金、货币市场共同基金和对冲基金。

财务公司（finance companies） 财务公司通过销售商业票据（一种短期债务工具）、发行股票或债券来筹集资金。它们将资金贷放给小企业，以及那些需要购买家具、汽车或是改善住房的消费者。有些财务公司是其母公司为帮助推销产品而组建的。例如，福特汽车信贷公司给买福特车的消费者提供贷款。

共同基金（mutual funds） 这些金融中介机构通过向个人出售基金份额来获取资金，然后用出售收入购买股票和债券的多样化组合。共同基金将份额持有者的资金汇集起来，从而能利用交易成本低的优势大批量购买股票或债券。此外，与个人投资相比，共同基金还能让份额持有者投资于更加多样化的资产组合。份额持有者可以随时出售（赎回）份额，但份额价值将取决于共同基金所持有证券的价值。由于证券价格波动剧烈，共同基金份额价值的波动也大，因此，投资共同基金是有风险的。

货币市场共同基金(money market mutual funds)　这类金融机构既与共同基金相似，又在功能上接近存款机构，因为它们提供存款式账户。像大部分共同基金一样，它们出售基金份额来获取资金。然后用这些资金购买既安全又流动性高的货币市场工具。这些资产的利息被支付给份额持有者。

货币市场共同基金有个重要特征，即份额持有者可以对持有份额的面值签发支票。从功能上看，货币市场共同基金份额实际上就像是付息的支票账户存款。自 1971 年诞生以来，货币市场共同基金一直高速增长。2019 年，其资产已经攀升到 3.6 万亿美元。

对冲基金(hedge funds)　对冲基金是一种特殊类型的共同基金。对冲基金的组织形式是有限合伙制，投资门槛为 10 万～100 万美元（后者更常见）甚至更多。这些限制意味着对冲基金受到的监管比其他共同基金差很多。对冲基金投资于许多类型的资产，有些专门投股票，有些专门投债券，有些专门投外汇，还有一些专门投向奇奇怪怪的资产品种。

投资银行(investment banks)　虽然名字如此，但投资银行不是银行，也不是通常意义上的金融中介机构；也就是说，它并不吸收资金然后再对外发贷。投资银行是反过来帮企业发行证券的另类金融中介机构。首先，它建议企业发行哪种证券（股票还是债券）；然后，它帮助企业出售（**承销**，underwrite）证券，做法是按照预先确定的价格先从企业手中买入证券，再到市场上出售变现。投资银行还可以充当交易制造者并赚取巨额手续费，帮助企业收购或兼并其他公司。

2.7　对金融体系的监管

目标 2.7　列举金融监管类型并确定其原因。

金融体系是美国受到最严格监管的经济部门。政府监管金融体系*出于两个主要原因：提高投资者的信息获取程度和确保金融机构**的稳健性。我们将考察这两个目标是如何导致形成当前的监管环境的。为了帮助学习，表 2-5 列出了美国金融体系的主要监管机构。

表 2-5　美国金融体系的主要监管机构

监管机构	监管对象	监管性质
证券交易委员会（SEC）	交易所和金融市场	信息披露要求，限制内部人交易
商品期货交易委员会（CFTC）	期货交易所	期货市场交易程序监管

* 原文为“金融市场”，疑有误，故作此更正。——译者注

** 原文为“金融体系”，根据下文，疑有误，故作此更正。——译者注

2

续表

监管机构	监管对象	监管性质
通货监理署	联邦注册的商业银行和储蓄机构	向联邦注册的商业银行和储蓄机构发放牌照，检查账簿，实施资产持有限制
全国信用社管理局（NCUA）	联邦注册的信用社	向联邦注册的信用社发放牌照，检查账簿，实施资产持有限制
州银行和保险委员会	州注册的存款机构和保险公司	向州注册的商业银行和保险公司发放牌照，检查账簿，实施资产持有限制，限制设立分支机构
联邦存款保险公司（FDIC）	商业银行、互助储蓄银行、储蓄与贷款协会	对银行存款人提供每人 25 万美元以内的存款保险，检查参保银行账簿，实施资产持有限制
联邦储备体系	所有存款机构	检查商业银行和系统重要性金融机构账簿，规定所有银行的法定准备金要求

提高投资者的信息获取程度

金融市场信息不对称意味着投资者可能会遭遇逆向选择和道德风险问题，从而妨碍金融市场有效运行。高风险企业或江湖骗子可能最急于向无防范心的投资者推销证券，由此导致的逆向选择问题会使投资者远离金融市场。而且，一旦投资者已经买下证券，即已经把钱借给企业，借款人就会有意从事高风险活动或者公然进行欺诈。这种道德风险问题的存在，同样会让投资者远离金融市场。通过增加投资者可获得的信息数量，政府监管能够减少金融市场的逆向选择和道德风险问题并且增强市场效率。

1929 年股票市场大崩盘以及后来揭露于世的欺诈泛滥，导致政治上要求监管，并且监管在 1933 年通过《证券法》和 1934 年建立证券交易委员会（SEC）时达到顶点。证券交易委员会要求证券发行企业向公众披露有关销售、资产和收益状况的信息，并对企业大股东（即内部人）的交易做出限制。重要信息和内部交易可能被用来操纵证券价格，通过要求信息披露和防止内部人交易，证券交易委员会希望投资者能够得到更多的信息和更好的保护，杜绝再发生 1933 年以前金融市场信息滥用的情况。事实上，证券交易委员会近年来一直特别致力于查处内部人交易。

确保金融机构的稳健性

信息不对称可能导致金融机构大范围倒闭，称为**金融恐慌**（financial panic）。由于金融中介机构的资金提供者可能无法评估持有其资金的那些机构是否稳健，如果他们对金融中介机构的总体健康状况产生怀疑，就会想把自己的资金撤出来——稳健和不稳健机构都会被撤资。这个结果就是金融恐慌，会给公众造成巨大损失，并导致对经济的严重破坏。为了保护公众和经济不受金融恐慌影响，政府实施了以下六类监管。

准入限制　州银行和保险委员会以及通货监理署（一家联邦政府机构）对金融中介机构的设立主体做出了严格规定。个人或团体要想创办银行或保险公司等金融中介机构，必须从州或联邦政府获取牌照。只有那些信誉毫无瑕疵并且拥有大量初始资金的模范公民才能得到牌照。

公开披露　金融机构的财务报告要求非常严格。它们的会计制度必须遵循特定的严格准则，账簿要接受定期审查，而且必须向公众公开某些信息。

资产和业务限制　金融中介机构能做什么业务、可以持有什么资产都要受到限制。在把资金投给一家银行或其他机构前，你肯定想确保你的资金是安全的，以及这家机构能够履行对你的义务。要确保金融中介机构的可靠性，一个办法就是禁止其从事特定的高风险业务活动。1933 年法案（1999 年已被废除）将商业银行业与证券业分离开来，于是银行就不能再从事与证券业有关的风险业务。约束金融中介机构行为的另一个办法是禁止其持有某些高风险资产，或者至少将高风险资产持有量限制在审慎水平之下。例如，商业银行和其他存款机构不得持有普通股股票，因为股票价格波动太大。保险公司虽然可以持有普通股股票，但持有量不得超过总资产的一定比例。

存款保险　政府对人们的存款提供保险，这样，即使持有存款的金融机构倒闭，存款人也不会遭受重大财务损失。提供此类保险的最重要的政府机构是联邦存款保险公司（FDIC），它为商业银行和互助储蓄银行的每一位存款人提供每个账户不超过 25 万美元的损失保险。金融机构缴纳的保费进入联邦存款保险公司的存款保险基金，在金融机构破产时用于偿付存款人。1930—1933 年间大批银行倒闭，许多商业银行存款人的存款被摧毁。在那之后，1934 年美国建立了联邦存款保险公司。全国信用社股份保险基金（NCUSIF）为信用社提供类似的服务。

对竞争的限制　政治家们常常宣称金融中介机构之间恣意竞争使破产增多，这会危害公众利益。虽然关于竞争确实有此影响的证据微乎其微，但州和联邦政府有时会限制增设营业场所（分支机构）。过去，银行被禁止在其他州设立分支机构，有些州还限制银行增设营业网点。

利率管制　政府管制存款利率这种监管也可以限制竞争。在 1933 年以后的几十年里，银行被禁止向支票账户支付利息。而且直到 1986 年以前，联邦储备体系都有权依照《Q 条例》（Regulation Q）设定银行储蓄存款的利率上限。创建这些监管是因为人们普遍相信无约束的利率竞争推波助澜了大萧条期间的银行破产潮。之后的证据似乎并不支持这种观点，而且《Q 条例》也已经被废止（尽管仍然限制对企业的支票账户付息）。

在后面几章中我们进一步考察对金融市场的政府监管，并探讨监管是否提升了金融市场的功效。

国外的金融监管

毫不奇怪，鉴于经济体系的相似性，日本、加拿大和西欧国家与美国的金融监管也相似。通过要求证券发行企业报告资产、负债、收益和股票销售的详细信息，以及明令禁止内部人交易，信息供应情况有了改善。以牌照管理、定期账簿审查和提供存款保险（虽然覆盖范围比美国小而且经常故意不宣传其存在性）确保金融机构的稳健性。

美国和其他国家在金融监管方面的主要区别在于银行监管。过去，美国是唯一对银行开设分支机构实行限制的工业化国家，这样做限制了银行的规模，也把它们限制在了一定地域内。（1994 年法案废止了这些限制。）美国的银行也是资产持有范围被限制最多的。很多外国银行经常持有商业性公司的股份；在日本和德国，银行持有的这种股份规模十分可观。

总　结

1. 金融市场的基本功能是实现有资金盈余的储蓄者和资金短缺的支出者之间的资金融通。金融市场履行这个功能，既可以通过直接融资方式（即借款人通过发行证券直接从贷款人手中获取资金），也可以通过间接融资方式（由金融中介机构在贷款人-储蓄者和借款人-支出者之间帮助双方实现资金转移）。这种资金融通提高了社会中每个人的经济福利。因为让资金从无生产性用途的人手中转移到有生产性用途的人手中，所以金融市场促进了经济效率。此外，资金融通直接有利于消费者，使他们能够在最需要的时候完成购买。

2. 金融市场可以划分为债务市场和权益市场，一级市场和二级市场，交易所和场外市场，以及货币市场和资本市场。

3. 主要的货币市场工具（期限为 1 年以下的债务工具）有美国国库券、可转让银行存单、商业票据、回购协议、联邦基金等。主要的资本市场工具（期限为 1 年及 1 年以上的债务和权益工具）有股票、抵押贷款、公司债券、美国政府证券、美国政府机构证券、州和地方政府债券、消费者贷款和银行商业贷款等。

4. 金融市场越来越国际化是近年来最重要的趋势。欧洲债券以发行国以外的货币计价，目前已成为国际债券市场的主导者，并且作为新的资金来源已经超过美国公司债券。欧洲美元，即存放在外国银行的美元，是美国银行重要的资金来源。

5. 金融中介机构通过发行负债获取资金，再使用这些资金购买证券或发放贷款以获取资产。金融中介机构在金融体系中发挥重要作用，因为它们降低交易成本，分担金融风险，解决逆向选择和道德风险等问题。由此，金融中介机构使得小额储蓄者和借款人能够受益于金融市场，从而提高了经济效率。但助力金融中介机构成功的范围经济，也会导致利益冲突，这使得金融体系的效率降低。

6. 主要金融中介机构分为三类：（a）银行，包括商业银行、储蓄与贷款协会、互助储蓄银行和信用社；（b）契约型储蓄机构，包括人寿保险公司、火灾和意外伤害保险公司以及养老基金；（c）投资中介，包括财务公司、共同基金、货币市场共同基金、对冲基金和投资银行。

7. 政府监管金融市场和金融机构主要出于两个原因：提高投资者的信息获取程度和确保金融机构的稳健性。监管规定包括很多方面，例如要求向公众披露信息、限制金融中介机构的设立主体、限制金融中介机构可持有的资产、提供存款保险、限制竞争和管制利率等。

关键术语

逆向选择	欧洲债券	货币市场	资产转换	欧洲货币
道德风险	信息不对称	欧洲美元	抵押支持证券	经纪人
交易所	抵押贷款	资本	联邦基金利率	场外市场
资本市场	金融媒介	资产组合	利益冲突	金融恐慌
一级市场	通货	外国债券	风险	交易商
中期	风险分担	违约	投资银行	二级市场
多样化	负债	短期	股利	流动
储蓄机构	规模经济	流动性服务	交易成本	范围经济
长期	承销	权益	期限	证券承销

思考题

1. 如果我今天花 5 000 美元买辆汽车，明年能实现 10 000 美元的额外收入，因为汽车可以帮我得到旅行推销员的工作，那么若没人愿意给我贷款，我应当接受拉里 90% 利率水平的高利贷吗？这笔贷款会使我的境况改善还是恶化？你能给出将高利贷合法化的理由吗？

2. 有经济学家猜测，发展中国家经济增长缓慢的原因之一在于缺乏运转良好的金融市场。你认为这种观点是否有道理？

3. 金融市场让消费者能够更好地选择购买时机。至少举出三个例子加以证明。

4. 如果你怀疑一家公司明年可能破产，你宁愿持有这家公司发行的股票还是债券？为什么？

5. 假定丰田在东京市场销售日元计价债券。该债务工具是否属于欧洲债券？如果该债券是在纽约市场销售的，答案会怎样？

6. 请说明下列货币市场工具分别是谁发行的：

a. 国库券。

b. 存单。

c. 商业票据。

d. 回购协议。

e. 联邦基金。

7. 抵押贷款和抵押支持证券有什么不同？

8. 19 世纪时，美国曾向英国大量举债用以修建铁路系统。为什么这样做对两个国家都有利？

9. 欧洲许多银行持有的巨额资产是从美国住宅市场衍生而来的抵押支持证券，这个市场在 2006 年后崩溃了。以此为例说明金融市场国际化有什么收益和成本。

10. 风险分担对金融中介机构和私人投资者双方都有利，这是怎样做到的？

11. 你将贷款发放给家庭成员的可能性大于发放给陌生人。逆向选择问题是如何解释这一现象的？

12. 次级抵押贷款的广泛发行是 2007—2009 年金融危机的影响因素之一。如何以此证明逆向选择？

13. 与其他贷款人相比，为什么高利贷者对借款人的道德风险不那么担心？

14. 如果你是雇主，你会担心雇员有哪些道德风险问题？

15. 如果借款人和贷款人之间不存在信息不对称，道德风险问题还会存在吗？

16. “在没有信息成本和交易成本的世界里，金融中介机构就不会存在。”这种观点正确、错误还是不确定？解释你的答案。

2

17. 为什么你会愿意以5%的利率将资金存放在银行储蓄账户中，然后由银行以10%的利率贷放给你的邻居，而不是你自己直接将这笔钱借给你的邻居？

18. 利益冲突是如何加剧信息不对称问题的？

19. 一家公司同时提供多种金融服务，为什么这会是双刃剑呢？

20. 如果你想贷款买辆新车，你会选择哪种金融中介机构：信用社、养老基金还是投资银行？

21. 为什么人寿保险公司会关注大企业的财务稳健性或住宅市场的健康状况呢？

22. 2008年正值美国金融危机开始爆发之际，联邦存款保险公司将银行存款人的损失保险限额从每个账户10万美元提高到25万美元。这一举措如何帮助稳定金融体系？

23. 工业化国家的金融监管相似但并非完全相同。工业化国家拥有相同的金融监管，这是否适宜？请阐述理由。

应用题

24. 假定你刚刚继承了1万美元，为使这笔钱的投资收益最大化，正在考虑以下几个选择：

选择一：将钱存放在可生息的支票账户里，利率为2%。FDIC为该账户提供银行破产保险。

选择二：把钱投资于票面收益率为5%的公司债券，该企业破产的概率为10%。

选择三：把钱借给你朋友的室友迈克，约定利率为8%，但你认为有7%的可能迈克会不还钱而一走了之。

选择四：以现金形式持有，收益率为零。

a. 如果你是风险中性的（也就是说，你既不追逐风险，也不畏惧风险），为了最大化你的预期收益，你会选择上述哪种投资方式？（提示：计算时，用每个可能的收益结果乘以该结果的概率，再加总得到预期收益。）

b. 假定你只能在选择三和选择四当中做决定。如果给你的朋友100美元可获取关于迈克的额外信息，能确切地说明他是否会不还钱就离开，你愿意支付这100美元吗？怎么理解风险相关信息改善的价值？

第3章 货币是什么?

学习目标

3.1 描述货币是什么。

3.2 列举和总结货币职能。

3.3 明确各种类型的支付体系。

3.4 比较 M1 和 M2 货币供给量。

本章预习

如果你生活在独立战争之前的美国，你手上的货币可能主要是西班牙多布隆（一种银币，当时也被称为“八块”）。在南北战争以前，美国的主要货币形式有金币和银币，以及私人银行发行的纸币，被称为“银行券”。今天你所使用的货币不仅有政府发行的硬币和纸钞，而且有借记卡以及依据银行账户所签发的支票。不同时期的货币形式不同，但货币对于人类和经济的重要性始终不变。

为了理解货币在经济中的重要作用，我们必须确切理解货币到底是什么。本章我们要对货币做出准确的定义，我们将探究货币职能，了解货币促进经济效率的原因和过程，追溯货币形式的演变历史，并考察货币现在是怎样计量的。

3.1 货币的含义

目标 3.1 描述货币是什么。

日常交谈所说的“货币”（money）一词可以指很多东西，但对于经济学家而言，货币有其非常特别的含义。为了避免混淆，我们必须弄清经济学家所使用的货币一词与通常用法有哪些不同。

经济学家将货币（或称货币供给，money supply）定义为用于购买产品和服务或偿还债务的被普遍接受的任何东西。由纸钞和硬币组成的**通货**（currency）显然符合这一定义，属于货币中的一种类型。当大部分人谈到货币时，他们指的就是通货。例如，如果有人靠近你说“要钱还是要命”，你就要迅速交出身上所有的通货，而不是追问“你说的货币究竟指什么?”

对于经济学家而言，将货币仅仅定义为通货显然过于狭窄了。由于支票也被接受为购买的支付工具，所以支票账户存款同样也被看作货币。我们常常还需要范围更广的货币定义，诸如储蓄存款等其他项目，如果能迅速且方便地转化为通货或支票账户存款，事实上也能发挥货币的职能。如你所见，即使对于经济学家来说，要给出单一而且精确的货币或货币供给的定义，也是绝无可能的。

货币还经常被作为财富的同义词，这让问题更为复杂。当人们说“乔非常富有，有很多很多钱”时，他们的意思可能是，乔不仅有很多通货和大笔支票账户余额，还有股票、债券、4 辆车、3 栋房子和 1 艘游艇。由此可见，用“通货”指代货币过于狭窄，但像这样的惯常用法又太宽泛了。经济学家的区分方法是：货币的形式包括通货、活期存款和可以用于购买的其他东西；**财富**（wealth）指用于价值储藏的各项财产的总和，不仅包括货币，还包括其他资产，比如债券、普通股、艺术品、土地、家具、汽车和房屋等。

人们还常常用货币一词指代经济学家所说的收入。例如：“希拉是一个理想的配偶，她有很好的工作，能赚很多钱。”**收入**（income）指单位时间的收益流。相反，货币是存量概念，是给定时间点上的特定金额。如果有人告诉你他有 1 000 美元收入，你很难判断他的收入高低，因为你不清楚这 1 000 美元是每年、每月还是每天的收入。但是，如果有人告诉你他口袋里有 1 000 美元，你就很确切地知道这是多少钱。

要记住，本书所讨论的货币指用于购买产品和服务或偿还债务的被普遍接受的任何东西，与收入和财富截然不同。

3.2 货币职能

目标 3.2 列举和总结货币职能。

无论货币是贝壳、岩石、黄金还是纸张，在任何经济中它都具有三个主要职能：交易媒介、记账单位和价值储藏。在这三个职能中，交易媒介是使货币区别于股票、债券和房屋等其他资产的关键。

交易媒介

对于我们经济中几乎所有的市场交易，以通货或支票形式出现的货币都是**交易媒介**（medium of exchange），用来购买产品和服务。使用货币作为交易媒介，节省了交换产品和服务所花费的时间，因而促进了经济效率。为了解其中的缘由，我们来观察一个不存在货币的物物交换经济（barter economy，也称以物易物），这里的产品和服务与其他产品和服务直接相互交换。

譬如说，经济学教授艾伦只会做一件事：讲授精彩的经济学课程。在物物交换经济中，如果艾伦想吃东西，她必须找到一位农夫既生产她所喜爱的食物，又想学习经济学。你可以想象，这个寻找过程将是相当困难且耗费时间的，而且艾伦寻找渴望学习经济学的农夫所花费的时间可能比她用来讲课的时间还多。甚至有可能，她不得不放弃教学，自己跑去种地了。但即便如此，她仍然可能饿死。

设法完成产品和服务的交易所花费的时间被称为交易成本。在物物交换经济中，交易成本相当高，因为人们必须满足“需求的双重巧合”（即人们必须找到拥有他们所需产品和服务的人，并且这个人也需要他们所能提供的产品和服务）。

我们来看看，如果把货币引入经济学教授艾伦的世界，将会发生什么。艾伦可以为任何愿意付钱听课的人授课。然后，她可以去找任何一位农夫（或者农夫在超级市场的代理人），用她赚到的那些钱去购买她所需要的食物。这避免了需求的双重巧合问题，而且艾伦节省了大量时间，可以去从事她最擅长的教学工作。

这个例子表明，因为大大缩短了交换产品和服务所花费的时间，货币提高了经济效率；让人们可以专门从事他们所擅长的工作，同样提高了经济效率。所以，货币是经济中至关重要的东西：通过降低交易成本，鼓励专业化和劳动分工，货币作为润滑剂让经济运行更加流畅。

现实对货币的需求是如此强烈，以至于除了最原始的阶段以外，几乎每个经济社会都发明了货币。一种商品若要作为货币有效地发挥作用，必须满足若干标准：（1）必须易于标准化，使得确定其价值很简单；（2）必须被普遍接受；（3）必须可以分割，以便“找零”；（4）必须易于携带；（5）不能很快腐化变质。在人类历史上，满足上述条件的事物有很多独特的形式，从美洲原住民用过的贝壳串珠（wampum），到早期美洲殖民者用过的烟草和威士忌，直至第二次世界大战期间战俘营里用过的香烟。① 这些在历史长河中不断发展形成的多种多样的货币形式，如同工具和语言的发展，都是人类无穷创造力的证明。

记账单位

货币的第二个职能是提供**记账单位**（unit of account），也就是说，货币被用来衡量经济中的价值。如同我们用磅来称重、用英里来测距一样，我们用货币来衡量产品和服务的价值。为了看清楚这个职能为何重要，我们再来看看以物易物经济，那里没有货币执行该职能。如果经济中只有 3 种商品，比如桃子、经济学课程和电影，我们只需要 3 种价格就可以完成全部交换：以经济学课程表示桃子的价格（即一个桃子可以换多少经济学课程）、以电影表示桃子的价格和以电影表示经济学课

① 雷德福（R. A. Radford）曾经写过一篇十分有趣的文章，讲述了第二次世界大战期间战俘营里的货币发展。参见 R. A. Radford，“The Economic Organization of a P. O. W. Camp，” *Economica* 12（November 1945）：189-201。

程的价格。如果经济中有 10 种商品，需要 45 种价格完成商品交换；如果有 100 种商品，需要 4 950 种价格；1 000 种商品需要 499 500 种价格。①

想象一下，在以物易物经济中，如果去超级市场购物该有多么困难。面对货架上 1 000 种商品，就算知道 1 磅鸡肉价格为 4 磅黄油，1 磅鱼肉价格为 8 磅西红柿，想要分辨鸡肉和鱼肉哪个更便宜显然也不容易。要方便比较价格，每种商品价签上都不得不标注 999 个价格。单是看这些价格所花费的时间就是相当高昂的交易成本。

要解决这个问题，就需要在经济中引入货币，用货币单位给所有商品标价，例如用美元来表示经济学课程、桃子和电影的价格。如果经济中只有 3 种商品，要完成交易我们仍然需要 3 种价格，与以物易物体系相比并没有多少优势。但是，对于 10 种商品，我们只需要 10 种价格，100 种商品只需要 100 种价格。在一个有 1 000 种商品的超级市场中，我们只需要考虑 1 000 种价格，而不是 499 500 种价格！

可以看出，将货币作为记账单位，可以大大减少我们需要的价格数量，从而降低交易成本。经济越是复杂，货币这一职能带来的好处就越大。

价值储藏

货币还可以发挥**价值储藏**（store of value）职能，即在时间推移过程中购买力的储藏。价值储藏可以将购买力储蓄起来，从获得收入之日直到支出之日。这种货币职能很有用，因为大部分人并不希望把收入在获取之日就立刻花掉，而是更愿意等到有时间和有意愿时再去购物。

货币的价值储藏职能并非独特的；任何资产，无论是货币、股票、债券、土地、房屋、艺术品还是珠宝，都可以用来储藏财富。在价值储藏方面，上述许多资产甚至比货币更具优势：它们通常向资产所有者支付更高的利息，保值增值，或者具备服务功能，比如可以提供居住场所。既然这些资产是更有利的价值储藏手段，为什么人们还愿意持有货币呢？

这个问题的答案涉及一个十分重要的经济学概念——**流动性**（liquidity），即某一资产转化为交易媒介的便利程度和速度。流动性是特别令人向往的。由于货币本身就是交易媒介，因此是流动性最高的资产，它无须转化就可以直接用于购买。其他资产在转化为货币的过程中都会产生交易成本。例如，如果你想出售房屋，你必须支付经纪人佣金（通常为房屋售价的 4%～6%），而且如果你急需现金来支付账单，为了尽快将房屋出手可能不得不接受低价。货币是最具流动性的资产，虽然不是最有吸引力的价值储藏手段，但人们仍然愿意持有它。

---

① 若经济中有 N 种商品，那么我们需要的价格数量就是其中两两配对的数量：

$$\frac{N(N-1)}{2}$$

例如，如果有 10 种商品，我们需要的价格数量为$\frac{10\times(10-1)}{2}=\frac{90}{2}=45$种。

货币的价值储藏职能好不好取决于物价水平。如果所有价格都上涨一倍，那么货币价值就打了对折；相反，如果所有价格都打对折，那么货币价值就上涨了一倍。在价格水平快速上涨的通货膨胀时期，货币价值也在迅速流失，人们就更不愿意以货币形式来储藏财富。在月通货膨胀率超过50%的极端通货膨胀下，即**恶性通货膨胀**（hyperinflation）时期，情况更是如此。

第一次世界大战后德国曾经发生过恶性通货膨胀，月通货膨胀率有时甚至超过1 000%。在1923年恶性通货膨胀接近尾声时，物价水平与两年前相比已上涨了300亿倍。即使购买最普通的商品，需要的货币数量也是惊人的。有很多恶性通货膨胀时期的传说，像是买一条面包需要整整一推车现金。货币贬值如此迅速，以致工人在发薪日不得不数次中断工作，以便赶在货币一文不值以前把工资花掉。这个时候没有人愿意持有货币，交易中使用货币会被拒绝，物物交换越来越普遍。可以想象，交易成本直线上扬，经济产出急剧下降。

3.3　支付体系的演变

目标3.3　明确各种类型的支付体系。

支付体系（payments system）是经济中进行交易的方式。通过考察支付体系的演变，我们可以更好地理解货币职能以及历史上出现过的货币形式。几个世纪以来，随着支付体系的演进，货币形式也在不断变化。黄金等贵金属一度是主要支付手段，也是主要货币形式。后来，支票和通货等纸质资产开始在支付体系中使用并被视为货币。支付体系的发展方向决定了货币的未来。

商品货币

要理解支付体系的未来走向，搞清楚它是如何演变而来的非常有用。任何履行货币职能的物品都必须被普遍接受；每个人都愿意接受它用于支付产品和服务。凡是对人有明显价值的物品都有可能成为货币，所以金银等贵金属作为货币是很自然的选择。由贵金属或其他有价值商品构成的货币被称为**商品货币**（commodity money）。除了最原始时期的人类社会，从远古到数百年前，商品货币一直发挥着交易媒介职能。就纯粹以贵金属为基础的支付体系而言，最大的问题就是这种货币形式太重了，从一地运送到另一地非常困难。如果你只能用铸币购物，想想你口袋得磨出多少破洞吧！事实上，购买房屋等大宗商品，你简直要租辆卡车来搬运货币。

不兑现纸币

支付体系的下个发展阶段是纸币（paper currency，履行交易媒介职能的纸片）。起初，纸币附带有可以兑换为铸币或确定数量贵金属的保证。之后通货演变成**不兑现纸币**（fiat money），即由政府宣布为法定偿还工具（指在法律上必须接受为债务偿还工具）的纸币，但不能兑换成铸币或贵金属。纸币的优点是比铸币和贵金属轻得多，但只有在人们信任发行纸币的货币当局，只有在印刷技术已经足够先进从而使伪造极端困难时，纸币才被接受为交易媒介。由于纸币已经演变成为一种法律安排，国家可以任意改变其所使用的通货。实际上 2002 年许多欧洲国家就是这样做的，它们弃用了自己的通货，换成欧元钞票和硬币。

纸币和硬币的主要缺点在于容易失窃，而且如果金额巨大，那么体积太大会使得运费昂贵。为了解决这个问题，伴随着现代银行业的发展，支付体系演变进入新阶段：发明了支票。

支　票

支票是你向开户行发出的支付指令，要求银行把钱从你的账户转出，在他人存入支票时把钱转入相应账户。支票使人们无须携带大量通货就可完成交易。引入支票是提高支付体系效率的重大创新。支付总是有来有往，很多时候彼此可以抵销；如果没有支票，就要发生大量通货的运动。有了支票，相互抵销的支付可以通过冲销支票来清算，而无须移动任何通货。由此，支票使用降低了支付体系产生的运输成本，提高了经济效率。支票的另一个优点是，可以在账户余额范围内签写任何金额，使得大额交易更加简便。支票的优越性还体现在大大降低了失窃造成的损失，以及提供方便的购买收据。

然而，基于支票的支付体系存在两个问题。首先，把支票从一地送达另一地需要时间，如果要向急于收款的异地账户付款，就会有这个难题。而且，如果你有支票账户，就会知道从存入支票到银行方面允许使用相应资金，中间经常需要若干个工作日，那么在你急需用钱时，支票支付的这个特点会让人头疼不已。其次，纸质支票的处理成本相当高。据估计，目前美国全部已签发支票的处理成本每年超过 50 亿美元。

电子支付

平价计算机的发展和互联网的普及，让如今的电子账单支付非常便宜。过去，你必须邮寄支票来付账单，而现在，只需要登录银行网站，点击几下鼠标，电子汇款就完成了。这不仅节省了邮票费用，而且付账单不费吹灰之力，（几乎）成了乐事。现在，银行电子支付体系甚至连登录付账的步骤都帮你省了。取而代之的是，循环发生的账单可以自动从银行账户扣款。据估计，电子付账与支票付账相比，每笔交易节约成本超过 1 美元。因此电子支付在美国变得越来越普遍。

电子货币

电子支付技术不仅可以取代支票，而且可以用**电子货币**（electronic money，

e-money，只以电子形式存在的货币）取代现金。最早的电子货币是借记卡。借记卡看上去与贷记卡十分相像，消费者可以用来购买产品和服务，资金则通过电子转账直接从消费者银行账户转到商家账户。接受贷记卡的地方几乎都可以使用借记卡，而且现在经常比使用现金还快捷。例如，在大部分超市，你只需要把借记卡在结账台读卡器上刷一下，敲个键，购物金额就从你银行账户扣掉了。大部分银行和维萨、万事达这样的公司都发行借记卡，而且你的自动柜员机（ATM）卡通常也都可以作为借记卡使用。

储值卡是更高级的电子货币。最简单的储值卡是消费者提前支付固定金额购买的卡片，比如预付费电话卡。更复杂的储值卡被称为**智能卡**（smart card）。其中内含计算机芯片，可以根据需要从持有人银行账户向卡中加载数字现金。在日本、韩国等亚洲国家，手机现在有了智能卡特征，把“手机支付”这个词提升到了一个新层次。使用智能卡读卡器或者专门电话设备，ATM、个人电脑等都可以加载智能卡。

第三种电子货币通常被称为**电子现金**（e-cash），用于网购产品或服务。消费者把现金从银行转到线上支付提供商（比如 PayPal）的账户上，获得电子现金。想用电子现金购物时，可以使用个人电脑、平板电脑或者智能手机，对网店内选中的商品点击“购买”，电子现金就会自动地从消费者账户转移到商家账户。电子货币是如此方便，你可能会以为无现金社会将很快到来，届时所有支付都以电子方式完成。然而，正如 FYI 专栏“我们正走向无现金社会吗？”所讨论的，这种情况还没有发生。

FYI 专栏　我们正走向无现金社会吗？

无现金社会的预言已经有几十年了，但到现在还没有实现。比如，《商业周刊》1975 年曾经预言，电子支付方式“很快将彻底改变货币概念本尊”，没想到几年以后观点就反转了。尽管电子货币使用越来越广泛，但人们仍然大量使用现金。为什么向无现金社会的前进速度如此之慢呢？

虽然电子货币比纸质货币支付体系更为方便和高效，但多种因素阻碍了纸质货币体系的消亡。首先，要准备必要的计算机、读卡器以及通信网络才能使电子货币成为主要支付形式，费用非常昂贵。其次，电子支付方式引起了对安全和隐私的关切。我们经常看到这样的媒体报道：未经授权的黑客闯入计算机数据库并更改存储信息。这种现象并不罕见，不法之徒很可能通过电子支付体系进入银行账户，将其他人的账户资金据为己有。防止此类犯罪行为绝非易事，应对这种安全问题的全新计算机科学领域已经发展形成。更多担忧在于，使用电子支付方式会留下数字痕迹，其中涉及购买习惯等大量私人信息。人们担心政府机构、雇主和营销商可能得到这些数据，进而能够任意侵犯我们的隐私。

最后，虽然今后电子货币使用肯定会增多，但是借用马克·吐温（Mark Twain）所言，“对现金已死的报道实在太夸张了”。

3

应用 比特币或其他加密货币会成为未来货币吗？

加密货币是使用密码学原理来确保金融交易安全性的一种电子货币形式。比特币被视为首个成功的加密货币，由软件开发师中本聪（Satoshi Nakamoto）在 2009 年创设。加密货币（比如比特币）不受单一实体机构（如中央银行）控制，而是被设计为去中心化模式，用户在使用算力来校验和处理交易时即生成新的加密货币单位，这个过程被称为“挖矿”。比特币是目前发行量最大的加密货币，其他加密货币如以太坊（Ethereum）、瑞波币（Ripple）、比特现金（Bitcoin Cash）和 EOS（指基于商用区块链操作系统的代币）等都有广泛使用。

一些技术热衷者将比特币和其他加密货币描述为未来的货币。但这些加密货币满足我们前文讨论过的货币三大关键职能吗？也就是说，它们可以执行交易媒介、记账单位和价值储藏的职能吗？

加密货币当然可以很好地充当交易媒介。它们有两个特征在处理交易上很受欢迎。首先，交易费用远远低于信用卡和借记卡等方式。其次，加密货币执行的交易可以匿名，这对那些希望保护隐私的人非常有吸引力。

但加密货币价值波动巨大。比如，比特币价格一直都极不稳定，据估计，其波动性是黄金的 7 倍以上，是标准普尔 500 等股票市场指数的 8 倍以上。2011 年比特币价格在 30 美分～32 美元之间波动。而后于 2013 年 4 月 10 日升至 255 美元的高位，没想到 4 月 17 日就跌回到 55 美元。2013 年 11 月 30 日比特币价格冲高到 1 125 美元，但到 2015 年 6 月回落至 200 美元左右；然后进入上升通道，在 2017 年 12 月接近 20 000 美元的高点。到 2020 年又跌回到 7 000 美元以下。

加密货币价值的高度波动性意味着无法很好地执行价值储藏职能，原因是风险太大了。而且，其美元价格每天大幅变动意味着它们无法很好地执行记账单位职能，因为用加密货币表示的产品和服务价格也会每天大规模波动。所以一点也不奇怪，迄今没有加密货币成为记账单位：几乎没有人用比特币或其他加密货币给自己的产品标价。

不仅如此，比特币和其他加密货币难以追踪，因而被活跃在所谓暗网（无法以常规浏览方式登录的网站）上的犯罪团伙大加利用。所以未来政府可能禁止使用这些加密货币。中国已经宣告把比特币用作货币是非法的。

比特币和其他加密货币不满足货币三大关键职能中的两个。虽然炒作不断，但根据我们对货币职能的理解，很显然加密货币不是未来的货币。不过，有些加密货币技术可以让用户低成本地进行电子交易，有可能成为未来电子支付体系的一个特征。事实上，中央银行正打算发行它们自己的数字货币，这些货币将会拥有加密货币的很多特征，但是价值将钉住某个记账单位（比如美元）。

3.4 货币的计量

目标 3.4 比较 M1 和 M2 货币供给量。

货币被定义为购买产品和服务时被普遍接受的任何东西，表明货币是以人的行为来定义的。一种资产被视为货币，条件是人们相信支付时其他人会愿意接受它。正如我们看到的，几个世纪以来，从黄金到纸币再到支票账户，很多不同的资产都曾经充当过货币。鉴于这个原因，从行为角度做出的货币定义无法确切地告诉我们经济中哪些资产应当被视为货币。为了计量货币，我们需要一个严格的定义来精确地告诉我们货币到底包括哪些资产。

联邦储备体系的货币总量

美国负责货币政策的中央银行机构——联邦储备体系（美联储），对于如何计量货币曾经做过大量研究。近年来，金融创新浪潮创造了很多可以归入货币范畴的新型资产，这使得货币计量问题变得特别困难。1980 年以来，美联储曾经数次修改其货币计量口径，并最终确定了如下这些货币供给指标，又被称为**货币总量**（monetary aggregate，见表 3-1 和接下来的金融新闻解读专栏）。

表 3-1　货币总量指标

	2020 年 8 月 31 日价值（十亿美元）
M1＝通货	1 920.4
＋活期存款	2 317.0
＋其他支票存款	1 176.4
M1 总计	5 413.8
M2＝M1	
＋小额定期存款	351.9
＋储蓄存款和货币市场存款账户	11 593.4
＋货币市场共同基金份额（零售）	1 105.2
M2 总计	18 464.3

资料来源：Federal Reserve Statistical Release，H.6，Money Stock Measures：http://www.federalreserve.gov/releases/H6/current.

M1 是美联储公布的狭义货币指标，包括流动性最强的资产：通货、支票账户存款和旅行支票。M1 的构成情况见表 3-1。M1 中的通货部分只包括非银行公众持有的纸钞和硬币，ATM 中的现金和银行库存现金不包括在内。令人惊讶的是，美国人均的流通中现金超过 5 000 美元（参见 FYI 专栏）。活期存款部分包括不付息的企业支票账户。其他支票存款项目包括其他所有可以开具支票的存款，特别是居民持有的可生息的支票账户。这些资产显然是货币，因为可以直接用作交易媒介。

直到 20 世纪 70 年代中期以前，只有商业银行可以开设支票账户，并且不得为之支付利息。随着金融创新（第 11 章详细讨论）的出现，监管发生了很大变化，于是储蓄与贷款协会、互助储蓄银行、信用社等其他类型的银行也可以提供支票账户。另外，银行机构还可以提供很多可以付息的其他支票存款，例如可转让支付命令（negotiated order of withdrawal，NOW）账户和自动转账服务（automatic transfer from savings，ATS）账户。

货币总量 **M2** 等于 M1 加上那些流动性不及 M1 的其他资产：有支票签发特征的资产（货币市场存款账户和货币市场共同基金份额），以及能以较小成本迅速转化为现金的其他资产（储蓄存款和小额定期存款）。小额定期存款是指面值低于 10 万美元的定期存单，只有在固定到期日赎回才不必支付罚款。储蓄存款是指可在任意时间存入或提取的非交易存款。货币市场存款账户类似于货币市场共同基金，但是由银行发行。货币市场共同基金份额是居民可据以签发支票的零售账户。

由于经济学家和政策制定者不确定哪个货币总量是最好的货币计量指标，因此很自然地我们会想知道 M1 和 M2 的变动趋势彼此是否严格一致。如果一致，那么用任何一个货币总量来预测未来经济运行情况以及来操作货币政策，都与使用另一个指标效果相同；也就是说，即使我们不确定哪个货币定义更适合用来做政策决策，也没什么关系。但如果二者走势不一致，那么两个货币总量所反映的货币供给变化情况可能截然不同。信息冲突令人对局面感到困惑，使决策者难以判断正确的行动方向。

图 3-1 给出了从 1960 年到 2020 年的 M1 和 M2 增长率。两个货币总量的增长率确实有同步变动的倾向；在 20 世纪 90 年代以前，二者升降的时间点大致相似，而且平均来看，二者在 70 年代的增长率都高于 60 年代。

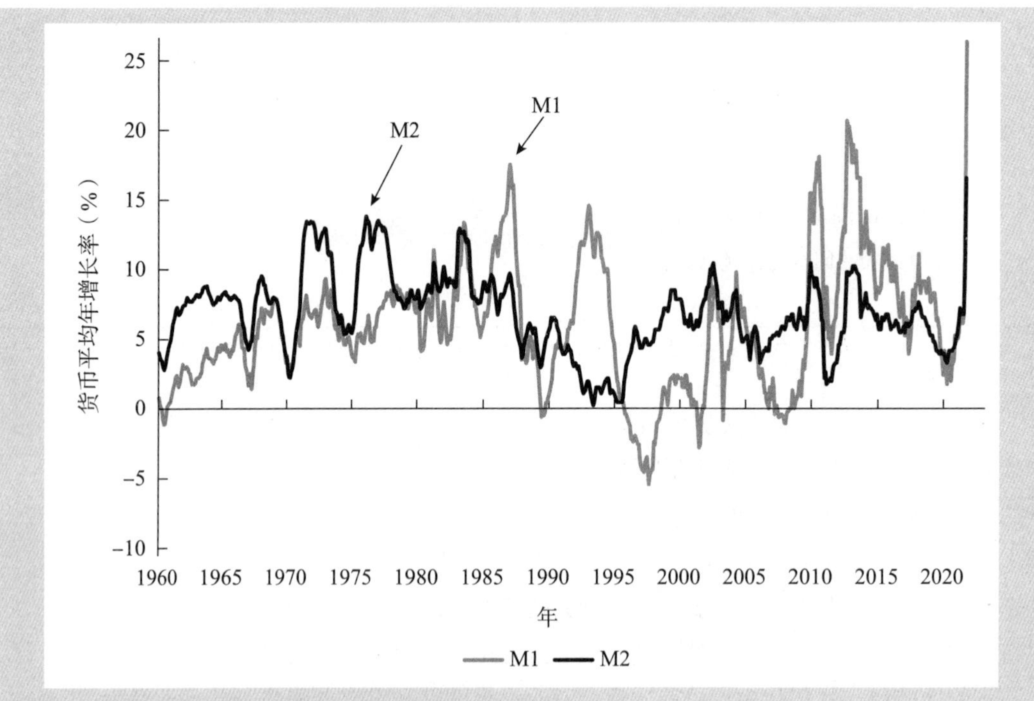

图 3-1　1960—2020 年间 M1 和 M2 增长率

M1 和 M2 增长率的升降时间点大致相似。但在一些时期，比如 1992—1994 年间、2005—2007 年间，M1 和 M2 朝相反方向变动，导致关于货币政策最佳路线的建议相互冲突。

资料来源：Federal Reserve Bank of St. Louis，FRED database：https://fred. stlouisfed. org/sries/M1SL.

但这些货币总量的变动趋势之间也存在明显差异。1992—1994年间，M1增长率很高，相比之下M2增长率要低得多。也要注意在2004—2007年间，M2增长率略有提高，但M1增长率却急剧减速而且变成了负数。在2009年和2011年，M1增长率从前一年接近零飙升到超过了15%，M2增长率则没有这么剧烈上升。由此可见，不同货币指标对于近年来货币政策的结果讲述了完全不同的故事。

从图3-1的数据可以看出，找到某个单一的、准确的而且正确的货币计量指标非常重要，而且政策制定者和经济学家选择哪个货币总量作为最优货币计量指标确实会有很大影响。

金融新闻解读　货币总量

每周四，美联储都会在H.6公报中公布M1和M2数据。媒体也经常报告这些数据。H.6公报可在如下网址中找到：http://www.federalreserve.gov/releases/h6/current/h6.htm。

FYI专栏　美元都在哪儿?

美国人均持有的美元通货超过5 000美元，这个数字大得惊人。美元通货体积大，易于失窃，并且不支付任何利息，所以对我们中的大多数来说，持有这么多美元通货根本讲不通。你认识哪个人口袋里装着5 000美元吗？我们有个谜题：所有这些美元都在哪里？都是谁在持有？

罪犯是持有大量美元的一个群体。如果你从事非法活动，你不会通过支票进行交易，因为它们是可追踪的，可以作为潜在的有力证据被拿来指控你。这就可以解释为什么黑帮和毒贩的绝大部分交易使用现金。有些企业也愿意保有大量现金，因为现金交易不那么容易被追踪；这样它们就可以避免申报收入，反之如果申报了收入，就需要纳税。

按照惯例，外国人是大量持有美元现金的又一个群体。很多国家经常发生高通货膨胀从而使本币价值受损，所以人们不信任本国货币；这些人持有美元是为了规避通货膨胀风险。例如，对卢布的不信任使得俄罗斯人大量囤积美元。一半以上的美元都在海外。

总　结

1. 对于经济学家而言，货币这个词的含义不同于收入和财富。货币是购买产品和服务或偿付债务时被普遍接受的任何东西。

2. 货币主要有三个职能：交易媒介、记账单位和价值储藏。货币作为交易媒介有助于避免以物易物经济中需求的双重巧合问题，进而降低交易成本，鼓励专业化和劳动分工。货币作为记账单位减少了经济中需要的价格数量，同样降低了交易成本。货币还可以作为价值储藏手段，但如果通货膨胀使货币迅速贬值，该职能就很糟糕了。

3. 支付体系随着时间的推移不断演变。除了最原始的社会以外，直到数百年前，几乎所有经济的支付体系都主要基于贵金属。引入纸钞降低了货币运输成本。下一个重大革新就是引入支票，

3

更进一步降低了交易成本。我们目前正在向电子支付体系发展，到那时纸币会消失，所有交易都由计算机处理。虽然这种支付体系具有潜在的效率优势，但有障碍减缓了向无支票社会的前进速度，阻挠了新型电子货币的发展。

4. 联邦储备体系定义了两个不同的货币供给指标：M1 和 M2。这两个指标并不等价，变动趋势也不总是一致，因此政策制定者不能将这两个指标混淆使用。找到准确的且正确的货币计量指标十分重要，对于货币政策操作有着特殊意义。

关键术语

商品货币	收入	支付体系	通货	流动性
智能卡	电子现金	M1	价值储藏	电子货币
M2	记账单位	不兑现纸币	交易媒介	财富
恶性通货膨胀	货币总量			

思考题

1. 为什么通货不是恰当的货币计量指标？

2. 监狱里犯人之间有时用香烟作为支付方式。为什么即使有的犯人不吸烟，香烟也能解决需求的双重巧合问题？

3. 经济中的三个人分别生产三种商品（见下表）：

商品	生产者
苹果	苹果园园主
香蕉	香蕉种植者
巧克力	巧克力制造商

如果苹果园园主只喜欢香蕉，香蕉种植者只喜欢巧克力，巧克力制造商只喜欢苹果，在以物易物经济中这三人之间会发生交易吗？引入货币将如何使这三个生产者受益？

4. 为什么穴居者不需要货币？

5. 大部分时候，我们很难将货币的三个职能分割开来。货币总是同时发挥这三个职能，但有时我们可以着重强调其中的某一个。对于以下三个场景，说出重点强调的是货币的哪个职能。

a. 布鲁克知道可以用货币购买产品和服务，因此她愿意接受以货币作为完成办公室日常工作的报酬。

b. 蒂姆想计算橘子和苹果的相对价值，于是她查看了用货币表示的每磅橘子和每磅苹果的价格。

c. 玛瑞亚怀孕了。她预计未来支出会增加，因而决定增加储蓄账户余额。

6. 1994 年以前巴西经历了快速通货膨胀过程，用美元而不是本国货币雷亚尔完成了许多交易。为什么？

7. 美国 20 世纪 50 年代与 70 年代相比，货币的价值储藏职能表现得更好吗？为什么？哪个时期你更愿意持有货币？

8. 为什么一些经济学家将恶性通货膨胀期间的货币比喻为“烫手的山芋”？

9. 在 19 世纪的美国，尽管知道支票会有退票的可能，为什么有时候人们仍然更愿意接受支票而非黄金支付？

10. 在古希腊，为什么黄金比美酒更有可能被用作货币？

11. 如果你使用 PayPal 等线上支付体系在网上购买产品和服务，会影响到 M1 货币供给量还是 M2 货币供给量，抑或两类货币供给量都会或者都不会受到影响？请解释原因。

12. 将下列资产按照流动性从高到低排列：

a. 支票账户存款。

b. 房屋。

c. 通货。

d. 汽车。

e. 储蓄存款。

f. 普通股。

13. 在美联储的货币总量指标 M1 和 M2 中，哪个是由流动性最高的资产组成的？哪个是更大口径的指标？

14. 经常有商家在标志牌上写着“不接受个人支票”。基于这一观察，请评价支票账户和通货的相对流动性水平。

15. 指出下列资产分别归属于哪个货币总量（M1、M2）：

a. 通货。

b. 货币市场共同基金。

c. 小额定期存款。

d. 支票存款。

16. 假定你想用支票账户的闲置余额赚些收益，决定签张支票买入一些货币市场共同基金份额。请评价该行为对 M1 和 M2 的影响（其他条件不变）。

17. 2009 年 4 月，M1 年增长率下跌到 6.1%，而 M2 年增长率上升到 10.3%。2013 年 9 月，M1 和 M2 的年增长率分别为 6.5%和 8.3%。美联储的政策制定者们应当如何解读 M1 和 M2 增长率的这些变化？

18. 假定有研究者发现，过去 20 年美国经济的债务总额指标比 M1 和 M2 能更好地预测通货膨胀和经济周期。这是否意味着我们应当将货币定义为经济中的债务总额？

应用题

19. 下表给出了各种货币形式的假定值，单位是十亿美元。

	2021 年	2022 年	2023 年	2024 年
A. 通货	900	920	925	931
B. 货币市场共同基金份额	680	681	679	688
C. 储蓄账户存款	5 500	5 780	5 968	6 105
D. 货币市场存款账户	1 214	1 245	1 274	1 329
E. 活期存款和支票存款	1 000	972	980	993
F. 小额定期存款	830	861	1 123	1 566
G. 3 个月期国库券	1 986	2 374	2 436	2 502

a. 利用该表计算每年的 M1 和 M2 货币供给量，以及较上一年的增长率。

b. 为什么 M1 和 M2 增长率如此不同？请解释原因。

第2篇

金融市场

危机与应对：2008 年 10 月和 2020 年 3 月的信贷市场混乱与股票市场崩溃

随着金融机构资产负债表上抵押支持证券价值严重缩水，始于 2007 年夏天的金融危机像滚雪球一样迅速升级。众议院担心愤怒的选民反对救助华尔街，在 2008 年 9 月 29 日（星期一）否决了布什政府提出的 7 000 亿美元救助方案。虽然救助方案在四天后最终通过，但次贷危机还是进入了更为猛烈的阶段。

投资者追捧安全资产使得 3 个月期国库券利率几乎下跌为零，上一次发生这种情况还是在 20 世纪 30 年代大萧条期间。风险衡量指标信贷利差冲高，国库券与欧洲美元之间的 TED 利差从次贷危机之前大约 40 个基点（0.40 个百分点）飙升到 10 月中旬超过 450 个基点，创下历史高点。股票市场在急速下跌后进一步动荡，从 2008 年 10 月 6 日开始的这一周创造了美国历史上的单周最大跌幅。

当新冠疫情变成了全球大流行时，3 个月期国库券利率再度跌至零附近；股票市场崩溃了，从 2020 年 2 月 19 日到 3 月 23 日下跌超过了 35%；而且 TED 利差从 2 月份约 10 个基点升高到 3 月底 140 个基点以上。

最近的金融危机和新冠疫情的影响充分说明了金融市场能有多不稳定。这种波动性直接冲击金融消费者，使得他们获取贷款的难度加大，房地产价值下跌，退休账户价值缩水，工作岗位岌岌可危。政策能够怎样应对金融市场混乱呢？我们从考察金融市场的内部运行（特别是利率变化）入手来分析这个问题。第 4 章介绍利率是什么，以及利率与债券价格、回报率之间的联系。第 5 章分析整体利率水平是如何决定的。第 6 章拓展债券市场分析来解释信贷利差变动以及长、短期利率之间的关系。第 7 章介绍预期在股票市场中的作用，并讨论股票价格的驱动力。

第4章 利率含义

学习目标

4.1 计算未来现金流的现值，以及四种信用市场工具的到期收益率。

4.2 区分到期收益率、当期收益率、回报率和资本利得率。

4.3 理解实际利率与名义利率的区别。

本章预习

利率属于经济中受到最密切关注的变量。利率的变动几乎被新闻媒体每天报道，因为它们直接影响我们的日常生活，并且对经济健康有着重要意义。利率影响个人决策，比如是储蓄还是消费，是购买住宅、投资债券还是把钱存入储蓄账户。利率还影响着企业和家庭的经济决策，例如是将资金投资于工厂新设备还是存起来不用。

在继续学习货币、银行与金融市场之前，我们必须准确理解利率一词的含义。我们在本章中将看到，到期收益率是对利率最精确的度量：当经济学家使用利率一词时，他们指的就是到期收益率。我们将讨论到期收益率的计算方法。我们还将了解到，债券利率并不必然表明这笔债券投资的好坏，原因在于债券投资收益（回报率）并不一定等于它的利率。最后，我们将探讨根据通货膨胀率调整的实际利率与未经调整的名义利率之间的区别。

虽然学习定义一向不是最令人激动的事，但仔细阅读并理解本章这些概念却是相当重要的。不仅因为这些概念在本书余下部分中会一直用到，而且准确把握这些术语将帮助你更清楚地理解利率在个人生活以及整体经济中的作用。

4.1 利率的计量

目标 4.1 计算未来现金流的现值，以及四种信用市场工具的到期收益率。

不同债务工具流向持有者的现金支付（即**现金流**，cash flows）在时间安排上差异很大。因此，在学习利率计量之前，我们先要明白如何比较不同种类债务工具的价值。为此需要用到现值这一概念。

现 值

现值（present value，**或现期贴现值**，present discounted value）的概念基于这样一个常识：一年后给你的 1 美元比现在给你的 1 美元的价值要低。这个常识是千真万确的，因为你可以将 1 美元存入储蓄账户赚取利息，那么一年后你拥有的就不止1 美元了。经济学家使用更正式的定义，本节来加以解释。

以最简单的债务工具来看，我们称其为**普通贷款**（simple loan）。其中，贷款人向借款人提供一笔资金（即本金，principal），借款人在到期日（maturity date）必须偿还，并额外支付利息。例如，如果你向你的朋友珍妮发放 100 美元 1 年期普通贷款，要求她 1 年后偿还 100 美元本金以及另外 10 美元利息。在这笔普通贷款中，计算利率自然而合理的办法就是用利息支付额除以贷款金额。由此得到的利率被称为单利率（simple interest rate），即

$$i=\frac{\$10}{\$100}=0.10=10\%$$

如果发放 100 美元贷款，在第 1 年末你将获得 110 美元，这可以表述为

$$\$100\times(1+0.10)=\$110$$

如果以相同利率再将 110 美元贷放出去，在第 2 年末你将获得：

$$\$110\times(1+0.10)=\$121$$

或者等价于

$$\$100\times(1+0.10)\times(1+0.10)=\$100\times(1+0.10)^2=\$121$$

继续发放这样的贷款，在第 3 年末你将获得：

$$\$121\times(1+0.10)=\$100\times(1+0.10)^3=\$133$$

归纳起来，可以发现在第 n 年末 100 美元将会变成

$$\$100\times(1+i)^n$$

从下面的时间轴能看到，今天发放 100 美元贷款在每年末你可以获得的金额为：

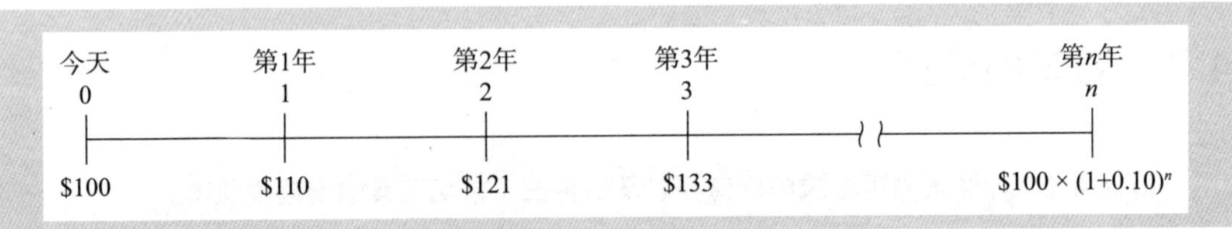

这个时间轴清楚地表明了，今天持有 100 美元与 1 年后持有 110 美元对你来说是效用相等的（当然，只要你确定珍妮能还钱）。今天持有 100 美元与 2 年后持有 121 美元，或者 3 年后持有 133 美元，或者 n 年后持有 $100\times(1+0.10)^n$ 美元，对你来说效用也都是一样的。该时间轴表明，我们也可以把未来的金额倒算回现在。比如，3 年后的 133 美元$[=\$100\times(1+i)^3]$ 相当于今天 100 美元的价值，即

$$\$100=\frac{\$133}{(1+0.10)^3}$$

上面计算未来收入金额在今天的价值的这个过程，我们称其为对未来的贴现（discounting the future）。这就是为什么现值概念也被称为现期贴现值。可以归纳该过程如下：将今天的 100 美元（现值）记作 PV，将未来现金流（付款）133 美元记作 CF，再把 0.10（即 10%的利率）替换为 i。则可得到下面的公式：

$$PV=\frac{CF}{(1+i)^n} \tag{4.1}$$

直观上，公式（4.1）告诉我们，如果有人承诺 10 年后你一定能得到 1 美元，那么这 1 美元不可能跟今天的 1 美元有一样的价值。因为如果你今天有 1 美元，可以将其用于投资，那么 10 年后你拥有的当然会比 1 美元更多。

现值的概念非常有用，因为已知单利率 i 我们就能算出某个信用（债务）市场工具今天的价值（价格），只要把所有未来收到的款项的各个现值加总即可。由此我们能对付款时间安排非常不同的两个或者更多金融工具进行价值比较。

应用　简单现值

如果利率为 15%，2 年后支付的 250 美元的现值是多少？

解答

现值是 189.04 美元。借助公式（4.1），

$$PV=\frac{CF}{(1+i)^n}$$

其中，CF=2 年后现金流=250 美元；

i=年利率=0.15；

n=年数=2。

因此，

$$PV=\frac{\$250}{(1+0.15)^2}=\frac{\$250}{1.3225}=\$189.04$$

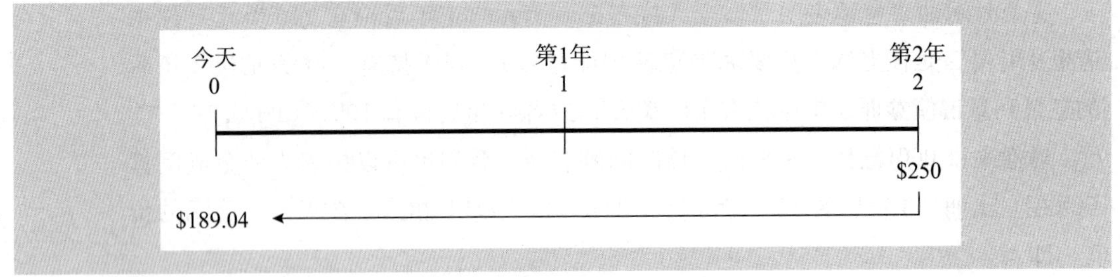

4

应用 头奖价值多少?

假定你购买纽约州政府彩票中了 2 000 万美元头奖，未来 20 年里你每年可以收到 100 万美元。你肯定很兴奋，可是你真的赢了 2 000 万美元吗?

解答

从现值来看显然不是这样。所谓 2 000 万美元换算成的今天价值要少得多。假定利率为 10%，第 1 笔 100 万美元付款的今天价值显然就是 100 万美元，但来年第 2 笔 100 万美元付款的今天价值只有 1 000 000/(1+0.10)=909 090 美元，远远少于 100 万美元。再接下来一年 100 万美元付款的今天价值为 $1\ 000\ 000/(1+0.10)^2=826\ 446$ 美元，依此类推。所有这些金额相加结果为 940 万美元。你还是会很兴奋（谁又不是呢?），但是因为你懂得现值概念，你就会意识到自己被虚假广告愚弄了。从现值来看，你事实上没有赢得 2 000 万美元，你得到的还不到 2 000 万美元的一半。(而且还是税前的!)

四种类型的信用市场工具

根据付款时间安排，信用市场工具可以分为四种基本类型。

1. 普通贷款。前面已经讨论过，普通贷款就是贷款人向借款人提供资金，借款人必须在到期日向贷款人归还本金，并额外支付利息。许多货币市场工具都是这种类型，例如，对企业发放的短期商业贷款。

2. **固定支付贷款**（fixed-payment loan，也称**完全分期等额偿还贷款**，fully amortized loan）。贷款人向借款人提供一定数量资金，在约定的若干年内，借款人每期（例如每月）偿还固定金额，其中既包括本金也包括利息。例如，如果你借入 1 000 美元，固定支付贷款会要求你在 25 年中每年偿还 126 美元。分期贷款（例如汽车贷款）与抵押贷款通常都属于这种固定支付类型。

3. **息票债券**（coupon bond）。这种债券每年向债券持有人支付固定金额的利息（息票利息），在到期日偿还事先规定的最终金额（债券**面值**，face value 或 par value）。(之所以称其为息票债券，是因为过去债券持有人要从债券上撕下所附的息票，交给债券发行人，后者见票后再向持有人支付利息。今天已经不必通过息票来领取利息了。）例如，面值为 1 000 美元的 10 年期息票债券，可能每年向持有人支付 100 美元息票利息，在到期日再向持有人偿还 1 000 美元面值。(债券面值通常为 1 000 美元的倍数。)

息票债券由以下四个信息确定。第一是债券面值；第二是发行债券的公司或政府机构；第三是债券到期日；第四是债券的**息票利率**（coupon rate），即每年支付的息票利息占债券面值的百分比。在我们的例子中，每年支付的息票利息为100美元，面值为1 000美元，息票利率就等于100/1 000=0.10，或10%。美国联邦政府发行的长期国债和中期国债，以及公司债券等资本市场工具，都属于息票债券。

4. **贴现债券**（discount bond，又称**零息债券**，zero-coupon bond）。这种债券的购买价格低于其面值（贴现发行），到期时按照面值偿付。与息票债券不同，贴现债券没有任何利息支付，发行人只需偿还债券面值。例如，面值为1 000美元的1年期贴现债券可能只需900美元就可以买到，1年后债券持有人将被偿还1 000美元面值。美国国库券、储蓄债券和长期零息债券等都属于贴现债券。

这四种工具的偿付时间不同：普通贷款与贴现债券仅在到期日偿付，而固定支付贷款与息票债券则在到期日前定期清偿。如何判断哪种工具能向持有人提供更多收入呢？由于清偿时间不同，它们看起来差异很大。为解决这个问题，就要用到前面介绍的现值概念，它为我们提供了计量不同类型工具利率的操作步骤。

到期收益率

在计算利率的几种常用方法中，**到期收益率**（yield to maturity）是最重要的，也就是使债务工具所得现金流支付的现值与其今天价值相等的那个利率。① 由于到期收益率的计算过程很好地体现了经济学思想，所以经济学家认为这是最准确的利率计量指标。

要更深入地理解这个概念，我们分别计算四种信用市场工具的到期收益率。在所有这些例子中，理解到期收益率如何计算的关键，在于令债务工具的今天价值等于其未来所有现金流支付的现值。

普通贷款 根据现值概念，普通贷款的到期收益率十分容易计算。对于刚讨论过的1年期贷款，今天价值是100美元，1年后偿付额是110美元（100美元本金偿付加上10美元利息支付）。已知未来偿付额的现值必须等于贷款的今天价值，利用以上信息可求解得出到期收益率 i。

应用 普通贷款的到期收益率

如果彼得向姐姐借100美元，姐姐将要求他1年后还110美元。这笔贷款的到期收益率是多少？

解答

这笔贷款的到期收益率是10%。

---

① 有时，到期收益率也被称为内部收益率。

$$PV=\frac{CF}{(1+i)^n}$$

其中，PV=借款金额=100 美元；

CF=1 年后现金流=110 美元；

n=年数=1。

因此，

$$\$100=\frac{\$110}{1+i}$$

$$(1+i)\times\$100=\$110$$

$$1+i=\frac{\$110}{\$100}$$

$$i=1.10-1=0.10=10\%$$

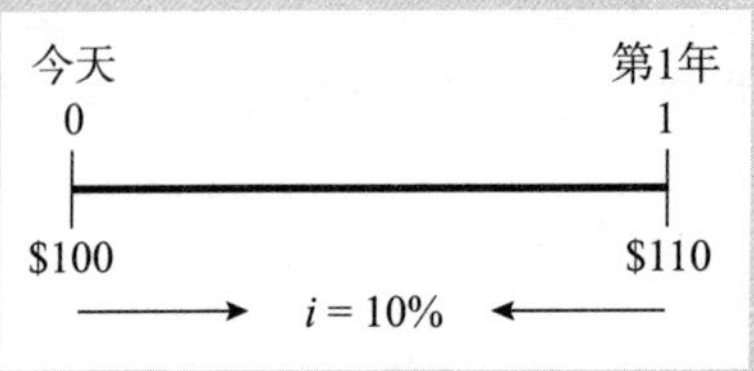

这个到期收益率的计算过程应该很眼熟，等于用 10 美元利息支付除以 100 美元贷款金额，也就是该笔贷款的单利率。应当记住的重要一点是，**对普通贷款而言，单利率就等于到期收益率。**所以，i 既用来表示到期收益率，又用来表示单利率。

固定支付贷款 如前所述，这种贷款在整个期限内的每期现金流支付都相同。以固定利率抵押贷款为例，借款人每月向银行偿还相同金额，在到期日贷款全部还清。要计算固定支付贷款的到期收益率，我们采取与普通贷款相同的方法，即令贷款的今天价值等于它的现值。由于固定支付贷款涉及多次现金流支付，需要利用公式（4.1）将所有现金流支付的现值加总来计算固定支付贷款的现值。

在前面的例子中，贷款金额为 1 000 美元，在未来 25 年每年偿还 126 美元。现值（PV）计算过程如下：第 1 年末 126 美元付款的现值为 $126/(1+i)$ 美元：第 2 年末 126 美元付款的现值为 $126/(1+i)^2$ 美元：依此类推，第 25 年末最后一笔 126 美元付款的现值为 $126/(1+i)^{25}$ 美元。令这笔贷款的今天价值（1 000 美元）等于所有年付款项的现值之和，即

$$\$1\ 000=\frac{\$126}{1+i}+\frac{\$126}{(1+i)^2}+\frac{\$126}{(1+i)^3}+\cdots+\frac{\$126}{(1+i)^{25}}$$

更一般地，对于任何固定支付贷款，有

$$LV=\frac{FP}{1+i}+\frac{FP}{(1+i)^2}+\frac{FP}{(1+i)^3}+\cdots+\frac{FP}{(1+i)^n} \quad (4.2)$$

其中，LV 为贷款金额；FP 为每年固定偿付金额；n 为距离贷款到期的年限。

对于一笔固定支付贷款而言，贷款金额、每年固定偿付金额与距离贷款到期的年限都是已知的，只有到期收益率是未知的。因此我们可以从这个等式中求解到期收益率 i。由于这一计算比较烦琐，许多财务计算器都提供了特定程序，根据 LV、FP、n 等已知贷款数据信息来确定 i。例如，25 年期、年偿付额为 85.81 美元的 1 000 美元贷款，通过求解公式（4.2）可知到期收益率为 7%。不动产经纪人通常随身携带这样的财务计算器，当潜在购房者打算利用抵押贷款买房时，他们就可以立即报出每年（或每月）要偿还的准确金额。

4

应用 固定支付贷款的到期收益率与年偿付额

你决定要购买新房子，需要借入 10 万美元抵押贷款。你从银行贷款的利率为 7%。要想在 20 年里还完贷款，每年需要还多少钱？

解答

每年需要向银行偿还 9 439.29 美元。

$$LV=\frac{FP}{1+i}+\frac{FP}{(1+i)^2}+\frac{FP}{(1+i)^3}+\cdots+\frac{FP}{(1+i)^n}$$

其中，LV＝贷款金额＝10 万美元；

i＝年利率＝0.07；

n＝年数＝20。

因此，

$$\$100\,000=\frac{FP}{1+0.07}+\frac{FP}{(1+0.07)^2}+\frac{FP}{(1+0.07)^3}+\cdots+\frac{FP}{(1+0.07)^{20}}$$

用财务计算器计算该贷款每年*的偿付金额：

n＝年数＝20

PV＝贷款金额(LV)＝10 万美元

FV＝20 年后的贷款金额＝0

i＝年利率＝0.07

点击 PMT 键，得到每年固定偿付金额（FP），即 9 439.29 美元。

息票债券 息票债券到期收益率的计算方法与固定支付贷款相同，就是要令债券的今天价值等于它的现值。由于息票债券同样涉及多次现金流支付，债券现值等

* 原文为每月，疑为作者笔误。——译者注

4

于所有息票利息支付的现值与最后偿还的债券面值的现值之和。

面值为 1 000 美元、还有 10 年到期、每年息票利息支付为 100 美元（10%的息票利率）的债券，其现值计算如下：第 1 年末息票利息支付 100 美元的现值为 $100/(1+i)$ 美元；第 2 年末 100 美元息票利息支付的现值为 $100/(1+i)^2$ 美元；依此类推，在到期日，100 美元息票利息支付的现值为 $100/(1+i)^{10}$ 美元，以及 1 000 美元面值偿付的现值为 $1\ 000/(1+i)^{10}$ 美元。令债券的今天价值（即债券的现价，以 P 表示）等于债券所有现金流支付的现值之和，即

$$P=\frac{\$100}{1+i}+\frac{\$100}{(1+i)^2}+\frac{\$100}{(1+i)^3}+\cdots+\frac{\$100}{(1+i)^{10}}+\frac{\$1\ 000}{(1+i)^{10}}$$

更一般地，对于任何息票债券①，

$$P=\frac{C}{1+i}+\frac{C}{(1+i)^2}+\frac{C}{(1+i)^3}+\cdots+\frac{C}{(1+i)^n}+\frac{F}{(1+i)^n} \tag{4.3}$$

其中，P 为息票债券价格；C 为每年息票利息支付；F 为债券面值；n 为距到期日的年数。

在公式（4.3）中，息票利息支付、面值、期限与债券价格都是已知的，只有到期收益率未知。所以我们可以从这个等式中求解到期收益率 i。与固定支付贷款一样，这个计算过程比较烦琐，商业软件和财务计算器都内置了求解程序。

应用　息票债券的到期收益率与债券价格

已知息票利率为 10%、面值为 1 000 美元、到期收益率为 12.25%、还有 8 年到期，求债券价格。

解答

债券价格为 889.20 美元。利用财务计算器：

n＝距离到期日的年限＝8

FV＝债券面值(F)＝1 000 美元

i＝到期收益率＝12.25%

PMT＝年息票利息支付(C)＝100 美元

点击 PV 键，得到债券价格为 889.20 美元。

此外，已知债券价格，即 PV 输入为 889.20 美元，可以点击 i 键解得到期收益率为 12.25%。

表 4-1 列举了对应不同债券价格的到期收益率。从中，我们可以发现三个有趣

① 大部分息票债券不像我们假设的每年支付一次利息，而是每半年支付一次利息。在计算过程中这两种做法的差异很小，这里就不再详述了。

的事实：

1. 当息票债券价格等于其面值时，到期收益率就等于息票利率。

2. 息票债券价格与到期收益率是负向相关的。也就是说，当到期收益率上升时，债券价格下跌；反之，当到期收益率下降时，债券价格上升。

3. 当债券价格低于其面值时，到期收益率大于息票利率；当债券价格高于其面值时，到期收益率小于息票利率。

这三个事实对于任何息票债券都成立。如果仔细思考到期收益率计算的原理，你就丝毫不会感到奇怪了。如果将 1 000 美元存入银行账户，利率为 10%，那么你每年可以取出 100 美元利息，在第 10 年末你的账户余额为 1 000 美元。这个过程跟表 4-1 中购买面值为 1 000 美元、息票利率为 10%的债券相似，每年息票利息支付为 100 美元，然后在第 10 年末归还 1 000 美元。如果以面值 1 000 美元购买债券，它的到期收益率必然等于息票利率 10%。这一推理过程适用于任何息票债券，即如果按其面值购买息票债券，到期收益率与息票利率必然相等。

表 4-1 息票利率为 10%的 10 年期债券的到期收益率（面值为 1 000 美元）

债券价格（美元）	到期收益率（%）
1 200	7.13
1 100	8.48
1 000	10.00
900	11.75
800	13.81

债券价格与到期收益率之间的负相关关系显而易见。当到期收益率 i 上升时，债券价格公式［公式（4.3）］中所有的分母必然上升，从而降低该债券所有未来现金流支付的现值。于是，利率（用到期收益率表示）上升，代表债券价格必然下跌。利率上升时债券价格下跌还可以从另外一个角度解释：利率越高，表明未来息票利息支付与最终偿付折现到当前的价值越低，因此债券价格必然越低。

从第一个和第二个事实可以直接推导得到第三个事实，即当债券价格低于面值时，到期收益率大于息票利率。当到期收益率等于息票利率时，债券价格等于其面值；若到期收益率超过息票利率，债券价格随之下跌，因此必然低于债券面值。

有一种特殊的息票债券值得讨论，它的到期收益率特别容易计算，这种债券被称为**统一公债**（consol）或**永续债券**（perpetuity）。这是一种没有到期日、不偿还本金、永远只支付固定息票利息 C 的永久性债券。在拿破仑战争时期，英国财政部发行了最早的统一公债，时至今日仍有交易；但在美国资本市场上统一公债极为罕

4

见。对于统一公债的价格 P_c，公式（4.3）可以简化如下①：

$$P_c=\frac{C}{i_c} \tag{4.4}$$

其中，P_c 为永续债券或统一公债的价格；C 为年付息金额；i_c 为永续债券或统一公债的到期收益率。

永续债券的绝妙之处在于，你一眼就能看出 i_c 上升时债券价格会下跌。例如，如果永续债券每年支付 100 美元利息到永远，利率为 10%，那么它的价格就是 100/0.10=1 000 美元。如果利率上升至 20%，它的价格就会下跌到 100/0.20=500 美元。我们可以将这个公式变换成

$$i_c=\frac{C}{P_c} \tag{4.5}$$

应用　永续债券的到期收益率

如果债券价格为 2 000 美元，永久地每年支付 100 美元利息，它的到期收益率是多少？

解答

它的到期收益率为 5%。

$$i_c=\frac{C}{P_c}$$

其中，C=年付息金额=100 美元；

P_c=永续债券或统一公债的价格=2 000 美元。

于是，

$$i_c=\frac{\$100}{\$2\,000}$$

$$i_c=0.05=5\%$$

---

① 统一公债的债券价格公式是

$$P=\frac{C}{1+i}+\frac{C}{(1+i)^2}+\frac{C}{(1+i)^3}+\cdots$$

可以写做：

$$P=C(x+x^2+x^3+\cdots)$$

其中，$x=1/(1+i)$。当 $x<1$ 时，无穷项求和公式为：

$$1+x+x^2+x^3+\cdots=\frac{1}{1-x}$$

因此，

$$P=C\left(\frac{1}{1-x}-1\right)=C\left[\frac{1}{1-1/(1+i)}-1\right]$$

经代数运算可得：

$$P=C\left(\frac{1+i}{i}-\frac{i}{i}\right)=\frac{C}{i}$$

公式（4.5）描述了永续债券到期收益率的计算过程，还可以用来估算息票债券的到期收益率。如果息票债券还有很长时间到期（譬如说 20 年或者更长），就与永久支付息票利息的永续债券十分相像了。这是因为未来 20 多年以后的现金流折现成今天的价值实在是太小了，所以息票利率相等的长期息票债券与永续债券在价值上十分相近。于是，公式（4.5）中的 i_c 将非常接近于长期债券的到期收益率。正因为如此，i_c（即年息票利息支付除以债券价格）也被称为**当期收益率**（current yield），经常用来近似表述长期债券利率。

贴现债券　贴现债券的到期收益率计算与普通贷款类似。以 1 年期美国国库券这样的贴现债券为例，1 年后到期偿付面值 1 000 美元，但是债券现价为 900 美元。

4

应用　贴现债券的到期收益率

1 000 美元的 1 年期国库券如果现价为 900 美元，它的到期收益率是多少？

解答

它的到期收益率为 11.1%。

利用现值公式：

$$PV=\frac{CF}{(1+i)^n}$$

其中，现值（PV）为当前的价格 900 美元，1 年后的现金流为 1 000 美元，年数为 1，由此可以得到：

$$\$900=\frac{\$1\,000}{1+i}$$

求解 i，可以得到

$$(1+i)\times\$900=\$1\,000$$

$$\$900+\$900i=\$1\,000$$

$$\$900i=\$1\,000-\$900$$

$$i=\frac{\$1\,000-\$900}{\$900}=0.111=11.1\%$$

从上面的应用可以看出，1 年期贴现债券的到期收益率等于一年间的价格溢价（$1 000－$900）除以其初始价格（$900）。因此，更一般地，对于任何 1 年期贴现债券，到期收益率都可以写成

$$i=\frac{F-P}{P} \tag{4.6}$$

其中，F 为贴现债券的面值；P 为贴现债券的现价。

换言之，到期收益率等于当年价格溢价水平 $F-P$ 除以初始价格 P。在正常情

况下，投资者持有价证券的收益为正，所以要折价出售，即债券现价低于面值。因此，$F-P$ 应当为正数，到期收益率也应当为正数。但也并非总是如此，日本等其他地方发生的特别事件就是证明（见全球视野专栏）。

该公式的重要之处在于证明了贴现债券的到期收益率与债券现价负相关。这和息票债券的结论是一致的。公式（4.6）表明，债券价格上升，比如从 900 美元上升到 950 美元，意味着债券到期时的价格溢价幅度较小，所以到期收益率将下降，在这个例子里从 11.1%下降到 5.3%。与此类似，到期收益率下降意味着贴现债券的现价上升了。

4

小结 现值概念告诉我们，未来的 1 美元不如现在的 1 美元值钱，因为你可以将手上这 1 美元投资以赚取利息。具体来说，n 年后收到的 1 美元仅仅相当于今天的 $1/(1+i)^n$ 美元。对于债务工具而言，一系列未来现金流支付的现值等于每次未来支付的现值之和。到期收益率是使得未来支付款项的现值等于债务工具当前价值的利率。因为到期收益率的计算是基于可靠的经济学原理，所以经济学家们认为到期收益率是最准确表述利率的指标。

我们对不同债券到期收益率的计算揭示了一个重要事实，即**债券现价与利率是负相关的：当利率上升时，债券价格下跌；反之亦然。**

4.2 区分利率和回报率

目标 4.2 区分到期收益率、当期收益率、回报率和资本利得率。

很多人以为购买债券只要知道债券利率就足够了。假定投资者欧文觉得利率为 10%的长期债券很棒，然后利率升到了 20%，这时他才突然醒悟：如果要卖出债券，自己就亏大了——我们马上就会看到这一点。人们在一段时间里持有债券或其他有价证券，从财务角度看到底怎么样，可以用有价证券的**回报**（return）来准确衡量，或者更确切的术语是**回报率**（return rate）。本书将一直使用回报的概念，理解这个概念有益于轻松掌握后面的内容。

全球视野　负利率？先是日本，后是美国，再是欧洲

我们通常认为到期收益率必然总是正的。负的到期收益率意味着，你愿意接受一个现在支付额大于未来收入额的债券（如贴现债券到期收益率公式所示）。这样看负的到期收益率似乎不太可能，因为你还不如持有现金，至少其未来价值与现在是一样的。

日本在 20 世纪 90 年代末、美国在 2008 年全球金融危机期间以及欧洲最近这些年发生的事情说明，上述推理不太对。1998 年 11 月，日本 6 个月期国库券的到期收益率变成负的，数值为−0.004%。2008 年 9 月，3 个月期美国国库券的到期收益率短暂地跌至略低于零的水平。2009 年 7 月，瑞典的银行在中央银行的存款利率变成了负的，随后，丹麦于 2012 年

7 月、欧元区于 2014 年 6 月、瑞士于 2014 年 12 月以及日本于 2016 年 1 月也都发生了同样的事。负利率在过去一直罕见。怎么最近这些年会发生呢？

我们在第 5 章将会看到，缺乏投资机会以及过低的通货膨胀能把利率推向低水平，但这两个因素无法解释负的到期收益率。答案在于，尽管利率为负，但是大型投资者和银行还是觉得持有国库券或是将资金存放在中央银行（因为是电子存储）更加方便。出于这个原因，投资者和银行甘愿接受负的利率，虽然纯粹从货币角度看持有现金会更好。

有价证券的回报率被定义为，持有人所收入的每笔金额加上证券价值变动的和，用其与购买价格的比来表示。为了更清楚地说明，我们看个具体例子：面值为 1 000 美元，息票利率为 10%，购买价格为 1 000 美元，持有 1 年后以 1 200 美元出售，该息票债券的回报率是多少？持有人的收入包括：年息票支付额 100 美元，以及债券价值变动 200（=1 200－1 000）美元。加总这两项，然后除以购买价格 1 000 美元，得到持有该债券 1 年的回报率为：

$$\frac{\$100+\$200}{\$1\ 000}=\frac{\$300}{\$1\ 000}=0.30=30\%$$

你可能对计算出来的回报率有点意外：回报率达到 30%，而表 4-1 显示初始的到期收益率只有 10%。这种差异说明了**债券回报率并不一定等于债券的到期收益率**。现在我们知道区分利率与回报率可能十分重要，尽管对大部分有价证券来说二者可能密切相关。

更一般地，从时间 t 到 $t+1$ 持有债券的回报可以表示为

$$R=\frac{C+P_{t+1}-P_t}{P_t} \tag{4.7}$$

其中，R 为从时间 t 到 $t+1$ 持有债券的回报；C 为息票利息；P_t 为时间 t 的债券价格；P_{t+1} 为时间 $t+1$ 的债券价格。

注意公式（4.7）可以分解为两个部分，所以回报方程可以方便地另写为

$$R=\frac{C}{P_t}+\frac{P_{t+1}-P_t}{P_t}$$

第一项是当期收益率 i_c（息票利息除以购买价格）：

$$\frac{C}{P_t}=i_c$$

第二项是**资本利得率**（rate of capital gain），即债券价格变动除以初始价格：

$$\frac{P_{t+1}-P_t}{P_t}=g$$

其中，g 为资本利得率。公式（4.7）可以重新表述为

4

$$R=i_c+g \tag{4.8}$$

该公式表明债券回报等于当期收益率 i_c 与资本利得率 g 之和。重写的这个公式证明了我们之前的发现：即使当期收益率 i_c 是对到期收益率的准确度量，该债券的回报率仍可能显著有别于利率。如果债券价格剧烈波动，造成很大的资本利得或损失，那么回报率就会显著有别于利率。

为了更深入地探讨这个问题，我们来看利率上升时不同期限债券的回报会怎样。当债券利率由 10%上升到 20%时，表 4-2 运用公式（4.8）计算了息票利率为 10%、按面值购买的几种债券的 1 年期回报。表中得出的几个重要结论对所有债券都普遍适用：

- 只有持有期与到期期限相同的债券，回报率才等于初始的到期收益率（比如表 4-2 中的最后一种债券）。
- 利率上升伴随着债券价格下降，导致到期期限长于持有期的债券发生资本损失。
- 债券的到期日越远，利率变动引起的债券价格变动比例就越大。
- 债券的到期日越远，利率上升导致的回报率就越低。
- 即使债券初始利率很高，回报率也可能在利率上升时变成负数。

表 4-2　当利率由 10%上升到 20%时，息票利率为 10%的不同期限债券的 1 年期回报率

(1) 债券购买时距离到期的年数	(2) 最初的当期收益率（%）	(3) 初始价格（美元）	(4) 下一年的价格（美元）*	(5) 资本利得率（%）	(6) 回报率[(2)+(5)](%)
30	10	1 000	503	−49.7	−39.7
20	10	1 000	516	−48.4	−38.4
10	10	1 000	597	−40.3	−30.3
5	10	1 000	741	−25.9	−15.9
2	10	1 000	917	−8.3	+1.7
1	10	1 000	1 000	0.0	+10.0

* 使用财务计算器，利用公式（4.3）计算。

利率上升可能意味着债券成为差劲投资，一开始这常常让学生们感到费解（就像可怜的投资者欧文那样）。理解这个事实证据的窍门是，要注意欧文已经购买了债券，所以利率上升意味着欧文所持债券的价格下跌，使他遭遇了资本损失。如果损失足够大，那么债券就真的变成差劲投资了。例如，从表 4-2 可以看到，当利率从 10%上升到 20%时，还有 30 年到期的债券若卖出则资本损失高达 49.7%。这个损失太大了，它已经超过了 10%的当期收益率，导致了−39.7%的负回报率（损失）。如果欧文不出售债券，他的资本损失通常被称为“账面损失”。但这仍然是一种损失，因为如果欧文当初没买债券，而是将钱存放在银行，那么他现在就可以用低价购买更多债券了。

期限与债券回报率波动性：利率风险

债券期限越长，利率变动引起的价格变动越剧烈，这个发现有助于解释债券市场的一个重要事实：**长期债券的价格和回报率比短期债券更加易变。**对于距离到期日还有20年以上的债券，价格和回报率的年变动幅度在－20%～20%之间十分常见。

现在我们知道，利率变动导致长期债券投资风险相当大。事实上，利率变动所引起的与资产回报相关的风险水平十分重要，它有着专门的称谓——**利率风险**(interest rate risk)。[①] 我们在后面的章节中将看到，应对利率风险是金融机构经理以及投资者的主要烦恼。

虽然长期债务工具的利率风险很大，但短期债务工具却不然。事实上，到期期限与持有期一样短的债券没有利率风险。[②] 表4-2中的最后一种息票债券就是如此，其回报率不存在任何不确定性，等于购买债券时就已经确定的到期收益率。到期期限与持有期一致的任何债券都不存在利率风险，理解其原因的关键是要注意到(在这种情况下)持有期的期末价格已经固定为面值了。所以利率变动对这些债券的期末价格没有任何影响，回报率因而也就等于购买债券时已知的到期收益率。[③]

小　结

债券回报率反映了该笔投资在持有期内的表现。只有在一种特定情况下，回报率等于到期收益率，就是当债券持有期与其到期期限相同的时候。到期期限长于持有期的债券受利率风险影响：利率变动导致资本利得或损失，使得回报率明显偏离购买债券时确定的到期收益率。长期债券的资本利得或损失可能非常大，因此利率风险尤其重要。这就是人们不把短期持有的长期债券视为收益确定的安全资产的原因。

4.3　区分实际利率与名义利率

目标4.3　理解实际利率与名义利率的区别。

---

① 利率风险可以用久期(duration)的概念来计量。

② 所谓到期期限与持有期一致的任何债券不存在利率风险，只有对于持有期满前没有中期现金支付的贴现债券(零息债券)，该表述才成立。持有期内有中期现金支付的息票债券，要求将支付款项再投资。由于再投资利率不确定，因此，即使持有期与到期期限一致，息票债券的回报率也仍然存在某种不确定性。然而，由息票债券中期现金支付再投资所引起的回报率风险通常很低，所以持有期与到期期限一致的息票债券几乎没什么风险。

③ 在本书中，我们假定所有短期债券的持有期都与其到期期限一样，故这些债券都不受利率风险影响。然而，如果投资者的持有期长于债券到期期限，就会面临一种利率风险，被称为再投资风险。再投资风险会出现，是因为短期债券的投资收益需要以未来不确定的利率进行再次投资。要理解再投资风险，假定投资者欧文的持有期为2年，他决定购买面值为1 000美元的1年期债券，到第1年末再次购买1年期债券。如果初始利率为10%，在第1年末欧文将得到1 100美元。如表4-2所示，如果利率由10%上升到20%，欧文此时购买价值1 100美元的1年期债券，在第2年末就可以得到1 320美元＝1 100美元×(1＋0.20)。这样，欧文2年的投资回报率为(1 320－1 000)/1 000＝0.32＝32%，相当于年回报率为14.9%。在这种情况下，欧文购买2个1年期债券就比开始时直接购买利率为10%的2年期债券要赚得更多。也就是说，当欧文的持有期长于所购买债券的到期期限时，他可以从利率上升中获利。相反，如果利率下降为5%，在第2年末欧文就只能得到1 155美元，即1 100美元×(1＋0.05)。欧文2年的投资回报率为(1 155－1 000)/1 000＝0.155＝15.5%，仅相当于年回报率为7.2%。当持有期长于到期期限时，欧文会因为利率下降而遭受损失。可以看到，当债券持有期长于到期期限时，由于再投资发生时的未来利率不确定，因此回报率也是不确定的。简单地讲，就是存在再投资风险。我们也看到，当债券持有期长于到期期限时，投资者在利率上升时获利而在利率下降时遭受损失。

4

到目前为止，我们对利率的讨论都忽略了通货膨胀对借款成本的影响。在此之前我们所说的利率都没有考虑通货膨胀因素，更准确地应当被称为**名义利率**（nominal interest rate）。必须区分名义利率与**实际利率**（real interest rate），后者是扣减了预期价格水平变动（通货膨胀）的调整后利率，从而更准确地反映了真实借款成本。该利率更确切地应当被称为事前实际利率（ex ante real interest rate），因为它经过了预期价格水平变动的调整。事前实际利率对于经济决策至关重要，所以经济学家所说的“实际”利率一般就是这种利率。根据实际价格水平变动调整的利率被称为事后实际利率（ex post real interest rate），它表示事后以不变价格衡量的债权人所获效益。

费雪方程式以 20 世纪伟大的货币经济学家欧文・费雪（Irving Fisher）的名字命名，它给出了实际利率的更准确定义。费雪方程式指出，名义利率 i 等于实际利率 r 加上预期通货膨胀率 π^e，即①

$$i=r+\pi^e \tag{4.9}$$

重新排列各项，可以发现实际利率等于名义利率减去预期通货膨胀率，即

$$r=i-\pi^e \tag{4.10}$$

要理解为什么该定义有道理，我们先考虑如下情形：如果你发放了利率为 5%（$i=5\%$）、期限为 1 年的普通贷款，预期 1 年中价格水平会上升 3%（$\pi^e=3\%$）。发放这笔贷款的结果是，你预计到年底时按**不变价格**（real terms）可以多收 2%，也就是可以多买 2%的实际产品和服务。在这种情况下，如公式（4.10）所示②，预期赚取的以实际产品和服务计算的利率为 2%，即

$$r=5\%-3\%=2\%$$

---

① 费雪方程式更为准确的公式表达为

$$i=r+\pi^e+r\times\pi^e$$

因为

$$1+i=(1+r)(1+\pi^e)=1+r+\pi^e+r\times\pi^e$$

等式两边都减去 1，即得到第一个等式。由于 r 与 π^e 的值较小，二者之积的数值很小，因此正文中忽略了 $r\times\pi^e$ 这一项。

② 美国大部分收入要缴纳联邦所得税，所以按照不变价格来衡量债务工具的真实投资收益并不是费雪方程式所定义的实际利率，而应当是税后实际利率，它等于扣除所得税后的名义利率减去预期通货膨胀率。对税率为 30%的人来说，由于利息收入的 30%要缴纳给国内税务署，因此，投资利率为 10%的债券所得到的税后利率只有 7%，如果预期通货膨胀率为 5%，这种债券的税后实际利率只有 2%（=7%−5%）。更一般地，税后实际利率可以表示为

$$i(1-\tau)-\pi^e$$

其中，τ 为所得税税率。

税后实际利率公式还为很多美国公司和房主提供了一个衡量有效借款成本的好指标。因为在计算所得税时，他们可以从其收入中扣除贷款利息支出。如果你要按 30%的税率纳税，那么借入一笔利率为 10%的抵押贷款，你就可以从收入中扣除 10%的利息支出，而纳税额就降低了上述扣除额的 30%。于是你的税后名义借款成本是 7%（10%减去 10%利息支出的 30%），而当预期通货膨胀率为 5%时，以不变价格衡量的有效借款成本为 2%（=7%−5%）。

如该例（以及公式）所示，税后实际利率总是低于费雪方程式所定义的实际利率。有关税后实际利率计算方法的更深入讨论，参见 Frederic S. Mishkin，“The Real Interest Rate：An Empirical Investigation，” *Carnegie-Rochester Conference Series on Public Policy* 15（1981）：151-200。

应用 **计算实际利率**

如果在1年中，名义利率为8%，预期通货膨胀率为10%，实际利率是多少？

解答

实际利率为−2%。虽然年底时你到手的钱数增加8%，但是买东西要多付10%。结果是，年底时你能购买的商品少了2%，以不变价格来看你将损失2%。

$$r=i-\pi^e$$

其中，i=名义利率=0.08，π^e=预期通货膨胀率=0.10。

因此，

$$r=0.08-0.10=-0.02=-2\%$$

作为贷款人，在这种情况下你显然不愿意发放贷款，因为按实际产品和服务来衡量，你其实赚取的利率是−2%。与此相反，借款人更愿意借入资金，因为年底时需要偿还金额的价值按照产品和服务来衡量减少了2%。也就是说，按不变价格来计算借款人还赚了2%。**实际利率越低，借款人借入资金的动力就越大，贷款人贷出资金的动力就越小。**

名义回报率与实际回报率也存在类似的区别。名义回报率没有考虑通货膨胀因素，是我们通常所说的没有任何定语的“回报率”。从名义回报率中剔除通货膨胀因素，就可以得到实际回报率，它表示由于持有有价证券而能够额外购买的产品和服务的数量。

区分名义利率与实际利率很重要，原因在于实际利率反映了真实借款成本，很可能是反映借贷动机的更好指标。它似乎可以更好地指导人们对信用市场现状做出反应。图4-1给出了1953—2020年间3个月期美国国库券名义利率和实际利率估计值，从中可以看出名义利率和实际利率经常是同向运动的，但并非总是如此。(其他国家和地区的名义利率与实际利率也有上述关系。)特别是在20世纪70年代，当时美国名义利率水平很高，实际利率其实极低，经常为负数。如果按照名义利率标准，因为借款成本高，你可能会认为这一时期信用市场上资金紧张。然而，实际利率估计值却表明你可能搞错了。按不变价格衡量，借款成本其实非常低。

总　结

1.到期收益率是使得债务工具所有未来偿付额的现值等于该工具今天价值的利率，是最精确的利率计量指标。应用这一原理可以发现，债券价格与利率负相关：当利率上升时，债券价格必然下跌；反之亦然。

2.证券回报率反映在一段时间持有该证券的财务效果，可能显著有别于以到期收益率衡量的利率。利率变动时，长期债券价格波动剧烈，因

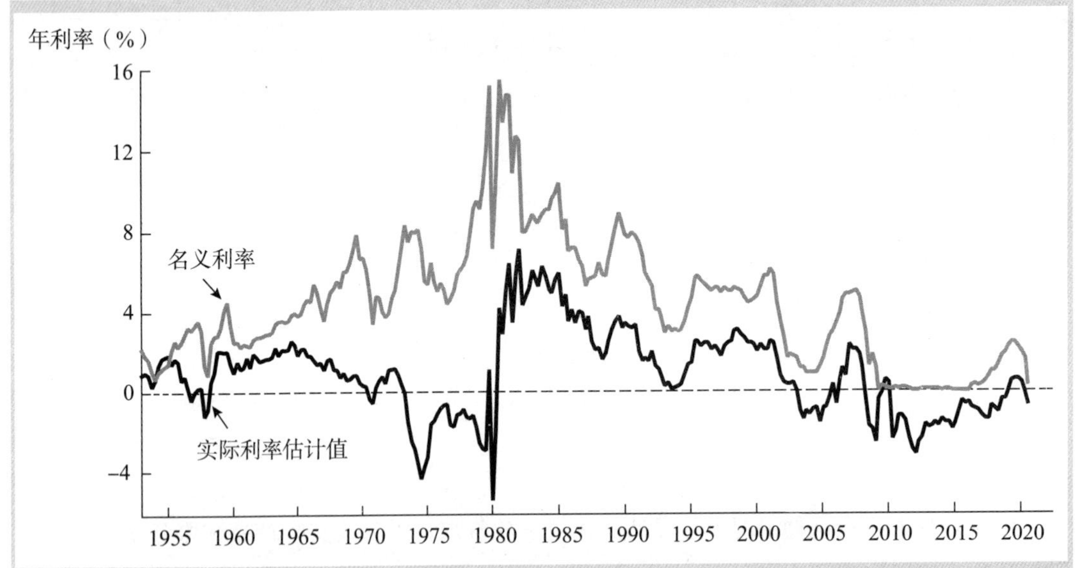

图 4-1 实际利率和名义利率（3 个月期国库券），1953—2020 年

名义利率和实际利率经常不同向运动。20 世纪 70 年代，美国名义利率很高，实际利率其实极低，经常是负数。

资料来源：名义利率数据来自 Federal Reserve Bank of St. Louis，FRED database：https://fred.stlouisfed.org/series/TB3MS，https://fred.stlouisfed.org/series/CPIAUCSL。实际利率计算方法基于 Frederic S. Mishkin，"The Real Interest Rate：An Empirical Investigation，" *Carnegie-Rochester Conference Series on Public Policy* 15（1981）：151-200。该方法利用历史利率、通货膨胀率和时间趋势的函数来估计预期通货膨胀率，再用名义利率减去预期通货膨胀率。

此面临着利率风险。由此导致的资本利得或损失可能非常大，因此长期债券通常不被视为收益确定的安全资产。

3. 实际利率被定义为名义利率减去预期通货膨胀率。与名义利率相比，实际利率既是更好的借贷动机指标，也是信用市场资金松紧状况更准确的指示器。

关键术语

现金流	面值	资本利得率	统一公债或永续债券
固定支付贷款（完全分期等额偿还贷款）	实际利率	息票债券	不变价格
息票利率	利率风险	回报（回报率）	当期收益率
名义利率	普通贷款	贴现债券（零息债券）	现值（现期贴现值）
到期收益率			

思考题

1. 当利率分别为 20%和 10%时，在哪种情况下明天 1 美元的今天价值更高？

2. 是今天收 5 000 美元还是 1 年后收 5 500 美元，在决定这个问题时你需要考虑什么信息？解释原因。

3. 为支付大学学费，你刚刚申请了1 000美元政府贷款，要求你在25年中每年偿还126美元。不过你从大学毕业两年后才开始还款。通常，要求25年每年偿付126美元的1 000美元固定支付贷款，到期收益率为12%。为什么上述政府贷款的到期收益率肯定低于12%？

4. 债券持有人希望到期收益率上升还是下降？为什么？

5. 假定你今天买入一张息票债券，计划1年后售出。回报率公式的哪个部分包含了债券价格的未来变动？[提示：见本章公式（4.7）和公式（4.8）。]

6. 如果抵押贷款利率从5%上升到10%，但是房价的预期上涨率从2%上升到9%，人们的买房意愿升高还是降低？

7. 在什么情况下，当期收益率可以被当作到期收益率的一个近似指标？

8. 政府为什么愿意发行需要永远支付利息的永续债券，而不是固定支付贷款、贴现债券或息票债券等有特定期限的债务工具？

9. 在什么情况下贴现债券的名义利率将会为负？息票债券和永续债券可能出现名义利率为负的情况吗？

10. 判断对错："对于贴现债券而言，债券回报率等于资本利得率。"

11. 如果利率下降，你更愿意持有长期债券还是短期债券？为什么？哪种债券的利率风险更大？

12. 20世纪80年代中期的利率比70年代晚期更低，但是很多经济学家都认为其实80年代中期的实际利率比70年代晚期高很多。这讲得通吗？你认为这些经济学家是否正确？

13. 退休人士经常把许多财富放在储蓄账户或者投向其他生息投资工具，而且每当利率低的时候就会抱怨。他们的抱怨有道理吗？

应用题

14. 如果利率为10%，某证券第一年支付1 100美元、第二年支付1 210美元、第三年支付1 331美元，它的现值是多少？

15. 1 000美元贴现债券，还有5年到期，如果到期收益率为6%，请计算它的现值。

16. 1 000万美元大奖彩票在5年里支付，每年支付200万美元。如果第一笔支付是当时兑现的，按照6%的利率计算大奖实际值是多少？

17. 假定一家商业银行想买国库券。这些工具1年后支付5 000美元，目前售价为5 012美元。请问债券到期收益率是多少？这种情形是否常见？为什么？

18. 100万美元普通贷款5年后需要偿付200万美元，该贷款的到期收益率是多少？

19. 以下两种1 000美元债券，哪种到期收益率更高：售价为800美元、当期收益率为15%的20年期债券；售价为800美元、当期收益率为5%的1年期债券？

20. 息票债券每年息票利率为4%，面值为1 000美元。完成下表，观察到期期限、到期收益率与现价之间有何关系。

到期期限（年）	到期收益率（%）	现价
2	2	
2	4	
3	4	
5	2	
5	6	

21. 息票债券面值为1 000美元，息票利率为10%。债券当前售价为1 044.89美元，距离到期日还有2年。该债券的到期收益率是多少？

22. 每年支付50美元利息、到期收益率为2.5%的永续债券价格是多少？如果到期收益率翻番，永续债券价格如何变化？

23. 某地区按照房屋购买价格每年收取4%的

房产税。如果你刚刚购买了 25 万美元房产，那么未来全部房产税支付的现值是多少？假定该房产价值永远是 25 万美元，房产税税率也保持不变，用 6%的利率进行贴现。

24. 面值为 1 000 美元、息票利率为 10%的债券，当前价格为 960 美元，预期下一年价格将上涨到 980 美元。计算当期收益率、预期资本利得率与预期回报率。

25. 假定你想申请一笔贷款，本地银行想要收你 3%的实际年利率。假定贷款*期内年化预期通货膨胀率为 1%，据此计算银行将向你索取的名义利率是多少。如果贷款期内实际通货膨胀为 0.5%，会发生什么情况？

---

* 原文为债券，疑有误，故作此更正。——译者注

第5章 利率行为

学习目标

5.1 明确资产需求的影响因素。

5.2 画出债券市场供给曲线和需求曲线，确定均衡利率。

5.3 列举并描述影响债券市场均衡利率的因素。

5.4 用流动性偏好分析框架阐述债券市场与货币市场的联系。

5.5 列举并描述影响货币市场及其均衡利率的因素。

5.6 明确并解释长期货币增长对利率的影响。

本章预习

20 世纪 50 年代早期，3 个月期国库券的名义年利率大约为 1%；到了 1981 年该利率超过 15%；2003 年跌到 1%以下，2007 年上升到 5%，然后在 2008 年及其后很多年里跌到零附近。2019 年升高至超过 2%，然后 2020 年在新冠衰退期间跌回到零。用什么解释利率如此剧烈的波动呢？学习货币、银行和金融市场的理由之一，就是为这个问题提供答案。

本章我们考察名义利率总水平（简称“利率”）是如何决定的，以及有哪些因素影响利率行为。我们在第 4 章已经知道，利率与债券价格是负向相关的。因此，如果我们能够解释债券价格为什么变动，也就可以解释利率为何波动。我们利用债券市场和货币市场的供求分析来考察利率是如何变化的。

为了推导货币或债券等资产的需求曲线，我们分析的第一步是先理解资产需求的决定因素。为此要学习投资组合理论，该理论梳理了决定资产购买数量所需要重点考虑的一些标准。有了这个理论的帮助，我们才能继续推导债券或货币的需求曲线。在推导出相关资产的供给曲线后，我们将得出市场均衡的概念，这被定义为使供求数量相等的那个点。然后我们使用这个模型来解释均衡利率的变动。

由于不同证券的利率倾向于同时变动，在本章的分析中我们假定整个经济只有一种证券和一个利率。在后面的章节中我们再拓展分析，去考虑为什么不同证券的利率有差别。

5.1 资产需求的决定因素

目标 5.1 明确资产需求的影响因素。

在对债券市场和货币市场进行供给-需求分析之前，我们必须先理解是什么决定了资产需求数量。资产就是具有价值储藏功能的财产。货币、债券、股票、艺术品、土地、住宅、农场设备和制造业机器等都是资产。当个人要决定是否购买并持有一项资产，或要在不同资产之间进行选择的时候，必须考虑下列因素：

1. **财富**（wealth），指个人拥有的全部资源，包括所有资产。

2. **预期回报率**（expected return，预期在下个阶段实现的回报），特别是一种资产相对于其他资产的回报水平。

3. **风险**（risk，回报的不确定程度），特别是一种资产相对于其他资产的风险。

4. **流动性**（liquidity，资产转化为现金的容易程度和速度），特别是一种资产相对于其他资产的流动性。

财　富

当我们的财富增加时，就有了更多可以用于购买资产的资源，我们对资产的需求数量也自然而然地随之增加。因此，财富变动对资产需求数量的影响可以归纳如下：**假定其他因素不变，财富增长会增加对资产的需求数量。**

预期回报率

我们在第 4 章已经了解到如何用资产（例如，债券）回报率来衡量持有资产的获益情况。当决定是否购买一项资产时，我们必然受到资产回报率预期的影响。例如，如果埃克森美孚债券的回报率有一半可能性是 15%，另有一半可能性是 5%，预期回报率（你可以理解为平均回报率）为 10%（=0.5×15%+0.5×5%）。如果其他条件不变，埃克森美孚债券的预期回报率相对于其他资产上升，那么购买埃克森美孚债券的意愿会变得更强，从而需求数量增加。以下任何一种情形都可能导致该结果：（1）其他资产（如脸书股票）预期回报率保持不变，埃克森美孚债券预期回报率上升；或者（2）其他资产（如脸书股票）预期回报率下降，埃克森美孚债券预期回报率保持不变。**总之，在其他条件不变的情况下，一种资产相对于其他资产的预期回报率上升使得对该资产的需求数量增加。**

风　险

资产回报的不确定性或风险水平也影响对该资产的需求。考虑两种资产——夜航航空公司股票和地行巴士公司股票。假定夜航股票的回报率有一半可能性是15%，另有一半可能性是5%，其预期回报率为10%；地行股票有固定回报率10%。夜航股票回报不确定，风险高于地行股票，后者的回报是确定的。

虽然两种股票的预期回报率都为10%，但风险厌恶者更愿意选择地行股票（安全资产）而非夜航股票（风险资产）。偏好风险的人们的选择恰恰相反，这种人被称为风险偏好者或风险爱好者。大部分人属于风险厌恶者，特别是在财务决策中：在其他因素相同的情况下，他们更愿意持有风险较小的资产。因此，**假定其他条件不变，一种资产相对于其他资产的风险增大使得对该资产的需求数量减少。**

流动性

影响资产需求的另一个因素是该资产以较低成本转化为现金的速度，即它的流动性。如果资产交易的市场具有广度和深度，即市场上有很多买方和卖方，这就是一种流动性资产。由于很难立即找到买主，所以房产不是一种流动性很好的资产。如果房主急于出售房子来还债，可能不得不接受更低的成交价格，而且卖房的交易成本（经纪人佣金、律师费等）也会非常可观。与此相反，美国国库券就是具有高度流动性的资产。它可以在组织严密、买家众多的市场上出售，也就是说，它能以低成本迅速转让。**假定其他因素不变，一种资产相对于其他资产的流动性越强，则越受欢迎，对它的需求数量就越大。**

投资组合理论

把以上讨论的所有决定因素集合到一起，就得到**投资组合理论**（theory of portfolio choice）——解释人们在投资组合中对某项资产愿意持有多少。假定其他因素不变，该理论认为：

1. 资产需求数量与财富水平正相关。
2. 资产需求数量与该资产相对于其他资产的预期回报率正相关。
3. 资产需求数量与该资产相对于其他资产的（回报的）风险水平负相关。
4. 资产需求数量与该资产相对于其他资产的流动性程度正相关。

汇总表5-1总结了上述结论。

汇总表5-1　财富、预期回报率、风险和流动性变动对资产需求数量的影响

变量	变量变化	资产需求量变化
财富	↑	↑
相对于其他资产的预期回报率	↑	↑
相对于其他资产的风险	↑	↓
相对于其他资产的流动性	↑	↑

注：表中仅讨论了各种变量上升时的情况。变量下降时对资产需求量的影响与最右列所示方向正好相反。

5.2 债券市场供给与需求

目标 5.2 画出债券市场供给曲线和需求曲线，确定均衡利率。

5

关于利率决定分析，我们的方法是先来看债券市场供给和需求，以便更好地理解债券是如何定价的。我们在第 4 章已经学习了如何衡量利率，了解到每个债券价格对应着一个特定的利率水平。具体地，债券价格与利率的负相关关系意味着，当债券价格上升时其利率水平下降，反之亦然。

我们分析的第一步是推导债券**需求曲线**（demand curve），该曲线反映了所有其他经济变量保持不变（即其他变量的值已给定）时需求量与价格之间的关系。你或许还记得，之前的经济学课程把其他经济变量不变的假设称作“ceteris paribus”，拉丁文含义就是“其他情况均相同”。

需求曲线

为使分析更加简单明了，来考虑对 1 年期贴现债券（不支付利息，只在 1 年后向持有人支付 1 000 美元面值）的需求。我们在第 4 章已经知道，如果持有期为 1 年，则债券回报率是确定已知的，而且与到期收益率衡量的利率相等。这意味着该债券的预期回报率等于利率 i，根据公式（4.6）可知

$$i=R^e=\frac{F-P}{P}$$

其中，i＝利率＝到期收益率；

R^e＝预期回报率；

F＝贴现债券的面值；

P＝贴现债券的初始购买价格。

这个公式表明，每一个债券价格都对应着一个特定的利率水平。如果债券以 950 美元出售，利率和预期回报率为

$$\frac{\$1\,000-\$950}{\$950}=0.053=5.3\%$$

利率和预期回报率 5.3%对应着债券价格 950 美元，假定债券需求量为 1 000 亿美元，我们得到图 5-1 中的 A 点。

价格为 900 美元时，利率和预期回报率为

$$\frac{\$1\,000-\$900}{\$900}=0.111=11.1\%$$

根据投资组合理论，在其他经济变量（例如财富，以及其他资产的预期回报

率、风险和流动性）不变的情况下，债券预期回报率越高，其需求数量将越大。图 5-1 中的 B 点表明，当价格为 900 美元时，债券需求数量上升到 2 000 亿美元。依此类推，可知如果债券价格为 850 美元（利率和预期回报率为 17.6%），则债券需求数量（C 点）将比 B 点的更大。同理，在 800 美元（利率和预期回报率为 25%）和 750 美元（利率和预期回报率为 33.3%）两个更低的价格水平上，债券需求数量将进一步增大（分别对应 D 点和 E 点）。连接上述各点即得到债券需求曲线 B^d。该曲线通常是向下倾斜的，表明（其他条件相同时）债券价格越低，其需求数量越大。[①]

5

供给曲线

图 5-1 的债券需求曲线隐含了一个重要假定，即除债券价格和利率以外的所有其他经济变量都保持不变。我们推导**供给曲线**（supply curve）也使用相同的假定，即在所有其他经济变量都保持不变的情况下讨论债券供给数量与价格之间的关系。

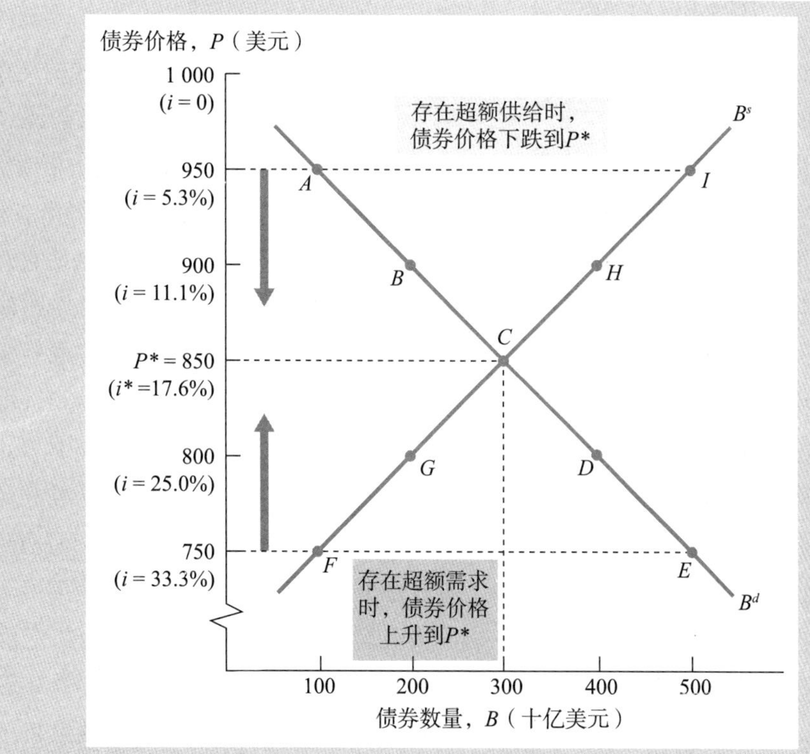

图 5-1 债券的供给与需求

债券市场均衡出现在 C 点，即需求曲线 B^d 与供给曲线 B^s 的交点。均衡价格 $P^*=850$ 美元，均衡利率 $i^*=17.6\%$。

① 尽管我们的分析表明需求曲线向下倾斜，但这并不意味着它是一条直线。不过为了简便起见，我们将需求曲线和供给曲线都画成了直线。

如图 5-1 所示，当债券价格为 750 美元（利率为 33.3%）时，F 点表明我们例子里的债券供给数量为 1 000 亿美元。若债券价格为 800 美元，对应较低的利率 25%。在这个利率水平，由于债券融资成本现在更低了，所以企业愿意通过债券发行借钱，于是债券供给数量更高了，达到 2 000 亿美元（G 点）。更高的价格 850 美元对应更低的利率 17.6%，导致更大的债券供给数量 3 000 亿美元（C 点）。当债券价格高达 900 美元甚至 950 美元时，对应的利率更低，从而债券供给数量更大（分别对应 H 点和 I 点）。连接上述各点即得到债券供给曲线 B^s。它与一般供给曲线一样是向上倾斜的，表明（其他条件相同时）随着债券价格上升，供给数量也增加。

市场均衡

在经济学里，给定价格上当人们愿意购买（需求）与愿意出售（供给）的数量相等时，即实现**市场均衡**（market equilibrium）。债券市场上，在债券供给数量等于债券需求数量时达到均衡，即

$$B^d = B^s \tag{5.1}$$

在图 5-1 中，市场均衡出现在 C 点，即债券供给曲线与需求曲线的交点，该点代表的债券价格为 850 美元（利率为 17.6%），债券数量为 3 000 亿美元。当价格 $P^* = 850$ 美元时，债券需求数量与供给数量相等，该价格被称为均衡价格或市场出清价格。类似地，与该价格对应的利率 $i^* = 17.6\%$ 被称为均衡利率或市场出清利率。

市场均衡以及均衡价格或均衡利率的概念很有用，因为市场总是朝它们的方向而变化。从图 5-1 中可以看到当债券价格高于均衡价格时会发生什么。当债券定价过高时，比如定价 950 美元，I 点的债券供给数量大于 A 点的债券需求数量。这种债券供给数量超过其需求数量的情况被称为**超额供给**（excess supply）。由于人们（借款人）希望出售的债券数量大于人们（贷款人-储蓄者）愿意购买的数量，所以债券价格将下跌，如图中债券价格 950 美元处向下的箭头所示。只要债券价格高于均衡价格，债券市场的超额供给就将持续存在，价格也将继续下降。这个过程直到债券价格达到均衡价格 850 美元时才停止，在这个价格上债券超额供给就被消灭了。

再来看债券价格低于均衡价格的情况。如果债券定价过低，比如定价 750 美元，E 点的债券需求数量大于 F 点的债券供给数量。这种情况被称为**超额需求**（excess demand）。现在，人们（贷款人-储蓄者）希望购买的债券数量超过了人们（借款人）愿意出售的数量，于是债券价格将被推高，如图中债券价格 750 美元处向上的箭头所示。只有当价格上升到 850 美元的均衡水平时，对债券的超额需求被消灭，价格向上运动的趋势才会停止。

可见均衡价格的概念非常有用，因为它揭示了市场将会稳定于何处。由于图 5-1 纵轴上每个价格都对应着特定的利率值，所以该图同样表明利率将朝着均衡水平 17.6%运动的趋势。当利率低于均衡水平时，比如 5.3%，债券价格高于均衡

价格，存在债券超额供给。于是债券价格下跌，导致利率向其均衡水平上升。同理，当利率高于均衡水平时，比如33.3%，出现债券超额需求，于是债券价格上升，将利率推回到均衡水平17.6%。

供给-需求分析

图5-1是传统的供求分析图，纵轴表示价格，横轴表示数量。由于纵轴上同时也标示了与债券价格对应的利率，该图也可用来讨论均衡利率，给了我们一个描述利率决定的模型。重要的是必须认识到，图5-1这样的供求图适用于所有类型债券，因为无论是贴现债券还是息票债券，债券价格与其利率总是负相关的。

此处分析的一个重要特征在于，供给和需求使用的都是资产存量（给定时点上的数量）而不是流量。理解金融市场行为的**资产市场方法**（asset market approach）强调决定资产价格的是资产存量而非流量，这是经济学家使用的主流方法，原因在于正确地进行流量分析非常困难，尤其是在通货膨胀条件下。①

5

5.3 均衡利率的变动

目标5.3 列举并描述影响债券市场均衡利率的因素。

现在我们用债券供求分析框架来分析利率为何变动。为避免混淆，有必要区分沿需求（或供给）曲线移动和需求（或供给）曲线位移这两个概念。当债券价格变动（或者对等的利率变动）引起需求（或供给）数量变化时，我们得到了沿需求（或供给）曲线的移动。例如，在图5-1中，从A点到B点再到C点的需求量变动就是沿需求曲线移动。与此不同，如果在每一给定的债券价格（或利率）水平上，债券价格或利率以外的其他因素变化引起了需求（或供给）数量变动，这就发生了需求（或供给）曲线的位移。当任何一种其他因素发生变化，引起需求或供给曲线位移时，就会形成一个新的均衡利率水平。

接下来，我们将看到预期通货膨胀率和财富等变量的变动是如何引起供给和需求曲线位移的，以及这些变动对均衡利率水平会产生什么影响。

债券需求曲线位移

本章开头介绍的投资组合理论为我们提供了分析框架，由此确定哪些因素将导致债券需求曲线位移。这些因素包括以下四个参数的变动：

1. 财富。
2. 相对于其他资产的债券预期回报率。

---

① 我们这里所进行的债券市场分析还有另外一种解释，使用了有关可贷资金供求的不同术语和分析框架。

3. 相对于其他资产的债券风险。

4. 相对于其他资产的债券流动性。

为说明上述每个因素的变动（假定所有其他因素不变）会使需求曲线发生怎样的位移，我们来看几个例子。（为了辅助学习，汇总表 5-2 总结了这些因素变动对债券需求曲线的影响。）

汇总表 5-2　使债券需求曲线位移的因素

变量	变量变动	在每一债券价格上的需求量变动	需求曲线位移
财富	↑	↑	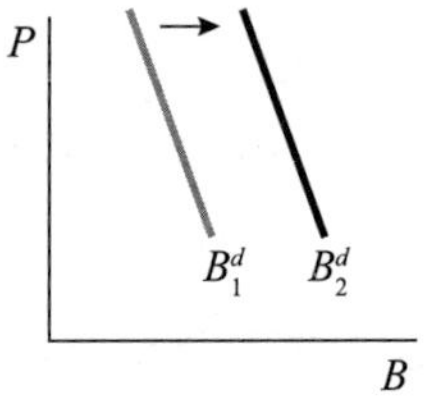 P → B_1^d B_2^d B
预期利率	↑	↓	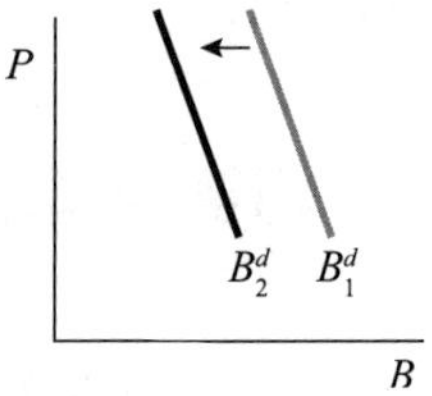 P ← B_2^d B_1^d B
预期通货膨胀率	↑	↓	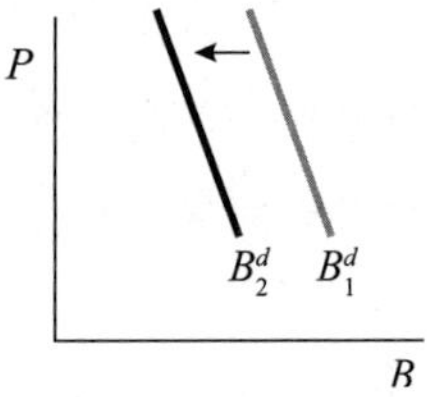 P ← B_2^d B_1^d B
相对于其他资产的债券风险	↑	↓	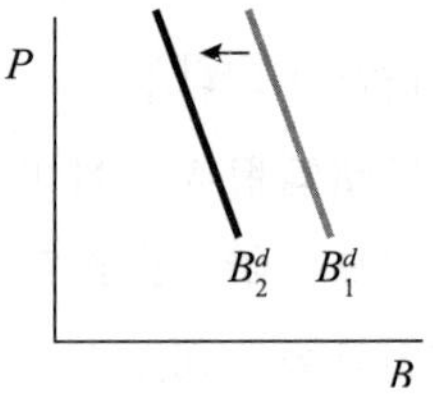 P ← B_2^d B_1^d B
相对于其他资产的债券流动性	↑	↑	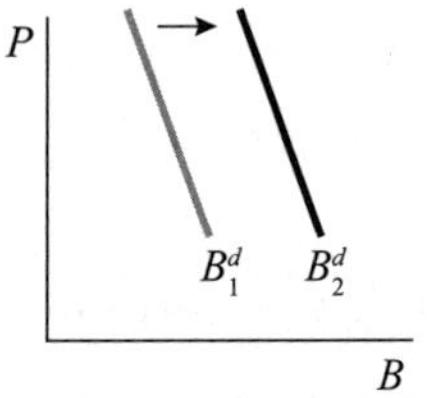 P → B_1^d B_2^d B

注：表中仅讨论了变量上升时的情况。变量下降对需求的影响与其余各列给出的方向正好相反。

财富　在经济周期扩张阶段，经济迅速增长，财富增加，如图 5-2 所示，每一债券价格（或利率）水平上的债券需求量都增加。为说明其作用过程，我们来看初始债券需求曲线 B_1^d 上的 B 点。当财富水平更高时，对相同价格债券的需求量必然增加到 B'点。同理，对 D 点而言，财富增长导致对相同价格债券的需求量增加到

D'点。以上推理对初始需求曲线 B_1^d 上的每个点都成立，于是如箭头所示，我们看到需求曲线由 B_1^d 向右位移至 B_2^d。

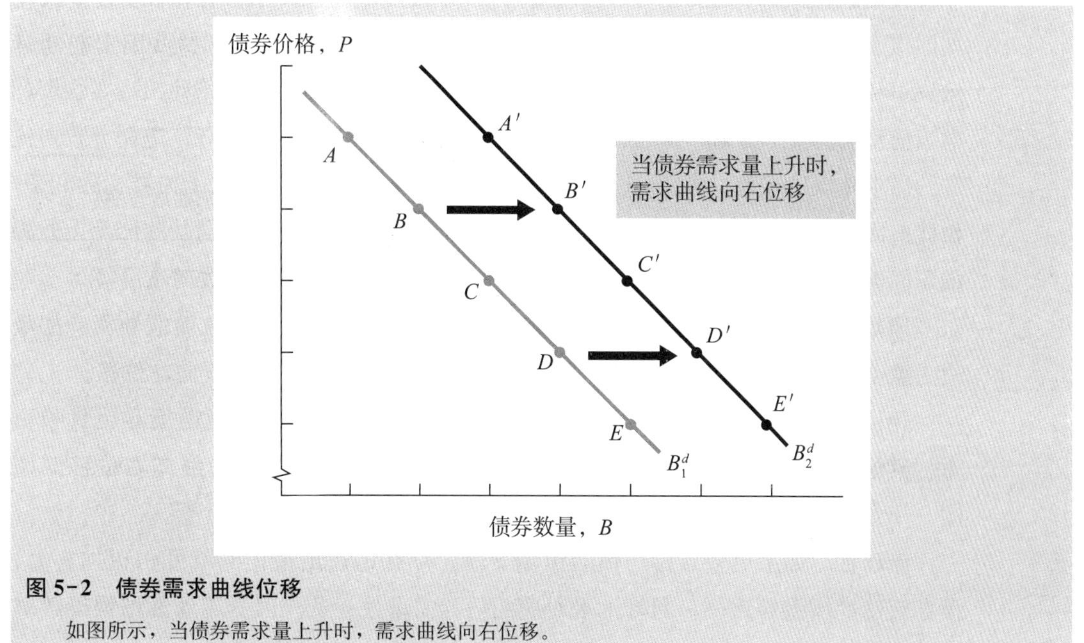

图 5-2 债券需求曲线位移

如图所示，当债券需求量上升时，需求曲线向右位移。

我们可以得出结论：**在经济周期扩张阶段，随着收入和财富增长，对债券的需求相应增加，债券需求曲线向右位移。同理可知，在衰退阶段，当收入和财富减少时，对债券的需求相应萎缩，则需求曲线向左位移。**

另一个影响财富的因素是公众的储蓄偏好。如果居民增加储蓄，财富增长，那么如前所述，对债券的需求增加，债券需求曲线向右位移。相反，如果居民减少储蓄，则财富与对债券的需求降低，债券需求曲线向左位移。

预期回报率 对于1年期贴现债券和持有期为1年的情况来说，预期回报率与利率相等，所以影响预期回报率的就是当前利率。

如果债券到期期限大于1年，预期回报率可能不同于利率。例如，我们在表4-2中看到，长期债券利率从10%上升到20%，导致债券价格大幅下跌以及很大的负回报率。因此，如果人们开始觉得下一年利率会比他们最初预期的更高，当前的长期债券预期回报率就会下降，并且每一利率对应的债券需求量也会减少。**更高的预期未来利率使长期债券预期回报率降低，减少债券需求，使得需求曲线向左位移。**

与此相反，预期未来利率更低意味着长期债券价格的升高有望超过最初的预期，结果当前更高的预期回报率将提高每个债券价格和利率水平对应的需求数量。**更低的预期未来利率使对长期债券的需求增加，使得需求曲线向右位移**（如图5-2所示）。

其他资产预期回报率的变化也能引起债券需求曲线位移。如果人们突然对股票市场看好并预期未来股票价格上升，那么股票预期资本利得率和预期回报率都会提高。如果债券预期回报率保持不变，当前债券的预期回报率相对于股票将下降，从而导致对债券的需求减少，推动需求曲线向左位移。**其他资产预期回报率提高使得对债券的需求减少，导致需求曲线向左位移。**

预期通货膨胀率的变化有可能改变汽车和住宅等有形资产（又称实物资产）的预期回报率，从而影响对债券的需求。假定预期通货膨胀率从5%上升到10%，这将导致汽车和住宅的价格未来更高，从而导致更高的名义资本利得率。由此出现实物资产的当前预期回报率提高，将引起债券预期回报率相对于实物资产下降，进而导致对债券的需求减少。或者，我们可以把预期通货膨胀率上升理解为降低了债券实际利率，由此造成债券相对预期回报率下降，导致对债券的需求减少。**预期通货膨胀率上升降低了债券的预期回报率，导致对债券的需求下降，于是债券需求曲线向左位移。**

风险 如果债券市场价格波动性变大，债券风险就会增加，从而债券资产的吸引力就变小。**债券风险提高导致对债券的需求减少，使得需求曲线向左位移。**

相反，其他资产市场（比如股票市场）价格波动性提高会使得债券更具吸引力。**其他资产风险升高导致对债券的需求上升，使得债券需求曲线向右位移**（如图5-2所示）。

流动性 如果更多人参与债券市场交易，那么迅速出售债券就变得更加容易，债券流动性增强导致每一利率水平对应的债券需求量上升。**债券流动性增强导致对债券的需求上升，使得需求曲线向右位移**（如图5-2所示）。**同理，其他资产流动性增强使得对债券的需求减少，引起需求曲线向左位移。**例如，在1975年废除固定佣金制度的时候，普通股交易的经纪佣金大大降低，提高了股票相对于债券的流动性，由此减少了对债券的需求，推动债券需求曲线向左位移。

债券供给曲线位移

一些因素会引起债券供给曲线位移，其中包括：

1. 投资机会的预期盈利性。
2. 预期通货膨胀率。
3. 政府预算赤字。

我们将考察在每个因素变动时（所有其他因素保持不变）供给曲线是如何位移的。（为了辅助学习，汇总表5-3总结了这些因素变动对债券供给曲线的影响。）

汇总表5-3 使债券供给曲线位移的因素

变量	变量变动	在每一债券价格上的供给量变动	供给曲线位移
投资的盈利性	↑	↑	P B_1^s → B_2^s B

续表

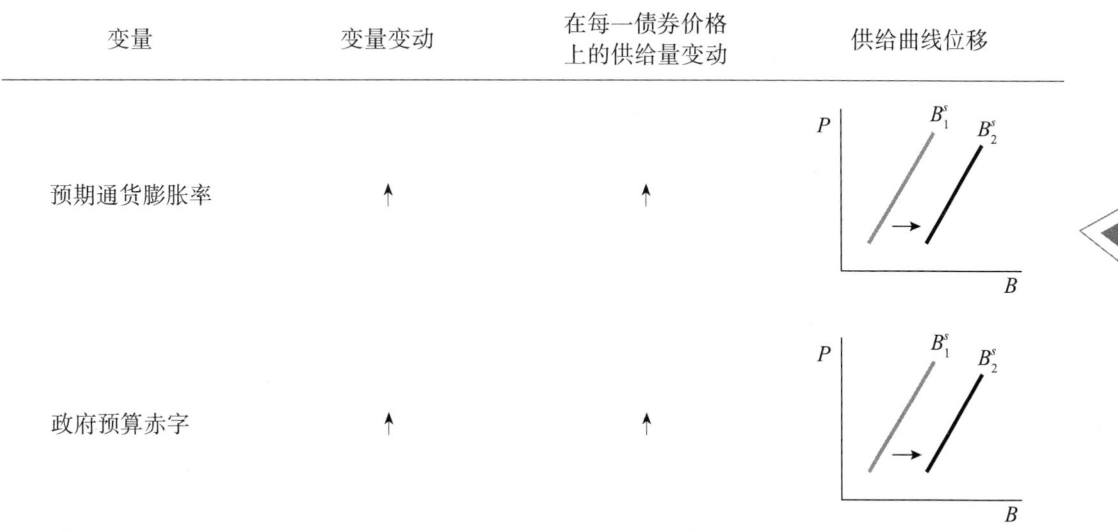

变量	变量变动	在每一债券价格上的供给量变动	供给曲线位移
预期通货膨胀率	↑	↑	
政府预算赤字	↑	↑	

注：表中仅讨论了变量上升时的情况。变量下降对供给的影响与其余各列所给出的方向正好相反。

投资机会的预期盈利性　当厂房和设备投资的可盈利机会非常充裕时，企业会更愿意通过借钱来筹集投资资金。在经济周期扩张阶段，当经济快速增长时，预计可盈利投资机会比比皆是，于是任意给定债券价格上的债券供给量增加（如图 5-3 中从 G 点到 G' 点或从 H 点到 H' 点）。**因此，在经济周期扩张阶段，债券供给增加，供给曲线向右位移。相应地，在衰退阶段，当预计可盈利投资机会变少时，债券供给减少，推动债券供给曲线向左位移。**

预期通货膨胀率　我们在第 4 章了解到，实际利率是衡量真实借款成本的最准确的指标，等于（名义）利率减去预期通货膨胀率。对于给定利率（和债券价格），当预期通货膨胀率升高时，借款真实成本下降；于是在任意给定债券价格水平上债券供给数量增加。**预期通货膨胀率上升造成债券供给增加，推动债券供给曲线向右位移**（见图 5-3）；**预期通货膨胀率下降造成债券供给减少，推动债券供给曲线向左位移。**

政府预算赤字　政府活动可以通过多种方式影响债券供给。美国财政部发行债券来弥补政府赤字，赤字是由政府支出与收入之间的缺口造成的。当赤字很大时，财政部要出售更多债券，每一债券价格对应的债券供给量增加。**一方面，更高的政府赤字使债券供给量增加，推动供给曲线向右位移**（见图 5-3）。**另一方面，20 世纪 90 年代晚期出现的政府盈余使债券供给减少，推动供给曲线向左位移。**

州和地方政府以及其他政府机构为弥补开支也会发行债券，同样会影响到债券供给。在后面的章节中我们将看到，涉及债券买卖的货币政策操作也会影响债券供给。

现在我们运用供求曲线位移的知识来分析均衡利率是如何变动的。最好的办法

5

是考察几个应用实例，它们对我们理解货币政策如何影响利率特别有帮助。在学习这些应用的时候，要牢记两点：

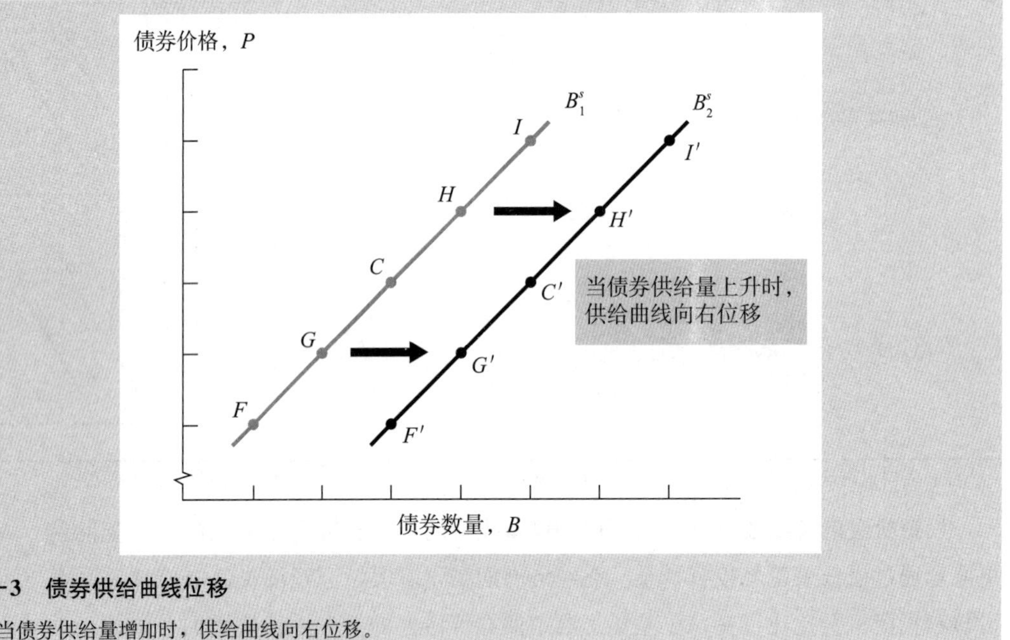

图 5-3 债券供给曲线位移

当债券供给量增加时，供给曲线向右位移。

1. 考察某个变量变动的影响时，要记住我们假定所有其他变量不变，也就是说，我们使用了“其他情况均相同”的假定。

2. 要记住利率与债券价格是负相关的，所以当均衡债券价格上升时，均衡利率是下降的。相反，如果均衡债券价格下降，则均衡利率上升。

应用　预期通货膨胀率变动引致利率变动：费雪效应

我们已经完成了大部分必要的工作来估算预期通货膨胀率变动如何影响名义利率，因为我们已经分析了预期通货膨胀率变动如何使得债券供求曲线位移。图 5-4 给出了预期通货膨胀率上升对均衡利率的影响。

假定预期通货膨胀率初始为 5%，初始供给曲线 B_1^s 与初始需求曲线 B_1^d 相交于点 1，此时均衡债券价格为 P_1。如果预期通货膨胀率上升到 10%，那么，任一给定债券价格和利率下的债券预期回报率相对于实物资产下降。结果，债券需求量减少，需求曲线从 B_1^d 向左位移至 B_2^d。预期通货膨胀率上升也使得供给曲线位移。对于任一给定债券价格和利率，真实借款成本降低，导致债券供给量增加，供给曲线从 B_1^s 向右位移至 B_2^s。

当预期通货膨胀率变动引起供求曲线位移时，市场均衡从点 1 移动到点 2，即 B_2^s 与 B_2^d 的交点。均衡债券价格从 P_1 下降到 P_2，由于债券价格与利率负相关，这意味着均衡利率升高。要注意的是，根据图 5-4，点 1 与点 2 均衡债券数量相同。但是根据供求曲线位移程度，当预期通货膨胀率上升时，均衡债券数量可能增加或是减少。

供求分析带我们通向一个重要发现：当预期通货膨胀率上升时，利率将上升。这个结论被命名为**费雪效应**（Fisher effect），经济学家欧文·费雪（Irving Fisher）最早指出了预期通货膨胀率与利率的关系。图 5-5 证明了该预测的准确性。3 个月期国库券利率总是随着预期通货膨胀率一起变动。因此，很多经济学家建议，如果想使名义利率保持在低位，就必须将通货膨胀率控制在低水平上。

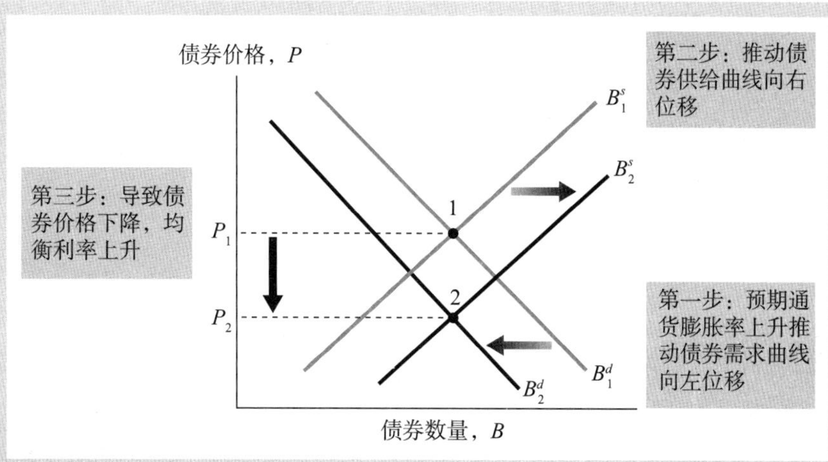

图 5-4 预期通货膨胀率变动的影响

当预期通货膨胀率上升时，供给曲线从 B_1^s 位移至 B_2^s，需求曲线从 B_1^d 位移至 B_2^d。市场均衡从点 1 移动到点 2，造成均衡债券价格从 P_1 下降到 P_2，均衡利率上升。

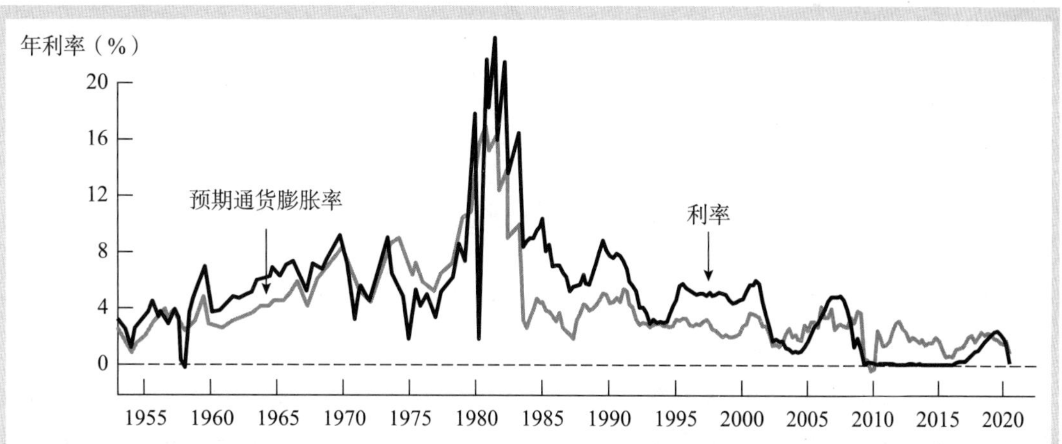

图 5-5 预期通货膨胀率与利率（3 个月期国库券），1953—2020 年

如同费雪效应预测的，3 个月期国库券利率与预期通货膨胀率基本上一起变动。

资料来源：Federal Reserve Bank of St. Louis，FRED database：https://fred.stlouisfed.org/series/TB3MS；https://fred.stlouisfed.org/series/CPIAUCSL/.

预期通货膨胀率的计算方法来自 Frederic S. Mishkin，“The Real Interest Rate：An Empirical Investigation，” Carnegie-Rochester Conference Series on Public Policy 15（1981）：151-200。这一方法将预期通货膨胀率视做历史利率、通货膨胀率与时间趋势的函数。

应用　经济周期扩张引致利率变动

图 5-6 分析了经济周期扩张对利率的影响。在经济周期扩张阶段，经济中产品和服务的生产数量增加，于是国民收入提高。此时工商企业更愿意借款，因为它们可能有许多可盈利投资机会需要融资。于是，在给定债券价格水平上，企业希望出售的债券数量（即为债券供给）增加。这意味着在经济周期扩张阶段，债券供给曲线会从 B_1^s 向右位移至 B_2^s（见图 5-6）。

5

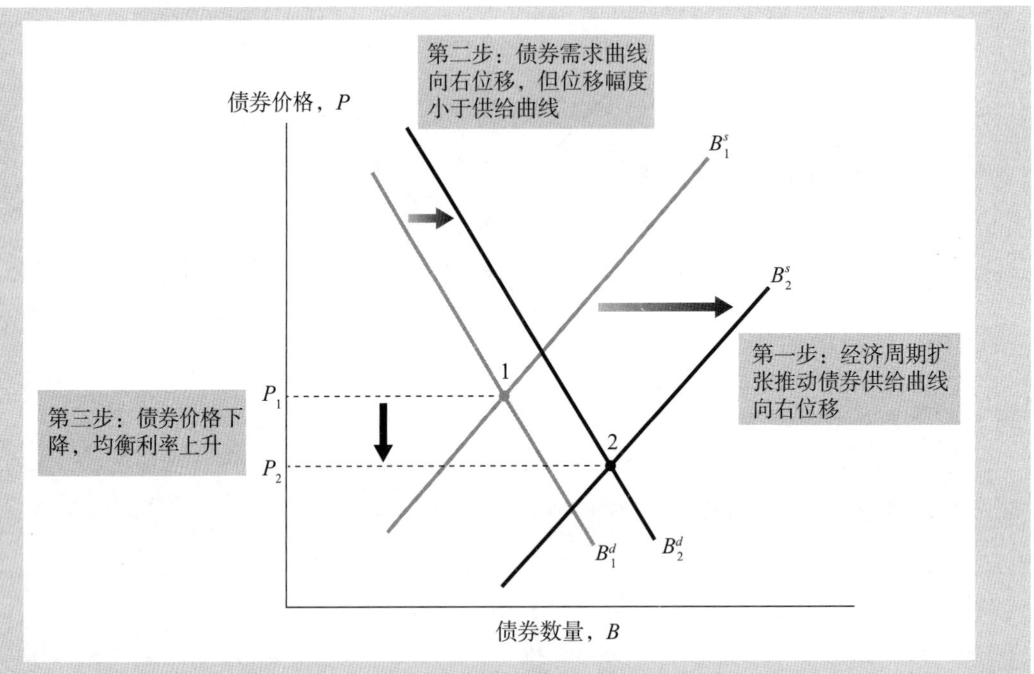

图 5-6　经济周期扩张的影响

在经济周期扩张阶段，当收入和财富增加时，需求曲线从 B_1^d 向右位移至 B_2^d。如果供给曲线右移幅度比需求曲线右移幅度更大（如图所示），则均衡债券价格从 P_1 下降到 P_2，均衡利率上升。

经济扩张也影响债券需求。随着经济的扩张，财富将会增加，根据投资组合理论可知，债券需求也将相应上升。如图 5-6 所示，需求曲线从 B_1^d 向右位移至 B_2^d。

既然债券的供给曲线和需求曲线都向右位移，那么由此可知在 B_2^s 与 B_2^d 交点达到的新均衡必然也向右移动。然而，新的均衡利率可能上升，也可能下降，取决于供给曲线与需求曲线中哪个位移幅度更大。

此处的供求分析对于经济周期扩张阶段利率如何变动给出了模棱两可的答案。图 5-6 中供给曲线位移幅度大于需求曲线位移幅度，造成债券均衡价格下降到 P_2，而均衡利率水平上升。这样绘图的原因在于，实际经济数据告诉我们，经济周期扩张与收入上升导致利率升高。图 5-7 给出了 1951—2020 年间 3 个月期美国国库券利率变动情况，并用阴影标注了经济周期衰退阶段。正如你所看到的，在经济周期扩张阶段利率上升，在经济周期衰退阶段利率下降，跟图 5-6 供求曲线图表示的一样。

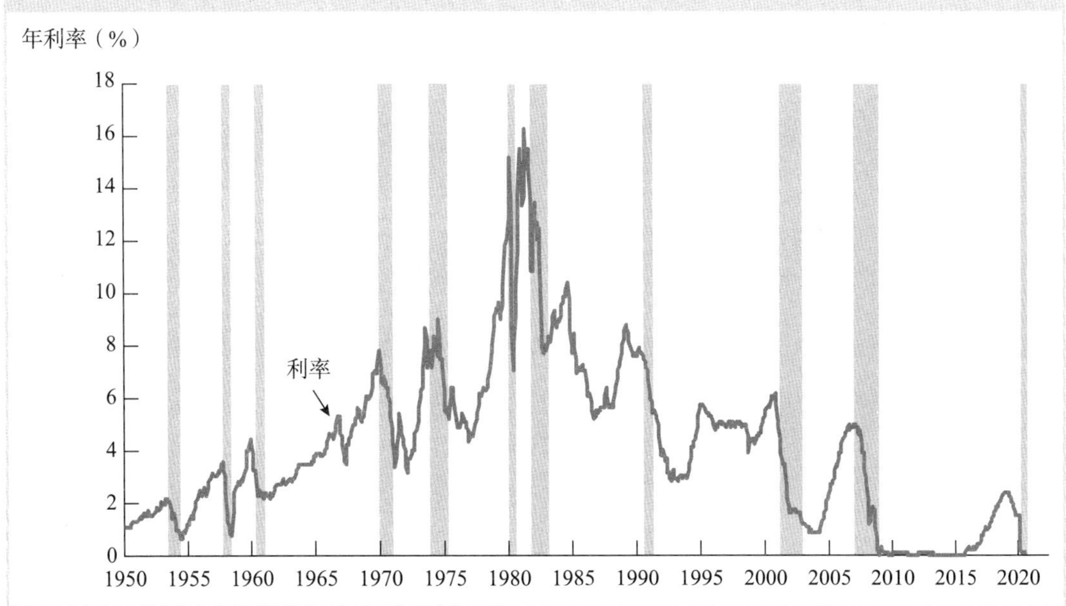

图 5-7 经济周期与利率（3 个月期国库券），1951—2020 年

阴影区域代表经济衰退期。经济扩张时利率上升，经济衰退时利率下跌。

资料来源：Federal Reserve Bank of St. Louis，FRED database：https://fred.stlouisfed.org/series/TB3MS.

应用 解释欧洲、日本和美国当前的低利率：低通货膨胀和长期停滞

全球金融危机后，美欧和日本的利率都跌落到极低水平。2020 年新冠衰退期间还降至更低。第 4 章提到过，事实上我们已经看到有时候利率甚至变成负的。为什么这些国家的利率如此之低？

答案在于所有这些国家的通货膨胀已经降到非常低的水平，有时甚至变成负的，而与此同时，有吸引力的投资机会严重不足。根据这些事实，运用与前几个应用类似的分析，即可以解释为什么利率变得这么低了。

非常低甚至负的通货膨胀率导致债券需求增加，因为实物资产预期回报率下降，从而提高了债券的相对预期回报率，推动债券需求曲线向右位移。低甚至负的通货膨胀率还提高了实际利率以及任一给定名义利率下的真实借款成本，从而引起债券供给量收缩，债券供给曲线向左位移。结果与图 5-4 完全相反：需求曲线向右位移，供给曲线向左位移，引起债券价格升高和利率降低。

所有这些国家也都经历了非常低的经济增长率，而且缺乏可盈利投资机会。哈佛大学前校长、美国前财政部长劳伦斯·萨默斯（Lawrence Summers）使用了“长期停滞”一词来描述这种现象。由于经济长期停滞，企业削减了投资支出，结果是债券供给更少，推动供给曲线向左位移。债券供给曲线向左位移使得债券价格进一步升高，利率下降（结果与图 5-6 相反）。

通常我们认为低利率是件好事，因为降低了借款成本。老话说“没人嫌自己太有钱或者

太瘦”，现在看就是个谬论（或许你不会嫌自己太有钱，但是的确有可能太瘦，那会损害你的健康）。而最近在美欧和日本发生的低利率事件表明，“总觉得利率越低越好”现在看来同样也是个谬论。在美国、欧洲和日本，低利率甚至负利率标志着这些经济体的情况其实不太好，经济增长缓慢而且通货膨胀真是太低了。

5

5.4 货币市场供给和需求：流动性偏好分析框架

目标 5.4 用流动性偏好分析框架阐述债券市场与货币市场的联系。

约翰·梅纳德·凯恩斯（John Maynard Keynes）构建了另外一个均衡利率决定模型，被称为**流动性偏好分析框架**（liquidity preference framework）。该分析框架用货币供给和需求来说明均衡利率决定，而不是基于债券供求。虽然两个分析框架看上去不同，但货币市场的流动性偏好分析却是与债券市场供求分析框架密切相关的。[①]

凯恩斯分析的起点，是假定人们用来储藏财富的资产有两类：货币和债券。因此，经济体的财富总量必然等于债券总量加上经济中的货币，等于债券供给数量（B^s）加上货币供给数量（M^s）。债券需求数量（B^d）加上货币需求数量（M^d）必然也等于财富总量，因为人们不能超过可用资源限制来购买更多资产。由此，债券和货币的供给量必须等于债券和货币的需求量，即

$$B^s+M^s=B^d+M^d \tag{5.2}$$

将债券各项移到等式一边，将货币各项移到等式另一边，等式可以重新写成

$$B^s-B^d=M^d-M^s \tag{5.3}$$

公式（5.3）说明，如果货币市场处于均衡（$M^s=M^d$），则等式右端等于零，这意味着 $B^s=B^d$，表明债券市场也同样处于均衡。

因此，无论我们从债券供求相等还是从货币供求相等来确定均衡利率，结果都是一样的。从这个意义上讲，分析货币市场的流动性偏好分析框架与债券市场供求分析框架是等价的。实际上两种方法不同，原因在于流动性偏好方法假定只有货币和债券两种资产，默认忽略了实物资产（比如汽车和住宅等）预期回报率变动对利率的影响。不过在大多数情况下，两个分析框架得出同样的推测。

我们用两个分析框架来探讨利率决定，原因在于：在分析预期通货膨胀率变动产生的影响时，债券供求分析框架更简单好用，但在分析收入、物价水平和货币供给等变动产生的影响时，流动性偏好分析框架更便于使用。

凯恩斯使用的货币定义包括通货（没有利息）和支票账户存款（在他生活的年

① 注意，这里的货币市场是指作为交易媒介之货币的市场。它不同于金融从业者所指的货币市场，也就是第 2 章提到的交易短期债务工具的金融市场。

代里，这种存款通常利息很少或者没有利息），所以他假定货币的回报率为零。凯恩斯理论中的债券是货币的唯一替代性资产，其预期回报率等于利率 i。[①] 随着利率上升（假定所有其他条件不变），货币相对于债券的预期回报率下降，根据投资组合理论，这将导致货币需求数量减少。

机会成本（opportunity cost）是指没有持有替代性资产（这里指债券）而舍弃的利息金额（预期回报），利用这一概念我们也能看到货币需求量与利率之间应当是负相关的。随着债券利率 i 上升，持有货币的机会成本提高，于是货币的吸引力减小，货币需求数量下降。

图 5-8 给出了多个利率水平上的货币需求数量，假定收入与物价水平等其他经济变量不变。当利率为 25%时，A 点表明货币需求量为 1 000 亿美元。如果利率降低为 20%，持有货币的机会成本随之降低，货币需求量增至 2 000 亿美元，即从 A 点运动到 B 点。如 C 点、D 点、E 点所示，如果利率进一步降低，货币需求量将会继续增加。连接上述所有点，得到向下倾斜的货币需求曲线 M^d。

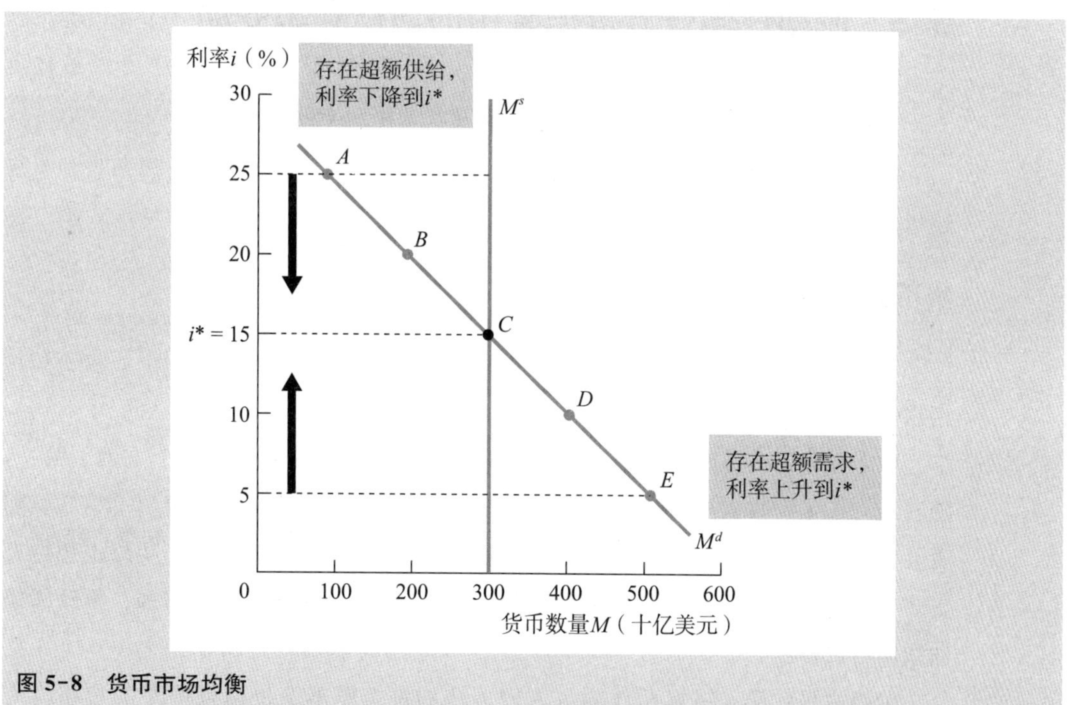

图 5-8　货币市场均衡

货币市场均衡出现在 C 点，即货币需求曲线 M^d 与货币供给曲线 M^s 的交点。均衡利率 $i^*=15\%$。

在此处的分析中，我们假定中央银行将货币供给控制在固定数量 3 000 亿美元，于是图中货币供给曲线 M^s 是位于 3 000 亿美元处的垂直线。市场均衡出现在供给曲线与需求曲线相交的 C 点，此时货币需求数量等于货币供给数量，即

$$M^d = M^s \tag{5.4}$$

① 凯恩斯并没有真的假定债券预期回报率等于利率，而是认为两者密切相关。但这对我们的分析没有显著影响。

由此决定均衡利率 $i^*=15\%$。

当利率高于均衡利率时，观察货币供给与货币需求的关系，同样会发现市场有向均衡利率运动的趋势。当利率为 25%时，A 点货币需求量为 1 000 亿美元，但货币供给量为 3 000 亿美元。货币超额供给意味着人们的货币持有量超过了意愿水平，因此，他们会通过购买债券来消除过多的货币余额。于是，他们将竞出高价购买债券。随着债券价格上升，利率会下降至均衡水平 15%。该趋势如 25%利率处向下的箭头所示。

同理，如果利率为 5%，E 点货币需求量为 5 000 亿美元，但货币供给量只有 3 000 亿美元。现在出现了货币超额需求，原因是人们希望持有的货币数量超过了现有水平。为了获取更多货币，人们将卖出他们仅有的其他资产——债券，从而债券价格将降低。随着债券价格降低，利率会回升到均衡水平 15%。只有当利率位于均衡水平时，市场上才不再有继续运动的趋势，而利率将稳定在均衡值上。

5.5 流动性偏好分析框架中的均衡利率变动

目标 5.5 列举并描述影响货币市场及其均衡利率的因素。

要用流动性偏好分析框架来分析均衡利率如何变动，我们必须搞清楚是什么导致货币的需求曲线和供给曲线发生位移。

货币需求曲线位移

在凯恩斯流动性偏好分析中，引起货币需求曲线位移的因素有两个：收入和价格水平。

收入效应 按照凯恩斯的观点，收入影响货币需求的原因有两个方面。第一，随着经济扩张和收入提高，财富增长，人们想持有更多货币来储藏价值。第二，随着经济扩张和收入提高，人们想用货币这一交易媒介进行更多交易，所以也想持有更多货币。结论是，**更高收入水平导致任一利率水平上的货币需求增加，推动需求曲线向右位移。**

价格水平效应 凯恩斯认为，人们关注的是按照不变价格来衡量的货币持有量，也就是说，按照所能购买的产品和服务数量来衡量货币持有量。当物价水平上升时，相同名义货币量的价值降低，已买不到同样多的实际产品或服务了。为了将实际货币持有量恢复到原先的水平，人们要持有更多名义货币量，因此，**更高的物价水平导致任一利率水平上的货币需求增加，推动需求曲线向右位移。**

货币供给曲线位移

我们假定货币供给完全由中央银行控制。在美国，中央银行指的是美联储。

（事实上，货币供给的决定过程十分复杂，涉及银行、存款人以及从银行借款的客户。我们将在后面的章节中详细学习。）现在我们要知道的就是，**美联储操纵的货币供给增加将推动货币供给曲线向右位移。**

应用 收入、物价水平和货币供给等变动引致均衡利率变动

为了理解如何用流动性偏好分析框架来分析利率运动，我们再看几个应用实例，这将帮助我们评估货币政策对利率的影响。在浏览这些应用时，要牢记"其他情况均相同"假定：在考察某一变量变动的影响时，其他变量都保持不变。（为了辅助学习，汇总表5-4总结了货币需求和供给曲线的位移。）

5

汇总表 5-4 推动货币供求曲线位移的因素

变量	变量变动	在任一利率水平上货币需求（M^d）或货币供给（M^s）的变化	利率变动	
收入	↑	M^d ↑	↑	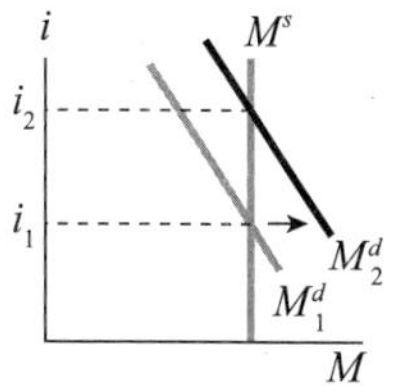 i, M^s, i_2, i_1, M_2^d, M_1^d, M
物价水平	↑	M^d ↑	↑	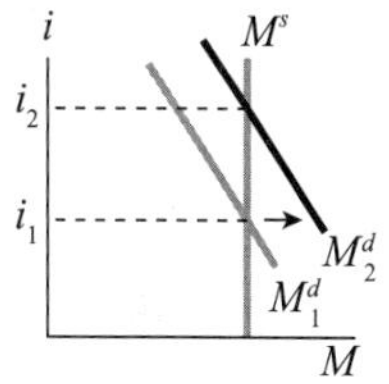 i, M^s, i_2, i_1, M_2^d, M_1^d, M
货币供给	↑	M^s ↑	↓	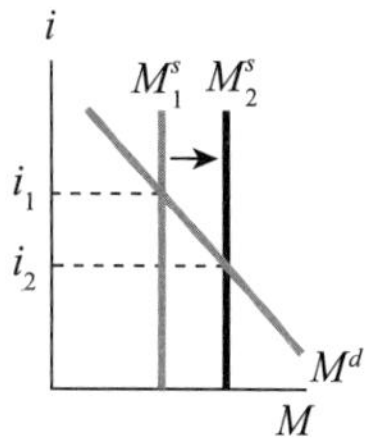 i, M_1^s, M_2^s, i_1, i_2, M^d, M

注：表中只列示了变量上升时的情况。变量下降对供求的影响与其余各列给出的方向正好相反。

收入变动

前面提到，在经济周期扩张阶段，当收入提高时，对货币的需求将增加，如图5-9所示，需求曲线从M_1^d向右位移至M_2^d。经济在M_2^d与货币供给曲线M^s相交的点2达到新均衡。正如你所看到的，均衡利率从i_1上升到i_2。由此，流动性偏好分析框架得到结论：在经济周期扩张阶段，假定其他经济变量不变，当收入提高时，利率将上升。与前面用债券供求分析框架得出的结论相比，这个结论是明确的。

5

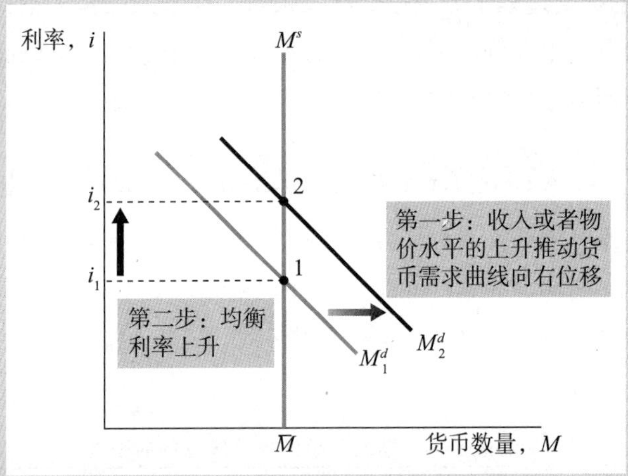

图 5-9 收入或物价水平变动的影响

在经济周期扩张阶段，当收入提高或物价上涨时，货币需求曲线从 M_1^d 位移至 M_2^d。供给曲线固定为 $M^s=\bar{M}$。均衡利率从 i_1 上升到 i_2。

物价水平变动

当物价水平上升时，按照购买力衡量的货币价值降低。为了将实际购买力恢复到先前的水平，人们想要持有更多名义货币量。更高的物价水平推动货币需求曲线从 M_1^d 向右位移至 M_2^d（见图 5-9）。市场均衡从点 1 运动到点 2，此时，均衡利率从 i_1 上升到 i_2，说明：在货币供给和其他经济变量保持不变的情况下，当物价水平上涨时，利率将上升。

货币供给变动

由美联储扩张性货币政策（expansionary monetary policy）所导致的货币供给增加，意味着货币供给曲线将向右位移。如图 5-10 所示，货币供给曲线从 M_1^s 位移至 M_2^s，均衡点从点 1 下降到点 2，即供给曲线 M_2^s 与需求曲线 M^d 相交的位置，均衡利率也从 i_1 下降到 i_2。所有其他条件都相同，当货币供给增加时，利率将下降。①

5.6 货币与利率

目标 5.6 明确并解释长期货币增长对利率的影响。

图 5-10 的流动性偏好分析似乎表明，货币供给增加将降低利率。这个结论具有十分重要的政策含义，经常会有政治家据此提出要以更快的货币供给增长来达成降低利率的目标。

---

① 运用债券供求分析框架可以得到同样的结论。在第 14 章我们将看到，中央银行增加货币供给主要是通过购买债券实现的，这样就减少了对公众的债券供给量。由此导致债券供给曲线向左位移，会引起债券均衡价格上升及均衡利率下降。

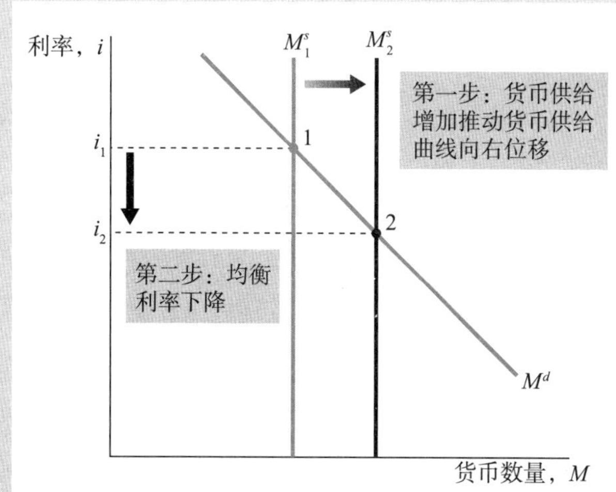

图 5-10　货币供给变动的影响

当货币供给增加时，供给曲线从 M_1^s 位移至 M_2^s，均衡利率从 i_1 下降到 i_2。

但是，所谓货币与利率可能是负相关的，这样做结论是对的吗？图 5-10 的流动性偏好分析有没有可能漏掉一些能够逆转该结论的重要因素？本章我们运用供求分析更深入地理解货币与利率的关系，将为上述问题提供答案。

对“货币供给增加降低了利率”观点的一个重要批评，是诺贝尔经济学奖得主米尔顿·弗里德曼提出的。他承认流动性偏好分析是正确的，并将（所有其他条件均相同的情况下）货币供给增加使利率降低的结果称为流动性效应。但他认为流动性效应只是故事的一部分：货币供给增加或许无法让“所有其他条件均相同”，那么就有可能存在使利率上升的其他经济效应。如果这些效应是可观的，完全有可能出现在货币供给增加时利率也上升的情形。

前面已经介绍了收入、物价水平和预期通货膨胀率等变动对均衡利率的影响，这为我们讨论其他经济效应奠定了基础。

1. 收入效应。货币供给增加能引起国民收入和财富水平提高。流动性偏好分析框架和债券供求分析框架都认为利率将随之上升（见图 5-6 和图 5-9）。因此，**货币供给增加的收入效应是指更高收入水平引致利率上升。**

2. 价格水平效应。货币供给增加也能导致经济的物价总水平上升。流动性偏好分析框架认为这将导致利率上升。因此，**货币供给增加的价格水平效应是指物价水平上升引致利率上升。**

3. 预期通货膨胀效应。货币供给增加导致的更高通货膨胀率，通过影响预期通货膨胀率，也能作用于利率。具体地，货币供给增加可能使人们预期未来物价水平升高，于是预期通货膨胀率将更高。债券供求分析框架表明，预期通货膨胀率提高将导致更高的利率水平。因此，**货币供给增加的预期通货膨胀效应是指预期通货膨胀率提高引致利率上升。**

乍一看，似乎价格水平效应与预期通货膨胀效应是一回事。它们都表明货币供给增加所导致的物价水平升高将引起利率上升。但二者之间有细微差异，因此被分作两种效应来讨论。

假定现在一次性的货币供给增加导致价格在来年上涨到永久性的更高水平。随着物价水平在这一年里上涨，利率将通过价格水平效应而上升。只有在年底当物价水平上涨到其高点时，价格水平效应也才将达到最大。

上涨中的物价水平也将通过预期通货膨胀效应而提高利率，因为人们会预期通货膨胀率在这一年里将更高。然而，当来年物价水平停止上涨时，通货膨胀率和预期通货膨胀率都将归零。由之前预期通货膨胀率升高引起的任何利率上升都将接着被逆转。于是我们看到，价格水平效应在来年达到最大影响，与之相反，预期通货膨胀效应在来年将有最小影响（零影响）。两种效应的基本差异是，在价格已经停止上涨以后，价格水平效应依然保持不变，而预期通货膨胀效应却消失了。

关键在于，只要物价水平继续上涨，预期通货膨胀效应就将持续存在。在后面的章节中学习货币理论时我们会看到，货币供给的一次性增加不会造成物价水平持续上涨，只有更高的货币供给增长率才有此效果。因此，如果要保持预期通货膨胀效应，需要提高货币供给增长率。

应用　提高货币供给增长率降低了利率吗？

现在把讨论过的各种效应综合起来，帮忙看看我们的分析是否支持那些政治家——当感觉利率过高时，他们主张提高货币供给增长率。在所有效应中，只有流动性效应认为提高货币供给增长率将导致利率下降。相反地，收入效应、价格水平效应和预期通货膨胀效应都表明，当货币供给增长率更高时，利率将上升。这当中哪种效应的作用最大？每种效应多快能起作用？对于判断货币供给增长率提高后利率将上升还是下降，以上答案至关重要。

一般而言，提高货币供给增长率的流动性效应立竿见影，因为增加的货币供给导致均衡利率即刻下降。但收入效应和价格水平效应要经过更长时间才能发挥作用，因为增加的货币供给需要经过一定时间才能提高物价水平和收入，进而再提高利率。预期通货膨胀效应同样提高利率，见效时间可长可短，取决于当货币供给增长率提高时人们调整通货膨胀预期的速度是慢还是快。

图 5-11 概括了三种可能性，针对在时间 T 提高货币供给增长率，给出每种情况下的长期利率反应是怎样的。图 5-11（a）是流动性效应超过其他效应的情况，所以利率从时间 T 的 i_1 降低到最终水平 i_2。流动性效应迅速起作用降低了利率，但随着时间推移，其他效应开始逆转部分下降。不过，由于流动性效应大于其他效应，所以利率始终无法回升到初始水平。

在图 5-11（b）中，流动性效应小于其他效应，预期通货膨胀效应见效迟缓，因为通货膨胀预期缓慢向上调整。最初，流动性效应使利率下降。之后收入效应、价格水平效应和预期通货膨胀效应开始提高利率。由于这些效应占上风，利率最终上升到 i_2，超过初始水平。短期中，货币供给增长率提高使得利率下降，但最终利率爬升到初始水平之上。

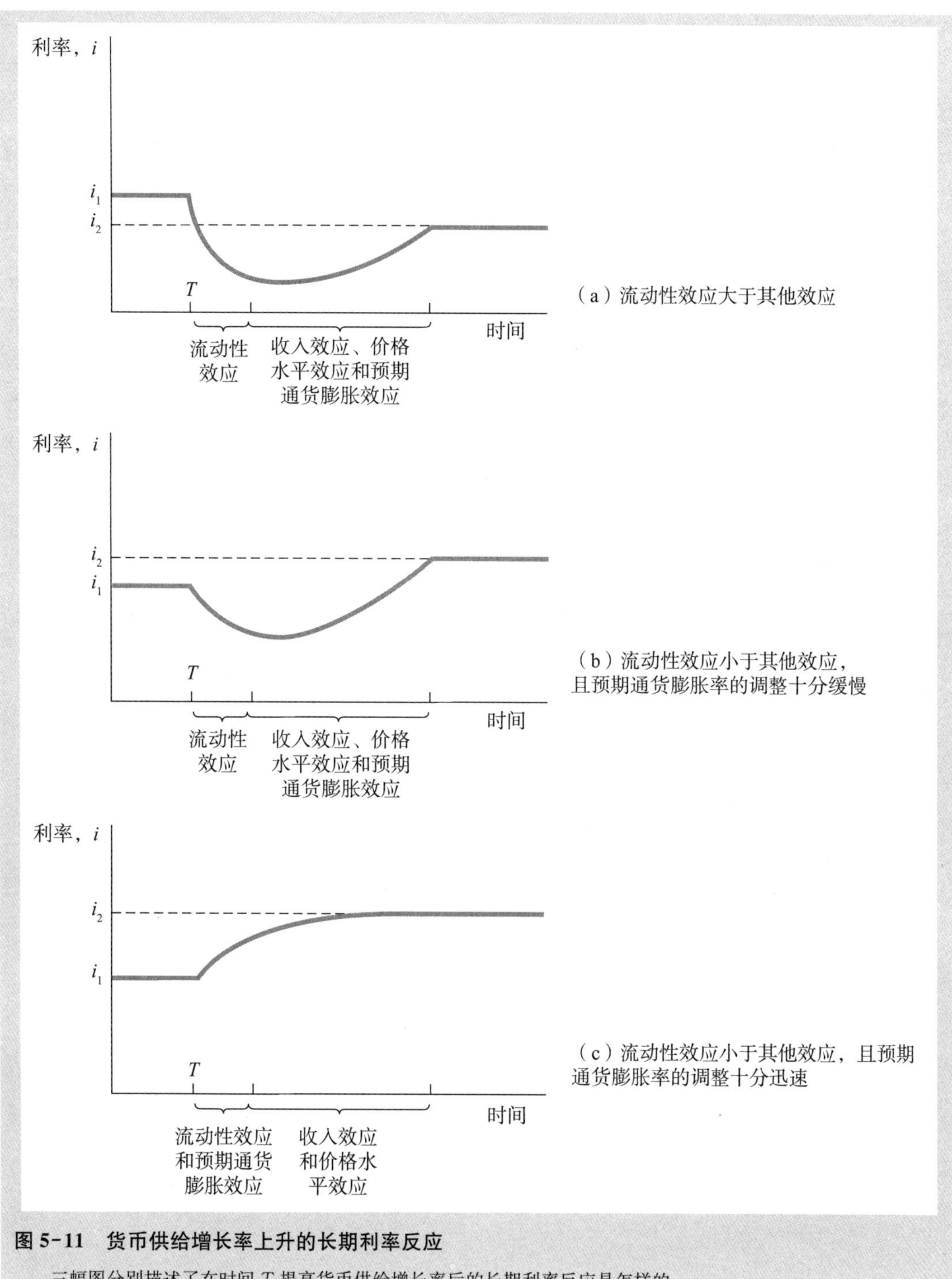

图 5-11　货币供给增长率上升的长期利率反应

三幅图分别描述了在时间 T 提高货币供给增长率后的长期利率反应是怎样的。

在图 5-11（c）中，预期通货膨胀效应占主导而且迅速见效，因为当货币供给增长率提高时人们迅速提高了通货膨胀率预期。预期通货膨胀效应一开始就立即超过流动性效应，利率马上开始攀升。一段时间后，随着收入效应和价格水平效应开始接手，利率进一步攀升，最终结果是利率远远超过初始水平。该结果清楚地表明，提高货币供给增长率不是降低利率的解决之道，为降低利率反而应当放慢货币增长！

对于经济政策制定者而言，重要的是须确定这三种情形中哪一种最接近现实情况。如图 5-11（a）所示，当流动性效应超过其他效应时，如果希望利率下行，就应当提高货币供给增长率。如图 5-11（c）所示，当其他效应超过流动性效应，且通货膨胀预期可以迅速调整时，就应当降低货币供给增长率。如图 5-11（b）所示，如果其他效应超过流动性效应，但通货膨胀预期只能缓慢调整，那么提高还是降低货币供给增长率就取决于政策制定者更关注短期效果还是长期效果。

经验证据支持哪种情形呢？图 5-12 给出了 1950—2020 年间利率和货币增长率的关系图。20 世纪 60 年代中期，当货币供给增长率开始爬升时，利率上升，说明价格水平效应、收入效应和预期通货膨胀效应超过了流动性效应。到了 20 世纪 70 年代，利率达到了二战后时期前所未有的高度，货币供给增长率也是如此。从 20 世纪 80 年代初到 90 年代初，货币供给增长率下降伴随着利率下降。不过，从 1995 年开始当通货膨胀率一直非常稳定时，货币供给增长率与利率之间关系就不那么清晰了。

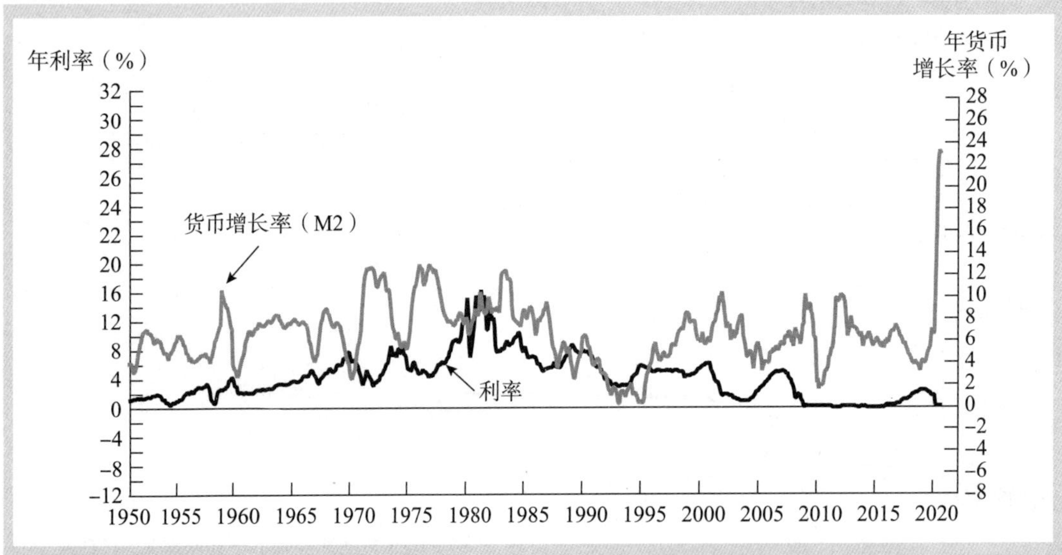

图 5-12　货币增长率（M2，年率）与利率（3 个月期国库券），1950—2020 年

20 世纪 60 年代中期，当货币供给增长率开始爬升时，利率上升，说明价格水平效应、收入效应和预期通货膨胀效应超过了流动性效应。到了 20 世纪 70 年代，利率和货币供给增长率都达到了二战后时期前所未有的高度。

资料来源：Federal Reserve Bank of St. Louis，FRED database：https://fred. stlouisfed. org/series/M2SL；https://fred. stlouisfed. org/series/TB3MS.

图 5-11（a）所描述的情形看起来比较可疑，而且通过提高货币增长率来降低利率的论据也很薄弱。回看图 5-5 利率和预期通货膨胀率的关系，你就不会感觉太奇怪了。20 世纪 60 年代和 70 年代，货币增长率提高，配合着预期通货膨胀率大幅上升，而从 80 年代初到 90 年代初，货币增长率降低，对应着预期通货膨胀率也下行。我们可以据此预测预期通货膨胀效应占据了主导。两个实例都表明预期通货膨胀效应占主导。为什么在货币增长率提高时利率上升而又在货币增长率降低时利率下降，对此这是最合理的解释了。但图 5-12 也没有真

正告诉我们图5-11（b）与图5-11（c）哪种情形更准确。这严重依赖于人们对通货膨胀预期的调整速度。比起对着图5-12简单地“看图说话”，使用更复杂方法开展的研究工作证明，提高的货币增长率暂时降低了短期利率，从而符合图5-11（b）的情况。

总　结

1. 投资组合理论告诉我们，某一资产的需求量：(a) 与财富正相关；(b) 与该资产相对于其他资产的预期回报率正相关；(c) 与该资产相对于其他资产的风险负相关；(d) 与该资产相对于其他资产的流动性正相关。

2. 债券供求分析是研究利率决定机制的一种理论。该理论认为，当收入（或财富）、预期回报率、风险或流动性的变动引起需求变化时，或是当投资机会的吸引力、真实借款成本或政府预算的变动引起供给变化时，利率会随之发生变动。

3. 分析货币供求的流动性偏好分析框架是另外一种利率决定理论。该理论认为，当收入或物价水平变动引起货币需求变动时，或是当货币供给变动时，利率会随之发生变动。

4. 货币供给增加对利率可能产生四种效应：流动性效应、收入效应、价格水平效应和预期通货膨胀效应。流动性效应表明提高货币供给增长率会降低利率；其他效应的作用方向则恰好相反。现实情况似乎说明收入效应、价格水平效应和预期通货膨胀效应超过流动性效应，因此提高货币供给增长率会提高而非降低利率。

关键术语

资产市场方法	费雪效应	风险	需求曲线	流动性
供给曲线	超额需求	流动性偏好分析框架	投资组合理论	超额供给
市场均衡	财富	预期回报率	机会成本	

思考题

1. 解释在下列情况下，你为何会更愿意或更不愿意购买微软公司股票：

a. 你的财富减少。

b. 你预期股票将升值。

c. 债券市场流动性增强。

d. 你预期黄金将升值。

e. 债券市场价格波动性加大。

2. 解释在下列情况下，你为何会更愿意或更不愿意购置住宅：

a. 你刚刚继承了10万美元。

b. 不动产佣金从售价的6%下降为5%。

c. 你预期微软公司股票明年价值将翻倍。

d. 股票市场价格波动性加大。

e. 你预期住宅价格将会下跌。

3. 解释在下列情况下，你为何会更愿意或更不愿意购买黄金：

a. 黄金重新被接受为交易媒介。

b. 黄金市场价格波动性加大。

c. 你预期通货膨胀率将上升，黄金价格可能与物价总水平一起变动。

d. 你预期利率会上升。

4. 解释在下列情况下，你为何会更愿意或更不愿意购买美国电话电报公司（AT&T）的长期债券：

a. 这些债券交易量上升，使得出售债券更容易。

b. 你预期股票市场将出现熊市（即预期股票价格将下降）。

c. 股票经纪人佣金降低。

d. 你预期利率会上升。

e. 债券经纪人佣金降低。

5. 如果股票市场进入繁荣期，对伦勃朗名画的需求将会发生什么变化？为什么？

6. 拉菲尔观察到在当前利率水平上存在债券过度供给，所以他预计债券价格会上升。拉菲尔说的对吗？

7. 假定玛丽亚想买预期回报率为 7%、预期回报率的标准差为 2%的债券，而詹妮弗想买预期回报率为 4%、预期回报率的标准差为 1%的债券。对于玛丽亚与詹妮弗，你能看出谁更厌恶风险吗？

8. 如果政府对每日交易金额设限，债券市场会怎样？资产的哪个特征会受到影响？

9. 人们对未来不动产价格的预期突然上升会对利率产生什么影响？

10. 假定许多大公司决定不再发行债券，原因是现在遵守金融市场监管新要求的成本太高。你能描述这对利率的预期影响吗？

11. 2008 年全球经济危机发生后，美国政府预算赤字大幅增加，而美国国债利率快速下降，并在低点停留了很长时间。这是否合理？为什么？

12. 股票经纪人佣金下降会对利率产生影响吗？对你的答案加以解释。

13. 美国总统在一次新闻发布会上宣布，他将执行一项新的反通货膨胀计划来对抗高企的通货膨胀率。如果公众相信他，预测利率将会怎样变动。

14. 假定法国人决定永久性地提高储蓄率。预测未来法国债券市场会发生什么。法国国内利率会变高还是变低？

15. 假定你是公司财务部门负责人，需要决定借款期限的长短。你在查看新闻时注意到，政府即将开启一项重大基础设施计划。请预测利率将会怎样变动。你建议做短期借款还是长期借款？

16. 财政政策制定者是否有理由担心潜在的通货膨胀形势？为什么？

17. 当名义货币供给固定时，为什么物价水平（并非预期通货膨胀率）上升会引起利率上升？

18. 如果下一任美联储主席名声远扬，支持比当前更低的货币供给增长率，请问利率将会怎样变动？讨论后续可能出现的情形。

19. 美国 M1 货币增长率在 2011 年和 2012 年大约为 15%，在 2013 年为 10%。在同一时期，3 个月期国库券利率接近 0。既然有这么高的货币增长率，为什么利率保持如此低的水平而没有上升？这说明收入效应、价格水平效应和预期通货膨胀效应有什么特征？

应用题

20. 假定你正在考虑将部分财富投资于股票、债券、商品这三种投资工具中的一种。拜访财务顾问时，他给出了下表，包括每种投资可能的回报率及其概率。

股票		债券		商品	
概率	回报率	概率	回报率	概率	回报率
0.25	12%	0.6	10%	0.20	20%
0.25	10%	0.4	7.50%	0.25	12%
0.25	8%			0.25	6%
0.25	6%			0.25	4%
				0.05	0

a. 如果希望预期回报率最大化，你会选择哪种投资工具：股票、债券还是商品？

b. 如果你是风险厌恶型投资者，只能在股票和债券投资中进行选择，你会选择哪种？为什么？

21. 美联储减少货币供给的一个重要途径是向公众出售债券。运用债券供求分析框架，说明该行为对利率有何影响。如果运用流动性偏好分析框架，你认为得到的结论是否一致？

22. 运用流动性偏好分析框架和债券供求分析框架，说明为什么利率是顺周期的（即经济扩张时利率上升，经济衰退时利率下跌）。

23. 运用债券供求分析框架和流动性偏好分析框架，说明债券风险上升对利率产生的影响。两个分析框架给出的分析结果是否一致？

24. 以下等式代表面值为 1 000 美元的 1 年期贴现债券的需求曲线和供给曲线：

B^d：债券价格＝债券数量×(－0.6)＋1 140

B^s：债券价格＝债券数量＋700

a. 在这一市场上，均衡的债券价格和数量是多少？

b. 根据 a 的答案，该市场的均衡利率是多少？

25. 以下等式代表面值为 1 000 美元的 1 年期贴现债券的需求曲线和供给曲线：

B^d：债券价格＝债券数量×(－0.6)＋1 140

B^s：债券价格＝债券数量＋700

假定美联储进行货币政策操作时卖出了 80 份债券。同时假定债券需求和货币需求保持不变。

a. 美联储政策操作对债券供给等式有何影响？

b. 计算美联储政策操作对市场均衡利率的影响。

第6章 利率风险结构和期限结构

学习目标

6.1 认识并解释影响利率风险结构的三个因素。

6.2 列举并解释用以说明利率随期限变化的三种理论。

本章预习

在第5章利率行为的供求分析中，我们只考察了一种利率的决定。但此前我们已经看到，有无数多种债券，而且利率各不相同。本章考察不同利率相互之间的关系，让我们对利率有一个完整认识。搞清楚为什么各种债券利率有别，可以帮助企业、银行、保险公司和个人投资者决定购买哪些债券做投资以及出售哪些债券。

我们先来看到期期限相同的债券为何利率不同。这些利率之间的关系被称为**利率风险结构**（risk structure of interest rates），尽管风险、流动性和所得税政策等都对决定风险结构有影响。债券到期期限也影响利率，不同期限债券利率之间的关系被称为**利率期限结构**（term structure of interest rates）。在本章我们考察利率之间相对波动的来源和起因，并介绍几种解释这些波动的理论。

6.1 利率风险结构

目标6.1 认识并解释影响利率风险结构的三个因素。

图6-1给出了1919—2020年间几种长期债券的到期收益率。对于到期期限相同的债券而言，其利率行为表现出两个重要特征：不同债券利率虽然总体上看一起变动，但每年里的每个利率都不一样，而且利率之间的利差（或差额）随时间推移而变化。例如，20世纪30年代末，市政债券利率高于美国政府债券（国债）利率，后来却较之更低。此外，Baa级公司债券（风险高于Aaa级公司债券）与美国国债之间的利差在1930—1933年大萧条时期非常大，在20世纪40—60年代变小，之后又重新扩

大，尤其是在 2007—2009 年全球金融危机期间。哪些因素造成了上述这些现象呢?

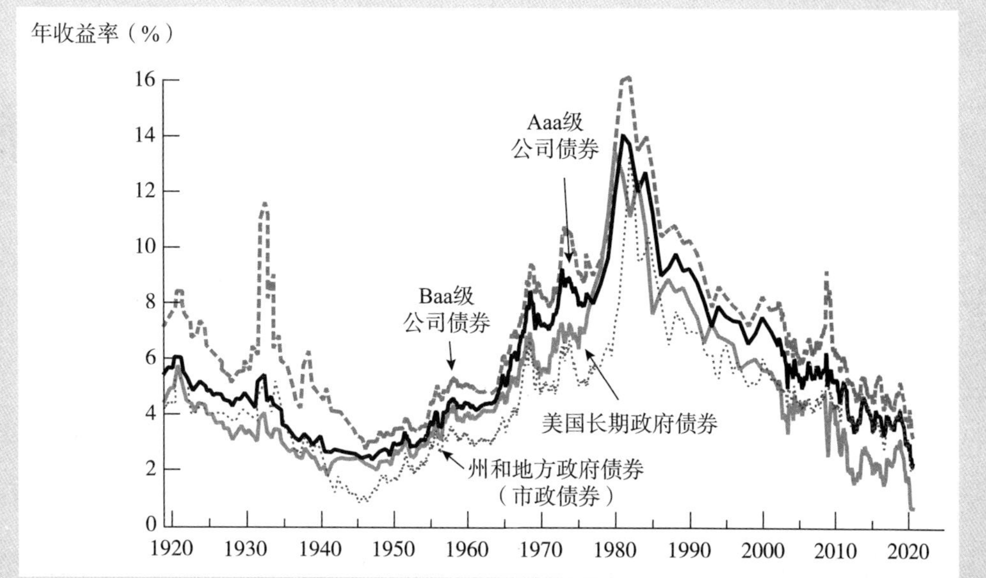

图 6-1　长期债券收益率，1919—2020 年

不同债券利率每年都不一样，而且利率之间的利差（或差额）随时间推移而变化。

资料来源：Board of Governors of the Federal Reserve System，*Banking and Monetary Statistics*，*1941－1970*；Federal Reserve Bank of St. Louis，FRED database：https://fred.stlouisfed.org/series/GS10；https://fred.stlouisfed.org/series/DAAA；https://fred.stlouisfed.org/series/DBAA；https://fred.stlouisfed.org/series/WSLB20.

违约风险

违约（default）风险是影响债券利率的一个债券属性。违约指债券发行人不能或是不愿意支付所承诺利息或在债券到期时偿清面值。遭受重大损失的公司，比如 2020 年新冠疫情期间的航空公司和租车公司，更有可能暂停债券利息支付。因此它们的债券的违约风险很高。相反，美国国债通常被认为不存在违约风险，因为联邦政府总是可以通过增加税收或者印钞来清偿债务。像这种没有违约风险的债券被称为**无违约风险债券**（default-free bonds）。（但也不尽然，2013 年国会预算谈判一度导致政府停摆，在此期间共和党人曾威胁要让国债违约，这一威胁对债券市场具有不利影响。）到期期限相同的有违约风险债券与无违约风险债券之间的利差被称为**风险溢价**（risk premium）。风险溢价说明了必须赚取多少额外利息人们才愿意持有风险债券。第 5 章债券市场供求分析可以用来解释为什么有违约风险债券的风险溢价总是为正，以及为什么违约风险越高意味着风险溢价越大。

为了考察违约风险对利率的影响，我们来看图 6-2 无违约风险债券（美国国债）市场和长期公司债券市场的供求图。为便于理解，假定最初公司债券与美国国债的违约风险相同。在这种情况下，两种债券具有相同的属性（完全相同的风险和到期期限），初始均衡价格和利率也都相等（$P_1^c=P_1^T$，$i_1^c=i_1^T$），公司债券的风险溢价（$i_1^c-i_1^T$）为零。

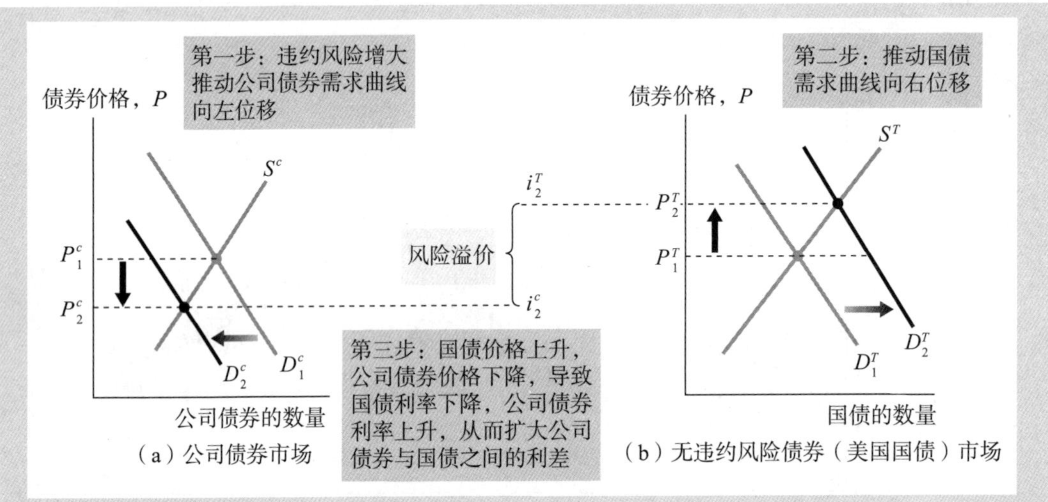

图 6-2　公司债券违约风险增大的影响

最初 $P_1^c=P_1^T$，$i_1^c=i_1^T$，风险溢价为零。公司债券违约风险增大推动需求曲线从 D_1^c 移至 D_2^c；同时，推动国债需求曲线从 D_1^T 移至 D_2^T。公司债券均衡价格从 P_1^c 下跌到 P_2^c，公司债券均衡利率上升至 i_2^c。在国债市场上，均衡债券价格从 P_1^T 上升至 P_2^T，均衡利率下跌到 i_2^T。大括号表明了 i_2^c 与 i_2^T 的差额，即公司债券的风险溢价。（注意：由于 P_2^c 低于 P_2^T，故 i_2^c 大于 i_2^T。）

如果一家公司遭遇重大损失因而违约可能性提高，那么公司债券的违约风险将增大，且这些债券的预期回报率将下降。此外，公司债券回报将更不确定。投资组合理论认为，由于公司债券预期回报率相对于无违约风险债券下降，相对风险上升，因此（假定所有其他条件均相同）公司债券受欢迎程度下降，对它的需求将减少。也可以理解为，如果你是投资者，你会希望减少对公司债券的持有（需求）量。于是，如图 6-2（a）所示，公司债券需求曲线从 D_1^c 向左位移至 D_2^c。

与此同时，无违约风险国债的预期回报率相对于公司债券上升，而相对风险降低。因此国债变得更受欢迎，需求增加，如图 6-2（b）所示，国债需求曲线从 D_1^T 向右位移至 D_2^T。

从图 6-2 中可以看出，公司债券均衡价格从 P_1^c 下降至 P_2^c，由于债券价格与利率负相关，所以公司债券均衡利率上升至 i_2^c。而与此同时，国债均衡价格从 P_1^T 上升至 P_2^T，均衡利率下降至 i_2^T。公司债券与无违约风险债券之间的利差（即公司债券的风险溢价）从零上升至（$i_2^c-i_2^T$）。现在可以得到结论：**有违约风险债券的风险溢价总是为正，且违约风险上升将提高风险溢价。**

违约风险对于风险溢价的大小至关重要，因此债券购买者需要知道一家公司是否可能对债券违约。**信用评级机构**（credit-rating agencies）可以提供这样的信息，这些投资咨询公司根据违约概率对公司债券和市政债券质量做出评级。信用评级机构因其在 2007—2009 年全球金融危机期间的表现而在近年来备受争议（参见 FYI 专栏“信用评级机构利益冲突与全球金融危机”）。表 6-1 给出了穆迪投资者服务、标普和惠誉国际评级等三大信用评级机构的各种评级以及相应说明。违约风险较小的债券被称为投资级证券，其评级为 Baa（或 BBB）及以上。评级低于 Baa（或 BBB）的债券具有较高的违约风险，被形象地称为投机级证券或**垃圾债券**（junk bond）。因为这些债券的利率总是高于投资级证券，所以也被称为高收益债券。

表 6-1　穆迪、标普和惠誉的债券评级

评级机构			说明
穆迪	标普	惠誉	
Aaa	AAA	AAA	最大极限安全级别
Aa1	AA+	AA+	高级别高质量
Aa2	AA	AA	
Aa3	AA−	AA−	
A1	A+	A+	中上等级别
A2	A	A	
A3	A−	A−	
Baa1	BBB+	BBB+	中下等级别
Baa2	BBB	BBB	
Baa3	BBB−	BBB−	
Ba1	BB+	BB+	非投资级别
Ba2	BB	BB	投机
Ba3	BB−	BB−	
B1	B+	B+	高度投机
B2	B	B	
B3	B−	B−	
Caa1	CCC+	CCC	风险很大
Caa2	CCC	—	声望很差
Caa3	CCC−	—	
Ca	—	—	极度投机
C	—	—	可能违约
—	—	D	违约

接下来回到本章开头的图 6-1，看我们能否解释公司债券利率与美国国债利率之间的关系。公司债券总会有一定的违约风险而国债没有，所以公司债券利率总是高于国债利率。Baa 级公司债券的违约风险比高等级的 Aaa 级债券更高，前者的风险溢价更大，所以 Baa 利率总是高于 Aaa 利率。我们可以运用同样的方法来解释 1930—1933 年大萧条期间 Baa 级公司债券风险溢价的大幅攀升，以及 1970 年以后

的风险溢价升高（见图 6-1）。大萧条期间企业破产和违约的比率相当高。可以想见，这些因素导致了经营脆弱的公司所发行债券的违约风险显著上升，Baa 级债券的风险溢价达到了前所未有的高水平。虽然低于大萧条时期，但自 1970 年以后企业破产与违约水平再次升高。同样可知，公司债券的违约风险和风险溢价都升高，使公司债券与国债之间的利差扩大。

FYI 专栏　信用评级机构利益冲突与全球金融危机

6

债务评级在债务证券定价和监管程序中发挥重要作用。在全球金融危机前的很多年里，当信用评级机构建议客户如何构造复杂金融工具（其支付现金流来自次级抵押贷款）时，即出现了利益冲突。与此同时，这些机构也在对同类金融产品进行评级，有可能导致严重的利益冲突。具体而言，一方面它们从建议客户如何进行结构化投资中收取高额费用，另一方面正是由机构自己对这些结构化投资产品进行评级，这就意味着信用评级机构没有足够的动力去确保它们所做评级的准确性。

当住房价格开始下跌、次级抵押贷款开始违约时，一切变得清晰透明：评级机构的次贷产品风险评估做得非常差劲（次贷产品是它们帮忙构造的）。许多 AAA 级产品不得不一次次地被调低评级，直到进入垃圾档。在这些资产上遭遇沉重损失，正是许多持有此类头寸的金融机构泥足深陷的一个原因。的确已经有时事评论员把信用评级机构写进了造成全球金融危机的大反派名单。

应用　新冠疫情与 Baa 级债券-国债利差

2020 年 3 月新冠病毒感染正式成为大流行疫情，由此而致的隔离和社交距离给了全球经济致命一击。许多投资者开始怀疑低信用等级（如 Baa 级）公司的财务健康。市场认为 Baa 级债券的违约风险升高，在任何价位债券的吸引力都下降，需求量减少，推动 Baa 级债券需求曲线向左位移。如图 6-2（a）所示，Baa 级债券利率会升高，事实也的确如此。从 2020 年 2 月到 3 月，Baa 级债券利率从 3.6%升至 4.3%，向上跳升了 70 个基点（0.70 个百分点）。与此同时，市场感知到的 Baa 级债券违约风险上升，使得无违约风险的美国国债相对更有吸引力，推动国债需求曲线向右位移——有些分析师把这一结果描述为“安全投资转移”（flight to quality）。正如图 6-2 的分析所预测的那样，从 2020 年 2 月到 3 月，国债利率从 1.50%跌至 0.90%，下跌了 60 个基点。仅仅一个月时间，Baa 级债券与国债之间的利差就扩大了 140 个基点，从疫情前的 2.1%升高到 2020 年 3 月全球疫情蔓延后的 3.40%。

流动性

影响债券利率的另一个债券属性是流动性。我们在第 5 章*学到，所谓流动性资产，指在必要时能够低成本地迅速转换为现金的资产。资产流动性越强就越受欢

---

* 原文为第 4 章，疑有误，故作此更正。——译者注

迎（所有其他条件均不变）。美国国债在所有长期债券中流动性最高，因为交易极为广泛，迅速出售最容易，而且成本也低。公司债券的流动性就没有这么高了，因为任何公司债券的交易量都比不上国债，从而在紧急情况下抛售债券的成本就高，原因是难以快速找到买家。

公司债券的低流动性如何影响它们的利率和国债利率的相对水平呢？我们可以使用分析违约风险影响的同一幅图（图 6-2），用供求分析来说明公司债券相比国债更低的流动性扩大了二者之间的利差。

首先，假设最开始公司债券与国债的流动性相同，所有其他属性也完全一样。如图 6-2 所示，初始均衡价格和均衡利率也相等：$P_1^c = P_1^T$，$i_1^c = i_1^T$。如果公司债券因为交易不够广泛而流动性低于国债，那么根据投资组合理论，需求量将减少，如图 6-2（a）所示，推动其需求曲线从 D_1^c 向左位移至 D_2^c。与公司债券相比，现在国债的相对流动性更高，所以如图 6-2（b）所示，需求曲线会从 D_1^T 向右位移至 D_2^T。图 6-2 的曲线位移表明，流动性低的公司债券价格下降，利率上升；而流动性高的国债价格上升，利率下降。

结果是两种债券的利差加大。因此，公司债券利率与国债利率之间的差额（即风险溢价）不仅反映了公司债券的违约风险，而且反映了公司债券的较低流动性。这就是为什么风险溢价的更确切叫法应当是“风险和流动性溢价”，但惯例是使用“风险溢价”标签。

所得税因素

回到图 6-1，我们还有一个难题待解——市政债券的利率行为。市政债券当然不属于无违约风险债券：州和地方政府历史上曾经发生过市政债券违约，尤其是在大萧条时期，近年来的案例就更多了，比如密歇根州的底特律市，加利福尼亚州的圣贝纳迪诺市、马默斯莱克斯市、斯托克顿市，亚拉巴马州的杰斐逊县，宾夕法尼亚州的哈里斯堡市，罗得岛州的森特勒尔福尔斯市，以及爱达荷州的博伊西县等。同时，市政债券的流动性也不如国债。

图 6-1 显示，在过去 100 年的大部分时间里，市政债券利率要低于国债利率，这是为什么呢？答案在于市政债券利息免缴联邦所得税，这个因素对市政债券需求的影响与提高预期回报率是相同的。

试想你的收入高到要适用 40%的所得税税率档，其中你每多赚 1 美元收入就要缴纳 40 美分给政府。如果你拥有面值为 1 000 美元、售价为 1 000 美元的美国国债，息票利息为 100 美元，税后你所获得的利息只有 60 美元。虽然债券利率是 10%，但税后实际回报率仅有 6.0%。

不过，假定你将储蓄投资于面值为 1 000 美元、售价为 1 000 美元的市政债券，息票利息只有 80 美元。利率只有 8%，但由于是免税证券，你获得的 80 美元利息收入不必缴税，因此税后回报率为 8%。很显然，投资市政债券的税后回报更多，因此即使利率低于国债，你也更愿意持有风险较大、流动性较差的市政债券。（二战前不是这样，因为当时所得税税率非常低，所以市政债券的免税特征并没有表现出太大优势。）

另外运用图 6-3 的供求分析法，也能理解为什么市政债券利率低于国债利率。首先假定市政债券与国债具有相同的属性，因此如图所示，它们有相同的债券价格 $P_1^m = P_1^T$ 和相同的利率。一旦市政债券有了税收优势，它们相对于国债的税后预期回报率将提高，从而更受欢迎，需求上升，需求曲线从 D_1^m 向右位移至 D_2^m。于是均衡债券价格从 P_1^m 上升至 P_2^m，而均衡利率下降。相反，国债现在与市政债券相比不那么受欢迎了，国债需求量减少，需求曲线从 D_1^T 向左位移至 D_2^T。国债价格从 P_1^T 下降至 P_2^T，而利率上升。联邦所得税豁免导致市政债券的预期回报率比国债更高，从而解释了为什么市政债券利率低于国债利率。[①]

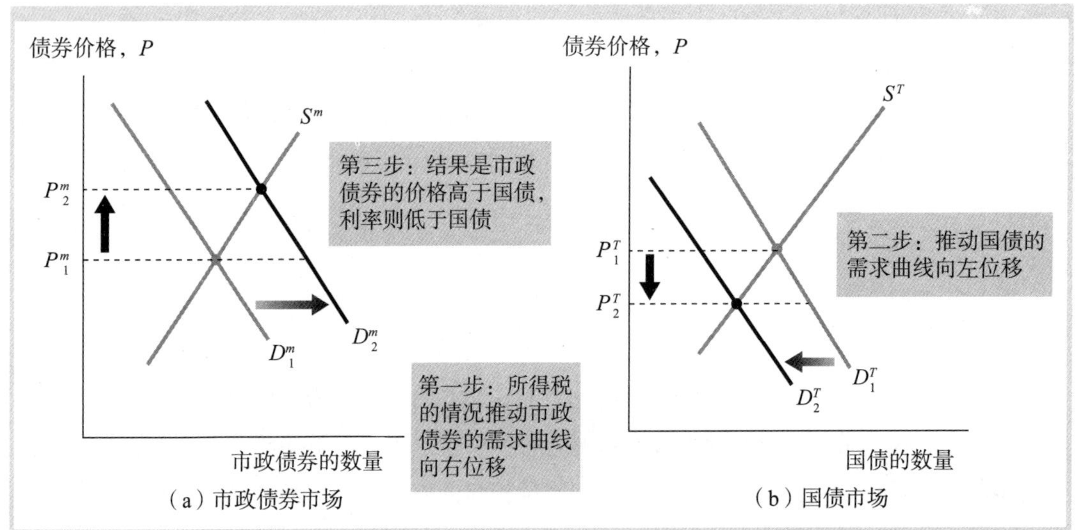

图 6-3 市政债券和国债的利率

市政债券具备免税特征时，其需求曲线从 D_1^m 向右位移至 D_2^m，而国债需求曲线从 D_1^T 向左位移至 D_2^T。市政债券均衡价格从 P_1^m 上升至 P_2^m，利率下跌，而国债均衡价格从 P_1^T 下跌至 P_2^T，利率上升。结果是市政债券利率低于国债利率。

小　结

利率风险结构（到期期限相同债券的利率之间的关系）可以用三个因素来解释：违约风险、流动性和债券利息的所得税政策。债券的风险溢价（该债券与无违

① 与公司债券不同，国债可以免缴州和地方所得税。利用正文中的分析方法，你应当能证明国债这个特征为其利率低于公司债券给出了又一个理由。

约风险国债之间的利差）随着其违约风险上升而增加。国债流动性更高也可以解释为什么其利率更低，以及为什么其他债券流动性更低而利率更高。附加有利税收政策的债券（例如市政债券利息可以免缴联邦所得税），其利率将更低。

应用　特朗普减税案对债券利率的影响

2017年国会通过了特朗普政府提出的将高收入缴税人群所得税税率从39.6%降低到37%的法案，废除了奥巴马政府实施的增税政策。所得税削减对市政债券市场和国债市场的利率分别有什么影响？

我们的供求分析给出了答案。富人所得税税率更低，意味着免税市政债券的税后预期回报率相对于国债有所降低，因为国债利息的税负现在更低了。由于市政债券现在的受欢迎程度下降，其需求量减少，推动其需求曲线向左位移，使其价格下降而利率上升。相反，所得税税率降低使得国债更受欢迎，推动其需求曲线向右位移，使其价格上升而利率下降。

由此我们的分析证明了，削减富人所得税税率有助于提高市政债券相对于国债的利率水平。

6

6.2　利率期限结构

目标6.2　列举并解释用以说明利率随期限变化的三种理论。

我们已经了解到风险、流动性和税收因素（合并体现于风险结构中）如何影响利率。到期期限是影响债券利率的另一个因素：具有相同风险、流动性和税收特征的债券，由于距离到期日的时间不同，利率也会有差异。将到期期限不同但风险、流动性和税收政策相同的债券的收益率连接成一条曲线，即得到**收益率曲线**（yield curve），它描绘了特定类型债券（如政府债券）的利率期限结构。下面的金融新闻解读专栏给出了一条国债收益率曲线。收益率曲线可以分为向上倾斜的、平坦的和向下倾斜的（最后一种类型经常被称为**翻转的收益率曲线**，inverted yield curve）。收益率曲线向上倾斜是最典型的情形，表明长期利率高于短期利率；收益率曲线是平坦的，表明长期利率与短期利率相同；收益率曲线是翻转的，表明长期利率低于短期利率。收益率曲线还可以有更复杂的形状，比如开始先向上倾斜然后再向下倾斜，或是反过来。为什么典型的收益率曲线向上倾斜，但有时候又会呈现出其他形状呢？

除了要解释收益率曲线为何在不同时点有不同形状外，关于利率期限结构的好理论还必须解释以下三个重要的经验事实：

1. 如图6-4所示，不同期限债券利率随时间推移一起变动。

2. 当短期利率较低时，收益率曲线更有可能向上倾斜；当短期利率较高时，收益率曲线更有可能向下倾斜，呈现出翻转形状。

3. 收益率曲线几乎总是向上倾斜的，如下面的金融新闻解读专栏所示。

人们提出了三种理论来解释利率期限结构，即收益率曲线形状所反映的不同期限债券利率之间的关系，分别是：（1）预期理论，（2）分割市场理论，（3）流动性溢价理论。以下各节将对每种理论进行介绍。预期理论可以很好地解释上述三个事实中的前两个，但无法解释第三个。分割市场理论可以解释第三个事实，但对预期理论所能解释的前两个事实无能为力。由于这两种理论对事实的解释力完全互补，所以理解利率期限结构的一个好办法，自然就是把二者的特征结合起来，由此我们得到了流动性溢价理论，能够解释所有三个事实。

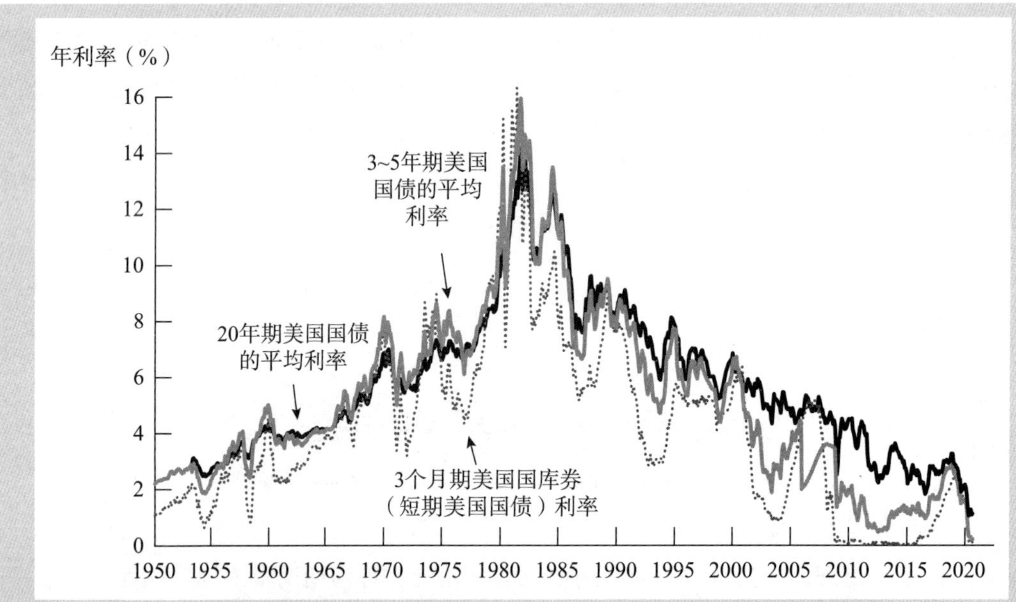

图 6-4　不同期限美国国债利率的长期变动

不同期限债券利率随时间推移一起变动。

资料来源：Federal Reserve Bank of St. Louis，FRED database：https://fred.stlouisfed.org/series/TB3MS；https://fred.stlouisfed.org/series/GS3；https://fred.stlouisfed.org/series/GS5；https://fred.stlouisfed.org/series/GS20.

如果流动性溢价理论能更好地解释全部事实并且由此最为广泛接受，那么我们为什么还要花时间去讨论另外两种理论呢？这有两个原因。第一，前两种理论观点是流动性溢价理论的基础；第二，由此我们可以了解经济学家在发现预测结果与经验证据不一致时是如何修正并完善理论的，这一点非常重要。

金融新闻解读　收益率曲线

许多报纸和网站都会发布国债的每日收益率曲线，比如 http://www.finance.yahoo.com。下图是 2020 年 5 月 22 日的收益率曲线。纵轴数字表示国债利率，横轴数字表示到期期限，“m”表示月，“y”表示年。

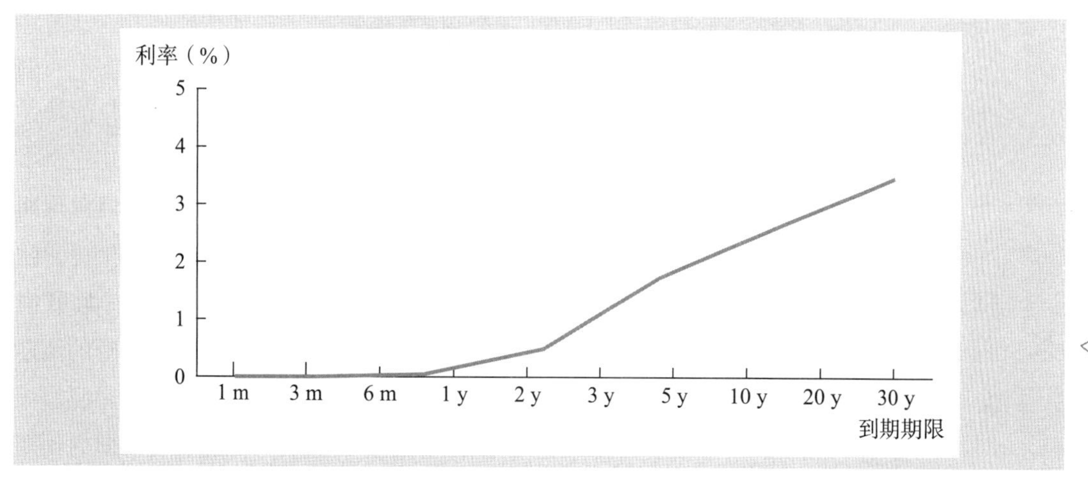

预期理论

期限结构的**预期理论**（expectations theory）提出了以下常识性命题：长期债券利率等于债券有效期内预期短期利率的平均值。例如，如果人们预期未来 5 年里短期利率平均为 10%，预期理论认为有效期为 5 年的债券的利率也将是 10%。如果预期短期利率在这 5 年后将升高，使得未来 20 年里平均短期利率达到 11%，那么 20 年期债券利率将等于 11%，超过 5 年期债券利率。由此可见，预期理论认为不同期限债券具有不同利率的原因在于对未来日期有不同的短期利率预期值。

这一理论的关键假定是，债券购买者对于债券期限没有特别偏好，从而如果某个债券预期回报率低于不同期限的另一个债券，他们压根儿不会持有前者。有这种特征的债券被称为完全可替代债券。在实践中这意味着，如果不同期限债券是完全可替代的，那么这些债券的预期回报率必须相等。

为了解从不同期限债券完全可替代假设到预期理论的推导过程，我们来看下面两种投资策略：

1. 购买 1 年期债券，在 1 年后到期时再购买另外一个 1 年期债券。

2. 购买 2 年期债券，并持有至到期日。

由于两种投资策略预期回报率必须相等，因此 2 年期债券利率必然等于两个 1 年期债券利率的平均数。例如，假定目前 1 年期债券利率为 9%，预计下一年1 年期债券利率会达到 11%。如果采取第一种策略购买两个 1 年期债券，则在这两年中，年预期回报率平均为（9%+11%）/2=10%。只有当 2 年期债券的预期年回报率与此相等时，你才会既愿意持有 1 年期债券也愿意持有 2 年期债券。因此 2 年期债券利率必然等于 10%，即两个 1 年期债券利率的平均数。

该结论可以推及一般。考虑对 1 美元进行两期投资选择，持有一张 2 期债券或者持有两张 1 期债券。假定：

i_t＝今天(时间 t)的 1 期债券利率

i^e_{t+1}＝下一期（时间 $t+1$）的 1 期债券预期利率

i_{2t}＝今天（时间 t）的 2 期债券利率

将 1 美元投资于 2 期债券，并持有至到期日，其两期的预期回报率计算为*

$$(1+i_{2t})(1+i_{2t})-1=1+2i_{2t}+(i_{2t})^2-1=2i_{2t}+(i_{2t})^2$$

在投资两期后，1 美元投资的价值变为 $(1+i_{2t})(1+i_{2t})$。从中减去 1 美元初始投资，再除以 1 美元，就得到了上式计算的投资回报率。由于 $(i_{2t})^2$ 数值很小——如果 $i_{2t}=10\%=0.1$，则 $(i_{2t})^2=0.01$——我们可以将投资 2 期债券的两期预期回报率简化为 $2i_{2t}$。

如果采用另外一种投资策略，购买两张 1 期债券，那么 1 美元投资两期的预期回报率为

$$(1+i_t)(1+i^e_{t+1})-1=1+i_t+i^e_{t+1}+i_t(i^e_{t+1})-1=i_t+i^e_{t+1}+i_t(i^e_{t+1})$$

该计算思路为：在第 1 期结束后，1 美元投资的价值变为 $(1+i_t)$，并在下一期被再投资于 1 期债券，所取得收益的金额为 $(1+i_t)(1+i^e_{t+1})$。从中扣除 1 美元初始投资，再除以 1 美元，就得到了持有两张 1 期债券投资策略的两期预期回报率。由于 $i_t(i^e_{t+1})$ 同样也非常小——如果 $i_t=i^e_{t+1}=0.10$，则 $i_t(i^e_{t+1})=0.01$——我们可以将其简化为 $i_t+i^e_{t+1}$。

只有当两种投资策略的预期回报率相等时，两种债券才都会被持有，即要求满足

$$2i_{2t}=i_t+i^e_{t+1}$$

使用 1 期利率，可以求解得到 i_{2t}：

$$i_{2t}=\frac{i_t+i^e_{t+1}}{2} \tag{6.1}$$

公式（6.1）表明，2 期利率必须等于两个 1 期利率的平均值。如果用图形表示，即为

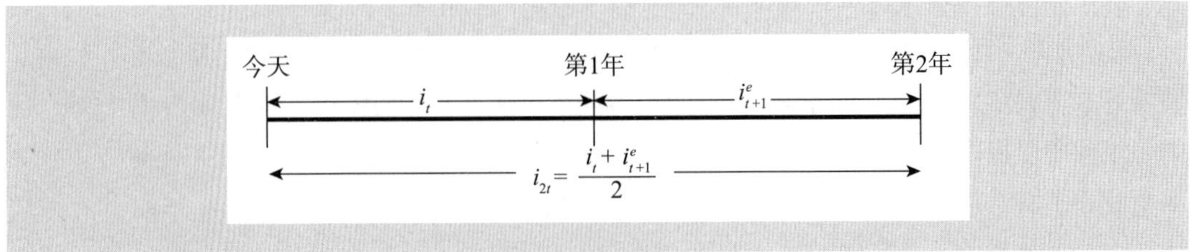

对更长期限债券重复上述步骤，我们就可以得到整个利率期限结构。这样，就

---

* 原文下式等号左边两个括号中的 i_{2t} 均为 i^e_{2t}，疑有误，故作此更正。——译者注

会发现 n 期债券利率 i_{nt} 必然为

$$i_{nt}=\frac{i_t+i_{t+1}^e+i_{t+2}^e+\cdots+i_{t+(n-1)}^e}{n} \tag{6.2}$$

公式（6.2）表明，n 期利率等于在 n 个时期内所有 1 期预期利率的平均值。这是对预期理论的一种更精确的表述。[①]

公式（6.2）所展示的预期理论可以用一个简单数字例子帮助理解。如果预计未来 5 年里的 1 年期利率分别为 5%、6%、7%、8%和 9%，公式（6.2）说明 2 年期债券利率应当等于

$$\frac{5\%+6\%}{2}=5.5\%$$

5 年期债券利率应当等于

$$\frac{5\%+6\%+7\%+8\%+9\%}{5}=7\%$$

用类似方法计算 1 年期、3 年期和 4 年期利率，可知 1～5 年期利率分别为 5.0%、5.5%、6.0%、6.5%、7.0%。由此我们看到，预期短期利率的上升趋势形成了向上倾斜的收益率曲线：期限越长，利率越高。

预期理论十分精致，它解释了为什么利率期限结构（用收益率曲线表示）在不同时期会变动。正如我们在数例中看到的，当收益率曲线向上倾斜时，预期理论认为未来短期利率预计会上升。长期利率目前高于短期利率，也就是未来短期利率的平均值预计要高于当前短期利率，这种情况只有在短期利率预计会上升时才发生。我们在数例中看到的结果就是这样。当收益率曲线是翻转的（向下倾斜）时，未来短期利率的平均值预计会低于当前短期利率，表明未来平均短期利率预计会下降。只有当收益率曲线是平坦的时，预期理论认为未来平均短期利率预计不变。

预期理论可以解释事实 1：不同期限债券利率随时间推移一起变动。从历史上看，短期利率表现出如下趋势特征：如果今天上升，未来将趋于更高。因此，短期利率上升会提高人们对未来更高短期利率的预期。由于长期利率是预期未来短期利率的平均值，短期利率上升也会提高长期利率，导致长、短期利率同时变动。

预期理论也可以解释事实 2：当短期利率较低时收益率曲线向上倾斜；当短期利率较高时收益率曲线是翻转的。当短期利率较低时，人们通常预期未来利率将回升到正常水平，未来预期短期利率的平均值高于当前短期利率。因此，长期利率将明显高于当前短期利率，收益率曲线向上倾斜。相反，如果短期利率较高，人们通常预期它会回落。由于预期未来短期利率的平均值将低于当前短期利率，所以长期

① 此处分析针对的是贴现债券。息票债券利率公式有细微差异，但原理相同。

利率将会低于短期利率，收益率曲线向下倾斜，呈现出翻转的形状。[①]

预期理论的魅力在于为期限结构行为提供了简明解释，但遗憾的是它有着重大缺陷：它无法解释事实 3，即收益率曲线通常是向上倾斜的。典型的收益率曲线向上倾斜，意味着通常认为短期利率未来会升高。实践中，短期利率既有可能上升也有可能下降，所以根据预期理论，典型的收益率曲线应当是平坦的而不是向上倾斜的。

分割市场理论

顾名思义，期限结构的**分割市场理论**（segmented markets theory）将不同期限债券市场看做是完全独立和相互分割的。特定期限债券利率只由该债券的供给与需求决定，不受其他期限债券的预期回报率影响。

分割市场理论的关键假设在于不同期限债券是完全不可替代的，因此某一期限债券的预期回报率对其他期限债券的需求不产生任何影响。该理论与期限结构的预期理论极端对立，后者认为不同期限债券是完全可替代的。

不同期限债券不可替代的理由是，投资者极其强烈地偏好某个期限债券，因此他们只关心自己偏好的期限债券的预期回报率。可能发生这种情况是因为，投资者心目中有特定的持有期，如果债券到期期限与意愿持有期相匹配，他们就可以获得无风险的确定的回报率。[②]（第 4 章已经介绍过，如果到期期限等于持有期，则回报率为确定已知的，而且就等于收益率，不存在利率风险。）例如，只能做短期投资的人更偏好持有短期债券。相反，如果你攒钱是为了年幼子女未来上大学，那么你的意愿持有期就会长得多，因而更愿意持有长期债券。

根据分割市场理论，收益率曲线的不同形状可以由不同期限债券的供求因素来解释。容易理解，如果风险厌恶型投资者的意愿持有期较短，通常偏好期限较短、利率风险较小的债券，那么分割市场理论就可以解释事实 3，即典型的收益率曲线向上倾斜。由于在通常情况下，对长期债券的需求低于短期债券，因此长期债券价格较低而利率较高，所以典型的收益率曲线将向上倾斜。

虽然分割市场理论可以解释为什么收益率曲线通常向上倾斜，但却有着明显的瑕疵，即无法解释事实 1 和事实 2。首先，由于该理论将不同期限债券市场看做是完全分割的，因而没有理由认为某一期限债券利率上升会影响到其他期限债券利

---

① 预期理论还解释了有关短期利率和长期利率关系的另外一个重要事实。从图 6-4 可以看出，短期利率的波动性大于长期利率。如果利率具有均值回归（mean-reverting）特征，即利率在达到异常高点后有回落趋势，或跌至异常低点后有回升趋势，那么短期利率平均值的波动性必然小于短期利率本身。由于预期理论认为长期利率等于未来短期利率的平均值，这就意味着长期利率的波动性将比短期利率小。

② 如果到期期限等于持有期，则回报率不存在任何不确定性，该说法只对贴现债券成立。对于持有期较长的息票债券，在债券到期前需要将息票利息用于再投资，仍然存在一定风险。因此我们这里的分析针对的是贴现债券。然而，当息票债券的持有期与到期期限一致时，再投资风险较小，上述分析的基本要点对息票债券也一样。

率。因此，分割市场理论无法解释为什么不同期限债券利率会一起变动（事实 1）。其次，由于并不清楚长、短期债券的供给和需求会如何随短期利率水平而改变，因而该理论无法解释为什么在短期利率较低时收益率曲线向上倾斜，以及在短期利率较高时收益率曲线会翻转（事实 2）。

由于上述两种理论对经验事实的解释完全互补，因此合理的做法就是将这两种理论结合起来，于是我们得到了流动性溢价理论。

流动性溢价和期限偏好理论

期限结构的**流动性溢价理论**（liquidity premium theory）认为，长期债券利率等于两项加总之和：第一项是长期债券有效期内预期短期利率的平均值；第二项是随债券供求状况而变动的流动性溢价（又被称为期限溢价）。

流动性溢价理论的关键假设是，不同期限债券可以相互替代，这意味着某个债券的预期回报率的确会影响其他期限债券的预期回报率。但该理论承认投资者可能对某个债券期限更为偏好。换句话讲，不同期限债券可以相互替代，但并非完全可替代。投资者总是更偏好期限较短的债券，因为这些债券利率风险较小。所以，只有存在正的流动性溢价时，投资者才愿意持有期限较长的债券。由此对预期理论进行修正，在描述长、短期利率关系的等式中加上一个正的流动性溢价。流动性溢价理论可以写做

$$i_{nt}=\frac{i_t+i^e_{t+1}+i^e_{t+2}+\cdots+i^e_{t+(n-1)}}{n}+l_{nt} \tag{6.3}$$

式中，l_{nt} 为 n 期债券在时间 t 的流动性（期限）溢价，它总是为正，并且随着债券到期期限 n 增大而升高。

与流动性溢价理论密切相关的是**期限偏好理论**（preferred habitat theory），它采取了较为间接的方法来修正预期理论，但是得到了相似的结论。它假定投资者对具有某个期限债券更加偏好，即更愿意投资于这个债券期限（期限偏好）。由于他们更偏好某个期限债券，所以只有当其他期限债券的预期回报率高出一定程度时他们才愿意购买。由于风险厌恶型投资者一般对短期债券的期限偏好超过长期债券，所以只有当长期债券有更高的预期回报率时他们才愿意持有。这一推理过程同样可以得到流动性溢价理论公式（6.3），其中期限溢价随着到期期限增大而升高。

图 6-5 给出了预期理论与流动性溢价和期限偏好理论之间的关系。可以看到，由于流动性溢价总是为正，而且通常随着到期期限增大而升高，所以流动性溢价理论的收益率曲线总在预期理论的收益率曲线上方，并且一般更加陡峭。（为了简便起见，我们假定预期理论的收益率曲线是平坦的。）

6

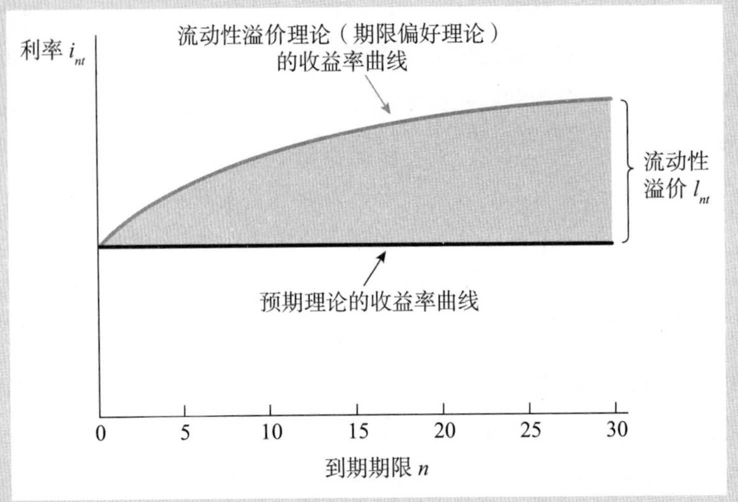

图 6-5 流动性溢价理论（期限偏好理论）与预期理论的关系

由于流动性溢价总是为正，并且随着到期期限增大而升高，因此流动性溢价和期限偏好理论的收益率曲线总在预期理论的收益率曲线上方，并且更为陡峭。为了简便起见，这里给出的预期理论的收益率曲线假定未来 1 年期利率保持不变。

类似于预期理论部分，我们也使用简单数例进一步阐明公式（6.3）给出的流动性溢价和期限偏好理论。同样假定，未来 5 年里 1 年期利率预计分别为 5%、6%、7%、8%和 9%，同时由于投资者更偏好持有短期债券，假定 1～5 年期债券的流动性溢价分别为 0、0.25%、0.5%、0.75%和 1.0%。则根据公式（6.3），2 年期债券利率为

$$\frac{5\%+6\%}{2}+0.25\%=5.75\%$$

5 年期债券利率为

$$\frac{5\%+6\%+7\%+8\%+9\%}{5}+1\%=8\%$$

用类似方法计算 1 年期、3 年期和 4 年期利率，可知 1～5 年期利率分别为 5.0%、5.75%、6.5%、7.25%和 8.0%。将这些结果同预期理论相比较，我们发现流动性溢价和期限偏好理论得到的收益率曲线更加陡峭地向上倾斜，原因是投资者更偏好短期债券。

流动性溢价和期限偏好理论是否与我们讨论的所有三个经验事实相一致？它们可以解释事实 1，不同期限债券利率随着时间推移而一起变动，即：短期利率上升说明未来短期利率平均将更高，同时公式（6.3）的第一项表明长期利率也将随之升高。

流动性溢价和期限偏好理论也可以解释为什么当短期利率较低时收益率曲线总是特别陡峭地向上倾斜，而当短期利率较高时收益率曲线是翻转的（事实 2）。因为

当短期利率较低时，投资者通常预期未来短期利率将回升到正常水平，所以未来预期短期利率的平均值将高于当前短期利率。再加上正的流动性溢价，长期利率将显著高于当前短期利率，所以收益率曲线将陡峭地向上倾斜。相反，如果短期利率较高，人们通常预期利率会回落。由于预期未来短期利率的平均值会远远低于当前短期利率，尽管有正的流动性溢价，但长期利率仍然会低于短期利率，从而收益率曲线将向下倾斜。

由于投资者更偏好短期债券，所以流动性溢价随债券到期期限而升高，据此流动性溢价和期限偏好理论可以解释事实 3，即典型的收益率曲线向上倾斜。即使未来短期利率的平均值预计保持不变，长期利率也将高于短期利率，所以典型的收益率曲线将向上倾斜。

如果流动性溢价为正，流动性溢价和期限偏好理论如何解释有时出现翻转的收益率曲线呢？恐怕必须这样解释：有的时候，未来短期利率预计会大幅度下降，以至使得预期短期利率的平均值低于当前短期利率。即使把正的流动性溢价加到这个平均值上，由此得到的长期利率仍将低于当前短期利率。

我们的分析表明，流动性溢价和期限偏好理论特别吸引人的一个特点就是，让我们仅从收益率曲线形状就能知道市场对未来短期利率的预测。图 6-6（a）中陡峭上升的收益率曲线表明预期未来短期利率将上升。图 6-6（b）中平缓上升的收益率曲线表明预期未来短期利率不会大幅度上升或下降。图 6-6（c）中平坦的收益率曲线表明预期未来短期利率将有所下降。图 6-6（d）中翻转的收益率曲线表明预期未来短期利率将大幅下跌。

对期限结构的实证研究

20 世纪 80 年代，利率期限结构的研究者们质疑收益率曲线形状是否提供了关于未来短期利率走势的信息。他们发现，长、短期利率之间的利差并不总能帮忙预测未来短期利率，这可能是由长期债券流动性（期限）溢价的大幅波动所导致的。不过，最近一些研究使用了更为精细复杂的检验方法，又提出了不同的观点。其中指出，期限结构包含了极短期（未来几个月内）和长期（未来几年内）利率运动的大量信息，但是在预测中期（介于短期与长期之间）利率运动时不太可靠。研究还发现收益率曲线可用来帮助预测未来的通货膨胀和经济周期（见 FYI 专栏）。

小　结

流动性溢价和期限偏好理论很好地解释了有关期限结构的主要经验事实，因此成为最广为接受的利率期限结构理论。它们综合了预期理论和分割市场理论的特点，提出长期利率等于流动性（期限）溢价以及债券到期前预期短期利率的平均值之和。

6

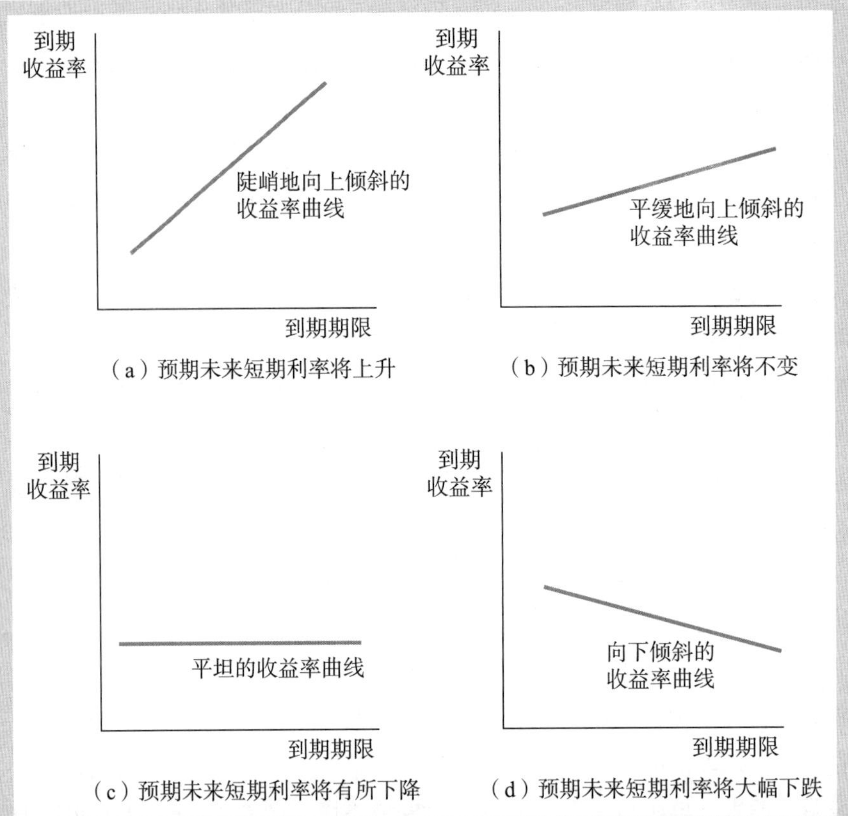

图 6-6 流动性溢价（期限偏好）理论的收益率曲线和未来短期利率的市场预期

陡峭上升的收益率曲线［见图（a）］表明预期未来短期利率将上升。平缓上升的收益率曲线［见图（b）］表明预期未来短期利率不会大幅度上升或下降。平坦的收益率曲线［见图（c）］表明预期未来短期利率将有所下降。翻转的收益率曲线［见图（d）］表明预期未来短期利率将大幅下跌。

流动性溢价和期限偏好理论解释了下列事实：(1) 不同期限债券利率总是随时间推移一起变动；(2) 当短期利率较低时，收益率曲线更有可能陡峭地向上倾斜；(3) 收益率曲线通常是向上倾斜的，但当短期利率较高时，收益率曲线更有可能翻转。

这些理论也可以帮助我们预测未来短期利率的走势。陡峭上升的收益率曲线表明预期短期利率将上升。平缓上升的收益率曲线表明预期短期利率将保持不变，平坦的收益率曲线表明预期短期利率将有所下降，而翻转的收益率曲线表明预期短期利率将大幅下跌。

FYI 专栏　收益率曲线：通货膨胀和经济周期的预测工具

由于收益率曲线包含了未来预期利率的信息，应当可以帮助预测通货膨胀和实际产出波动。其中的原理在第 5 章曾学习到：经济繁荣时利率上升，经济衰退时利率下降。当收益率曲线是平坦的或向下倾斜时，意味着未来短期利率预期将下跌，因为经济很可能将步入衰退。事实上，研究发现，收益率曲线可以准确预测经济周期。

我们在第 4 章学习了名义利率等于实际利率加上预期通货膨胀率，这意味着收益率曲线包含了未来名义利率走势和未来通货膨胀的双重信息。陡峭的收益率曲线预测未来通货膨胀将上升，平坦或者向下倾斜的收益率曲线预测未来通货膨胀将下降。

因为收益率曲线可以用来预测经济周期和通货膨胀，所以收益率曲线成为许多经济预测人士的重要工具，并且经常被看作是货币政策立场的有效指示器，陡峭的收益率曲线指向宽松政策，平坦或向下倾斜的收益率曲线指向紧缩政策。

应用 解读收益率曲线，1980—2020 年

图 6-7 例举了 1981—2020 年期间几个指定日期的美国国债收益率曲线。关于短期利率未来走势的公众预期，这些收益率曲线告诉了我们什么？

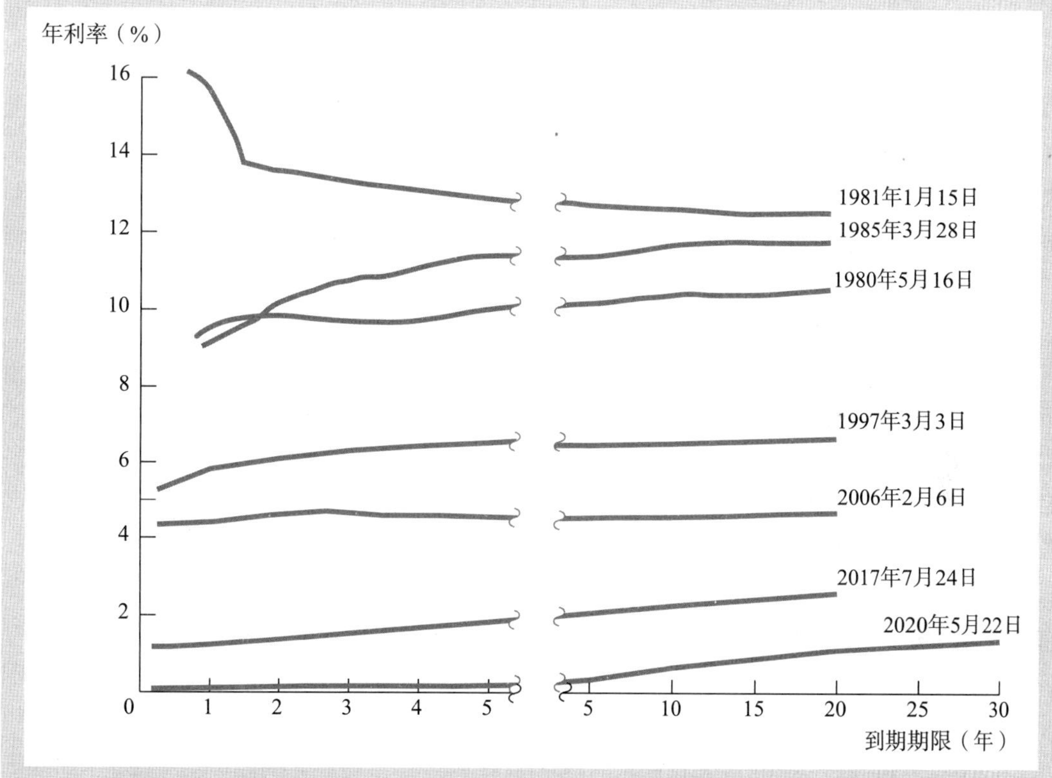

图 6-7 美国国债的收益率曲线

1981—2020 年间不同日期的美国国债收益率曲线。

资料来源：U. S. Department of the Treasury，https://home. treasury. gov/policy-issues/financing-the-government/interest-rate-statistics.

1981 年 1 月 15 日出现了陡峭翻转的收益率曲线，表明未来短期利率预期将大幅下跌。在流动性溢价为正的情况下，要使长期利率低于短期利率，则预期短期利率必须大幅下跌才足以使其平均值远远低于当前短期利率。事实上，收益率曲线所反映的公众预期“未来短期利率将急剧下跌”在 1 月 15 日之后不久即变为现实；到 3 月份时，3 个月期国库券利率已经从 16%下跌到 13%。

1985 年 3 月 28 日和 2017 年 7 月 24 日出现了陡峭上升的收益率曲线，表明未来短期利率预期会攀升。当短期利率预期会上升时，长期利率就会高于短期利率，因为短期利率的平均值加上流动性溢价将高于当前短期利率。1980 年 5 月 16 日、1997 年 3 月 3 日和 2020 年 5 月 22 日出现了平缓上升的收益率曲线，表明预期短期利率近期内既不会上升也不会下降。在这种情况下，短期利率的平均值与当前短期利率保持一致，而长期债券正的流动性溢价是收益率曲线平缓地向上倾斜的原因。2006 年 2 月 6 日出现了平坦的收益率曲线，意味着短期利率预期会小幅下跌。

总　结

1. 导致到期期限相同的债券利率不同的原因有三个：违约风险、流动性和所得税因素。债券的违约风险越大，其相对于其他债券的利率就越高；债券的流动性越强，利率就越低；有免税特征债券的利率低于其他债券。由于上述三个因素而形成的相同期限债券利率之间的关系，被称为利率风险结构。

2. 三种期限结构理论解释了不同期限债券利率之间是如何联系的。预期理论认为长期利率等于债券到期之前预期未来短期利率的平均值。与此相反，分割市场理论将每个期限债券利率的决定仅仅看做是该债券市场供给与需求的结果。两者中无论哪一种理论单独来看都无法解释不同期限债券利率随时间一起变动，以及收益率曲线通常向上倾斜等事实。

3. 流动性溢价（期限偏好）理论结合了另外两种理论的特点，从而可以解释上述所有事实。流动性溢价（期限偏好）理论将长期利率看做债券到期前预期未来短期利率的平均值与流动性溢价之和。流动性溢价（期限偏好）理论让我们可以根据收益率曲线形状来推测对未来短期利率走势的市场预期。陡峭上升的收益率曲线意味着未来短期利率预期将上升，平缓上升的收益率曲线表明未来短期利率预期将保持不变，平坦的收益率曲线表明未来短期利率预期将小幅下降，翻转的收益率曲线表明未来短期利率预期将大幅下跌。

关键术语

信用评级机构	垃圾债券	分割市场理论	违约	流动性溢价理论
利率期限结构	无违约风险债券	期限偏好理论	收益率曲线	预期理论
风险溢价	翻转的收益率曲线	利率风险结构		

思考题

1. 如果垃圾债券是“垃圾”，为什么还有投资者购买？

2. 穆迪的 Baa 级公司债券和 C 级公司债券，哪种债券利率的风险溢价更高？为什么？

3. 你认为美国国库券与哥伦比亚政府发行的同类证券（就期限和流动性而言）相比，风险溢价会更高、更低还是相同？

4. 2008 年秋天，当时世界最大的保险公司美国国际集团（AIG）受全球金融危机影响，已经处于违约边缘。美国政府出手救助，注入巨额资本，并实施了国有化。这会如何影响AIG公司债券的收益率和风险溢价?

5. 公司债券的风险溢价通常是逆经济周期的,也就是说,在经济周期扩张时降低而在衰退时上升。为什么会如此?

6. 就在2007年次级抵押贷款市场崩盘以前,最重要的信用评级机构对抵押支持证券给出了Aaa和AAA评级结果。解释为何在2008年初的几个月里同样的这些证券几乎只有最低评级结果了。我们应该永远信任信用评级机构吗?

7. 美国财政部发行的某些债务工具采用财政部通胀指数化证券(Treasury Inflation Indexed Securities, TIIS)的形式,更常见的名字是财政部通胀保护证券(Treasury Inflation Protected Securities, TIPS),特点是债券价格根据债务工具有效期内的通货膨胀率进行调整。与相同期限的名义美国国债相比,TIPS交易量要小很多。你对TIPS相对于名义美国国债的流动性溢价有何看法?

8. 如果联邦政府今天做出保证,若公司未来破产,则政府将对债权人进行偿付,请预测公司债券的利率将会怎样。国债利率将会怎样?

9. 如果联邦政府今天做出保证,若市政债券发生付款违约,则政府将对债权人进行偿付,请预测市政债券的流动性溢价将会怎样。你认为在这种情况下对市政债券豁免所得税是否合理?

10. 2008年,3个月期AA级金融商业票据与3个月期AA级非金融商业票据的收益率差额(收益率利差)从接近零的正常水平稳定上升,到2008年10月已经超过1个百分点,冲上历史高位。如何解释这种突然的上升?

11. 如果取消市政债券豁免所得税的政策,债券利率会怎样变化?这一政策调整对国债利率会产生什么影响?

12. 2008年以前,抵押贷款发放机构在评估房屋价值时会要求进行房屋检验,通常在同一地区市场上会使用相同的1~2家检验公司。2008年房地产市场崩溃之后,抵押贷款发放机构要求进行房屋检验,但都是交由第三方来安排。为何说2008年以前房屋检验公司存在着利益冲突,类似于信用评级机构在全球金融危机中所起的作用?

13. "根据期限结构的预期理论,如果预期1年期债券利率在两年里保持不变,那么在两年里投资于1年期债券、到期后再投资的做法,比直接投资于2年期债券更好。"这种说法正确、错误还是不确定?

14. 如果债券投资者认为30年期债券投资不再如之前一样受欢迎,在以下假定下,请预测收益率曲线会怎样:

a. 期限结构的预期理论成立;

b. 期限结构的分割市场理论成立。

15. 假定1年期、5年期、10年期美国国债利率现在分别是3%、6%、6%。投资者A选择只投资于1年期债券,投资者B对投资于5年期债券还是10年期债券无所谓。你如何解释这两位投资者的行为?

16. 如果收益率曲线如下图所示,那么市场如何预测未来短期利率的走势?收益率曲线显示的对未来通货膨胀率的市场预期是怎样的?

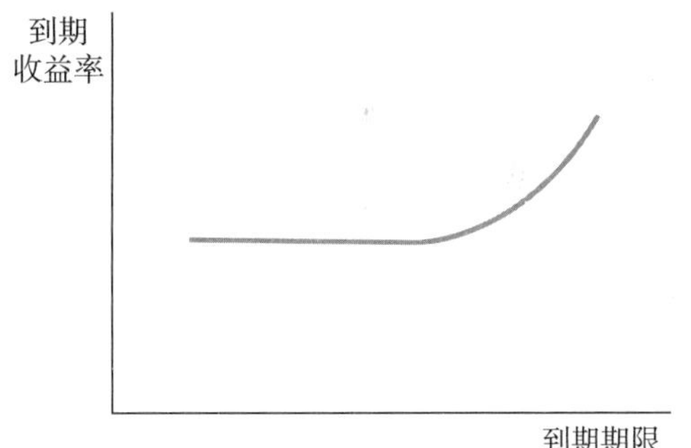

17. 如果收益率曲线如下图所示,那么市场对未来短期利率走势的预期是怎样的?收益率曲线显示的对未来通货膨胀率的市场预期是怎样的?

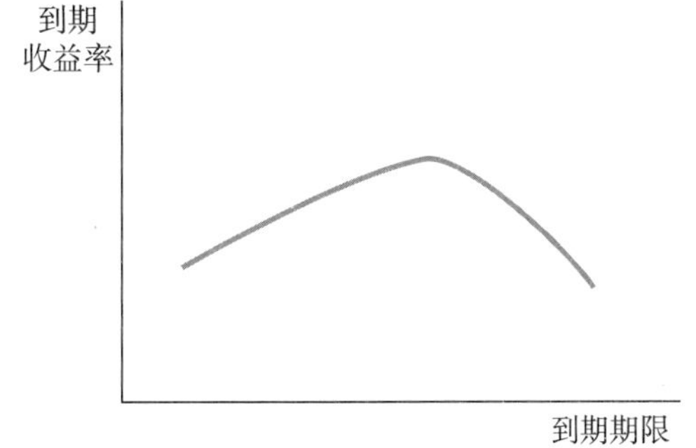

18. 如果收益率曲线平均来看是平坦的，说明期限结构的流动性（期限）溢价怎么样？你会更愿意还是更不愿意接受预期理论？

19. 如果收益率曲线突然变得更陡峭，你会如何修正你对未来利率的预测？

20. 如果对未来短期利率的预期突然下跌，收益率曲线形状会发生怎样的变化？

21. 2009 年 3 月 19 日一次政策会议后，美联储宣布将在未来 6 个月内购买最多 3 000 亿美元长期国债。这一政策对收益率曲线可能有何影响？

应用题

6

22. 2010 年和 2011 年，希腊政府由于预算赤字问题严重，债务面临违约风险。利用债券市场供求图，比较上述情况对美国国债和可比期限希腊债务风险溢价的影响。

23. 假定预期理论是正确的期限结构理论，根据以下的未来 5 年内 1 年期利率，计算期限结构中的 1～5 年期利率，并绘制所得出的收益率曲线：

a. 5%，7%，7%，7%，7%。

b. 5%，4%，4%，4%，4%。

如果投资者对短期债券的偏好超过长期债券，收益率曲线会怎样变化？

24. 假定预期理论是正确的期限结构理论，根据以下的未来 5 年内 1 年期利率，计算期限结构中的 1～5 年期利率，并绘制所得出的收益率曲线：

a. 5%，6%，7%，6%，5%。

b. 5%，4%，3%，4%，5%。

如果投资者对短期债券的偏好超过长期债券，收益率曲线会怎样变化？

25. 下表给出了当前和预期未来的 1 年期利率，以及多年期债券的当前利率。利用这些数据，计算每种多年期债券的流动性溢价。

年数	1 年期债券利率	多年期债券利率
1	2%	2%
2	3%	3%
3	4%	5%
4	6%	6%
5	7%	8%

第7章 股票市场、理性预期理论和有效市场假说

学习目标

7.1 计算普通股价格。

7.2 明确新信息对股票价格的影响。

7.3 比较适应性预期与理性预期。

7.4 解释为什么套利机会说明有效市场假说成立。

7.5 认识并解释有效市场假说对金融市场的意义。

7.6 概括行为金融学为什么认为有效市场假说可能不成立。

本章预习

很少有哪天股票市场不出大新闻的。近年来我们目睹了股票市场的跌宕起伏。20世纪90年代对股票来说非比寻常：道琼斯和标普500指数上涨超过400%，满载高科技的纳斯达克指数上涨超过1 000%。截至2000年初，所有三大指数都达到了历史高点。遗憾的是，幸福时光总不能持久。自2000年初起，股票市场开始下跌，许多投资者血本无归。仅仅在2003年1月期间，纳斯达克指数就崩盘式下跌超过50%；道琼斯和标普500指数下跌了30%。随后在创下30%以上的涨幅之后，股票市场在全球金融危机期间又一次震荡，从2007年秋天的高点一路下跌超过了50%。从2009年开始股票市场迅速复苏，到2020年2月涨了4倍多，没想到在新冠疫情暴发时再次崩盘。

由于股票投资者众多，股票价格影响着人们安享晚年的能力，所以股票市场无疑成为最受关注与监督的金融市场。本章我们先来了解这个重要的市场是如何运作的。

我们从讨论几种基本的股票估值理论开始。股票价格每一分钟、每一天都在变动，这些理论对于理解哪些力量引起股票价格涨跌十分重要。学习了股票估值方法之后，我们要了解市场预期如何影响股票价格行为。为此将要研究理性预期理论。

当该理论被应用于金融市场时，就产生了有效市场假说，除了股票市场也对其他有价证券市场如何运作具有普遍意义。理性预期理论对于货币政策操作争论也同样重要，这部分内容将在第 24 章讨论。

7.1 计算普通股价格

7

目标 7.1 计算普通股价格。

公司筹集权益资本的主要方式是发行普通股。**股东**（stockholder，持有公司股票的人）根据所持股份占未清偿股份的百分比享有公司权益。这种所有者权益赋予他们一系列权利。其中最重要的就是投票权和对公司所有流入资金（即**现金流**，cash flows）的**剩余索取权**（residual claimant），后者意味着在公司资产满足了所有其他债权要求后，如有剩余部分，都归股东享有。股东可以从公司净收益中获得股利。**股利**（dividends）是定期支付（通常按季度发放）给股东的。公司董事会通常会根据管理层的建议来确定股利水平。此外，股东拥有出售股票的权利。

通过投资有效期内产生的所有现金流的现值来计算投资价值，是一个基本金融原理。例如，商用建筑物的售价应当反映使用期内预计实现的净现金流（租金减去费用）。同理，对普通股估值也可以用所有未来现金流的当前价值来衡量。股东可以从股票中获取的现金流有股利、售价，或者两者之和。

要推导股票估值理论，我们先从最简单的情况开始：买入股票，持有 1 期以收取股利，然后卖掉股票。我们称之为单期估值模型（one-period valuation model）。

单期估值模型

假定你有一些闲置资金可投资 1 年。1 年后你要出售投资来支付学费。看了美国国家广播公司财经频道（CNBC）或《晚间商业报道》等电视节目后，你决定购买英特尔公司的股票。给经纪人打了电话后，你得知英特尔股票现在售价为每股 50 美元，每年支付股利 0.16 美元。CNBC 分析师认为 1 年后股票售价将为 60 美元。你应当购买这只股票吗？

要回答这个问题，你需要确定当前价格是否准确反映了分析师的预测。要对当前的股票估值，需要利用公式（4.1）来计算预计现金流（未来支付额）的当期贴现值。要注意，公式中用于折算现金流的贴现因子是股票投资的必要回报率而非利率。现金流包括一次股利支付额加上最终出售价格。当这些现金流被折算到当期时，下式计算的股票现价为：

$$P_0=\frac{D_1}{1+k_e}+\frac{P_1}{1+k_e} \tag{7.1}$$

其中，P_0 为股票现价，下标为 0 是指时点为 0，即当期；D_1 为第 1 年末支付的股利；k_e 为股票投资的必要回报率；P_1 为第 1 年末的股票价格，是预期股票售价。

为了说明公式（7.1）怎样用，我们来计算英特尔股票的价格。假定经过慎重考虑，你认为这笔投资赚取 12%的回报率就可以令你满意。如果 $k_e=0.12$，英特尔公司每年支付 0.16 美元股利（即 $D_1=0.16$ 美元），第 1 年末股票价格预计为 60 美元（即 $P_1=60$ 美元），利用公式（7.1）得到以下结果：

$$P_0=\frac{\$0.16}{1+0.12}+\frac{\$60}{1+0.12}=\$0.14+\$53.57=\$53.71$$

通过分析，你发现股票所有现金流的现值是 53.71 美元。因为股票现价为每股 50 美元，你会决定买入。但你应当明白，股票售价可以低于 53.71 美元，是因为其他投资者将现金流的风险设置得更高，或者是因为他们预计的现金流比你预计的要少。

7

广义股利估值模型

利用现值概念，单期估值模型可以拓展到任意多期：股票的当前价值是所有未来现金流的现值。投资者收到的现金流只有股利以及股票在第 n 期出售时的最终价格。多期广义估值模型可以写做

$$P_0=\frac{D_1}{(1+k_e)^1}+\frac{D_2}{(1+k_e)^2}+\cdots+\frac{D_n}{(1+k_e)^n}+\frac{P_n}{(1+k_e)^n} \tag{7.2}$$

其中，P_n 为第 n 期末的股票价格；D_n 为第 n 年末支付的股利。

如果利用公式（7.2）来确定股票价值，你会发现首先要估计股票在未来某一时点的价值，然后才能估计股票的当前价值。换句话讲，要找到 P_0，必须先找到 P_n。然而，如果 P_n 是在很远的将来，它对 P_0 就几乎没有影响。例如，75 年以后每股售价 50 美元的股票，用 12%的贴现率折算，现值仅为 1 美分 [$\$50/(1.12^{75})=\$0.01$]。这个推理过程意味着计算每股现值可以简化为计算所有未来股利流的现值。公式（7.3）给出了**广义股利估值模型**（generalized dividend model）。注意，与公式（7.2）相比，只是少了最终售价这一项：

$$P_0=\sum_{t=1}^{\infty}\frac{D_t}{(1+k_e)^t} \tag{7.3}$$

考虑一下公式（7.3）的含义。广义股利估值模型指出，股票价格只取决于股利的现值，与其他因素无关。许多股票不支付股利，那么这些股票为何会有价值？股票购买者指望着有朝一日公司将会发放股利。在大部分情况下，公司在完成了生命周期的快速增长阶段后，就会立即发放股利。

广义股利估值模型要求我们计算无限股利流的现值，单是这个过程可能就很困难。于是，为使计算变得更加容易，出现了很多简化模型。**戈登增长模型**（Gordon growth model）就是一个例子，它假定有固定的股利增长率。

戈登增长模型

许多公司力图每年按照不变的比率来增加股利。公式（7.4）从公式（7.3）衍生而来，加入了反映固定股利增长率的因素：

$$P_0=\frac{D_0(1+g)^1}{(1+k_e)^1}+\frac{D_0(1+g)^2}{(1+k_e)^2}+\cdots+\frac{D_0(1+g)^\infty}{(1+k_e)^\infty} \tag{7.4}$$

其中，D_0 为最近一次支付的股利；g 为预期的固定股利增长率；k_e 为股票投资的必要回报率。

7

公式（7.4）可以化简，从而得到公式（7.5）①：

$$P_0=\frac{D_0(1+g)}{k_e-g}=\frac{D_1}{k_e-g} \tag{7.5}$$

该模型对于股票定价非常有用，但是基于两个假设条件：

1. 假定股利永远按照固定比率增长。事实上，只要预计股利能在较长时间里按照固定比率增长，该模型就可以得出合理结论，因为遥远现金流的误差在被折算成现值时也变得非常小了。

2. 假定股利增长率小于股票投资的必要回报率 k_e。迈伦·戈登（Myron Gordon）在推导模型时证明了这是一个合理假设。理论上，如果股利增长率高于公司股东要求的回报率，那么长远来看公司就会变大到不可思议的程度。

7.2 股票市场如何定价?

目标 7.2 明确新信息对股票价格的影响。

假定你去参加一场汽车拍卖会。拍卖开始前可以验车，你看中了一辆特斯拉 Model 3 二手小车。你在停车场进行了试驾，发现这辆车有一些奇怪的噪音，但你仍然十分喜欢它。你认为 20 000 美元是个合理价格，如果噪音问题变得严重，这个价格让你还能支付一定的修理费用。拍卖会即将开始，于是你走进会场，静待二手

---

① 要从公式（7.4）推导得到公式（7.5），首先在公式（7.4）等号两端同时乘以 $(1+k_e)/(1+g)$，再从结果中减去公式（7.4），得到

$$\frac{P_0\times(1+k_e)}{1+g}-P_0=D_0-\frac{D_0(1+g)^\infty}{(1+k_e)^\infty}$$

假定 $k_e>g$，最右端的一项接近于 0，可以忽略不计。在等式左端提取出 P_0 后，可得到

$$P_0\times\left[\frac{1+k_e}{1+g}-1\right]=D_0$$

最后，通过合并项，公式进一步简化为

$$P_0\times\frac{(1+k_e)-(1+g)}{1+g}=D_0$$

$$P_0=\frac{D_0(1+g)}{k_e-g}=\frac{D_1}{k_e-g}$$

特斯拉 Model 3 登场。

假定另一位买家也相中了这辆二手特斯拉 Model 3。试驾后他认为有噪音只是因为刹车片老化，不用多少钱他自己就能修好。他认为这辆车值 22 000 美元。他也进入了会场，等待拍卖二手特斯拉 Model 3。

谁将买下这辆车？成交价是多少？假定只有你们两人对二手特斯拉 Model 3 感兴趣。你一开始出价 18 000 美元。你的竞争者抬价到 19 000 美元。你喊出了你的最高出价 20 000 美元。他反击以 21 000 美元。现在这个价格已经高于你愿意支付的金额，所以你停止了竞拍。车以 21 000 美元卖给了有更多信息的一方。

这个简单例子提出了好几个重要问题：

第一，价格由愿意支付最高价的买方确定。这个价格未必是该项资产可能卖到的最高价，但肯定要高过其他买家愿意支付的价格。

第二，市场价格由能够最好利用该资产的买方确定。买到车的一方很清楚他可以轻松廉价地解决噪音问题。因此，他愿意支付的车价比你高。同样的概念也适用于其他资产。例如，一处房产或建筑物将卖给能将资产投入最大化使用的人。

第三，这个例子说明了信息在资产定价中所起的作用。信息优势能够降低资产风险从而提高资产价值。当你考虑购买股票时，未来现金流受制于很多未知因素。对现金流掌握最优信息的买方进行贴现时所使用的利率将低于那些非常没有把握的买方。

现在我们将这些观点应用于股票估值。假定你正在考虑购买某只股票，预计该股票下一年可支付 2 美元股利。市场分析人士预计公司增长率或能达到 3%。你对股利流的稳定性和预期增长率的准确性都没有把握。为了补偿这种不确定性（风险），你要求回报率为 15%。

假定另一位投资者珍妮弗刚刚与行业内部人士聊过，感觉对估计现金流很有信心。由于她感知的风险比你小，所以她要求的回报率只有 12%。另外，巴德正在与公司 CEO 约会。他对公司的未来发展情况更有把握，因此他要求的回报率只有 10%。

每位投资者给出的股票价格是多少？根据戈登增长模型，得到下列股票价格（见下表）：

投资者	贴现率（%）	股票价格（美元）
你	15	16.67
珍妮弗	12	22.22
巴德	10	28.57

你愿意为该股票支付 16.67 美元。珍妮弗愿意支付 22.22 美元，而巴德愿意支付 28.57 美元。感知风险最低的投资者愿意支付最高的股票价格。如果除了这三位

没有其他交易者，市场价格就会在22.22～28.57美元之间。如果你已经持有该股票，你会卖给巴德。

由此我们看到，市场参与者通过相互竞价确定市场价格。当出现有关该公司的新信息时，预期变化，同时价格也随之变化。新信息会改变投资者对未来股利水平或者风险程度的预期。由于市场参与者在持续地接收新信息，并据此修正预期，所以市场价格理应也在持续变动中。

应用　货币政策与股票价格

股票市场分析师总是密切注意美联储主席说的每个字，因为他们知道货币政策是股票价格的一个重要决定因素。但是，货币政策是如何影响股票价格的呢？

公式（7.5）戈登增长模型可以回答这个问题。货币政策可以通过两个渠道影响股票价格。首先，当美联储调低利率时，债券（股票的替代性资产）回报率下跌，投资者有可能接受权益投资较低的必要回报率（k_e）。k_e 下跌使得公式（7.5）戈登增长模型的分母减小，导致 P_0 更高，并推高股票价格。另外，利率降低可能会刺激经济，因此股利增长率 g 可能更高一些。g 升高同样使得公式（7.5）分母减小，同样导致 P_0 更高以及股票价格上升。

我们在第25章将看到，货币政策对股票价格的影响是货币政策作用于经济的重要渠道之一。

应用　2020年新冠病毒股市危机

2020年2月新冠病毒的蔓延触发了股票市场危机，道琼斯指数从2月12日的高点29 551点跌至3月20日的18 561点，跌幅达37%。还是借助戈登增长模型，我们的股票估值分析可以帮助理解新冠疫情是如何影响股票价格的。

新冠疫情造成了大范围的经济封锁，导致美国公司的增长展望大幅向下修正，从而降低了戈登增长模型中的股利增长率 g。根据公式（7.5），分母增大会引起 P_0 下降，进而引起股票价格下跌。

新冠疫情也提高了美国经济的不确定性，导致信贷利差扩大。结果，权益投资的必要回报率上升。根据公式（7.5），k_e 上升引起分母增大、P_0 下降，以及股票价格普遍下跌。

更低的股利增长率 g 加上更高的权益投资必要回报率 k_e，这样的预期组合导致了美国历史上股票市场最夸张的暴跌之一。

7.3　理性预期理论

目标7.3　比较适应性预期与理性预期。

上一节介绍的股票估值分析依赖于人们的预期，尤其是对未来现金流的预期。事实上，很难想象对哪个经济部门来说预期是不重要的，这就是为什么有必要考察预期是如何形成的。下面我们介绍理性预期理论，这是目前最广泛使用的描述企业和消费者预期形成的理论。

在20世纪50年代和60年代，经济学家通常认为预期的形成仅仅基于过去的经验。例如，通货膨胀预期往往被看做是历史通货膨胀率的平均值。这种预期形成观点被称为**适应性预期**（adaptive expectations），意思是当变量数据逐步演变时，预期变动会随着时间推移缓慢发生。[①]

因此，如果之前通货膨胀率一直稳定在5%的水平，未来通货膨胀预期也会是5%。如果通货膨胀率上升并稳定在10%的水平，未来通货膨胀预期也会朝向10%的水平，但是缓慢上升：第1年预期通货膨胀率可能只升到6%，第2年可能到7%，依此类推。

适应性预期假说一直受到批评，理由是人们在对某一变量形成预期时，使用的信息远远不止单一变量的历史数据。通货膨胀预期几乎肯定会受到对未来货币政策的预测以及现在和过去货币政策的影响。此外，人们经常根据新信息迅速地改变预期。为了回应这些对适应性预期的合理性提出的异议，约翰·穆斯（John Muth）发展了另一种预期理论，被称为**理性预期**（rational expectations）理论，可以表述如下：**预期应当与利用所有可得信息做出的最优预测（optimal forecast，即对未来状况的最佳猜测）相同。**[②]

这到底是什么意思？为了解释清楚，我们用理性预期理论来说明预期是怎样形成的——开车上班，这是我们中的大多数人迟早都会遇到的情况。假定通勤者乔在非高峰时段路上平均要花30分钟。有时要35分钟，有时要25分钟，但是平均来看，非高峰时段开车上班需要30分钟。然而，如果乔在高峰时段出门，那么平均要多花10分钟才能到单位。假定他在高峰时段出门，对驾车时间最好的估计即最优预测为40分钟。

如果乔在出门前关于驾车时间的唯一已知信息是他在高峰时段出发，那么根据理性预期理论，你认为乔对驾车时间的预期是多少？既然利用所有已知信息对驾车时间的最好估计是40分钟，乔的预期应当是一样的。显然，35分钟预期并非理性的，因为这不等于对驾车时间的最好估计（最优预测）。

假定第2天，在相同条件和预期下，乔由于遇到了比平常更多的红灯，花了45分钟才开到单位。而第3天，由于一路绿灯，乔只用35分钟就开到了单位。这些变化是否意味着乔的40分钟预期是非理性的？不！40分钟驾车时间仍然是理性预期。对这两天来说，预测都差了5分钟，所以预期并非每次都精准。然而，理性的预测也不必精确，只需要是已知信息下的最大可能估计；也就是说只需在平均意义

---

① 更具体地，比如通货膨胀的适应性预期，可以写做历史通货膨胀率的加权平均值：

$$\pi_t^e = (1-\lambda)\sum_{j=0}^{\infty}\lambda^j \pi_{t-j}$$

其中，π_t^e 是时点 t 通货膨胀率的适应性预期，π_{t-j} 是时点 $t-j$ 的通货膨胀率，λ 是0～1之间的一个常数。

② John Muth, "Rational Expectations and the Theory of Price Movements," *Econometrica* 29 (1961): 315-335.

上正确即可，而 40 分钟预期符合这个要求。除了是否高峰时段以外，乔的驾车时间总还是存在某些随机性，所以最优预测永远不可能完全精确。

这个例子说明了理性预期的一个要点，即**理性预期等于利用所有可得信息的最优预测，但基于此的预测并非总是精确的。**

倘若与预测驾车时间有关的某个重要信息无法得到或者被忽略了，情况又会怎样？假定在乔平常的行车路线上发生了一起交通事故，引起了两个小时的交通堵塞。如果乔无法得知这一信息，那么高峰时段 40 分钟驾车时间的预期仍然是理性的，因为他不知道事故信息，自然不能在最优预测中予以考虑。但如果广播或电视交通节目中报道了这一事故，而乔没有注意收听或者听到了但却没有理会，那么他的 40 分钟预期就不再是理性的了。在该信息可以获得的情形下，乔的最优预测应当是 2 小时 40 分钟。

7

因此，预期变成非理性的可能出于两个原因：

1. 人们可能了解所有可得信息，但不愿意费力将自己的预期变成可能的最好估计。

2. 人们可能不了解某些可得的相关信息，因此他们关于未来的最好估计将不准确。

无论如何，一定要认识到，如果存在其他重要的因素但相关信息不可得，那么，没有考虑该因素的预期仍然可以是理性的。

规范表述

我们可以更为规范地表述理性预期理论。如果 X 代表需要预测的变量（在我们的例子里，是通勤者乔的驾车时间），X^e 代表对这一变量的预期（乔对驾车时间的预期），X^{of} 是利用所有可得信息对 X 的最优预测（对驾车时间可能的最好估计），那么理性预期理论可以简单表示为

$$X^e = X^{of} \qquad (7.6)$$

即对 X 的预期等于基于所有可得信息的最优预测。

理论依据

为什么人们总是希望使其预期符合利用所有可得信息对未来做出的可能最好估计呢？最简单的解释是，如果不这样，人们就要付出高昂的代价。通勤者乔有强烈的动机尽可能准确地预测开车上班的时间。如果他低估了驾车时间，就会经常迟到，从而面临被解雇风险。如果高估了驾车时间，他就会经常太早到达，而且不必要地牺牲了睡眠或闲暇时间。准确预期当然受人欢迎，所以人们迫切希望使预期等于基于所有可得信息所做出的最优预测。

同样的原理也适用于企业。假定一家设备制造商（例如通用电气）知道利率运动对于设备销售十分重要。如果通用电气对利率的预测不准确，所赚的利润就将减少，因为可能生产过多或是过少的设备。因此，通用电气有强烈的动机获取所有可

得信息来帮助预测利率，并对未来利率走势做出可能的最好估计。

理论含义

理性预期理论给出了关于预期形成的两个常识性含义。这些含义对于股票市场和宏观经济分析都很重要：

1. 如果某一变量的运动方式发生了变化，那么该变量的预期形成方式也将随之改变。通过一个具体案例，可以很容易地理解理性预期理论的这条原则。假定利率运动方式是长期看总会回归某个“正常”水平。如果当前利率高于正常水平，对未来利率的最优预测就是它将下降到其正常水平。理性预期理论意味着如果当前利率较高，预期就是其未来将会下跌。

假定现在利率运动方式变为：当利率较高时则保持在高位。在这种情况下，在当前利率较高时，对未来利率的最优预测（也即理性预期）就是它将保持在高位。对未来利率的预期不再是利率将下降。因此，利率变量运动方式的变化导致了对未来利率预期形成方式的改变。这里的理性预期分析可以推广到任何变量的预期。由此，当任何变量的运动方式发生变化时，该变量的预期形成方式也将变化。

2. 预期的预测误差平均为零，且无法事先预知。预期的预测误差为（$X-X^e$），即变量 X 的实际值与预期值的差额。也就是说，如果通勤者乔某天驾车时间为 45 分钟，而驾车时间预期为 40 分钟，则预测误差是 5 分钟。

假定该理性预期原则不满足，乔的预测误差平均不等于零，而是等于 5 分钟。预测误差现在成了事先可预知的，因为乔很快会发现他平均每天迟到 5 分钟，而且增加 5 分钟就能优化预测结果。理性预期理论表明，由于乔希望自己的预测是可能的最好估计，因此他必然会这样做。当乔将他的预测向上修正 5 分钟时，预测误差的平均值就将等于零，从而预测误差事先不可预知。理性预期理论表明，预期的预测误差无法预知。

金融市场让预期等于最优预测的动机尤为强烈。在这些市场上，更好地预测未来才能发财。因此，理性预期理论在金融市场中的应用特别有用，被称为**有效市场假说**（efficient market hypothesis）或**有效资本市场理论**（theory of efficient capital markets）。

7.4　有效市场假说：金融市场理性预期

目标 7.4　解释为什么套利机会说明有效市场假说成立。

在货币经济学家创立理性预期理论的同时，金融经济学家也平行建立了一套金融市场预期形成理论。他们得出了与理性预期学者们相同的结论：金融市场预期等于基于所有可得信息的最优预测。[①] 虽然诺贝尔经济学奖得主尤金·法马（Eugene

① 金融经济学家们注意到了穆斯的研究，因此有效市场假说的发展并非完全独立于理性预期理论。

Fama）等金融经济学家将其理论另外命名为有效市场假说，但事实上他们的理论不过是理性预期在股票等证券定价中的应用。

有效市场假说基于的假设条件是，金融市场的证券价格充分反映了所有可得信息。第 4 章提到过，持有某一证券的回报率等于证券资本利得（证券价格变动）与现金支付额的总和除以该证券的初始购买价格，即

$$R=\frac{P_{t+1}-P_t+C}{P_t} \tag{7.7}$$

其中，R 为从时点 t 到时点 $t+1$（例如，从 2018 年底到 2019 年底）持有某一证券的回报率；P_{t+1} 为持有期末即时点 $t+1$ 的证券价格；P_t 为持有期初即时点 t 的证券价格；C 为从时点 t 到时点 $t+1$ 的现金支付额（利息或股利支付）。

我们来看在持有期初即时点 t 对回报率的预期。由于此时现价 P_t 与现金支付额 C 是已知的，在回报率公式中唯一未知变量是下一期的价格 P_{t+1}。[①] 如果持有期末的证券价格预期为 P_{t+1}^e，则预期回报率 R^e 就可以写做

$$R^e=\frac{P_{t+1}^e-P_t+C}{P_t}$$

有效市场假说认为，对未来价格的预期等于基于所有现有可得信息所做出的最优预测。换句话讲，市场对未来价格的预期是理性的，因此

$$P_{t+1}^e=P_{t+1}^{of}$$

这也意味着证券预期回报率等于对回报率的最优预测，即

$$R^e=R^{of} \tag{7.8}$$

遗憾的是，R^e 与 P_{t+1}^e 都是未知的，因此理性预期公式本身并不能反映金融市场行为。然而，如果我们能够设计测量 R^e 值的方法，这些公式对于金融市场的证券价格如何变动将有重要意义。

第 5 章的债券市场供求分析指出，证券预期回报率（对 1 年期贴现债券来说，就是利率）有向均衡回报率运动的趋势，在均衡回报率水平上，需求数量等于供给数量。供求分析法使得我们能够根据以下均衡条件来确定证券预期回报率：证券预期回报率 R^e 等于其均衡回报率 R^*，即使得证券供求数量相等的回报率。也就是说

$$R^e=R^* \tag{7.9}$$

金融学术界探究了影响证券均衡回报率的因素（例如，风险和流动性）。从我们的目标看，只要知道我们能确定均衡回报率，进而确定均衡条件下的预期回报率，就足够了。

---

① 在有些情况下 C 在期初可能并非已知的，但对分析没有实质性影响。对这种情况，我们可以假定价格预期和 C 的预期都是基于所有可得信息的最优预测。

利用均衡条件，将理性预期公式（7.8）中的 R^e 替换为 R^*，我们可以推导出描述有效市场定价行为的公式。即

$$R^{of}=R^* \tag{7.10}$$

这个公式告诉我们，**确定金融市场的当前价格将使得根据所有可得信息对证券回报率的最优预测等于证券均衡回报率。**金融经济学家的表述更简单：在有效市场上，证券价格充分反映了所有可得信息。

理论依据

为了理解为什么有效市场假说有道理，我们使用**套利**（arbitrage）的概念。套利是指市场参与者（套利者）消除**未被利用的盈利机会**（unexploited profit opportunity，即证券回报率高于其证券属性所对应的合理水平）的过程。套利有两种类型：纯粹套利（pure arbitrage），即消除未被利用的盈利机会的过程不存在任何风险，以及我们这里讨论的消除未被利用的盈利机会时需要承担风险的套利。在给定证券风险特征的条件下，套利是如何引出有效市场假说的？为了对此加以说明，我们来看一个例子。假设埃克森美孚普通股的正常年回报率为10%，当前价格 P_t 低于明天价格的最优预测 P^{of}_{t+1}，所以年回报率的最优预测为50%，高于10%的均衡回报率。现在我们可以预测，平均来看埃克森美孚股票回报率奇高，所以存在着未被利用的盈利机会。埃克森美孚股票平均能赚取的回报率高到不可思议（因为 $R^{of}>R^*$），了解到这一点你肯定会购买更多，从而将推高当前价格 P_t，相对于预期未来价格 P^{of}_{t+1} 来说，这就降低了 R^{of}。当当前价格升到足够高从而使得 R^{of} 等于 R^*，即满足有效市场条件公式（7.10）时，对埃克森美孚股票的购买将停止，未被利用的盈利机会将消失。

同理，若某一证券回报率的最优预测为－5%，均衡回报率为10%（$R^{of}<R^*$），这就是个差劲的投资，因为平均而言该证券的盈利水平低于均衡回报率。在这种情况下，你会出售证券，压低当前价格，相对于预期未来价格来说，R^{of} 上升，直到 R^{of} 等于 R^* 时有效市场条件再次满足。以上讨论可以总结为

$$R^{of}>R^* \rightarrow P_t\uparrow \rightarrow R^{of}\downarrow$$
$$R^{of}<R^* \rightarrow P_t\downarrow \rightarrow R^{of}\uparrow$$
$$\text{直到 } R^{of}=R^*$$

有效市场条件的另一种表述方法是：**在有效市场上，所有未被利用的盈利机会都将被消除。**

在这个推理过程中，一个极其重要的因素是：**未必金融市场上每个人都充分了解某只证券，或对其价格有理性预期，以使证券价格能够趋向于满足有效市场条件。**金融市场是分层次的，从而很多参与者都可以进入其中。只要有行家里手（通

常被称为市场上的“聪明钱”）用心捕捉未被利用的盈利机会，就将消除一切露头的盈利机会，因为这样做他们可以获利。有效市场假说合乎情理，因为它并不要求市场上每个人对每只证券的情况都了如指掌。

股票价格的随机游走行为

7

随机游走（random walk）一词描述的是未来价值无法预测（随机）的变量运动方式，在当前值给定的条件下，变量的未来值既可能上升也可能下降。有效市场假说的一个重要含义即股票价格应当近似遵循随机游走，也就是说，**股票价格的未来变动应当实际上无法预测。**有效市场假说的随机游走含义，是媒体最经常提到的，原因是这个含义公众最容易理解。事实上，当人们提到“股票价格随机游走理论”时，他们真正想说的就是有效市场假说。

股票价格随机游走可以证明。假定人们可以预知乐足公司（HFC）股票价格下周会上涨1%。那么HFC股票的年化预计资本利得率和年化回报率就会超过50%。由于这很可能远远高于HFC股票的均衡回报率（$R^{of}>R^*$），根据有效市场假说，人们会立即买入这只股票，推高其现价水平。直至预计价格变动降到零附近，使得$R^{of}=R^*$，购买行为才会停止。

同理，如果人们可以预知HFC股票价格下周会下跌1%，预期回报率为负（$R^{of}<R^*$），人们就会立即抛售股票。股票现价则会下跌，直至预计价格变动回升到零附近，即有效市场条件再成立的时候。有效市场假说认为股票价格的预期变动将接近于零，从而引出股票价格将一般遵循随机游走的结论。[①] 全球视野专栏“外汇汇率应随机游走吗?”显示，有效市场假说认为汇率也应当遵循随机游走。

全球视野　外汇汇率应随机游走吗?

虽然有效市场假说通常用于股票市场，但也可以用来说明外汇汇率和股票价格一样，总体上也应当遵循随机游走。要了解其中的原因，考虑若投资者可以预知某种货币下周会升值1%会怎样。买入这种货币，他们可以赚取的年回报率超过50%，这可能远远高于持有货币的均衡回报率。结果，投资者会立即购买这一货币并抬高其现价，从而降低预期回报率。只有当汇率的预期变动降到接近于零时，这一过程才会停止，此时对回报率的最优预测不再有别于均衡回报率。同理，如果投资者可以预知货币下周会贬值1%，他们就会抛售货币，直至汇率的预期变动再接近于零。因此，有效市场假说说明，汇率的未来变动都应当实际上不可预测，换句话说，汇率应当遵循随机游走。事实上，汇率的随机游走行为得到了数据的充分支持。

---

① 需要注意的是，股票价格的随机游走行为只是从有效市场假说推导出来的一个近似结果。只有当股票不变的价格导致其实现均衡回报率的时候，股票价格的随机游走行为才是确切成立的。此时，股票价格的预期变动正好等于零，即$R^{of}=R^*$。

应用 股票市场投资实用指南

有效市场假说在现实世界里有许多应用。该理论非常有价值，因为可以直接应用于一个我们许多人关心的问题：如何通过股票市场投资致富（或者至少不亏钱）？我们这里提出的股票市场投资实用指南，有助于更好地理解有效市场假说的用途和含义。

投资分析师发布的分析报告有多大价值？

假定你刚看了《华尔街日报》“街谈巷议”专栏，投资分析师们预测，由于石油短缺问题愈来愈严重，石油类股票价格将出现大幅攀升。你是否应该取出辛苦赚来的全部银行储蓄投资于石油类股票呢？

有效市场假说告诉我们，购买证券的时候我们不能指望赚取奇高回报（或大于均衡回报率的回报）。报纸上以及投资分析师所发布分析报告里的信息，对很多市场参与者而言随时可以得到，而且这些信息已经反映在市场价格里了。因此，总体而言根据这些信息进行操作将不能获得暴利。大部分经验证据也确认，投资分析师的建议无法帮我们跑赢大盘。事实上，正如 FYI 专栏“你应当雇一只猩猩做投资顾问吗？”所指出的，旧金山人类投资分析师们的平均表现甚至未能超过一只猩猩！

第一次听说这个结论，同学们恐怕要怀疑人生了吧。我们都知道或者听说过某人在股票市场成功运作了很多年。我们会奇怪：“如果真不知道怎么预测何时会有奇高回报，怎么能一直这么成功呢？”下面这则新闻报道足以说明为什么把奇闻轶事当作证据是不可靠的。

一个投机致富高手发明了一个精巧骗局。他每周要写两种信，在第一种信中，他预测 A 队将在某场橄榄球赛中获胜，在第二种信中，他选择对手 B 队获胜。然后他会把收件人分为两组，把第一种信寄给一组，把第二种信寄给另外一组。第二周他会做同样的事情，但这次只给上周收到正确预测结果的那组收件人寄信。这样在 10 场比赛后，就会有一小群人所收到的信正确预测了每场比赛的赢家。然后他会给这群人再寄最后一封信，说自己很显然是橄榄球比赛的预测专家（因为一连 10 周都选中了胜出队伍），而且用他的预测来赌球可以一本万利，如果收信人愿意支付一大笔钱，他就会继续寄送预测结果。某位客户在琢磨透了他的真实意图后，检举了这个骗子并把他送进了监狱！

这个故事教给了我们什么呢？即使没有人能够永远准确地预测市场，也总会有些人看起来像是一直的赢家。有人过去一贯做得好，并不能保证他（她）未来仍将做得好。要注意的是，也将会有一群人总是输家，但你却很少听说过他们，因为没人吹嘘自己糟糕的预测记录。

应该怀疑那些小道消息吗？

假定你的经纪人在电话里说了一个小道消息，推荐购买乐足公司（HFC）的股票，因为该公司刚刚开发了一款彻底有效治疗脚气的新产品。股价肯定会上升。你应当听从建议去买 HFC 股票吗？

有效市场假说认为，你应当对这类消息持怀疑态度。如果股票市场是有效的，则它已经对 HFC 股票给出了定价，使其预期回报率等于均衡回报率。这个小道消息没什么具体价值，也无法帮你赚取奇高回报。

但你可能感到好奇，这个小道消息会不会是基于新的信息并让你比其他市场参与者获得信息优势。如果其他市场参与者先于你得知这一消息，答案仍然是否定的。消息一公开，其所创造的未被利用的盈利机会就将被迅速消灭。股票价格将已经包含这一消息，而你只能期待实现均衡回报率。但如果你是最早获得新信息的人之一，它的确能给你带来好处。一般说来，只有那样，你才能通过买入 HFC 股票帮助消灭盈利机会而赚取奇高回报。

有利好消息时股票价格总是升高吗？

如果关注股票市场，你可能会注意到一个令人困惑的现象：当公司有利好消息发布时，例如一份特别有利的盈利报告，公司股票的价格经常并不上涨。有效市场假说可以解释这个现象。

由于股票价格变动是不可预知的，若公布的信息已经在市场预期之内，则股票价格将保持不变。公告中不包含任何能够引起股票价格变动的新信息。如果不是这样，公告导致股价变动，那么这就意味着变动是可以预知的。由于这种情形已经被有效市场排除了，因此，**只有当公告信息是新的且在意料之外时，股票价格才会对公告有响应。**如果消息在意料之中，就将不会发生股票价格响应。该证据所证明的正是如此：股票价格反映了所有公开可得的信息。

有时利好消息发布后，个股价格反而下跌。这虽然看上去有些奇怪，但是与有效市场运作机理完全相符。假定虽然公布的是利好消息，但利好的程度没有达到预期。HFC 的盈利可能上升了 15%，但如果市场预期盈利将上升 20%，那么这个新消息实际上是不利的，股票价格就会下跌。

给投资者的有效市场“处方”

有效市场假说对于投资股票市场有何建议呢？它告诉我们，小道消息和投资分析师发布分析报告使用的都是公开可得信息，都不能帮助投资者战胜市场。事实上，它认为如果不是比其他市场参与者有更好的信息，任何人都不要想打败市场。那么投资者应当怎样做呢？

有效市场假说的结论是：这样的投资者（几乎我们所有人都属于这一类）不应当频繁地买卖证券试图去预测市场。这样做除了让经纪人（在每笔交易中赚取佣金）收入暴增之外别无益处。[①] 相反，投资者应当采取“买入并持有”策略——购买股票然后长期持有。平均而言，这将带来相同的回报率，但投资者的净利润将更高，因为要支付的经纪人佣金较少。

小额投资者管理投资组合的成本对于其资金规模而言可能较高，明智的策略是购买共同基金而不是个股。由于有效市场假说认为没有哪个共同基金能够持续地战胜市场，所以投资者不应当买入那些管理费很高或者对经纪人支付销售佣金的基金，而应当购买管理费较低的无费用（免佣金）共同基金。

---

① 出售证券时投资者所实现的任何收益还要向山姆大叔（指美国政府）缴纳资本利得税。这是频繁买卖证券不明智的另外一个原因。

FYI 专栏　你应当雇一只猩猩做投资顾问吗?

《旧金山纪事报》提出了一种有趣的方法来评估投资分析师们能否成功挑选股票。他们请 8 位分析师在年初时挑选 5 只股票，将这些股票的业绩同乔林（生活在加州瓦列霍市美非海洋世界的一只猩猩）所选择的股票做比较。乔林战胜投资顾问们的次数与他们战胜乔林的次数一样多。既然如此，你雇用猩猩做投资顾问的结果恐怕和雇用人类不相上下！

7.5　为什么有效市场假说并非指金融市场有效?

目标 7.5　认识并解释有效市场假说对金融市场的意义。

许多金融经济学家在他们的金融市场分析中，将有效市场假说向前推进了一步。他们不仅相信金融市场上的预期是理性的，即等于使用所有可得信息得出的最优预测，而且还增加了条件——金融市场价格反映证券真实的基础（或内在）价值。换句话说，所有价格永远都是正确的并且反映**市场基本面**（market fundamentals，直接影响证券未来收入流的事项），进而金融市场是有效的。

这种升级版市场效率观点在金融学术界具有若干重要意义。第一，它意味着在有效资本市场上，哪个投资都一样好，因为证券价格是正确的。第二，它意味着证券价格反映有关其内在价值的所有可得信息。第三，它意味着金融和非金融企业经理们可以利用证券价格来正确估算其资本成本（投资项目的融资成本），并且可以用证券价格帮助他们对于是否进行特定投资做出正确决策。这种升级版市场效率观点是金融领域很多分析的基本原则。

但有效市场假说也许“名不副实”*。有效市场假说不是指升级版市场效率观点，而只是说市场（例如股票市场）价格是无法预测的。事实上，正如下面的应用所指出的，市场暴跌和**泡沫**（bubble，资产价格升高到远超其基础价值）的存在，引起了对升级版观点之“金融市场有效”的严重质疑。然而，市场暴跌和泡沫也不必然给出了否定有效市场假说基本原则的有力证据。

应用　关于有效市场假说和金融市场效率，股票市场暴跌告诉了我们什么?

1987 年 10 月 19 日，也称“黑色星期一”，道琼斯指数下跌超过 20%，创造了美国历史上单日最大跌幅。2000 年 3 月高科技公司股票价格从高位崩盘，导致满载高科技的纳斯达克指数从当时的 5 000 点下跌到 2001 年和 2002 年的 1 500 点左右，下跌幅度超过 60%。这些股市崩盘导致很多经济学家质疑有效市场假说的正确性。他们不相信一个理性的市场能产生如此严重的股价波动。这些崩盘事件会让我们在多大程度上怀疑有效市场假说的正确性呢?

有效市场理论并没有排除股价的大幅波动。如果新信息让公司未来估值的最优预测发生

* 英文原文为 misnamed（取名不当的），指这个名字可能会让人望文生义，产生误解。——译者注

戏剧性下跌，就可能导致股票价格的巨大变动。但经济学家们很难从经济基本面变化中找到“黑色星期一”和科技股崩盘的原因。从崩盘中学到的一课在于，市场基本面以外的其他因素可能影响了资产价格。事实上，第 8 章和第 12 章将介绍，我们有充足的理由相信阻碍金融市场正常运转的因素确实存在。因此，这些崩盘事件让很多经济学家确信，宣称资产价格反映证券真实基础（内在）价值的升级版市场效率观点不正确。这些经济学家在很大程度上将股票及其他资产的价格决定归于市场心理学以及市场的制度结构。然而，这些观点与理性预期或有效市场假说的基本论证（即市场参与者消除未被利用的盈利机会）一点儿也不矛盾。即使股票价格并不总是仅仅反映市场基本面，只要市场崩盘是不可预知的，有效市场假说的基本观点就是成立的。

不过，另一些经济学家认为市场崩盘和泡沫意味着未被利用的盈利机会可能存在，而且有效市场假说可能从根本上就有缺陷。关于有效市场假说的争论仍在继续。

7.6 行为金融

目标 7.6 概括行为金融学为什么认为有效市场假说可能不成立。

1987 年股票市场崩盘触发了对金融市场效率的质疑，带领诺贝尔经济学奖得主罗伯特·希勒（Robert Shiller）等经济学家开创了一个新的研究领域，被称为**行为金融**（behavioral finance）。它应用来自人类学、社会学特别是心理学等其他社会科学的概念来解释证券价格行为。①

我们已经看到，有效市场假说认为未被利用的盈利机会被聪明钱市场参与者消灭。但聪明钱能支配普通投资者从而使得金融市场有效吗？具体而言，有效市场假说认为当股票价格非理性上升时，聪明钱市场参与者将会卖出股票，结果股票价格回落到与其基础价值相符的合理水平。要发生这样的情况，聪明钱必须能够进行**卖空**（short sales）交易；也就是说，他们必须从经纪人手中借入股票再到市场上出售，目的是待价格下跌后再将股票买回平仓（covering the short）以赚取利润。然而，心理学家的研究表明人们都是损失厌恶的：遭受损失时的痛苦感超过获得收益时的幸福感。如果股票价格迅速攀升至超过卖空交易启动时的价格，卖空交易所产生的损失很可能远超过投资者的初始投资（如果股票价格爬升到天价高度，则损失可能无限大）。

损失厌恶于是可以解释一个重要现象：卖空交易其实很少发生。卖空交易也可能因为限制性规定而被抑制，因为从他人的霉运中赚钱似乎不那么光彩。如此之少

① 对这一领域的综述可以参见 Hersh Shefrin，*Beyond Greed and Fear*：*Understanding of Behavioral Finance and the Psychology of Investing*（Boston：Harvard Business School Press，2000）；Andrei Shleifer，*Inefficient Markets*（Oxford，UK：Oxford University Press，2000）；and Robert J. Shiller，“From Efficient Market Theory to Behavioral Finance，” Cowles Foundation Discussion Paper No. 1385（October 2002）。

的卖空交易可以解释为什么股票价格有时会被高估。也就是说，缺乏足够的卖空交易意味着聪明钱没把股票价格推回其基础价值。

心理学家还发现人们总是对自己的判断过于自信。结果，投资者倾向于认为自己比其他人更聪明。由于投资者一厢情愿地认为市场通常会走偏，所以他们往往基于自己的想法而非纯粹的事实来进行交易。该理论可以解释为什么证券市场有如此巨大的交易量——有效市场假说没有预见到这一点。

过分自信和社会传染（狂热）为股票市场泡沫提供了一种解释。当股票价格走高时，投资者将利润归结于自身的智慧，并对股票市场褒扬有加。于是，这些溢于言表的热情和光芒四射的媒体报道营造了一种氛围，使得更多投资者觉得股票价格未来将会上升。结果出现了正反馈循环：价格继续上涨，产生投机泡沫，最后在价格过度偏离其基础价值时就会崩盘。[①]

行为金融是一个新兴领域，但有望对那些有效市场假说无法很好解释的证券市场行为特征予以说明。

总　结

1. 股票价值可以用未来股利的现值来衡量。遗憾的是，我们无法准确知道这些股利将会怎样。这种不确定性导致估值过程会出现很多错误。戈登增长模型是计算股票价值的一种简化方法，它假定股利永远按照固定比率增长。既然我们无法确定未来股利，这样假定往往是最好的做法。

2. 市场交易者之间的互动实际上确定了每天的价格。对证券估值最高的交易者（要么是因为对未来现金流比较有把握，要么是因为估计现金流规模较大）将会愿意支付最多。当有新信息发布时，投资者将调整对证券真实价值的估计，并根据市场价格与估计定价的比较做出买卖决定。由于估计增长率或必要回报率的小变化也会引起价格的大波动，因此市场总是波动一点儿也不奇怪。

3. 有效市场假说认为当前的证券价格充分反映了所有可得信息，因为在有效市场上所有未被利用的盈利机会都被消灭了。消除未被利用的盈利机会是金融市场有效的必要条件，但并不要求所有市场参与者都信息灵通。有效市场假说意味着股票价格通常是随机游走的。

4. 有效市场假说认为，小道消息和投资分析师发布的推荐意见都不能帮助投资者战胜市场。给投资者的最好“处方”就是遵循“买入并持有”策略，即购买股票并长期持有。经验证据总体上支持有效市场假说在股票市场上的这些结论。

5. 市场崩盘和泡沫的存在使得许多经济学家确信，宣称资产价格反映证券真实基础（内在）价值的升级版市场效率观点不正确。但以这些崩盘证明有效市场假说错误的证据更少。即使股票市场是由基本面以外的其他因素驱动的，只要崩盘无法事先被预知，则这些崩盘就无法清楚地证明有效市场假说的许多基本原则不再合理。

6. 行为金融这个新领域使用人类学、社会学、心理学等其他社会科学概念来帮助我们理解证券价格行为。损失厌恶、过分自信和社会传染可以解释为什么交易量这么高、为什么股价被高估以及为什么会出现投机性泡沫等问题。

① 参见 Robert J. Shiller，*Irrational Exuberance*（New York：Broadway Books，2001）。

关键术语

适应性预期	广义股利估值模型	卖空	套利	戈登增长模型
股东	行为金融	市场基本面	有效资本市场理论	泡沫
最优预测	现金流	随机游走	未被利用的盈利机会	股利
理性预期	有效市场假说	剩余索取权		

思考题

1. 哪个金融基本原理可以用来对投资性资产估值？

2. 股东现金流的两个主要来源是什么？估计这些现金流的可靠性有多大？比较估计股票现金流问题与估计债券现金流问题。你觉得哪种证券的现金流更不稳定？

3. 一些经济学家认为，中央银行应当在股票市场泡沫失控并造成更大破坏之前，尝试刺破泡沫。如何运用货币政策来刺破市场泡沫？用戈登增长模型说明。

4. 如果货币政策关于未来利率路线变得更加透明，股票价格将如何受其影响（如果有影响的话）？

5. 假定要求你预测 ABC 公司未来的股票价格，于是你着手收集所有可得信息。在你公布预测值那天，ABC 公司的竞争对手宣布了全新的兼并和重塑行业结构计划。你的预测还会被认为是最优的吗？

6. “每当通勤者乔早起发现下雪时，他对驾车上班需要多长时间就会发生误判。如果没有下雪，他对驾车时间的预期就完全准确。如果在乔居住的地方，每 10 年才下一场雪，乔的预期就几乎总是完全准确的。”乔的预期是理性的吗？为什么？

7. 假定你决定玩个游戏。你用掷骰子的方法来决定购买哪只股票。10 个月后计算你的投资回报率，以及其他人在同样时间里遵循“专家”建议做投资而赚取的回报率。如果两个回报率相似，是否构成支持或反对有效市场假说的证据？

8. “如果股票价格不遵循随机游走，市场上就会存在未被利用的盈利机会。”这种表述正确、错误还是不确定？解释你的答案。

9. 假定货币供给增加引起股票价格上升。这是否意味着当你发现过去一周里货币供给急剧增加时，应当立刻去买股票？为什么？

10. 如果公众预期某公司本季度每股损失 5 美元，而实际损失了 4 美元，却仍然是该公司历史上的最大亏损，根据有效市场假说，当公布 4 美元损失的时候，股票价格将会怎样变化？

11. 如果你在《华尔街日报》上看到，华尔街“聪明钱”预计股票价格将下降，你是否应当跟随他们卖出所有股票？

12. 如果你的经纪人前面五次的买卖建议都是正确的，你是否应当继续听她的建议？

13. 具有理性预期的人能够期盼谷歌股票价格下个月上涨 10%吗？

14. 假定每年 11 月的最后一周股票价格都平均上涨 3%。这是否构成支持或反对有效市场假说的证据？

15. “有效市场是指，任何时候都没有人因为比其他市场参与者拥有更好的信息而获利。”这种表述正确、错误还是不确定？解释你的答案。

16. 如果更高的货币增长率伴随着更高的未来通货膨胀率，若公布的货币增长率后来被证明非常高但是仍然低于市场预期，你认为长期债券价格将会怎样变动？

17. “外汇汇率与股票价格一样，应当遵循随机游走。”这种表述正确、错误还是不确定？解释你的答案。

18. 假定有效市场假说成立。马科斯最近刚被一家经纪公司雇用，宣称他现在有机会获得最优市场信息。但他是个“新手”，公司里没人跟他谈论什么业务。你认为马科斯的客户跟公司的其他客户相比情况会更好还是更糟？

19. 假定你的工作是预测未来的月通货膨胀率，此前 6 个月你的预测值一直都偏离－1%。你的预期有可能是最优的吗？

20. 20 世纪 90 年代晚期，随着信息科技高速发展和互联网迅速普及，美国股票市场飙涨，在 2001 年初达到了顶点。当年晚些时候，市场开始放缓并随即崩溃。很多市场分析人士认为之前几年出现了“股票市场泡沫”。请用有效市场假说解释这段历史怎么可能是泡沫。

21. 当基本面表明股票应当处于更低的价格水平时，为什么有效市场假说不太可能成立？

应用题

22. 某股票每年支付 1 美元股利，你希望 1 年后出售价格为 20 美元，假定你的必要回报率为 15%，计算每股价格。

23. 经过认真分析，你认为在可预见的未来，某公司的股利应当平均每年增长 7%。公司上一次的股利支付为 3 美元。假定必要回报率为 18%，计算该股票的当前价格。

24. 某股票现在的价格是 65.88 美元。如果预计未来 5 年每股股利是 1 美元，必要回报率为 10%，那么 5 年后当你打算卖出时股票价格应当是多少？如果股利和必要回报率保持不变，预计 5 年后股票价格将上涨 1 美元，当前股票价格是否也上涨 1 美元？为什么？

25. 某公司刚刚宣布了三合一股票分割计划，立即生效。在分割前，公司市值为 50 亿美元，在外流通股为 1 亿股。假定分割计划没有传递有关公司的任何新信息，该计划实施后的企业价值、流通股数量以及每股价格是多少？如果分割后真实的市场即时价格为 17 美元，这告诉我们市场效率怎么样？

第3篇

金融机构

危机与应对：7 000 亿美元救助方案

经过全国范围的激烈辩论，2008 年 10 月 3 日《紧急经济稳定法案》在美国众议院表决通过。这一令人震惊的 7 000 亿美元救助方案，通过授权财政部购买受困金融机构的问题抵押资产或者向银行业注入资本，设法帮助美国经济迅速从全球金融危机中复苏。为了进一步平息恐惧情绪，该法案还将联邦存款保险限额从 10 万美元提高到 25 万美元。

最初的法案曾在 9 月 29 日被否决，原因是选民们认为贪婪的华尔街高管是危机背后的重要原因，对救助他们的不满和抱怨情绪感染了议员们。全国范围的辩论将华尔街与普通公众对立起来：许多支持受困房主的人认为，提议国家救助金融机构是政府的伪善。向金融体系注入资本如何能够帮助那些担心丢掉工作或者（更糟糕地）可能突然间失业的人呢?

第 3 篇的焦点是金融机构在经济运行中的核心作用——过去一直被忽视了。银行和其他金融机构将资金从储蓄者手中转移到拥有生产性投资机会的人们手中，使得金融市场运转起来。在资本再次流动起来之前，普通社区的银行分支将无法给那些小企业主或是想要筹钱买新车的大学毕业生大量发放贷款。

全球金融危机凸显了金融体系是如何随时间推移而变化的，无论是源自金融创新，还是因为吸取危机的惨痛教训。第 8 章分析美国和其他国家的金融结构。第 9 章介绍银行业的业务与经营。第 10 章拓展第 8 章的经济学分析，来理解银行监管的动机，以及考察监管过程中易犯的错误。第 11 章考察美国银行体系的长期发展，以及不断成长的银行业国际化。在第 12 章我们提出一个分析框架来理解金融危机的动态过程，之后用它来解释 2007—2009 年全球金融危机期间发生了什么，以及新冠疫情是否会带来另一场金融危机。

第8章 金融结构的经济学分析

学习目标

8.1 了解全球金融体系的8个基本事实。

8.2 总结交易成本如何影响金融中介机构。

8.3 阐述为什么信息不对称会导致逆向选择和道德风险。

8.4 识别逆向选择，总结可以减少逆向选择问题的方法。

8.5 识别权益合约中道德风险所引发的委托-代理问题，总结减少它的方法。

8.6 总结用来减少债务合约中道德风险问题的方法。

本章预习

健康而充满活力的经济需要金融体系将资金从储蓄者手中转移到拥有生产性投资机会的人手中。但是，金融体系如何确保你辛苦积攒的储蓄被融通给生产性投资者葆拉而不是懒鬼本尼呢?

本章回答了这个问题，我们给出的经济学分析说明如何设计金融结构来提升经济效率。分析聚焦一些简单但有影响的经济学概念，让我们能够解释金融体系的特征。例如：金融合约为何如此拟定；为什么对借款人获取资金来说，金融中介机构比证券市场更重要。分析也证明了金融体系与宏观经济表现之间的重要联系，这是本书第 6 篇的主题。

8.1 全世界金融结构的基本事实

目标 8.1 了解全球金融体系的 8 个基本事实。

世界各国金融体系的结构和功能十分复杂。金融体系包括许多不同种类的机构：银行、保险公司、共同基金、股票和债券市场，等等——所有这些机构都要接受政府监管。金融体系每年将数万亿美元从储蓄者融通给具有生产性投资机会的人。近距离观察世界各国的金融结构，我们发现有 8 个基本事实，其中一些非常出人意料。要理解金融体系的运作，就必须解释这 8 个基本事实。

图 8-1 的条形图反映了 1970—2000 年间，美国企业如何利用外部资金（来自企业之外的资金）为其经营活动融资，并对美国数据与德国、日本和加拿大的数据进行了对比。从该期间得出的结论到今天仍然成立。银行贷款类主要由存款机构提供的贷款组成；非银行贷款类主要是其他金融中介机构提供的贷款；债券类包括公司债券和商业票据等可流通债务证券；股票类包括新股发行（股票市场份额）。

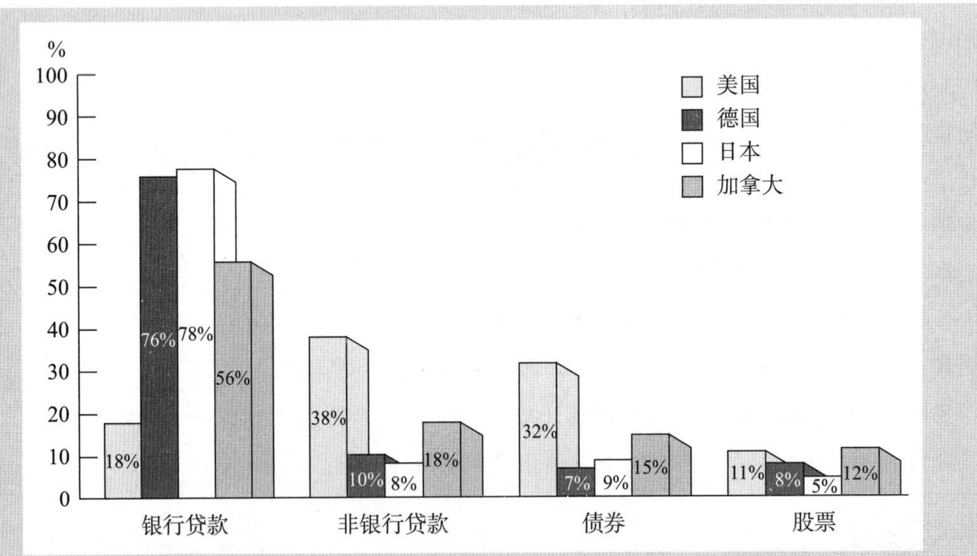

图 8-1　非金融企业的外部资金来源：比较美国、德国、日本和加拿大

银行贷款类主要由存款机构提供的贷款组成；非银行贷款类主要是其他金融中介机构提供的贷款；债券类包括公司债券和商业票据等可流通债务证券；股票类包括新股发行（股票市场份额）。

资料来源：Andreas Hackethal and Reinhard H. Schmidt，"Financing Patterns：Measurement Concepts and Empirical Results，" Johann Wolfgang Goethe-Universitat Working Paper No. 125，January 2004. 数据的时间为 1970—2000 年，数据为各类资金流量占总量的比例，不包括贸易融资等其他信贷数据，因为数据不可得。

现在我们一起研究一下这 8 个事实。

1. 股票不是企业最主要的外部融资来源。由于媒体对股票市场高度关注，在很多人的印象里股票是美国公司最重要的资金来源。然而，从图 8-1 的条形图可以看到，1970—2000 年间，股票市场只占了美国企业外部融资的一小部分：11%。①

① 股票占外部融资的 11%，这一数据是基于公司外部资金流量计算的。但这个流量概念具有一定的误导性，因为当发行股票时，筹集的资金是永久性的；而当发行债券时，筹集的资金只是暂时性的，要在到期时还清。为了说明这一点，假定某企业通过发行一股股票和一张 1 年期债券分别筹集 1 000 美元。股票发行所筹集的 1 000 美元能够永久拥有。但要想持续拥有债券发行所筹集的 1 000 美元，企业必须每年发行 1 000 美元新债券。如果我们要考察 30 年间企业资金流的情况，则如图 8-1 所示，企业在 30 年间只需发行 1 次股票就能筹集到 1 000 美元，但要在 30 年里每年发行一次、一共发行 30 次债券才能获取 1 000 美元。由此可知，虽然看起来好像债券在筹集资金方面比股票重要 30 倍，但我们的例子表明两种方式对企业其实是同等重要的。

图 8-1 给出的其他国家的这个数值同样比较小。为什么在美国和其他国家，股票市场不如其他资金来源那么重要呢？

2. 发行可流通的债务和权益证券不是企业为经营活动筹资的主要方式。图 8-1 表明，在美国，债券作为融资渠道的重要性远远高于股票（32%对 11%）。然而，股票与债券加在一起（43%）即全部可流通证券的份额，仍然还不到美国企业经营活动所需外部融资的一半。发行可流通证券不是最重要的融资来源，这一事实对于世界上其他国家也如此。事实上我们在图 8-1 中看到，其他国家的可流通证券在外部融资中所占的比例比美国还要小。企业为什么不更多利用可流通证券来为经营活动融资呢？

3. 间接融资（即有金融中介机构参与的融资）比直接融资（即企业在金融市场直接向贷款人募集资金）重要许多倍。直接融资直接向居民部门出售股票和债券等可流通证券。股票和债券在美国企业外部融资来源中占比 43%，其实夸大了直接融资在美国金融体系中的重要性。自 1970 年以来，只有不到 5%的新发行公司债券和商业票据，以及不到 1/3 的新发行股票，被直接销售给了美国居民部门。其余证券一直主要是保险公司、养老基金和共同基金等金融中介机构在购买。这些数据表明，直接融资在美国企业外部融资中的使用份额不到 10%。由于大部分国家可流通证券作为融资来源的重要程度比美国还要低，所以在世界上其他地方直接融资远没有间接融资重要。为什么金融中介机构和间接融资对金融市场如此重要？但近年来间接融资的重要性一直在下降。为什么会这样？

4. 金融中介机构，特别是银行，是企业外部资金最重要的来源。由图 8-1 可见，银行与保险公司、养老基金和财务公司等非银行金融中介机构贷款是世界各国企业最主要的外部资金来源（美国的比例为 56%，德国、日本和加拿大的比例都超过 70%）。在其他工业化国家，银行贷款是外部资金来源中占比最大的类别（德国和日本超过 70%，加拿大超过 50%）。因此，数据表明，这些国家的银行在企业融资活动中发挥着最重要的作用。在发展中国家，银行在金融体系中的地位甚至比工业化国家还要重要。是什么使得银行对金融体系运转如此重要呢？虽然银行依然重要，但近年来它们对企业外部资金的贡献度却一直在下降。是什么驱动了这种下降？

5. 金融体系是经济中受到最严格监管的部门。在美国和其他所有发达国家，金融体系都受到严格监管。政府监管金融市场主要是为了促进信息披露，以及确保金融体系健康（稳定）运行。为什么全世界都对金融体系如此大规模地监管呢？

6. 只有信誉卓著的大公司才容易进入证券市场为其经营活动筹资。个人和小企业未能确立市场地位，不太可能通过发行可流通证券来筹集资金。相反，他们更多是从银行获得融资。为什么只有信誉卓著的大公司才能很容易地在证券市场筹集资金呢？

7. 抵押品是居民个人和企业债务合约的普遍特征。抵押品（collateral）是抵押给贷款人的财产，在借款人无力归还债务时用来保证付款。抵押债务，又称**担保债务**（secured debt），与**无担保债务**（unsecured debt）相对应，后者指信用卡债务等不设抵押品的债务。抵押债务是居民债务的最主要形式，在企业借款中也十分普遍。美国居民个人债务大部分是抵押贷款：汽车是汽车贷款的抵押品，房子是住房抵押贷款的抵押品。以财产作为抵押品的商业抵押贷款和农业抵押贷款占非金融企业借款的 1/4；公司债券和其他银行贷款中也经常要求有财产抵押。为什么抵押品是债务合约如此重要的特征呢？

8. 债务合约通常是极为复杂的法律文件，对借款人的行为设置了大量限制性条款。许多学生以为债务合约就是个借据，简单到可以写在一张纸上。但现实中的债务合约远非如此。所有国家的债券或贷款合同都是附有很多规定条件（被称为**限制性条款**，restrictive covenants）的篇幅很长的法律文本，这些条款限制并指定了借款人所能从事的活动。限制性条款并非只是企业债务合约的特征；例如，个人汽车贷款和住房抵押合同都包括限制性条款，要求借款人为其贷款购买的汽车或住宅购买足额保险。债务合约为什么如此复杂，并且是限制性的呢？

我们在第 2 章了解到，金融市场的一个重要特征在于其可观的交易成本和信息成本。关于这些成本如何影响金融市场的经济学分析，将帮助我们理解上述 8 个事实，从而让我们对金融体系如何运转有更加深刻的理解。在下一节我们考察交易成本对金融体系结构的影响。之后再探讨信息成本对金融结构的影响。

8.2 交易成本

目标 8.2 总结交易成本如何影响金融中介机构。

交易成本是金融市场的重大问题。我们用一个例子来说明。

交易成本如何影响金融结构？

假定你有 5 000 美元可以投资，正在考虑投资于股票市场。由于你只有 5 000 美元，你只能购买少量股票。即使你使用在线交易，由于购买量太小，买入选中股票所支付的经纪人佣金也将占股票购买价格的很高比例。如果你决定购买债券，情况变得更糟；有些你想买的债券最小面值高达 10 000 美元，你根本没那么多钱投资。你非常沮丧地发现，辛苦积攒的储蓄无法拿到金融市场赚取收益。不过可以聊以自慰的是，被高昂交易成本挡在市场之外的并非只有你自己。我们很多人都面对这个严酷的现实：只有大约一半美国家庭拥有证券。

交易成本还带来了另一个问题。由于你可用的资金规模很小，你只能做有限的几种投资，因为大量进行小额交易会产生非常高的交易成本。也就是说，你不得不将所有鸡蛋都放在一个篮子里，无力多样化投资将让你承担很多风险。

金融中介机构如何降低交易成本

这个例子中的交易成本问题，以及第 2 章例子中的法律成本阻挠你向木匠卡尔发放贷款都说明，像你这样的小额储蓄者被金融市场排除在外，因而不能从金融市场获益。幸运的是，金融结构的重要组成部分——金融中介机构，已经进化成降低交易成本并让小额储蓄者和借款人能够受益于金融市场之存在。

规模经济　高交易成本问题的一个解决办法，就是将许多投资者的资金集聚在一起，从而可以利用规模经济，随着交易规模（范围）扩大而降低单位投资金额的交易成本。通过集合投资者的资金来降低单个投资者的交易成本。规模经济之所以存在，是因为在交易规模扩大时金融市场完成交易的总成本只增加一点点。例如，购买 10 000 股股票的成本并不比购买 50 股股票高多少。

金融市场存在规模经济，有助于解释金融中介机构的发展，以及为什么金融中介机构成为金融结构中如此重要的组成部分。金融中介机构因为规模经济而出现，对此最明显的例子就是共同基金。共同基金（mutual fund）是向个人销售基金份额再将收益投资于股票或债券的金融中介机构。因为购买股票或债券的规模很大，共同基金可以享受到更低交易成本的好处。节约的成本再被转移给个人投资者，当然是在共同基金以管理费形式扣除了自己应得的费用之后。个人投资者得到的另一个好处是，共同基金的资金规模庞大到足以购买广泛多样化的证券组合。对个人投资者来说，多样性提高降低了风险，使他们从中获利。

规模经济在降低资源成本方面也很重要。金融机构为了完成工作任务总要发生应用计算机技术一类的资源成本。比如，当一家大型共同基金斥巨资建成电子通信系统后，该系统可以用来处理巨量交易，单笔交易成本极低。

专门技术　金融中介机构还能更好地开发专门技术来降低交易成本。它们在计算机技术方面的专门技术能为客户提供便利服务，例如，客户有权对账户签发支票，以及拨打免费号码来了解投资状况等相关信息。

金融中介机构的低交易成本使之可以为客户提供流动性服务，让客户处理交易更为容易。例如，货币市场共同基金不仅对份额持有者支付相对较高的利率，还允许客户签发支票从而方便账单支付。

8.3　信息不对称：逆向选择和道德风险

目标 8.3　阐述为什么信息不对称会导致逆向选择和道德风险。

金融市场存在交易成本，在一定程度上解释了为什么金融中介机构和间接融资在金融市场上有如此重要的地位（事实 3）。但是，要更加深入地理解金融结构，我们接下来讨论信息在金融市场上的作用。

信息不对称是金融市场的一个重要方面，指交易一方对另一方缺乏充分了解，从而在完成交易时无法做出正确决策的情况。例如，公司经理知道他们自己是否诚实，而且对业务经营状况通常比股东掌握更多信息。第 2 章介绍过，信息不对称的存在会导致逆向选择和道德风险问题。

逆向选择是在交易发生之前出现的信息不对称问题。交易一方掌握有秘密信息，并在与信息劣势一方进行交易时利用该信息捞取经济利益，这就发生了逆向选择。具体地，潜在的高信用风险正是那些最积极寻求贷款的人。因此，最可能导致不良后果的人同时也是最希望达成交易的人。例如，大冒险家和江湖惯骗往往是最渴望借款的，因为他们知道自己不可能还钱。由于逆向选择提高了贷款发生风险的可能性，贷款人可能决定不发放任何贷款，即使市场上的确有风险很低的贷款机会。

道德风险在交易之后出现。当信息优势方采取秘密（未被发现的）行动损害了信息劣势方的利益时，即发生了道德风险。贷款人所冒风险是指借款人将从事对贷款人不利的活动，因为这类活动将降低贷款如期偿还的可能性。例如，一旦借款人取得了贷款，他就可能会冒比较大的风险（其收益可能很高，但面对的违约风险也很大），因为用的是别人的钱。由于道德风险降低了贷款归还的概率，贷款人可能会宁可不发放贷款。

关于信息不对称如何影响经济行为的研究被称为**代理理论**（agency theory）。我们将运用这种理论来解释金融结构形成的原因，并解释本章开始所列出的几个事实。

8.4 柠檬问题：逆向选择如何影响金融结构

目标 8.4 识别逆向选择，总结可以减少逆向选择问题的方法。

诺贝尔经济学奖得主乔治·阿克洛夫（George Akerlof）在一篇著名论文里描述了逆向选择妨碍市场有效运行的一个特别方式。这被称为“柠檬问题”，因为它与二手车市场上“柠檬”（次品车）所引起的问题类似。① 二手车买方通常无法评价车的质量，也就是说，他们无法分辨一辆二手车是性能良好的好车，还是麻烦不断的柠檬。于是，买方支付价格所反映的必然是二手车市场的平均质量，介于柠檬低价与好车高价之间。

与此相反，二手车车主会更清楚那辆车是桃子还是柠檬。如果是柠檬，车主会

① 参见 George Akerlof, “The Market for ‘Lemons’: Quality, Uncertainty and the Market Mechanism,” *Quarterly Journal of Economics* 84 (1970): 488-500。应用柠檬问题分析来研究金融市场的两篇重要论文是：Stewart Myers and N. S. Majluf, “Corporate Financing and Investment Decisions: When Firms Have Information That Investors Do Not Have,” *Journal of Financial Economics* 13 (1984): 187-221; Bruce Greenwald, Joseph E. Stiglitz, and Andrew Weiss, “Information Imperfections in the Capital Market and Macroeconomic Fluctuations,” *American Economic Review* 74 (1984): 194-199。

非常乐意接受买方愿意支付的价格，因为这个介于好坏车价值之间的价格高于柠檬价值。但如果是桃子，即如果是辆好车，车主知道买方愿意支付的价格低估了该车的价值，因此可能不愿意出售。逆向选择的结果就是，进入市场的二手好车越来越少。因为市场上待售二手车的平均质量将很低，而且几乎没有人愿意买柠檬，所以成交量将很小。即使有二手车市场，也会运作得很差。

股票和债券市场的柠檬

证券市场上，也就是债务（债券）市场和权益（股票）市场上，也有类似的柠檬问题。假定我们的老朋友投资者欧文想买些证券，譬如普通股股票，他无法区分高预期利润、低风险的好公司与低预期利润、高风险的差公司。在这种情况下，欧文愿意支付的价格将反映证券发行公司的平均质量——介于差公司证券价值与好公司证券价值之间的某个价格。好公司的所有者或经理层比欧文拥有更多信息，知道自家公司是一家好公司，那么他们就会清楚自己的证券被低估了，并且不会想要按照欧文愿意支付的价格出售证券给他。愿意向欧文销售证券的将只有差公司，因为欧文的价格高于证券价值。我们的朋友欧文可不蠢，他不愿意持有差公司的证券，因此决定不在市场上购买证券。与二手车市场的结果类似，因为很少有公司在市场上出售证券来筹集资本，所以这个证券市场将不会运转得非常好。

如果欧文打算购买的不是股份，而是债券市场的债务工具，分析过程也类似。只有利率高到足以补偿试图销售债务的好公司与差公司的平均违约风险时，欧文才愿意购买债券。精明的好公司所有者意识到他们要支付的利率高于合理水平，所以不太可能想在这个市场借钱。只有差公司才愿意借钱，而由于欧文这样的投资者不想买差公司发行的债券，他们有可能什么债券也不买了。没什么债券在这个市场上销售，所以债券将不是好的融资来源。

上述分析可以解释事实2——为什么可流通证券在世界上任意国家都不是企业主要的融资来源。也可以部分地解释事实1——为什么股票不是美国企业最重要的融资来源。柠檬问题的存在阻碍了股票和债券市场等证券市场在储蓄者和借款人之间有效地融通资金。

帮助解决逆向选择问题的工具

不存在信息不对称，就没有柠檬问题。如果买方对二手车质量的了解程度与卖方一样，那么参与各方都可以分辨好车与差车，买方将会愿意为二手好车支付足额价值。既然二手好车的车主现在能得到公平价格，自然会愿意把车放在市场上销售。市场将有很多交易并将履行其本分：把好车卖给需要的人。

类似地，如果证券购买者能够区分好公司与差公司，他们将为好公司发行的证券支付足额价值，好公司将把自己的证券拿到市场上销售。于是证券市场将能够把资金转移给具有最佳生产性投资机会的好公司。

信息的私人生产与销售 金融市场逆向选择问题的解决办法就是降低信息不对称，向资金供给方提供寻求融资的个人或公司更详细的情况。储蓄者-贷款人获取这类信息的一种方式是通过私人企业，它们收集并生产可以区分好公司与差公司的信息，再将其出售给储蓄者-贷款人。在美国，标普、穆迪和价值线等公司收集企业资产负债表头寸和投资活动等信息，将这些数据出版并卖给订购方（个人、图书馆和参与证券购买的金融中介机构）。

然而，由于**免费搭车问题**（free rider problem），信息的私人生产与销售体系没有完全解决证券市场的逆向选择问题。当没为信息付款的人利用其他人付费购买的信息时，免费搭车问题就出现了。免费搭车问题表明信息的私人销售只能部分地解决柠檬问题。要了解其中的原因，假定你刚刚购买的信息可以告诉你哪些公司是好的哪些是差的。你认为物有所值，因为买入那些价值被低估的好公司证券，在弥补信息获取成本之外将来还能赚不少。然而，当机智的投资者欧文（免费搭车者）看到你购买某些证券时，他也跟着你一起买入，尽管他并未对任何信息付费。如果很多投资者都采取与欧文相同的策略，被低估的好证券的需求就会迅速增加，推动其低价立即攀升到证券的真实价值水平。由于这些免费搭车者的存在，你再也无法以低于真实价值的价格买到这些证券。现在，由于无法从信息购买中获利，你意识到当初就不该购买信息。如果其他投资者达成同样的共识，私人企业和个人可能就无法销售足够的信息来抵消其收集和生产信息的成本。私人企业从销售信息中获利的能力降低，将意味着市场上生产的信息量变少，于是，逆向选择（柠檬问题）仍将干扰证券市场有效运行。

旨在增加信息的政府监管 免费搭车问题阻挠了私人市场生产足够的信息来消除导致逆向选择的全部信息不对称。政府干预会对金融市场有利吗？例如，政府可以生产信息以帮助投资者区分公司的好坏，并且免费提供给公众。然而这样做意味着政府会发布公司的负面信息，从政治角度而言很难行得通。第二种方法（美国和很多其他国家政府采用的方法）是政府对金融市场加以监管，鼓励公司披露自己的真实信息，使投资者能够确定一家公司有多好或是有多差。在美国，证券交易委员会（Securities and Exchange Commission，SEC）就是这样的政府机构，它要求发行证券的公司必须接受独立审计，即由会计师事务所证明该公司遵守标准会计准则并公开披露有关销售、资产和收益的准确信息。其他国家也有类似的监管规定。但是信息披露要求并非总能见效，安然公司破产以及世通和帕玛拉特（一家意大利公司）等公司的会计丑闻都反映了这个问题（见 FYI 专栏“安然内爆”）。

FYI 专栏 安然内爆

安然公司是一家专门在能源市场交易的公司，直到 2001 年以前看起来都极其成功。它控制了 1/4 的能源市场，2000 年 8 月（距离公司破产只有一年多点的时间）市值高达 770 亿美元，是当时美国第七大公司。然而快到 2001 年底的时候，安然却轰然倒掉了。2001 年

10月，安然宣布第三季度亏损了6.18亿美元，同时披露会计“操作失误”。之后，美国证券交易委员会正式介入，开始调查由前任财务总监牵头进行的安然与其合作伙伴之间的金融交易。已经清楚的是，安然通过一整套复杂交易，将巨额债务和金融合约从资产负债表中剥离了出去。这些交易使安然得以掩盖其财务困难。尽管有来自摩根大通和花旗集团的15亿美元新融资作保，安然公司仍然于2001年12月被迫宣布破产，成为截至当时美国历史上最轰动的破产声明。

安然倒闭说明，政府监管可以缓解信息不对称问题，但却不能根除它。经理层具有强烈的动机来隐瞒自家公司的问题，使得投资者很难知道公司的真实价值。

安然破产不仅加剧了金融市场对公司所提供会计信息质量的担忧，也给公司前雇员们带来了麻烦，他们发现自己的养老金已经变得一文不值。安然高管人员的欺诈行为引起了强烈愤慨，其中有几个被定罪并送进了监狱。

金融市场上逆向选择的信息不对称问题，可以解释为什么金融市场是受到最严格监管的经济部门（事实5）。旨在提高投资者信息可得性的政府监管，对于减少逆向选择问题是必要的，后者影响了证券（股票和债券）市场的有效运行。

虽然政府监管减轻了逆向选择问题，但却没有彻底消灭它。即使公司向公众提供有关销售、资产和收益的信息，它们也仍然拥有比投资者更多的信息：除了统计数据以外，还有很多可以反映公司质量的信息。而且，差公司有动力将自己伪装成好公司，因为这能使它们的证券卖出高价。差公司会包装它们需要传递给公众的信息，这样一来投资者就更难分出好坏了。

金融媒介 至此我们已经知道，信息的私人生产与鼓励信息公开的政府监管都只能减轻但无法根除金融市场的逆向选择问题。那么，在存在信息不对称的情况下，金融结构如何促进资金流向具有生产性投资机会的人们？二手车市场结构提供了一个线索。

二手车市场的一个重要特征在于，大部分二手车都不是在个人之间直接销售的。想买二手车的个人可以订购《消费者报告》（*Consumer Reports*）之类的杂志，付费获得私人生产的信息，以了解某个车型是否有着良好的维修记录。然而看《消费者报告》并不能彻底解决逆向选择问题，因为即使某个车型口碑很好，但别人试图卖给你的那辆车也有可能是个柠檬。潜在买方也可能把二手车交给机师检查一下。但如果买方不认识可以信赖的机师，或者机师索取高额验车费用，那怎么办？

由于这些障碍使个人很难获取有关二手车的足够信息，大部分二手车并不直接在个人之间买卖。相反，它们是通过中介销售的，二手车交易商从个人手中买入旧车，再转售给其他人。二手车交易商成为鉴别一辆车是桃子还是柠檬的专家，生产市场所需的信息。一旦知道是辆好车，交易商在销售时就可以附加某种形式的担保：既可以是保修单这类明显的担保，也可以是基于交易商诚信声誉的隐含担保。有了交易商担保，人们会更有可能购买二手车，而交易商能够以比购入价更高的价格卖掉旧车。由此，交易商从生产关于汽车质量的信息中获利。如果交易商根据自己生产的信息买入再转售旧车，它们就避免了其他人对这些信息的免费搭车。

正如二手车交易商有助于解决汽车市场的逆向选择问题一样，金融中介机构在金融市场上发挥着类似的作用。银行等金融中介机构成为生产公司相关信息的专家，因此可以区分信用风险的高低。于是它们可以从存款人手中获取资金，并贷放给那些好公司。由于银行能够将大部分资金都贷放给好公司，因此赚取的贷款回报高于要向存款人支付的利息。银行由此赚取的利润为其从事信息生产活动提供了动机。

银行有能力从信息生产中获利的一个重要因素，在于银行主要是发放私人贷款，而不是购买公开市场交易证券，从而避免了免费搭车问题。由于私人贷款不可交易，其他投资者难以观察到银行的行为，无法压低贷款利率致使银行在信息生产中无利可图。银行作为中介机构主要持有非交易贷款，是其成功减少金融市场信息不对称的关键。

我们对逆向选择的分析说明，金融中介机构总体而言在为企业融通资金方面应当比证券市场发挥更大的作用，特别是其中的银行，因为它们持有很大比例的非交易贷款。由此我们解释了事实 3 和事实 4：为什么间接融资的重要性比直接融资高出这么多，以及为什么银行是融资企业最重要的外部资金来源。

我们的分析也解释了发展中国家金融体系中银行比证券市场的重要性更高。正如前面所提到的，更好的公司质量信息减轻了信息不对称问题，使企业发行证券变得更容易。与工业化国家相比，发展中国家私人企业的信息更难以获取，于是证券市场作用弱化导致银行等金融中介机构发挥更大的作用。上述分析的推论是，随着企业信息变得更容易获取，银行的地位应当下降。在过去 30 年中，美国信息技术得到了突飞猛进的发展。那么根据我们的分析，在美国，银行等金融中介机构贷款的作用会变弱，这与实际情况完全相符（见第 11 章）。

我们对逆向选择的分析也可以解释事实 6，即为什么大公司更有可能通过证券市场这样的直接途径获取资金，而不是通过银行和其他金融中介机构等间接途径。公司知名度越高，市场可得的关于其业务活动的信息就越多。因此对投资者而言，评估公司质量并确定公司好坏就更容易。由于投资者在与知名公司打交道时较少担忧逆向选择，所以更愿意直接投资它们的证券。因此，按照逆向选择影响的大小，能够发行证券的公司存在着啄食顺序。于是我们可以解释事实 6：公司越大，市场地位越高，就越有可能发行证券来筹集资本。

抵押品与净值 只有当借款人无法归还贷款并发生违约使贷款人遭受损失时，逆向选择才干扰金融市场有效运行。抵押品作为借款人违约时交由贷款人处置的财产，降低了逆向选择的危害，因其减少了违约时贷款人的损失。如果借款人到期不还贷，贷款人可以出售抵押品，用出售款弥补贷款损失。例如，如果你的住房抵押贷款无法正常还款，贷款人可以获得房屋所有权用于拍卖，以拍卖所得来还清贷款。因此贷款人更愿意发放有抵押品担保的贷款，并且借款人也愿意提供抵押品，原因是抵押品降低了贷款人的风险，使得借款人更有可能获得贷款，甚至还可能得到优惠贷款利率。就这样，信贷市场存在的逆向选择问题，解释了为什么抵押品是债务合约的重要特征（事实 7）。

净值（net worth，又称**权益资本**，equity capital）是公司资产（它所拥有的以及别人欠它的）与负债（它欠别人的）之间的差额，可以发挥类似于抵押品的作用。如果公司净值较高，即使它所从事的投资活动出现亏损并在债务偿付上发生违约，债权人也可以取得公司净值的所有权对外出售，用出售款补偿部分贷款损失。另外，公司的初始净值越高，违约可能性就越小，因为公司有资产缓冲可以用来偿还贷款。因此，寻求贷款公司的净值越高，逆向选择的影响就越小，贷款人发放贷款的意愿就越高。常听到的那句牢骚就隐藏了这个意思："不需要钱的人才能借到钱！"

小结 到目前为止，我们已经运用逆向选择概念解释了前面所提到的金融结构 8 个事实中的 7 个：前 4 个事实强调了在公司融资方面金融中介机构的重要性和证券市场的相对不重要；第 5 个，金融市场是受到最严格监管的经济部门之一；第 6 个，只有市场地位高的大公司才能利用证券市场融资；以及第 7 个，抵押品是债务合约的重要特征。在下一节我们将了解信息不对称的另一个概念，即道德风险，对金融中介机构在公司融资方面的重要性和证券市场相对不重要、政府监管的普遍性以及抵押品在债务合约中的重要性等问题给出其他解释。此外，道德风险概念还可以用来解释最后一个事实（事实 8）：为什么债务合约是对借款人行为设置了大量限制性条款的复杂法律文件。

8.5 道德风险如何影响债务和权益合约选择？

目标 8.5 识别权益合约中道德风险所引发的委托-代理问题，总结减少它的方法。

道德风险是在金融交易完成之后出现的信息不对称问题，指证券销售方可能有动机掩盖信息并从事对证券购买者不利的活动。公司用债务合约和权益合约哪种方式筹资更容易，道德风险对此有重要影响。

权益合约中的道德风险：委托-代理问题

权益合约（equity contract），例如普通股，是对企业利润和资产份额的要求权。权益合约受一种特殊类型道德风险的影响，称作**委托-代理问题**（principal-agent problem）。当经理只拥有其所服务公司的较小份额时，拥有公司大部分权益的股东（被称为委托人）与公司经理就不是一路人。因此经理是所有者的代理人。这种所有权与控制权的分离会引起道德风险，拥有控制权的经理（代理人）可能从自身利益出发而非根据股东-所有者（委托人）的利益来做事，因为经理不像股东-所有者那样有动力去追求利润最大化。

为了更加深入地理解委托-代理问题，假定你的朋友史蒂夫邀请你做他冰激凌店的沉默合伙人（不过问业务）。开店需要 1 万美元初始投资，而史蒂夫只有 1 000 美元。于是你购买了 9 000 美元股本（股份），从而拥有了该公司 90%的所有权，史蒂夫只拥有 10%。如果史蒂夫努力工作，制作美味可口的冰激凌，保持店面整洁，热情招待每位顾客，快速翻台，那么扣除所有费用（包括史蒂夫的工资）后，冰激凌店每年将实现 5 万美元利润，其中史蒂夫将得到 10%(5 000 美元)，而你将得到 90%(45 000 美元)。

但如果史蒂夫不向顾客提供及时和热情的服务，而是用 5 万美元收入购买艺术品装饰自己的办公室，甚至在工作时间偷偷溜到沙滩去玩，冰激凌店将不会有任何利润。只有当史蒂夫努力工作且放弃所有非生产性投资（例如办公室艺术品）时，才能在工资之外赚到 5 000 美元（利润的 10%）。史蒂夫可能认为多得 5 000 美元与做一个好经理所要付出的努力不够相当。如果史蒂夫这样想，他就没有足够的动力去做一个好经理，结果将只有一间漂亮的办公室、一身晒黑的健康皮肤和一家没有任何利润的冰激凌店。由于冰激凌店没有利润，所以史蒂夫的这个决定（不为你的利益而做事）将让你付出 45 000 美元代价（倘若他决定做个好经理所能实现利润的 90%）。

如果史蒂夫不是那么老实，那么由委托-代理问题产生的道德风险会更加严重。因为冰激凌店是现金交易企业，史蒂夫有动力将 5 万美元现金据为己有却告诉你利润是零。这样，他获得了 5 万美元收益，而你一无所得。

曾经的安然和泰科国际（Tyco International）等公司的丑闻，都被发现有经理层将公司资金挪作个人用途，这进一步证明了权益合约产生的委托-代理问题可能非常严重。除了追求个人利益外，经理们还有可能追求那些提高个人权力但不提高公司盈利能力的企业战略（例如，收购其他公司）。

如果公司所有者能够对经理的所作所为拥有完全信息，并可以防止浪费性开支和欺诈，委托-代理问题就不会出现。委托-代理问题是道德风险的一个实例，它出现的原因是，史蒂夫等经理关于自身行为的信息比股东要多，也即信息不对称。如果史蒂夫独自拥有冰激凌店，所有权与控制权不分离，委托-代理问题也不会出现。如果是这种情况，史蒂夫努力工作，避免非生产性投资，就可以为自己赚得 5 万美元利润（额外收入），这个金额会让他觉得做一个好经理很值。

帮助解决委托-代理问题的工具

信息生产：监督 我们已经知道，委托-代理问题之所以会出现，是因为经理对于自身活动和实际利润拥有比股东更多的信息。股东减少这种道德风险问题的一种方法就是进行特定信息的生产：通过经常性地对公司进行审计和检查经理层的工作来监督公司的活动。问题在于监督过程可能既耗时间又耗金钱，经济学家给出的名字也反映了这一点：**高成本状态核实**（costly state verification）。高成本状态核实降低了权益合约的吸引力，也部分地解释了为什么权益没有成为金融结构中更重要的元素。

在逆向选择条件下，免费搭车问题减少了私人信息生产数量，而后者本可以降低道德风险（委托–代理）问题。同样在这个例子里，免费搭车问题减少了监督活动。如果你知道其他股东正在花钱监督你参股公司的业务活动，你就可以免费搭他们的车。然后你可以把没用于监督而省下来的钱拿去加勒比海岸度假。但如果你可以这样做，那么其他股东也可以。可能所有股东都去了海岛，而没有人花费任何资源去监督公司。普通股股票的道德风险问题就将变得严重，给公司发行普通股筹集资本带来了困难（为事实 1 提供了另外一种解释）。

旨在增加信息的政府监管　与逆向选择一样，政府有动力尽量减少信息不对称造成的道德风险问题，这给出了金融体系受到严格监管的另一个原因（事实 5）。世界各国政府都制定了相关法律，强制要求企业遵守标准会计准则，以便于利润核实。它们还颁布了法律，对隐瞒、骗取利润的欺诈行为施以严厉的刑事惩罚。然而，这些措施的效果有限。逮到这类欺诈可不容易，而且诡诈的经理们有动机让政府机构极难发现或证实欺诈。

金融中介机构　面对道德风险时，金融中介机构有能力避免免费搭车问题，这也是间接融资如此重要的另一个原因（事实 3）。为减少委托–代理问题产生的道德风险，两类金融中介机构被特别设计出来：风险投资公司和私募股权公司。**风险投资公司**（venture capital firm）集聚合伙人的资源，并使用这些资金帮助刚起步的企业家们启动全新的事业。**私募股权公司**（private-equity firm）的结构与风险投资公司类似，但它不是投资于新公司，而是买入老公司的股份。与提供资本进行交换的，是风险投资公司和私募股权公司获得被投公司的一定股份。由于收益和利润核实对于消除道德风险十分重要，所以风险投资公司和私募股权公司通常坚持在被投公司管理层（董事会）派驻几个自己人，从而可以密切了解该公司的业务活动。风险投资公司和私募股权公司的一个关键特征在于，它们所购买的公司股份是私人的，也就是说除了风险投资公司和私募股权公司不能转让给其他任何人。因此，其他投资者不能免费搭车来核实这些公司活动。这种安排的结果是，风险投资公司和私募股权公司可以独享核实活动的全部利益，因而有足够的动机来减少道德风险问题。私募股权公司对于很多公司提升效率起到了重要作用，而风险投资公司则对于美国高科技行业的发展十分重要。这两类金融中介机构都促进了经济增长并提高了国际竞争力。

债务合约　无论公司盈利还是亏损，权益合约在任何情况下都是对公司利润的索取权，因此产生了道德风险。如果合约设计能够使道德风险只在特定情况下存在，那么监督经理的需要就会降低，该合约会比权益合约更有吸引力。债务合约就完全具有上述特征，是借款人向贷款人定期支付固定金额的契约性安排。当公司具有较高利润时，贷款人收到约定的付款，不必了解公司的确切利润。如果经理们隐瞒利润或是追求使个人获利但不能提高企业盈利能力的活动，只要这些活动不影响公司按期偿债的能力，贷款人就不会在意。只有当公司无法履行偿债义务即陷入违约状态时，贷款人才有必要核实公司的利润状况。只有在这种情况下，债务合约贷款人才要像公司股东那样，为了保证拿到自己应得的部分，现在必须了解公司到底有多少收入。

不需要那么频繁地监督公司，以及由此产生较低的状态核实成本，有助于解释为什么筹资时债务合约比权益合约使用得更多。因此，道德风险概念可以解释事实 1，即股票不是企业最重要的融资来源。①

8.6 道德风险如何影响债务市场的金融结构?

目标 8.6 总结用来减少债务合约中道德风险问题的方法。

虽然有以上提到的各种优势，但债务合约仍然面临着道德风险。因为债务合约要求借款人支付固定金额而在此金额之上的任何盈利都允许借款人自行保留，所以借款人会有动机参与风险程度超过贷款人意愿的投资项目。

例如，假定你对史蒂夫冰激凌店的利润核实问题很烦恼，因此决定不做他的股东合伙人。反而是你借给史蒂夫他所需要的 9 000 美元助其开店，你们俩签订债务合约，史蒂夫向你支付 10%的利率。在你看来，这是一笔稳赚的投资，因为邻居们对冰激凌有着强劲且稳定的需求。然而，一旦你将资金借给了史蒂夫，他就有可能把钱用于其他目的而不是之前跟你提出的计划。没有开冰激凌店，史蒂夫可能用你的9 000 美元贷款投资于化学研究设备，因为他认为自己有 1/10 的机会可以发明减肥冰激凌，既与著名品牌的口味相同，但又不含脂肪和卡路里。

显然这是个风险很高的投资，但是如果成功了，史蒂夫就将成为大富豪。他有强烈的动机用你的钱来从事这项高风险投资，因为一旦成功，他能赚取的收益实在是太大了。如果史蒂夫把你的贷款用作这项高风险投资，你肯定不高兴，因为如果不成功（这是极有可能的），你即使不是血本无归，给他的资金也会损失大部分。即便他成功了，你也无法分享他的成功——由于本金和利息支付是固定的，你仍然只能得到贷款金额的 10%这一回报。考虑到潜在的道德风险（史蒂夫可能用你的钱做非常高风险的投资项目），你可能不会向史蒂夫发放贷款，即使社区冰激凌店是可以让所有人受益的优质投资项目。

帮助解决债务合约中道德风险问题的工具

净值和抵押品 如果借款人的净值（资产与负债之间的差额）很高，或者他抵押给贷款人的抵押品很值钱，在其自身更利益攸关时，道德风险（即违背贷款人意愿行事的诱惑）的危险性就会大大减少，因为借款人自己也会遭受重大损失。换句

① 在美国，债务合约比权益合约被更多地使用，原因还在于税制。美国公司的债务利息是税前可扣除费用，但对股东的股利支付却不是。

话说，如果借款人因净值或抵押品价值更高而有更多“风险共担”，可能就会少做些让贷款人买单的冒险活动。还是回来看史蒂夫和他的冰激凌店。假定开冰激凌店或是投资研究设备的成本不是 1 万美元，而是 10 万美元。除了你提供贷款 9 000 美元以外，史蒂夫自己还需要投资 91 000 美元（而非 1 000 美元）。如果史蒂夫无法成功研制出无卡路里、无脂肪的冰激凌，他会遭受重大损失——91 000 美元净值（10 万美元资产减去你的贷款 9 000 美元）。他将会对从事高风险投资重新考虑，结果很可能是投资于更有把握的冰激凌店。由此可见，当史蒂夫在企业里投入了更多自有资金（净值）从而有了更多“风险共担”时，你就更有可能给他贷款。同理，如果你把房产用作了抵押品，你就不大可能跑去拉斯维加斯赌掉当月的收入，因为这样做你可能无法偿还抵押贷款从而丢掉房子。

高净值和抵押品可以用来解决道德风险问题，有一种表述是说它实现了债务合约的**激励相容**（incentive-compatible），即把借款人和贷款人的动机统一起来。借款人的净值或抵押品价值越高，借款人就越有动力按照贷款人希望的方式行事，债务合约的道德风险就越小，而企业或者家庭借款就越容易。相反，借款人的净值或抵押品价值越低，道德风险问题就会越严重，借款也就越困难。

限制性条款的监督和执行　正如史蒂夫和他的冰激凌店所表明的，如果你能确认史蒂夫不会投资于任何风险高于冰激凌店的项目，那么向他发放贷款就是值得的。你可以将限制公司活动的规定（限制性条款）写进债务合约，确保史蒂夫将资金用于你希望的目的。通过监督史蒂夫的活动检查他是否遵守了限制性条款，如果他没有遵守，你可以强制他执行，如此可以确保他不会牺牲你的利益去冒险。限制性条款可以排除不符合贷款人意愿的活动，或是鼓励符合贷款人意愿的活动，从而减少道德风险。有四种类型的限制性条款来实现这个目标。

1. 限制不当行为条款。限制性条款设计通过禁止借款人从事高风险投资等不当行为，可以减少道德风险。有些条款规定贷款只能用作特定活动的融资，如购买特定设备或存货。有些则限制借款公司从事特定的高风险业务活动，如收购其他企业。

2. 鼓励适当行为条款。限制性条款可以鼓励借款人从事能提高贷款清偿可能性的适当活动。一种限制性条款要求家里的顶梁柱成员购买人寿保险，若该成员死亡，则将还清抵押贷款。企业的类似限制性条款集中于鼓励借款公司保持较高的净值，因为较高的净值可以减少道德风险，降低贷款人蒙受损失的可能。这类限制性条款经常规定借款公司必须根据公司规模保有最低金额的特定资产。

3. 确保抵押品价值条款。由于抵押品是对贷款人重要的保护措施，限制性条款可以鼓励借款人保持抵押品的良好状态，并确保一直在借款人名下。这类限制性条款是普通人最常遇到的。例如，汽车贷款合同要求车主购买最低金额的车损险和盗抢险，以及在贷款清偿前禁止变卖汽车。类似地，住房抵押贷款的借款人也必须为住房购买足额保险，并且在房产出售时必须还清抵押贷款。

4. 提供信息条款。限制性条款还规定，借款公司以季度会计报表和收入报告形式，定期提供业务活动的相关信息，从而方便贷款人监督公司和减少道德风险。这类限制性条款也会明文规定贷款人有权随时对公司账簿予以审计和检查。

现在，我们可以理解为什么债务合约常常是复杂的法律文件，对借款人的行为规定大量的限制性条件（事实 8）：债务合约要求复杂的限制性条款来减少道德风险。

金融中介机构 虽然限制性条款有助于减少道德风险，但却不能完全解决这一问题。拟定一份能够排除所有风险活动的合约几乎是不可能的。并且，借款人可能十分精明，足以找到限制性条款的漏洞而使其失效。

限制性条款的另外一个问题是必须能够监督和执行。如果知道贷款人不会检查或者不愿意支付诉诸法律行动的成本，借款人就可以违反规定，从而使限制性条款失去意义。由于监督和执行限制性条款的成本高，债务证券（债券）市场和股票市场一样会出现免费搭车问题。如果你知道其他债券持有人正在监督和执行限制性条款，你就会免费搭他们的车。但是其他债券持有人也可以这样做，那么最有可能的结果就是，用于监督和执行限制性条款的资源远远不够。所以道德风险对于可流通债务证券而言仍然是一个严重问题。

正如我们已经了解到的，金融中介机构（特别是银行）主要发放私人贷款，因此能够避免免费搭车问题。私人贷款无法交易，因此任何其他人都无法免费搭中介机构监督和执行限制性条款的车。发放私人贷款的中介机构可以享受监督和执行的全部利益，所以将努力减少债务合约内生的道德风险问题。道德风险概念帮助我们从另外一个角度解释了，在将资金从储蓄者融通给借款人的过程中为什么金融中介机构比可流通证券起到更重要的作用，也就是事实 3 和事实 4。

小　结

金融市场信息不对称导致了逆向选择和道德风险问题，干扰了金融市场的有效运行。帮助解决这些问题的工具包括：信息的私人生产和销售、旨在增加金融市场信息的政府监管、净值和抵押品对债务合约的重要性以及使用监督和限制性条款。我们的分析表明，股票和债券等可交易证券存在免费搭车问题，意味着在企业融资活动中金融中介机构（尤其是银行）的作用应当比证券市场更重要。对逆向选择和道德风险影响的经济学分析有助于解释金融体系的基本特征，包括本章开始所提到的金融结构的 8 个事实。

为了辅助学习，汇总表 8-1 总结了信息不对称问题和帮助解决问题的工具。此外，它还标注了这些工具和信息不对称问题如何解释本章开始所提到的金融结构的 8 个事实。

汇总表 8-1　信息不对称问题与解决工具

信息不对称问题	解决问题的工具	解释的事实序号
逆向选择	信息的私人生产和销售	1，2
	旨在增加信息的政府监管	5
	金融中介机构	3，4，6
	抵押品和净值	7
权益合约中的道德风险（委托-代理问题）	信息生产：监督	1
	旨在增加信息的政府监管	5
	金融中介机构	3
	债务合约	1
债务合约中的道德风险	抵押品和净值	6，7
	限制性条款的监督和执行	8
	金融中介机构	3，4

注：金融结构的事实包括：1. 股票不是外部融资最重要的来源。2. 可流通证券不是首要融资来源。3. 间接融资比直接融资更重要。4. 银行是最重要的外部资金来源。5. 金融体系受到严格监管。6. 只有市场地位高的大公司才能进入证券市场融资。7. 抵押品在债务合约中十分普遍。8. 债务合约具有大量限制性条款。

8

应用　金融发展与经济增长

近来的研究发现，金融体系不发达（这种状况被称为金融抑制，financial repression）是许多发展中国家和俄罗斯等转轨国家（transition countries）经历极低经济增长率的重要原因。[①] 对金融结构的经济学分析有助于解释不发达的金融体系如何导致低水平的经济发展和经济增长。

发展中国家和转轨国家的金融体系面对若干阻碍其有效运行的困难。我们已经知道，抵押品和限制性条款是用于解决信贷市场逆向选择和道德风险问题的两个重要工具。在很多发展中国家，产权体系（法治、限制政府征收以及不存在腐败）功效不良，使这两个工具难以有效发挥作用。

正如FYI专栏“抵押品专制”所讨论的，发展中国家和转轨国家产权体系普遍薄弱，妨碍了抵押品的使用，恶化了逆向选择问题，因为贷款人为了区分好贷款和坏贷款将需要关于借款人质量的更多信息。结果，贷款人将资金融通给最具生产性投资机会借款人的难度更大，最终导致生产性投资萎缩从而经济增长放缓。

类似地，不完善或腐败的法律体系使得贷款人极难执行限制性条款。由此他们减少借款人道德风险的能力严重受限，从而削弱了放款意愿。结果同样是生产性投资机会萎缩和经济增长率下降。有效的法律体系在促进经济增长中非常重要，这意味着律师在经济中所发挥的积极作用要大过他们的社会声誉。

发展中国家和转轨国家的政府经常利用金融体系将信贷资金输送给它们自己，或是经济

① 有关经济增长和金融发展关系的文献综述及其他参考文献见 World Bank，*Finance for Growth*：*Policy Choices in a Volatile World*（World Bank and Oxford University Press，2001），and Frederic S. Mishkin，*The Next Great Globalization*：*How Disadvantaged Nations Can Harness Their Financial Systems to Get Rich*（Princeton University Press，2006）。

中的一些优先部门，做法是为某些种类的贷款制定超低利率、成立开发性金融机构发放特殊贷款，或者命令现有机构向特定企业贷款。我们已经看到，私人机构有动力解决逆向选择和道德风险问题，把贷款发放给最具生产性投资机会的借款人。政府这样做的动力较小，因为它们没有受到盈利动机的驱使，于是它们的定向信贷计划或许不能将资金融通给经济高速增长的引擎部门。结果同样是投资效率低下和经济增长放缓。

此外，许多发展中国家和转轨国家的银行是政府所有的。由于没有盈利动机，这些**国有银行**（state-owned banks）同样没有动力将资本分配给最具生产性的用途。不出意外地，这些国有银行的主要贷款客户经常就是未必能明智地使用资金的政府本身。

我们知道，政府监管可以增加金融市场的可得信息数量，从而帮助市场更有效地运转。但许多发展中国家和转轨国家的监管机构很不发达，妨碍了向市场提供充足信息。例如，这些国家的会计标准往往薄弱，使得证实借款人资产负债表质量的难度极大。结果，信息不对称问题更加严重，金融体系无法将资金融通到最优生产性用途上。

糟糕的法律体系、薄弱的会计标准、欠缺的政府监管以及通过定向信贷计划和国有银行所实施的政府干预，所有这些制度环境都有助于解释为什么许多国家还保持贫困而其他国家却日渐富裕。

FYI 专栏　抵押品专制

要将土地、资本等财产作为抵押品，你必须是法律意义上的财产所有者。遗憾的是，正如赫尔南多·德·索托（Hernando De Soto）在著作《资本的秘密》中所记录的，发展中国家的穷人要合法化自己的财产所有权，是非常昂贵且耗费时间的。例如，要取得菲律宾城市用地上住宅的法定权利，涉及168道行政手续以及53家公共和私人部门，全过程大概要耗时13～25年。要取得埃及沙漠土地的法定权利，涉及77道行政手续以及31家公共和私人部门，耗时5～14年。海牙的普通公民要合法地购买政府土地，需要19年走完176道手续。这些法律障碍并不意味着穷人不投资：他们依然盖房子和买设备，即使他们没有这些资产的法定权利。根据德·索托的估计，"在发展中国家和转轨国家，穷人持有但非合法所有的不动产价值至少有9.3万亿美元。"[a]

由于不具备法定权利，所有这些财产都不能用作借款活动中的抵押品，但这却是大部分贷款人提出的要求。即使当人们拥有这些财产的法定权利时，大部分发展中国家的法律体系效率太低，以至于抵押品也没有多大作用。通常情况下，债权人必须首先起诉借款人债务违约，这要花几年时间，然后在得到对自己有利的判决结果时，债权人还要再次起诉以得到抵押品的权利。这个过程经常需要5年以上的时间。等到贷款人获得了抵押品的时候，抵押品很可能已经被弃用或遭盗窃，也就没什么价值了。此外，政府经常会阻挠贷款人取消借款人的赎回权，特别是当借款人来自那些政治强势的社会部门（如农业）时。

当金融体系不能有效使用抵押品时，逆向选择问题恶化，因为贷款人需要关于借款人质量的更多信息来甄别贷款好坏。几乎没有贷款将会发生，特别是有抵押品的交易，比如住房抵押贷款。例如，秘鲁抵押贷款的价值与其经济规模的比值还不到美国的 1/20。

发展中国家的穷人在获得贷款方面更加艰难，因为他们取得财产权利的代价太大，所以没有抵押品可以提供，结果就是印度中央银行行长拉格拉姆·拉扬（Raghuram Rajan）和芝加哥大学路易吉·津加莱斯（Luigi Zingales）所说的“抵押品专制”。[b] 即使穷人有很好的创业构想，并且愿意努力工作，他们也无法获得资金去创业，使他们难以摆脱贫困。

a. Hernando De Soto, *The Mystery of Capital: Why Capitalism Triumphs in the West and Fails Everywhere Else* (New York: Basic Books, 2000), 35.

b. Raghuram Rajan and Luigi Zingales, *Saving Capitalism for Capitalist: Unleashing the Power of Financial Markets to Create Wealth and Spread Opportunity* (New York: Crown Business, 2003).

应用 中国是金融发展重要性的反例吗?

虽然中国正在成长为经济强国，但其金融发展还处于早期阶段。中国的法律体系还不健全，从而一些金融合约的执行存在困难，会计标准不够严密，使得借款人*的高质量信息较难获取。银行体系监管还处于成型阶段，大型国有银行在银行部门占主导地位。然而，中国经济在过去 30 年里享有全世界最高的增长率之一。在其金融发展处于相对低水平的条件下，中国如何能够增长得如此迅速呢?

前面提到，中国金融发展处于早期阶段，人均收入大约为 20 000 美元，不到美国人均收入的 1/3。由于储蓄率非常高，过去 30 年平均在 40%左右，中国能够迅速地实现资本积累，并且将大量未充分使用的劳动力从自给的农业部门转移到具有更高生产率的资本使用活动中。即使可利用储蓄未必总被分配到最具生产性的用途上，但资本巨幅增长，加上劳动力从生产效率低的自给农业中转移出来所实现的生产力提升，已经足以产生高增长了。

然而，随着中国进一步发展，这种策略不可能持续有效。苏联就是一个生动的案例。20 世纪 50 年代和 60 年代，苏联有许多特点和今天的中国一样：高储蓄率推动下的高增长，巨额资本积累，以及大量未充分使用的劳动力从自给的农业转移到制造业。但是在高速增长阶段，苏联没能逐步形成有效配置资本所需要的制度。结果，一旦劳动力红利被用尽，苏联的经济增速骤降，无法跟上西方经济体的步伐。时至今日，没有人认为苏联是一个经济成功的案例，而且未能形成可持续金融发展和经济增长所必需的制度是这个超级大国解体的一个重要原因。

中国要进入发展的下一个阶段，将需要更有效地配置资本，这就要求完善其金融体系。中国政府非常清楚这个挑战，已经对国有银行进行股份制改造。此外，政府致力于法律改革，目的在于提升金融合约的可执行性。中国通过了新的破产法，贷款人将能够接收对其贷款合约违约的公司的资产。中国政府能否成功建立起一流的金融体系，从而帮助中国跻身于发达国家之列? 我们拭目以待。

---

* 原文为“贷款人”，疑有误，故作此更正。——译者注

总 结

1. 美国的金融结构可以总结为 8 个基本事实。前 4 个事实强调在企业融资过程中金融中介机构的重要性和证券市场的相对不重要；第 5 个事实认为金融市场属于受到最严格监管的经济部门；第 6 个事实说明只有市场地位高的大公司才能进入证券市场融资；第 7 个事实认为抵押品是债务合约的一个重要特征；第 8 个事实指出债务合约是对借款人行为设置大量限制性条款的复杂法律文件。

2. 交易成本阻挠了很多小额储蓄者和借款人直接参与金融市场。金融中介机构能够发挥规模经济优势，而且擅长开发降低交易成本的专门技术，使其存款人和借款人能够因金融市场的存在而获益。

3. 信息不对称会造成两个问题，即在交易发生之前出现的逆向选择和在交易发生之后出现的道德风险。逆向选择指的是高信用风险最有可能寻求贷款的事实；道德风险是指借款人从事不符合贷款人意愿的活动的风险。

4. 逆向选择干扰了金融市场的有效运行。帮助减少逆向选择问题的工具包括：信息的私人生产与销售、旨在增加信息的政府监管、金融中介机构、抵押品与净值。当一些人免费利用了其他人付费获取的信息时，免费搭车问题就出现了。这个问题解释了为什么金融中介机构尤其是银行在企业融资活动中发挥着比证券市场更为重要的作用。

5. 权益合约中的道德风险被称为委托-代理问题，出现的原因在于经理（代理人）的利润最大化动机没有股东（委托人）那么强烈。委托-代理问题解释了为什么金融市场上债务合约比权益合约更为普遍。帮助减少委托-代理问题的工具包括：监督、旨在增加信息的政府监管和金融中介机构。

6. 用于减少债务合约中道德风险的工具包括：净值、限制性条款的监督和执行，以及金融中介机构。

关键术语

代理理论	激励相容	担保债务	抵押品	净值（权益资本）
国有银行	高成本状态核实	委托-代理问题	无担保债务	免费搭车问题
限制性条款	私募股权公司	风险投资公司		

思考题

1. 对下列各国，请指出外部资金来源中最重要的（最大的）和最不重要的（最小的）单项：美国；德国；日本；加拿大。评价这些国家资金来源的异同点。

2. 如何用规模经济来解释金融中介机构的存在？

3. 解释为什么约会可以看作一种解决逆向选择问题的方法。

4. 为什么金融中介机构愿意从事信息收集活动，而金融工具投资者可能不愿意这样做？

5. 假定你来到当地银行，想用自己的储蓄购买一张存单。如果后面一位客户是来银行申请汽车贷款的，请解释你为什么更喜欢存单而不愿意以高于银行存单利率的价格（但是低于银行汽车贷款利率）把钱直接贷给这个人。

6. 假定你在申请住房抵押贷款。贷款负责人告诉你，如果获得贷款，银行将保留房契直到你还清全部贷款。银行在试图解决哪一种信息不对称问题？

7. 假定你有两组国家的数据：一组国家的法律体系是有效的，另一组国家的法律体系是耗时、费钱而且无效的。你觉得哪组国家有更高的生活水平？

8. 你认为国家层面的腐败指标与生活水平之间存在怎样的关系？解释腐败可能影响生活水平的途径有哪些。

9. 如果一位朋友将她一生的储蓄都投入到自己的企业中，你是否会比她不这样做时更愿意贷款给她？为什么？

10. 政府会采取什么措施来减少逆向选择问题并帮助金融体系更加平稳有效地运行？

11. 信息不对称问题是如何引起银行恐慌的？

12. 2001 年 12 月，阿根廷政府宣布无法偿还其主权（政府发行的）债务。很多投资者手上的阿根廷债券的价格只有之前价值的零头。几年后，阿根廷政府宣布偿付其债务面值的 25%。请对政府债券市场上信息不对称的影响做出评论。你认为投资者现在愿意购买阿根廷政府发行的债券吗？

13. 免费搭车问题如何恶化了金融市场的逆向选择和道德风险问题？

14. 假定在给定债券市场上，目前没有信息能帮助潜在债券购买者辨别债券的优劣。哪种债券发行人会有动机披露自己公司的信息？解释原因。

15. 标准化的会计准则如何帮助金融市场更有效地运转？

16. 当要求申请人参加面试时，未来雇主是想解决哪种信息不对称问题？面试可以终结信息不对称吗？

17. 信息不对称的存在如何为政府监管金融市场提供了理论基础？

18. “支持贷款的抵押品越多，贷款人就越不必担心逆向选择问题。”这种表述正确、错误还是不确定？解释你的答案。

19. 美国企业的所有权和控制权分离导致了管理不力，请做出解释。

20. 许多发展中国家的政策制定者建议实施类似美国的存款保险制度。解释为什么这样做可能比发展中国家金融体系的解决方案制造出更多问题。

21. 年轻医生古斯塔沃生活在一个法律体系和金融体系相对低效的国家。当申请抵押贷款时，他发现银行通常要求的抵押品价值高达贷款金额的 300%。解释在这样的金融体系下银行为什么要求如此多的抵押品。评论这样的体系对经济增长会带来什么影响。

8

应用题

对第 22～25 题，计算请使用以下资料：某个事件的预期值为其加权平均概率，等于每个可能结果乘以事件发生概率后再加总。

22. 你在二手车市场，决定拜访一位二手车交易商。据你所知，你看中那辆车的蓝皮书价值在 2 万～2.4 万美元之间。如果你认为交易商对这辆车的了解程度和你相当，那么你愿意为该车支付多少钱？为什么？假定你只关心想买的那辆车的预期价值，并且该车的价值是对称分布的。

23. 关于第 22 题，如果现在你认为交易商比你更了解那辆车，你愿意支付多少钱？为什么？竞争性市场是如何解决这种信息不对称问题的？

24. 你想雇用罗恩管理你在达拉斯的业务。如下表所示，业务利润在一定程度上取决于罗恩工作有多努力。

利润的概率分布		
	利润＝1 万美元	利润＝5 万美元
懒惰	60%	40%
努力工作	20%	80%

如果罗恩很懒惰，他将整天上网玩，而且把这个工作当作是一个零成本机会。但是罗恩把努力工作看成是价值 1 000 美元的“个人成本”。你应当向罗恩提供的固定利润分成比率是多少？假定罗恩只关心他的预期支付减去“个人成本”。

25. 你拥有的河景房价值为 40 万美元。如果发生 50 年一遇的中等水平洪水，你的房子就会被彻底损毁。如果你建造一条河堤，那么只有非常严重的洪水才会损毁你的房屋。如此严重的洪水大概要 200 年一遇。提供全险的洪水险保单每年的保费应当是多少？如果保单只覆盖房屋价值的 75%，那么建造和不建造河堤的预期成本分别是多少？不同保单是否会为你提供采取更安全措施（比如，建造河堤）的动力？

第9章 银行业与金融机构管理

学习目标

9.1 总结银行资产负债表的特征。

9.2 用 T 账户表示银行资产和负债的变化。

9.3 明确银行管理资产和负债来最大化利润的方法。

9.4 列举银行应对信用风险的方法。

9.5 应用缺口分析和久期分析，识别利率风险。

9.6 总结表外业务类型。

本章预习

在向最具生产性投资机会的借款人融通资金的过程中，银行业发挥了十分关键的作用，所以这种金融活动对于确保金融体系和实体经济的平稳有效运行非常重要。在美国，银行（存款机构）每年提供大约 20 万亿美元信贷资金。它们为企业提供贷款，为我们的大学教育、购买新车新房等提供融资，还为我们提供支票和储蓄账户、借记卡以及 ATM 等服务。

本章我们考察银行业如何经营才可能赚到最高利润：银行如何以及为什么发放贷款，银行如何取得资金并管理资产与负债（债务），以及如何赚取收益。我们聚焦于商业银行，因为它们是最重要的金融中介机构，但许多原理同样也适用于其他类型的金融中介机构。

9.1 银行的资产负债表

目标 9.1 总结银行资产负债表的特征。

要理解银行如何发挥作用，需要从银行**资产负债表**（balance sheet）开始，即银行的资产和负债列表。顾名思义，这个表是平衡的，也就是说，它具有下述特征：

总资产＝总负债＋资本

银行资产负债表也是银行资金来源（负债和资本）和资金运用（资产）的列表。银行通过借款和发行存款等其他负债来获得资金。它们再用这些资金获得贷款和证券等资产。银行持有证券和发放贷款所获取的利息高于它们为负债所支付的利息和费用，从而形成了银行利润。2020 年 6 月所有美国商业银行的资产负债表见表 9-1。

表 9-1　所有商业银行的资产负债表（各项占总额百分比，2020 年 6 月）

资产（资金运用）*		负债（资金来源）	
准备金和现金项目	15%	支票存款	14%
证券		非交易存款	
美国政府和政府机构证券	16%	储蓄存款	52%
州和地方政府证券以及其他证券	4%	小额定期存款	2%
贷款		大额定期存款	9%
工商业贷款	14%	借款	10%
不动产贷款	23%	银行资本	13%
消费者贷款	7%		
其他贷款	8%		
其他资产（例如，实物资本）	13%		
总计	100%	总计	100%

* 按流动性从高到低排列。
资料来源：Federal Reserve Bank of St. Louis，FRED database：http://www.federalreserve.gov/releases/h8/current/and https://www.federalreserve.gov/releases/H6/current.

9

负　债

银行通过发行（销售）负债获取资金，因此负债是银行的资金来源（source of funds）。通过发行负债获取的资金被用于购买盈利性资产。

支票存款　支票存款是允许账户持有人向第三方签发支票的银行账户。支票存款包括所有可以签发支票的账户。表 9-1 说明，支票存款占银行负债的比例为 14%。支票存款曾经是最重要的银行资金来源（1960 年占银行负债的比例超过了 60%），但随着更具吸引力的新型金融工具（比如货币市场存款账户）出现，支票存款在银行总负债中的比例已经逐年下降。

支票存款是见票即付的，也就是说，只要存款人到银行提出支取要求，银行就必须立即予以支付。与此相似，如果收到对某个银行账户签发的支票，只要向这家银行出示支票，银行就应当立即支付现金（或将资金贷记到持票人账户）。

支票存款是存款人财富的一部分，因此属于存款人的资产。由于存款人可以从账户提取资金，而银行负有支付义务，因此支票存款属于银行负债。支票存款通常是成本最低的银行资金来源，因为存款人为了获取能够随时用来购买的流动性资产自愿放弃了部分利息。银行保有支票存款的成本包括利息支付和为该账户提供服务而发生的成本——处理、准备和寄送月对账单，提供高效的出纳服务（人工或其他形式），有一处气派的建筑和遍布交通便利地区的分支机构，为吸引客户来银行存款而做的广告和市场营销活动，等等。近年来，存款（支票存款和非交易存款）利息支付占银行营业费用总额的比例为 20%左右，而为账户提供服务（雇员工资、建筑物租金和其他）的成本占比将近 70%。

非交易存款 非交易存款是主要的银行资金来源（在表 9-1 中，占银行负债的 63%）。账户所有人不能就非交易存款签发支票，但其利息率通常高于支票存款。非交易存款有两种基本类型：储蓄账户和定期存款（也被称为存单，CDs）。

储蓄账户曾经是最常见的一类非交易存款。储蓄账户可以随时存入或支取资金。在月对账单或账户所有者持有的存折中，记载了这些账户的所有交易和利息支付情况。

定期存款的期限是固定的，从几个月到 5 年以上不等，提前支取要支付可观的罚金（牺牲几个月的利息）。对存款人而言，小额定期存款（低于 10 万美元的存款）的流动性要低于存折储蓄，能赚取更高的利息率；对银行来说这是一种成本较高的资金来源。

大额定期存款（存单）的金额等于或高于 10 万美元，购买者通常为企业和其他银行。大额存单可以转让，像债券一样，它们可以在到期前被拿到二级市场上转卖。因此，企业、货币市场共同基金和其他金融机构持有可转让存单，将其作为国库券和其他短期债券的替代性资产。自 1961 年诞生起，可转让存单就成了重要的银行资金来源（表 9-1 中占比达到 9%）。

借款 银行也可以向美联储、联邦住宅贷款银行、其他银行和企业借款来获取资金。向美联储借款被称为**贴现贷款**（discount loans，也称预支款，advances）。银行还在联邦基金市场上向其他美国银行和金融机构借入隔夜准备金。银行借入隔夜资金，目的是要在美联储有足够的存款，达到美联储要求的金额。[联邦基金（federal funds）的叫法有点含糊不清，因为这些贷款并不是由联邦政府或者美联储发放的，其实是银行与银行之间发生的。] 其他借入资金的来源还包括：母公司（银行控股公司）向银行发放的贷款、与企业之间的借款安排（例如回购协议）、欧洲美元借款（在外国银行或美国银行外国分支机构的美元存款）。久而久之，借款已经成为更重要的银行资金来源：1960 年借款占银行负债的比例只有 2%，现在达到了银行负债的 10%。

银行资本 资产负债表右侧最后一项为银行资本，即银行的净值，等于总资产和总负债的差额（在表 9-1 中，占银行总资产的 13%）。银行资本通过出售新股（股份）筹集或来自留存收益。银行资本是对资产价值突然下降的缓冲，资产减值可能使银行负债超过资产而出现资不抵债，这意味着银行可能有被迫清算的危机。

资　产

银行将发行负债所获取的资金用于购买盈利性资产。因此，银行资产在本质上是资金运用（uses of funds），由此赚取的利息就是银行的利润来源。

准备金　所有银行都要将自己取得的一部分资金存放在美联储账户中。**准备金**（reserves）就是这些存款加上银行以实物形式持有的通货（被称为**库存现金**，vault cash，因为夜里被存放在银行金库中）。银行出于两个原因需要保有利息率很低的准备金。第一，因为**法定准备金制度**（reserve requirements）的规定，银行需要保有一定的准备金，被称为**法定准备金**（required reserves）。这个规定要求，银行吸收的每1美元支票存款都必须保留一定比例的准备金（比如说，10美分）。这个比例（本例中为10%）被称为**法定准备金率**（required reserve ratio）。第二，银行持有的其他准备金被称为**超额准备金**（excess reserves），因为它们是银行所有资产中流动性最强的，一旦有存款人直接提款或是对账户签发支票进行间接提款，银行就可以用来履行支付义务。

托收在途现金　假定对另一家银行账户签发的支票被存入你的银行，但支票所对应资金还没有从另一家银行收回（托收入账）。这个支票被归类为托收在途现金，属于银行资产，因为是对其他银行资金的索取权，支付将在几天之内完成。

银行同业存款　许多小银行持有在大银行的存款，目的是换取一些服务，例如支票托收、外汇交易以及帮助购买证券。这是代理银行业（correspondent banking）体系的一个方面。

总体而言，托收在途现金和银行同业存款都属于现金项目（cash item）。如表9-1所示，2020年6月，准备金和现金项目合计占银行资产的比例为15%。

证券　证券持有是银行重要的盈利性资产。在表9-1中，证券（对于商业银行而言全部是债务工具，原因在于美国的银行不得投资股票）占银行资产的20%，为商业银行创造了大约10%的收入。这些证券可以分为三类：美国政府和政府机构证券、州和地方政府证券以及其他证券。美国政府和政府机构证券流动性最高，因为交易十分便利，可以以相当低的交易成本转换为现金。短期美国政府证券由于具有高度流动性，被称为**二级准备金**（secondary reserves）。

银行持有州和地方政府证券，原因在于州和地方政府更愿意与持有其证券的银行做业务。州和地方政府证券以及其他证券与美国国债相比，流通性较差（流动性低），风险较高，主要是因为有违约风险：证券发行人有可能无法履行其利息支付和到期时偿付证券面值的义务，这种可能性的确存在。

贷款　银行利润的主要来源是贷款发放。在表9-1中，银行资产的52%是贷款，近年来，贷款提供了一半以上的银行收入。贷款是收到款项的个人或企业的负债，但却是银行的资产，因为它给银行带来了收入。贷款在到期前无法转换为现金，因此流动性通常要差于其他资产。例如，如果银行发放了1年期贷款，那么一直到1年以后贷款期满时银行才能收回资金。贷款的违约概率也高于其他资产。正是由于缺乏流动性和违约风险高，银行在贷款上赚取的回报率最高。

表9-1显示，商业银行最大的贷款类型是向企业发放的工商业贷款以及不动产贷款。商业银行也发放消费者贷款和银行同业贷款。大部分银行同业贷款是在联邦基金市场拆放的隔夜贷款。不同存款机构资产负债表的主要差异在于发放的主要贷款类型不同。例如，储蓄与贷款协会和互助储蓄银行专门发放住房抵押贷款，而信用社则主要发放消费者贷款。

其他资产　银行所持有的实物资本（银行建筑物、计算机和其他设备）属于其他资产。

9.2　基本银行业务

目标9.2　用T账户表示银行资产和负债的变化。

在继续深入学习银行如何管理资产和负债以获取最大利润之前，应当了解银行的基本业务。

概括而言，银行赚取利润的途径是，出售具有一组特征（流动性、风险、规模和回报率的特定组合）的负债，并使用出售资金购买具有另一组不同特征的资产。这个过程通常被称为**资产转换**（asset transformation）。例如，某人的储蓄存款提供的资金可以让银行给其他客户发放住房抵押贷款。事实上，银行是将储蓄存款（存款人的资产）转换为抵押贷款（银行的资产）。对资产转换过程的另一种说法是银行“借短贷长”，因为银行用发行短期存款得到的资金来发放长期贷款。

银行转换资产和提供一系列服务（支票清算、记账、信用分析和其他）的过程跟任何其他企业的生产过程差不多。如果银行低成本地提供市场所需服务，并赚取可观的资产收益，就能获得利润；反之，银行就要遭受损失。

为了使对银行业务的分析更加具象化，我们使用一种工具，叫做**T账户**（T-account）*。T账户就是简化的资产负债表，形状像是英文字母T，其中只列举资产负债表项目相对于初始头寸的变化值。假定简·布朗听说第一国民银行提供优质服务，因此决定用100美元现钞开立支票账户。现在她拥有了该银行100美元的支票存款，这在银行资产负债表上表现为100美元负债。现在银行将这100美元现钞存入金库，于是银行资产增加，即库存现金增加100美元。银行T账户表示如下：

第一国民银行

资　产		负　债	
库存现金	+100美元	支票存款	+100美元

* 即中文语境下的“丁字账”。——译者注

因为库存现金属于银行准备金，我们可以将 T 账户重新写为（见下表）：

资　产		负　债	
准备金	+100 美元	支票存款	+100 美元

注意，简・布朗开立支票账户导致的**银行准备金增加额等于支票存款增加额**。

如果简用 100 美元支票来开立账户，假定支票是由另一家银行比如第二国民银行的账户签发的，那么会得到相同的结果。对第一国民银行 T 账户的初始影响为（见下表）：

资　产		负　债	
托收在途现金	+100 美元	支票存款	+100 美元

9

支票存款同样增加 100 美元，但现在是第二国民银行欠第一国民银行 100 美元。第一国民银行的这笔资产在 T 账户中记为 100 美元托收在途现金，因为第一国民银行现在将要收取这笔资金。它可以直接去第二国民银行要求资金支付，但如果两家银行在不同的州，这个过程会既费时又费钱。相反地，第一国民银行将支票存入其在美联储的账户，由美联储从第二国民银行收取资金。结果是，美联储将 100 美元准备金从第二国民银行转到第一国民银行，两家银行最终的资产负债表头寸为（见下面两个表）：

第一国民银行

资　产		负　债	
准备金	+100 美元	支票存款	+100 美元

第二国民银行

资　产		负　债	
准备金	−100 美元	支票存款	−100 美元

由简・布朗引起的整个过程可以概括如下：当对一家银行的账户签发的支票被存入另一家银行时，收到存款的银行准备金增加额等于支票金额，签发支票的银行准备金减少额是相同的金额。因此，**当一家银行存款增加时，准备金等额增加；当存款减少时，准备金也等额减少。**

清楚了银行准备金如何增减后，我们来看当存款发生变化时，银行为了获取利润要如何调整其资产负债表。返回到上面的例子，第一国民银行刚刚收到 100 美元支票存款。如你所知，银行必须将支票存款的一定比例作为法定准备金。如果这个比例（法定准备金率）为 10%，第一国民银行的法定准备金就增加 10 美元，T 账户可以重新写为（见下表）：

第一国民银行

资　产		负　债	
法定准备金	+10 美元	支票存款	+100 美元
超额准备金	+90 美元		

我们来看当支票存款增加时银行是怎样做的。为新增100美元支票存款提供服务是有成本的，因为银行必须记账，给柜员发薪，为支票清算付费，等等。由于准备金几乎收不到利息，所以银行吃亏了！如果银行对存款付息，情况就更加糟糕。为了赚取利润，银行必须将手上的90美元超额准备金全部或部分地投入生产性用途。一种办法是投资证券。另一种办法是发放贷款：正如我们所知，贷款占银行总资产（资金运用）的比例约为50%。由于贷款人会遇到信息不对称问题所引发的逆向选择和道德风险（在第8章讨论过），银行要设法降低这些问题的发生频率和严重性。在同意贷款之前，银行贷款负责人使用"5C"法——品质、能力（还款能力）、抵押品、经营环境（所在地区和国家的经济状况）和资本（净值）——对潜在借款人进行评估。（本章后面会详细讨论银行降低贷款风险所使用的方法。）

假定第一国民银行决定不持有任何超额准备金，而是全部发放贷款。那么T账户即为（见下表）：

第一国民银行

资　产		负　债	
法定准备金	+10美元	支票存款	+100美元
贷款	+90美元		

现在银行就能获利了，因为它持有支票存款这样的短期负债，并将收到的资金转换为更高利率贷款这样的长期资产。前面提到，这个资产转换过程通常被称为银行"借短贷长"的生意经。例如，如果贷款年利率为10%，银行贷款一年赚取的收益就为9美元。如果这100美元支票存款是年利率为5%的可转让支付命令账户，且账户服务费用为每年3美元，那么这笔存款一年的总成本就是8美元。银行从新增存款上赚取的利润为每年1美元，再加上法定准备金可能赚得的利息。

9.3 银行管理的基本原则

目标9.3 明确银行管理资产和负债来最大化利润的方法。

对银行业务有所了解之后，我们来看银行为实现利润最大化是如何管理资产和负债的。银行经理主要关心四个问题。第一，当发生**存款外流**（deposit outflows，即由于存款人提取现金或要求支付而引起存款减损）时，要确保银行有足够多的现款支付存款人。要保持手头有足额现金，银行必须进行**流动性管理**（liquidity management），即购置流动性足够高的资产来履行银行对存款人的义务。第二，银行经理必须通过购买低违约率资产和持有多样化资产来追求可接受的低风险（**资产管理**，asset management）。第三，以低成本获取资金（**负债管理**，liability management）。第四，经理必须确定银行应当保有的资本规模，并获取所需要的资本（**资本充足性管理**，capital adequacy management）。

为了充分理解银行（和其他金融机构）管理，我们随后在描述银行资产负债管理基本原则的基础上，必须更加细致地研究金融机构是如何管理资产的。其后两节将分别深入讨论金融机构如何管理**信用风险**（credit risk，借款人可能违约所引起的风险），以及如何管理**利率风险**（interest rate risk，利率变动所引起的银行资产收益和回报变动的风险）。

流动性管理和准备金的作用

当存款人从支票或储蓄账户中支取现金或者签发支票存入其他银行的时候，我们来看一家典型的银行（如第一国民银行）可以如何应对存款外流。下面的例子中，我们假定银行有大量超额准备金，所有存款的法定准备金率都为10%（银行要将存款的10%作为法定准备金）。假定第一国民银行最初的资产负债表如下：

资　产		负　债	
准备金	2 000 万美元	存款	1 亿美元
贷款	8 000 万美元	银行资本	1 000 万美元
证券	1 000 万美元		

银行的法定准备金为1亿美元的10%，即1 000万美元。已知第一国民银行持有2 000万美元准备金，所以超额准备金为1 000万美元。

如果发生1 000万美元存款外流，银行的资产负债表就会变为：

资　产		负　债	
准备金	1 000 万美元	存款	9 000 万美元
贷款	8 000 万美元	银行资本	1 000 万美元
证券	1 000 万美元		

银行的存款和准备金都减少了1 000万美元，但是由于目前的法定准备金为9 000万美元的10%（即900万美元），其准备金仍然高出100万美元。简单地讲，**如果银行有充足的超额准备金，存款外流未必引起资产负债表其他项目变动。**

在银行超额准备金不足时，情况会完全不同。假定第一国民银行最开始时不是持有1 000万美元超额准备金，而是多发放了1 000万美元贷款，从而没有任何超额准备金。那么最初的资产负债表会是：

资　产		负　债	
准备金	1 000 万美元	存款	1 亿美元
贷款	9 000 万美元	银行资本	1 000 万美元
证券	1 000 万美元		

当遭遇1 000万美元存款外流时，资产负债表就变为：

资　产		负　债	
准备金	0美元	存款	9 000万美元
贷款	9 000万美元	银行资本	1 000万美元
证券	1 000万美元		

在存款被提取1 000万美元于是准备金减少后，银行就面临着一个问题：法定准备金应为9 000万美元的10%，即900万美元，但它没有准备金了！为了消灭这个缺口，银行最起码有四个选择。一个选择是在联邦基金市场上向其他银行借款，或是从企业借款，获取应对存款外流所需要的准备金。[①] 如果第一国民银行通过向其他银行和企业借款获得了等于准备金缺口的900万美元，其资产负债表就变为：

资　产		负　债	
准备金	900万美元	存款	9 000万美元
贷款	9 000万美元	向其他银行和企业借款	900万美元
证券	1 000万美元	银行资本	1 000万美元

如此行动的成本是借款利率，例如联邦基金利率。

第二个选择是，银行出售一些证券来帮助应付存款外流。例如，它可以出售900万美元证券，并将出售所得款项存入美联储，结果资产负债表就变为：

资　产		负　债	
准备金	900万美元	存款	9 000万美元
贷款	9 000万美元	银行资本	1 000万美元
证券	100万美元		

出售证券时银行要承担经纪人佣金和其他交易成本。美国政府证券被归类为二级准备金，具有高度流动性，所以出售这些证券的交易成本相当低。然而，银行持有的其他证券流动性没那么高，交易成本可能明显更高。

银行应付存款外流的第三个选择是，向美联储借款来获取准备金。在我们的例子中，第一国民银行可以不改变证券和贷款持有量，而是从美联储借入900万美元贴现贷款。然后资产负债表就变为：

资　产		负　债	
准备金	900万美元	存款	9 000万美元
贷款	9 000万美元	向美联储借款	900万美元
证券	1 000万美元	银行资本	1 000万美元

① 第一国民银行向其他银行和企业借款的一种方式是出售可转让存单。这种资金获取方式在负债管理那一节讨论。

贴现贷款的成本是必须付给美联储的利率（称为**贴现率**，discount rate）。

最后一个选择是，银行可以减少 900 万美元贷款，将所回收款项存入美联储，从而增加 900 万美元准备金——通过这种方式获取 900 万美元准备金来应对存款外流。这一交易使资产负债表变为：

资　产		负　债	
准备金	900 万美元	存款	9 000 万美元
贷款	8 100 万美元	银行资本	1 000 万美元
证券	1 000 万美元		

因为 900 万美元准备金满足了法定准备金要求，第一国民银行重新恢复正常。

9

然而，减少贷款是银行在存款外流时获取准备金的方法中成本最高的。如果第一国民银行经常有大量短期贷款要到期续做，那么通过收回贷款就可以迅速降低对外贷款总额，即在到期时对某些贷款不再续做。不幸的是，对银行而言，这可能引起那些未续做贷款客户的反感，因为他们什么都没做却被如此对待。事实上，他们有可能未来将业务转到其他地方，对银行来说这个后果的代价非常高。

银行减少贷款的第二种方法是把贷款卖给其他银行。这样做的成本同样很高，因为其他银行不了解这些贷款的风险情况，从而可能不愿意以全价买下这些贷款。（这是第 8 章逆向选择柠檬问题的例证。）

上述讨论解释了为什么即使贷款和证券赚取更高的回报但银行仍然持有超额准备金。当存款外流发生时，超额准备金让银行能够避免以下做法的成本：（1）向其他银行或企业借款；（2）出售证券；（3）向美联储借款；（4）收回或出售贷款。**超额准备金是对存款外流相关成本的保险。存款外流相关成本越高，银行愿意持有的超额准备金就越多。**

正如你我会愿意向保险公司投保来防范汽车被盗等意外损失一样，银行愿意付出持有超额准备金的成本（机会成本，即不持有贷款和证券等盈利性资产所放弃的收益）来防范存款外流所造成的损失。由于超额准备金同保险一样存在成本，银行还可以选择其他保护措施，例如，它们可以使持有的资产转向更多的高流动性证券（二级准备金）。

资产管理

既然理解了银行对流动性的需要，我们来考察银行管理资产时所遵循的基本策略。为了最大化利润，银行必须同时追求以下目标：贷款和证券的最高可能回报率，降低风险，以及通过持有流动性资产做好充足的流动性准备。银行努力实现这三个目标的基本途径有四个。

第一，银行设法找到将支付高利率又不太可能对贷款违约的借款人。它们通过打广告宣传自己的借款利率，以及通过与企业直接接触来推销贷款业务。银行的贷款负责人要决定潜在借款人是否具有低信用风险，即按时支付利息和偿还本金（也就是说，银行通过甄别机制来减少逆向选择问题）。一般而言，银行在贷款政策上是保守的，违约率通常低于 1%。然而，重要的是，银行不能过于保守以至于错失可以赚取高利率的诱人贷款机会。

第二，银行设法购买高回报和低风险的证券。

第三，在管理资产时，银行必须努力通过多样化来降低风险。银行通过购买各种不同类型的资产（短期的和长期的，美国国债和市政债券），以及向各种客户发放多种类型的贷款来达成目标。没有充分地寻求多样化收益的银行经常会后悔莫及。例如，20 世纪 80 年代在能源、不动产和农产品的价格暴跌时，过于专门化地发放贷款给能源公司、不动产开发商和农场主的银行都遭受了惨重损失。事实上，其中许多银行破产了，因为它们“把太多鸡蛋放在了一个篮子里”。

第四，银行必须管理资产的流动性，从而在存款外流时不必承担巨大成本仍然能满足法定准备金要求。这意味着银行将持有流动性高的证券，即使回报率稍微低于其他资产。例如，银行必须决定应当持有多少超额准备金来避免与存款外流相关的成本。此外，银行还将希望持有美国政府证券作为二级准备金，从而即使存款外流迫使银行发生成本，成本也不至于高得太离谱。重申一遍，银行过于保守是不明智的。如果只是持有超额准备金来避免与存款外流相关的所有成本，银行就要亏本，因为准备金利息太低，而维护银行负债的成本很高。银行必须在对流动性的渴望和低流动性资产（比如贷款）增加利润的好处之间做出权衡。

负债管理

在 20 世纪 60 年代之前，负债管理可有可无：大部分情况下，银行将负债看做是给定的，而将精力花在实现资产的最优组合方面。如此重视资产管理，主要出于两个方面的原因。第一，超过 60%的银行资金通过支票（活期）存款获得，法律规定这些存款不能付息。因此，银行之间不能以付息方式争夺存款，从而对单个银行而言，存款规模事实上是既定的。第二，由于银行之间发放隔夜贷款的市场还很不完善，银行很少向其他银行借款来满足准备金需要。

然而，从 20 世纪 60 年代开始，纽约、芝加哥和旧金山等主要金融中心的大银行（称为**货币中心银行**，money center banks）试图另辟蹊径，依靠资产负债表的负债项目提供准备金和流动性。这促进了联邦基金市场等隔夜贷款市场的扩张与可转让存单（诞生于 1961 年）等新型金融工具的问世，使得货币中心银行能够迅速获得资金。①

负债管理表现出新的灵活性，意味着银行可以采取一种完全不同的银行管理方

① 由于小银行不如货币中心银行那样有名，信用风险较高，在可转让存单市场筹集资金的难度较大。因此小银行没那么积极进行负债管理。

法。银行不再依赖支票存款作为资金的主要来源，从而不再将资金来源（负债）视为给定的。相反，它们积极地设置资产增长目标，并努力地去获取（通过发行负债）所需要的资金。

例如，当一家货币中心银行发现了一个诱人的贷款机会时，现在它可以通过出售可转让存单来获取资金。或者，如果出现了准备金缺口，它可以在联邦基金市场上向其他银行借款而无须发生高交易成本。联邦基金市场也可以用来筹集贷款资金。随着负债管理重要性的提升，大部分银行现在通过所谓的资产负债管理委员会（asset-liability management committee）同时管理资产负债表左右两侧的项目。

更加强调负债管理，这解释了过去 30 多年里银行资产负债表构成的一些重要变动。近年来，可转让存单和银行借款作为银行资金来源的重要性大大提高（在银行负债中的占比从 1960 年的 2%上升到 2020 年年中的 27%），支票存款的重要性下降（在银行负债中的占比从 1960 年的 61%下降到 2020 年年中的 14%）。新发现的负债管理灵活性和对更高利润的追求，也刺激银行提高了收益更高的贷款资产的持有比例（在银行资产中的占比从 1960 年的 46%上升到 2020 年年中的 52%）。

资本充足性管理

银行基于三个原因来决定它们需要持有多少资本额。第一，银行资本有助于防范银行破产（bank failure），即银行无法履行对存款人和其他债权人的义务从而倒闭。第二，持有资本额影响银行所有者（股东）的回报。第三，监管当局对最低银行资本额（银行资本金要求）提出了要求。

银行资本如何帮助防范银行破产？ 假设两家银行的资产负债表基本相同，除了一点：高资本金银行的资本与资产的比率为 10%，低资本金银行的这一比率为 4%（见下面两个表）。

高资本金银行

资　产		负　债	
准备金	1 000 万美元	存款	9 000 万美元
贷款	9 000 万美元	银行资本	1 000 万美元

低资本金银行

资　产		负　债	
准备金	1 000 万美元	存款	9 600 万美元
贷款	9 000 万美元	银行资本	400 万美元

假定两家银行都被卷入了房地产市场的狂欢，结果后来却发现各自 500 万美元的住房贷款已经一文不值。当这些坏账被冲销（价值为 0）时，资产总额降低 500 万美元。于是，银行资本（等于总资产减去总负债）同样减少 500 万美元。两家银行的资产负债表变为：

高资本金银行

资产		负债	
准备金	1 000 万美元	存款	9 000 万美元
贷款	8 500 万美元	银行资本	500 万美元

低资本金银行

资产		负债	
准备金	1 000 万美元	存款	9 600 万美元
贷款	8 500 万美元	银行资本	－100 万美元

高资本金银行从容接受 500 万美元的损失，因为初始 1 000 万美元的资本缓冲意味着在损失发生后，仍然有正的 500 万美元净值（银行资本）。但低资本金银行的麻烦就大了。现在它的资产价值已经低于负债，净值为－100 万美元。由于净值为负，已经资不抵债，没有足够的资产来偿付所有的负债持有人。当银行资不抵债时，政府监管者就会关闭银行，拍卖其资产，经理也会被解雇。低资本金银行的所有者发现他们的投资将被一扫而光，所以肯定会宁愿像高资本金银行那样持有足够多的银行资本缓冲来吸收损失。于是，我们看到了银行保有充足资本水平的一个重要逻辑：**银行持有资本金以降低资不抵债的可能性。**

9

银行资本额如何影响股东回报？ 由于银行所有者需要了解银行是否被管理有方，他们需要合适的银行盈利性指标。银行盈利性的一个基本指标是**资产回报率**（return on assets，ROA），即单位资产的税后净利润：

$$\mathrm{ROA}=\frac{\text{税后净利润}}{\text{资产}}$$

资产回报率提供了银行经营效率的信息，说明平均每 1 美元资产创造多少利润。

然而，银行所有者（股东）最关心的是银行为自己的权益投资赚了多少。该信息由银行盈利性的另外一个基本指标提供，即**股本回报率**（return on equity，ROE），被定义为单位权益（银行）资本的税后净利润，即

$$\mathrm{ROE}=\frac{\text{税后净利润}}{\text{权益资本}}$$

资产回报率（衡量银行的经营效率）与股本回报率（衡量所有者的投资回报）之间存在着直接联系。这种联系由所谓的**股本乘数**（equity multiplier，EM）决定，即单位权益资本所对应的资产：

$$\mathrm{EM}=\frac{\text{资产}}{\text{权益资本}}$$

我们发现：

$$\frac{\text{税后净利润}}{\text{权益资本}}=\frac{\text{税后净利润}}{\text{资产}}\times\frac{\text{资产}}{\text{权益资本}}$$

根据定义，我们可以得到

$$\text{ROE}=\text{ROA}\times\text{EM} \tag{9.1}$$

公式（9.1）告诉我们，在给定资产额下，当银行持有较少资本额（权益资本）时，股本回报率会怎样。我们已经看到，高资本金银行最初有 1 亿美元资产和 1 000 万美元权益，股本乘数等于 10(＝10 000 万美元/1 000 万美元)。相反，低资本金银行最初只有 400 万美元权益，因此股本乘数更高，等于 25(＝10 000 万美元/400 万美元)。假定两家银行运营得都很好，资产回报率都为 1%。高资本金银行的股本回报率为 1%×10＝10%，而低资本金银行的股本回报率为 1%×25＝25%。低资本金银行的股东显然比高资本金银行的更开心，因为他们赚得的回报高出一倍多。现在我们理解了为什么银行所有者不想银行持有过多的资本。**在资产回报率给定的情况下，银行资本金越少，银行所有者的回报率就越高。**

安全性和股东回报率之间的权衡 现在我们知道，银行资本既有收益也有成本。银行资本对银行所有者的好处是，降低了破产的可能性，让投资更安全。但是银行资本也有代价，因为在资产回报率给定的情况下，银行资本金越多，股本回报率就将越低。为了确定最优资本金规模，经理们必须比较持有高额资本的收益（安全性提高）与成本（银行所有者的股本回报率降低）。

在不确定性更高的时期，出现巨额贷款损失的可能性升高，银行经理们可能会希望持有更多资本来保护股东。相反，如果他们坚信贷款损失不会发生，就会希望减少银行资本金，提高股本乘数，从而提高股本回报率。

银行资本金要求 银行持有资本的另外一个原因是监管当局要求其这样做。由于持有资本的成本很高（前文已述原因），银行经理希望持有的银行资本与资产的比值通常低于监管当局的要求。在这种情况下，银行资本额是由银行资本金要求决定的。在第 10 章我们将详细讨论银行资本金要求及其在银行监管中的重要地位。

应用　银行资本管理策略

假定你是第一国民银行的经理，需要确定银行应持有多少适当银行资本额。如果银行的资产负债表与高资本金银行相似，资本占资产的比率为 10%(1 000 万美元资本与 1 亿美元资产)，你担心银行资本数量太多导致股本回报率过低。你认为银行资本多了，应当提高股本乘数以提高股本回报率。然后你应当做什么？

为了降低资本额与资产的比值，提高股本乘数，你有三种选择：(1) 通过回购部分银行股份，以减少银行资本额；(2) 通过增加向股东支付的股利从而减少银行留存收益，以减少银行资本；(3) 保持银行资本不变但扩大资产规模，通过发行定期存单等方式获取新资金，再用新资金扩张贷款业务或者购买更多证券。你决定采取第二种方案，提高第一国民银行股票的股利水平，因为你觉得这将提高你在股东心目中的地位。

现在假定第一国民银行的情况与低资本金银行类似，银行资本占资产的比率为4%。你担心银行资本相对于资产而言太少了，不能为防范银行破产提供足够的缓冲。要提高资本额与资产的比值，你有以下三种选择：(1) 发行权益（普通股）来筹集资本；(2) 减少向银行股东支付的股利从而增加留存收益，将资金放入资本账户以增加银行资本；(3) 保持资本不变但缩小资产规模，通过减少贷款发放或出售证券而用收回的资金减少负债。假定目前筹集银行资本不那么容易，因为银行股售价比较低，或是因为削减股利将遭到股东抗议。那么你就只能采取第三种方案——收缩银行的规模。

我们对第一国民银行资本管理策略的讨论，得到了下面这个值得特别强调的结论：银行资本短缺有可能导致银行削减资产进而可能导致贷款收缩。过去几年，很多银行遭遇了资本短缺，不得不限制资产和信贷增长。接下来的应用说明了该决定对信贷市场产生的重要影响。

应用　全球金融危机期间资本紧缩如何导致信贷紧缩？

2007年金融危机爆发，紧随其后信贷增长率明显减缓，触发了“信贷紧缩”，即在此期间信贷难以获得。结果，2008年和2009年的经济表现十分糟糕。是什么导致了信贷紧缩呢？

我们关于银行如何管理其资本的分析说明，2008—2009年信贷紧缩（至少部分地）是由资本紧缩引起的，即银行资本短缺导致了信贷增长放缓。

房地产市场本轮繁荣-萧条周期的重大调整，导致持有住宅抵押支持证券的银行发生了巨额损失。这些损失减少了银行资本，进而导致了资本短缺：银行必须筹集新资本或者通过削减信贷来限制资产增长速度。银行虽然筹集到了一些资本，但随着经济持续走弱，进一步筹集新资本极端困难，因此银行也收紧了放贷标准并削减了信贷。应对资本短缺的这两个举动都成为2008年和2009年经济疲软的原因。

9.4　信用风险管理

目标9.4　列举银行应对信用风险的方法。

前面讨论资产管理基本原则时提到，要赚取高额利润，银行和其他金融机构必须发放优质贷款，即能够足额偿付（于是机构几乎不受信用风险影响）的贷款。逆向选择和道德风险等经济学概念（第2章和第8章讨论过）提供的分析框架，有助于理解金融机构要降低信用风险和发放优质贷款所必须遵循的原则。①

贷款市场上存在逆向选择，因为高信用风险（最有可能对贷款违约的人）就是那些一直排队抢着要贷款的人；换句话说，最可能产生不利后果的人也是那些最可

① 保险公司、养老基金和财务公司等其他金融中介机构也发放私人贷款，我们这里介绍的信用风险管理原则同样适用于它们。

能被选中的人。投资项目风险非常高的借款人如果项目成功就能狠狠地赚一大笔，因此他们是最积极争取贷款的人。但显然他们是最不受欢迎的借款人，因为他们无法清偿贷款的可能性更大。

贷款市场上存在道德风险，因为借款人可能有动机从事对贷款人不利的活动。在这种情况下，贷款人很有可能将受到违约的危害。一旦借款人获得了贷款，他们投资于高风险投资项目的可能性就变大——这些项目如果成功，将给借款人支付高额回报。然而，这些投资的高风险也降低了借款人归还贷款的可能性。

为了盈利，金融机构必须克服可能提高贷款违约风险的逆向选择和道德风险问题。为解决这些问题，金融机构使用了一系列信用风险管理原则：甄别和监督，建立长期客户关系，贷款承诺，抵押品与补偿余额要求，以及信贷配给。

甄别和监督

贷款市场上存在信息不对称，因为贷款人关于投资机会和借款人活动所掌握的信息没有借款人多。这种情况迫使银行和其他金融机构进行两类信息生产活动：甄别和监督。实际上，美国最大的银行公司之一花旗的前任总裁沃尔特·瑞斯顿（Walter Wriston）有句话经常被引用：银行的业务就是信息生产。

甄别 贷款市场上的逆向选择要求贷款人甄别信用风险高低，从而使其贷款有利可图。要进行有效甄别，贷款人必须收集潜在借款人的可靠信息。有效甄别和信息收集共同构成了信用风险管理的一条重要原则。

当你申请消费者贷款（如汽车贷款或者住房抵押贷款）时，被要求做的第一件事就是填写一张包含大量个人财务信息的表格。你要提供如下信息：工资、银行账户和其他资产（如汽车、保单和家具），以及未偿还贷款；你的贷款记录、信用卡和收费账户付款；你的工作年限和雇主名称。你也要提供年龄、婚姻状况和子女数量等个人信息。贷款人运用这些信息计算你的信用评分，从而评估你的信用风险高低。信用评分是根据你的回答推导出的统计指标，用于预测你是否可能出现还款困难。确定信用风险高低不可能完全科学，所以贷款人也必须用上判断力。信贷员的工作就是确定是否应当向你发放贷款，他可能给你的雇主打电话，或者跟你提供的某个联系人聊聊天。信贷员甚至可能根据你的举止和外表做出判断。（这正是大部分人去银行申请贷款时都会衣着整洁得体的原因。）

金融机构向企业发放贷款时，甄别和信息收集的过程也相似。它收集关于公司损益（收入）的信息以及资产负债方面的信息。贷款人还要评估公司未来的发展前景。因此除了获取有关销售数据等信息外，信贷员可能还要问及公司的未来计划、贷款用途和行业竞争状况等。信贷员甚至可能拜访公司，获取公司经营的一手资料。无论是考虑发放个人贷款还是企业贷款，银行和其他金融机构的底线就是需要成为包打听。

贷款专业化 银行贷款有一个令人费解的特征，即银行常常专门向当地企业或者能源等特定行业的企业发放贷款。在一定意义上，这种行为似乎出人意料，因为这意味着银行没有多样化贷款组合，从而让自己暴露于更多风险当中。但从另外一个角度看，这种专门化又是非常合理的。逆向选择问题要求银行甄别出高信用风险。收集当地企业的信息并确定其信用度，对银行来说要比处理外地企业的类似信息容易得多。同理，集中向特定行业发放贷款，银行就能对这些行业有更深入的了解，从而能够更好地预测哪些企业能够按时清偿债务。

限制性条款的监督和执行 贷款一旦发放，借款人就有动机从事高风险活动，使得贷款可能难以归还。要减少这种道德风险，金融机构必须将限制借款人从事风险活动的规定（限制性条款）写进贷款合约中。通过监督借款人的活动确定其是否遵守限制性条款，并在其没有遵守时强制执行相关约定，贷款人能够确保借款人不会冒险而牺牲他人的利益。银行和其他金融机构需要进行甄别和监督，解释了为什么它们在审计和信息收集活动上要花这么多钱。

长期客户关系

长期客户关系是银行和其他金融机构获取借款人信息的另外一条途径，也是信用风险管理的另一个重要原则。

如果潜在借款人长期以来在银行开有支票账户、储蓄账户或者有过贷款，信贷员看看这些账户的历史活动，就能对借款人有相当的了解。支票和储蓄账户余额说明了潜在借款人的流动性水平，也告诉了银行借款人在一年里的什么时间会急需现金。回顾借款人所签发的支票可发现其供应商是谁。如果借款人之前向银行借过钱，银行会有贷款偿还记录。由此可见，长期客户关系降低了信息收集成本，让甄别信用风险更加容易。

贷款人需要进行监督，也增强了长期客户关系的重要性。如果借款人曾经向银行借过钱，银行已经建立了对该客户的监督程序。因此，监督长期客户的成本比新客户更低。

长期关系有利于银行，也有利于客户。曾经与银行有过业务联系的企业会发现，从银行获取低利率贷款将更加容易，因为银行可以更轻松地确定潜在借款企业的信贷质量，进而监督借款人只发生更少的成本。

长期客户关系对银行还有另外一个好处。银行在将限制性条款写进贷款合约时，不可能设想到所有可能情况；总会有一些借款人的高风险活动没有被完全排除。然而，如果借款人希望与银行保持长期联系，以便在未来能够更容易地获取低利率贷款，情况会怎样？即便贷款合约的限制性条款中没有相关规定，借款人也有动力避免从事令银行不满的风险活动。事实上，如果银行不喜欢借款人的所作所为，即使借款人没有违背限制性条款，银行也仍然有能力劝阻借款人远离这类活动：银行可以威胁未来不再向借款人发放新贷款。因此，长期客户关系使得银行甚至能够应对预料之外的道德风险偶发事件。

贷款承诺

银行也可以通过为商业客户提供**贷款承诺**（loan commitments）来建立长期联系和收集信息。贷款承诺是银行承诺（在未来规定时段内）向企业提供不超过规定金额的贷款，利率与某种市场利率绑定。大部分工商业贷款都是在贷款承诺的安排下发放的。对企业的好处是，保证在需要时就有信贷来源。对银行的好处在于贷款承诺促进了长期关系，进而便利了信息收集。此外，贷款承诺协议还要求企业持续向银行提供有关企业收入、资产负债状况、业务活动等各种信息。贷款承诺协议是一种降低银行甄别和信息收集成本的有效方法。

抵押品与补偿余额

贷款抵押品要求是重要的信用风险管理工具。抵押品是承诺在借款人违约时补偿给贷款人的财产，由于减少了贷款违约给贷款人造成的损失，抵押品减轻了逆向选择的影响。它也减少了道德风险，因为提高了借款人在违约中的损失。如果借款人对贷款违约，贷款人可以变卖抵押品，并利用出售所得来弥补贷款损失。**补偿余额**（compensating balances）是银行发放商业贷款时所要求的一种特殊抵押品形式，即获得贷款的企业必须在银行支票账户中保有最低要求金额。例如，得到 1 000 万美元贷款的企业可能被要求在银行支票账户中保有至少 100 万美元的补偿余额。如果借款人违约，这 100 万美元补偿余额就可以被银行拿走，以弥补贷款的部分损失。

除了用作抵押品，补偿余额也提高了贷款归还的可能性。这是通过帮助银行监督借款人而实现的，并因此减少了道德风险。具体而言，通过要求借款人使用银行支票账户，银行可以观察借款人的支票支付活动，从中得到有关借款人财务状况的大量信息。例如，借款人支票账户余额持续减少可能标志着借款人正遭遇财务困难，或者账户活动可能表明借款人正在从事高风险活动；供应商的变动可能意味着企业正在开发新业务。借款人支付过程中的任何显著变化，对银行而言都是应当深入调查的信号。因此，补偿余额有助于银行更为容易和有效地监督借款人，是重要的信用风险管理工具。

信贷配给

金融机构应对逆向选择和道德风险的另外一个途径是**信贷配给**（credit rationing），即拒绝发放贷款，即使借款人愿意支付规定利率甚至更高的利率。信贷配给有两种方式。第一种是贷款人拒绝向借款人发放任何金额的贷款，即使后者愿意支付更高的利率。第二种是贷款人愿意发放贷款，但限制贷款规模，使其低于借款人的要求。

起初，你可能对第一种信贷配给方式感到费解。毕竟，即使借款人有信用风险，贷款人何不以更高利率向其发放贷款呢？答案是逆向选择使得这样的行动非常不明智。投资项目最冒险的个人和企业正是那些愿意支付最高利率的人。如果借款人从事高风险投资并成功了，借款人就会变得极其富有。但是贷款人不想发放的就是这种贷款，因为信用风险太高了；最有可能的后果是，借款人不会成功而贷款人无法得到偿付。对贷款人而言，要求更高的利率只能让逆向选择问题更严重，也就是说，这提高了贷款人发放高信用风险贷款的可能性。因此，贷款人宁愿不发放任何更高利率的贷款；反而会采取第一种信贷配给方式，即拒绝贷款。

金融机构采取第二种信贷配给方式来防范道德风险：它们向借款人发放贷款，但贷款金额小于借款人的要求。这种信贷配给是必要的，因为贷款金额越高，道德风险带来的利益就越大。例如，如果银行贷给你 1 000 美元，为了不损害自己未来的信用等级，你很可能采取行动以确保归还贷款。然而，如果银行贷给你 1 000 万美元，你更有可能飞到里约热内卢去狂欢庆祝。贷款规模越大，你参与那些降低贷款归还可能性活动的动机就越大。因为在小额贷款情况下有更多借款人偿还贷款，所以金融机构往往通过对所有客户的借款要求都砍一刀的方式来配给信用。

9

9.5 利率风险管理

目标 9.5　应用缺口分析和久期分析，识别利率风险。

20 世纪 80 年代利率波动性明显提高。从那时起银行和其他金融机构越来越担心自己的利率风险敞口，即由利率变动引起的收益和回报风险。要全面了解利率风险，我们再来看第一国民银行的资产负债表，如下表所示：

第一国民银行

资　产		负　债	
利率敏感型资产	2 000 万美元	利率敏感型负债	5 000 万美元
可变利率贷款和短期贷款		可变利率存单	
短期证券		货币市场存款账户	
固定利率资产	8 000 万美元	固定利率负债	5 000 万美元
准备金		支票存款	
长期贷款		储蓄存款	
长期证券		长期存单	
		权益资本	

第一国民银行共有 2 000 万美元利率敏感型资产，利率经常变动（至少每年一次）；有 8 000 万美元固定利率资产，利率长期（1 年以上）保持不变。在负债端，第一国民银行有 5 000 万美元利率敏感型负债和 5 000 万美元固定利率负债。假定利率平均上升了 5 个百分点，从 10%变为 15%。资产收入增加 100 万美元（=5%×

2 000 万美元利率敏感型资产），债务支出增加 250 万美元（=5%×5 000 万美元利率敏感型负债）。第一国民银行的利润现在减少了 150 万美元（=100 万美元－250 万美元）。相反，如果利率下降 5 个百分点，运用相同的推理过程可知，第一国民银行的利润增加了 150 万美元。这个例子说明：**如果银行的利率敏感型负债多于资产，利率上升将会减少银行利润，而利率下降将会增加银行利润。**

缺口分析和久期分析

银行利润对利率变动的敏感性可以更直接地用**缺口分析**（gap analysis）来衡量，其中缺口是指利率敏感型资产与利率敏感型负债之差。在我们的例子中，缺口为－3 000 万美元（=2 000 万美元－5 000 万美元）。将缺口乘以利率变动幅度，我们可以立即得到对银行利润的影响。例如，利率上升 5 个百分点时，利润变动为－3 000 万美元×5%，即－150 万美元。这和前面的分析是相同的。

我们刚进行的分析被称为基本缺口分析（basic gap analysis），可以有两种改进方式。显然，并非所有固定利率类资产和负债都有相同的期限。第一种改进是期限队列法（maturity bucket approach），衡量若干个期限子区间（称为期限队列）的缺口，从而可以计算出多年期里的利率变动影响。第二种改进是标准化缺口分析（standardized gap analysis），解释利率敏感型资产和负债中不同程度的利率敏感性。

久期分析（duration analysis）是衡量利率风险的另一种方法，考察银行资产负债总额的市场价值对利率变动的敏感性。久期分析的基础是麦考利久期概念，衡量证券支付流的平均持续期。① 久期是一个有用的概念，因为它给出了证券市值对利率变动敏感性的一个较好的近似值：

$$\text{证券市值的百分比变动} \approx -\text{利率的百分点变动} \times \text{久期(年数)}$$

其中，≈意为“近似等于”。

久期分析利用金融机构资产和负债的（加权）平均久期，来观察其净值如何对利率变动起反应。回到第一国民银行的例子，假定资产的平均久期为 3 年（即支付流的平均有效期为 3 年），负债的平均久期为 2 年。另外，第一国民银行有 1 亿美元资产，假定负债为 9 000 万美元，即银行资本占资产的 10%。利率上升 5 个百分点时，银行资产的市值下降 15%(=－5%×3 年)，即 1 亿美元资产减少了 1 500 万美元。而负债的市值下降 10%(=－5%×2 年)，即 9 000 万美元负债减少了 900 万

---

① 麦考利久期 D 的数学定义如下：

$$D = \sum_{\tau=1}^{N} \tau \frac{CP_\tau}{1+i^\tau} \Bigg/ \sum_{\tau=1}^{N} \frac{CP_\tau}{1+i^\tau}$$

其中，τ 为开始现金支付的时间；CP_τ 为时期 τ 的现金支付（利息与本金之和）；i 为利息率；N 为距离证券到期日的时间。

美元。结果是银行净值（资产市值减去负债市值）减少了600万美元，即原来资产总值的6%。同理，如果利率下跌5个百分点，则第一国民银行的净值将会增加资产总值的6%。

从该例中可以清楚看到，久期分析和缺口分析都表明，第一国民银行会因利率上升而受损，因利率下跌而受益。可见，对忧虑自己利率风险敞口程度的金融机构经理来说，久期分析和缺口分析都是有用的工具。

应用　利率风险管理策略

假定作为第一国民银行的经理，你已经对银行作了久期分析和缺口分析。现在你要决定用什么策略来管理利率风险。

如果你坚信利率在未来将下跌，你可能不会采取任何行动，因为你知道本银行利率敏感型负债高于利率敏感型资产，将从预期的利率下跌中受益。但你也意识到，利率上升的可能性总是存在的，因此第一国民银行仍然面临很大的利率风险。应当如何消除这种利率风险呢？一种方法是，缩短银行资产的久期来提高其利率敏感性。或者，可以延长负债的久期。通过对银行资产或负债进行此类调整，银行收入受利率变动的影响将减小。

但问题是，通过调整资产负债表来消灭第一国民银行的利率风险，短期来看可能成本过高。由于其专长所在，银行可能被锁定在特定久期的资产和负债上。幸运的是，被称为金融衍生工具的新开发金融工具（金融远期、期货、期权与互换）可以帮助银行降低利率风险敞口，却不需要银行重新调整资产负债表。

9.6 表外业务

目标9.6　总结表外业务类型。

传统上，资产和负债管理是银行的主要关切。但近年来随着竞争日益激烈，银行已经积极从事**表外业务**（off-balance-sheet activity）来寻求利润。[①] 表外业务指影响银行利润但并不出现在银行资产负债表上的业务活动，包括交易金融工具、通过收费和贷款出售等获取收入等。事实上，银行表外业务对银行的重要性正在逐渐提高：1980年以来，这些业务带来的收入占资产的比例提高了超过五倍。

贷款出售

近年来有一类表外业务越来越重要，这就是通过贷款出售获取收入。**贷款出售**（loan sale）又称二次参与贷款（secondary loan participation），这一合约将特定贷款的现金流部分或全部售出，从而将贷款剥离，使之不再是银行资产负债表资产。贷款售价略高于贷款初始金额，银行可从中赚取利润。这些贷款的高利率使之很有

① 金融机构经理也需要了解某个时点上银行的经营情况如何。

吸引力，所以金融机构都愿意购买，尽管更高的价格意味着买方赚取的利润要略低于原本的贷款利率（通常大约为 0.15 个百分点）。

产生手续费收入

另一类表外业务是指银行通过向客户提供专业化服务收取手续费而获取收入，如代客户买卖外汇、代收代付抵押支持证券的本金和利息、为银行承兑汇票等债务证券提供担保（如果证券发行方无法偿还本金和利息，银行承诺代为履约）以及提供备用信用额度。备用信用额度有若干种。前文提到的贷款承诺是最重要的一类，即银行承诺在未来一定时间内应客户要求提供某一额度以内的贷款，银行收取一定费用。银行存款人现在也可以使用“透支特权”信用额度——这些银行客户可以超过其存款余额签发支票，实际上是为自己签了一笔贷款。银行可以收取费用的其他信用额度包括支持商业票据和其他证券发行的备用信用证，以及为承销欧洲票据（中期欧洲债券）提供的信用额度［被称为票据发行便利（note issuance facilities，NIFs）和循环承销便利（revolving underwriting facilities，RUFs）］。

证券担保和备用信用额度等表外业务增加了银行所面临的风险。即使被担保证券没有出现在资产负债表中，它仍然使得银行暴露于违约风险之下：如果证券发行人违约，银行就要兜底，对证券所有者进行偿付。备用信用额度同样给银行带来了风险，因为在没有足够流动性或者借款人信用风险非常高的情况下，银行也必须提供贷款。

交易活动和风险管理技术

我们已经提到，尝试管理利率风险带领银行走向了交易金融期货、债务工具期权以及利率互换。从事国际银行业务的银行还在外汇市场进行交易。所有这些市场上的交易都属于表外业务，因为它们不会直接影响银行的资产负债表。虽然银行进行这些交易的目的通常是降低风险或为银行其他业务提供便利，但有时银行也试图预测市场并进行投机。投机可是非常冒险的生意，而且已经造成了银行破产，最严重的当数 1995 年英国巴林银行破产事件。

交易活动虽然经常是高盈利的，但也是高风险的，因为它容易让金融机构及其雇员很快下重注。第 8 章讨论的委托-代理问题是交易活动管理中特别严重的问题。因为交易员（代理人）只要有机会下重注，无论是在债券市场、外汇市场还是金融衍生工具市场做交易，都会有动力承担过多的风险：如果他的交易策略带来巨额盈利，他有可能得到高额工资和奖金，但如果发生大额损失，金融机构（委托人）将要为他善后。1995 年巴林银行破产事件有力地证明了，受委托-代理问题影响的一个交易员就能拿下一家相当健康的机构，并且非常迅速地将之推向破产境地（见全球视野专栏）。

要减少委托-代理问题，金融机构的经理们必须建立内部控制制度，以防范巴林银行这样的灾难。这些控制包括交易活动与交易簿记在人员上做到完全分离。此外，经理要对交易员的交易总额和机构风险敞口设置限额。经理们还必须利用最新的计算机技术仔细审查风险评估程序。

在险价值方法就是一种这样的方法。该方法要求机构开发一套统计模型，用以计算投资组合在特定时间段内可能出现的最大损失，这被称为在险价值（value at risk，VaR）。例如，银行估计在一天内和 1/100 的可能性下可能遭受的最大损失为 100 万美元，100 万美元这个数字就是银行计算得到的在险价值。另外一种方法被称为“压力测试”。该方法是指，经理使用计算机模型来预测末日情景下可能会发生什么，换句话说，他要看的是当一系列不寻常的坏事合并发生的时候机构将会承受怎样的损失。使用在险价值方法和压力测试，金融机构可以评估风险敞口，并采取措施来降低风险。

表外业务导致银行风险水平上升，引起了美国银行监管部门的担忧。在第 10 章我们将会看到，监管机构现在鼓励银行提高对风险管理的重视程度。此外，国际清算银行正在研究基于银行交易活动在险价值计算的附加银行资本金要求。

全球视野

巴林、大和、住友商社、法国兴业银行和摩根大通银行：流氓交易员与委托-代理问题

巴林银行是一家有着 100 多年历史的令人尊敬的英国银行。它的倒闭是一场道德悲剧，一个流氓交易员演绎了委托-代理问题是如何在一个月内将一家资产负债状况良好的金融机构拖入破产泥潭的。

1992 年 7 月，巴林银行新加坡分行新任首席交易员尼克·里森（Nick Leeson）开始进行日经指数（道琼斯指数的日本版本）投机活动。到 1992 年底，里森已经损失了 300 万美元，他将损失转入一个秘密账户，对上级隐瞒了实情。他甚至欺骗他的上级使之误认为他正在产生巨额盈利。他能够继续在新加坡交易所执行交易，同时还监督这些交易的簿记工作，全要拜企业内部控制失效所赐。（经营酒吧等现金生意的人都知道，若现金经手人不止一个，欺诈的可能性总是会小一些。同理，在交易活动中，永远不要把后台管理与前台交易混为一谈；巴林银行管理层严重违背了这个原则。）

形势对里森来说没有好转，到 1994 年末他已经损失了超过 2.5 亿美元。1995 年 1—2 月，他输掉了整个银行。1995 年 1 月 17 日，日本神户大地震当天，他损失了 7 500 万美元，而到这个周末已经损失了超过 1.5 亿美元。2 月 23 日，当股市下跌使得他进一步损失了 2.5 亿美元时，他决定停手并逃离了新加坡。3 天后，他在法兰克福机场自首。到这段疯狂行程结束时，里森的全部损失高达 13 亿美元，吞噬了整个巴林银行的资本，导致了银行破产。之后，里森因其活动在新加坡被定罪并被收监。他在 1999 年获释，对自己的行为表示了道歉。

我们对委托-代理问题的信息不对称分析可以解释里森的行为，并强调指出了像巴林银行这样管理失误的危害。让里森同时控制自身交易和后台业务，提高了信息不对称，因为这降低了委托人（巴林银行）对里森交易活动的了解程度。这一失误增加了里森的道德风险动机，他不惜牺牲银行的利益去冒险，因为他现在被抓住的可能性更小了。并且，一旦已经出现巨额损失，他会有更大的动力去冒更大的风险，因为如果他赌对了，他就可以弥补损失，继续维持在公司的好形象；而如果赌输了，反正工作也保不住，他没什么可损失的了。事实上，损失越大，就越迫使他下更大的赌注，以图赚取越多的收益，这解释了他的交易规模随着损失攀升也逐渐升级的情形。如果巴林银行的经理们能早知道委托-代理问题，他们就会更加警惕，可能早就发现了里森的所作所为，巴林银行可能今天还好好的。

不幸的是，在流氓交易员的亿万美元俱乐部（由损失超过10亿美元的交易员组成）里，尼克·里森已不再是孤家寡人。大和银行纽约分行官员井口俊英（Toshihide Iguchi），同样是在11年里同时管理债券交易业务和后台簿记活动，他在这段时间里累计造成的损失高达11亿美元。1995年7月，井口俊英向他的上级承认了自己造成的损失，但是银行管理层没有向监管当局报告。结果，大和银行被处以3.4亿美元罚款，并被美国银行监管机构驱逐出境。

滨中泰男（Yasuo Hamanaka）是亿万美元俱乐部的又一位成员。1996年7月，他给自己的雇主住友商社（一家日本顶尖的交易公司）带来了26亿美元损失，打破了里森和井口俊英的纪录。2008年1月，杰罗姆·科维尔（Jerome Kerviel）对其服务的法国兴业银行造成的损失，创造了流氓交易员的历史纪录：由于从事未经授权的交易，他导致这家法国银行损失了72亿美元。2012年，经营相当成功的摩根大通银行也遭遇了20多亿美元交易损失，由被戏称为“伦敦鲸”的流氓交易员布鲁诺·伊克希尔（Bruno Iksill）一手造成。

这些故事说明，对于从事交易活动的公司，管理层必须通过密切监督交易员的行为来减少委托-代理问题，否则流氓交易员的名单将会越来越长。

总　结

1. 商业银行资产负债表可以被看做银行资金来源和资金运用的列表。银行负债就是资金来源，包括支票存款、储蓄和定期存款、从美联储获得的贴现贷款、向其他银行和企业借款以及银行资本。银行资产就是资金运用，包括准备金、托收在途现金、银行同业存款、证券、贷款和其他资产（主要是实物资本）。

2. 银行通过资产转换过程赚取利润，即借短（吸收短期存款）贷长（发放长期贷款）。银行存款增加时，准备金等额增加；银行存款减少时，准备金也等额减少。

3. 虽然流动性强的资产通常回报率低，但银行仍然愿意持有这类资产。具体而言，银行持有超额准备金和二级准备金，是因为它们能够为存款外流成本提供保险。银行管理资产以获取最大利润：追求贷款和证券可能的最高回报率，同时努力降低风险并提供足够的流动性。虽然负债管理曾经可有可无，但现在大（货币中心）银行都积极寻求资金来源：发行可转让存单，或者积极地向其他银行和企业借款。银行管理所持有的资本金规模，目的是防范银行破产以及满足监管当局的银行资本金要求。然而，它们不想持有过多的资本，因为这样会降低股东回报率。

4. 逆向选择和道德风险概念可以解释与贷款

活动相关的许多信用风险管理原则：甄别和监督、建立长期客户关系、贷款承诺、抵押品和补偿余额，以及信贷配给。

5. 20 世纪 80 年代利率波动性明显提高，金融机构越来越担心自己的利率风险敞口。缺口分析和久期分析说明，如果金融机构的利率敏感型负债多于资产，利率上升将使利润减少，而利率下跌将会增加利润。金融机构可以通过调整资产负债表来管理利率风险，但也可以借助金融衍生工具等工具。

6. 表外业务包括交易金融工具、通过收费和贷款出售来获取收入等，所有这些业务都会影响银行利润，但不出现在资产负债表中。由于这些表外业务会增加银行风险，银行管理层必须特别关注风险评估程序和内部控制制度，限制雇员过多承担风险。

关键术语

资产管理	久期分析	表外业务	资产转换	股本乘数
法定准备金率	资产负债表	超额准备金	法定准备金	资本充足性管理
缺口分析	法定准备金制度	补偿余额	利率风险	准备金
信贷配给	负债管理	资产回报率（ROA）	信用风险	流动性管理
股本回报率（ROE）	存款外流	贷款承诺	二级准备金	贴现贷款
贷款出售	T 账户	贴现率	货币中心银行	库存现金

思考题

1. 为什么银行宁愿以较高利率向其他银行借款，也不愿意向美联储借款？

2. 将下列银行资产按照流动性从大到小排列：a. 商业贷款。b. 证券。c. 准备金。d. 实物资本。

3. 你名下银行的资产负债表如下表所示：

资　产		负　债	
准备金	7 500 万美元	存款	50 000 万美元
贷款	52 500 万美元	银行资本	10 000 万美元

如果银行发生 5 000 万美元存款外流，假定法定准备金率为 10%，你应当采取什么行动？

4. 如果发生 5 000 万美元存款外流，银行会希望最初的资产负债表如第 3 题还是如下表？为什么？

资　产		负　债	
准备金	10 000 万美元	存款	50 000 万美元
贷款	50 000 万美元	银行资本	10 000 万美元

5. 如果经济中没有像样的贷款机会，而且中央银行对准备金支付的利率与其他低风险投资相似，你认为银行会愿意持有大量超额准备金吗？

6. 如果你名下的银行没有超额准备金，这时，一位资金充裕的客户来申请贷款，你是否应当以没有超额准备金放贷为由直接回绝客户？为什么？有哪些办法能让你为客户提供其所需资金？

7. 如果一家银行发现股本回报率过低，原因是银行资本规模过大，它可以怎样做以提高股本回报率？

8. 如果银行缺少 100 万美元来满足法定准备金要求，它可以做哪三件事来解决这个问题？

9. 为什么股份持有者更关注 ROE，而非 ROA？

10. 如果某家银行的资本金增加一倍，ROA 保持不变，ROE 会如何变化？

11. 当银行决定扩大资本金规模时，银行的收益和成本是什么？

12. 为什么银行家需要具有包打听的特征？

13. 某银行总是坚持其放贷企业在银行保有补偿余额，为什么？

14. 如果银行行长告诉你，他的银行经营状况非常好，从来没有因为存款外流而不得不收回贷款、出售证券或者向外借款，你是否愿意买这家银行的股票？为什么？

15. “因为多样化是避免风险的可取策略，所以银行专门发放特定类型的贷款从来不是明智的。”这种表述正确、错误还是不确定？解释你的答案。

16. 如果你是一个银行家，预计未来利率会上升，那么你更愿意发放长期贷款还是短期贷款？

17. “银行经理永远应当追求可能的最高资产回报率”，这种表述正确、错误还是不确定？解释你的答案。

18. 2010 年 7 月以后，使用借记卡的银行客户需要明确地选择加入银行的透支保护计划。解释该监管要求对银行非利息收入的影响。

应用题

19. 利用本章给出的第一国民银行和第二国民银行的 T 账户来说明会发生什么：假定简·布朗对其在第一国民银行的账户签发 50 美元支票，付给她的朋友乔·格林，后者将支票存入自己在第二国民银行的账户。

20. 如果有人从第一国民银行提取 1 000 美元现金，另一个人存入 500 美元现金，第一国民银行的准备金怎样变化？用 T 账户来解释你的答案。

21. 安格斯银行遵守法定准备金率要求，但不持有超额准备金。法定准备金率为 9%，准备金目前是 2 700 万美元。存款金额是多少？500 万美元存款外流造成的准备金缺口是多少？如果安格斯银行在联邦基金市场借款（假定联邦基金利率为 0.25%），那么准备金缺口的成本是多少？

22. 超额准备金对存款外流发挥保险的作用。假定按年计算马尔科姆银行持有 1 200 万美元超额准备金和 8 800 万美元法定准备金。同时假定马尔科姆银行发放贷款可以赚取 3.5% 的利率，对（全部）准备金的利率支付为 0.2%。该保险措施的成本是多少？

23. 维特里银行报告的股本乘数为 25，而百特威银行报告的股本乘数等于 14。哪家银行为应对巨额贷款损失准备得更好？

24. 假定你是某银行的经理，该银行 1 000 亿美元资产的平均久期为 4 年，900 亿美元负债的平均久期为 6 年。对银行进行久期分析，说明如果利率上升 2 个百分点，则银行净值会如何变化。你能采取什么措施来降低银行的利率风险？

25. 假定你是某银行的经理，该银行拥有 1 500 万美元固定利率资产、3 000 万美元利率敏感型资产、2 500 万美元固定利率负债和 2 000 万美元利率敏感型负债。对该银行进行缺口分析，说明当利率上升 5 个百分点时该银行利润的变化。你可以采取哪些措施降低银行的利率风险？

第10章 金融监管的经济学分析

学习目标

10.1 明确金融市场政府安全网的存在原因和形式。

10.2 列举和总结金融监管类型，以及每类监管如何减少信息不对称问题。

本章预习

我们在前面的章节中已经知道，金融体系是经济中受到最严格监管的部门，而银行是受到最严格监管的金融机构。在本章我们将对金融监管为何采取目前的形式进行经济学分析。

遗憾的是，最近发生的全球金融危机表明，监管并不总是有效的。这里，我们将运用对金融监管的经济学分析来解释世界范围内的银行业危机，并着眼于如何改革监管体系以预防未来这样的灾难。

10.1 信息不对称是金融监管的理论依据

目标 10.1 明确金融市场政府安全网的存在原因和形式。

在前面几章中我们已经知道，信息不对称——金融合约各方当事人拥有不同等信息的事实——如何导致逆向选择和道德风险，它对金融体系具有重要的影响。信息不对称、逆向选择和道德风险等概念有助于理解为什么政府要实施金融监管。

政府安全网

我们在第 8 章看到，银行等金融中介机构特别适合解决逆向选择和道德风险问题，因为它们发放私人贷款，有助于避免免费搭车问题。然而，由于存款人缺乏对私人贷款质量的了解，因此，免费搭车问题的解决办法却制造了另外一个信息不对称问题。该信息不对称问题的几个后果影响了金融体系的正常运行。

银行恐慌和需要存款保险 在联邦存款保险公司1934年开办业务之前，**银行破产**（bank failure，银行无法履行对存款人和其他债权人的支付义务，只得停止营业）意味着存款人只能等到银行被清算（直到银行资产被转换为现金）时才能收回存款资金；到那时，他们只能得到存款的一定比例。因为存款人无法知道银行经理是否承担了过多风险或者是不是个江湖骗子，所以可能不愿意将资金存放在银行，进而影响到银行的生存。另外，存款人缺乏有关银行资产质量的信息可能导致**银行恐慌**（bank panic），即很多银行同时破产。因为很多银行同时破产会造成银行贷款急剧萎缩，银行恐慌会给经济带来非常严重、有害的后果。

为了理解银行恐慌为何会发生，考虑下述情况：没有存款保险，且经济遭遇了负面冲击。结果，5%的银行发生巨额贷款损失，进而变得资不抵债（净值为负，因而破产）。由于信息不对称，存款人无法判断自己的开户银行是一家好银行还是属于5%资不抵债中的一家。无论好银行还是差银行的存款人都意识到，自己可能无法全额收回存款，因此希望立即提款。事实上，因为银行遵循"顺序服务约束"（即先到者先接受服务），存款人有很强的动机最先赶赴银行，因为如果排在队伍末尾，一旦银行资金耗尽，自己就会一无所得。正是这种抢先"跑"银行的动机，使得因担忧银行经营稳健性而发生的提款演变成了"银行挤兑"。对银行体系健康程度的不确定性通常会导致好银行和差银行都被挤兑，而且一家银行破产会加速其他银行破产（被称为传染效应，contagion effect）。如果不能恢复公众信心，银行恐慌就会随之而来。

事实上，银行恐慌在19世纪和20世纪初期的美国已经司空见惯，每隔20年左右都会发生重大银行恐慌，例如1819年、1837年、1857年、1873年、1884年、1893年、1907年以及1930—1933年。即使在20世纪20年代经济繁荣时期，银行破产也是严重问题，当时的银行破产数量达到平均每年600家左右。

存款人的政府安全网可以阻断银行挤兑和银行恐慌，通过为存款人提供保护，可以克服存款人不愿将资金留在银行体系的问题。安全网的一种形式是存款保险，在美国是由联邦存款保险公司来提供的。联邦存款保险公司保证，如果银行破产，现有存款人在该银行25万美元以内的存款都将得到足额偿付。（1934年，存款保险最高限额是2 500美元。）有了足额存款保险的保障，即使存款人担心银行的健康程度，他们也不必跑去银行提款，因为不管怎样，其存款价值都会保持不变。在联邦存款保险公司成立前夕的1930—1933年，银行破产数量平均每年超过2 000家。1934年联邦存款保险公司成立之后，一直到1981年以前，银行破产数量平均每年不超过15家。

联邦存款保险公司主要采取两种方法来处理破产银行。第一种方法被称为偿付法（payoff method），联邦存款保险公司允许银行破产，并对存款人25万美元限额以内的存款给予偿付（资金来源于银行向联邦存款保险公司买保险时所缴纳的保费）。在银行被清算后，联邦存款保险公司与银行其他债权人一样，依次从资产清算所得中获取应得的比例。一般而言，采取偿付法时，存款超过25万美元限额的账户持有人可以拿回90%以上的资金，但这个过程要好几年才能完成。

第二种方法被称为收购与接管法（purchase and assumption method），联邦存款保险公司对银行进行重组，通常是寻找有意愿的兼并合伙人来接管破产银行的所有负债，从而存款人和其他债权人不会遭受任何损失。联邦存款保险公司往往通过提供补贴贷款，或者购买破产银行低质量贷款的方式，对兼并合伙人进一步加大筹码。收购与接管法的结果是，联邦存款保险公司对所有负债和存款都提供了担保，而非仅仅那些在25万美元限额以内的存款。与偿付法相比，收购与接管法对联邦存款保险公司而言的成本一般更高，尽管如此，在1991年新的银行法出台之前，收购与接管法是联邦存款保险公司处理破产银行更常用的程序。

近年来，政府存款保险制度声名鹊起，并被推广到世界上很多国家。全球视野专栏"政府存款保险制度在世界范围内的普及：这是好事吗?"对这种趋势是否可取进行了分析。

全球视野 政府存款保险制度在世界范围内的普及：这是好事吗?

在美国建立联邦存款保险制度之初的30年里，只有6个国家效仿美国建立了存款保险制度。然而，20世纪60年代末情况开始变化，到20世纪90年代这一趋势开始加速，采用存款保险制度的国家多达70个。政府存款保险制度在全世界大发展，根源于对银行体系健康程度的日益担忧，尤其是近年来银行业危机发生次数不断增加。政府存款保险制度的普及是好事吗? 这有助于提高金融体系的业绩并防止银行业危机吗?

在很多情况下答案似乎是否定的。世界银行的研究发现，平均来看，实施显性的政府存款保险制度伴随着银行部门稳定性降低和银行业危机概率上升。[a] 而且平均来看，存款保险制度似乎阻碍了金融发展。但存款保险制度的这些负面效应只出现在制度环境薄弱国家：法治缺失、金融监督和管理部门效率低下，以及腐败盛行。这种情况是完全可以预期到的，在本章的稍后部分我们将会看到，要限制银行因存款保险制度而滋生从事高风险活动的道德风险动机，需要一个强大的制度环境。问题在于，对很多新兴市场国家而言，建立强大的制度环境可能是很难完成的。我们只能得出如下结论：新兴市场国家采用存款保险制度来提高银行体系的稳定性和效率，可能完全是药不对症。

a. 参见 World Bank，*Finance for Growth*：*Policy Choices in a Volatile World*（Oxford：World Bank and Oxford University Press，2001）。

政府安全网的其他形式 存款保险制度不是政府安全网的唯一形式。在其他国家，即使没有显性的存款保险制度，政府也经常随时准备为面临挤兑的国内银行提供支持。并且，银行并非唯一能对金融体系制造系统性威胁的金融机构。当金融机构规模非常庞大或者与其他金融机构或金融市场有着广泛联系的时候，它的破产就有可能摧毁整个金融体系。2008年全球金融危机期间，贝尔斯登和雷曼兄弟这两家投资银行以及美国国际集团（AIG）这家保险公司就发生了这种情况。

政府提供支持的一种方式是，由中央银行向陷入困境的机构放贷，例如全球金融危机期间美联储的做法（第 15 章将详细介绍）。这种支持通常被称为中央银行“最后贷款人”职能。在其他情况下，资金被直接提供给陷入困境的机构，例如 2008 年在全球金融危机最凶险阶段美国财政部和其他国家政府的做法（见第 12 章）。政府还可以接管（国有化）陷入困境的机构，保证所有债权人都将得到足额偿付。

政府安全网的缺点

虽然政府安全网可以保护存款人和其他债权人，防止金融危机发生或者减轻危机的影响，但对它的评价却是毁誉参半。

道德风险与政府安全网　政府安全网最严重的缺点来自道德风险，即交易一方有动机从事损害另一方利益的活动。道德风险通常是保险安排中的重要问题，因为保险的存在增强了冒险的动机，可能导致保险赔付。例如，有些司机投保了低免赔额车损险后，很可能更加鲁莽地驾驶，因为即使发生事故，保险公司也会支付大部分损坏和维修的成本。

道德风险也是政府安全网的突出问题。在存在安全网的情况下，存款人和债权人知道即便银行破产自己也不会遭受损失，因此即使怀疑某家金融机构过度冒险，他们也不会用提取存款的方式对这些机构施加市场惩罚。结果，政府安全网之下的金融机构有动机冒更高的风险（与没有安全网时相比），因为就算日后银行垮了来买单的也是纳税人。金融机构的赌注是这样的：“正面，我赚；背面，纳税人赔。”

逆向选择与政府安全网　存款保险等政府安全网的另外一个问题在于逆向选择。如同差司机比好司机更有可能投保低免赔额车损险一样，最有可能造成银行投保之不利后果（银行破产）的就是那些最想利用该保险的人。因为受到政府安全网保护的存款人和债权人没有理由对金融机构进行市场约束，偏好风险的企业家们会发现金融行业特别地充满魅力——他们知道这里将能从事高危活动。更糟糕的是，由于受到保护的存款人和债权人不去监督金融机构的业务活动，因而如果没有政府干预，那些江湖惯骗也会发现金融行业特别对他们胃口，因为他们能轻而易举地从欺诈和贪污等罪名中脱身。

“大而不倒”　政府安全网引发道德风险与希望防止金融机构破产，使金融监管者要面对特别为难的情况：**“大而不倒”问题**（too-big-to-fail problem），即监管者不愿意关停大型金融机构并使机构的存款人和债权人遭受损失，因为这样做有可能促成金融危机。“大而不倒”问题首次出现在 1984 年 5 月，当时美国十大银行之一大陆伊利诺伊银行陷入了资不抵债境地。联邦存款保险公司不仅对 10 万美元以内的账户（当时的存款保险限额）提供担保，而且对超过 10 万美元的账户也提供担保，甚至还避免了大陆伊利诺伊债券持有者的损失。之后不久，通货监理署（国民银行的监管者）在国会听证会上表示，11 家最大的银行都会得到与大陆伊利诺伊银行相似的待遇。

虽然通货监理署没有使用“大而不倒”的说法［这实际上是众议员斯图尔特·麦金尼（Stewart McKinney）在国会听证会上提出的］，但该术语现在被用来指代这种政策：政府为最大银行未投保的大额债权人提供偿付担保，从而没有存款人和债权人会遭受损失，即使这些存款人和债权人没有自动地获得这种担保。联邦存款保险公司用收购与接管法来做这件事，向资不抵债的银行注入大量资本，然后找到有意愿的兼并合伙人来接管银行及其存款。“大而不倒”政策还延伸到不属于 11 家最大银行的其他大银行。（要注意，“大而不倒”这个用法有一定的误导性，因为当金融机构被关闭或被并入另一家金融机构时，原来的经理们通常被解雇，股东们也会失去投资。）

“大而不倒”政策的一个问题是，它强化了大银行的道德风险动机。如果联邦存款保险公司采取偿付法关闭银行，只对限额 25 万美元以下的现有存款人提供全额偿付，那么银行破产时存款额高于 25 万美元的大额存款人就会遭受损失。这样存款人就会有动力对银行进行监督——通过密切关注银行的业务活动，或者在发现银行过度冒险时从银行取走存款等方式。为了预防此类存款损失，银行会更有可能从事低风险活动。然而，一旦大额存款人发现银行“大而不倒”，就没有动力监督银行或是在发现银行过度冒险时取走存款：无论银行做什么，大额存款人都将不会遭受任何损失。所以“大而不倒”政策的结果是，大型金融机构可能承担更高的风险，进而使得银行破产更有可能发生。

对于政府安全网所延伸到的非银行金融机构，“大而不倒”政策同样强化了道德风险动机。如果知道金融机构将被救助，债权人就没有动力去监督这家机构，发现机构承担过高风险也没有动力抽回资金。因此，大型金融机构或广泛关联的金融机构更有可能从事高风险活动，从而加大了金融危机爆发的可能性。

事实上，那些被认为“大而不倒”的金融机构（包括贝尔斯登、雷曼兄弟和 AIG 等）在全球金融危机之前的确承担了过多风险，而且它们后来的崩溃引发了大萧条以来最严重的金融危机（见第 12 章的讨论）。

金融并购与政府安全网　在金融创新以及 1994 年《里格-尼尔州际银行业务与分支机构效率法案》和 1999 年《格兰姆-里奇-布利利金融服务现代化法案》的共同推动下，金融并购发展十分迅速，导致出现了规模更大且更为复杂的金融组织。由于政府安全网的存在，金融并购向金融监管提出了两个挑战。

第一，金融并购导致金融机构规模扩张，加剧了“大而不倒”问题，因为现在有更多大型机构，一旦破产就会导致金融体系出现系统性（涉及整个系统的）风险。因此更多金融机构可能被视为“大而不倒”，进一步提高了这些大机构过度冒险的道德风险动机，加剧了金融体系的脆弱性。

第二，银行与其他金融服务企业的并购，意味着政府安全网需要扩展到证券承销、保险和不动产等新的业务活动领域（如同全球金融危机期间发生的那样）。该情形强化了更多开展这些冒险业务的动机，也会动摇金融体系的结构。法律法规的新近调整催生了很多更大、更复杂的金融组织，限制它们的道德风险动机是银行监管者在全球金融危机之后面临的一个关键问题。

10.2 金融监管类型

目标 10.2 列举和总结金融监管类型，以及每类监管如何减少信息不对称问题。

金融监管旨在缓解信息不对称问题和金融体系的过度风险承担，有八种基本类型：资产持有限制、资本金要求、即时整改行动、注册与检查、风险管理评估、信息披露要求、消费者保护和对竞争的限制。

资产持有限制

我们已经看到，政府安全网所产生的道德风险鼓励了金融机构的过度冒险行为。限制资产持有的银行监管，目的就是要最小化这种可能造成纳税人沉重负担的道德风险。

即使没有政府安全网，金融机构仍然有动机承担过多风险。高风险资产在能够偿付时可以为金融机构提供更高的盈利，但如果无法偿付而机构破产，就扔给存款人和债权人来兜底。如果存款人和债权人能够轻而易举地获取银行从事风险活动的信息来监督银行，那么只要机构过度冒险，他们就能够立即抽回资金。为避免这样的资金损失，机构会更有可能减少风险活动。遗憾的是，获取机构的业务活动信息并确定其承担了多少风险，可能是个困难的任务。因此，大部分存款人和很多债权人都没有能力对金融机构实施市场约束来防止其从事风险活动。所以，即使在联邦存款保险等政府安全网建立之前，以降低金融机构风险承担为目标的政府监管也有其强大的理论基础。

由于银行最容易出现恐慌，所以它们要受到限制风险资产持有的严格监管，比如不得持有普通股股票。通过限制特定种类贷款或者对单个借款人的贷款规模，银行监管也提高了多样性，降低了风险。由于全球金融危机期间政府安全网的拓展，以及危机后对监管改革的呼吁，非银行金融机构的风险资产持有未来可能面临更多限制。然而危险也存在，如果这些限制措施变得太过烦琐，可能会削弱金融体系的运行效率。

资本金要求

政府对资本金的要求是最小化金融机构道德风险的另外一种方法。如果不得不持有很大规模的权益资本，一旦破产自身就要遭受沉重损失，则金融机构更有可能从事风险较低的业务活动。此外，第 9 章曾指出，资本金可以作为不利冲击发生时的有效缓冲，降低金融机构破产的可能性，进而直接增强金融机构的安全性和稳健性。

对银行的资本金要求有两种形式。第一种基于**杠杆比率**（leverage ratio），即资本与银行总资产的比率。银行杠杆比率必须超过5%，才能被归类为资本雄厚；若杠杆比率较低，特别是不到3%，就会触发提高对银行的监管限制。在20世纪80年代的大部分时间里，美国设置的最低银行资本金就是只规定了一个最低杠杆比率。

20世纪80年代对大陆伊利诺伊银行和储蓄与贷款协会进行救助后，美国和世界其他国家的监管机构越来越担忧银行的风险资产持有和**表外业务**（off-balance-sheet activity）增长。表外业务包括交易金融工具以及获取服务费收入，虽然不反映在银行资产负债表中，但还是会增加银行风险。

为了解决风险资产和表外业务所引发的问题，工业化国家的银行官员同意成立了**巴塞尔银行监管委员会**（Basel Committee on Banking Supervision，因由位于瑞士巴塞尔的国际清算银行发起而得名），其所制定的**《巴塞尔协议》**(Basel Accord)讨论了第二种类型的资本金要求，即风险资本要求。《巴塞尔协议》要求银行持有至少占其风险加权资产8%的资本，已经被包括美国在内的100多个国家采用。资产被分为四个类别，每类的权重反映了不同程度的信用风险。第一类风险权重为零，包括几乎不存在违约风险的资产，如准备金以及经济合作与发展组织（OECD）国家（即工业化国家）发行的政府证券等。第二类风险权重为20%，包括OECD国家的银行债权。第三类风险权重为50%，包括市政债券和住房抵押贷款。第四类风险权重最高，为100%，包括消费者贷款和企业贷款。对表外业务的处理方式与此相似。通过信用风险换算系数，将表外业务转化为表内项目，并适用相应的风险权重，同时对银行交易账户也规定了最低的风险资本要求。

随着时间的推移，《巴塞尔协议》的局限性越来越明显，因为用风险权重规定的银行风险监管指标与银行面对的真实风险可能差异明显。这种差异带来的结果就是所谓的**监管套利**（regulatory arbitrage），即在实践中，对于资本规定中风险权重相同的资产，银行在账面资产中会保留那些风险更高的资产，如向低信用评级公司发放的贷款，而会剔除低风险资产，如向信用评级非常高的公司发放的贷款。所以《巴塞尔协议》可能增加了银行风险，这显然与其初衷相背离。为了克服这些局限性，巴塞尔银行监管委员会提出了新资本协议，通常被称为《巴塞尔协议Ⅱ》。但在全球金融危机之后，委员会发布了一个更新版本，媒体常常将其称为《巴塞尔协议Ⅲ》。全球视野专栏“全球金融危机后《巴塞尔协议》去往何方?”介绍了这几个版本的《巴塞尔协议》。

全球视野　**全球金融危机后《巴塞尔协议》去往何方?**

自1999年6月开始，巴塞尔银行监管委员会先后公布了数版征求意见稿以修改最初的1988年《巴塞尔协议》。这些努力集成在银行监管者所说的《巴塞尔协议Ⅱ》中，建立在三个支柱之上。

1. 第一个支柱将大型国际活跃银行的资本金要求与三类实际风险更为密切地联系起来：

市场风险、信用风险和操作风险。在标准法中规定了更多具有不同风险权重的资产类别。此外，允许成熟银行使用自己的信用风险模型，即所谓的内部评级法。

2. 第二个支柱着重强调监管过程，尤其是对银行机构风险管理质量的评估和对银行机构在确定所需资本时是否具有恰当程序的评估。

3. 第三个支柱着重强化市场纪律，提高细节披露程度，包括银行的信贷敞口、准备金和资本金规模、控制银行的管理层以及内部评级体系的有效性等信息。

虽然《巴塞尔协议Ⅱ》在限制国际活跃银行机构过度风险承担方面前进了一大步，但大大提高了协议的复杂性。最初的《巴塞尔协议》文件仅有26页，而《巴塞尔协议Ⅱ》最后一稿则超过了500页。最初的时间表是在2001年底完成最后一轮磋商，新协议在2004年前生效。然而，来自银行、贸易组织和各国监管者的批评使得计划一再推迟。直到2004年6月《巴塞尔协议Ⅱ》最后一稿才公布，欧洲银行业到了2008年初才开始执行新协议。美国银行业提交的计划承诺2008年实施《巴塞尔协议Ⅱ》，但全面执行要到2009年。美国只有一打左右最大的银行执行了《巴塞尔协议Ⅱ》，其余所有银行则被允许使用简化版本的标准。

然而全球金融危机揭示了新协议的许多局限性。第一，《巴塞尔协议Ⅱ》没有要求银行保有充裕资本以能平安渡过此间发生的金融混乱。第二，标准法下的风险权重高度依赖信用评级，但是金融危机之前的情况证明了这些评级极不可靠。第三，《巴塞尔协议Ⅱ》具有显著的顺周期性，即经济环境好时对银行的资本金要求比较低，经济环境不好时要求银行保持较高的资本金，从而进一步恶化了信贷周期。因为在经济环境不好时，各个类别资产的违约概率和预期损失都会上升，而正是在这个资本最短缺的时候，《巴塞尔协议Ⅱ》要求持有更高的资本金。这在全球金融危机以后一直是特别严重的关切。这场危机侵蚀了银行的资本金余额，导致信贷收缩，严重拖累了实体经济。《巴塞尔协议Ⅱ》进一步加剧了贷款收缩，对经济体系造成了更为严重的破坏。第四，《巴塞尔协议Ⅱ》对可能的流动性枯竭危险没有予以足够重视，这个问题在金融危机期间拖垮了很多金融机构。

因为上述这些局限性，巴塞尔银行监管委员会在2010年提出了新的资本协议，即《巴塞尔协议Ⅲ》。《巴塞尔协议Ⅲ》通过大大提高资本金要求和改善资本质量，进一步强化了资本标准；通过提高经济环境好时的资本金要求、降低经济环境不好时的资本金要求，降低了资本标准的顺周期性；规定了信用评级应用新规则；对金融机构提出了资金稳定性要求，以便能更好地应对流动性冲击。强化资本标准可能会导致银行限制信贷，从而阻碍世界各国从之前的深度衰退中实现经济企稳复苏，诸如此类的担心使得实现上述监管目标所需要的政策措施饱受争议。《巴塞尔协议Ⅲ》最初计划在2015年以前全面实施，但其实施已经是一再延期，目前是要在2022年1月全部完成。然而，无论《巴塞尔协议Ⅲ》到时能否全面就位，以及能否成功抑制风险承担，都极其不确定。

即时整改行动

如果金融机构的资本金下降到很低的水平，会引发两个严重的问题。首先，银行破产的可能性加大，原因是在出现贷款损失或者其他资产减值时，资本缓冲较少。其次，资本金越少，金融机构的“风险共担”就越小，因此更有可能承担过多风险。换句话说，道德风险问题会更加严重，机构破产的可能性更大，纳税人“兜底”的可能性也更大。为了防止这种情况出现，1991 年《联邦存款保险公司改善法》通过了即时整改行动条款，要求联邦存款保险公司在银行陷入困境时应当尽早并且更加强力地进行干预。

根据银行资本，银行可分为五个类别。第一类银行，即“资本雄厚型”，是指银行资本显著超过最低资本金要求，而且被允许享有特权，比如承销某些证券。第二类银行，即“资本充足型”，满足最低资本金要求，不必采取整改行动，但不享受资本雄厚型银行的特权。第三类银行，即“资本不足型”，没有满足资本金要求。第四类银行和第五类银行分别是“资本显著不足型”和“资本严重不足型”，不得支付高于平均水平的存款利率。此外，联邦存款保险公司要求第四类银行和第五类银行采取即时整改行动，例如要求这些银行提交资本补充计划，限制资产增长速度，以及新设分支机构或开发新业务必须经过监管部门批准。如果银行资本不足非常严重，权益资本占资产的比例不足 2%，就被归入第五类，而联邦存款保险公司必须采取行动关闭这些银行。

金融监管：注册与检查

金融监管（financial supervision）或者**审慎监管**（prudential supervision），指监督是谁在经营金融机构以及他们经营得怎么样，这是减少金融业逆向选择和道德风险等问题的重要方法。因为骗子或野心太大的企业家们可能利用金融机构从事具有高度投机性的活动，所以这些不受欢迎的人往往很想要经营金融机构。金融机构注册是防止这类逆向选择问题的一种手段；通过注册，新机构计划书逐一接受筛查，以防止不符合要求的人掌控金融机构。

商业银行既可以由通货监理署批准成立（国民银行），也可以由州银行业监管当局批准成立（州银行）。为了得到牌照，有计划组建银行的人必须提交申请书，说明他们计划如何经营银行。监管当局对计划书进行评估时要判断其是否可靠，需要考察银行未来管理层的质量、银行可能的盈利水平与银行的初始资本金规模等方面。1980 年以前，注册机构通常要考虑该社区是否需要一家新银行。如果该社区现有银行会因新银行的出现而利益受损，那么新银行牌照通常就不会得到批准。目前，这种反竞争的政策立场（以防止现有银行破产作为判定依据）在注册机构当中已经没那么大影响力了。

银行一旦完成注册，必须按要求定期（通常是每季度）提交财务报告，说明银行的资产和负债、收入和股利、所有权、外汇交易和其他详细信息。银行还要接受监管机构至少每年一次确认其财务状况的检查。为避免重复劳动，三家联邦监管机构协同工作，通常会相互认定检查结果。一般来说，这意味着国民银行由通货监理署检查，成为美联储会员的州银行由美联储检查，而投保的非会员州银行则由联邦存款保险公司检查。

定期实地检查的作用在于限制道德风险，由此监管者可以监督金融机构是否遵守资本金要求和资产持有限制。银行检查官对银行进行骆驼评级（CAMELS rating）。该缩写基于六个方面的评估：资本充足率、资产质量、管理、盈利、流动性和对市场风险的敏感度。根据这些银行业务活动相关信息，监管者可以实施监管，如果银行的骆驼评级足够低，监管者可以采取签发停业和整顿命令（cease and desist orders）等官方行动来改变银行的行为，甚至可以关闭银行。限制银行承担过多风险以抑制道德风险的举措同样有助于减少逆向选择问题，因为风险承担的机会越少，银行业对风险偏好企业家们的吸引力就越低。

要注意的是，监管者对付逆向选择和道德风险的方法在私人金融市场上同样存在（见第 8 章和第 9 章）。注册类似于对潜在借款人进行甄别，限制风险资产持有的监管类似于防止借款公司从事风险投资活动的限制性条款，资本金要求的作用类似于要求借款公司保有最低净值的限制性条款，而定期检查则与贷款机构对借款人的监督相似。

银行检查由银行检查官执行，他们有时会突然造访银行（避免银行为应付检查而进行粉饰）。检查官研究银行的账簿，看其是否遵守了限制资产持有的规章制度。如果银行持有风险太高的证券或贷款，银行检查官可以强迫银行将其剥离出去。如果银行检查官认为某笔贷款回收无望，可以强迫银行宣布贷款没有价值（即注销贷款，这会减少银行的资本）。如果在检查之后，银行检查官认为银行没有充足的资本，或者从事了不诚实的活动，可以宣布该银行为“问题银行”，并对其实施更为频繁的检查。

风险管理评估

传统上，实地检查的重点主要是评估某个时点上金融机构资产负债表的质量，以及是否遵守资本金要求和资产持有限制。虽然这些传统重点在降低金融机构过度风险承担方面仍然重要，但在当前情况下恐怕已经远远不够了，金融创新所产生的新市场和新工具使得金融机构及其雇员能够轻易而迅速地投下巨额赌注。在这种崭新的金融环境下，在特定时点上还十分健康的金融机构可能被交易损失瞬间重创到资不抵债，1995 年巴林银行破产就是强有力的例证（见第 9 章）。因此，仅仅着眼于检查金融机构在某个时点上的头寸状况并不能有效说明其在不远的将来是否事实上会承担过多风险。

金融环境变化导致全世界范围内对审慎监管程序的认识发生了重大转变。例如，银行检查官现在把更多关注放在了评价银行管理层处置风险控制的健全性上。从 1993 年为检查官制定有关交易和衍生业务的指导准则开始，美联储将新的重点放在风险管理上，体现了监管理念的转变。1994 年初发布的《交易业务指导手册》

对这一重点予以扩展并加以规范，为银行检查官提供了评价风险管理体系的工具。1995 年底，美联储和通货监理署宣布将对它们所监管银行的风险管理程序予以评估。现在，银行检查官对风险管理评级设定了 1～5 的级别，作为骆驼体系中整体管理评级的一部分。进行风险管理评级，需要对有效风险管理的四个因素进行评价：(1) 董事会和高级管理层实施监督的质量；(2) 对所有具有重大风险的业务活动的限制和政策充足性；(3) 风险计量和监控体系的质量；(4) 预防雇员欺诈和未授权活动之内部控制的充足性。

近年来，美国银行监管当局应付利率风险的监管指引同样反映了监管重点转向管理程序。这些指引要求银行董事会制定利率风险上限，任命专门管理利率风险的官员，并监控银行风险敞口。指引还要求银行高级管理层研制正式的风险管理政策和程序，以确保董事会的风险上限不被违反，并实施监督利率风险和执行董事会指令的内部控制制度。特别重要的是落实**压力测试**（stress tests）和**在险价值**（value-at-risk，VaR）计算，前者计算在虚拟的极端可怕情景下的潜在损失与资本金补充需求，后者衡量在 1%概率水平下交易组合（例如，两周内）的损失规模。除了这些指引，银行监管者在决定银行资本金要求时仍然要继续考虑利率风险。

信息披露要求

第 8 章描述的免费搭车问题说明，单个存款人和债权人没有足够的动机生产有关金融机构资产质量的私人信息。为了确保市场上能够有更好的信息，监管者可以要求银行坚持特定的标准会计准则和披露各种各样的信息，以帮助市场评估金融机构的资产组合质量和风险敞口规模。向公众提供有关金融机构风险和资产组合质量的更多信息，可以帮助股东、债权人和存款人评价和监督金融机构，对过度风险承担形成威慑。

信息披露要求是金融监管的关键组成部分。《巴塞尔协议Ⅱ》对信息披露要求予以特别强调，作为三大支柱之一，要求银行机构加强信贷敞口、准备金规模和资本金等方面的信息披露，强化市场纪律。1933 年《证券法》和 1934 年成立的证券交易委员会，也对发行公开交易证券的任何公司（包括金融机构在内）提出了信息披露要求。此外，证券交易委员会还要求金融机构披露表外头寸，以及有关组合估价的更多信息。

我们需要增加信息披露监管，以此来限制承担过度风险的动机，改善金融市场的信息质量，这样一来投资者可以做出合理决定，从而提升金融市场将资本配置到最具生产性用途上的能力。证券交易委员会对信息披露提出要求，以及监管经纪公司、共同基金、交易所和信用评级机构以确保它们生产可靠信息并保护投资者，都是市场效率的助推力。2002 年《萨班斯-奥克斯利法案》将信息披露要求进一步推向深入，具体做法是：提高了对公司利润表和资产负债表进行准确审计的激励，成立了旨在监督审计行业的公众公司会计监督委员会（PCAOB），以及规范了限制金融服务业利益冲突的监管要求。

消费者保护

信息不对称的存在表明，消费者或许没有足够的信息可以在金融交易中充分地保护自己。消费者保护监管可以有几种形式。1969 年《消费者保护法》(Consumer Protection Act，通常被称为《贷款真实性法》）要求所有贷款人（不仅仅是银行）向消费者提供有关借款成本的信息，包括披露标准化利率（又称年利率或者 APR）和贷款的总财务费用。1974 年《公平信用交易法案》(Fair Credit Billing Act）要求债权人（尤其是信用卡发行人）提供估算财务费用方法的信息，以及要求迅速处理账单投诉。

国会也通过了减少信用市场歧视现象的法令。1974 年《平等信用机会法案》(Equal Credit Opportunity Act）与 1976 年补充法案禁止贷款人基于种族、性别、婚姻状况、年龄或国籍的歧视。该法案由美联储根据《B 条例》(Regulation B）来执行。制定 1977 年《社区再投资法案》(Community Reinvestment Act，CRA）是要预防“红线”行为，即贷款人拒绝向特定区域发放贷款（假定在地图上以红线划出）。该法案要求银行证明它们在所有吸收存款区域都发放了贷款，如果银行被发现没有遵守这一法案，监管者可以拒绝其合并、开办分支机构或者涉新业务申请。

全球金融危机说明需要给予消费者更大的保护，因为太多借款人在借贷时会遇到他们不理解的合同条款，以及所申请贷款远远超出其还款能力。（最著名的就是所谓 NINJA 贷款，即发放给无收入、无工作和无资产借款人的“三无”贷款。）结果是数不胜数的抵押赎回权取消，许多家庭失去了自己的房子。我们在第 12 章将看到，国会成立了新的消费者保护机构，以防止此类信贷活动再次发生。

对竞争的限制

竞争加剧也会提高金融机构承担更多风险的道德风险动机。竞争加剧导致盈利能力下降，使得金融机构为了维持以往的利润水平而向承担更大风险的动机倾斜。因此，很多国家的政府都制定监管法规，保护金融机构不受竞争威胁。在美国历史上，这类法规主要采取两种形式。第一种是第 11 章介绍的限制设立分支机构，这减少了银行间竞争。但这些限制已于 1994 年取消。第二种形式是《格拉斯-斯蒂格尔法》所规定的，禁止非银行机构从事银行业务而与银行竞争，该法案于 1999 年被废除。

虽然限制竞争为银行的健康撑腰，但也有十分严重的不利后果：因为现在不必那么激烈地竞争了，可能导致消费者的费用增加，而银行机构的效率下降。因此，即使存在信息不对称为反竞争监管提供了理由，也并不意味着这类监管是有利的。事实上，近些年来，工业化国家政府限制竞争的冲动已经减弱了。

小 结

信息不对称分析解释了减少金融体系道德风险和逆向选择问题所需要的几类金融监管。然而，理解了监管理论，并不代表实践中金融体系监督和管理是件容易的事。让监督和管理机构正确履职十分困难，有这样几个原因。首先，在第11章对金融创新的讨论中我们将会了解，金融机构为寻求利润，有强烈的动机通过钻空子等行为规避现有监管。因此，监管目标总是在不断调整。监管者与金融机构之间不断进行猫和老鼠的游戏——金融机构想出各种妙招规避管制，使得监管者要不断调整和修正其监管行为。金融体系总是在动态变化，监管者不断面对新的挑战，如果它们不能迅速应对，可能就无法阻止金融机构过度承担风险。如果监管机构缺乏必要资源和专门技术来跟上那些设法规避现有监管的聪明人，这个问题可能会进一步恶化。

金融监督和管理困难还有另外两个原因。在监管游戏中，魔鬼全在细节之中。细节方面的微妙差异可能导致意想不到的后果；除非监管机构把监督和管理做到恰到好处，否则可能无法阻止过度风险承担。此外，被监管公司可能游说政治人物向监管机构施压以求放它们一马。

基于所有这些原因，无法保证监管机构在促进健康金融体系上将会成功。正如全球视野专栏“国际金融监管”所指出的，同样的问题也折磨着其他国家的金融监管者。事实上，金融监管也不是总能有效，曾导致了美国和世界范围的多次银行业危机。

全球视野　国际金融监管

由于银行业信息不对称问题在全世界都司空见惯，所以其他国家的金融监管也与美国类似。与美国一样，金融机构是由政府监管机构批准成立并进行管理的。其他发达国家对金融机构和证券发行企业同样有信息披露要求。存款保险也是大部分其他国家监管体系的共同特征，但覆盖范围往往要小于美国，且是自愿参加而不是被要求参加。此外，我们也看到，许多国家的资本金要求正在按照《巴塞尔协议》等的规定处于标准化过程中。

当金融机构在多国经营并由此可以随时将业务从一个国家转移到另一个国家的时候，金融监管就出现了一些特殊问题。金融监管机构密切检查金融机构在本国的业务活动，但是对本国金融机构的海外分部或在本国拥有分部的国外金融机构，通常不具备密切关注它们在其他国家的业务活动的知识和能力。此外，当金融机构在很多个国家经营的时候，哪国监管当局应当对防止该机构从事过度冒险活动负有监管主责也不明确。

1991年国际信贷商业银行（Bank of Credit and Commerce International，BCCI）倒闭充分反映了国际金融监管的固有困难。该行业务遍布全球70多个国家，包括美国和英国在内，由卢森堡管理，但这个小国不太可能担起这个职责。当大量的欺诈行为被披露后，英格兰银行关闭了BCCI，但为时已晚，存款人和股东难逃巨额损失。不同国家的监管机构合作以及统一监管要求，或许可以解决国际金融监管问题。类似《巴塞尔协议》的协定和1992年7月巴塞尔银行监管委员会公布的监管程序（要求母国政府单独负责监管银行在世界范围内的业务活动，同时增强了其获得银行业务活动信息的权力），说明国际金融监管正在朝着这一方向发展。此外，巴塞尔银行监管委员会还规定，其他国家的监管者如果认为外国银行缺乏有效监管，可以限制其业务活动。这类协定未来能否解决国际金融监管问题尚无定论。

由于美国监管金融体系的已公布法律实在太多了，要全部记录下来很困难。为了辅助学习，表10-1列出了20世纪以来通过的主要金融法律，并概括了每部法律的关键规定。

表10-1 美国主要金融法律

1913年《联邦储备法》

建立联邦储备体系

1927年《麦克法登法案》

有效禁止银行跨州设立分支机构

对国民银行和州银行设立分支机构一视同仁

1933年《银行法》(《格拉斯-斯蒂格尔法》)和1935年《银行法》

建立联邦存款保险公司

分离商业银行业和证券业

禁止对支票存款支付利息，限定支票存款业务由商业银行办理

对其他存款设置利率上限

1933年《证券法》和1934年《证券交易法》

要求投资者获取公开交易证券的财务信息

禁止证券销售中的渎职和欺诈行为

成立证券交易委员会（SEC）

1940年《投资公司法》和1940年《投资咨询业法》

监管包括共同基金在内的投资公司

监管投资咨询业

《银行控股公司法》和《道格拉斯修正案》(1956年)

确认银行控股公司（BHCs）的地位

赋予美联储监管银行控股公司的责任

1980年《存款机构放松管制和货币控制法》(DIDMCA)

放宽储蓄机构的业务范围

允许在全国范围内开立可转让支付命令账户和流动账户

分阶段取消存款利率上限

续表

对存款机构实行统一的法定准备金要求
取消贷款利率上限
将存款保险额度提高至每个账户 10 万美元
1982 年《存款机构法》(《甘恩-圣杰曼法》)
赋予联邦存款保险公司和联邦储蓄贷款保险公司（FSLIC）在紧急情况下跨州兼并银行和储蓄机构的权力
准许存款机构开办货币市场存款账户（MMDAs）
放宽对储蓄机构经营商业贷款和消费者贷款业务的限制
1987 年《银行公平竞争法》(CEBA)
向联邦储蓄贷款保险公司注入 108 亿美元资金
制定经济萧条地区的监管自律条款
1989 年《金融机构改革、复兴和实施法案》(FIRREA)
提供资金解决储贷协会倒闭问题
取消联邦储蓄贷款保险公司和联邦住房贷款银行委员会
成立储蓄机构管理局来监管储蓄机构
创立重组信托公司以解决破产储蓄机构问题
提高存款保险保费
对储贷协会业务重新施加限制
1991 年《联邦存款保险公司改善法》(FDICIA)
对联邦存款保险公司补充资本金
限制经纪存款和“大而不倒”政策
设定即时整改行动条款
指示联邦存款保险公司建立基于风险的保险费率制度
加强对银行的检查、资本金要求和报告要求
实施《外国银行加强监督法》(FBSEA)，加强美联储对外国银行的监督权
1994 年《里格-尼尔州际银行业务与分支机构效率法案》
取消跨州银行业务限制
允许跨州设立分支机构
1999 年《格兰姆-里奇-布利利金融服务现代化法案》
废除《格拉斯-斯蒂格尔法》，取消对银行业和证券业的分隔
2002 年《萨班斯-奥克斯利法案》
成立公众公司会计监督委员会（PCAOB）
禁止特定利益冲突行为
要求首席执行官和财务总监保证财务报告的真实性，以及审计委员会的独立性

续表

2005 年《联邦存款保险改革法》
合并银行保险基金与储蓄协会保险基金
将个人退休账户的存款保险额度提高为每个账户 25 万美元
2010 年《多德-弗兰克华尔街改革和消费者保护法案》
建立消费者金融保护局，对抵押贷款和其他金融产品实施监管
要求常规衍生品通过中央清算所和交易所进行清算
要求进行年度银行压力测试
限制美联储向单个企业发放贷款
授权政府接管金融控股公司
成立金融稳定监管委员会，监管系统重要性金融机构
禁止银行从事自营交易以及拥有对冲基金的多数份额

总　结

1. 信息不对称、逆向选择和道德风险等概念有助于解释政府实施金融监管的原因。

2. 金融监管旨在缓解信息不对称问题和金融体系过度风险承担，有八种基本类型：资产持有限制、资本金要求、即时整改行动、注册与检查、风险管理评估、信息披露要求、消费者保护和对竞争的限制。

关键术语

银行破产	金融监管（审慎监管）	监管套利	银行恐慌	压力测试
《巴塞尔协议》	杠杆比率	“大而不倒”问题	巴塞尔银行监管委员会	表外业务
在险价值				

思考题

1. 为什么存款保险制度等政府安全网对于经济健康运转至关重要？

2. 如果意外伤害保险公司提供的火灾保险没有任何限制，会引发哪类逆向选择和道德风险问题？

3. 你支持取消或限制存款保险金额吗？解释你的答案。

4. 对持有高风险资产的银行提高存款保险费率如何有利于经济？

5. “大而不倒”政策的成本和收益是什么？

6. 假定你在银行有 30 万美元存款。联邦存款保险公司经过慎重考虑，认为这家银行目前已经资不抵债。你希望联邦存款保险公司使用哪种方法？如果你有 20 万美元存款呢？

7. 对于一个制度薄弱、腐败普遍且金融部门监管效率低下的国家，你是否建议其采取像美国联邦存款保险公司这样的存款保险体系？

8. 2008 年 10 月在全球金融危机最高潮时期，

美国财政部强迫9家最大的美国银行接受资本注入，以不具有表决权的股份作为交换，即使其中一些银行并不需要资本而且也不愿意参加到这个计划之中。美国财政部这样做的理由可能是什么？

9. 表外业务对银行监管当局提出了什么特殊问题？监管当局是如何解决的？

10.《巴塞尔协议》和《巴塞尔协议Ⅱ》有哪些局限性？《巴塞尔协议Ⅲ》为克服这些局限性，做了什么努力？

11. 银行注册是如何减少逆向选择问题的？是否总能有效？

12. 为什么银行监管的重点会从资本金要求逐步转向风险管理呢？

13. 假定在一些并购活动之后，美国全部存款的70%都由一家银行持有。你觉得这家银行会被认为"大而不倒"吗？这对你理解正在进行的金融并购进程与政府安全网有什么启发？

14. 假定环球银行拥有1亿美元资产，构成如下：

法定准备金	1 000万美元
超额准备金	500万美元
抵押贷款	2 000万美元
公司债券	1 500万美元
股票	2 500万美元
商品	2 500万美元

你认为环球银行持有股票、公司债券和商品等资产是否合适？为什么？

15. 为什么金融市场更具竞争性可能是个坏主意？对竞争的限制会是更好的办法吗？为什么？

16. 消费者保护监管可能以什么方式对金融中介机构的利润产生负面影响？你能说出此类监管对利润的一种正面效应吗？

10

应用题

17. 考虑一家破产银行。如果联邦存款保险公司使用偿付法，在给定典型回收率下，35万美元存款现在对存款人来说价值多少？如果采取收购与接管法，同一笔存款对存款人的价值又是多少？哪种方法对纳税人而言成本更高？

18. 某银行的资产负债表如下表所示：

资　产		负　债	
法定准备金	1 700万美元	支票存款	205 000万美元
超额准备金	300万美元	银行资本	1 000万美元
市政债券	6 500万美元		
住房抵押贷款	7 000万美元		
商业贷款	6 000万美元		

根据最初的《巴塞尔协议》，计算银行的风险加权资产。

第19～21题与旧帽子金融*的一系列交易有关。

19. 旧帽子金融开业当天的资本金为900万美元。总共收到13 000万美元支票存款。银行发放了2 500万美元商业贷款和5 000万美元抵押贷款。其中抵押贷款的贷款条件为：200笔标准化的30年期固定利率抵押贷款，名义年利率为5.25%，每笔25万美元。假定法定准备金率为8%。

a. 该银行的资产负债表是怎样的？

b. 该银行的资本金是否充足？

c. 计算旧帽子金融开业一天后的风险加权资产和风险加权资本比率。

20. 第二天一早，该银行用5 000万美元超额准备金发放了商业贷款。当天晚些时候，坏消息打击了抵押贷款市场，抵押贷款利率跳升到13%，意味着旧帽子金融当前持有的抵押贷款每笔现值变为124 798美元。银行监管机构强迫旧帽子金融卖出抵押贷款以确认其公平市场价值。旧帽子金

* 银行的名字。——译者注

融的资产负债表现在是什么样的？这些事件会如何影响其资本头寸？

21. 为避免破产，监管机构决定向该银行提供2 500万美元银行资本。然而，当地报纸刊发了关于抵押贷款坏消息的标题文章，引起了银行挤兑。结果，3 000万美元存款被提取。说明资本注入和银行挤兑对资产负债表的影响。资本注入是否足以使银行稳定下来？如果监管机构认为银行需要10%的资本比率才能防范未来挤兑，还需要额外注入多少资本才能满足10%的资本比率要求？

第11章 银行业：结构与竞争

学习目标

11.1 了解银行体系的关键特征，以及出现这些特征的历史背景。

11.2 解释金融创新如何引起影子银行体系的发展。

11.3 说明商业银行业的主要结构性变化。

11.4 总结引起商业银行合并的因素。

11.5 评价通过立法分离银行业和其他金融服务的理由。

11.6 总结储蓄机构和商业银行的区别。

11.7 说明美国银行海外经营和外国银行在美国经营的原因。

本章预习

单个银行的经营（如何获得资金、使用资金以及管理资金以盈利）全世界大致相似。在所有国家，银行都是追求利润的金融中介机构。然而，当我们考察银行业整体的结构和经营时，美国自己可以单设一类。在大部分国家，通常是4～5家大银行统治了银行业，但在美国大约有4 500家商业银行、700家储蓄机构（储蓄与贷款协会和互助储蓄银行）以及5 000家信用社。

多就一定更好吗？这种分散性是否意味着与其他国家的银行体系相比，美国的银行体系更具竞争性因而在有效和稳健方面也更加经济呢？美国经济和政治体系的哪些方面可以解释这么多数量的银行机构？本章尝试回答上述问题，我们将考察银行业的历史趋势及其总体结构。

我们首先考察银行体系的历史发展、金融创新如何加剧银行业的竞争环境以及如何引起根本变化。之后，我们将详细分析商业银行业，然后讨论储蓄业，包括储蓄与贷款协会、互助储蓄银行与信用社。我们对商业银行着墨颇多，因为它们是迄今最大的存款机构，其存款在银行体系中的占比超过2/3。除了考察美国国内的银行体系外，我们还将探讨国际银行业务发展的推动力量，分析其对美国人产生了怎样的影响。

11.1 银行体系的历史发展

目标 11.1 了解银行体系的关键特征，以及出现这些特征的历史背景。

1782 年北美银行在费城注册成立，开启了美国现代商业银行业的历史。随着这家银行的成功，其他银行也纷纷开业，美国银行业的开局不错。（为了辅助学习，图 11-1 的时间轴给出了二战前美国银行业历史上最重要的年份。）

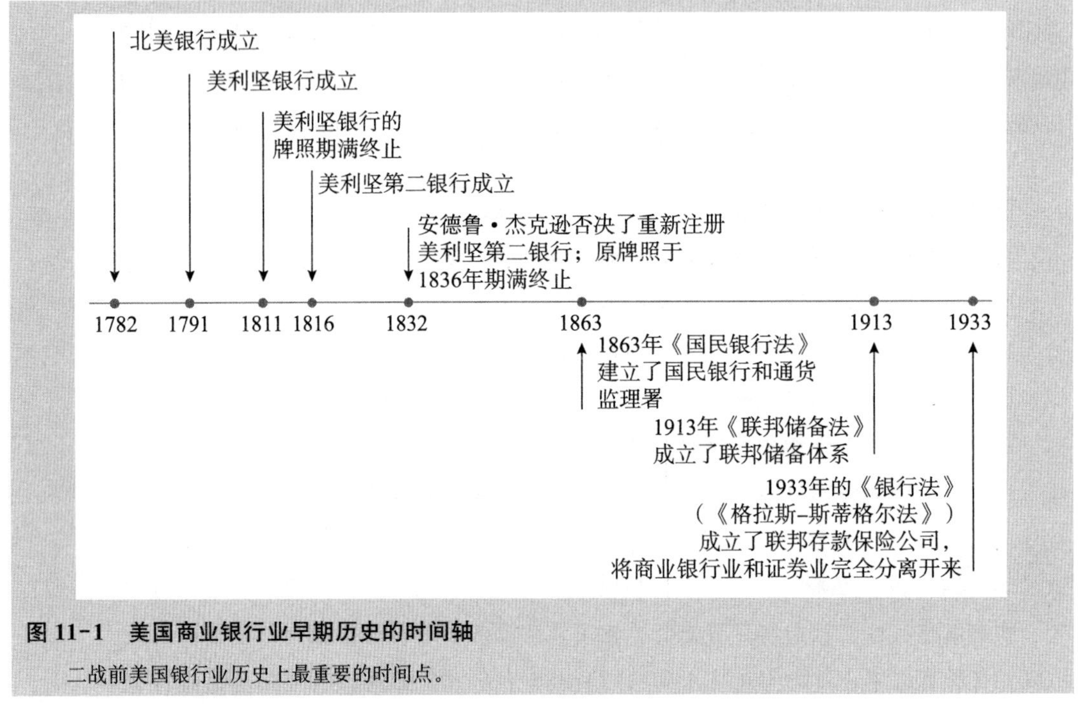

图 11-1 美国商业银行业早期历史的时间轴

二战前美国银行业历史上最重要的时间点。

早期有关银行业的主要争论在于，应当由联邦政府还是州政府来批准银行成立。联邦主义者尤其是亚历山大·汉密尔顿（Alexander Hamilton）主张银行业实行高度中央集权管理，并由联邦政府来批准银行成立。他们努力促成了 1791 年美利坚银行的成立，该银行同时具备私人银行和**中央银行**（central bank）的特征，后者是负责整个经济中货币和信贷供应量的政府机构。然而，农业和其他利益群体对中央集权管理持怀疑态度，认为应由州政府来批准银行成立。此外，他们不信任大城市的金融界，由此施加政治压力企图撤销美利坚银行，1811 年他们的努力终获成功，美利坚银行的牌照未获展期。由于州银行滥用权力，以及 1812 年战争期间明显需要中央银行帮助联邦政府筹集资金，国会于 1816 年批准成立了美利坚第二银行。在美国第二次尝试中央银行业的运作期间，银行业集中权力的支持者和反对者之间的针锋相对再次上演，随着安德鲁·杰克逊（Andrew Jackson）（州权力的坚决拥护者）当选美国总统，美利坚第二银行的命运就此注定了。1832 年大选后，安德鲁否决了美利坚第二银行重新注册为国民银行，该行的牌照于 1836 年期满终止。

1863 年之前，美国所有商业银行都是由其经营所在地的州银行委员会颁发牌照。那时，没有国家的货币，银行主要通过发行银行券（banknote，由银行投入流通的货币，可以兑换为黄金）来获得资金。由于许多州的银行监管十分松懈，银行经常因欺诈或资本金短缺而破产，它们所发行的银行券也就一文不值了。

为了消除州注册银行（被称为**州银行**，state banks）滥用权力，1863 年《国民银行法》(National Bank Act)（以及之后的修正案）创建了由联邦注册银行（被称为**国民银行**，national banks）组成的全新银行体系，由美国财政部下属部门——通货监理署负责监管。这一法案最初的目的是使州银行的资金来源枯竭，做法是对州银行所发行银行券征收寓禁税，同时对联邦注册银行的银行券免税。州银行巧妙地利用存款来获取资金，逃过了灭绝之祸，结果形成了今天美国的**双重银行体系**(dual banking system)，即联邦注册银行与州注册银行并行运作。

直到 1913 年建立联邦储备体系（美联储），中央银行业才在美国再次出现，以期促进一个更加安全的银行体系。所有的国民银行都必须成为联邦储备体系的会员，并接受美联储颁布的一系列新规章制度的制约。州银行可以选择（并不强求）成为联邦储备体系的会员，但由于美联储的监管导致会员成本较高，所以多数州银行没有加入。

11

1929—1933 年大萧条期间，大约 9 000 家银行破产，导致许多商业银行存款人的储蓄荡然无存。为了避免未来此类破产造成存款人的损失，1933 年银行业立法成立了联邦存款保险公司（Federal Deposit Insurance Company，FDIC），为银行存款提供联邦保险。联邦储备体系的会员银行必须为存款人购买 FDIC 保险，非美联储商业银行可以选择投保（几乎所有银行都是这么做的）。购买 FDIC 保险，使得银行也要接受 FDIC 制定的另一套监管要求。

由于商业银行从事投资银行业务被看做银行破产的根源，1933 年银行业立法［又被称为《格拉斯-斯蒂格尔法》(Glass-Steagall Act)］禁止商业银行从事企业证券的承销和发行等业务（但允许它们出售新发行的政府证券），限制银行只能购买银行监管机构批准的债务证券。同样，该法案禁止投资银行从事商业银行业务。事实上，《格拉斯-斯蒂格尔法》将商业银行的业务活动与证券业完全分离开来。

按照《格拉斯-斯蒂格尔法》(1999 年被废除)，商业银行不得不出售它们的投资银行业务。例如，波士顿第一国民银行将其投资银行业务转移给了第一波士顿公司，该公司目前是美国最重要的投资银行公司之一瑞士信贷第一波士顿的重要组成部分。投资银行公司基本也都终止了它们的存款业务，尽管 J. P. 摩根结束了自己的投资银行业务，并改组成商业银行，但 J. P. 摩根的一些高级官员又组建了摩根士丹利，这是又一家目前美国最大的投资银行公司。

多个监管机构

目前，美国商业银行监管已经成为由多个监管机构交叉管辖的混乱体系。通货监理署主要负责管理国民银行，它拥有商业银行体系一半以上的资产。美联储和州银行监管当局共同管理州银行中的美联储会员银行。美联储对那些拥有一家或多家银行的公司（**银行控股公司**，bank holding companies）负有监管职责，并对国民银行负有第二监管职责。联邦存款保险公司和州银行监管当局共同监管有 FDIC 保险但并非美联储会员的州银行。州银行监管当局还对无 FDIC 保险的州银行（这些银行持有的存款不到商业银行体系的 0.2%）有独立管辖权。

如果你觉得美国银行监管体系令人困惑，想想银行会有多么困惑，它们不得不应对多个监管机构。美国财政部曾多次提议纠正这种局面，成立独立机构对所有存款机构进行集中监管。然而提案都没有被国会通过，未来能否建立统一的监管制度，仍然有着高度不确定性。

11.2 金融创新与“影子银行体系”的发展

目标 11.2 解释金融创新如何引起影子银行体系的发展。

虽然银行机构仍然是美国经济中最重要的金融机构，但近年来，吸收存款、发放贷款的传统银行业务已经在走下坡路。部分此类业务已经被**影子银行体系**（shadow banking system）所取代，在影子银行体系里，银行放贷被替换成涉及多家不同金融机构、通过证券市场完成的放款。

要理解银行业是如何随时间推移而演进的，我们必须首先来了解金融创新的过程，金融创新已经改变了整个金融体系。与其他行业一样，金融业也是通过销售产品来获取利润的。如果肥皂公司发现市场对能够软化织物的洗涤剂有需求，就会开发产品以适应需求。同样，为实现利润最大化，金融机构也会开发新产品来满足自身和客户的需要；换句话说，创新（对经济可能极其有利）是受到发家致富（或者终身富有）欲望驱使的。对创新过程的这种理解可以得到如下简单的分析：**金融环境变化将刺激金融机构追求有可能一本万利的创新。**

从 20 世纪 60 年代开始，金融市场上的个人和金融机构面临着经济环境的剧烈变动：通货膨胀率和利率迅速攀升，且越来越难以预测，这种局面改变了金融市场需求状况。计算机技术迅速发展改变了供给状况。此外，金融监管也变得越来越难以承受。金融机构发现，许多传统的业务方式已经不再具有盈利性；一直向公众提供的金融服务和产品也没有了销路。许多金融中介机构发现无法再利用传统金融工具获取资金，而没有这些资金来源，它们很快就会破产。为了在新的经济环境中生存下去，金融机构不得不研究和开发能够满足客户需求且具有盈利性的全新产品和服务，这一过程被称为**金融工程**（financial engineering）。对于它们而言，需要是创新之母。

对金融创新产生原因的分析说明，金融创新有三种基本类型：适应需求变化的金融创新、适应供给变化的金融创新和规避现行监管的金融创新。在产生特定金融创新的过程中，这三种动机经常相互交织。既然我们已经有了分析金融机构创新原因的基本框架，接下来就考察金融机构为获取利润如何造出三种基本类型的金融创新。

适应需求变化：利率波动性

近年来，经济环境最显著的变化当数利率波动性提高，这改变了对金融产品的需求。20 世纪 50 年代，3 个月期国库券利率的波动介于 1.0%和 3.5%之间；70 年代，波动范围扩大到 4.0%～11.5%；80 年代，波动范围进一步扩大到 5%～高于 15%。利率大幅波动引起了巨额的资本收益或损失，投资回报率的不确定性加大。前面学过，与利率运动和回报率不确定性有关的风险被称为利率风险，而且利率的高波动性（比如 20 世纪 70 年代和 80 年代的情况）带来了更高的利率风险水平。

可以预见，利率风险上升增加了对能够降低这种风险的金融产品和服务的需求。于是，这样的经济环境变化会刺激金融机构寻求可以适应新需求的可盈利创新，也会促进创造能帮助降低利率风险的新金融工具。20 世纪 70 年代出现的两个金融创新证实了这种预见：可变利率抵押贷款和金融衍生工具。

可变利率抵押贷款　与其他投资者一样，金融机构发现贷款的吸引力随利率降低而增强。它们当然不愿意在以 10%的利率发放抵押贷款两个月后，发现同样抵押贷款的利率已经升高到 12%。为了降低利率风险，1975 年加利福尼亚州的储蓄与贷款协会开始发放可变利率抵押贷款，也就是说，贷款利率随着某种市场利率（通常是国库券利率）的变动而调整。最初，可变利率抵押贷款的利率可能是 5%。6 个月后，利率会随着 6 个月期国库券利率的上升或下跌而同步调整，抵押贷款支付的利息也相应发生变化。由于可变利率抵押贷款使得贷款发放机构能够在利率上升时从现有抵押贷款上获取更高的利率，因而这一时期的利润也保持高位。

可变利率抵押贷款的这个特征很有魅力，鼓励了贷款机构将可变利率抵押贷款的初始利率设定为低于传统固定利率抵押贷款，使之受到很多家庭的欢迎。然而，由于可变利率抵押贷款的利息支付可能会提高，所以很多家庭仍然偏好固定利率抵押贷款。于是，两种类型的抵押贷款都十分普遍。

金融衍生工具　鉴于降低利率风险的强烈需求，一些商品交易所（如芝加哥交易所）注意到如果能开发一种产品帮助投资者和金融机构防范或**对冲**（hedge）利率风险，它们就可以出售新工具而获利。**期货合约**（futures contract）已经出现了很长时间，根据这种合约，卖方承诺在未来约定时间按照约定价格向买方提供标准化商品。芝加哥交易所的官员意识到，如果创立金融工具的期货合约［被称为**金融衍生工具**，financial derivatives，因为合约的盈亏与已发行证券相关联（由已发行证券衍生而来）］，投资者就可以用来对冲风险。于是在 1975 年，金融衍生工具诞生了。

适应供给变化：信息技术

计算机和通信技术的发展是推动金融创新最重要的供给变化来源。这种技术（被称为信息技术，information technology）有着两种效应。首先，它降低了处理金融交易的成本，使金融机构为公众创造全新金融产品和服务有利可图。其次，它使得投资者更容易获取信息，从而使得企业发行证券也更加容易。信息技术的迅速发展为我们带来了很多新的金融产品和服务，以下分别介绍。

银行信用卡和借记卡 早在二战前，信用卡就已经出现。许多商户（西尔斯、梅西百货）建立了赊账制度，为消费者提供信用卡，从而在这些商店买东西就不用现金了。直到二战后全国范围信用卡才得以确立，当时大来俱乐部（Diners Club）开发了一种能够在全国各地（甚至国外）餐馆使用的信用卡。美国运通公司和卡特·布朗士公司开启了类似的信用卡计划，但是因为运行成本太高，这些信用卡只向能够进行高消费的精选个人和企业发行。

信用卡发行企业的收入来自向持卡人提供的贷款，以及接受信用卡支付的商户所缴纳的费用（购买价格的一定比例，如3%）。信用卡计划的成本来自贷款违约、失窃卡和处理信用卡交易的费用。

目睹大来俱乐部、美国运通公司与卡特·布朗士公司的成功，银行家们也想在有利可图的信用卡业务中分一杯羹。20世纪50年代几家商业银行试图将信用卡业务拓展到更大的市场，但运行这些计划的单笔交易成本过高，导致它们的早期努力失败了。

20世纪60年代末期，计算机技术进步降低了提供信用卡服务的交易成本，使得银行信用卡计划的盈利可能性更高了。银行再次试图进军这一市场，这次它们努力促成了两个成功的银行信用卡计划：美洲银行卡（最初由美洲银行发起，现在隶属于独立组织Visa）和万能支付卡（Master Charge，现在的万事达卡，由银行卡协会运营）。这些计划已经成为现象级成功案例：超过5亿张卡在美国使用，另有超过10亿张卡在世界其他国家使用。事实上，银行信用卡的盈利性实在太好了，从而吸引西尔斯（发行了发现卡）、通用汽车和美国电话电报公司等非金融机构也纷纷涉足信用卡业务。消费者也受益匪浅，因为信用卡作为支付手段在购买时比支票的接受范围更广泛（尤其是在国外），并且消费者可以更容易地获得贷款。

银行信用卡的成功带动这些机构又推出了另外的金融创新，即借记卡（debit card）。借记卡在外表上通常与信用卡十分相似，购买时使用方法也一样。然而不一样的是，信用卡向持卡人提供的贷款不必立即归还，借记卡购买会立即将交易金额从持卡人银行账户中扣除。借记卡的利润完全来自接受借记卡使用的商户缴费，因此，借记卡更多地依赖于低成本交易处理。近年来，借记卡已经十分普遍。

电子银行业务 现代计算机技术奇迹通过使用电子银行设施与客户互动，替代人工服务，也让银行降低了交易成本。电子银行设施的一个重要形式是**自动柜员机**

(automated teller machine，ATM)，客户可以通过这种电子化机器取现、存款、转账和查询余额。ATM的优势在于它不需要加班工资，从不休息，可以一天24小时工作。这不仅降低了银行的交易成本，而且为客户提供了更多便利。因为成本较低，除了银行及其**分支机构**（branches，经营银行业务的其他办公地点），ATM可以置于其他任何地点，进一步提高了客户便利度。ATM的低成本促使银行把它们安装到各个地方，目前仅在美国ATM就已经超过50万台。并且，当你在欧洲旅游时，从ATM提取外币就像从当地银行提取现金一样方便。

随着电信成本降低，银行又推出了另外一个金融创新，即家庭银行。通过这种电子银行设施，客户利用智能手机、平板电脑或者个人电脑，就可以与银行的计算机相连，从而完成交易，对银行来说非常经济划算。现在，银行的客户足不出户就可以完成大部分银行业务。家庭银行带给客户的更多的是便利性，而银行也发现这比让客户来实体网点办理业务成本要低得多。

随着个人电脑价格下降和在家庭中日益普及，我们发现家庭银行领域有了更进一步的创新，即出现了一种新型银行机构，这就是**虚拟银行**（virtual bank）。这种银行没有物理意义上的营业地点，只存在于网络空间中。1995年第一安全网络银行成立标志着第一家虚拟银行的诞生，该行总部设在亚特兰大，目前隶属于加拿大皇家银行，利用互联网提供一系列银行服务——吸收支票和储蓄存款、销售定期存单、发行ATM卡、提供账单支付便利等。于是虚拟银行推动家庭银行又向前一步，使得客户能够一天24小时在家享受全套银行服务。1996年美洲银行（后更名为美国银行）和富国银行进入了虚拟银行市场，更多银行紧随其后。目前，美国银行是美国最大的网络银行。

垃圾债券 在计算机和先进通信技术诞生之前，投资者很难了解证券发行企业的财务状况。由于信用风险甄别十分困难，只有那些信用等级高、市场地位高的公司才能够销售债券。[①] 20世纪80年代以前，只有Baa及以上评级的债券才能公开销售来为公司筹集资金。一些公司在经济形势不好时垮掉了，被称为“堕落的天使”(fallen angels)，它们之前发行的长期债券的信用等级降到Baa以下，被轻蔑地称为“垃圾债券”。

20世纪70年代，随着信息技术发展，投资者更容易获取企业财务信息，信用风险甄别变得更容易。由于更易于甄别，投资者也就更乐于购买那些非著名公司的低信用等级长期债券。鉴于供给状况的这种变化，可以预见，有聪明人会带头提出销售新公开发行垃圾债券的概念，不是为堕落天使而是为尚未取得投资级别的公司发行债券。1977年，德崇证券（Drexel Burnham Lambert，一家投资银行公司）的迈克尔·米尔肯（Michael Milken）率先开始行动。垃圾债券成为公司债券市场的重要组成部分，到20世纪80年代末，未清偿余额已经超过2 000亿美元。1989年

① 第8章逆向选择问题的讨论更详细地解释了为什么只有信用等级高、市场地位高的公司才能够销售债券。

迈克尔·米尔肯因违反证券法而被起诉，虽然在那之后垃圾债券市场业务踩下了急刹车，但是在 20 世纪 90 年代和 21 世纪初再度升温，目前未清偿余额超过 1 万亿美元。

商业票据市场 商业票据（commercial paper）是由大银行和企业发行的短期债务证券。20 世纪 70 年代和 80 年代，商业票据市场经历了巨大增长，市场规模从 1970 年的 330 亿美元上升到 1990 年的 5 500 亿美元以上，增长超过 1 500%。商业票据成为最重要的货币市场工具之一。

信息技术发展也可以解释商业票据市场的迅速增长。我们已经知道，信息技术发展使投资者甄别信用风险的高低变得更容易，因此企业发行债务证券也更加容易。这不仅使得企业发行长期债务证券更加简单，比如垃圾债券市场的情况，而且意味着企业发行商业票据等短期债务证券来筹集资金也更容易。许多过去习惯于从银行获得短期借款的公司现在频繁地在商业票据市场筹集短期资金。

货币市场共同基金的发展是商业票据市场迅速增长的另一个原因。由于货币市场共同基金需要持有商业票据等高流动性的优质短期资产，这些基金的资产增长到大约 3.6 万亿美元，为商业票据提供了一个现成的市场。养老基金和其他投资于商业票据的大基金的发展同样促进了这一市场的成长。

证券化与影子银行体系

过去 20 年里，信息技术发展催生的最重要金融创新之一就是证券化。**证券化**（securitization）是将银行机构的传统谋生手段，即众多小额的和不具有流动性的金融资产（如住房抵押贷款、汽车贷款和信用卡应付款等），打包转化为可流通的资本市场证券的过程。证券化是影子银行体系最基本的构成部分。

影子银行体系的运作机制 在传统银行业中，由一家机构从事资产转换过程，即发行具有某些适当特征的负债（如高流动性、低风险的存款），资助购买具有另外一些特征的资产（如低流动性、高回报率的贷款）。与此不同，证券化是由许多家不同的金融机构共同参与的资产转换过程。这些机构构成了影子银行体系。换句话说，通过证券化和影子银行体系而实现资产转换，不是像传统银行业那样在"同一屋檐下"完成。

例如，抵押贷款经纪人（更通常的称谓是贷款发起人）安排金融机构发放抵押贷款，而后维护贷款（如收取贷款利息和本金）。维护方再把抵押贷款卖给另外一家金融机构，后者将该贷款与其他很多住房抵押贷款打包在一起。打包方收取抵押贷款组合的利息和本金，并将其转手（支付）给第三方。打包方请分销方（通常是投资银行）设计一种将贷款组合分割为标准化金额的证券。分销方再把对本金和利息的索取权作为有价证券售出，主要卖给组成影子银行体系的其他金融中介机构，比如货币市场共同基金或者退休基金。证券化过程可以形象地描述如下：

贷款发起→贷款维护→捆绑→分销

由于证券化过程涉及贷款发起和最终的证券分销，因此证券化过程也被归类为**发起—分销商业模式**（originate-to-distribute business model）。

在证券化过程中的每一环节，贷款发起人、维护方、打包方、分销方都赚取费用。这四类机构在金融媒介过程中都有各自的专业分工。如果交易成本和信息收集成本足够低，那么由证券化过程中所有金融机构组成的影子银行体系就将非常有利可图。因此，信息技术进步对于证券化和影子银行体系的发展至关重要。信息获取成本降低为出售可流通的资本市场证券大开方便之门，交易成本降低也使得金融机构可以以更低廉的成本收取贷款组合的利息和本金而后再支付给证券持有人。

次级抵押贷款市场　**次级抵押贷款**（subprime mortgages）是在证券化和影子银行体系推动下出现的 21 世纪特别重要的金融创新，是向信用记录并不完美的借款人发放的一种新型住房抵押贷款。2000 年以前，只有信誉最好的优质借款人才能申请到住房抵押贷款。计算机技术进步与新的统计技术（数据挖掘，data mining）增强了对住房抵押贷款信用风险的定量评估。拥有信用记录的家庭现在都可以得到一个用数字表示的信用评分（credit score），即 FICO 分数［因发明者费埃哲公司（Fair Isaac Corporation）而得名］，用来预测这个家庭对偿还贷款违约的可能性。由于现在可以很容易地评估一揽子次级抵押贷款的风险，因此可以将其打包成抵押支持证券，从而为这些抵押贷款提供新的资金来源。结果是次级抵押贷款爆炸式增长，我们在第 12 章将看到，这是导致 2007—2009 年全球金融危机的关键因素。

规避现行监管

到目前为止我们所看到的金融创新与其他经济领域的创新差别不大，都是对供求状况变动的回应。然而，由于银行所受到的监管程度高于其他行业，政府监管是促进这一行业创新的重要动力。企业总想绕开那些限制其盈利能力的监管，这种规避政府监管的动力带来了金融创新。波士顿大学的经济学家爱德华·凯恩（Edward Kane）将规避监管的过程形容为“钻空子”。对创新的经济学分析表明，当经济环境发生变化，比如监管约束太难承受而规避监管约束就能赚取巨额利润时，钻空子和创新就很可能会发生。

由于银行是美国受到最严格监管的部门之一，钻空子特别有可能发生。20 世纪 60—80 年代通货膨胀率和利率上升，使得银行业监管约束更加难以承受，导致了金融创新。

两类监管严重限制了银行的盈利能力：一是法定准备金制度，要求银行必须将一定比例的存款作为准备金（库存现金和在美联储的存款）；二是存款利率限制。这些监管成为金融创新的主要推动力，原因如下。

1. 法定准备金制度。理解法定准备金制度为何导致金融创新，关键是要认识到法定准备金事实上起到了对存款征税的作用。2008 年以前，美联储不对准备金付息，所以持有准备金的机会成本就是银行将准备金贷放出去可以赚到的利息。对于每 1 美元存款，法定准备金给银行带来的成本等于银行将准备金贷放所得利率 i 乘以准备金占存款的比例 r。银行所承担的成本 $i \times r$，相当于对银行存款的征税，税率为 $i \times r$。随着利率上升，"税负"加重。

尽可能避税是大传统，银行也不例外。正如纳税人会寻找减少税负的漏洞一样，银行也要钻空子，通过金融创新，逃避法定准备金制度对存款的征税，进而增加利润。

2. 对存款支付利息的限制。直到 1980 年之前，大部分州法律禁止对支票账户存款付息，而且根据《Q 条例》，美联储对储蓄和定期存款利率设置了上限。直到今天，银行仍然不得对企业支票账户付息。银行规避**存款利率上限**（deposit rate ceilings）的意愿也导致了金融创新。

如果市场利率超过《Q 条例》所规定的储蓄和定期存款利率上限，存款人就会从银行提取现金，而投向收益率更高的证券。银行体系的存款流失限制了银行可以贷放的资金规模（被称为**脱媒**，disintermediation），进而限制了银行利润。银行有动力规避存款利率上限，因为如果成功，它们将能吸收更多资金来发放贷款，赚取更高的利润。

我们将要考察的是，规避利息支付限制和法定准备金税收效应的意愿如何导致了两个重要的金融创新。

货币市场共同基金　货币市场共同基金发行的份额，可以通过签发支票的方式，按照固定价格（通常为 1 美元）赎回。例如，如果你用 5 000 美元购买了 5 000 份，货币市场基金将这些钱投资于短期货币市场证券（国库券、可转让存单、商业票据）并向你支付利息。此外，你可以签发不超过货币市场基金持有份额 5 000 美元的支票。虽然货币市场基金份额在功能上相当于可以付息的支票账户存款，但在法律上它们不是存款，因此不必受法定准备金制度或利息支付限制的约束。出于这个原因，它们可以支付高于银行存款的利率。

1970 年，华尔街的两个初生牛犊，布鲁斯·本特（Bruce Bent）与亨利·布朗（Henry Brown）创建了第一个货币市场共同基金。然而，1970—1977 年间，市场利率较低（略高于《Q 条例》所规定的 5.25%～5.5%的利率上限），货币市场共同基金相对于银行存款没有体现出什么特别的优势。1978 年初，随着通货膨胀率上升，情况迅速发生了变化，市场利率开始爬升到 10%以上，远远高于《Q 条例》规定的储蓄和定期存款利率上限 5.5%。1977 年货币市场共同基金的资产不到 40 亿美元，1978 年其资产攀升至将近 100 亿美元，1979 年超过 400 亿美元，1982 年达到 2 300 亿美元。目前，货币市场共同基金的资产为 2.7 万亿美元左右。至少可以这样说，20 世纪 70 年代晚期和 80 年代初期那样的金融环境与我们所预见的完全一样，当市场利率飙升至超过《Q条例》利率上限时，货币市场共同基金已经是成功的金融创新了。

极具讽刺意味的是，2008年全球金融危机期间，正是布鲁斯·本特创建的货币市场共同基金所做的高风险投资，几乎击垮了整个货币市场共同基金行业（参见FYI专栏“布鲁斯·本特与2008年货币市场共同基金恐慌”）。

FYI专栏 **布鲁斯·本特与2008年货币市场共同基金恐慌**

布鲁斯·本特是货币市场共同基金的创始人之一，在2008年秋天全球金融危机期间几乎击垮了这个行业。2008年7月，本特先生在给基金份额持有者的信中称，基金管理以“集中于保护您本金的铁律”为基础。2007年9月他给证券交易委员会也写了一封信，其中说道：“1970年在我最初建立货币市场基金时，它的设计初衷就是安全性和流动性。”他还补充说这些准则已经“被丢到路边了，因为投资经理们只顾追逐最高收益，从而背离了基金的诚信”。但本特并没有遵守自己的这些建议，他的基金——储备初级基金（Reserve Primary Fund）购买了高风险资产，使其收益高于行业平均水平。

2008年9月15日雷曼兄弟破产，资产超过600亿美元的储备初级基金被发现持有7.85亿美元雷曼兄弟债务，此时必须减记为零。由此造成的损失意味着，本特基金在9月16日已经无法按照1美元面值来赎回份额，这种情况被称为“跌破净值”。本特基金的份额持有者们开始从基金中抽回资金，导致基金损失了90%的资产。

因为担心其他货币市场共同基金也会发生这种情况，份额持有者们以惊人的速度从基金撤走资金，导致了一场经典的恐慌。整个货币市场共同基金行业貌似已经走到崩溃的边缘。为了避免如此，美联储与美国财政部于9月19日赶来救助。第15章会介绍，美联储建立了一种贷款便利，用来从货币市场共同基金购买商业票据，使其能够满足来自投资者的赎回请求。然后，财政部为所有货币市场共同基金的赎回提供了暂时担保，恐慌就此平息了。

既然政府安全网已经延伸到货币市场共同基金行业，要求对这一行业进行严格监管也就在意料之中了。货币市场共同基金行业也将不再是从前的样子。

流动账户 使银行规避法定准备金“税”的另外一个金融创新是**流动账户**（sweep account）。在这种安排之下，每个工作日结束时企业支票账户余额中高出一定金额的部分都会被“清除”出该账户，并投资于隔夜证券，从而可以支付利息。由于被“清除出去”的资金不再被归类为支票存款，因此无须缴纳法定准备金，从而免被“征税”。流动账户的优势还在于，银行事实上可以向这些支票账户支付利息，这是现行监管制度本来不允许的。流动账户受到如此普遍的欢迎，它减少了法定准备金的金额，以至于大部分银行机构不再觉得法定准备金要求难以承受，也就是说，银行自愿持有超过法定要求的更多准备金。

流动账户和货币市场共同基金这两个金融创新特别有趣，因为它们的驱动力不仅来自规避高成本监管的愿望，而且来自供给状况的变化（这里是指信息技术）。

如果不是低成本电脑能够廉价处理这些创新带来的额外交易，它们就不可能产生利润从而也就不可能被开发出来。技术因素经常与其他动机（例如规避监管的愿望）结合在一起推动创新。

金融创新与传统银行业衰落

银行业的传统金融中介角色一直是吸收短期存款和发放长期贷款，这种资产转换过程就是通常说的“借短贷长”。这里我们要考察的是，金融创新如何为银行业建立起更具竞争性的经营环境，引起行业发生巨大变化，而使传统银行业务走向衰落。

在美国，商业银行作为非金融借款人的资金来源，重要性已经剧烈缩水。如图 11-2 所示，1974 年，商业银行提供了超过 40%的资金，到了 2020 年，它们的市场份额已经降到仅略高于 20%。

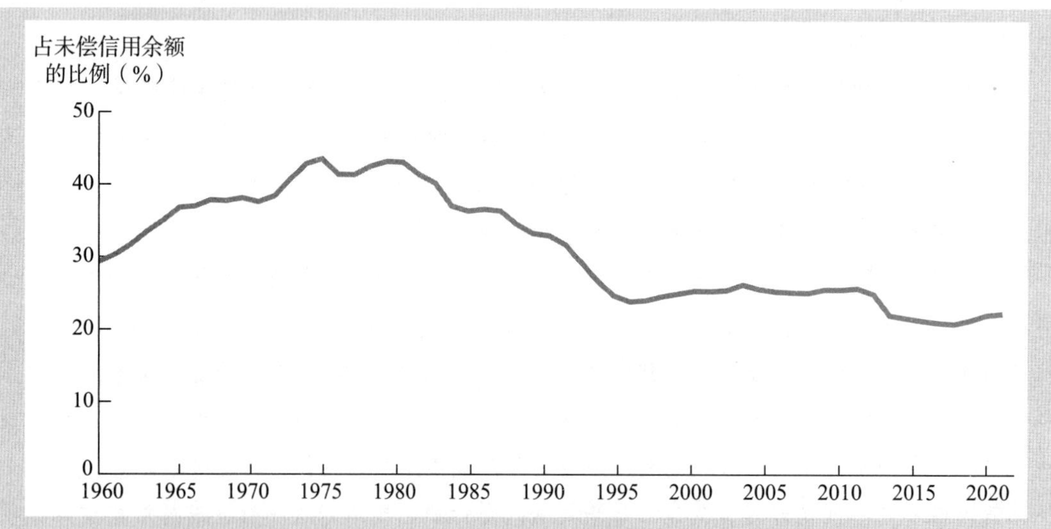

图 11-2　银行资金在非金融企业借款中的份额，1960—2020 年

1974 年，银行提供了超过 40%的资金；到 2020 年，它们的市场份额下降到仅略高于 20%。

资料来源：Federal Reserve Bank of St. Louis，FRED database：https://fred.stlouisfed.org/series/TODNS；https://www.federalreserve.gov/releases/z1/current/data.html，Table L110.

为了理解传统银行业务规模为什么萎缩，我们需要了解，前面提到的金融创新如何削弱了银行获取资金（资产负债表的负债方）的成本优势，同时还使银行失去了资产负债表资产方的收入优势。成本优势和收入优势同时下降，导致传统银行业务盈利能力降低，因此银行竭力缩减这些传统业务，而积极开展更具盈利性的新业务。

资金获取（负债）的成本优势下降　在 1980 年之前，银行要遵守存款利率上限规定，即根据《Q 条例》，对支票存款不得付息，对储蓄和定期存款支付的最高利率只能略高于 5%。20 世纪 60 年代以前，这些限制是有利于银行的，因为支票存款是银行资金的主要来源（60%以上），支票存款零利率规定意味着银行的资金成本非常之低。可惜，银行的这种成本优势未能持久。

20 世纪 60 年代晚期通货膨胀率开始上升，导致了高利率环境，投资者对不同资产之间的收益率差异更为敏感。结果就是脱媒过程，人们将资金从银行低利率支票存款、储蓄和定期存款账户中提取出来，转而投资于收益率较高的资产。与此同时，规避存款利率上限和法定准备金制度的努力催生了货币市场共同基金这样的金融创新，由于存款人现在从货币市场共同基金账户既可以得到类似支票账户的服务，又可以获取高利率，于是银行被掩入更为不利的境地。金融体系上述变化的有力证明在于，商业银行低成本资金来源（即支票存款）的重要性急剧下降，在负债中的占比从超过 60%下降到今天的 14%。

银行筹集资金的难度不断加大，使得它们大力推动了 20 世纪 80 年代的立法活动，取消了《Q 条例》所规定的储蓄和定期存款利率上限，以及允许对支票存款账户支付利息。虽然监管变化增强了银行在吸收资金方面的竞争力，但也大大增加了银行获取资金的成本，从而削弱了银行之前相对于其他金融机构的成本优势。

11

资金使用（资产）的收入优势下降 美国银行资产负债表的负债方成本优势丧失是银行竞争力削弱的一个原因，我们在前面所讨论的垃圾债券、证券化和商业票据市场发展等金融创新，削弱了银行资产方的收入优势，也给银行带来了沉重打击。银行因这些创新产品而出现收入优势损失导致了银行市场份额损失，也带来了影子银行体系的较快增长，影子银行体系利用这些金融创新帮助借款人绕开了传统银行体系。

我们已经看到，信息技术发展为企业直接向公众发行证券提供了便利。这意味着，许多银行的优质客户不再依赖银行满足短期信贷需求，而是利用商业票据市场寻求更低成本的资金来源。垃圾债券市场的出现也侵蚀了银行贷款业务。信息技术发展使得企业可以绕过银行，直接向公众发行债券。虽然《财富》500 强公司早在 20 世纪 70 年代就采取了这一方法，但现在，由于有了垃圾债券市场，质量和知名度较低的企业借款人对银行的依赖程度也大大降低。

我们也已经知道，计算机技术发展促进了影子银行体系和证券化的发展，即银行贷款和抵押贷款等不具备流动性的金融资产被转化为可流通证券。计算机使得其他金融机构可以使用统计模型准确评估信用风险，因此同样可以发放贷款。计算机技术还降低了交易成本，使得这些贷款可以打包在一起并作为证券销售。一旦计算机可以准确评估违约风险，银行就不再有发放贷款的优势。没有上述优势，即使银行本身参与证券化过程，它们也会在与其他金融机构的竞争中，损失部分贷款业务。由于住房抵押贷款目前大部分已被证券化，因而证券化对于储蓄与贷款协会等抵押贷款发放机构而言是一个尤其重要的问题。

银行的应对 对于任何一个行业，盈利性下降通常会导致行业退出（往往是由于大范围破产）和市场份额缩减。20 世纪 80 年代，美国银行业出现了这样的情况，主要途径是并购和银行破产。

为了生存和维持足够的利润水平，美国许多银行面临着两种选择。第一，它们可以尝试维持传统贷款业务活动，将贷款业务扩展到新的、风险更高的领域。例如，美国银行提高了风险承担水平，将更大比例的资金用于发放商业不动产贷款，这在传统上属于高风险贷款类型。此外，它们还增加了对企业并购和杠杆收购的贷款，这些都是高杠杆率交易。银行传统业务盈利性下降可能就是这样引发了2007—2009年全球金融危机。

银行设法维持先前利润水平的第二种选择是，开展盈利性更高的全新表外业务，实际上就是拥抱影子银行体系。这是20世纪80年代初期美国商业银行的普遍做法，来自表外非息业务的收入占比增长了一倍多。非传统银行业务的风险较高，因而导致了银行过度风险承担。事实上，在全球金融危机期间，它们极大地削弱了银行的资产负债表。

银行传统业务走下坡路驱使银行业寻求发展新业务。业务机会探索可能是有好处的，因为终归能保持银行的活力与健康。事实上直到2007年以前，银行盈利水平都在高位，非传统表外业务对于银行的高利润发挥了重要作用。然而，银行业的新方向也提高了风险承担，因此，传统银行业的衰落要求监管当局应当更加警惕。非传统银行业务对监管机构提出了新的挑战，正如第10章提到的，现在必须更多关注银行的表外业务活动。

其他工业化国家传统银行业的衰落　与美国相似的力量也导致了其他工业化国家传统银行业走下坡路。银行丧失其对存款人的垄断权力也发生在美国以外的其他地方。金融创新和放松管制发生在世界各地，为存款人和借款人双方创造了更有吸引力的选择。例如，在日本，放松管制使得许多新金融工具向公众开放，导致了与美国相似的脱媒过程。在欧洲国家，金融创新稳步侵蚀了一直以来保护银行免于竞争的传统防线。

其他国家的银行同样面临着证券市场扩张和影子银行体系发展带来的更大竞争。放松金融监管和信息技术进步提高了证券市场的信息可得性，企业能够更容易地同时更便宜地通过发行证券（而非去银行）来筹资。即使在证券市场还不完善的国家，由于最好的企业客户可以更多进入外国和离岸资本市场筹资，银行贷款业务仍然遭受很大损失。像澳大利亚这样的小国，虽然没有高度发达的公司债券市场和商业票据市场，但银行贷款业务还是输给了国际证券市场。另外，推动美国证券化的力量同样作用于其他国家，削弱了这些国家传统银行业的盈利能力。美国并非唯一见证银行面对更艰难竞争环境的国家。因此，虽然美国传统银行业走下坡路比其他国家更早一些，但同样的力量也导致了国外传统银行业的下滑。

11.3 美国商业银行业的结构

目标 11.3 说明商业银行业的主要结构性变化。

美国有大约 6 000 家商业银行，远远多于世界上任何其他国家。如表 11-1 所示，美国小银行的数量超多。22%的银行资产不足 1 亿美元。加拿大和英国的银行规模分布要更加典型，仅 5 家或更少的银行主宰了整个行业。相比之下，美国 10 家最大商业银行所持有的资产占整个行业的近 70%（见表 11-2）。

表 11-1 FDIC 投保银行的规模分布，2020 年 3 月 31 日

资　产	银行数量	银行份额（%）	持有资产的份额（%）
少于 1 亿美元	1 124	22.0	0.5
1 亿～10 亿美元	3 168	61.9	6.7
10 亿～100 亿美元	680	13.3	10.0
100 亿～2 500 亿美元	131	2.6	32.3
2 500 亿美元以上	13	0.3	50.4
总　计	5 116	100.00	100.00

资料来源：FDIC Quarterly Banking Profile，https://www.fdic.gov/bank/analytical/qbp/index.html.

表 11-2 2020 年美国十大银行

银　行	资产（万亿美元）	占全部商业银行资产的份额（%）
1. 摩根大通银行	2.74	15.4
2. 美国银行	2.38	13.4
3. 花旗集团	1.96	11.0
4. 富国银行	1.89	10.6
5. 高盛集团	0.93	5.2
6. 摩根士丹利	0.88	4.9
7. 美国合众银行	0.48	2.7
8. 匹兹堡金融服务集团	0.39	2.2
9. 道明银行美国控股公司	0.38	2.1
10. 第一资本金融公司	0.37	2.1
总　计	12.40	69.6

资料来源：参见 Bankrate.com—Compare mortgage，refinance，insurance，CD rates：www.bankrate.com/banking/americas-top-10-biggest-banks/#slide=1。

美国大部分行业的企业数量都少于商业银行业，通常大企业对行业的统治程度也要比商业银行业高出很多。（想一想，计算机软件业，微软的天下；汽车业，通用汽车、福特、戴姆勒-克莱斯勒、丰田、本田的天下。）商业银行业的银行数量众多而且缺少占统治地位的银行，是否意味着商业银行业比其他行业竞争更激烈？

对分支机构的限制

美国商业银行数量众多事实上反映了过去监管规定对这些金融机构开办分支机构的限制。每个州都有自己的监管规定，明确银行可以开办的分支机构类型和数量。例如，东西海岸各州一般都允许银行在本州范围内开办分支机构；而中部各州对开办分支机构的限制较多，甚至在一些情况下完全不允许设立分支机构。1927年《麦克法登法案》(McFadden Act) 旨在对国民银行和州银行设立分支机构一视同仁（与修补了《麦克法登法案》漏洞的 1956 年《道格拉斯修正案》一起），有效禁止了银行跨州开办分支机构，并强迫国民银行遵守其总部所在州开办分支机构方面的监管规定。

《麦克法登法案》和各州分支机构监管构成了商业银行业强大的反竞争力量，使得众多小银行得以生存，因为大银行被禁止在附近开办分支机构。如果竞争对整个社会是有利的，为什么美国会出台这些限制开办分支机构的监管规定呢？最简单的解释就是，美国公众一向对大银行抱有敌意。对分支机构限制最严厉的州，基本就是 19 世纪反银行情绪最强烈的那些州。（这些州的农业人口比重通常很大，每当银行要强制关闭无法偿还贷款的农场时，农场主与银行的关系就会像暴风雨一样。）19 世纪政策的遗产就是这样一个银行体系，有着限制分支机构的监管，以及由此而来的多到无节制的小银行。不过，在本章后面我们会看到，对开办分支机构的限制已经废除，美国已经迈向全国性银行业了。

对限制开办分支机构的应对

美国银行业的一个重要特征是，监管规定可以限制竞争但并非完全消除竞争。正如我们在前面看到的，限制性监管的存在激励了那些绕开这些规定、为银行获取利润的金融创新。限制分支机构的监管激励了相似的经济力量，促成了两个金融创新的发展：银行控股公司和自动柜员机。

银行控股公司 控股公司是拥有若干家不同公司的企业。这种企业所有权形式对于银行有着重要的优势。虽然不能开办分支机构，但控股公司可以拥有几家银行的控制权，因而可以绕开限制分支机构的监管。而且，银行控股公司还可以从事与银行业务相关的其他活动，例如投资咨询服务、数据处理和传递服务、租赁、信用卡服务和维护其他州的贷款等。

在过去 30 年里，银行控股公司的发展十分迅速。今天，银行控股公司几乎拥有了所有的大银行，90%以上的商业银行存款由控股公司旗下银行持有。

自动柜员机 规避分支机构限制的另外一个金融创新是自动柜员机（ATM）。银行很快就意识到，如果它们不是拥有或者租借自动柜员机，而是让别人拥有自动柜员机但自己对每笔交易付费，那么这个自动柜员机就不会被看做银行的分支机构，也就不必受制于分支机构监管。大部分州的监管当局和法庭也正是这样判定的。因为能够帮助银行拓宽市场，许多这样的共享设施（如 Cirrus 与 NYCE）得以在全国范围内建立。而且，即使自动柜员机归某家银行所有，各州通常也都有特别条款允许更广泛地设立自动柜员机，比对“砖头加水泥”式传统分支机构的许可规定要宽松。

本章前面已经提到，规避监管并不是自动柜员机发展的唯一原因。廉价计算机和电信技术的诞生，让银行能以较低成本提供自动柜员机，使其成为有利可图的金融创新。这个例子进一步证明了，技术因素往往与动机（如规避限制性监管的意愿）相结合，共同产生金融创新。

11.4　银行并购与全国性银行业

目标 11.4　总结引起商业银行合并的因素。

如图 11-3 所示，经过从 1934 年至 20 世纪 80 年代中期令人瞩目的稳定期之后，商业银行数量开始剧烈减少。为什么会发生如此突然的下降？

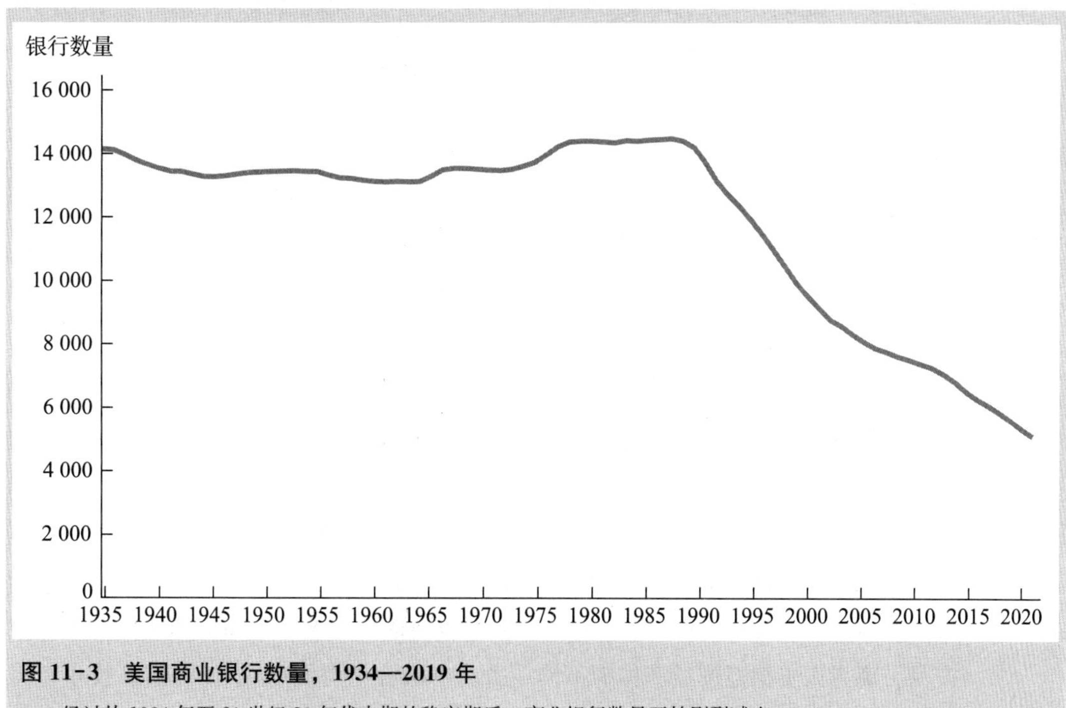

图 11-3　美国商业银行数量，1934—2019 年

经过从 1934 年至 20 世纪 80 年代中期的稳定期后，商业银行数量开始剧烈减少。

资料来源：Federal Reserve Bank of St. Louis，FRED database：https://fred.stlouisfed.org/series/USNUM.

银行业在 20 世纪 80 年代和 90 年代初期经历了一些困难时期，1985—1992 年间，每年破产银行超过 100 家（本章后面会详细讨论）。但银行破产只是故事的一部分。1985—1992 年间，银行数量减少了 3 000 家，是破产银行数量的两倍以上。1992—2007 年间，当银行业重回健康运行状态时，商业银行数量减少了 3 800 多家，其中不到5%为破产银行，而且大多为小银行。可见，银行破产是1985—1992年间银行数量减少的重要（但不是占支配地位的）原因，但在2007年其影响几乎可以忽略不计。然而，全球金融危机导致银行数量因银行破产而发生了更多减少。

如何解释这一现象？答案是银行并购。银行通过与其他银行合并或收购其他银行建立更大的实体。这引发了一个新的问题：近年来为什么会发生银行并购呢？

正如我们看到的，银行钻空子降低了分支机构限制的有效性，结果很多州意识到从它们的最佳利益出发只能允许银行跨州拥有所有权。于是，出现了一些互惠性区域协定，即某一州的银行可以拥有该区域内其他州的银行。1975年，缅因州颁布了第一部州际银行法，允许州外银行控股公司收购本州银行。1982年，马萨诸塞州与其他新英格兰地区各州签订了区域协定，允许跨州开展银行业务，之后各种其他区域协定相继出台，到20世纪90年代初期之前，几乎所有州都允许一定形式的州际银行业务。

随着20世纪80年代初期州际银行业壁垒失效，银行注意到自己可以获得多样性收益，因为能在许多州而不是只有一个州发放贷款。这给了它们一个优势：如果一个州的经济疲软，它们的业务所在的另外一个州可能经济强劲，从而减小不同州的贷款同时违约的可能性。此外，允许银行拥有其他州的银行意味着，它们可以通过跨州收购银行或者与其他州银行合并来扩大规模。兼并和收购可以解释第一阶段银行并购，这对1985年以来银行数量减少起到了重要作用。放松州际分支机构限制的另外一个结果是出现了一种崭新的银行类型，即**超地域银行**（superregional bank），指总部不在货币中心城市（纽约、芝加哥和旧金山）但规模上已经开始匹敌货币中心银行的银行控股公司。这种超地域银行的例子有北卡罗来纳州夏洛特的美国银行和俄亥俄州哥伦布的第一银行。

网络的出现和计算机技术的发展无疑是推动银行并购的另外一个因素。金融机构前期投入巨额资金建立信息技术平台，增强了规模经济效应。为了利用这种规模经济，银行需要扩大规模，于是这种发展又引起了更多并购。信息技术还增强了**范围经济**（economies of scope），即利用一种资源生产多种产品和服务的能力。例如，有关企业质量和诚信的细节不仅可以辅助贷款决策，而且有助于确定股票交易价格。类似地，当你将一种金融产品出售给投资者时，你大体就知道如何推销另一种产品。商界人士把范围经济称为不同业务之间存在“协同效应”，而信息技术使得这种协同效应更有可能出现。结果，银行并购的发生并非只是为了扩大银行规模，也是为了提高现有产品和服务之间的结合度。

并购产生了两个结果。第一，不同类型金融中介机构相互渗透到对方领域，彼此越来越相像；第二，并购促进了大型复杂银行组织（large, complex banking organizations）的发展。《格拉斯-斯蒂格尔法》限制银行业与其他金融服务业结合，废止这部法律也助推了上述并购的发展，下一节对此进行讨论。

1994年《里格-尼尔州际银行业务与分支机构效率法案》

1994年通过的《里格-尼尔州际银行业务与分支机构效率法案》(Riegle-Neal Interstate Banking and Branching Efficiency Act，简称《里格-尼尔法案》)，进一步促进了银行业并购。这一法案废除了禁止州际银行业务的《麦克法登法案》和《道格拉斯修正案》，将区域协定扩展到整个国家。该法案允许银行控股公司收购任何其他州的银行，纵使有州法律与之相抵触，银行控股公司还可以将所拥有的多家银行合并成在不同州有分支机构的一家银行。各州有权退出州际分支机构，但只有得克萨斯州曾这样做，不过后来推翻了这个立场，现在允许开办州际分支机构了。

《里格-尼尔法案》为最终建立真正的全国性银行体系奠定了基础。虽然通过银行控股公司收购州外银行先前已经实现了州际银行业务，但在1994年之前真正的州际分支机构是不存在的，因为几乎没有州制定相关法律。允许银行通过分支机构开展州际银行业务十分重要，因为许多银行家都认为，银行控股公司结构无法充分利用规模经济，只有通过分支机构网络才能实现所有银行业务的协调配合。

全国性银行随即出现了。1998年美国银行与万国银行(NationsBank)合并，创建了第一家在东西海岸都有分支机构的银行，从这时开始，银行业并购建立起一些在50个州都有业务的银行组织。

未来美国银行业的结构会怎样?

随着真正的全国性银行业在美国变成现实，银行并购收益显著提高，推动了兼并与收购第二阶段的到来，加速了商业银行数量缩减。伴随着银行业结构的巨大变化，一个问题自然而然地产生了：10年后这一行业将会怎样?

一种观点是，美国银行业将会与其他国家更为相像(见全球视野专栏“美国与国外银行业结构比较”)，最终仅存在几百家银行。另一种更为极端的观点是，美国将会像加拿大和英国那样，仅仅由几家大银行主宰这一行业。多数专家给出了一个不同的答案：美国银行业的结构仍将是独特的，但不是之前那样的程度。当美国银行业的规模达到几千家(而不是几百家)银行的时候，并购浪潮极有可能趋于平息。银行并购的结果不仅是银行数量缩减，还将实现资产从小银行向大银行转移。

全球视野　美国与国外银行业结构比较

美国商业银行业的结构与其他工业化国家具有很大差异。美国很晚才建立了全国性银行体系，即银行分支机构遍布全国。结果是，美国的银行数量要远远多于其他工业化国家。美国有大约5 000家商业银行，其他任何一个工业化国家的银行数量都远小于1 000家。例如，日本仅有不到100家银行，几乎只是美国的一个零头，而日本的经济总量和人口是美国的一半。美国过去限制分支机构的另外一个结果是，美国的银行规模通常要小于其他国家。

银行并购和全国性银行业是好事吗?

全国性银行业的支持者认为，并购将产生更高效的银行和更健康的银行体系，降低银行破产的可能。然而，银行并购的反对人士担心，这会消灭小银行（被称为**社区银行**，community banks），从而减少对小企业贷款。此外，他们还担心少数几家银行会支配整个行业，降低银行业的竞争性。

大部分经济学家对这些批评持怀疑态度。正如我们所看到的，研究显示，即使在银行并购完成之后，美国仍然将存在大量银行。因此银行业仍然是高度竞争性行业，甚至比目前还要更有竞争性，因为那些曾经受保护不与州外银行竞争的银行，现在为了生存不得不积极参与竞争。

社区银行消失似乎也不可能。1962 年当纽约州取消对分支机构的限制时，人们担心北部的社区银行会被纽约大都市的大银行赶出市场。这种情况不仅没有发生，而且一些大银行发现小银行在当地市场上甚至还超越了它们。类似地，加利福尼亚州长期以来都不限制银行在州内设立分支构，但社区银行数量却在持续增加。

经济学家认为银行并购和全国性银行业具有重要的好处。取消对银行业务的地理限制会促进竞争，将竞争效率低下的银行逐出市场，从而提高整个银行部门的效率。向更大的银行组织发展也意味着某种效率提高，因为大银行组织可以利用规模经济和范围经济。银行贷款组合更加多样化可以降低未来发生银行业危机的可能性。

20 世纪 80 年代和 90 年代初期，银行破产往往集中发生在经济疲软的州。例如，1986 年石油价格下跌后，曾经盈利状况相当好的得克萨斯州所有主要商业银行都陷入了困境。当时，新英格兰地区的银行运转良好。然而，当 1990—1991 年经济衰退严重冲击新英格兰地区时，这里的一些银行也开始破产。在全国性银行体系下，如果一家银行能够在新英格兰地区和得克萨斯州两地发放贷款，破产可能性就会大大降低，因为当一地的贷款出现损失时，另一地的贷款业务仍能正常运转。因此，全国性银行业不那么容易出现银行破产，是朝着建立健康银行体系行进的重要一步。

对银行并购仍然存在两个担忧，即银行并购可能减少对小企业贷款，以及银行迅速向新市场扩张可能会增加风险，甚至导致银行破产。这些问题目前尚无定论，但大部分经济学家都认为银行并购和全国性银行业的收益要远远超过成本。

11.5 银行业与其他金融服务业分离

目标 11.5 评价通过立法分离银行业和其他金融服务的理由。

直到不久以前，美国银行业的一个重要特征还是 1933 年《格拉斯-斯蒂格尔法》规定的银行业与其他金融服务业（例如证券业、保险业和不动产业）分离。本章前面已经提到，这一法案允许商业银行销售新发行的政府证券，但禁止承销公司证券或者从事经纪业务。同时它也禁止银行涉足保险和不动产业务。另外它还禁止投资银行和保险公司从事商业银行业务，从而保护银行免于竞争。

《格拉斯-斯蒂格尔法》被削弱

尽管有《格拉斯-斯蒂格尔法》的禁令，但对利润的追求和金融创新激励了商业银行和其他金融机构一起绕过监管规定，进入对方的传统领地。随着货币市场共同基金和现金管理账户的发展，经纪公司开始从事发行存款工具的传统银行业务。1987 年，美联储利用《格拉斯-斯蒂格尔法》第 20 章的一个漏洞，允许银行控股公司承销之前被禁止的证券类型，银行自此开始进入这一行业。这个漏洞允许被批准商业银行的附属机构从事承销业务，但收入不得超过规定金额，最初是附属机构总收入的 10%，后来提高到 25%。1988 年 7 月，美国最高法院判决美联储行动合法，之后，美联储允许 J. P. 摩根（一家商业银行控股公司）承销公司债务证券（1989 年 1 月）以及承销股票（1990 年 9 月），这一特许权后来扩大到其他银行控股公司。监管机构也允许银行从事一些不动产和保险业务。

1999 年《格兰姆-里奇-布利利金融服务现代化法案》：《格拉斯-斯蒂格尔法》被废止

限制商业银行从事证券和保险业务，使得美国的银行在与外国银行的竞争中处于劣势，所以 20 世纪 90 年代几乎每次国会会议上都有提案要求废除《格拉斯-斯蒂格尔法》。1998 年，随着花旗集团（美国第二大银行）与旅行者集团（一家保险公司，拥有美国第三大证券公司所罗门美邦）完成合并，废除《格拉斯-斯蒂格尔法》的压力已经势不可挡。取消《格拉斯-斯蒂格尔法》的法律程序终于在 1999 年完成。

1999 年《格兰姆-里奇-布利利金融服务现代化法案》(Gramm-Leach-Bliley Financial Services Modernization Act，简称《格兰姆-里奇-布利利法案》）允许证券公司和保险公司收购商业银行，允许商业银行承销保险和证券以及从事不动产业务。根据该法案，各州仍然保留对保险业务的监管权力，而证券交易委员会则继续监管证券业务。通货监理署有权监管从事证券承销的银行附属公司，而美联储则继续监管可以从事不动产、保险业务以及大额证券买卖等所有业务的银行控股公司。

金融并购的意义

正如我们看到的，1994 年《里格-尼尔州际银行业务与分支机构效率法案》推动了银行并购活动。1999 年《格兰姆-里奇-布利利法案》则使金融并购过程进一步提速，因为并购活动现在不仅可以发生在多家银行机构之间，还可以跨越各种金融服务活动。由于信息技术增强了范围经济效应，银行与其他金融服务企业的合并（例如花旗集团与旅行者集团）已经越来越普遍，而且更多的超大并购案可能即将到来。银行机构正在发展成为更大而且越来越复杂的组织，全面覆盖各种金融服务活动。2007—2009 年全球金融危机更是加速了向着更复杂大型银行组织发展的趋势（见 FYI 专栏“全球金融危机与大型独立投资银行的终结”）。

FYI 专栏　全球金融危机与大型独立投资银行的终结

《格拉斯-斯蒂格尔法》被废除后，虽然金融服务活动转向更加复杂的大型银行组织是大势所趋，但 2008 年形势发展之快出乎了所有人的意料。从 2008 年 3 月到 9 月，在六个月时间里，所有五大独立投资银行都脱离了原有形式。当第五大投资银行贝尔斯登披露其在次级抵押支持证券投资上出现巨额损失时，它不得不在 2008 年 3 月接受美联储的救助；代价是它被强制出售给 J. P. 摩根，价格不到大约 1 年前价值的 1/10。贝尔斯登救助案清楚地表明，政府安全网已经延伸到了投资银行。作为交换条件，投资银行未来将接受更为严格的监管，如同商业银行一样。

下一个轮到第四大投资银行雷曼兄弟，它于 2008 年 9 月 15 日宣布破产。仅仅一天以前，同样因持有次级证券而遭受巨额损失的第三大投资银行美林，刚刚宣布被美国银行收购，价格不足一年前的一半。一周之内，分列第一和第二大投资银行的高盛和摩根士丹利，虽然次级证券敞口较小，但也看到了不祥之兆。它们意识到自己很快将会面临类似的监管，因此决定转型为银行控股公司，这样就可以吸收被保险存款，资金基础将更为稳定。

这是一个时代的结束。大型独立投资银行公司已经成为历史。

全世界的银行业与其他金融服务业分离

大萧条以后，没有多少其他国家追随美国将银行业与其他金融服务业分离开来。事实上，这种分离是过去美国与其他国家在银行业监管上最突出的区别。全世界的银行业和证券业有三种基本模式。

第一种是德国、芬兰和瑞士的全能银行模式。银行业与证券业之间完全不分开。在全能银行体系下，商业银行在单一法人实体内，提供银行、证券、不动产和保险服务等全部业务。银行可以拥有商业公司相当规模的股份，而且通常都会这样做。

第二种是英格兰式全能银行体系，存在于英国和加拿大、澳大利亚等与英国有密切联系的国家以及现在的美国。英格兰式全能银行能够从事证券承销业务，但在以下三个方面与德国式全能银行有所不同：独立法定子公司更常见；银行持有商业公司股份更少见；银行与保险公司联合体更少见。

第三种是日本等国的模式，特点是银行业与其他金融服务业之间分离。美国与日本银行体系最大的差别在于，日本银行可以持有商业公司的大量股票，美国银行不可以。另外，大部分美国银行采用银行控股公司结构，但这在日本是非法的。虽然日本《证券法》第 65 章从法律上对银行业务和证券业务进行了分离，但商业银行却越来越多地被允许从事证券业务，而且跟美国银行一样，越来越趋近于英格兰式的全能银行。

11.6　储蓄业：监管与结构

目标 11.6　总结储蓄机构和商业银行的区别。

储蓄业（储蓄与贷款协会、互助储蓄银行与信用社）与商业银行业的监管和结构无疑是相似的。

储蓄与贷款协会

正如商业银行存在着双重银行体系一样，储蓄与贷款协会（简称储贷协会，S&Ls）既可在联邦政府也可在州政府注册成立。无论由联邦政府还是州政府批准成立，大部分储贷协会机构都是联邦住宅贷款银行体系（Federal Home Loan Bank System，FHLBS）的成员。建立于 1932 年的联邦住宅贷款银行体系，效仿美联储的风格。有 12 家区域联邦住宅贷款银行，它们由储蓄监管局进行监管。

联邦存款保险公司为储贷协会提供联邦存款保险，每个账户限额为 25 万美元。储蓄监管局对联邦投保的储贷协会机构进行监管：规定最低资本金要求、要求定期提交财务报告和对储贷协会进行检查。它也是联邦注册储贷协会机构的注册机构，批准这些机构的并购，对其开办分支机构设置规定。

与美联储一样，联邦住宅贷款银行体系向其成员发放贷款（通过发行债券获得放贷所需资金）。然而，与美联储预期迅速偿还的贴现贷款不同，联邦住宅贷款银行体系的贷款经常在很长时期内都不需要偿还。而且，贷款利率要低于储贷协会机构在公开市场借款必须支付的利率。通过这种途径，FDIC 贷款项目对储蓄贷款业予以补贴（同时暗含补贴住宅产业，因为储贷协会的大部分贷款为住房抵押贷款）。

20 世纪 80 年代，储蓄贷款业经历了十分严重的困难。由于现在储贷协会从事许多与商业银行一样的业务，许多专家认为单独批准储贷协会成立和监管的机制没有道理，其存在已经不合时宜。

互助储蓄银行

互助储蓄银行和储贷协会类似，但是由存款人共同所有，大约有一半在州政府注册成立。虽然互助储蓄银行主要由所在各州负责监管，但大部分存款都在联邦存款保险公司投保，每个账户的限额为 25 万美元，这些银行同样要遵守联邦存款保险公司对州注册银行的许多监管规定。通常来说，没有在联邦存款保险公司投保的互助储蓄银行，必须将自己的存款在州保险基金投保。

信用社

信用社是由具有共同联系的特定群体（如工会成员或特定公司的雇员）组成的

小型合作性贷款机构。信用社是唯一免税的存款机构，既可以在联邦政府也可以在地方政府注册成立，一半以上是联邦注册的。全国信用社管理局（National Credit Union Administration，NCUA）颁发联邦牌照，并对联邦注册的信用社进行监管：制定最低资本金要求、要求定期提交财务报告和进行检查等。全国信用社管理局的附属机构——全国信用社股份保险基金（National Credit Union Share Insurance Fund，NCUSIF）为联邦注册和州注册的信用社提供每个账户限额为 25 万美元的联邦存款保险。由于信用社发放的贷款大部分是期限很短的消费者贷款，所以这些机构没有遭遇 20 世纪 80 年代储贷协会和互助储蓄银行那样的财务危机。

由于成员具有某种共同联系，因此信用社规模一般非常小，大部分资产规模不到 1 000 万美元。此外，它们与特定行业或公司密切关联，当该行业或公司有大量工人被解雇以至于难以偿还贷款时，使信用社更有可能破产。近来的监管变化允许单个信用社为更多元的客户群体服务，放松对特定联系的要求，这鼓励了信用社规模扩张，未来可能有助于减少信用社破产。

11.7 国际银行业务

目标 11.7 说明美国银行海外经营和外国银行在美国经营的原因。

1960 年，仅有 8 家美国银行在海外设有分支机构，总资产不到 40 亿美元。现在，大约 100 家美国的银行有海外分支机构，总资产超过 2.9 万亿美元。国际银行业务的迅猛发展可以用三个因素来解释。

第一，1960 年以来出现了国际贸易和跨国公司飞速发展。海外经营的美国公司需要在外国的银行服务，帮助国际贸易融资。例如，为了经营海外工厂，它们可能需要一笔外币贷款。对外销售商品后，它们需要银行将销售商品所收入的外币兑换为美元。虽然外国银行也可以为这些公司提供国际银行服务，但许多公司更喜欢与已经建立长期关系或者更理解美国商业惯例和实践的美国银行开展业务。随着国际贸易的发展，国际银行业务也发展起来。

第二，美国银行积极投身全球投资银行业务，通过承销外国证券赚取了可观的利润。它们也在海外销售保险，从这些投资银行和保险业务中获得高额利润。

第三，美国银行一直想要打入国外规模庞大的美元存款市场，即欧洲美元市场。要理解美国海外银行业的结构，我们首先要学习欧洲美元市场，这是国际银行业增长的一个重要来源。

欧洲美元市场

当美国账户的存款转移到国外银行但仍然以美元形式持有时，就产生了欧洲美元。（关于欧洲美元起源的讨论，见全球视野专栏“反讽的欧洲美元市场诞生记”。）

例如，如果劳斯莱斯股份有限公司将 1 张对美国银行账户开具的 100 万美元支票存入其在伦敦的开户行（规定该笔存款应付美元）时，100 万欧洲美元就产生了。[①]超过 90%的欧洲美元是定期存款，其中，一半以上是期限在 30 天及以上的存单。欧洲美元市场规模庞大，超过 10 万亿美元，是世界经济中最重要的金融市场之一。

为什么像劳斯莱斯公司这样的公司会想要在美国之外持有美元存款呢？首先，美元是最广泛使用的国际贸易货币，因此劳斯莱斯公司可能想持有美元存款来处理国际交易。其次，欧洲美元属于离岸存款，它们不必遵守所在国有关法定准备金要求或限制存款向国外转移（被称为资本管制）等监管规定。[②]

具有百年历史的主要国际金融中心——伦敦，是欧洲美元市场的中枢。欧洲美元也存在于欧洲之外，即为这些存款提供离岸身份的地方，如新加坡、巴哈马群岛和开曼群岛。

欧洲美元市场的最小交易通常为 100 万美元，接近 75%的欧洲美元存款由银行持有。显然，你我都不太可能直接接触欧洲美元。美国的银行认为，与其利用中介并从外国银行借入所有存款，不如开办海外分支机构吸引美元存款，自己还能赚取更高的利润。结果，欧洲美元市场成为美国海外银行业的重要推动力。

11

全球视野　　反讽的欧洲美元市场诞生记

欧洲美元市场是资本主义的一个莫大讽刺：资本家用的一个最重要的金融市场居然是由苏联创造出来的。20 世纪 50 年代初，在冷战高潮期间，苏联已经在美国银行账户上积累了大量美元余额。由于担心美国政府可能冻结这些在美国的资产，苏联人想把存款转移到欧洲——在那里这些存款不会被没收。（这种担忧可不是空穴来风——想想美国 1979 年冻结了伊朗资产、1990 年冻结了伊拉克资产。）但他们仍然希望以美元形式保有存款，从而可以用来进行国际交易。这个问题的解决方案就是将存款转移到欧洲银行，但是保留存款以美元计价。当苏联这么做的时候，欧洲美元诞生了。

美国海外银行业的结构

美国银行的海外分支机构大多位于拉丁美洲、远东、加勒比地区和伦敦。伦敦分支机构持有的资产规模最为庞大，原因在于伦敦是主要国际金融中心和欧洲美元市场的中枢。拉丁美洲和远东有许多分支机构，原因在于美国与这些地区贸易的重要性。部分加勒比地区（主要是巴哈马群岛和开曼群岛）已经成为重要的避税港，有着最低的税赋，而且几乎没有限制性监管规定。巴哈马群岛和开曼群岛的银行分支机构事实上属于“空壳公司”，因为其主要功能是账簿中心，不提

---

① 注意，伦敦银行持有在美国银行的 100 万美元存款，因此欧洲美元创造并不减小美国银行存款的规模。

② 虽然大部分离岸存款以美元计价，但仍然有一些是以其他货币计价的。这些离岸存款被统称为欧洲货币。例如，在伦敦持有的日元计价存款被称为欧洲日元。

供正常的银行服务。

美国银行海外经营的另外一种公司结构是**《埃奇法案》公司**（Edge Act corporation），这是一种主要从事国际银行业务的特殊附属机构。美国银行（通过其控股公司）也可以持有外国银行和外国金融服务公司（例如，财务公司）的多数股权。美国银行组织的国际业务主要由美联储《K条例》（Regulation K）予以规范。

1981年底，美联储批准在美国境内设立**国际银行业设施**（international banking facilities，IBFs），接受外国居民的定期存款，但不受法定准备金和利息支付限制等约束。国际银行业设施还可以向外国居民发放贷款，但不得向本国居民发放贷款。各州通过豁免州和地方税的方式鼓励建立国际银行业设施。本质上，国际银行业设施的待遇类似于美国银行在国外的分支机构，因此不必受本国法规和税收的制约。建立国际银行业设施的目的是要鼓励国内外银行更多地在美国国内而不是在海外开展银行业务。从这个角度看，国际银行业设施是成功的：在最初两年里，其资产已经攀升至近2 000亿美元，现在则超过1万亿美元。

在美国的外国银行

国际贸易的发展不仅促进了美国银行在海外开办分支机构，而且推动外国银行在美国开办分支机构。外国银行在美国的发展十分成功。目前，它们持有美国国内银行总资产的20%以上，并在所有对美国公司发放的美国银行贷款中也有差不多的份额。

外国银行通过代表处、美国子行或分行等方式，在美国从事银行业务。代表处可以在美国发放贷款和转移资金，但不能接受美国国内居民的存款。代表处的优势在于不必受全业务银行机构监管（例如，FDIC保险要求）的约束。美国子行与其他美国银行十分相似（甚至名字听上去都像美国的银行），也受同样的监管制约，但是为外国银行所有。外国银行分行拥有外国银行名称，通常提供全面服务。外国银行也可以组建《埃奇法案》公司和国际银行业设施。

1978年以前，外国银行不必遵守很多适用于美国国内银行的监管规定：例如，它们可以跨州开办分支机构，不必满足法定准备金要求。1978年通过《国际银行法》（International Banking Act），对待外国银行和美国国内银行更加一视同仁。外国银行可以在任何州设立有限业务分行和代表处，而且外国银行可以保留在该法案出台前已经开办的全业务分行。

无论是美国银行远赴海外还是外国银行进入美国，银行业国际化均表明全世界的金融市场已经变得更加一体化。结果，银行监管的国际合作趋势不断加强，《巴塞尔协议》就是一个例子，建立了对工业化国家统一的最低银行资本金要求（第10章已有讨论）。金融市场一体化还鼓励了海外的银行合并，2002年日本工业银行、第一劝业银行与富士银行合并创立了第一家万亿美元银行，使这一趋势达到了顶峰。另外一个发展是国际银行业中外国银行的重要性。如表11-3所示，2020年世界十大银行集团中有 8 家不是美国的。第 18 章详细讨论国际金融体系时，会进一步探讨金融市场一体化对美国经济运行的意义。

表 11-3　2020 年世界十大银行

银行	资产（万亿美元）
1. 中国工商银行，中国	4.32
2. 中国建设银行，中国	3.82
3. 中国农业银行，中国	3.70
4. 中国银行，中国	3.39
5. 摩根大通银行，美国	3.14
6. 汇丰控股，英国	2.92
7. 三菱东京 UFJ 金融集团，日本	2.89
8. 美国银行，美国	2.62
9. 法国巴黎银行，法国	2.43
10. 法国农业信贷银行，法国	1.98

资料来源：FXSSI：http://fxssi.com/top-20-largest-world-banks-in-current-year.

总　结

1. 美国银行业史留给美国一个双重银行体系，即在联邦政府和州政府注册成立的商业银行。多个政府机构监管商业银行：通货监理署、美联储、联邦存款保险公司和州银行监管当局。

2. 经济环境变化推动金融机构寻求金融创新。金融创新的主要推动力包括：需求状况变化，尤其是利率风险上升；供给状况变化，尤其是信息技术发展；以及规避高成本监管的意愿。金融创新使银行遭受资金获取的成本优势下降和资产的收入优势下降。挤压最终伤害了银行传统业务的盈利空间，导致了传统银行业走下坡路和影子银行业上位。

3. 各州限制开办分支机构的监管规定，以及禁止跨州开办分支机构的《麦克法登法案》，导致存在大量小商业银行。美国商业银行数量众多，反映了过去缺乏竞争而不是存在激烈竞争。银行控股公司和自动柜员机是对限制开办分支机构的主要应对，削弱了限制措施的反竞争效应。

4. 20 世纪 80 年代中期以来，银行并购发展十分迅速。银行并购的第一阶段是银行破产以及限制开办分支机构的政策效力降低的结果。第二阶段的推动力来自信息技术迅速发展，以及 1994 年《里格-尼尔州际银行业务与分支机构效率法案》，该法案奠定了全国性银行体系的基础。在银行并购浪潮平息后，美国银行体系可能仍然会留下几千家银行。大部分经济学家认为银行并购和全国性银行体系的收益将超过成本。

5.《格拉斯-斯蒂格尔法》将商业银行业和证券业分离开来。然而，1999 年立法推翻了《格拉斯-斯蒂格尔法》，取消了分业规定。

6. 储蓄业（储蓄与贷款协会、互助储蓄银行和信用社）的结构和监管与商业银行业十分相似。储贷协会主要由储蓄监管局监管，由联邦存款保险公司提供存款保险。互助储蓄银行由各州监管，联邦存款保险也由联邦存款保险公司提供。信用社由全国信用社管理局监管，存款保险由全国信用社股份保险基金提供。

7. 随着 1960 年以来国际贸易的迅速发展，国际银行业急剧增长。美国银行通过在海外开办分支机构、拥有外国银行的控制权、设立《埃奇法案》公司和在美国境内经营国际银行业设施等途径从事国际银行业务。外国银行通过拥有美国子行、开办代表处或分行等途径在美国开展经营活动。

关键术语

- 自动柜员机（ATM）
- 双重银行体系
- 国民银行
- 范围经济
- 发起—分销商业模式
- 银行控股公司
- 《埃奇法案》公司
- 证券化
- 金融衍生工具
- 影子银行体系
- 分支机构
- 金融工程
- 州银行
- 中央银行
- 期货合约
- 次级抵押贷款
- 社区银行
- 对冲
- 超地域银行
- 存款利率上限
- 国际银行业设施（IBFs）
- 流动账户
- 脱媒
- 虚拟银行

思考题

1. 你认为 1863 年《国民银行法》出台前银行业的普遍状况是促进还是妨碍了美国各州之间的贸易？

2. 为什么美国存在双重银行体系？

3. 结合 2007—2009 年金融危机，你认为 1933 年《格拉斯-斯蒂格尔法》在商业银行业和证券业之间建立防火墙是好事还是坏事？

4. 哪个监管机构主要负责监管以下各类商业银行？a. 国民银行；b. 银行控股公司；c. 非美联储会员的州银行；d. 美联储会员的州银行；e. 联邦注册的储蓄与贷款协会机构；f. 联邦注册的信用社。

5. 为什么利率风险的出现有助于解释金融创新？

6. 为什么新技术加大了限制银行开办分支机构的执行难度？

7. “发明计算机是银行业衰落的一个主要原因。”这种表述正确、错误还是不确定？解释你的答案。

8. “如果没有 20 世纪 60 年代和 70 年代的通货膨胀率上涨，今天的银行业可能更加健康。”这种表述正确、错误还是不确定？解释你的答案。

9. 流动账户和货币市场共同基金如何使银行规避法定准备金制度？

10. 如果按照一些经济学家的提议，未来取消法定准备金制度，这会对货币市场共同基金的规模产生怎样的影响？

11. 为什么钻空子在美国银行业中非常普遍？

12. 银行近年来为何会丧失获取资金的成本优势？

13. 银行近年来为何会丧失资产的收入优势呢？

14. “在加拿大，只有几家大银行主宰了整个行业，而美国有 4 500 家左右的商业银行，因此，加拿大商业银行业不如美国的竞争性强。”这种说法正确、错误还是不确定？解释你的答案。

15. 为什么资产不足 2 500 万美元的银行在商业银行中的占比高于在储蓄与贷款协会和互助储蓄银行中的占比？

16. 与商业银行、储蓄与贷款协会、互助储蓄银行不同，信用社不限制在其他州开办分支机构。那么，为什么信用社的规模通常要比其他储蓄机构更小呢？

17. 为什么银行控股公司的数量如此急速地上升？

18. 根据教材所描述的抵押贷款证券化过程中

贷款发起人的作用，你认为贷款发起人会担心借款家庭满足抵押贷款月供的能力吗？

19. 竞争力量如何促成废除了分离银行业和证券业的《格拉斯-斯蒂格尔法》？

20.《格兰姆-里奇-布利利法案》对金融并购可能有什么影响？

21. 哪些因素可以解释国际银行业的迅速发展？

22. 监管机构创造了哪些鼓励国际银行业的动机？它们为什么要这样做？

23. 1981 年美联储批准设立国际银行业设施怎么会减少了欧洲的银行业就业？

24. 如果你把支票账户开在一家外国人所有的银行，应当担心你的存款不如存放在美国银行更安全吗？

25. 为什么世界十大银行中只有两家美国银行？

第12章 金融危机

学习目标

12.1 定义金融危机。

12.2 明确金融危机三个阶段的关键特征。

12.3 描述2007—2009年全球金融危机的原因和后果。

12.4 总结2007—2009年全球金融危机后金融监管发生的变化。

12.5 明确当前的金融监管空白，以及未来金融监管变化如何弥补这些空白。

本章预习

金融危机是以资产价格急剧下跌与企业破产为特征的金融市场严重混乱。从2007年8月开始，次级抵押贷款市场（借款人信用记录较差）违约事件造成了金融市场的剧烈震荡，引爆了自大萧条以来最为严重的金融危机。在国会听证会上，美联储前任主席艾伦·格林斯潘（Alan Greenspan）把这场危机称作是“百年不遇的信贷海啸”。华尔街公司和商业银行遭受了数千亿美元损失。居民和企业发现借款利率迅速提高，并且很难申请到贷款。世界各地的股票市场都出现暴跌，美国市场从峰值下跌了50%以上。包括商业银行、投资银行和保险公司在内的许多金融企业陷入破产泥潭。2007年12月开始进入经济衰退，到2008年秋天经济已然失控。经济衰退于2009年6月结束，是第二次世界大战以来最为严重的经济衰退，现在被称为“大衰退”。

为什么会发生这场全球金融危机？为什么金融危机在美国和其他许多国家的历史上如此普遍，以及它们对2007—2009年金融危机提供了哪些深刻见解？为什么金融危机后几乎总是跟着经济活动严重紧缩，就像大衰退期间那样？本章我们将构建一个理解金融危机发展过程的理论框架，进而解答上述问题。在第8章的基础上，我们利用代理理论，即对金融市场信息不对称（逆向选择和道德风险）效应的经济分析方法，来探讨金融危机为什么发生以及为什么对经济有如此毁灭性的影响。然后借助上述分析，我们来解释历史上多次全球金融危机（包括2007—2009年全球金融危机）的事情发展经过。

12.1 什么是金融危机?

目标 12.1 定义金融危机。

我们在第8章了解到，运转良好的金融体系可以解决信息不对称问题（道德风险和逆向选择），从而将资本配置到最具生产性的用途上。这些信息不对称问题阻碍资本的有效配置，常常被经济学家称为**金融摩擦**（financial frictions）。当金融摩擦加大时，金融市场无法有效地将资金从储蓄者融通给具有生产性投资机会的居民和企业，结果造成经济活动减少。当金融市场信息流动遭到特别大的破坏，致使金融摩擦急剧加大、金融市场停止运转时，**金融危机**（financial crisis）爆发。然后经济活动崩溃。

12.2 金融危机的发展过程

目标 12.2 明确金融危机三个阶段的关键特征。

2007—2009年金融危机惊天动地，备受关注，但它只是美国等工业化国家这些年来多场金融危机中的一场。过去那些经验帮助经济学家揭示出一些对今天的经济动荡的见解。

发达经济体的金融危机一般经历两个发展阶段，有时是三个阶段。图12-1追溯了发达经济体金融危机的发展阶段和事件先后顺序，有助于我们理解危机是怎样展开的。

阶段一：危机爆发初期

金融危机可能以两种方式开始：信贷繁荣和萧条，或者主要金融机构破产造成不确定性普遍提高。

信贷繁荣和萧条 当经济引入**金融创新**（financial innovation，新型贷款或其他金融产品）或是国家推行**金融自由化**（financial liberalization，取消对金融市场和金融机构的管制）时，往往就播下了金融危机的种子。长期来看，金融自由化促进了金融发展，支持金融体系良好运转，有效配置资本。然而，金融自由化有其阴暗的一面：短期里可能推动金融机构疯狂放贷，被称为**信贷繁荣**（credit boom）。遗憾的是，贷款人可能不具备专业知识，或者说缺少动机，来恰当地管理这些新业务的风险。即使管理是适当的，信贷繁荣迟早也会超出金融机构以及政府监管者筛选和监控信贷风险的能力，导致出现过高风险借贷。

我们在第10章已经了解到，存款保险等政府安全网弱化了市场约束，增加了银行承担更高风险的道德风险动机。由于贷款人-储蓄者知道政府担保的保险制度可以保护他们免受损失，甚至对不守纪律的银行他们也供给资金。缺少了恰当的监督，风险承担就变得放任自流。

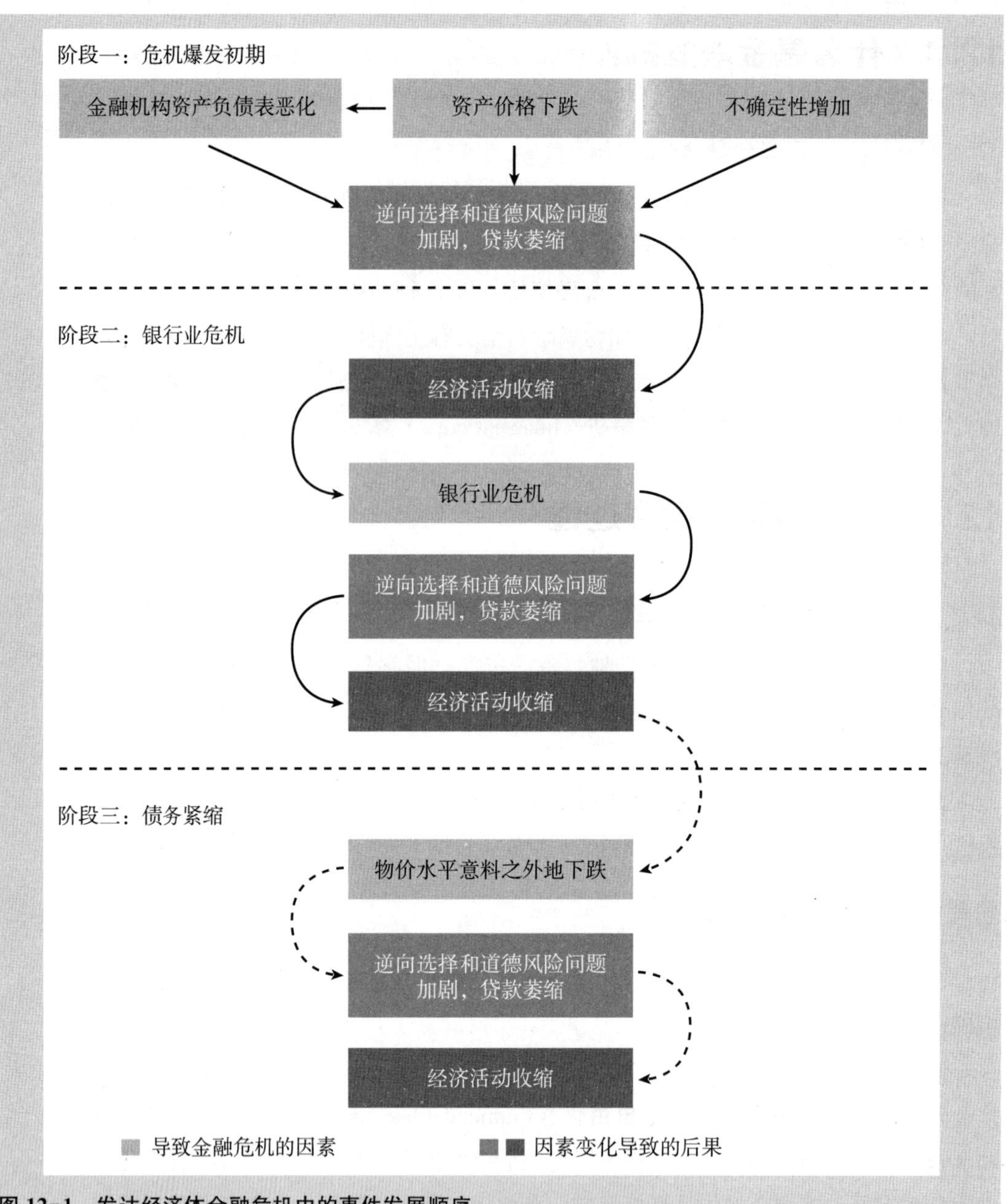

图 12-1　发达经济体金融危机中的事件发展顺序

实线箭头表示典型金融危机中的事件发展顺序，虚线箭头表示如果危机进入债务紧缩阶段另外发生的一系列事件。由水平虚线分隔开来的几个部分代表金融危机的不同阶段。

最终，贷款损失开始累积，贷款（在资产负债表的资产方）价值相对于负债减少，进而拉低银行和其他金融机构的净值（资本）水平。资本减少后，银行就会削减向借款人-支出者的放款，这一过程被称为**去杠杆化**（deleveraging）。并且，资本减少还意味着银行和其他金融机构风险增加，这些机构的贷款人-储蓄者和其他潜在贷款人就会抽逃资金。更少资金意味着更少贷款资助生产性投资，于是信贷冻结：贷款繁荣转变成贷款萧条。

当金融机构不再收集信息和发放贷款时，金融摩擦加大，限制了金融体系解决逆向选择和道德风险等信息不对称问题的能力（如图 12-1 中从最上一行第一个因素“金融机构资产负债表恶化”指出的箭头所示）。由于贷款变得稀缺，借款人-支出者无法再为其生产性投资机会融资，只得减少支出，导致经济活动收缩。

资产价格暴涨暴跌　股票与房地产等资产的价格可能受投资者心理驱动（被时任美联储主席艾伦·格林斯潘称为“非理性繁荣”）远远超过其**基础经济价值**（fundamental economic values，指基于对资产未来收入流的合理预期确定的资产价值）。资产价格上涨超过其基础经济价值，即为**资产价格泡沫**（asset-price bubbles）。资产价格泡沫的例子有 20 世纪 90 年代末科技股市场泡沫，以及本章后面将讨论的 2002—2006 年房地产价格泡沫。资产价格泡沫通常也是由信贷繁荣驱动的，大规模信用增量被用于购买资产，于是推高了资产价格。

随着泡沫崩溃，资产价格回归其基础经济价值，股票和房地产价格暴跌，公司净值（资产与负债之间的差额）下降，可用于抵押的抵押品价值缩水。现在这些公司“风险共担”更少，利益攸关程度下降，于是更有可能进行高风险投资，因为自己没有什么可损失的，出现了道德风险问题。结果，金融机构收紧了对借款人-支出者的贷款标准，信贷紧缩（如图 12-1 中从最上一行第二个因素“资产价格下跌”向下指出的箭头所示）。

资产价格暴跌也导致金融机构的资产价值下降，从而造成机构净值减少和资产负债表恶化（如图 12-1 中最上一行从第二个因素指向第一个因素的箭头所示），这会引起去杠杆化，使经济活动更加陡峭地下降。

不确定性增加　美国的金融危机往往肇始于高不确定性时期，比如经济衰退开始后，股票市场暴跌或是主要金融机构倒闭。机构倒闭后，危机随即开始：例如，1857 年俄亥俄人寿保险和信托公司、1873 年杰伊·库克金融公司、1884 年格兰特和沃德公司、1907 年尼克伯克信托公司、1930 年美利坚银行以及 2008 年贝尔斯登、雷曼兄弟和美国国际集团。高不确定性时期信息难以获取，金融摩擦加大，减少了信贷和经济活动（如图 12-1 中从最上一行最后一个因素“不确定性增加”指出的箭头所示）。

阶段二：银行业危机

资产负债表恶化和经济状况更加艰难，导致一些金融机构的净值变为负数，发生了破产。无力偿还存款人和其他债权人，一些银行不得不停止运营。如果严重到一定程度，这些因素还可能引起银行恐慌，发生多家银行同时破产。信息不对称是传染的根源。在恐慌中，由于担心自己存款的安全（在缺失或者有有限金额存款保险的情况下），加之不了解银行贷款组合的质量，存款人纷纷提取存款，直到银行破产。对银行体系总体健康程度的不确定会导致好银行和差银行都出现挤提，迫使银行尽快卖出资产以筹集必要的资金。**紧急抛售**（fire sale）资产的行动可能导致资产价格大幅下跌，以至于更多银行变得资不抵债，由此出现的传染将引起多家银行破产以及全面的银行恐慌。

还能运营的银行越来越少，关于借款人-支出者信用的信息不复存在。金融市场上日益严重的逆向选择和道德风险问题深化了金融危机，导致资产价格下跌，而且缺少资金支持生产性投资机会，经济中到处都有企业破产。图 12-1 中第二阶段即代表了这一过程。银行恐慌是 19 世纪和 20 世纪美国所有金融危机的共同特征，二战前每 20 年左右就发生一次：1819 年、1837 年、1857 年、1873 年、1884 年、1893 年、1907 年以及 1930—1933 年。（1933 年美国建立存款保险制度，保护存款人免于损失，防止了后来的银行恐慌。）

最后，政府当局和私人部门关闭资不抵债的公司，或是出售，或是清算。金融市场的不确定性减少，股票市场复苏，资产负债表逐步改善。金融摩擦缓解，金融危机告一段落。随着金融市场能够重新正常运转，则准备进入经济复苏阶段。

阶段三：债务紧缩

然而，如果经济低迷引起价格水平急剧下降，复苏进程就会受到阻碍。在图 12-1 中的第三阶段，价格水平出人意料地大幅下跌，加重了企业的债务负担，引起企业净值进一步恶化，发生**债务紧缩**（debt deflation）。

在温和通货膨胀的经济中（大部分发达经济体以此为特征），许多固定利率债务合约往往期限相当长，比如十年或者更长。由于合约规定债务偿付的名义金额是固定的，价格水平意外下跌就会增加借款企业或者家庭负债的实际价值（增加债务负担），但并未增加资产的实际价值。借款人的实际净值（实际资产和实际负债的差额）就会随之减少。

为了更好地理解净值减少是怎样发生的，考虑以下情况。如果某公司 2022 年有 1 亿美元资产（2022 年价格），9 000 万美元长期负债，那么其净值为 1 000 万美元（资产和负债价值的差额）。如果 2023 年价格水平下降 10%，按照 2022 年价格衡量，实际负债上升为 9 900 万美元，实际资产仍为 1 亿美元保持不变。结果就是按照 2022 年价格衡量的实际净值从 1 000 万美元减少为 100 万美元（1 亿美元减去 9 900 万美元）。

价格水平暴跌导致借款人的实际净值大幅减少，对贷款人而言造成了逆向选择和道德风险问题增加。信贷和总体经济活动长时间下降。债务紧缩表现最突出的金融危机就是大萧条，它也是美国历史上最严重的经济紧缩。

应用　所有金融危机的始祖：大萧条

用于理解金融危机的分析框架已就位，我们接下来讨论大萧条期间金融危机是如何展开的，以及如何导致了美国历史上最严重的经济下行。

股票市场暴跌

1928年和1929年，美国股票价格翻了一倍。美联储官员认为股票市场暴涨是过度投机引起的。为遏制这一势头，他们采取了紧缩的货币政策来提高利率，以图限制股价上涨。美联储得到的比它预想的更多：1929年10月股票市场崩盘，到年底跌掉了40%（见图12-2）。

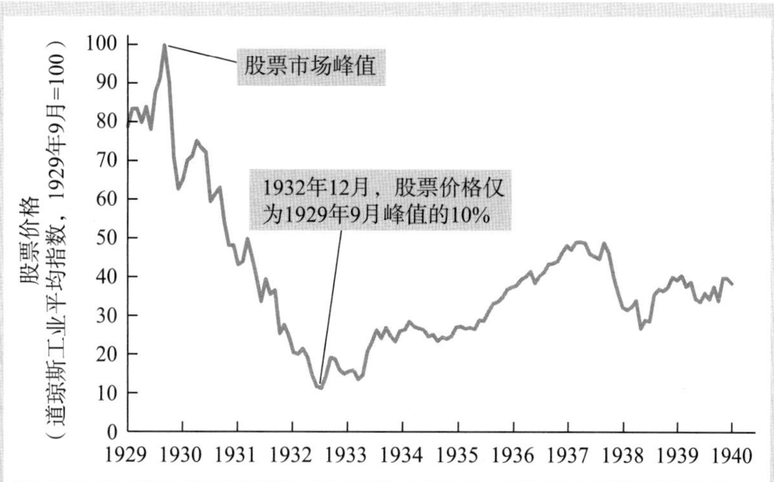

图12-2　大萧条期间的股票价格

1929年股市崩溃，到年底股价已暴跌40%。之后继续下跌，到1932年仅为峰值的10%。

资料来源：Federal Reserve Bank of St. Louis，FRED database：https://fred.stlouisfed.org/series/M1109BUSM293NNBR.

银行恐慌

到了1930年年中，股票市场收复了超过一半的失地，信贷市场状况也已稳定。然而，当中西部的严重干旱引起农业生产急剧下滑，从而农场主无法偿还银行贷款时，原本可能只是一次正常经济衰退却变成了糟糕得多的大事。农产抵押贷款违约，导致农业地区银行资产负债表出现巨额贷款损失。整体经济疲软，特别是农业地区银行普遍虚弱，刺激了大规模资金从银行抽逃，在1930年11月和12月逐步演变为全面的银行恐慌，同时股票市场再次暴跌。在两年多的时间里，银行恐慌接连发生，面对美国历史上最严重的恐慌泛滥，美联储却坐视不管。1933年3月，大约是那个时代最后的恐慌之后，富兰克林·德拉诺·罗斯福（Franklin Delano Roosevelt）总统宣布银行放假，暂时关闭了所有银行。罗斯福总统告诉他的国民："我们唯一要恐惧的是恐惧本身。"然而，破坏已然形成，超过1/3的美国银行不幸破产。

股票价格继续下跌

股票价格继续下跌。到1932年年中，股票已经跌到了1929年峰值的10%（如图12-2所示），加上经济萎缩导致企业状况不明朗，不确定性程度上升，使得金融市场逆向选择和道德风险问题更加恶化。仍在运营的金融中介机构数量大幅减少，逆向选择和道德风险问题进一步加剧。金融市场把资金融通给有生产性投资机会的借款人-支出者已经非常艰难。从

1929 年到 1933 年，商业贷款余额减少了一半，同时投资支出崩溃下跌了 90%。

贷款人开始向借款企业收取更高利率以保护自己免受信贷损失，证明了金融摩擦在增加。结果表现为**信贷利差**（credit spread，家庭和企业贷款利率与美国国库券等确定可偿还的安全资产利率之间的差额）上升，如图 12-3 中 Baa 级（中等质量）公司债券利率和相同期限国债利率之间的差额。（注意：利差与第 6 章讨论的风险溢价密切相关。）

图 12-3　大萧条期间的信贷利差

大萧条期间，信贷利差（Baa 级公司债券利率和美国国债利率之间的差额）急剧上升。

资料来源：*Banking and Monetary Statistics* 1914－1941（Board of Governors of the Federal Reserve，1943）.

债务紧缩

伴随经济活动下滑，持续的通货紧缩导致物价水平最终下跌了 25%。大部分经济衰退都会出现的正常复苏过程被通货紧缩所阻断。物价大幅下跌触发了债务紧缩，即由于企业和家庭的债务负担加重，企业净值下降。净值下降以及由此增加的信贷市场逆向选择和道德风险问题，延长了经济紧缩过程，失业率上升到 25%。大萧条金融危机是美国历史上最严重的一次，这解释了为什么经济紧缩也是该国曾经最严重的一次。

国际范围

虽然大萧条肇始于美国，但它并非美国独有的现象。美国的银行恐慌也扩散到世界上其他国家，而美国经济紧缩急剧降低了对外国商品的需求。世界范围内的经济萧条造成了严重困难，千百万人口失业，由此导致的不满情绪引起了法西斯主义的兴起和第二次世界大战。大萧条金融危机的后果是灾难性的。

12.3　全球金融危机：2007—2009 年

目标 12.3　描述 2007—2009 年全球金融危机的原因和后果。

多年来，大部分经济学家认为大萧条期间经历的那种金融危机对美国等发达国家来说已是陈年往事。遗憾的是，2007—2009 年席卷全世界的这场金融危机证明他们都错了。

2007—2009 年金融危机的起因

我们对 2007—2009 年金融危机的探讨，从考察三个核心要素开始：抵押贷款市场的金融创新，抵押贷款市场的代理问题，以及信用评级过程中信息不对称的作用。

抵押贷款市场的金融创新 第 11 章已经讨论过，从 21 世纪初开始，信息技术进步为次级抵押贷款证券化提供了便利，推动了次贷抵押支持证券市场的爆炸式增长。金融创新不会就此止步。金融工程不断开发新的复杂金融工具，创造了**结构化信用产品**（structured credit products），即基于标的资产收入流而设计的具有特定风险特征的产品，吸引具有不同风险偏好的投资者。这些产品中最臭名昭著的就是担保债务凭证（collateralized debt obligation，CDO）（在 FYI 专栏“担保债务凭证”中讨论）。

12

FYI 专栏 **担保债务凭证**

创造担保债务凭证涉及一个被称为特殊目的机构（special purpose vehicle，SPV）的公司实体，该机构买入包括公司债券、贷款、商业不动产债券、抵押支持证券在内的一揽子资产。SPV 将这些资产的支付流（现金流）分装入若干个工具，这种工具被称为“档”（tranche）。最高等级被称为超高档，是最先得到偿付的，因而风险最小。超高档 CDO 是将相应现金流支付给投资者的债券，因为风险最小，所以利率最低。接下来的现金流付给高档；高档 CDO 的风险稍高一些，利率也更高一点。再接下来的支付流是夹层档 CDO，偿付顺序排在超高档和高档之后，风险更高，利率也更高。最低档 CDO 被称为权益档，一旦标的资产违约而停止付款，则这一档的现金流支付首先受到影响。权益档风险最高，通常不交易。

如果所有这些听起来有点复杂，其实是真的复杂。对风险做进一步切割拆分，分档工具还可以包括 CDO^2 和 CDO^3，支付现金流也依次从 CDO 到 CDO^2 再从 CDO^2 到 CDO^3。虽然金融工程的可能好处在于创造出匹配投资者风险态度的产品和服务，但也有阴暗的一面。CDO、CDO^2 与 CDO^3 等结构化产品可能太复杂，很难为证券标的资产的现金流估值，甚至很难确定资产的实际拥有者是谁。事实上，2007 年 10 月，时任美联储主席本·伯南克（Ben Bernanke）就曾调侃自己“很想知道那些该死的东西值多少”。换句话讲，结构化产品复杂性提高事实上减少了金融市场的信息数量，从而恶化了金融体系的信息不对称，加剧了逆向选择和道德风险问题的严重性。

抵押贷款市场的代理问题 抵押贷款经纪人，也即贷款发起人，通常不会费力去评估借款人能否偿还贷款，因为他们的计划是尽快将贷款以抵押支持证券的形式出售（分销）给投资者。这种发起—分销商业模式存在委托-代理问题（第 8 章讨论过），其中抵押贷款经纪人作为投资者（委托人）的代理人，所追求的不是投资者利益最大化。抵押贷款经纪人一旦得到了佣金，为什么要去关心借款人能否按期还款呢？经纪人发起的贷款金额越多，他能赚到的钱就越多。

果然，逆向选择成了大问题。偏好风险的不动产投资者为获得房贷不惜排起长队，因为他知道如果房价上涨就会非常赚钱，即使房价下跌也只需要“走出”房子就可以了。委托-代理问题还会促使抵押贷款经纪人积极地游说家庭，去接受超出其偿付能力的抵押贷款，或者为了取得抵押资格而篡改借款人信息进行抵押贷款申请欺诈。对发起人疏于监管加剧了上述问题，发起人不需要向借款人披露相关信息来帮助借款人评估自己能否负担贷款。

代理问题甚至更加严重。商业银行与投资银行在承销抵押支持证券与 CDO 等结构化信用产品中赚取高额费用，同样没有动力去确保证券的最终持有人可以得到偿付。**金融衍生工具**（financial derivatives）的回报与已发行证券紧密相关（或由之衍生而来），这类金融工具是过度风险承担的另外一个重要来源。**信用违约互换**（credit default swaps）是在债券违约时为债券持有者提供偿付的一种金融衍生工具，签发此类金融保险合约可以收取巨额费用，这也驱使 AIG 等很多保险公司签发了几千亿美元这样的风险合约。

12

信息不对称和信用评级机构　信用评级机构基于违约概率评估债务证券的质量，是金融市场信息不对称的另外一个来源。评级机构就如何结构化 CDO 等复杂金融工具为客户提出建议，与此同时，它们还负责对这些产品进行评级。显然信用评级机构是有利益冲突的，因为它们向客户推荐投资自己评级的结构化产品，从中赚取巨额佣金，于是没有足够的动力去确保评级的准确性。结果，评级结果被严重高估，而基于评级才得以销售的复杂金融产品的风险程度远远超出投资者的认知。

2007—2009 年金融危机的影响

2007—2009 年金融危机使消费者和企业都深受其害。危机的影响在以下 5 个关键领域最明显：美国居民住宅市场，金融机构资产负债表，影子银行体系，全球金融市场，以及极受媒体关注的金融业大公司破产。

居民住宅市场：繁荣与萧条　2001 年经济衰退结束后，次级抵押贷款市场开始起飞。到 2007 年已经成为一个万亿美元市场。次级抵押贷款市场的发展得到了经济学家和政治家们的鼓励，因为这带来了“信用民主化”，而且帮助美国的自有住房率提高到历史最高水平。2000—2001 年经济衰退结束后，房地产价格开始暴涨（见图 12-4），同样促进了住房抵押贷款市场增长。高房价意味着当房屋升值时，次级借款人可以把房产重新抵押，得到更高的贷款金额。房价上升使次级借款人不太可能违约，因为总可以卖掉房产还清贷款，这让投资者也非常高兴，因为以次级抵押贷款现金流支持的证券回报也会水涨船高。次级抵押贷款市场的增长反过来刺激了对房屋的需求，更推动了房价暴涨，结果形成了房地产价格泡沫。

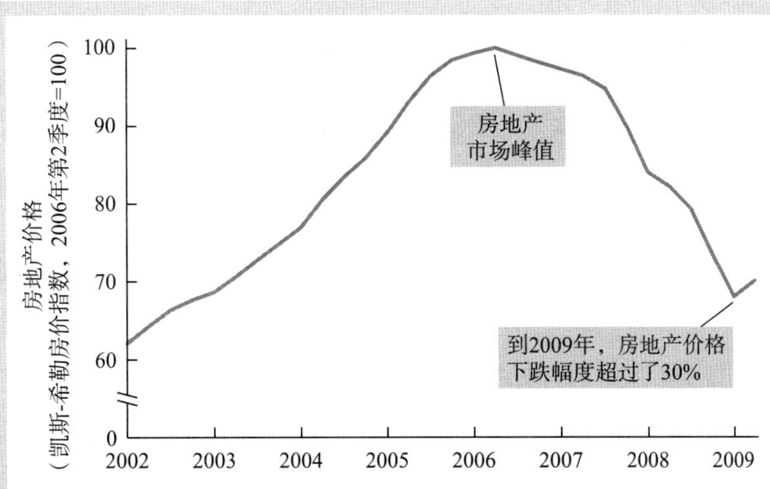

图 12-4 房地产价格和 2007—2009 年金融危机

2002—2006 年房地产市场空前繁荣，点燃了次级抵押贷款市场，形成了资产价格泡沫。2006 年房价开始下跌，之后的跌幅超过了 30%，引发了次级抵押贷款持有人的违约。

资料来源：Case-Shiller U.S. National Composite House Price Index from Federal Reserve Bank of St. Louis, FRED database：https://fred.stlouisfed.org/series/SPCS20RSA.

刺激房地产市场繁荣的深层动力来自住房抵押贷款低利率，这是多种因素共同作用的结果。首先是中国和印度等国的巨额资本源源不断地流入美国。其次是国会立法鼓励房地美和房利美购入数万亿美元的抵押支持证券。① 最后是美联储的货币政策促进了利率下降。上述因素降低了购房的融资成本，进一步刺激了住房需求，推高了住房价格。（美联储是否对房地产价格泡沫难辞其咎是一个高度有争议的问题，走进美联储专栏讨论了这一问题。）

随着房地产价格上升，抵押贷款发起人和贷款人的盈利性变得更高，次级抵押贷款审核和发放标准却越来越低。高风险借款人也能获得抵押贷款，于是抵押贷款金额与房产价值的比率即贷款抵押率（loan-to-value ratio，LTV）上升。借款人在最初 80%的贷款抵押率的基础上，通常还能“叠罗汉”重复抵押得到二次、三次贷款，所以几乎不用投入任何资金。如果资产价格上涨过度脱离其基本价值（就住房而言，指住房购买成本相对于租房成本，或者购房成本相对于家庭收入中位数水平），它们必然会回落。最终房地产价格泡沫迸裂了。随着房价在 2006 年见顶后下跌（见图 12-4），金融体系的问题相应暴露出来。房价下跌后，很多次级借款人发现自己的抵押贷款已经“沉到水下”，也就是说房产价值低于抵押贷款金额。在这种情况下，苦苦挣扎的房产所有人有着巨大的动力来放弃房产，直接把钥匙还给贷款人。抵押贷款违约急剧上升，最终导致数百万抵押贷款被取消抵押品赎回权。

① 有关政府在房地产市场繁荣以及之后泡沫崩溃中所发挥作用的讨论，请参见 Thomas Sowell, *The Housing Boom and Bust*, Revised Edition（New York, Basic Books, 2010)。

走进美联储　　美联储是否对房地产价格泡沫难辞其咎？

一些经济学家［最著名的当属斯坦福大学的约翰·泰勒（John Taylor）］认为美联储2003—2006年的低利率政策导致了房地产价格泡沫。[a] 泰勒认为，联邦基金低利率拉低了抵押贷款利率，刺激了住房需求并鼓励了次级抵押贷款的发放，二者共同导致了房地产价格上涨和泡沫。

时任美联储主席本·伯南克在2010年1月的一次演讲中反驳了这种观点。[b] 他认为房地产价格泡沫不应当归咎于货币政策。他说，首先还没有完全搞清楚2003—2006年间联邦基金利率水平是否过低。更确切地说，罪魁祸首在于新的抵押产品不断扩散，放宽了贷款标准，使得更多购买者进入房地产市场，以及印度等国的资本源源不断流入美国。伯南克的讲话引起了广泛争议，直至今日，有关房地产价格泡沫是否应当归咎于货币政策的论战仍在继续。

a. John Taylor, "Housing and Monetary Policy," in Federal Reserve Bank of Kansas City, *Housing, Housing Finance and Monetary Policy* (Kansas City: Federal Reserve Bank of Kansas City, 2007), 463-476.

b. Ben S. Bernanke, "Monetary Policy and the Housing Bubble," speech given at the annual meeting of the American Economic Association, Atlanta Georgia, January 3, 2010; http://www.federalreserve.gov/newsevents/speech/bernanke20100103a.htm.

金融机构资产负债表恶化　美国房地产价格下跌导致抵押贷款违约增加。结果，抵押支持证券和CDO的价值暴跌，持有这些证券的银行和其他金融机构资产价值缩水，净值减少。由于资产负债表被削弱，银行和其他金融机构开始去杠杆化，抛售资产，并对家庭和工商企业收缩信贷。由于其他人无法介入信息收集和贷款发放等活动，银行信贷减少意味着金融市场摩擦增加。

挤提影子银行体系　抵押品和其他金融资产价值暴跌触发了对影子银行体系的挤提。这个体系由对冲基金、投资银行和其他非存款类金融企业组成，对它们的监管不像银行那么严格。来自影子银行的资金在金融体系流动，而且多年来支持发放了低利率住房抵押贷款和汽车贷款。

购买这些证券的资金主要来自**回购协议**（repurchase agreement, repo），即以抵押支持证券等资产作为抵押品的短期借款。对金融机构资产负债表质量的担忧不断增加，导致贷款人要求更高金额的抵押品，被称为**估值折扣**（haircuts）。例如，如果借款人采取回购协议的方式申请1亿美元贷款，在5%的估值折扣下，借款人可能需要配置1.05亿美元的抵押支持证券作为抵押品。

抵押贷款违约率上升导致抵押支持证券的价值下降，使得估值折扣提高。在危机开始阶段，估值折扣基本为零，但最后上升到了接近50%的水平。① 结果就是金融机构只能借到等于抵押品金额一半的资金。所以为了筹措资金，金融机构只能尽快抛售资产。为此不得不压低价格，抛售导致金融机构资产价值进一步下降。这意

① 参见Gary Gorton and Andrew Metrick, "Securitized Banking and the Run on Repo," *Journal of Financial Economics*, 104, no.3 (2012): 425-451。

味着抵押品的价值进一步降低，估值折扣继续提高，迫使金融机构陷入疯狂抢夺流动性的境地。结果与大萧条时期出现的挤提银行体系类似，导致大规模的去杠杆化，使得信贷紧缩，经济活动降低。

股票市场资产价格急跌（如图 12-5 所示，从 2007 年 10 月到 2009 年 3 月下跌幅度超过 50%）和居民住宅价格下降超过 30%（见图 12-4），加上挤提影子银行体系所引起的紧急抛售，削弱了企业和家庭的资产负债表。信贷利差扩大证明了金融摩擦不断恶化，导致家庭和企业更高的信贷成本以及更加收紧的信贷标准。由此导致的信贷下降意味着消费支出和投资支出同时减少，引发了经济紧缩。①

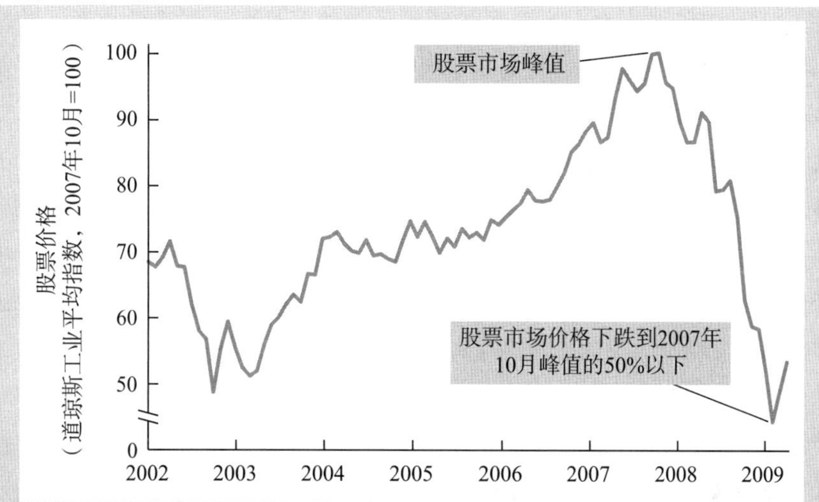

图 12-5　股票价格和 2007—2009 年金融危机

从 2007 年 10 月到 2009 年 3 月股票价格下跌超过了 50%。

资料来源：Federal Reserve Bank of St. Louis，FRED database：https://fred.stlouisfed.org/series/DJIA.

全球金融市场　虽然问题起源于美国，但金融危机的警报却来自欧洲，这充分说明了金融市场全球化的发展程度。2007 年 8 月 7 日，惠誉与标准普尔宣布调低总额超过 100 亿美元的抵押支持证券与 CDO 的信用评级，随后法国巴黎银行（一家法国的投资公司）暂停了旗下几个出现巨额损失的货币市场基金的赎回。对影子银行体系的挤提开始了，而且情况变得越来越糟。尽管欧洲中央银行与美联储向金融体系注入大量流动性，但银行依然开始追逐现金，而且不愿意相互发放贷款。信贷枯竭导致英国 100 多年来首次出现主要银行破产，北岩银行（借入短期资金主要依赖回购市场而不是存款）在 2007 年 9 月倒闭。接着一连串其他欧洲金融机构相继破产。希腊、爱尔兰、葡萄牙、西班牙等国受到的冲击尤为严重。全球视野专栏“欧洲主权债务危机”介绍了由此导致的欧洲政府债务（主权债务）市场危机。

① 该时期的另一个特征是严重的供给冲击，石油和其他商品的价格在 2008 年夏天之前飙升之后又急剧下跌。我们在第 22 章总供求分析中将讨论这一供给冲击的影响。

全球视野　欧洲主权债务危机

2007—2009 年全球金融危机不仅导致了全球范围内的经济衰退，而且引发了至今仍在威胁欧洲稳定的主权债务危机。直到 2007 年以前欧元区所有国家的利率水平都很低，但全球金融危机爆发后，其中一些国家遭遇了经济活动紧缩的严重冲击，它们在税收减少的同时又需要额外政府开支来救助经营失败的金融机构。预算赤字由此上扬，市场开始担心这些受到重创的国家可能发生债务违约。结果，利率上扬，大有失控的危险。[a]

希腊是欧洲多米诺骨牌最先倒下的一个。2009 年 9 月，由于税收收入减少和支出需求增加严重削弱了经济，希腊政府计划当年预算赤字为 6%，债务/GDP 比率接近 100%。然而，在 10 月份新一届政府选举上台后，发现预算状况的糟糕程度远远超乎想象，原因是前任政府给出的数字都有很强的误导性，预算赤字至少是 6%的 2 倍，政府债务也比之前公布的高出 10 个百分点。虽然采取了大幅压缩政府支出和增加税收的紧缩政策，但希腊债务的利率仍然迅速飙升，最终上涨到接近 40%的水平，债务/GDP 比率攀升到 2012 年 GDP 的 160%。即使有其他欧洲国家的救助和欧洲中央银行的流动性支持，希腊也不得不注销了一半以上私人持有的债务价值，而且整个国家陷入社会动荡，罢工频发，总理被迫辞职。

主权债务危机从希腊蔓延到了爱尔兰、葡萄牙、西班牙和意大利。这些国家的政府不得不采取紧缩政策来支持公共财政，而利率却飙升到了两位数。直到 2012 年 7 月欧洲中央银行行长马里奥·德拉吉（Mario Draghi）在演讲中说欧洲中央银行准备“竭尽所能”拯救欧元，市场才开始冷静下来。然而，虽然这些国家的利率显著下降，但它们都出现了严重的经济衰退，失业率上升到两位数，西班牙的失业率甚至超过了 25%。欧洲主权债务危机给欧元区国家造成沉重压力，增大了市场对欧元能否幸存下去的怀疑。

a. 对主权债务危机发展过程的讨论以及对欧洲债务危机的案例研究，请参见 David Greenlaw，James D. Hamilton，Frederic A. Mishkin，and Peter Hooper，“Crunch Time：Fiscal Crises and the Role of Monetary Policy，” *U. S. Monetary Policy Forum*（Chicago：Chicago Booth Initiative on Global Markets，2013）。

知名公司破产　金融危机对公司资产负债表产生的影响，迫使金融市场上的一些重要参与者采取极端行动。2008 年 3 月，美国第五大投资银行贝尔斯登由于在次贷相关证券上投资巨大，回购协议融资遭遇了挤提，不得不将自己出售给 J. P. 摩根，价格不到一年前公司价值的十分之一。为了促成这笔交易，美联储接收了 300 多亿美元贝尔斯登的难以估价资产。7 月，房地美和房利美在持有次贷证券出现巨额损失后得到了美国财政部和美联储的资助，这两家由政府发起、私人所有的企业共计投保了超过 5 万亿美元抵押贷款或抵押支持资产。2008 年 9 月初，房地美和房利美被接管（实际上由政府经营）。

2008 年 9 月 15 日，星期一，在次贷市场上遭受严重损失后，资产规模超过 6 000 亿美元、雇员达 2.5 万人的美国第四大投资银行雷曼兄弟申请破产，成为美国历史上的最大破产案。此前一天，美国第三大投资银行美林公司，同样由于持有次贷证券出现严重损失，宣布售予美国银行，价格比一年前的公司价值低 60%。9 月

16 日，星期二，资产超过 1 万亿美元的保险业巨头美国国际集团（AIG）由于信用评级被下调，遭遇了严重的流动性危机。它签发的 4 000 多亿美元保险合约（信用违约互换）因次级抵押证券造成的可能损失而必须进行偿付。美联储随后介入，向 AIG 提供了 850 亿美元贷款以维持其生存（后来，政府贷款总额增加到 1 730 亿美元）。

2007—2009 年金融危机的顶点

惮于选民们对救助华尔街的不满和愤怒情绪，众议院否决了布什政府提出的 7 000 亿美元救助方案，随后金融危机在 2008 年 9 月达到了顶点。大约一周后，《紧急经济稳定法案》终获通过。从 2008 年 10 月 6 日开始的一周里，股票市场暴跌加速，这一周成为美国历史上下跌幅度最大的一周。如图 12-6 所示，在接下来的三周里，信贷利差冲顶，Baa 级公司债券（刚刚超过投资级）与美国国债之间的利差超过 5.5 个百分点（550 个基点）。

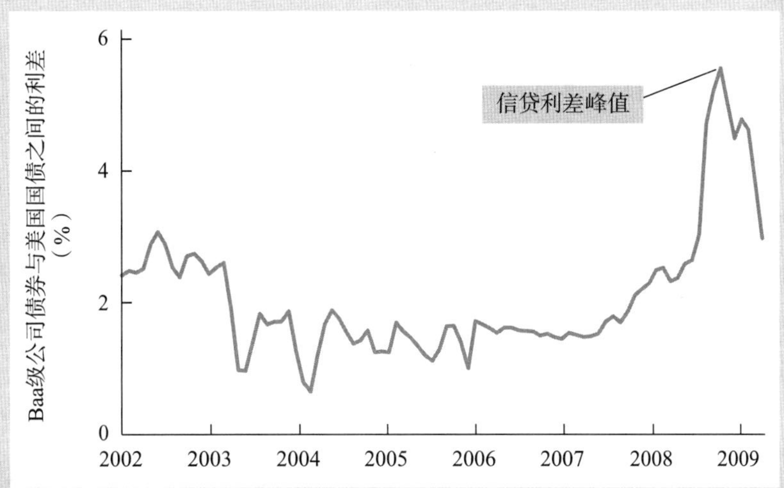

图 12-6 信贷利差和 2007—2009 年金融危机

危机期间，信贷利差（Baa 级公司债券与美国国债之间的利差）升高了超过 4 个百分点（400 个基点）。2008 年 12 月，对救助方案的争论和股票市场的暴跌导致信贷利差达到峰值。

资料来源：Federal Reserve Bank of St. Louis，FRED database：https://fred.stlouisfed.org/series/BAA10Y.

借款人-支出者面对千疮百孔的金融市场和高企的利率，大幅减少了消费支出和投资支出。实际 GDP 急剧下降，2008 年第 3 季度的年增长率跌至−1.3%，接下来两个季度的年增长率分别达到−5.4%和−6.4%。失业率飙升，到 2009 年底超过了 10%。从 2007 年 12 月开始的衰退成为美国自二战以来最严重的经济紧缩，因此现在被称为“大衰退”。

政府干预与经济复苏

虽然全球金融危机引起的经济衰退十分严重，但是由于政府大规模干预以支持金融市场和提振经济，因此经济紧缩程度远远小于大萧条期间。

我们在第 15 章会看到，美联储为遏制危机采取了非同寻常的举措，既有提振经济的货币政策，也包括支持金融市场有序运转的流动性供应。此外，美国政府还启动了大规模救助，向 AIG 提供超过 1 500 亿美元贷款以及实施**问题资产援助计划**（Troubled Asset Relief Program，TARP），该计划是布什政府《紧急经济稳定法案》（2008 年 10 月通过）中最重要的条款，授权财政部支出 7 000 亿美元用于购买受困金融机构的次贷抵押资产，或者向这些机构注入资本（后来实际采取的做法）。而且，该法案还将联邦存款保险限额从 10 万美元暂时性提高到 25 万美元，旨在抑制针对银行的提款风潮。稍后不久，联邦存款保险公司为银行新发行的特定债务提供担保，财政部则担保货币市场共同基金 1 年内可以按面值赎回。欧洲的政府也采取了类似的大规模救助，投入了超过 10 万亿美元支持它们的银行体系。（请参见全球视野专栏“2007—2009 年金融危机期间全世界的政府救助”。）

美国政府应对危机的另一个关键举措是实施了旨在提振经济的财政政策。2008 年 2 月，国会通过了布什政府的《2008 年经济刺激法案》，政府据此实施了总额为 780 亿美元的一次性退税政策，向每位纳税人寄出了 600 美元支票。奥巴马政府就任后不久，提出了《2009 年美国经济与再投资法案》，国会通过的这项高达 7 870 亿美元的庞大财政刺激方案至今仍受到广泛争议。本书第 6 篇会深入讨论这一方案。

在政府救助、美联储不寻常行动以及财政刺激的共同作用下，从 2009 年 3 月开始，股票牛市渐露端倪（见图 12-5），信贷利差开始回落（见图 12-6）。随着金融市场回暖，经济也开始复苏，但遗憾的是复苏步伐十分缓慢。

全球视野　2007—2009 年金融危机期间全世界的政府救助

2008 年秋天，欧洲接连出现的银行破产引发了对金融机构的大规模救助：荷兰、比利时和卢森堡注入 160 亿美元支持一家重要的欧洲银行——富通银行；荷兰向银行与保险业巨头荷兰国际集团（ING）投入了 130 亿美元；德国为许珀不动产银行提供了总计 500 亿美元的一揽子救助方案；冰岛在银行体系崩溃后接收了三家最大的银行。爱尔兰政府同希腊一样，为商业银行的所有存款和银行间贷款提供担保。西班牙实施了类似美国的一揽子救助方案，购买了 500 亿欧元（700 亿美元）银行资产以鼓励银行发放贷款。英国财政部救助计划和美国类似，金额达 4 000 亿英镑（6 990 亿美元）。它为 2 500 亿英镑银行负债提供担保，增加 1 000 亿英镑用于将这些资产换成政府债券，且允许英国政府最多购买 500 亿英镑的英国银行股权。之后各种救助计划相继出台，韩国超过 1 000 亿美元，瑞典达 2 000 亿美元，法国达 4 000 亿美元，德国达 5 000 亿美元，所有这些计划都为本国银行提供债务担保并向银行注入资本。政府救助计划规模以及国际协调合作程度都是前所未有的。

应用　新冠疫情会引发一场金融危机吗?

2020 年新冠疫情有潜力触发一场金融危机，严重程度堪比 2007—2009 年全球金融危机。2020 年 3 月美国开始经济封锁之际，股票市场崩盘了，下跌超过三分之一，失业率冲天飙升，许多原本健康的公司现在面对着不能支付账单或偿还贷款的前景。可以用图 12-1 中我们展开的讨论框架，来分析新冠疫情如何播下了另一场金融危机的种子（在前一场危机结束 12 年后），以及它为什么还没有变成下一场金融危机。

2020 年 3 月当疫情变得严重时，有可能引起金融危机的所有因素（如图 12-1 中第一行所示）都开始行动了。封锁给企业和家庭收入带来了沉重打击，提高了他们不能偿还贷款的可能性。于是金融机构资产负债表严重恶化变成了一种现实的可能性，一旦发生就会引起严重的贷款限制。股票市场暴跌使得股票价格下跌了 35%，许多企业收入的急剧下降造成了公司净值暴跌，从而同时提高了逆向选择和道德风险。关于病毒传播以及它会扰乱经济多长时间的高度不确定性，增加了信息不对称，使得评估信用风险更加困难了。

金融危机的种子在那时就种下了，而且事实上，信贷利差（比如 Baa-国债利差）翻了一倍，从 2 月份的 2 个百分点迅猛上升到 2020 年 3 月 23 日 4.3 个百分点的高位。虽然新冠疫情有潜力触发一场美国的全面金融危机，但这件事没有发生。原因是美国联邦政府和美联储都做出了有力响应。2020 年 3 月 11 日世界卫生组织（WHO）一宣布新冠病毒传播现在可以被归类为大流行，美联储和联邦政府就都以空前的速度做出了反应。3 月 15 日，美联储不仅把政策利率（联邦基金利率）猛砍到零，而且为稳定金融市场做出了大规模流动性安排（见第 15 章）。在早期立法为公共卫生措施拨款后，3 月 27 日，国会通过了美国历史上最大的救援计划——CARES（Coronavirus Aid, Relief, and Economic Security，新冠病毒援助、救济和经济保障）法案。这项庞大的计划高达 2 万亿美元：向小企业和大公司提供贷款和补助，援助州政府，增加失业保险，直接给大部分纳税人发 1 200 美元而且每个儿童额外给 500 美元。

新冠疫情有可能释放出又一场金融危机，给美国经济带来灾难性影响。然而，美联储和美国政府的政策组合帮助支撑了工商企业，而 Baa-国债利差也开始下降。到写这篇文字为止，新冠疫情对美国经济的影响仍然还不明确，但是金融危机的可能性已经大大降低了。

12

12.4　金融监管的反应

目标 12.4　总结 2007—2009 年全球金融危机后金融监管发生的变化。

鉴于 2007—2009 年金融危机的经济成本、救助规模以及诸多金融机构的国有化，金融监管体系目前正在发生巨变。

宏观审慎监管与微观审慎监管

全球金融危机前，监管当局采取的是**微观审慎监管**（microprudential supervision），着眼于单个金融机构的安全性和稳健性。微观审慎监管分别审视每个单个机构，评估其经营活动的风险以及是否遵守了信息披露要求。更重要的是，微观审慎监管负责检查特定金融机构是否满足了资本比率要求，如果没有，就像我们在第10章所讨论的那样，要么实施即时整改行动，要求该机构提高资本比率，要么由监管机构下令停业。

强调微观审慎监管并不足以防范金融危机。影子银行体系发生的挤提充分说明了一家金融机构的问题是如何危及其他健康金融机构的。当受困金融机构被迫紧急抛售资产以满足目标资本比率或估值折扣要求时，这些资产出售行为导致了资产价值下跌。资产价值下跌继而导致其他金融机构抛售资产，引起迅速的去杠杆化过程和系统性危机。在这种情形下，即使那些资本比率很高而且正常情况下原本健康的机构也会发现自己处于困境。

全球金融危机因而明确了对**宏观审慎监管**（macroprudential supervision）的需要，即着眼于金融体系整体的安全性和稳健性。宏观审慎监管并非强调单个机构的安全性和稳健性，而是评估金融体系的整体水平，寻求缓解系统性资产抛售和去杠杆化的方法，以避免金融危机。此外，由于许多资本非常充足的机构在出现流动性短缺时会发现获取短期资金的通道被截断，因此，宏观审慎监管不仅强调资本的整体充足性，而且关注金融体系的流动性是否充裕。

宏观审慎政策可以采取多种形式。在全球金融危机爆发前，存在所谓的**杠杆循环**（leverage cycle），即信贷繁荣产生的反馈回路推高资产价格，使金融机构的资本缓冲增加，在资本金要求不变的情况下支持扩大放款，从而进一步推高资产价格，依此类推；在信贷萧条阶段，情况正好相反，资本价值陡降，导致贷款缩减。为了截断这种杠杆循环，宏观审慎政策制定了逆周期的资本金要求；也就是说，繁荣时提高资本金要求，萧条时降低资本金要求。

此外，在杠杆循环上行时期，宏观审慎政策可以要求金融机构收紧信贷标准，甚至可以直接限制信贷增长速度。在下行时期，宏观审慎监管可以要求银行体系整体增加新资本总额，从而避免银行为了降低资产水平、提高资本比率而收缩信贷。为了确保金融机构有足够的流动性，宏观审慎政策可以要求金融机构保持足够低的净稳定资金比率（net stable funding ratio，NSFR），即机构的短期资金占资金来源总额的百分比。这里讨论的各种宏观审慎政策都已被纳入《巴塞尔协议Ⅲ》的框架，但尚未全部生效。

2010年《多德-弗兰克华尔街改革和消费者保护法案》

全球金融危机提高了对全新监管结构的迫切需求，希望减少危机重复发生的可能性。结果，经过一年多的讨论后，《多德-弗兰克华尔街改革和消费者保护法案》（简称《多德-弗兰克法案》）于2010年7月正式通过。这是大萧条以来最为全面的金融改革法案。该法案提出了7个不同种类的监管，以下分别讨论。

消费者保护　《多德-弗兰克法案》成立了一家完全独立的机构——消费者金融保护局，由美联储出资并提供办公地点。它负责对资产超过 100 亿美元、从事发行住房抵押产品业务的所有企业，以及发行其他金融产品卖给低收入人群的机构，进行审查并执行监管规定。该法案要求贷款人应当核实借款人的收入、信用记录和就业状态等，确保其能够偿还住房抵押贷款。它还禁止向经纪商支付费用，以避免将借款人推向高价贷款市场。它允许各州对国民银行实施更为严厉的消费者保护法，并赋予各州总检察长执行消费者金融保护局所颁布的特定规章制度的权力。它还将联邦存款保险限额永久地提高至 25 万美元。

年度压力测试　《多德-弗兰克法案》要求资产超过 100 亿美元的银行每年都要接受**压力测试**（stress tests），即对于银行如果面对糟糕宏观经济形势（如房价暴跌或严重衰退）是否持有足够银行资本的监管评估。不仅压力测试结果每年都公布，而且如果某家银行在压力测试中“不及格”并被认定为资本不充足，那么它就要限制其支付的股利金额，并且给出增加新资本以消除上述缺陷的计划。

压力测试最初在 2009 年上半年金融危机高峰时期对 19 家银行实施。2009 年 5 月公布结果时受到了市场参与者的好评，使得这些银行可以从私人资本市场筹措到相当可观的资本金额。压力测试成为帮助提高市场信息量的关键因素，从而减少了信息不对称以及逆向选择和道德风险问题。其成功表现促使《多德-弗兰克法案》把它规定为每年一次的定期操作。

清算权力　在该新法案出台前，联邦存款保险公司有权接管并关闭破产银行，但是对那些最大的金融机构（具有控股公司结构）却没有清算权力。事实上，美国财政部和美联储强调它们无法救助雷曼兄弟而只能让其破产的一个原因，就是它们没有接管并拆分雷曼兄弟的法律手段。现在，《多德-弗兰克法案》赋予了美国政府对系统性金融企业（指威胁到金融体系整体稳健性的企业，因为它们的破产会导致广泛的经济破坏性）的这种清算权力，被称为有序清算权力。根据该法案，监管机构还有权向资产超过 500 亿美元的金融机构收费以弥补损失。

限制美联储贷款　我们看到，在金融危机期间，美联储在紧急贷款权下对贝尔斯登和 AIG 等单个企业发放了贷款。因为担心美联储对单个企业发放贷款而实施的救助可能鼓励企业未来过度承担风险，《多德-弗兰克法案》指示美联储将紧急贷款限于“有广泛基础的”计划而不是单个企业，同时也要求美联储在获得美国财政部批准后才可使用紧急贷款权。

系统性风险监管　《多德-弗兰克法案》成立了由财政部长牵头的金融稳定监管委员会，负责监测市场上的资产价格泡沫以及系统性风险发展情况。此外，委员会选出哪些金融机构具有系统重要性，从而由官方认定为**系统重要性金融机构**（systemically important financial institutions，SIFIs）。这些企业要接受美联储额外的监管，包括更高的资本金要求、更严的流动性要求，再加上对这些企业订立的“生前遗嘱”要求，即在这些机构陷入财务困境时启动有序清算计划。

沃尔克法则 根据新法案，银行从事自营交易（即用自己的资金进行交易）的程度受到限制，而且只被允许拥有对冲基金和私募股权基金的很小比例。这些规定以美联储前主席保罗·沃尔克（Paul Volcker）的名字命名，他认为银行既然享受了联邦存款保险的好处，就不应当被允许承担大量交易风险。

衍生品 第 11 章提到，信用违约互换等衍生工具最终成为助推金融风暴的“大规模杀伤性武器”，AIG 就是因为过度使用这些工具而沦落到被救助的境地的。为了避免悲剧重演，《多德-弗兰克法案》要求许多标准化的衍生品在交易所交易，使得交易更加透明，同时要求通过清算所进行清算，从而降低衍生品交易一方破产的损失风险。更多的定制衍生品要遵守更高的资本金要求。银行被禁止从事某些衍生品交易业务，例如涉及较高风险的互换。此外，该法案还对从事衍生品交易的公司提出了资本金和保证金要求，强制要求这些公司披露更多关于业务活动的信息。

12.5 “大而不倒”和未来监管

目标 12.5 明确当前的金融监管空白，以及未来金融监管变化如何弥补这些空白。

《多德-弗兰克法案》对于未来监管的很多细节还悬而未决，而且是否足以应对“大而不倒”问题还存在很多疑问，如我们所知，该问题是引发全球金融危机的一个重要因素。这里，我们将讨论减少“大而不倒”问题的几种可能方法，并探讨未来监管可能向哪些领域发展。

有什么办法应对“大而不倒”问题?

“大而不倒”问题的三种解决方法一直受到广泛热议。

分拆系统重要性大型金融机构 解决“大而不倒”问题的一种方法是确保没有一家金融机构可以大到足以颠覆整个金融体系。这样的话，如果金融机构破产，监管机构就没有必要出手救助，从而所有金融机构都受市场纪律的约束。使超大型金融机构收缩的一种方法就是恢复《格拉斯-斯蒂格尔法》限制，迫使那些系统重要性大型金融机构将其不同的业务活动分拆为若干家小的关联性公司。或者，监管当局也可规定金融机构的资产上限，迫使系统重要性金融机构分拆为若干家小公司。

毫无疑问，这两种方法都遭到了那些最大金融机构的强烈反对。分拆系统重要性金融机构虽然能解决“大而不倒”问题，但如果存在协同效应可以使这些大型金融机构更好地管理风险或是以更低成本提供金融服务，那么分拆系统重要性金融机构有可能降低而非提升金融体系的效率。

提高资本金要求 由于“大而不倒”机构有过度冒险动机，降低其风险承担的另一种方法是提高对它们的资本金要求。有了更高的资本金，不仅这些机构在损失发生时可以有更大的风险承受缓冲，而且它们的利益攸关度上升，有更多“风险共担”，从而降低道德风险并且削弱过度冒险动机。对该方法的另外一种解释是，更高的资本金要求会降低“大而不倒”机构在风险承担中得到的补贴。此外，由于系统重要性金融机构在经济繁荣时承担的风险更多，因此可以在信贷快速扩张时提高资本金要求，在信贷紧缩时降低资本金要求。这种方法可以实现资本金要求的逆周期性，从而有助于抑制繁荣-萧条的信贷周期。

瑞士中央银行是应用这种方法的先行者：在发达国家中，它对大银行的资本金要求最高，而且在信贷市场泡沫化严重的时候还进一步提高资本金要求。美国国会曾提议立法将对大型金融机构的资本金要求加倍，但是受到了这些机构的强烈抵制。

交给《多德-弗兰克法案》 还有一种观点认为，《多德-弗兰克法案》已经有效消除了“大而不倒”问题，通过应用沃尔克法则，对系统重要性金融机构实施更加严格的监管，使得美联储救助金融机构的难度更大。事实上，法案起草者宣称《多德-弗兰克法案》将“终止我们所知的‘大而不倒’问题”。虽然法案条款确实削弱了系统重要性大型金融机构的过度风险承担动机，但能否彻底解决“大而不倒”问题仍然存疑。

《多德-弗兰克法案》以外：未来监管向何处去？

2017 年 2 月，新任总统唐纳德·特朗普签署了一项行政命令，要求财政部长重新审查《多德-弗兰克法案》的金融监管规定。该法案的批评者（比如特朗普政府）认为，许多监管规定限制了银行放贷，特别是面向家庭的贷款，使其借款更加困难。支持者们则强调法案让金融体系更加稳健，降低了金融危机的可能性。待审查完成后，金融监管的重大变动可能会付诸实施。这里我们考察对未来某些领域监管发展方向的讨论。

消费者保护 有批评消费者金融保护局的国会议员认为，要求贷款人确保借款人能够偿还贷款和抵押贷款这样的监管规定，导致银行向消费者发放贷款时过于保守。有些批评者甚至不满足于约束消费者金融保护局，而是希望撤销该机构，认为这样才能促进更多地向家庭放贷。消费者保护的支持者们则誓要为保留这些监管规定和消费者金融保护局而战，他们认为监管规定和消费者金融保护局不仅防止消费者被欺诈和蒙骗，还将让金融体系更加安全，因为正是欺诈行为帮助促成了次贷繁荣以及全球金融危机。

清算权力 美国国会有提案要求废除有序清算权力。提案支持者们认为有序清算权力使得对大型金融企业的联邦救助合法化了，从而增加了“大而不倒”问题。他们另外提议一种强化的破产程序，由法院对经营失败的金融企业做出决定。联邦清算权力的捍卫者们认为，尽管有序清算权力有改进的空间，但仍然是所需要的，因为即便强化的破产程序也是千头万绪的法律过程，使得在危机中对破产金融机构进行有序清算极端困难。如果缺失有序清算权力，则主要金融机构破产更有可能引起金融危机，从而致使形势失控。

沃尔克法则 沃尔克法则限制银行使用自有资金进行自营交易，它有利于限制银行的过度风险承担，但由于以下几个原因而遭到抨击。第一，监管机构发现很难区分银行自营交易和代客户交易，所以沃尔克法则造成了非常复杂的监管规定，其执行难度和成本都非常高。第二，沃尔克法则限制了银行从事可盈利的业务活动，这原本可以对冲信贷的可能损失。第三，沃尔克法则的批评者认为限制交易的做法减少了多个金融市场的流动性。2018 年，美联储放松了沃尔克法则强制实行的部分限制。

衍生品交易 国会有提案试图取消《多德-弗兰克法案》对衍生品交易的规定。提案支持者们认为这些规定伤害了美国金融机构进行这类交易的能力，结果是衍生品交易（特别是信用违约互换）转移到海外，让美国金融企业的利润实现更加困难，并且降低了美国非金融企业针对风险的保险能力。《多德-弗兰克法案》的支持者们认为，该法案对衍生品交易的规定使得衍生品交易更加透明和安全，从而降低了未来发生金融危机的可能性。

政府发起企业 《多德-弗兰克法案》没有提及房利美和房地美等由私人所有的政府发起企业（GSEs）的问题，这是一个主要不足。全球金融危机期间，这两家公司都陷入了严重的财务困境，不得不被政府接管，政府为了支持它们而投入了大量的贷款和政府担保。要防止这类问题再次发生，有提议通过四种不同路径来改革这些政府发起企业：

1. 将这些企业完全私有化，解除政府支持，从而取消政府对其债务的隐形担保。

2. 将其完全国有化，改变其私人属性，使之成为政府机构。

3. 保留其私人所有的政府发起企业的属性，但要强化监管，限制其风险承担数量，并实施更高的资本金标准。

4. 保留其私人所有的政府发起企业的属性，但要迫使它们显著地收缩规模，从而即使破产也不再会给纳税人带来沉重损失或给金融体系带来系统性风险。

不过，支持政府发起企业现状的人反对这些改革，认为这会限制政府发起企业的业务活动，从而使家庭获得信贷更难了。

总　结

1. 当金融市场信息流动遭到特别大规模的破坏时，就会显著加剧金融摩擦，从而导致金融市场无法向具有生产性投资机会的家庭和企业融通资金，并引起经济活动严重紧缩，此时金融危机就爆发了。

2. 在美国等发达国家，金融危机的源头可能有两种：信贷繁荣和萧条，或者是主要金融机构破产导致不确定性普遍增加。受此影响，逆向选择和道德风险问题显著增加，引发贷款收缩和经济活动下降。接下来，企业经营状况和银行资产负债表恶化触发了危机的第二阶段，许多银行同时破产，爆发了银行业危机。由此造成的银行数量减少引发信息资本损失，导致贷款进一步减少和经济螺旋式下滑。在某些情况下，由此导致的经济下行引起价格快速滑落，提高了企业和家庭的实际负债，从而减少其净值，引发了债务紧缩。借款人净值进一步减少恶化了逆向选择和道德风险问题，从而贷款、投资支出、总体经济活动都陷入长期低迷。

3. 美国历史上最重要的金融危机导致了大萧条，包括这样几个阶段：股票市场暴跌，银行恐慌，信息不对称问题恶化，以及最后的债务紧缩。

4. 2007—2009 年全球金融危机是由对次级住房抵押贷款等金融创新的不当管理以及房地产价格泡沫破裂引爆的。危机向全球蔓延，银行和其他金融机构资产负债表严重恶化，影子银行体系遭遇挤提，许多知名公司破产。

5. 全球金融危机后，金融监管出现了很多变化。首先是从着眼于单个金融机构安全性和稳健性的微观审慎监管向着眼于金融体系整体安全性和稳健性的宏观审慎监管转变。其次，2010 年《多德-弗兰克法案》是大萧条以来最为全面的金融改革法案。它做出了 7 个方面的规定：消费者保护、年度压力测试、清算权力、限制美联储贷款、系统性风险监管、沃尔克法则和衍生品交易。

6. 未来的监管需要解决几个问题：(1)“大而不倒”问题，至少可以通过分拆大型金融机构或者实施更高的资本金要求而部分解决；(2)《多德-弗兰克法案》的许多规定；(3) 改革政府发起企业，减少其未来要求政府救助的可能性。

12

关键术语

资产价格泡沫	金融摩擦	微观审慎监管	信贷繁荣	金融创新
回购协议	信用违约互换	金融自由化	压力测试	信贷利差
紧急抛售	结构化信用产品	债务紧缩	基础经济价值	系统重要性金融机构
去杠杆化	估值折扣	金融危机	杠杆循环	问题资产援助计划
金融衍生工具	宏观审慎监管			

思考题

1. 信息不对称概念如何帮助定义金融危机？

2. 股票市场资产价格泡沫破裂如何引发金融危机？

3. 价格水平的意外下跌如何导致贷款减少？

4. 用你自己的方式定义“金融摩擦”，并解释为什么金融摩擦加大是金融危机的一个关键要素。

5. 金融机构资产负债表恶化和大规模破产如何引起经济活动下降？

6. 主要金融机构破产引起的不确定性普遍增加是如何加剧逆向选择和道德风险问题的？

7. 什么是信贷利差？为什么金融危机期间信贷利差会显著上升？

8. 有些国家从不宣扬它们的银行体系中存在像美国 FDIC 一样的存款保险制度。解释为什么这些国家要这样做。

9. 用你自己的语言描述“证券化”过程。该过程是导致 2007—2009 年金融危机及大衰退的唯一原因吗？

10. 有观点认为美联储对 2000 年代中期的房地产价格泡沫负有责任，请分别给出一个支持和一个反对的论据。

11. 金融监管不力对于导致金融危机起了什么作用？

12. 说明大萧条期间和 2007—2009 年金融危机大衰退期间美国经历的两个相似点和两个不同点。

13. 你认为是什么原因阻止了 2007—2009 年金融危机转化为经济萧条？

14. 什么技术创新促进了次级抵押贷款市场的发展？

15. 发起—分销商业模式为什么会受委托-代理问题影响？

16. “存款保险随时随地防止金融危机”，这种说法正确、错误还是不确定？

17. 房价下跌如何助推了 2007 年开始的次贷危机？

18. 影子银行体系在 2007—2009 年金融危机中发挥了什么作用？

19. 为什么金融危机期间抵押品的估值折扣会迅速上升？这是如何引起资产紧急抛售的？

20. 全球金融危机是如何导致欧洲主权债务危机的？

21. 为什么说宏观审慎政策提出的逆周期资本金要求是个好主意？

22. 金融创新过程如何影响宏观审慎管理的有效性？

23. 有哪三种方法可以限制“大而不倒”问题？简要描述每种方法的利弊。

24. 为什么旨在强化金融体系的《多德-弗兰克法案》会规定消费者保护的条款？这些监管规定有什么问题？

25. 为什么清算权力对美国政府来说非常重要？

第4篇

中央银行与货币政策操作

危机与应对：美联储应对全球金融危机和新冠疫情

面对被前任主席艾伦·格林斯潘形容为“百年不遇的信用海啸”的金融危机，美联储决定出手救助。从 2007 年 9 月初开始，美联储下调了联邦基金利率目标，到 2008 年底已经调低到零利率。与此同时，美联储向信贷市场注入了大量流动性，鼓励市场重新放贷。2007 年 8 月中旬，美联储下调了贴现率，这个向银行放款的利率仅比联邦基金利率目标高出 50 个基点，通常应当是 100 个基点。传统上，美联储仅向存款机构放款，但在危机期间，美联储将流动性支持范围放宽到整个金融体系。事实上，在 2008 年 3 月美联储向 J. P. 摩根发放贷款助其接管贝尔斯登后，美联储前任主席保罗·沃尔克称美联储行动正在走向“其合法及默示权力的最大极限”。危机期间美联储各种新的贷款项目产生了一整套全新缩略术语——TAF、TSLF、PDCF、AMLF、CPFF、MMIFF*——使得美联储看上去就像五角大楼一样，拥有很多以代号命名的行动计划和武器。像五角大楼一样，美联储也在进行一场战争，只不过它使用的不是枪炮、坦克和飞机而是金融武器。

新冠疫情的严重性一经明确，美联储便再次开始了作战。2020 年 3 月，它再次将联邦基金利率降到零，并且重建了许多贷款计划，就是它曾在全球金融危机期间建立的那些。不仅如此，它戏剧性地将这些贷款计划扩展到新的经济部门，包括小企业、公司以及州和地方政府。结果又产生了一批新的美联储缩略术语——MMLF、PMCCF、PPPLF、MLF、MSNLF、MSELF**。

最近的全球金融危机和新冠疫情证明了美联储等中央银行对于维护金融体系和经济健康发展的重要性。第 13 章介绍中央银行要努力实现的目标、它的驱动力以及它是如何建立起来的。第 14 章描述货币供给是如何决定的。我们在第 15 章考察美联储等中央银行能够利用的工具，以及如何使用这些工具。第 16 章将货币政策操作的讨论延伸至有关中央银行战略和策略等更为广泛的领域。

---

* TAF（短期资金标售工具）、TSLF（定期证券借贷工具）、PDCF（一级交易商信用工具）、AMLF（资产支持商业票据货币市场共同基金融资工具）、CPFF（商业票据融资工具）和 MMIFF（货币市场投资者融资工具）。——译者注

** MMLF（货币市场共同基金流动性工具）、PMCCF（一级市场公司信贷工具 ）、PPPLF（薪资保护计划流动性工具）、MLF（市政流动性工具）、MSNLF（大众新增贷款工具）、MSELF（大众扩大贷款工具）。——译者注

第13章 中央银行与联邦储备体系

学习目标

13.1 了解联邦储备体系发展的历史背景。

13.2 描述联邦储备体系的关键特征和职能。

13.3 评价美联储的独立性程度。

13.4 总结支持和反对美联储独立性的理由。

13.5 明确官僚行为理论对美联储行动的解释方式。

13.6 明确欧洲中央银行和美联储的结构和独立性异同。

13.7 评价世界其他主要中央银行的独立性程度。

本章预习

全世界金融市场最重要的参与者当属中央银行，即负责货币政策的政府机构。中央银行的行为影响利率、可用信贷规模和货币供给，所有这些都对金融市场以及总产出和通货膨胀产生直接的影响。为了理解中央银行在金融市场和整体经济中发挥的重要作用，我们需要了解中央银行的工作机制。谁控制中央银行，并决定其行为？中央银行的行为动机有哪些？谁掌握权力的缰绳？

在本章我们将讨论几家主要中央银行的组织结构，并着重关注美国联邦储备体系——世界上最重要的中央银行之一。我们会从考察美联储组织结构的关键要素入手，探讨其内部真实权力的归属。对决策者有所了解后，我们就能更好地理解决策制定的过程。之后，我们将考察中央银行行为背后的原因，以及将中央银行与政治家隔离以保持独立性是不是个好主意。最后，我们会分析其他主要中央银行，特别是欧洲中央银行的结构和独立性。了解了这些知识后，我们将更容易理解后面章节要讨论的货币政策实际操作。

13.1 联邦储备体系的起源

目标 13.1 了解联邦储备体系发展的历史背景。

在全世界所有中央银行中，联邦储备体系的组织结构可能是最特殊的。为了理解这种结构的源起，我们需要回到1913年联邦储备体系创立之前。

20世纪以前，美国政治的一个主要特征就是对中央集权恐惧，这不仅体现在宪法条款的制约和平衡上，而且表现在对各个州权利的保护上。这种对中央集权的恐惧是美国长期抵制建立中央银行的原因之一。另外一个原因是美国社会长期以来对金融界持怀疑态度，而中央银行正是其中最突出的符号。美国公众对中央银行存在性的公开敌意，导致中央银行业（其职责是维持银行体系的秩序）最初的两次尝试都失败了：1811年，美利坚银行解散；1836年，美利坚第二银行的国民银行牌照到期，原因是1832年牌照展期申请被安德鲁·杰克逊总统否决了。

1836年美利坚第二银行的国民银行牌照终止，给美国金融市场制造了一个严重问题，因为没有了最后贷款人为银行体系提供准备金来避免银行恐慌。于是，19世纪和20世纪初期，全国范围的银行恐慌频频发生，几乎每20年左右就发生一次，在1907年恐慌达到了极致。1907年恐慌导致的银行破产范围之大，给存款人造成的损失之惨重，终于让美国公众认识到：确实需要一家中央银行来防范未来的恐慌。

美国公众对银行和中央集权的敌意决定了，建立一家英格兰银行那样的单一中央银行会遭遇强烈反对。人们普遍担忧华尔街上的金融界（包括大公司和大银行）有可能操纵这家机构进而控制经济，而且中央银行的联邦业务可能导致政府过多干预私人银行事务。中央银行应当是一家私人银行还是政府机构？在这个问题上存在着严重分歧。对这些问题的激烈争论碰撞出了一个折中方案。依照美国的大传统，国会在1913年《联邦储备法》（Federal Reserve Act）中精心设计了一套制约和平衡体系，于是创立了拥有12家地区联邦储备银行的联邦储备体系（见走进美联储专栏“联邦储备体系创建者的政治天才”）。

走进美联储　联邦储备体系创建者的政治天才

美国历史上一直对银行尤其是中央银行公开怀有敌意。创建联邦储备体系的政治家们是如何设计出这样一个体系，使其成为美国最有威望的机构之一的？

答案是，创建者们意识到，如果权力过度集中于华盛顿或纽约这两个很多美国人又爱又恨的城市，那么这样的美国中央银行可能无法获得足够的公众支持而有效运转。于是，他们决定建立一个分权体系，由遍布全国各地的12家联邦储备银行组成，确保货币政策酝酿时所有地区的利益都得到维护。此外，他们将联邦储备银行设计为准私人机构，由来自每个地区的当地私人部门董事来监督。这些董事代表他们各自地区的观点，并且与联邦储备银行行长有着密切联系。联邦储备体系的特殊结构确保了美联储对地区事务的关注，这在联邦储备银行的出版物中显而易见。如果没有这种特殊结构，联邦储备体系可能远不会如此受到公众喜爱，制度的有效性也要大打折扣。

13.2 联邦储备体系的结构

目标 13.2　描述联邦储备体系的关键特征和职能。

《联邦储备法》的起草者试图在地区之间，在私人部门和政府之间，以及在银行家、工商业者和公众之间分散权力。开始时的分权导致联邦储备体系进化成为包括以下机构：**联邦储备银行**（Federal Reserve Banks）、**联邦储备委员会**（Board of Governors of the Federal Reserve System）、**联邦公开市场委员会**（Federal Open Market Committee，FOMC）、联邦咨询委员会以及大约 2 000 家会员商业银行。图 13-1 勾勒了这些机构相互间的关系，以及它们与美联储四种政策工具（公开市场操作、贴现率、法定准备金率以及对准备金支付利息等）的关系，具体在第 14 和 15 章讨论。

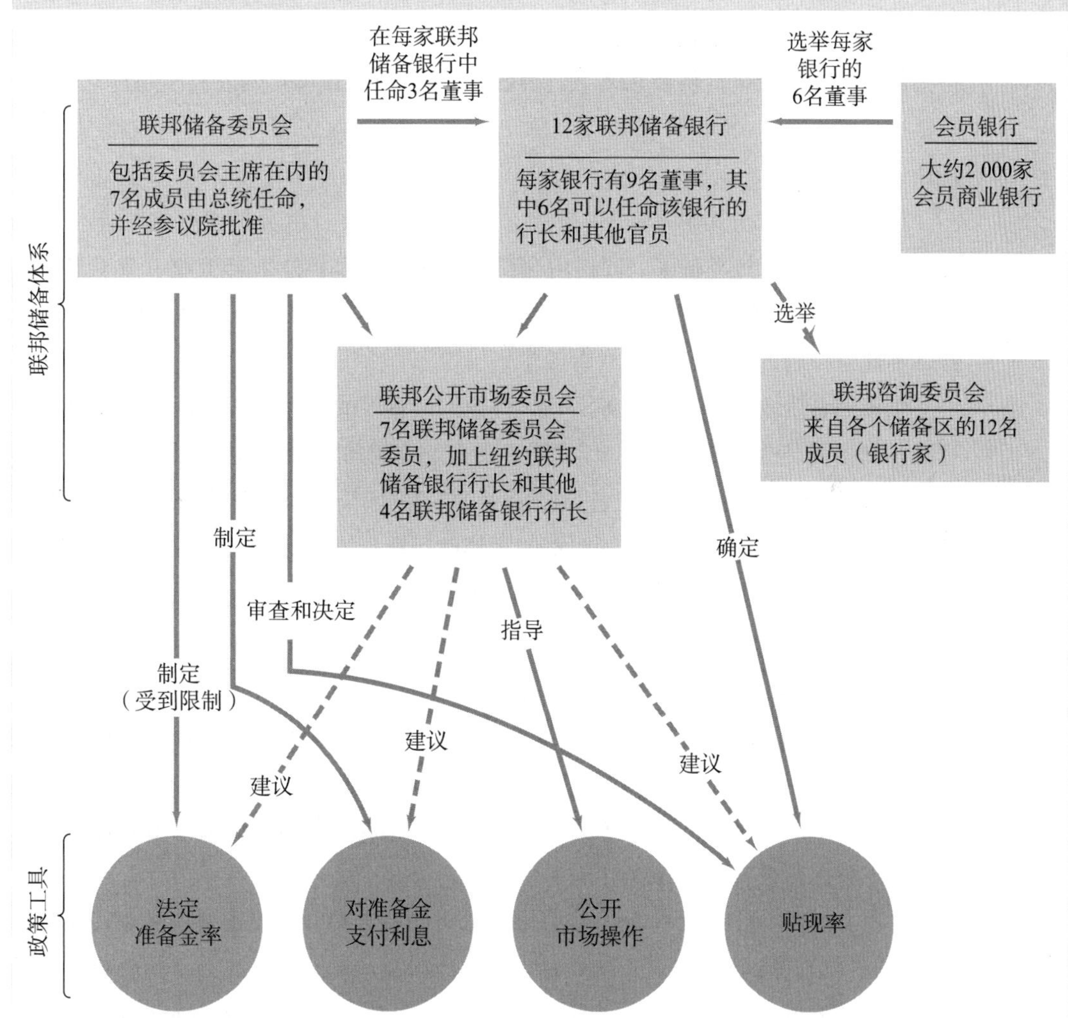

图 13-1　联邦储备体系的结构和政策工具职责

联邦储备银行、联邦储备委员会、联邦公开市场委员会与美联储四大政策工具（公开市场操作、贴现率、法定准备金率和对准备金支付利息）的关系。虚线表示联邦公开市场委员会对法定准备金率和贴现率的制定有"建议"权。

联邦储备银行

1913 年《联邦储备法》确定的 12 个联邦储备区各设一家主要的联邦储备银行，这些银行在本区的其他城市可以设有分行。按资产衡量，3 家最大的联邦储备银行分别是纽约、芝加哥和旧金山联邦储备银行，它们共控制了联邦储备体系 50%以上的资产（贴现贷款、证券及其他资产）。其中，纽约联邦储备银行拥有整个体系大约 1/4 的资产，是最重要的联邦储备银行（见走进美联储专栏“纽约联邦储备银行的特殊作用”）。

每家联邦储备银行都是准公共机构（部分私有，部分政府所有），股东为区内私人商业银行，同时也是联邦储备体系会员银行。这些会员银行购买了本区联邦储备银行的股票（会员资格要求），法律规定这些股票每年支付的股利不超过 6%。会员银行负责选举 6 名本区联邦储备银行董事，另外 3 名董事由联邦储备委员会任命。

区行董事可以分为 A、B、C 三类。3 名 A 类董事（由会员银行选举产生）是职业银行家；3 名 B 类董事（同样由会员银行选举产生）是来自工业、劳工界、农业或者消费部门的杰出领袖；3 名 C 类董事由联邦储备委员会任命，代表公众利益，不能是银行的官员、雇员或者股东。

董事们负责监督区行的业务活动，但他们最重要的职责是任命区行行长（需经过联邦储备委员会批准）。2010 年之前，所有 9 名董事都参与这一决策，但 2010 年 7 月《多德-弗兰克法案》将 3 名 A 类董事排除在行长选择事宜之外。国会认为由被监管的银行家来选择负有监管职责的联邦储备银行行长是不恰当的。

12 家联邦储备银行参与货币政策有几种方式：

● 它们的董事在法律上“确定”贴现率（虽然在实践中，贴现率被设定为高出联邦基金利率目标一个固定数值）。

● 它们决定哪些银行（如会员银行和非会员银行等）可以从联邦储备银行获得贴现贷款。

● 它们的董事推选一名本区商业银行家供职于联邦咨询委员会，与联邦储备委员会讨论并为帮助货币政策操作提供信息。

● 在 12 名区行行长中，有 5 名在联邦公开市场委员会各有 1 票表决权，该委员会负责指导**公开市场操作**（open market operations，买卖政府证券，既影响利率也影响银行体系的准备金规模）。如走进美联储专栏“纽约联邦储备银行的特殊作用”所述，因为纽约联邦储备银行行长是 FOMC 的永久成员，所以始终有 1 票 FOMC 表决权，使得纽约联邦储备银行成为所有区行中最重要的一家；其他 4 票表决权分配给余下 11 名区行行长，每年轮换。

12 家联邦储备银行还担负着以下职责：

● 支票清算。

- 发行新通货和回收流通中的破损通货。
- 对区内商业银行进行管理和发放贴现贷款。
- 评估银行合并提案和拓展业务申请。
- 充当工商界和联邦储备体系之间的联络渠道。
- 检查银行控股公司和州注册会员银行。
- 收集地方经济状况数据。
- 组织本行的专职经济学家从事关于货币政策操作的课题研究。

走进美联储　**纽约联邦储备银行的特殊作用**

纽约联邦储备银行在联邦储备体系中地位特殊，有几个方面的原因。第一，美国许多最大的商业银行都位于纽约地区，它们的安全性和稳健性对于美国金融体系的健康发展至关重要。纽约联邦储备银行负责监管区内银行控股公司和州注册会员银行，使之成为美国金融体系中最重要金融机构的监管者。毫无疑问，由于这些责任，银行监管组是纽约联邦储备银行最大的部门之一，也是到目前为止联邦储备体系中最大的银行监管组。

纽约联邦储备银行作用特殊的第二个原因在于它积极参与债券和外汇市场。纽约联邦储备银行设有公开市场交易室，负责实施公开市场操作，即买卖债券，决定银行体系的准备金规模。由于对国债市场深度参与，以及与纽约证券交易所仅有步行距离，纽约联邦储备银行官员与美国主要国内金融市场保持着密切联系。此外，纽约联邦储备银行还设有外汇交易室，代表联邦储备体系和美国财政部进行外汇市场干预。参与这些金融市场，意味着纽约联邦储备银行是国内外金融市场动向的重要信息源，特别是在危机期间（例如 2007—2009 年次贷危机期间），同时也是联邦储备体系官员与市场私人参与者之间的桥梁。

纽约联邦储备银行声名显赫的第三个原因是，它是联邦储备银行中唯一的国际清算银行（BIS）会员。所以，纽约联储行长同联邦储备委员会主席一道，共同代表联邦储备体系参加与其他主要中央银行行长的 BIS 每月例会。与外国央行行长密切接触、与外汇市场互动，意味着纽约联储银行在国际关系上作用特殊，无论是与其他央行行长还是与私人市场参与者打交道。纽约联储银行在国际金融圈的地位突出，还因为它存储了世界上 1 000 多亿美元黄金，比诺克斯堡（Fort Knox）金矿的储量还多。

最后，在联邦储备银行行长中，纽约联邦储备银行行长是唯一有 FOMC 永久投票权的成员，出任副主席一职。因此，纽约联邦储备银行行长与联邦储备委员会主席和副主席一道，成为联邦储备体系最重要的三位官员。

会员银行

所有国民银行（在通货监理署注册的商业银行）都必须是联邦储备体系会员。州注册的商业银行没有要求必须是会员银行，但可以选择加入。目前，大约 40%的美国商业银行是联邦储备体系会员，该比例在 1947 年达到峰值水平 49%后呈下降趋势。

1980 年以前，只有会员银行必须在联邦储备银行以存款方式保有准备金。非会员银行遵守各州制定的法定准备金要求，通常允许商业银行以生息证券形式持有大部分准备金。由于当时在联邦储备银行的准备金存款不支付利息，因此成为联储体系会员的成本较高，而且随着利率上升，会员资格的相对成本也增加，从而越来越多的银行脱离了联邦储备体系。

美联储会员减少成为联邦储备委员会的主要担忧，一个原因在于，这降低了美联储对货币供给的控制，加大了美联储的货币政策操作难度。美联储主席一再呼吁颁布新的法律，要求所有商业银行都必须加入联邦储备体系。美联储对国会一再施压的一个结果是，1980 年《存款机构放松管制和货币控制法》规定：所有存款机构都必须（截至 1987 年）在美联储保有存款准备金，对会员银行和非会员银行的法定准备金要求一视同仁。此外，所有存款机构都可以平等地使用联邦储备工具，例如贴现窗口（将在第 15 章讨论）和美联储支票清算。这些规定终止了美联储会员的继续减少，也缩小了会员银行和非会员银行的差别。

联邦储备委员会

联邦储备体系的最高层是由 7 名成员组成的联邦储备委员会，总部位于华盛顿。经参议院同意后，委员会委员由美国总统任命。为了限制总统对美联储的控制，并使美联储不受到其他政治压力的干扰，委员任职时间可以为一个完整的 14 年任期加下一个任期的部分时间，但不得连任，每隔一年的 1 月份会有 1 名委员任期届满。[①] 委员们（许多是专职经济学家）必须来自不同的联邦储备区，以防止某一地区的利益被过度强调。美联储主席从 7 名委员中选出，任期为 4 年，可以连任。一般来说，新主席一旦选出，前任主席即使委员任期未满，也将从委员会中辞职。

联邦储备委员会积极参与货币政策操作，方式如下：

● 所有 7 名委员都是 FOMC 成员，对公开市场操作进行投票。由于 FOMC 只有 12 名成员（7 名联储委员与 5 名区行行长）有投票权，联邦储备委员会拥有多数票权。

● 制定法定准备金率（在法律限制的范围内）。

● 制定对准备金支付的利率。

● 有效控制贴现率超出联邦基金利率目标的固定数值，通过“审查和决定”程序，委员会负责批准或否决联邦储备银行“确定”的贴现率。

● 美联储主席向美国总统提出经济政策建议，在国会作证，代表联邦储备体系

---

① 虽然委员不得连任，但是从技术上讲，委员可以在任期届满之前辞职，然后由总统重新任命。这就解释了为什么威廉·麦克切斯尼·马丁（William McChesney Martin）能够在委员会中任职 28 年。马丁在 1951—1970 年期间担任美联储主席，自他 1970 年退休以来，就再没有出现过这种允许一名委员实际任职时间达到第二个完整任期的情况了，所以 2006 年艾伦·格林斯潘在 14 年任期结束后不得不从委员会退休。

对新闻媒体发声。

法律还赋予联邦储备委员会一些同货币政策操作没有直接关系的其他职责。主要如下：

● 制定保证金要求，即证券购买价格中必须用现金而不能用借入资金支付的部分。

● 制定各个联邦储备银行行长和所有官员的工资标准，审查各家联邦储备银行的预算。

● 批准银行合并和新业务申请，规定银行控股公司和非银行系统重要性金融机构的业务范围，以及监管美国境内的外国银行业务活动。

● 聘请专职经济学家（远远多于单个联邦储备银行的专职经济学家雇员人数），为委员会的决策制定提供经济分析。（见走进美联储专栏“研究团队的作用”。）

走进美联储　**研究团队的作用**

联邦储备体系是经济学家的最大雇主，不仅是在美国，在全世界也是如此。美联储的研究团队大概有 1 000 人，大约一半是经济学家。在这 500 位经济学家中，250 位供职于联邦储备委员会，100 位供职于纽约联邦储备银行，其余的在其他各家联邦储备银行。经济学家们的工作职责是什么呢？

美联储经济学家最重要的职责，是跟踪来自政府机构和私人部门组织的最新经济数据，为政策制定者提供关于经济走向以及货币政策措施对经济的潜在影响的咨询。在每次 FOMC 会议之前，各家联邦储备银行的研究团队都向本行行长和高级管理人员简要报告对美国经济的预测以及会上可能要讨论的问题。研究团队也会提供关于本储备区经济概况的简要材料或正式简报，行长们将在会议上讨论这些材料。同时，联邦储备委员会的经济学家们还建立了大型计量模型（模型中方程式使用统计程序估计）来帮助形成对国民经济的预测，并向委员们汇报国民经济展望。

各家银行和联邦储备委员会的研究团队也为银行监管团队提供支持，跟踪评估银行部门、其他金融市场和金融机构的发展，为银行监管者提供监管过程中可能需要的技术指导。由于联邦储备委员会负责审批银行合并，委员会和合并案发生地区联邦储备银行的研究团队需要准备合并计划对竞争环境可能产生影响的相关信息。为确保符合《社区再投资法案》，经济学家们也要分析银行在不同社区的贷款活动的业绩表现。

由于外国发展对美国经济的影响加深，尤其是纽约联邦储备银行和委员会的研究团队成员，还要提交主要国外经济体研究报告。因为外汇市场在货币政策操作过程中发挥着越来越重要的作用，他们也要进行外汇市场发展研究，为外汇交易室的行动提供支持。通过预测准备金增长和货币总量增长，经济学家们也帮助支持公开市场交易室的操作。

团队经济学家们也进行基础性研究，包括货币政策对产出和通货膨胀的影响、劳动力市场发展、国际贸易、国际资本市场、银行和其他金融机构、金融市场以及区域经济等各种课题。这类研究成果广泛刊登在学术期刊和储备银行的公开出版物上。（《联邦储备银行评论》

是同学们学习货币银行学很好的补充资料来源。）研究团队（主要是储备银行研究团队）的另一项重要活动是参与公众教育。团队经济学家们经常应邀出席银行董事会，或是对本储备区的公众发表专题演讲。

联邦公开市场委员会（FOMC）

FOMC 通常每年举行 8 次会议（大约 6 周一次），对公开市场操作、确定政策利率——**联邦基金利率**（federal funds rate，银行同业间隔夜贷款利率）以及确定对超额准备金支付的利率等事宜进行决策。（有关 FOMC 如何举行会议的具体内容，可以参见走进美联储专栏“FOMC 会议”，关于该会议所产生的文件，可以参见另一个走进美联储专栏“绿色、蓝色、青色和褐色：这些颜色在美联储有何意义?”。）事实上，FOMC 经常被媒体称为“美联储”。例如，如果媒体报道称美联储举行会议，这实际上指的是 FOMC 举行会议。该委员会由联邦储备委员会 7 名委员、纽约联邦储备银行行长和其他 4 名联邦储备银行行长组成。联邦储备委员会主席同时也担任FOMC 主席。虽然只有 5 名联邦储备银行行长是 FOMC 投票权成员，其他 7 名区行行长也列席 FOMC 会议，并参加讨论。因此他们对委员会的决策也有一定的影响力。

13

因为在 2008 年以前公开市场操作曾经是美联储控制货币供给的最重要的政策工具，同时也因为在这里决定**货币政策的紧缩**（tightening of monetary policy，上调联邦基金利率）或**货币政策的宽松**（easing of monetary policy，下调联邦基金利率），所以 FOMC 自然成为联邦储备体系政策制定的焦点。虽然法定准备金率和贴现率实际上不是由 FOMC 制定的，但是有关这些政策工具的决策确实是在这里做出的，所以图 13-1 用虚线表示 FOMC 对法定准备金率和贴现率的制定有“建议”权。FOMC 并不实际操作有价证券的买卖。它只是向纽约联邦储备银行的交易室发布指令，在那里，负责国内公开市场操作的经理带领着满满一屋子人贯彻执行政府证券或政府机构证券的买卖。经理负责 FOMC 成员与交易室行动相关职员之间的每日沟通。

走进美联储　FOMC 会议

FOMC 会议在位于华盛顿的联邦储备委员会主楼二层会议室举行，为期两天。7 名联邦储备委员会委员和 12 名联邦储备银行行长，加上 FOMC 秘书、联邦储备委员会研究和统计部主任及副主任，以及货币事务部和国际金融部的主任，围坐在巨型会议桌旁。虽然任何时候只有 5 名联邦储备银行行长在 FOMC 有投票权，但所有与会者都积极参与研讨。房间四周还坐着各家联邦储备银行的研究部门主管和其他高级董事以及联邦储备银行官员，他们按惯例不在会议上发言。

会议首先快速通过上次 FOMC 会议的备忘录。第一个重要议程是由美联储负责外汇公开市场操作和国内公开市场操作的经理就此以及其他相关问题作报告。在委员和联邦储备银行行长提问与讨论之后，需要投票批准这些报告。

会议的下一个议程是由联邦储备委员会研究和统计部主任展示委员会研究团队的国民经济预测。在委员和联邦储备银行行长对部门主任的预测提出质询之后，所谓的“激烈争论”就开始了：每名银行行长提出本储备区的经济状况概要以及该行对全国经济形势的评估，包括主席在内的每名委员都要对全国经济展望发表看法。按照传统，这个阶段的评论会避开货币政策话题。

议程接着转向当前货币政策和国内政策方针。讨论首先从联邦储备委员会的货币事务部主任开始，他会概括地论述货币政策行动对应的不同场景，之后可能描述如何操作货币政策的问题。提问—回答阶段过后，每个FOMC成员以及没有投票权的银行行长都要发表对货币政策以及货币政策公报的看法。之后，主席对讨论做总结，提议货币政策公报的具体措辞以及要下达给公开市场交易室的联邦基金利率目标指令，指示联邦基金利率目标是提高1/4个百分点、下调1/4个百分点还是保持不动。FOMC秘书宣读提议版公报，FOMC成员投票表决。[a]

会议最后一天下午2:15，关于会议结果的公报正式对外公布：联邦基金利率目标和贴现率是提高、降低还是保持不变；评估未来的“风险平衡”是趋向更高的通货膨胀还是更疲弱的经济。会后公告是从1994年开始的创新做法。在此之前，从来没有做过这样的声明，市场只得猜测采取了怎样的政策措施。决定公开这一信息是美联储朝着更大开放度方向前进的重要一步。2011年4月开始在此方向上更进了一步：在3月、6月、9月、12月FOMC会议后，美联储主席召开新闻发布会，向媒体简要介绍FOMC的决定。

a. 政策方针所表达的决策未必是一致意见，反对的观点会对外公开。但除非是极端罕见的情况，主席的意见总是票数胜出的一方。

走进美联储　绿色、蓝色、青色和褐色：这些颜色在美联储有何意义？

在货币政策过程中和FOMC会议上，有三个研究文件发挥着重要作用。2010年以前，由联邦储备委员会研究和统计部起草的未来三年国民经济详细预测被放在绿色封皮文件夹里，因此被称为“绿皮书”。联邦储备委员会货币事务部起草的货币总量预测，通常列出三种不同场景下的货币政策立场（标记为A、B、C），由于被放在蓝色封皮文件夹里，因此被称为“蓝皮书”。“绿皮书”和“蓝皮书”被分发给FOMC会议所有与会人员。从2010年开始，“绿皮书”和“蓝皮书”被合并放在具有青色封皮的“青皮书”里，因为青色是蓝色和绿色的混合色。[a]具有褐色封皮的“褐皮书”由联邦储备银行提供，涉及从调查或与重要工商界和金融机构人士的谈话中收集到的关于各储备区经济状况的详细材料。这是三份材料中唯一向公众发布的报告，通常会引起媒体的广泛关注。

a. 这些FOMC文件5年后可以公开，在http://www.federalreserve.gov/monetarypolicy/fomc_historical.htm中可以找到这些文件的内容。

为什么联邦储备委员会主席是实际掌控者?

乍看上去，联邦储备委员会主席只是FOMC中12名投票成员之一，并且没有法定权力对该组织实施控制。但是，为什么媒体如此关注主席所说的每一句话呢？主席是美联储中实际做决定的人吗？如果是这样，为什么主席拥有这么大的权力呢？

主席的确掌控一切。他是美联储的发言人，与国会和美国总统磋商。主席也可以实施控制，通过制定委员会和 FOMC 会议议程，以及借助地位和人格的力量影响委员会。联邦储备委员会主席［包括马里纳·S. 埃克尔斯（Marriner S. Eccles）、威廉·麦克切斯尼·马丁、阿瑟·伯恩斯（Arthur Burns）、保罗·沃尔克、艾伦·格林斯潘、本·伯南克、珍妮特·耶伦（Janet Yellen）和杰罗姆·鲍威尔（Jay Powell）］通常都有很强的个性，并且行使了极大的权力。

主席还通过管理委员会的研究团队（专职经济学家和顾问）来行使权力。因为研究团队负责搜集信息，并为委员会的决策提供分析，对货币政策有一定的影响。此外，历史上的一些主席人选本身就来自专业研究团队，使得主席的影响力要比 4 年任期更为深远和长久。如走进美联储专栏“美联储主席的风格：伯南克、耶伦和鲍威尔对比格林斯潘”所示，主席的风格也十分重要。

走进美联储　美联储主席的风格：伯南克、耶伦和鲍威尔对比格林斯潘

每位美联储主席都有独特的风格，这些风格影响了美联储如何进行政策决策。很多讨论都提到了最近三任美联储主席（前任主席本·伯南克和珍妮特·耶伦，现任主席杰罗姆·鲍威尔）与艾伦·格林斯潘（从 1987 年到 2006 年担任联邦储备委员会主席 19 年）之间有多么不同。

艾伦·格林斯潘主宰美联储的方式不同于之前的历任主席。他的背景与伯南克和耶伦有很大的不同，后面两位早期职业生涯的大部分都是在学界度过的；跟杰罗姆·鲍威尔也不一样，这位律师曾经在金融部门工作过。格林斯潘是艾茵·兰德（Ayn Rand）的追随者，他坚定地支持自由资本主义，曾经领导了一家非常成功的经济咨询公司——陶森-格林斯潘公司（Townsend-Greenspan）。格林斯潘从来都不是经济理论家，但却因为将自己沉浸在数据研究中而闻名（确实如此，据说他每天早上都在浴缸里研究数据），并且经常聚焦于从模糊晦涩的数据序列中提出自己的预测。结果是，格林斯潘在制定政策决策时，并不仅仅依赖联邦储备委员会研究团队的预测。一个突出的例子发生在 1997 年，当时委员会研究团队预测通货膨胀会急升，认为需要紧缩货币政策。但格林斯潘坚信通货膨胀不会上升，并且说服了 FOMC 不要紧缩货币政策。事实证明格林斯潘是正确的，从此被媒体戏称为“艺术大师”。

伯南克 2002 年赴华盛顿出任联邦储备委员会委员，2005 年成为总统经济顾问委员会主席，2006 年就任美联储主席，在此之前，他整个职业生涯都是教授，最初在斯坦福大学商学院研究生部，之后是在普林斯顿大学经济学系，并在此成为系主任。类似地，珍妮特·耶伦在 1994—1997 年作为联邦储备委员会委员效力于美联储之前，曾经先后在哈佛大学和加州大学当了 20 年教授。2004—2007 年耶伦出任旧金山联邦储备银行行长，2010—2014 年担任

美联储副主席。杰罗姆·鲍威尔开始职业生涯时是律师，但后来在1984年转到金融行业工作，1990—1993年在美国财政部工作了一段时间。他在2012年成为联邦储备委员会委员，后于2018年出任主席。由于伯南克、耶伦和鲍威尔都不因经济预测而出名，所以现在联邦储备委员会研究团队的预测在FOMC决策制定中扮演了更为重要的角色。

随着主席的更迭，政策讨论的风格也发生了变化。格林斯潘对FOMC讨论实施广泛的控制。在格林斯潘时期，讨论十分正式，每位与会者都要先被FOMC秘书列入名单然后才发言。但在伯南克、耶伦和现在的鲍威尔时期更多是意见交换。这几位主席都鼓励所谓的双手插进。如果某位与会者希望打破顺序来提问题，或是对其他与会者刚刚的发言发表意见，可以举起双手，得到主席确认以后会被邀请发言。

FOMC的讨论顺序也发生了十分细微但却非常重要的变化。在格林斯潘治下，等FOMC其他与会者发表了对经济的看法后，格林斯潘会就经济形势发表自己的意见，之后就货币政策行动过程提出建议。这个流程要求其他与会者在后面一轮货币政策的讨论中，只需表达同意或者反对格林斯潘的建议。相反，在其他FOMC与会者表达了对经济的看法后，伯南克、耶伦和鲍威尔通常不会立即就货币政策过程提出建议。他们会总结听到的与会者观点，做些自己的评论，然后直到听完所有其他与会者的观点后，才会给出货币政策建议。在格林斯潘的程序下，几乎就是由主席做出政策决策，而伯南克、耶伦和鲍威尔显然偏爱更加民主的程序，使得与会者能对主席的投票有更大的影响力。

主席风格的另外一个明显差异在于透明度。格林斯潘以讲话含糊其词而著称，甚至曾在国会听证会上开玩笑，“我想我应当警告你，如果我变得特别清晰，你可能误解了我所说的话。”而在另一边，伯南克、耶伦和鲍威尔一直努力成为条理清楚的演讲者。虽然格林斯潘治下在透明度方面取得了很大的进展，但他并不愿意采取更为透明的交流方式。他的继任者本·伯南克一直是透明度的强烈支持者，而且他动议美联储公布通货膨胀目标（见第16章），并且着手启动了努力增强美联储透明度的重大举措（见走进美联储专栏“美联储沟通策略的演进”的讨论）。

13.3 联邦储备体系有多独立?

目标13.3 评价美联储的独立性程度。

接下来的三章介绍联邦储备体系如何制定和实施货币政策，我们想知道，为什么美联储决定采取某些政策行动而不是其他。要理解联储的行为，我们必须了解驱动其行为的动机。美联储如何摆脱来自总统和国会的压力？经济、官僚或政治因素是否左右了它的行为？联邦储备体系真的能够独立于外部压力吗？

斯坦利·费希尔（Stanley Fischer）曾为麻省理工学院教授，后来担任了美联储副主席，他定义了两种不同类型的中央银行独立性：**工具独立性**（instrument independence，中央银行设定货币政策工具的能力）和**目标独立性**（goal independence，中央银行设定货币政策目标的能力）。联邦储备体系具有上述两种独立性，显著远离那些影响其他政府机构的政治压力。这不仅表现为联邦储备委员会委员任期长达 14 年（因此不能被免职），而且表现为法律规定委员不得连任，除去了联邦储备委员会委员讨好总统和国会的动机。

或许对美联储来说，使其能免受国会随心所欲影响的更重要原因在于，它从证券持有中或在较小程度上从对银行贷款中获得了可观的、独立的收入来源。例如，2019 年美联储扣除费用后的净收益为 550 亿美元——谁能过上这种日子也真是不错！因为美联储要将大部分收益上交财政部，所以不会从业务活动中致富，但这笔收入赋予美联储一个超越其他政府机构的重要优势：不必受制于通常由国会控制的拨款程序。事实上，联邦政府审计机构——审计总署（GAO）不能审计联邦储备体系的货币政策或外汇市场职能。管钱的权力一般来说就相当于全部控制权，所以，美联储的这个特征对其独立性的贡献超过其他任何因素。

然而美联储仍然会受到国会影响，因为美联储的法律架构由国会签署并且可以随时调整。当立法者对美联储的货币政策操作感到不满时，经常威胁要削弱其独立性。最近的例子是 2009 年众议员罗恩·保罗（Ron Paul）发起议案，主张由审计总署对美联储的货币政策行动进行审计。这类威胁就像挥舞的大棒，显然具有一定影响，使美联储不会过分偏离国会的意愿。

国会还通过了法案来要求美联储对自己的行动承担更多责任。根据 1978 年《汉弗莱-霍金斯法》（Humphrey-Hawkins Act）及其后来的法律，美联储必须每半年向国会提交一次货币政策报告，而且美联储主席要参加听证会，解释货币政策操作是否与《联邦储备法》提出的目标保持一致。

总统也能影响联邦储备体系。首先，因为国会立法可以直接影响美联储或影响其实施货币政策的能力，总统可以通过对国会的影响力而与之结成有力的同盟。其次，虽然表面上看，总统在其一届任期内只能任命 1 名或 2 名联邦储备委员会委员，但在实践中总统任命的委员要多很多。一个原因是多数委员没有做到 14 年任期届满。（委员的薪金远远低于他们在私人部门甚至大学可以拿到的报酬，这让他们有动机在任期届满之前返回学术界或者接受私人部门职位。）此外，总统每 4 年可以任命 1 位新的美联储主席，如果原主席没有得到再次任命，通常会从联邦储备委员会辞职，这样又可以任命 1 名新委员。总统对美联储的独立性进行了抨击，但他们的成效如何还不清楚（见走进美联储专栏“总统抨击美联储的独立性”）。

然而，总统通过任命联邦储备委员会而享受的权力是有限的。因为主席任期未必与总统任期同步，总统可能不得不与前任政府任命的美联储主席共事。例如，艾伦·格林斯潘在 1987 年由罗纳德·里根（Ronald Reagan）总统任命为美联储主席，并在 1992 年由另一位共和党总统乔治·H. W. 布什（George H. W. Bush）重新任命又一任期。当 1993 年民主党人比尔·克林顿（Bill Clinton）成为总统时，格林斯潘还有 7 年任期。虽然格林斯潘是共和党人，但在其任期届满时，克林顿总统迫于巨大压力不得不于 1996 年和 2000 年再次任命他为主席。[①] 2004 年共和党人乔治・W. 布什（George W. Bush）批准格林斯潘连任，而 2010 年民主党人贝拉克・奥巴马（Barack Obama）再次任命了共和党人本・伯南克。

可以看出，作为一个政府机构，联邦储备体系具有非同寻常的独立性。但即使如此，美联储也不能完全摆脱政治压力。事实上，要理解美联储的行为，我们必须承认对美联储行动的公众支持在其决策中发挥了重要作用。[②]

走进美联储　总统抨击美联储的独立性

美国总统经常通过抨击美联储的独立性而试图影响联邦储备政策。林登・约翰逊（Lyndon Johnson）私下向当时的美联储主席威廉・麦克切斯尼・马丁（William McChesney Martin）提议不要在 1965 年 12 月 FOMC 会议上提高利率，并且考虑要设法解雇马丁，但被告知因为美联储主席不同意总统的行政政策就要解雇他是不合法的。在 12 月 FOMC 会议提高了利率后，约翰逊暴怒之下叫马丁立即赶赴得克萨斯的约翰逊农场去见他，约翰逊称之为“木屋之旅”。约翰逊完全以身体的力量威吓了马丁：身高 1.93 米的约翰逊把矮个子的马丁推挤在墙上。马丁没有让步，并告诉约翰逊《联邦储备法》将设置利率的责任赋予了美联储而不是总统或者国会。

罗纳德・里根也曾对自己任命的联储主席阿瑟・伯恩斯施压，希望在 1972 年大选助跑阶段保持低利率。阿瑟・伯恩斯和里根的关系很亲密，而且许多经济学家一直认为伯恩斯对里根屈服了，对联邦储备独立性造成了伤害。随后，通货膨胀急剧上升，导致进入了经济学家们所称的大通胀时期。罗纳德・里根和乔治・H. W. 布什也表达过他们对保罗・沃尔克的不满，因为沃尔克在成功控制通货膨胀（见第 22 章）的过程中推动联邦基金利率提升到了极高水平（20%）。不过，他们都没有采取公开的措施削弱美联储的独立性。

克林顿总统上任时，罗伯特・鲁宾（最初在白宫供职，后来做了财政部长）说服克林顿应当尊重美联储的独立性，以及不应当公开评论美联储政策。这个所谓的鲁宾主义——美联储的独立性应当以总统不评论美联储政策的方式得到尊重，后来也被乔治・W. 布什和贝拉克・奥巴马所采纳。

在唐纳德・特朗普（Donald Trump）总统任期，鲁宾主义被彻底抛弃了。特朗普从 2018 年开始对美联储进行公开抨击，其中的恶意前所未有。2018 年 7 月起，特朗普公开抱怨他对于美联储提高利率“无感”。2018 年 10 月在一次竞选集会上，他升级了对美联储的批评，称美联储的货币政策太过紧缩，又说“美联储已经疯了”。不久后他接受了福克斯新闻

---

① 与此相似，1951—1970 年间担任美联储主席的威廉・麦克切斯尼・马丁由杜鲁门总统（民主党人）任命，但获得了艾森豪威尔总统（共和党人）、肯尼迪总统（民主党人）、约翰逊总统（民主党人）和尼克松总统（共和党人）的再次任命。同样地，1979—1987 年间担任美联储主席的保罗・沃尔克由卡特总统（民主党人）任命，得到里根总统（共和党人）的再次任命。本・伯南克由布什总统（共和党人）任命，但由奥巴马总统（民主党人）再次任命。

② 有关美联储如何与公众和政治家互动的深入分析，参见 Bob Woodward，*Maestro*：*Greenspan's Fed and the American Boom*（New York：Simon and Schuster，2000）以及 David Wessel，*In Fed We Trust*（New York：Random House，2009）。

频道的电话专访，说美联储在提高利率时是“精神错乱的”。2019 年起，特朗普开始对杰罗姆·鲍威尔进行人身攻击，他告诉许多媒体单位他对自己选择杰罗姆·鲍威尔并不满意，“或许”后悔任命鲍威尔为联邦储备委员会主席。另外，他指责鲍威尔“无能”并且“极度缺乏远见”。白宫还向新闻界泄露说特朗普正在讨论解雇鲍威尔，但后来特朗普被告知他没有法定权力这样做。特朗普也在推特上说，如果美联储愿意降低联邦基金利率和进行大规模债券购买，经济就会“像火箭一样”高涨。当美联储没有答应他的要求时，他发推特说美联储表现得就像一个“不听话的孩子”，而那些官员都是“榆木脑袋”。

鲍威尔主席为美联储的独立性大声辩护，而且声明美联储并没有屈服于白宫的压力。不过，当 2019 年 7 月底美联储开始降低利率时，许多经济评论人士对此持相反观点，认为美联储还是向总统压力屈服了，这会损害联邦储备体系的独立性。

13.4 美联储应当独立吗？

目标 13.4 总结支持和反对美联储独立性的理由。

我们已经看到，联邦储备体系可能是美国独立性最强的政府机构；大部分其他国家的中央银行也具有类似的独立性。每隔几年，国会中的一些人就会提出，是否应当削弱美联储的独立性。强烈反对美联储某项政策的政治家们往往希望将美联储置于自己的监督之下，以便实施更符合自己意愿的政策。美联储应当保持独立性，还是由总统或国会控制中央银行更好？

支持独立性的理由

支持中央银行独立性最强有力的理由源自这种观点：受制于更多政治压力会导致货币政策的通货膨胀倾向。在很多观察家看来，民主社会的政治家们是短视的，因为他们的驱动力在于要赢得下次选举。以此为首要目标，他们不大可能重视物价稳定等长期目标。相反，他们总是寻求高失业率或高利率等问题的短期解决方案，哪怕这些短期方案具有不利的长期后果。例如，第 5 章提到过，货币供给高增长最初会导致利率下跌，但之后随着通货膨胀升温，利率可能会重新上涨。当利率位于较高水平时，国会或总统控制下的美联储会不会更有可能推行货币过度增长政策，而无视该政策未来终会造成通货膨胀和更高利率水平？美联储独立性的支持者们认为答案是肯定的。他们相信，与政治隔离的美联储更有可能会关注长期目标，因而更有可能会捍卫可靠的美元和稳定的物价水平。

上述观点的另外一种说法是，美国的政治程序会导致所谓的**政治经济周期**（political business cycle），即在每次选举前采取扩张性政策来降低失业率和利率。选举过后，这些政策的不利影响（高通货膨胀率和高利率）就显现出来，需要出台紧缩性政策——政治家们希望公众在下次选举前会忘记这些。有证据表明，这样的政治经济周期在美国确实存在，而受制于国会或总统的美联储会使得这种周期更为明显。

将美联储置于财政部的控制之下（从而更容易受总统影响）同样被认为是相当危险的，因为美联储会被财政部当作弥补巨额预算赤字的融资工具（通过购买国债）。[①] 财政部施压美联储"帮忙脱困"可能导致经济出现更高的通货膨胀。一个独立的美联储能更好地抵制财政部的这种压力。

支持美联储独立性的另外一个理由是，事实已经反复证明，政治家缺乏对重大经济问题（如削减预算赤字或改革银行体系）做困难决策的专业技能，货币政策控制实在太重要了，绝对不能交给政治家们。这个理由也可以用第 8 章、第 10 章和第 12 章讨论的委托-代理问题来表述。美联储和政治家都是公众（委托人）的代理人，而且他们都有按照自身利益而非公共利益行事的动机。支持美联储独立性的人认为，由于政治家按照公共利益行事的动机更少，因此政治家比美联储的委托-代理问题更为严重。

事实上，有些政治家也希望美联储保持独立性，因为这样就可以把美联储当作公众"出气筒"，分担政治家背负的压力。也有可能，私下反对通货膨胀倾向货币政策的政治家，由于害怕不能连任而被迫公开支持这样的政策。独立的美联储能够推行那些政治上不受欢迎但最终符合公共利益的政策。

反对独立性的理由

主张将美联储置于总统或国会控制之下的人认为，货币政策（几乎影响经济中的每个人）由一个不向任何人负责的精英团体控制是不民主的。联邦储备体系目前缺乏问责，其后果严重：如果美联储表现不好，没有撤换其成员的适当规定（对政治人物有）。的确，美联储要追求长期目标，但是国会中选举产生的官员们也要就长期事务（如外交政策）进行投票。如果我们认同由美联储这样的精英团体来实施政策总会更好，那么由此推理就可以得出这些结论："应该由参谋长联席会议决定军事预算"，或者"无须国会或总统监督，应当由国内税务署制定税收政策"。你是否赞成给予参谋长联席会议和国内税务署这样程度的独立性？

公众认为总统和国会要对国家的经济福祉负责，然而他们却对那个很可能是决定经济健康最重要因素的政府机构缺乏控制。另外，为了实现促进经济稳定性的政策之间的无缝衔接，货币政策必须和财政政策（对政府支出和税收的管理）相互协调。只有将货币政策交由同样管理财政政策的政治家们控制，才能防止这两种政策背道而驰。

反对美联储独立性的另外一个理由是，一向独立的美联储也不是总能成功地运

---

① 《联邦储备法》禁止美联储直接从财政部购买国债（除非是展期到期证券），相反地，美联储在公开市场上购买国债。该禁令的可能理由与前述观点一致：美联储会发现帮助政府为巨额财政赤字融资更困难。

用自主权。美联储在大萧条期间惨败，未能如它所宣称的那样充当最后贷款人，而且显然独立性也没能阻止 20 世纪 60 年代和 70 年代货币政策过度扩张，导致了当时快速的通货膨胀。

我们前面的讨论也指出，美联储无法完全摆脱政治压力。独立性可能鼓励其追求狭隘的自身利益而非公共利益。

虽然支持中央银行独立性的国内外公众似乎越来越多，但中央银行具有独立性是不是一件好事情还没有达成共识。如你所料，喜欢美联储政策的人多半会支持其独立性，而不喜欢其政策的人则主张降低其独立性。

世界各国的中央银行独立性和宏观经济表现

我们已经知道，支持中央银行独立性的人相信，增强中央银行独立性会改善宏观经济表现。经验证据似乎支持这一推断：对中央银行从最不独立到最独立排序，独立性最强的中央银行所在国家的通货膨胀表现最好。虽然中央银行独立性更强似乎导致了更低的通货膨胀率，但实体经济表现没有更糟糕。有独立中央银行的国家跟那些中央银行独立性较差的国家相比，出现高失业率或更大产出波动的可能性更小了。

13.5 解释中央银行的行为

目标 13.5 明确官僚行为理论对美联储行动的解释方式。

关于政府官僚行为的一种观点是，官僚是为公共利益服务的（这被称为公共利益观点，public interest view）。然而一些经济学家提出的官僚行为理论，强调了影响官僚机构运作的其他因素。官僚行为理论（theory of bureaucratic behavior）认为，官僚行为的目标是自身福利最大化，这同消费者行为受个人福利最大化目标驱动、企业行为受利润最大化目标驱动的道理是一样的。官僚的福利与它的权力和威望有关。因此，该理论认为，希望增强自身权力和威望是影响中央银行行为的一个重要因素。

从这种观点出发，美联储等中央银行会有怎样的行为？一种预测是，美联储将为保持自主权奋力而战，这已经是反复证实了的，因为美联储一次又一次地对国会试图控制其预算进行了反击。事实上，当独立性受到威胁时，美联储能够高效地动员起由银行家和工商业人士组成的游说团体来保持独立性，这一点非同寻常。

另外一种预测是，美联储将尽力避免与强势群体发生冲突，它们可能会威胁削减美联储的权力并降低其自主权。在这种情形下，美联储的行为可能采取几种方式。美联储会缓慢提高利率，从而熨平利率波动，以期避免与国会和总统在提高利率问题上发生冲突。避免与国会和总统发生冲突的意愿还可以解释为什么美联储以往不信奉透明度（见走进美联储专栏“美联储沟通策略的演进”）。

美联储希望尽可能多地掌控权力，这也解释了为什么它要竭力推动控制更多银行的运动。这一运动最后促成了 1987 年立法，将美联储法定准备金率的管辖权拓展到所有银行（不仅仅是会员商业银行）。

官僚行为理论似乎可以用于解释美联储的行为，但我们必须认识到，假定美联储只关注其自身利益的观点过于极端了。自身福利最大化并不排除利他主义。（你为慈善事业慷慨解囊，原因是这让你自我感觉良好，但在此过程中你的确帮助了正义事业。）美联储在实施货币政策时肯定要关注公共利益。然而对于货币政策应当是什么样的，经常存在很多不确定性和分歧。① 当我们不清楚什么政策能最好地服务公共利益时，其他动机就会影响美联储的行为。在这些情况下，官僚行为理论可以帮助预测美联储等中央银行行动背后的动机。

走进美联储 **美联储沟通策略的演进**

根据官僚行为理论的预测，美联储有向公众和政治家隐藏其行为的动机，目的是避免与他们发生冲突。过去，这种动机导致了美联储对保密性的偏爱。美联储一位前官员曾经说过："许多职员都承认，[保密] 是为了掩护美联储免于政治监督。"[a] 例如，美联储曾经为自己拖延向国会和公众公布 FOMC 指令的行为积极辩护。但如我们所知，从 1994 年开始，每次 FOMC 会议后，美联储都要立即对外公布其指令。1999 年，它还开始立即公布货币政策未来可能走向的"倾向性"，后来被称为经济的"风险平衡"。2002 年，美联储开始报告 FOMC 会议对联邦基金利率目标的投票结果。2004 年 12 月，美联储将 FOMC 会议纪要的公布时间从会后 6 周调整为会后 3 周。

近年来，美联储大幅度地提高了透明度，但是比起许多其他中央银行，动作慢了不少。更高透明度的一个重要趋势是，中央银行公布通货膨胀的具体量化目标，通常被称为通货膨胀目标，将在第 16 章详细讨论。艾伦·格林斯潘强烈反对美联储沿着这个方向改变，但前任主席伯南克和珍妮特·耶伦对此十分支持，他们在自己的著作和演讲中都提出了公布通货膨胀量化目标的主张。耶伦曾经执掌的一个美联储内部委员会曾提议实施新的沟通政策。

2007 年 11 月，美联储宣布重点增强其沟通策略。首先，按照 1978 年《汉弗莱-霍金斯法》的规定，FOMC 在"适度政策"下需要对通货膨胀率、失业率和 GDP 增长率进行规划，2009 年增加了长期预测，预测区间由 2 个公历年延长到 3 个公历年。2011 年，美联储宣布进一步提高透明度：3 月、6 月、9 月和 12 月 FOMC 会议后，美联储主席召开新闻发布会，概述 FOMC 决策。新闻发布会的目的主要是增强美联储货币政策沟通的清晰度和时效性。

从 2011 年 8 月开始，美联储在 FOMC 会议公报中提供联邦基金利率目标的前瞻指引，通常是"在某个具体日期可能会出现某个具体的联邦基金利率水平"。从 2012 年 1 月开始，FOMC 提供关于政策利率路径的更多信息，纳入 FOMC 会议与会者对联邦基金利率目标合

---

① 如何更好地实施货币政策存在不确定性，第 3 章所讨论的就是一个例子：经济学家对如何计量货币没有把握。所以，即使经济学家们同意控制货币数量是实施货币政策的适当方式（在后面的章节中我们会看到，这是一个有争议的立场），美联储也无法确定应当控制哪个货币总量。

理水平的预测。在这次会议上，FOMC采用了2%的量化通货膨胀率目标，通过更加牢固地锚定通货膨胀预期，提高对通货膨胀的控制力。

a.引自“Monetary Zeal: How the Federal Reserve Under Volcker Finally Slowed Down Inflation,” *Wall Street Journal*, December 7, 1984, 23。

13.6 欧洲中央银行的结构和独立性

目标13.6 明确欧洲中央银行和美联储的结构和独立性异同。

直到最近，联邦储备体系在中央银行界的重要性都无人能比。然而，1999年1月随着欧洲中央银行（简称欧央行，ECB）和欧洲中央银行体系（ESCB）全面启动运行，情况有所改变，它们现在为欧洲货币联盟的所有成员国实施货币政策。这些国家加总在一起，人口超过美国，GDP与美国相当。欧洲中央银行和欧洲中央银行体系根据《马斯特里赫特条约》建立，机构模式参照了美国联邦储备体系，各个成员国的中央银行（被称为国家中央银行，National Central Banks，NCBs）的作用类似于联邦储备银行。欧洲中央银行总部设在德国法兰克福，其执行委员会（Board of Governor）与联邦储备委员会结构类似，由行长、副行长和4名其他成员组成，任期为8年，不得连任。理事会（Governing Council）与联邦公开市场委员会类似，由执行委员会和成员国国家中央银行行长组成，负责制定货币政策。各个国家中央银行的行长由该国政府任命，而执行委员会成员则由所有国家元首组成的一个委员会任命，该委员会是欧洲货币联盟的一部分。

欧洲中央银行体系与联邦储备体系的区别

在大众媒体上，欧洲中央银行体系通常被称为欧洲中央银行，其实被称为欧元体系（Eurosystem）会更准确，这与联邦储备体系比美联储的称谓要更准确一样。虽然欧元体系的结构类似于联邦储备体系，但两者还是存在一些很重要的差异。首先，联邦储备银行的预算由联邦储备委员会控制，而国家中央银行则可以控制自己的预算以及位于法兰克福的欧央行的预算。因此，欧元体系中欧央行所拥有的权力不及联邦储备体系中的联邦储备委员会。其次，欧元体系的货币交易由各国国家中央银行操作，因此，货币交易不像联邦储备体系那样是集中进行的。

理事会

与美国关注FOMC会议一样，欧洲关注的是理事会会议，每月在法兰克福欧央行召开一次，负责制定货币政策。目前，欧洲货币联盟有19个成员国，这19名国家中央银行行长在理事会拥有15个投票权；6名执行委员会成员各拥有1个投票权。与FOMC会议（联邦储备委员会和各家联邦储备银行的部分职员出席）不同，理事会会议只有 25 名成员参加，没有职员列席。

理事会成员虽然在法律上有投票权，但理事会决定将不会进行正式投票；相反，理事会以协商一致的方式开展工作。理事会决定不投票的一个原因是，担心个体投票会导致国家中央银行行长只支持对本国有利的货币政策，而不是从欧洲货币联盟整体利益出发。这个问题对联邦储备体系没那么严重：虽然联邦储备银行行长生活在不同地区，但他们拥有相同的国籍，而且在考虑货币政策时更可能从国家的角度出发，而非只考虑地区利益。

FOMC 会议结束后，联邦储备体系会立即发布有关政策利率（联邦基金利率）的决策，欧央行在每月理事会会议做出结论后也会这样（公布类似的同业贷款短期利率目标）。此外，在理事会的每次货币政策会议后，欧央行行长和副行长都会立即召开新闻发布会，回答新闻媒体提出的问题。（美联储主席也召开类似的新闻发布会，但频率没有那么高，每年只有 4 次。）理事会投票权众多，提出了一个特殊的难题。目前理事会的规模（25 名成员，21 名投票成员）要远远大于 FOMC（19 名与会者，12 名投票成员）。许多评论人士怀疑理事会是否已经过于庞大——随着更多国家加入欧洲货币联盟，这种情况将变得极其严重。为了应对这个潜在的问题，理事会确定了一个复杂的轮流体系，与 FOMC 体系有些相似，其中大国的国家中央银行的投票频次将超过小国的国家中央银行。

欧央行的独立性如何？

虽然联邦储备体系是一个高度独立的中央银行，但建立起欧元体系的《马斯特里赫特条约》使得欧央行成为世界上独立性最强的中央银行。与联邦储备委员会类似，执行委员会成员的任期很长（8 年），而国家中央银行行长的任期要求至少为 5 年。与美联储类似，欧元体系决定自己的预算，而且成员国政府不得向欧央行发布指令。《马斯特里赫特条约》的这些规定赋予了欧央行高度的独立性。

《马斯特里赫特条约》规定物价稳定是欧央行压倒一切的长期目标，这意味着欧元体系比联邦储备体系更明确地规定其目标。但《马斯特里赫特条约》并没有详细说明“物价稳定”究竟是指什么。欧元体系确定的货币政策量化目标是通货膨胀率略低于 2%，从这个角度看，欧央行的目标独立性略逊于美联储。然而，欧元体系的目标独立性在一个方面远远胜过联邦储备体系：欧元体系的章程不能由立法改变，只有修改了《马斯特里赫特条约》才能改变——这是一个十分困难的过程，因为任何建议的修改都必须经过所有缔约国的一致同意才能被接受。

13.7　其他外国中央银行的结构和独立性

目标 13.7　评价世界其他主要中央银行的独立性程度。

这里，我们将考察三个其他重要国家中央银行的结构和独立性程度：加拿大银行、英格兰银行和日本银行。

加拿大银行

加拿大很晚才建立中央银行。加拿大银行成立于1934年。董事由政府任命，任期为3年，而行长由董事推选，任期为7年。理事会由行长和4名副行长组成，负责制定货币政策，是类似于FOMC的决策部门。

1967年修订的《银行法》将货币政策的最终责任赋予政府。于是，理论上，加拿大银行的工具独立性比不上美联储。但实践中，加拿大银行在本质上控制了货币政策。当中央银行与政府出现分歧时，财政部长可以发布指令，中央银行必须遵从。然而，指令必须是书面和具体的，还要适用于特定时期，因此被置于严密的公众监督之下。所以发出这样的指令是不可能的，迄今还没有出现过。货币政策目标（通货膨胀目标）由加拿大银行和政府共同确定，因此，加拿大银行的目标独立性要逊于美联储。

英格兰银行

1694年成立的英格兰银行是世界上最古老的中央银行之一（仅次于瑞典中央银行）。1946年《银行法》赋予政府超越英格兰银行的法定权力。英格兰银行的理事会（相当于董事会）由行长和2名副行长（任期为5年）以及16名非执行董事（任期为3年）组成。

直到1997年，英格兰银行都是本章所有中央银行中独立性最差的，因为提高或降低利率的决策权不在英格兰银行手中，而在财政大臣（相当于美国财政部长）手中。所有这一切在1997年5月新一届工党政府执政后发生了改变，时任财政部长戈登·布朗（Gordon Brown）突然宣布英格兰银行从此以后有权制定利率。然而，英格兰银行并没有全部的工具独立性：政府在“紧急经济状态”下，可以在“有限期间”内，否决英格兰银行并制定利率。尽管如此，同加拿大一样，因为否决中央银行的决策必须高度公开，而且只能在非常特殊情况下的有限期间内发生，所以几乎不可能发生。

由于英国不是欧洲货币联盟成员，因此，英格兰银行独立于欧洲中央银行做出货币政策决策。制定利率的权力归货币政策委员会，该委员会由行长、2名副行长、由行长和财政大臣协商任命的2名官员（通常是中央银行官员），加上财政大臣任命的4名外部经济学家组成。[令人惊讶的是，最初任职该委员会的4名外部经济学家有两名不是英国公民，一名为荷兰人，另一名为美国人。更出乎意料的是，2013—2020年出任英格兰银行行长的马克·卡尼（Mark Carney）是一名加拿大人。] 英格兰银行的通货膨胀目标由财政大臣决定，因此英格兰银行在目标独立性方面也不及美联储。

日本银行

日本银行成立于明治维新时期的1882年。货币政策由银行的政策委员会制定，该委员会由行长、2名副行长、内阁提名并经议会批准的6名外部成员组成，任期都是5年。

在很长时间里，日本银行都没有正式独立于政府，财务省*拥有最终的权力。然而，1998年4月生效的《日本银行法》改变了这一状况，这是55年来首次对日本银行的相对权力进行重大调整。除了规定货币政策目标是物价稳定外，该法律还赋予日本银行更大的目标独立性和工具独立性。在此之前，政府在政策委员会中有两名投票成员，一名来自财务省，另一名来自经济计划署。现在政府仍然可以派出两名来自这些机构的代表参加委员会会议，但是他们可以要求延迟货币政策决策，却不再有投票权。此外，财务省失去了监管日本银行很多业务活动的权力，尤其是解雇高级官员的权力。然而，财务省仍然可以控制日本银行与货币政策无关部分的预算。2013年，新当选的安倍政府向日本银行施压，要求采用2%的通货膨胀率目标，这违背了时任行长的意愿，其随后辞职，该事件说明日本银行的独立性有限。

13

向更大独立性迈进的趋势

通过考察主要国家中央银行的结构和独立性，我们可以发现，近年来出现了提高中央银行独立性的显著趋势。过去，除了德国和瑞士外，联邦储备体系比世界上几乎所有中央银行的独立性都强。现在，新成立的欧洲中央银行比美联储更独立，而且英格兰银行和日本银行也被赋予更大的独立性，几乎同美联储不相上下。同时，新西兰、瑞典和欧元区国家等许多国家的中央银行也具有更大的独立性。理论和经验都表明，中央银行越独立，制定出的货币政策越好，从而为独立趋势提供了推动力。

总　结

1.1913年创建的联邦储备体系降低了银行恐慌的发生频率。由于美国公众总体上敌视中央银行和中央集权，联邦储备体系的建立运用了许多制约和平衡机制来分散权力。

2.联邦储备体系包括12家地区联邦储备银行、大约2 000家会员商业银行、联邦储备委员会、联邦公开市场委员会和联邦咨询委员会。虽然从理论上讲，联邦储备体系是一个分权化的体系，但在实践中，它逐步发挥了由联邦储备委员会（尤其是委员会主席）控制的统一的中央银行的职责。

3.联邦储备体系比美国大部分政府机构要更独立，但仍然要受制于政治压力，因为构造美联储的法律由国会签署，并且随时可以调整。

---

* 2001年之前称为大藏省。——译者注

4. 支持联邦储备体系独立性的观点认为，削弱美联储的独立性、使其更多受制于政治压力会导致货币政策的通货膨胀倾向。独立的美联储可以追求长期目标，而不必为解决一些短期问题而实施通货膨胀型货币政策进而导致政治经济周期。反对美联储独立性的观点认为，将货币政策（对于公众十分重要）交由不对公众负责的精英团体是不民主的。独立的美联储还会加大货币政策和财政政策协调的难度。

5. 根据官僚行为理论，美联储努力增强自身的权力和声望可能是驱动其行为的一个重要因素。这一理论解释了中央银行的很多行为，虽然中央银行也可能从公共利益出发行事。

6. 欧洲中央银行体系的结构与联邦储备体系类似，每个成员国都有国家中央银行，欧洲中央银行的执行委员会位于德国法兰克福。理事会由执行委员会的 6 名成员（其中包括欧洲中央银行行长）与成员国国家中央银行行长组成，负责制定货币政策。欧元体系根据《马斯特里赫特条约》建立，独立性甚至超过了联邦储备体系，因为它的章程是不能通过立法而改变的。事实上，这是世界上独立性最强的中央银行。

7. 全世界都出现了提高中央银行独立性的显著趋势。近年来，英格兰银行和日本银行被赋予更大的独立性，以及如新西兰和瑞典等国中央银行的独立性也都在增强。理论和经验都表明，中央银行越独立，制定出的货币政策越好。

关键术语

联邦储备委员会　联邦公开市场委员会（FOMC）　工具独立性　公开市场操作　货币政策的宽松
联邦储备银行　政治经济周期　联邦基金利率　目标独立性　货币政策的紧缩

思考题

1. 联邦储备体系为什么由 12 家地区联邦储备银行组成，而不是和其他国家一样的单一中央银行？

2. 为什么第 12 个联邦储备区（旧金山）地理上幅员如此大，而第 2 个联邦储备区（纽约）相比而言却如此小？

3. 美联储是否可以重新规划各个储备区的边界，就像国会定期调整选举区一样？为什么？

4. “同美国宪法一样，联邦储备体系反映了权力的制约和平衡。”这一观点正确、错误还是不确定？解释你的答案。

5. 联邦储备体系的哪个部门控制贴现率？法定准备金率呢？公开市场操作呢？对准备金支付的利率呢？

6. 地区联邦储备银行通过哪些途径影响货币政策操作？

7. 各储备区的联邦储备银行行长虽然没有投票资格，但可以参加联邦公开市场委员会会议。这一点为什么重要？

8. 为什么纽约联邦储备银行拥有 FOMC 永久投票权？

9. 目前，各区联邦储备银行行长（包括纽约联邦储备银行行长）都不需要经过正式的政治任命和批准程序。你认为这是否合理？为什么？

10. 你认为 14 年不可连任的委员任期是否可以有效地将联邦储备委员会与政治压力隔离开来？

11. 虽然联邦储备委员会在货币政策制定中发挥了十分重要的作用，但委员会席位有时会空缺长达数年之久。为什么会出现这样的现象？

12. 美国总统如何向联邦储备体系施加影响？

13. 为什么美联储主席提出的政策建议不大可能会被 FOMC 其他成员投票否决？

14. 联邦储备体系高度的工具独立性是通过什么途径得到的？如果国会要求它实现"最大就业以及稳定的低物价"，美联储如何实现目标独立性？

15. 美联储是独立性最强的美国政府机构。它与其他机构的哪些主要区别可以解释它如此强的独立性？

16. 国会对美联储实施控制的主要工具是什么？

17. 美联储的政策、程序与财务是否应当接受定期审计？为什么？

18. 20 世纪 60 年代和 70 年代，联邦储备体系的会员银行流失速度非常快。美联储竭力呼吁要制定法律强制所有商业银行加入，官僚行为理论如何解释美联储的这种行为？美联储的努力成功了吗？

19. "官僚行为理论说明美联储从来不从公共利益出发行事。"这种观点正确、错误还是不确定？解释你的答案。

20. 为什么削弱美联储的独立性会使得政治经济周期更明显？

21. "美联储的独立性使它完全不对自己的行为负责。"这种观点正确、错误还是不确定？解释你的答案。

22. "美联储的独立性意味着，它可以追求长期目标而非短期目标。"这种观点正确、错误还是不确定？解释你的答案。

23. 美联储不向国会或公众立即公布 FOMC 会议纪要，以维持其保密性。讨论支持和反对这一政策的理由。

24. 美联储和欧洲中央银行，谁的独立性更强？为什么？

25. 为什么 1997 年前的英格兰银行独立性很差？

第14章 货币供给过程

学习目标

14.1 列举并描述影响货币供给的“三位参与者”。

14.2 对影响美联储资产和负债的因素进行分类。

14.3 明确影响基础货币的因素，讨论它们对美联储资产负债表的影响。

14.4 用T账户解释和说明存款创造过程。

14.5 列举影响货币供给的因素。

14.6 总结“三位参与者”如何影响货币供给。

14.7 计算并理解货币乘数变化。

本章预习

在第5章我们学到，并且在后面讲述货币理论的各章还将看到，货币供给变动影响利率和通货膨胀率，进而影响到我们每个人。由于货币供给对经济活动具有深远的影响，理解货币供给的决定机制十分重要。谁控制货币供给？哪些因素引起货币供给变动？如何能提高对货币供给的控制力？本章从详细介绍货币供给过程（即货币供给水平的决定机制）开始，为上述问题揭晓答案。

由于银行存款是货币供给的最大组成部分，学习存款如何创造是理解货币供给过程的第一步。本章概述了银行体系如何创造存款，介绍了货币供给的基本原理，本章学习的概念将为后面章节的内容建立基础。

14.1 货币供给过程的三位参与者

目标14.1 列举并描述影响货币供给的“三位参与者”。

货币供给这台戏的演员表如下：

1. 中央银行。监管银行体系的政府机构，负责货币政策操作，在美国是指联邦储备体系。

2. 银行（存款机构）。从个人和机构手中吸收存款并发放贷款的金融中介机构，包括商业银行、储蓄与贷款协会、互助储蓄银行及信用社。

3. 存款人。持有银行存款的个人和机构。

在这三位参与者中，中央银行（即联邦储备体系）最重要。美联储货币政策操作指会影响其资产负债表（资产和负债的持有情况）的行动，下面我们将对此加以介绍。

14.2　美联储的资产负债表

目标 14.2　对影响美联储资产和负债的因素进行分类。

美联储的业务活动及货币政策行动影响其资产负债表，即它所持有的资产和负债。这里我们讨论一个简化的资产负债表（见下表），仅有的四个项目对我们理解货币供给过程至关重要。

联邦储备体系

资　产	负　债
证券	流通中的通货
向金融机构发放的贷款	准备金

14

负　债

资产负债表的两个负债项目（流通中的通货和准备金）通常被称为美联储的货币性负债（monetary liabilities）。它们是货币供给问题的重要组成部分，因为其中任何一个项目增加或两个项目同时增加都会引起货币供给增加（其他变量保持不变）。美联储的货币性负债总额（流通中的通货与准备金之和）与美国财政部的货币性负债（流通中的财政通货，主要是硬币）被称为**基础货币**［monetary base，又称**高能货币**（high-powered money）］。在讨论基础货币时，我们主要关注美联储的货币性负债，因为财政部的货币性负债在基础货币中所占比例还不到 10%。①

1. 流通中的通货（currency in circulation）。美联储发行通货（那些你钱包里的灰绿色纸钞，上面印有“美联储银行券”的字样）。流通中的通货是公众手中持有的通货。存款机构所持有的通货同样是美联储的负债，但属于准备金的一部分。

美联储银行券是美联储向持有人开具的借据，属于负债。但与大部分负债不同，美联储只承诺用美联储银行券偿付持有人，也就是说，这些借据只能用其他借据来偿付。如果你持有 100 美元钞票要求美联储偿付，你可能获得的是 2 张 50 美元钞票、5 张 20 美元钞票、10 张 10 美元钞票，或者 100 张 1 美元钞票，或者总计

① 讨论基础货币时完全可以忽略财政部的货币性负债，因为法律不允许财政部向经济体系主动供给货币性负债。

为 100 美元的不同面值钞票的组合。

人们更愿意接受美联储开具的借据而非个人借据，因为美联储银行券是公认的交易中介，也就是说，它们被当作支付手段使用，从而发挥货币的职能。遗憾的是，你我都无法让别人相信我们的借据除了是写字用的纸还能有什么价值。[①]

2. 准备金。所有银行都在美联储开立存款账户。**准备金**（reserves）包括在美联储的存款和银行实际持有的通货［因为存放在银行金库中，因此被称为库存现金（vault cash）］。准备金是银行的资产、美联储的负债，因为银行可以随时要求偿付，而美联储必须支付美联储银行券来履行其义务。你将看到，准备金增加会提高存款水平，进而增加货币供给。

准备金可以划分为两类：美联储要求银行必须持有的准备金（**法定准备金**，required reserves）和银行自愿持有的额外准备金（**超额准备金**，excess reserves）。例如，美联储要求存款机构每吸收 1 美元存款，必须将其中的一部分（例如，10 美分）以准备金形式持有。这个比率（10%）被称为**法定准备金率**（required reserve ratio）。

资　产

14

美联储资产负债表的两个资产项目十分重要，原因有两方面。一方面，资产项目变动会引起准备金和基础货币的变动，结果导致货币供给变动。另一方面，由于这些资产（政府证券和美联储贷款）的利率高于负债［流通中的通货（不支付利息），以及准备金］，美联储每年可以赚取数十亿美元——资产赚取收入，而负债几乎没有成本。虽然大部分收入上缴联邦政府，但美联储的确在一些“有价值的事业”上花费甚多，例如资助经济研究。

1. 证券（securities）。这个资产项目包括美联储持有的美国财政部发行的证券，以及特殊情况下还有其他证券（第 15 章会讨论）。我们将看到，美联储为银行体系提供准备金的主要方式就是购买证券，因此也增加了自己的证券资产持有。美联储持有的政府证券或其他证券增加引起货币供给增加。

2. 向金融机构发放的贷款（loans to financial institutions）。美联储为银行体系提供准备金的第二种方式是向银行和其他金融机构发放贷款。这些金融机构所借入的贷款被称为贴现贷款，或称向美联储借款，或称借入准备金。这种贷款表现为金融机构资产负债表的一项负债。增加向金融机构发放贷款同样可以引起货币供给增加。正常情况下，美联储只向银行机构发放贷款，向银行收取的此类贷款利率被称

---

① 我们资产负债表中的通货项目指的只是流通中的通货，即公众手中持有的金额。美国铸印局印刷的通货并不能自动转换为美联储的负债。例如，假定你印刷 100 万美元自己的借据。你将价值 100 美元的借据发给其他人，将其余 999 900 美元借据放在自己钱包里。这 999 900 美元借据对你来说不会变多或变少，也不影响你的负债。你只关注在外流通的 100 美元借据所形成的 100 美元负债。同样的推理过程也适用于联邦储备体系的银行券。同理，无论如何定义，货币供给中的通货部分都只包括流通中的通货。任何还没到达公众手中的其他通货都不在其中。已经印刷但尚未流通的通货不是任何人的资产或负债，当然不能影响任何人的行为，因此，不将其包括在货币供给中是合理的。

为**贴现率**（discount rate）。（第 15 章将讨论，在 2007—2009 年金融危机期间，美联储也向其他金融机构发放了贷款。）

14.3 控制基础货币

目标 14.3　明确影响基础货币的因素，讨论它们对美联储资产负债表的影响。

基础货币等于流通中的通货 C 加上银行体系的准备金总额 R。[①] 基础货币 MB 可以表示为

$$MB=C+R$$

美联储通过在公开市场上买卖政府证券（即**公开市场操作**，open market operations）与向银行发放贴现贷款，对基础货币实施控制。

美联储公开市场操作

公开市场操作是美联储引起基础货币变动的主要途径。美联储购买债券被称为**公开市场购买**（open market purchase），美联储出售债券被称为**公开市场出售**（open market sale）。美联储买卖债券总是通过**一级交易商**（primary dealer，从私人银行机构中筛选出来的政府证券交易商）进行的。

公开市场购买　假定美联储从一级交易商手中购买 1 亿美元债券。为了理解这笔交易的结果，我们来观察 T 账户，这里只列出了资产负债表项目相对于其初始状态所发生的变动。

在一级交易商卖给美联储 1 亿美元债券后，交易商在美联储的存款账户增加 1 亿美元，因此银行体系的准备金增加 1 亿美元。在这笔交易发生后，银行体系的 T 账户如下表所示：

银行体系

资　产		负　债	
证券	−1 亿美元		
准备金	+1 亿美元		

下表反映对美联储资产负债表的影响。资产负债表显示，资产方增加 1 亿美元证券，同时负债方增加 1 亿美元准备金。

联邦储备体系

资　产		负　债	
证券	+1 亿美元	准备金	+1 亿美元

① 这里，流通中的通货包括美联储的通货（美联储银行券）和财政通货（主要是硬币）。

14

可以看到，美联储1亿美元的公开市场购买导致银行体系的准备金扩张了相同金额。我们还可以用另一种方式来认识公开市场债券购买扩张准备金的情况，那就是中央银行支付准备金来购买债券。因为基础货币等于通货加准备金，所以公开市场购买导致基础货币等量增加。

公开市场出售　类似的推理表明，如果美联储向一级交易商出售1亿美元债券，交易商在美联储的存款账户减少1亿美元，因此，美联储的准备金（负债）减少1亿美元（于是基础货币等额减少）。现在的T账户如下表所示：

联邦储备体系

资　产		负　债	
证券	－1亿美元	准备金	－1亿美元

存款转换为通货

即使美联储不进行公开市场操作，存款转换为通货也影响银行体系的准备金。然而，这种转换不会影响基础货币。这告诉我们，美联储对基础货币的控制力超过对准备金的控制力。

假定圣诞节期间，公众希望持有更多通货来购买礼物，因此提取了1亿美元现金。这对非银行公众T账户的影响如下表所示：

非银行公众

资　产		负　债	
支票存款	－1亿美元		
通货	＋1亿美元		

银行体系损失了1亿美元存款，并相应减少了1亿美元准备金（如下表所示）：

银行体系

资　产		负　债	
准备金	－1亿美元	支票存款	－1亿美元

对美联储而言，公众的行为意味着，公众持有的流通中的通货增加1亿美元，而银行体系的准备金则减少1亿美元。美联储T账户如下表所示：

联邦储备体系

资　产		负　债	
		流通中的通货	＋1亿美元
		准备金	－1亿美元

这对美联储货币性负债的净效应是洗牌；基础货币不受公众提高现金偏好的影响。但准备金受其影响。准备金的随机波动可能是存款和通货随机转换的结果。但相同的结论不适用于基础货币，因此基础货币是一个更为稳定的变量，也更多地被

美联储控制。

向金融机构发放贷款

在本章到目前为止，我们已经了解了公开市场操作对基础货币变动的影响。然而，当美联储向金融机构发放贷款时，基础货币也会受到影响。如果美联储向第一国民银行发放 1 亿美元贷款，那么银行收到贷款资金，贷记 1 亿美元准备金。对银行体系和美联储资产负债表的影响分别如以下 T 账户所示：

银行体系

资　产		负　债	
准备金	+1 亿美元	贷款（向美联储借款）	+1 亿美元

联邦储备体系

资　产		负　债	
贷款（向美联储借款）	+1 亿美元	准备金	+1 亿美元

现在，美联储的货币性负债增加 1 亿美元，基础货币也等量增加。然而，如果银行还清美联储的贷款，因而减少向美联储借款 1 亿美元，那么银行体系和美联储的 T 账户如下表所示：

银行体系

资　产		负　债	
准备金	−1 亿美元	贷款（向美联储借款）	−1 亿美元

联邦储备体系

资　产		负　债	
贷款（向美联储借款）	−1 亿美元	准备金	−1 亿美元

对美联储货币性负债的净效应，进而对基础货币的影响，都是减少 1 亿美元。可以看出，基础货币变动与向美联储借款变动之比是一比一。

影响基础货币的其他因素

在本章到目前为止，似乎美联储可以通过公开市场操作和向金融机构发放贷款而对基础货币施以完全控制。然而，现实世界对美联储而言稍微复杂了一点。有两个重要项目影响基础货币但却不受美联储控制：**浮款**（float）和在美联储的财政存款（Treasury deposits）。美联储为银行结算支票时，往往先在支票存入行贷记支票金额（增加该银行的准备金），之后才借记支票签发行（减少该银行的准备金）。因美联储支票结算过程而出现的银行体系准备金总额（进而基础货币）的暂时性增加，称为浮款。当美国财政部将存款从商业银行转移到美联储账户中，导致在美联储的财政存款增加时，它就导致了这些银行发生第 9 章所说的存款外流，进而导致银行体系的准备金和基础货币减少。因此，浮款（受天气等随机性事件影响，这些事件会影响支票送达支付的速度）和在美联储的财政存款（由美国财政部的行为决定）都会影响基础货币，但却完全不受美联储控制。美国财政部决定要求美联储干预外汇市场也会影响基础货币。

对美联储控制基础货币能力的概述

上述讨论表明，公开市场操作和向金融机构发放贷款是决定货币供给的两个主要因素。虽然公开市场购买或出售的金额由美联储向债券市场交易商下单而完全控制，但是中央银行不能单方面决定因而也无法准确估计银行向美联储借款的金额。联邦储备体系设定贴现率（向银行贷款的利率），然后由银行决定是否借款。贷款规模虽然受美联储设定的贴现率影响，但却不是由美联储完全控制的，银行的决定也起作用。

因此，我们可以将基础货币分为两部分：一部分是美联储能够完全控制的，另一部分是美联储无法那么严格控制的。不那么严格控制的部分是由美联储贷款创造出来的基础货币金额。基础货币的其余部分（被称为**非借入基础货币**，nonborrowed monetary base）完全处于美联储的控制之下，因为它主要来自公开市场操作。[①] 非借入基础货币的规范定义是基础货币减去银行向美联储的借款，后者被称为**借入准备金**（borrowed reserves）：

$$MB_n = MB - BR$$

其中，MB_n 为非借入基础货币；MB 为基础货币；BR 为向美联储借入的准备金。

美联储完全不能控制的因素（例如，浮款和在美联储的财政存款）短期内可能出现巨大波动，这是基础货币短期（如一周内）波动的重要原因。但这些波动通常可以预见，因而可以通过公开市场操作抵消。**虽然浮款和在美联储的财政存款会在短期内出现巨大波动，使得基础货币控制变得复杂，但它们没有阻碍美联储精确地控制基础货币。**

14.4 多倍存款创造：简化模型

目标 14.4 用 T 账户解释和说明存款创造过程。

理解了美联储如何控制基础货币以及银行如何经营（第 9 章）以后，我们就有了足够的工具来解释存款创造机制。当美联储向银行体系供给 1 美元新增准备金时，存款增加了这个金额的数倍，该过程被称为**多倍存款创造**（multiple deposit creation）。

① 事实上，美联储资产负债表上的其他项目也影响非借入基础货币的规模。相对于公开市场操作而言，它们对非借入基础货币的影响不仅较小而且可以预测，因此，这些项目对美联储控制非借入基础货币没有造成困难。

存款创造：单个银行

假定前述 1 亿美元公开市场购买是与第一国民银行进行的交易。美联储从第一国民银行购买 1 亿美元债券后，银行的准备金增加 1 亿美元。为了分析银行将如何处置新增加的这些准备金，假定银行不想持有超额准备金，因为它几乎不能带来什么利息收入。我们的分析起点是下表中的 T 账户。

第一国民银行

资　产		负　债	
证券	－1 亿美元		
准备金	＋1 亿美元		

由于银行的支票存款没有增加，法定准备金不变，所以对银行来说，新增 1 亿美元准备金意味着超额准备金增加 1 亿美元。假定银行决定用增加的 1 亿美元超额准备金发放贷款。贷款发放后，为借款人开立支票账户，并将贷款资金存入这一账户。于是，银行的资产负债表相应变化，负债方增加 1 亿美元支票存款，同时，资产方增加 1 亿美元贷款。结果 T 账户变为（见下表）：

第一国民银行

资　产		负　债	
证券	－1 亿美元	支票存款	＋1 亿美元
准备金	＋1 亿美元		
贷款	＋1 亿美元		

通过贷款行为，银行创造了支票存款。由于支票存款是货币供给的一部分，银行贷款行为事实上创造了货币。

从资产负债表目前的头寸来看，第一国民银行仍然持有超额准备金，因此会希望增加发放贷款。然而，这些准备金不会在银行停留太久。借款人借入 1 亿美元贷款，不是为了让其在第一国民银行支票账户上闲置的，而是要向其他个人和企业购买产品和服务。借款人签发支票完成这些购买时，支票将存入其他银行，则 1 亿美元准备金将离开第一国民银行。**为了安全起见，银行发放的贷款额不能超过之前它所拥有的超额准备金。**

第一国民银行的 T 账户变为（见下表）：

第一国民银行

资　产		负　债	
证券	－1 亿美元		
贷款	＋1 亿美元		

第一国民银行增加的 1 亿美元准备金已转换为 1 亿美元贷款增量，以及通过各

种途径流向其他银行的 1 亿美元新增存款。（我们假定公众不愿意持有任何额外的通货，因此，对第一国民银行账户签发的所有支票都被存入银行，而非转换为现金。）现在我们来看这些存款在其他银行的情况。

存款创造：银行体系

为了简化分析，假定第一国民银行贷款所创造的 1 亿美元存款被存入 A 银行，所有银行都不持有超额准备金。A 银行的 T 账户变为（见下表）：

A 银行

资　产		负　债	
准备金	+1 亿美元	支票存款	+1 亿美元

如果法定准备金率为 10%，则该银行的法定准备金增加 1 000 万美元，出现了 9 000 万美元超额准备金。由于 A 银行同第一国民银行一样不愿意持有超额准备金，它会将其全部用于发放贷款。于是，它的贷款和支票存款都增加 9 000 万美元，但在借款人花掉 9 000 万美元支票存款后，A 银行的支票存款和准备金也将减少同样的金额。最后 A 银行的 T 账户将变为（见下表）：

A 银行

资　产		负　债	
准备金	+1 000 万美元	支票存款	+1 亿美元
贷款	+9 000 万美元		

14

如果从 A 银行贷出 9 000 万美元的借款人将支出的钱存入另外一家银行，譬如说 B 银行，则 B 银行的 T 账户为（见下表）：

B 银行

资　产		负　债	
准备金	+9 000 万美元	支票存款	+9 000 万美元

银行体系的支票存款又增加了 9 000 万美元，总共增加额已经达到 1.9 亿美元（A 银行 1 亿美元和 B 银行 9 000 万美元）。事实上，区分 A 银行和 B 银行并没有必要，因为存款扩张的总体结果是相同的。如果 A 银行借款人签发给另一人的支票又被存入 A 银行，所引起的存款变动仍然是相同的。这时，B 银行 T 账户所发生的变化就适用于 A 银行，支票存款将总共增加 1.9 亿美元。

B 银行会继续调整其资产负债表。它必须将 9 000 万美元的 10%（即 900 万美元）留作法定准备金，而 9 000 万美元的 90%（即 8 100 万美元）则属于超额准备金，可以用于发放贷款。B 银行向借款人发放总计 8 100 万美元贷款，借款人又会将这笔贷款支付出去。B 银行 T 账户变为（见下表）：

B 银行

资　产		负　债	
准备金	+900 万美元	支票存款	+9 000 万美元
贷款	+8 100 万美元		

B 银行借款人花掉的 8 100 万美元又被存入另外一家银行（C 银行）。于是，银行体系最初增加 1 亿美元准备金，体系中增加的支票存款总额迄今已经达到 2.71 亿美元（=1 亿美元+9 000 万美元+8 100 万美元）。

继续这个推理过程，如果所有银行都将超额准备金全部用于发放贷款，如表 14-1 所示，支票存款就将继续进一步增加（C 银行，D 银行，E 银行，等等）。因此，最初 1 亿美元准备金增加所引起的存款增加总额将达到 10 亿美元：增加 10 倍，恰好是法定准备金率 10%（0.1）的倒数。

表 14-1　存款创造（假定法定准备金率为 10%，准备金增加 1 亿美元）

银行	存款增加（美元）	贷款增加（美元）	准备金增加（美元）
第一国民银行	0.00	1 亿	0.00
A 银行	1 亿	9 000 万	1 000 万
B 银行	9 000 万	8 100 万	900 万
C 银行	8 100 万	7 290 万	810 万
D 银行	7 290 万	6 561 万	729 万
E 银行	6 561 万	5 905 万	656 万
F 银行	5 905 万	5 314 万	591 万
⋮	⋮	⋮	⋮
所有银行总计	10 亿	10 亿	1 亿

如果银行将超额准备金用于购买证券，结果是相同的。如果 A 银行用超额准备金购买证券，而非发放贷款，则 T 账户如下表所示：

A 银行

资　产		负　债	
准备金	+1 000 万美元	支票存款	+1 亿美元
证券	+9 000 万美元		

A 银行购买 9 000 万美元证券时，给证券出售方签发 9 000 万美元支票，后者再将 9 000 万美元存入一家银行，例如 B 银行。B 银行的支票存款增加 9 000 万美元，存款扩张过程和前面相同。**无论银行用超额准备金购买证券还是发放贷款，对存款扩张的影响都是相同的。**

现在可以看出单个银行和整个银行体系存款创造的差异了。由于单个银行所创造的存款只能等于超额准备金的金额，仅凭自身无法实现多倍存款扩张。贷款所创造的存款会通过各种途径转移到其他银行，银行将失去这些准备金，因此单个银行所发放的贷款不能超过其超额准备金。然而，银行体系作为一个整体可以实现存款的多倍扩张，因为当一家银行流失超额准备金时，虽然该银行失去了准备金，但这些准备金并没有离开整个银行体系。于是，随着每一家银行发放贷款并创造存款，准备金转移到另外一家银行，这家银行使用它们发放新增贷款和创造新的存款。如你所知，这一过程会一直持续，直到初始增加的准备金导致存款倍数增长。

银行体系准备金增加所引起的存款增加倍数，被称为**简单存款乘数**（simple deposit multiplier）。[①] 在我们的例子中，法定准备金率是10%，简单存款乘数是10。更一般地说，简单存款乘数等于法定准备金率（用分数表示）的倒数（10=1/0.1）。因此存款多倍扩张的公式为

$$\Delta D=\frac{1}{rr}\times\Delta R \tag{14.1}$$

其中，ΔD 为银行体系支票存款总额的变动；rr 为法定准备金率（本例中是0.10）；ΔR 为银行体系准备金的变动（本例中是1亿美元）。

推导多倍存款创造公式

14

多倍存款创造公式还可以用代数方法直接推导。我们可以得到存款变动与准备金变动之间的同样关系。

我们假定银行不持有任何超额准备金，这意味着银行体系法定准备金总额 RR 等于银行体系的准备金总额 R：

$$RR=R$$

法定准备金总额等于法定准备金率 rr 乘以支票存款总额 D：

$$RR=rr\times D$$

用 $rr\times D$ 替代第一个公式中的 RR：

$$rr\times D=R$$

公式两边同时除以 rr：

$$D=\frac{1}{rr}\times R$$

公式两边同时取变动值，并用 Δ 表示变动：

$$\Delta D=\frac{1}{rr}\times\Delta R$$

---

① 这一乘数不应与凯恩斯乘数混淆，虽然逐步分析过程是相似的。凯恩斯乘数说明的是收入增加与投资增加之间的关系，存款乘数则是指存款增加与准备金增加之间的关系。

这同公式（14.1）给出的存款创造公式是相同的。[①]

以上推导过程提供了考察存款多倍创造过程的另外一种方法：我们将银行体系看做一个整体，而不是一次一家银行地分析。对于整个银行体系来说，只有当银行体系的超额准备金为零时，存款创造（或收缩）才会停止；也就是说，当法定准备金总额等于准备金总额时，银行体系才处于均衡状态，即 $RR=R$。用 $rr\times D$ 替代 RR 所得到的公式 $rr\times D=R$，告诉我们支票存款必须达到多高才能使法定准备金等于准备金。与此相对应，银行体系给定的准备金水平决定了处于均衡状态时（$ER=0$）银行体系的支票存款水平；换句话说，一定水平的准备金支持了一定水平的支票存款。

在我们的例子中，法定准备金率是 10%。如果准备金增加 1 亿美元，支票存款必须增加 10 亿美元，才能使得法定准备金总额同样增加 1 亿美元。如果支票存款的增加低于这个数字，比如说为 9 亿美元，那么法定准备金增加额（9 000 万美元）仍然低于准备金增加额（1 亿美元），因此银行体系中的某处仍然存在着超额准备金。有超额准备金的银行将可以发放新增贷款，创造新的存款，这一过程会一直持续，直到整个体系的准备金被用尽，此时支票存款会上升到 10 亿美元。

我们也可以通过考察整个银行体系（包括第一国民银行）的 T 账户来理解这一过程的结果（见下表）。

银行体系

资　产		负　债	
证券	−1 亿美元	支票存款	+10 亿美元
准备金	+1 亿美元		
贷款	+10 亿美元		

通过对外贷款来消除超额准备金的过程会一直持续，直到银行体系（第一国民银行与 A 银行、B 银行、C 银行、D 银行等等）合计发放 10 亿美元贷款，并创造 10 亿美元存款。通过这种途径，1 亿美元准备金支持了 10 亿美元（10 倍的）存款。

对简化模型的批判

我们的多倍存款创造模型似乎说明，美联储通过设定法定准备金率和确定准备金水平，就能够对支票存款水平实施完全控制。实际存款创造不像简化模型表现得

---

① 该公式的正式推导如下：运用正文中的推理，支票存款变动是 100 美元（$=\Delta R\times 1$）加上 90 美元［$=\Delta R\times(1-rr)$］加上 81 美元［$=\Delta R\times(1-rr)^2$］，依此类推，可以写做：

$$\Delta D=\Delta R\times[1+(1-rr)+(1-rr)^2+(1-rr)^3+\cdots]$$

利用第 4 章第 3 个脚注中无穷数列的求和公式，这可以被写做：

$$\Delta D=\Delta R\times\frac{1}{1-(1-rr)}=\frac{1}{rr}\times\Delta R$$

这样机械。如果从A银行得到的9 000万美元贷款资金没有被存入银行而是以通货形式持有，没有新的存款进入B银行，存款创造过程会就此停止。在这种情况下，货币供给的增加总额为9 000万美元通货增加额加上最开始第一国民银行发放贷款所创造的A银行1亿美元存款，总共只有1.9亿美元——远远小于我们之前根据简化模型所计算出的10亿美元。换句话说，通货不会引起多倍存款扩张，但存款会。因此，如果部分贷款资金没有被存入银行，而是被用于提高通货持有量，总体上存款扩张倍数就会变小，货币供给量也不会增加到我们用多倍存款创造简化模型所预计的金额。

我们的模型忽略的另外一种情况是，银行不是将全部超额准备金都用于发放贷款或者购买证券。如果A银行决定保有全部9 000万美元超额准备金，B银行就不会收到新的存款，从而使得存款创造过程停止。存款增加总额将只有1亿美元，而非我们例子中的10亿美元。因此，如果银行选择持有部分或全部超额准备金，多倍存款创造简化模型所预计的存款最大扩张就不会发生。

我们的例子说明，并非只有美联储的行为影响存款水平进而影响货币供给。存款人决定持有多少通货数量，银行决定持有多少超额准备金金额，都会引起货币供给变动。

14.5 货币供给的决定因素

目标14.5 列举影响货币供给的因素。

对简化模型的批判显示出我们可以如何把相关讨论拓展到所有影响货币供给的因素。假定其他所有因素不变，下面依次考察每种因素的变动。

非借入基础货币 MB_n 的变动

本章前面提到，美联储的公开市场购买增加非借入基础货币，而公开市场出售减少非借入基础货币。如果其他所有变量不变，公开市场购买导致 MB_n 上升，会增加基础货币和准备金数量，从而发生多倍存款创造，货币供给增加。同理，公开市场出售引起 MB_n 下降，会导致基础货币和准备金数量减少，于是引起多倍存款收缩，货币供给减少。我们可以得到下面的结论：**货币供给同非借入基础货币 MB_n 正相关。**

向美联储借入准备金 BR 的变动

美联储增加贷款发放可以提供新增的借入准备金，从而增加基础货币和准备金数量，于是发生多倍存款创造，货币供给扩张。其他所有变量不变，如果银行降低贴现贷款水平，基础货币和准备金金额下降，货币供给减少。结论是：**货币供给同**

向美联储借入准备金 *BR* 的水平正相关。

法定准备金率 *rr* 的变动

在基础货币等其他所有变量不变的情况下，一方面，如果提高支票存款的法定准备金率，多倍存款扩张倍数就会下降，进而货币供给减少；另一方面，如果下调法定准备金率，多倍存款扩张倍数就会提高，货币供给增加。

我们可以得到如下结论：**货币供给与法定准备金率 *rr* 负相关**。过去，美联储有时会利用法定准备金率来影响货币供给规模。然而，近年来，在决定货币乘数和货币供给的因素中，法定准备金率已经变得不那么重要了，这将在下一章介绍。

超额准备金的变动

一方面，当银行增加持有超额准备金时，这些准备金不再用于发放贷款，多倍存款创造过程就会戛然而止，导致货币供给扩张水平降低。另一方面，如果银行选择持有较少的超额准备金，贷款和多倍存款创造就会增加，货币供给增加。**货币供给与超额准备金规模负相关。**

第 9 章讲过，银行持有超额准备金的主要好处，是为存款外流造成的损失提供保险。也就是说，它们使得遭遇存款外流的银行避免了收回贷款、抛售证券、从美联储或其他公司借款甚至银行破产的成本。如果银行担心存款外流情况会加剧（也就是说，如果预期存款外流增加），它们将对这种可能性寻求更多的保险，超额准备金将增加。

14

通货持有的变动

前面指出，支票存款会发生多倍扩张，但通货不会。因此，当支票存款转换为通货时，只要超额准备金规模保持不变，这就意味着货币供给中可以发生多倍扩张的组成部分转换为不能发生多倍扩张的组成部分。多倍扩张的总体水平下降，货币供给减少。然而，如果通货持有水平下降，这就意味着通货转换为可以发生多倍存款扩张的支票存款，于是货币供给增加。这一分析说明了以下结论：**假定超额准备金保持不变，货币供给与通货持有负相关。**

14.6　货币供给过程概览

目标 14.6　总结“三位参与者”如何影响货币供给。

现在我们有了这样一个货币供给模型，其中所有三位参与者（联邦储备体系、存款人和银行）都直接影响货币供给。作为学习辅助，汇总表 14-1 列出了以上讨论的 5 个变量对货币供给的影响，并简要概括了其背后的推理过程。

汇总表 14-1　货币供给的反应

参与者	变量	变量的变动	货币供给的反应	推理
联邦储备体系	非借入基础货币 MB_n	↑	↑	支持存款创造的基础货币增加
	法定准备金率 rr	↑	↓	存款扩张倍数减小
银行	借入准备金 BR	↑	↑	支持存款创造的基础货币增加
	超额准备金	↑	↓	贷款收缩，存款创造倍数减小
存款人	通货持有	↑	↓	存款扩张倍数减小

注：这里只列举了变量上升（↑）的情况。变量下降对货币供给的影响与表中“货币供给的反应”结论恰好相反。

按照影响变量的主要参与者对变量分组。例如，联邦储备体系通过控制前两个变量影响货币供给。存款人通过决定通货持有来影响货币供给，而银行通过决定向美联储的借款以及超额准备金来影响货币供给。

14.7　货币乘数

目标 14.7　计算并理解货币乘数变化。

14

上一节的知识已经足以帮助你理解货币供给过程是怎样的。对更倾向于数学分析的学生，我们可以利用**货币乘数**（money multiplier，用 m 表示，告诉我们基础货币的一定变动引起了货币供给的多大变动）概念推导出上述所有结论。下面的公式描述了货币供给 M、货币乘数和基础货币之间的联系。

$$M = m \times MB \tag{14.2}$$

货币乘数 m 反映了基础货币转化为货币供给的倍数。由于货币乘数通常情况下大于 1，因此基础货币又被称为高能货币：基础货币变动 1 美元引起的货币供给变动通常超过 1 美元。

推导货币乘数

假定意愿通货持有 C 和超额准备金 ER 与支票存款 D 同比例增长；换句话说，我们假定这些项目与支票存款的比率（如下列表达式中大括号里的部分所示）在均衡状态下为常数：

$$c = \{C/D\} = \text{通货比率}$$

$$e = \{ER/D\} = \text{超额准备金率}$$

我们即将推导的公式说明了存款人想要的通货比率、银行想要的超额准备金率和美联储设定的法定准备金率等如何影响货币乘数 m。我们从下面的等式开始推导货币供给模型：

$$R = RR + ER$$

这个等式说明，银行体系的准备金总额 R 等于法定准备金 RR 和超额准备金 ER 之和。（注意，这个等式对应本章前面提到的均衡条件 $RR=R$，其中假定超额准备金为 0。）

法定准备金总额等于法定准备金率 r 乘以支票存款金额 D：

$$RR = rr \times D$$

用 $rr \times D$ 替换第一个等式中的 RR，得到下式，将银行体系准备金与其所支持的支票存款以及超额准备金联系起来：

$$R = rr \times D + ER$$

这里的关键是美联储设定的法定准备金率 rr 小于 1。因此，1 美元的准备金能够支持大于 1 美元的存款，多倍存款扩张得以发生。

我们看看在实践中这个过程是如何进行的。如果超额准备金为 0（$ER=0$），法定准备金率为 $rr=0.10$，银行体系的支票存款水平为 1.6 万亿美元，那么支持这些存款需要的准备金金额为 1 600 亿美元（$=0.10 \times 1.6$ 万亿美元）。由于存在多倍存款创造，1 600 亿美元准备金可以支持 10 倍于该金额的支票存款。

由于基础货币 MB 等于通货 C 加上准备金 R，我们在前一等式两边同时加上通货，得到下式，将基础货币金额同支票存款和通货水平联系起来：

$$MB = R + C = rr \times D + ER + C$$

需要注意的是，这一等式反映了支持一定规模支票存款、通货和超额准备金所需要的基础货币数量。

为了用通货比率 $c=\{C/D\}$ 和超额准备金率 $e=\{ER/D\}$ 推导货币乘数，我们可以重写最后一个等式，令 $C=c \times D$，$ER=e \times D$，从而可以得到：

$$MB = rr \times D + e \times D + c \times D = (rr + e + c) \times D$$

等式两边同时除以括号里的项，就可得到关于支票存款 D 与基础货币 MB 之间联系的表达式：

$$D = \frac{1}{rr + e + c} \times MB \qquad (14.3)$$

使用货币供给 M1 指标，货币供给等于现金加上支票存款（$M=D+C$），再次将 C 替换为 $c \times D$，有

$$M = D + c \times D = (1 + c) \times D$$

将公式（14.3）中 D 的表达式代入这一等式中，得到

$$M=\frac{1+c}{rr+e+c}\times MB \tag{14.4}$$

最后我们推导出与公式（14.2）形式相同的表达式。如你所见，与基础货币 MB 相乘的比率为货币乘数，反映了基础货币（高能货币）的一定变动所引起的货币供给变动。由此货币乘数 m 可表示为

$$m=\frac{1+c}{rr+e+c} \tag{14.5}$$

货币乘数是存款人决定的通货比率 c、银行决定的超额准备金率 e 和美联储决定的法定准备金率 rr 的函数。

货币乘数背后的意义

为了把握货币乘数的意义，我们构建一个数字例题，赋予以下变量实际数值：

rr＝法定准备金率＝0.10

C＝流通中的通货＝1.2 万亿美元

D＝支票存款＝1.6 万亿美元

ER＝超额准备金＝2.5 万亿美元

M＝货币供给(M1)＝$C+D$＝2.8 万亿美元

14

根据这些数值，我们可以计算出通货比率 c 和超额准备金率 e：

$$c=\frac{1.2\text{ 万美元}}{1.6\text{ 万美元}}=0.75$$

$$e=\frac{2.5\text{ 万美元}}{1.6\text{ 万美元}}=1.56$$

得到货币乘数的值为

$$m=\frac{1+0.75}{0.1+1.56+0.75}=\frac{1.75}{2.41}=0.73$$

货币乘数 0.73 说明，给定支票存款的法定准备金率 10%，存款人行为 $c=0.75$，以及银行行为 $e=1.56$，那么基础货币增加 1 美元引起货币供给（M1）增加 0.73 美元。

货币乘数的一个重要特征是，它远远小于本章前面所得出的简单存款乘数 10。原因有两个方面：首先，**虽然存款可以多倍扩张，但通货不能**。因此，如果高能货币增量中的一部分通过某种方式转化为通货，那么这部分就不会出现多倍存款扩张。在本章前面的简化模型中，我们排除了这种可能性，所以准备金增加导致了最大限度的多倍存款创造。然而，在现在的货币乘数模型中，由于 c 大于 0，当基础货币 MB 和支票存款 D 增加时，通货水平的确上升了。如前所述，MB 增量中任何转

化为通货增量的部分都不具备乘数作用，因此在基础货币的增加中，只有一部分能够实现多倍扩张，从而可以支持支票存款扩张。多倍存款扩张的总体水平必然更低，意味着给定基础货币 MB 增加时，M 的增加要小于本章前面简化模型的结论。

其次，因为 e 大于 0，**基础货币和存款的任何增加都导致更高的超额准备金。**当 MB 和 D 增加时，由此引起超额准备金增加，表明用来支持支票存款的准备金金额不会增加那么多。于是，支票存款和货币供给的增量更少，货币乘数更小。

2008 年以前，超额准备金率几乎一直近似为零（低于 0.001），因此它对货币乘数［公式（14.5）］的影响基本上无关紧要。当 e 接近零时，货币乘数总是大于 1，当时大约为 1.6。然而，在下一章我们将会看到，在全球金融危机期间以及新冠疫情期间，非常规货币政策推动超额准备金飙升至超过 2 万亿美元的天量。如此超大的 e 值使得货币乘数公式中的超额准备金因子起到了主导性作用，因此，如上所述，货币乘数下降到低于 1。

各种因素变动对货币供给的影响

我们已经知道基础货币 $MB=MB_n+BR$，因此可以将公式（14.2）改写为：

$$M=m\times(MB_n+BR) \qquad (14.6)$$

现在可以用代数方法来说明汇总表 14-1 的所有结论，说明货币供给对各种因素变动的反应。

从公式（14.6）可以看出，由于货币乘数 m 总是大于 1，MB_n 或者 BR 的增加会导致提高货币供给 M。在我们的数字例题中，当 rr 从 10%上升到 15%（其他所有变量均保持不变）时，通过计算货币乘数的数值［利用公式（14.5）］可以发现，法定准备金率上升使货币供给降低。于是货币乘数变为：

$$m=\frac{1+0.75}{0.15+1.56+0.75}=\frac{1.75}{2.46}=0.71$$

同我们预测的一样，这个数值小于 0.73。

与此相似，当 e 从 1.56 上升到 3.0 时，计算货币乘数可以发现，超额准备金增加使货币供给降低。货币乘数从 0.73 降低到

$$m=\frac{1+0.75}{0.1+3.00+0.75}=\frac{1.75}{3.85}=0.45$$

我们还可以分析当通货比率 c 从 0.75 上升到 1.50 时数字例题的情况。在这种情况下，发生了不同寻常的变化。货币乘数不仅没有下跌，还从 0.73 上升到了

$$m=\frac{1+1.50}{0.1+1.56+1.50}=\frac{2.50}{3.20}=0.78$$

乍看上去，这一结论与我们的直觉是相悖的。毕竟，1 美元基础货币进入通货

时，仅增加 1 美元货币供给，而 1 美元基础货币进入存款时，会引起多倍存款扩张，导致货币供给增加 10 倍。看上去，存款转移为通货会降低多倍存款扩张的总体水平，进而减少货币供给。这一推理过程是正确的，但它假定超额准备金率比较低。事实上，这是正常时期的情况，超额准备金率接近零。然而，在当前情况下，超额准备金率 e 非常高，当 1 美元存款转化为通货时，超额准备金水平大幅下降，从而释放出一些准备金可以支持更多的存款，推动货币乘数上升。[①]

应用　量化宽松与货币供给：全球金融危机及新冠病毒危机期间

当 2008 年秋季全球金融危机蔓延之际，美联储为支持经济启动了贷款计划和大规模资产购买计划。到 2014 年底，这些贷款计划和证券购买使得美联储的资产负债表和基础货币增长了 350%。因为这些贷款和资产购买计划（我们将在第 15 章深入讨论）导致了基础货币的大幅扩张，它们已被命名为“量化宽松”。本章的分析说明，如此大规模的基础货币扩张有可能导致货币供给大规模扩张。然而，如图 14-1 所示，当基础货币增长了 350%时，M1 货币供给仅增加了 100%。如何借助货币供给模型来解释这一结果呢？

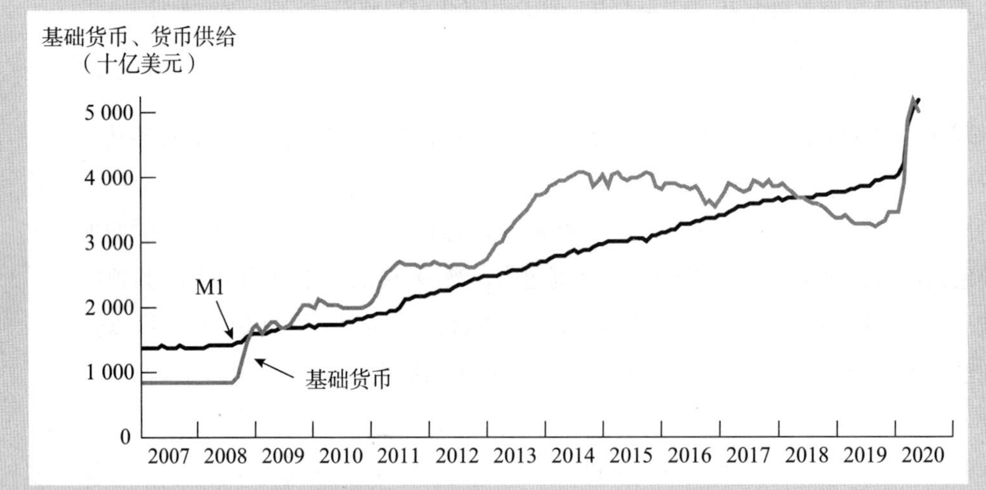

图 14-1　M1 和基础货币，2007—2020 年

在两次量化宽松（全球金融危机和新冠疫情）期间，货币供给增长（以百分比计算）显著低于基础货币增长。

资料来源：Federal Reserve Bank of St. Louis，FRED database：https://fred.stlouisfed.org/series/BOGMBASE；https://fred.stlouisfed.org/series/M1SL.

答案在于，尽管基础货币大幅增长，但由于货币乘数下降了 50%左右，所以货币供给增幅要小得多。图 14-2 给出了 2007—2020 年间通货比率 c 和超额准备金率 e 的情况，可以解释货币乘数下降的原因。可以发现，通货比率呈现略微下降趋势，原本应该提高而不是降低

① 所有上述结论都可以从货币乘数公式（14.5）更加一般化地推导得到，具体如下：当 rr 或者 e 提高时，货币乘数的分母随之上升，因此，货币乘数必然下降。只要 $rr+e$ 小于 1（通常如此），c 提高使货币乘数分母上升的比例就大于分子上升的比例。c 提高引起货币乘数下降。但是当 $rr+e$ 大于 1 时（目前的情况），c 提高使货币乘数分子上升的比例大于分母上升的比例，因此货币乘数上升。要注意货币乘数公式（14.5）适用的是 M1 口径货币供给。

货币乘数。但我们一定要看到超额准备金率 e 非同寻常的上升，从 2008 年 9 月到 2014 年 12 月爬升了 30 倍。

图 14-2　超额准备金率与通货比率，2007—2020 年

通货比率 c 在这一期间相对稳定，但超额准备金率 e 在全球金融危机和新冠病毒危机的量化宽松以后急剧增长。

资料来源：Federal Reserve Bank of St. Louis，FRED database：https://fred.stlouisfed.org/series/EXCSRESNS；https://fred.stlouisfed.org/series/CURRCIR；https://fred.stlouisfed.org/series/TCDNS.

用什么解释超额准备金率 e 从 2008 年 9 月到 2014 年 12 月如此显著的升高？当 2008 年 10 月美联储开始对超额准备金支付利息时，超额准备金的利率要么等于要么略高于银行在联邦基金市场上的贷款利率。由于现在超额准备金的机会成本接近零，当美联储政策行动创造出来的准备金远远超过银行满足法定准备金要求所需要的金额时，银行愿意持有任意多的超额准备金。因此，来自量化宽松的准备金增加引起了超额准备金率 e 大幅升高。正如我们的货币供给模型的预测，e 大幅上升显著地降低了货币乘数，因此即使基础货币大幅扩张，货币供给从 2008 年 9 月到 2014 年 12 月也并没有发生那么大幅度的扩张。

2020 年 3 月当新冠疫情袭来时，美联储再度启用大规模量化宽松计划，以防止经济崩溃。其对基础货币和货币供给的影响，与当年全球金融危机袭来时有相似的表现。从 2020 年 2 月到 2020 年 6 月，基础货币增加了 45%，而货币供给只增加了 29%。与全球金融危机之后一样，超额准备金增加导致超额准备金率急剧升高：从 2020 年 2 月到 2020 年 6 月，超额准备金率攀升了 33%。正如我们的货币供给模型的预测，e 上升引起了货币乘数下降，所以基础货币的增加也没有带来货币供给同等程度的增加。

总　结

1. 货币供给过程有三位参与者：中央银行、银行（存款机构）和存款人。

2. 美联储资产负债表有四个项目对我们理解货币供给过程至关重要：两个负债项目（流通中的通货和准备金，二者构成基础货币）与两个资产项目（证券和向金融机构发放的贷款）。

3. 美联储控制基础货币的途径是公开市场操作和向金融机构发放贷款，它对基础货币的控制力强于对准备金的控制力。虽然浮款和在美联储的财政存款会出现巨大短期波动，使得基础货币的控制更为复杂，但它们并不影响美联储精确地控制基础货币。

4. 单个银行可在其超额准备金限额内发放贷款，从而创造等量存款。银行体系可以创造存款的多倍扩张，因为每家银行都发放贷款并创造存款，准备金通过各种途径流入其他银行，银行再用它们发放贷款并创造新的存款。在多倍存款创造的简化模型中，银行不持有超额准备金，公众不持有通货，支票存款增加的倍数（简单存款乘数）等于法定准备金率的倒数。

5. 多倍存款创造的简化模型有严重缺陷。存款人增加通货持有的决定，或银行持有超额准备金的决定，都会使得存款扩张程度小于简化模型的结论。所有三位参与者（美联储、银行、存款人）对货币供给的决定都十分重要。

6. 货币供给与非借入基础货币 MB_n（由公开市场操作决定）以及向美联储借入准备金（贷款）BR 正相关。货币供给与法定准备金率 rr 以及超额准备金负相关。货币供给与通货持有水平也是负相关的，但前提是当存款和通货相互转换时，超额准备金率没有大变动。货币供给模型考虑了货币供给过程中所有三位参与者的行为：美联储进行公开市场操作和确定法定准备金率；银行向美联储借款和持有超额准备金；存款人决定通货持有水平。

7. 基础货币通过货币乘数与货币供给产生联系，货币乘数告诉我们，基础货币变动时货币供给有多大变动。

14

关键术语

借入准备金	货币乘数	一级交易商	贴现率	多倍存款创造
法定准备金率	超额准备金	非借入基础货币	法定准备金	浮款
公开市场操作	准备金	高能货币	公开市场购买	简单存款乘数
基础货币	公开市场出售			

思考题

如果没有特别注明，下列假定适用于本章所有思考题：支票存款的法定准备金率为10%，银行不持有超额准备金，公众持有的通货水平保持不变。

1. 将下列交易归类为货币供给过程中三位参与者（美联储、银行和存款人）的资产、负债或二者都不是。

a. 你从银行得到1万美元汽车贷款。

b. 你将400美元存入当地银行的支票账户中。

c. 美联储向银行提供了100万美元紧急贷款。

d. 一家银行向另外一家银行借入50万美元隔夜贷款。

e. 你在饭馆消费100美元后，用借记卡结账。

2. 第一国民银行准备金增加了100美元，但它不准备将其贷放出去，这种情况下整个银行体系创造的存款是多少？

3. 假定美联储向第一国民银行购买了100万美元债券。如果包括第一国民银行在内的所有银行都将由此增加的准备金全部用于购买证券而不发放贷款，支票存款会发生怎样的变化？

4. 如果某存款人从银行账户中提取了1 000美元现金，准备金、支票存款和基础货币会发生什么样的变化？

5. 如果某银行向美联储出售了1 000万美元债

券，以归还它所欠的 1 000 万美元贷款，这对支票存款有何影响？

6. 如果你决定比平时减少 100 美元现金持有，并将多出的这 100 美元现金存入银行，若其他公众保持通货持有水平不变，对银行体系的支票存款有何影响？

7. “美联储可以完全控制银行体系的准备金水平。”这一观点正确、错误还是不确定？解释你的答案。

8. “美联储可以完全控制基础货币规模，但对基础货币构成的控制力较弱。”这一观点正确、错误还是不确定？解释你的答案。

9. 美联储从公众手中买入了 1 亿美元债券，同时下调了法定准备金率。货币供给会发生怎样的变化？

10. 说明下列参与者如何影响货币供给：(a) 中央银行；(b) 银行；(c) 存款人。

11. “货币乘数必然大于 1。”这个观点正确、错误还是不确定？解释你的答案。

12. 金融恐慌对货币乘数和货币供给可能产生什么影响？为什么？

13. 在 1930—1933 年大萧条期间，通货比率 c 和超额准备金率 e 都急速上升。这些因素对货币乘数产生了什么样的影响？

14. 2008 年 10 月，联邦储备体系开始对银行持有的超额准备金付息。如果有的话，这会如何影响多倍存款创造过程和货币供给？

15. 货币乘数在 1930—1933 年期间与 2008—2010 年金融危机期间都显著下降。然而 M1 货币供给在大萧条期间下降了 25%，却在最近的金融危机期间增加了超过 20%。用什么解释这种结果差异？

应用题

14

如果没有特别注明，以下假设适用于本章所有应用题：支票存款的法定准备金率为 10%，银行不持有超额准备金，公众的通货持有保持不变。

16. 如果美联储出售 200 万美元债券给第一国民银行，准备金和基础货币会怎样变化？运用 T 账户解释你的答案。

17. 如果美联储出售 200 万美元债券给投资者欧文，用来支付债券的是满满一手提箱现金，准备金和基础货币会怎样变化？运用 T 账户解释你的答案。

18. 如果美联储向 5 家银行发放总额为 1 亿美元的贷款，但存款人从银行提取 5 000 万美元存款，并以通货形式持有，准备金和基础货币会如何变化？用 T 账户解释你的答案。

19. 运用 T 账户说明，如果美联储向第一国民银行发放 100 万美元贷款，银行体系支票存款发生的变化。

20. 运用 T 账户说明，如果美联储出售 200 万美元债券给第一国民银行，银行体系支票存款发生的变化。

21. 如果美联储从第一国民银行手中买入 100 万美元债券，但额外 10% 的存款被作为超额准备金持有，支票存款总计增加多少？（提示：利用 T 账户说明多倍存款扩张每一步的情况。）

22. 如果美联储向金融机构发放 10 亿美元贷款引起银行体系准备金增加 10 亿美元，而支票存款增加 90 亿美元，为什么银行体系没有处于均衡状态？银行体系在趋向均衡的过程中还会发生什么？利用 T 账户说明银行体系的均衡状态。

23. 如果美联储卖给银行 500 万美元债券以减少准备金，那么银行体系处于均衡状态时它的 T 账户是什么样的？支票存款规模会发生什么样的变化？

24. 如果美联储卖出 100 万美元债券，银行减少其向美联储的借款 100 万美元，你预计货币供给将发生什么变化？

25. 假定流通中的通货是 6 000 亿美元，支票存款为 9 000 亿美元，超额准备金为 150 亿美元。

a. 计算货币供给、通货存款比率、超额准备金率和货币乘数。

b. 假定由于经济出现了严重萎缩，中央银行实施了罕见的大规模公开市场购买，从银行手中买入了 1.4 亿美元债券。假定 a 计算的所有比率不变，预测货币供给的变化。

c. 假定中央银行采取与 b 一样的公开市场购买，但银行因为担心金融危机决定将所有资金都作为超额准备金持有而不是贷放出去。如果通货和存款保持不变，超额准备金、超额准备金率、货币供给和货币乘数会出现怎样的变化？

d. 2008 年金融危机期间，美联储向银行体系注入了大规模的流动性，而与此同时，几乎没有什么贷款。结果，在从 2008 年 10 月到 2011 年期间的大部分时间里，M1 货币乘数都小于 1。这一情景与 c 的答案有何联系？

第15章 货币政策工具

学习目标

15.1 作图说明准备金市场，并证明货币政策变化如何影响均衡联邦基金利率。

15.2 总结如何使用常规货币政策工具，以及每种工具的相对优点和局限性。

15.3 解释在常规政策失效时使用的关键货币政策工具。

15.4 比较美联储与欧洲中央银行货币政策工具的异同。

本章预习

本章考察美联储控制货币供给和利率所使用的货币政策工具。由于美联储使用这些工具对利率和经济活动产生的影响十分重要，因此很有必要理解美联储在实践中如何运用这些工具以及每种工具如何相对有用。

近年来，美联储越来越关注**联邦基金利率**（federal funds rate，银行间隔夜准备金贷款的利率），将其作为货币政策的主要手段。1994年2月以来，美联储在每次FOMC会议上都公布联邦基金利率目标，市场参与者密切关注这个公告，因为它会影响整个经济的利率。因此，要充分理解美联储在实施货币政策时如何使用货币政策工具，不仅必须理解这些工具对货币供给的影响和对联邦基金利率的直接影响，还要了解如何使用工具来引导联邦基金利率接近其目标水平。本章从准备金市场的供求分析着手，说明美联储四种货币政策工具（公开市场操作、贴现政策、法定准备金要求、超额准备金利息）如何决定联邦基金利率。接下来，我们详细考察每种货币政策工具，了解它们在实践中如何应用，以及各自的相对优势。之后我们会介绍在2007—2009年金融危机和2020年新冠疫情这些极其特殊的情况下，美联储不得不使用非常规货币政策工具。本章最后讨论美联储以外的其他中央银行使用的货币政策工具。

15.1 准备金市场和联邦基金利率

目标15.1 作图说明准备金市场，并证明货币政策变化如何影响均衡联邦基金利率。

第 14 章考察了公开市场操作（非借入准备金变动）和美联储放款（借入准备金变动）如何影响美联储的资产负债表和准备金规模。联邦基金利率在准备金市场决定，因此，我们对该市场进行供给-需求分析，来探讨货币政策工具如何影响联邦基金利率。

准备金市场的供给与需求

准备金市场供求分析与第 5 章的债券市场供求分析十分相似。首先，我们推导准备金的需求曲线与供给曲线。之后，市场均衡在准备金需求数量和供给数量相等的位置达到，决定联邦基金利率水平（对准备金贷款所收取的利率）。

需求曲线 要推导准备金的需求曲线，我们需要知道，如果所有其他条件都保持不变，当联邦基金利率变动时，银行的准备金需求量会怎样。回忆第 14 章的内容，准备金总额可以分为两个部分：(1) 法定准备金，等于法定准备金率乘以需要缴纳准备金的存款金额；(2) 超额准备金，银行自愿持有的额外准备金。因此，银行对准备金的需求量就等于法定准备金加上超额准备金需求量。超额准备金是预防存款外流的保险措施，持有超额准备金的成本是其机会成本，也就是将这些准备金贷放出去本可以赚取的利率减去超额准备金赚取的利率 i_{oer}。

2008 年秋天以前，美联储对准备金不支付利息，但在那之后美联储开始对超额准备金付息，利率通常被设定在接近联邦基金利率目标的水平，因此当联邦基金利率目标变动时，超额准备金利率会随之变动。当联邦基金利率高于超额准备金利率 i_{oer} 时，随着联邦基金利率下降，持有超额准备金的机会成本也下降。如果包括法定准备金数量在内的所有其他条件都保持不变，则准备金需求量增加。因此，如图 15-1 所示，当联邦基金利率高于 i_{oer} 时，准备金需求曲线 R^d 向下倾斜。然而，如果联邦基金利率下跌到低于超额准备金利率 i_{oer} 的水平，那么银行不是以更低的利率到隔夜市场上放贷，反而是无限增加超额准备金的持有。结果是，在图 15-1 中的 i_{oer} 上，准备金需求曲线 R^d 变为水平的（具有无限弹性）。

供给曲线 准备金的供给 R^s 可以分为两个部分：美联储公开市场操作所供给的准备金，被称为非借入准备金（NBR）；向美联储借款所形成的准备金，被称为借入准备金（BR）。向美联储借款的主要成本是美联储对这些贷款索取的利率，即贴现率（i_d），它被设定在联邦基金利率目标上方，且超出差额固定，因而随着联邦基金利率目标的变动而变动。由于从其他银行借入联邦基金可以替代从美联储借款（申请贴现贷款），如果联邦基金利率 i_{ff} 低于贴现率 i_d，则银行将不从美联储借款。借入准备金将为零，因为在联邦基金市场借款更便宜。因此，只要 i_{ff} 保持低于 i_d，准备金供给量就将等于美联储提供的非借入准备金数量 NBR，则供给曲线是垂直的（见图 15-1）。然而，如果联邦基金利率开始上升并超过贴现率，那么银行将完全不在联邦基金市场借款，而是宁愿以贴现率从美联储借款，所以联邦基金利率不可能上升到超过贴现率。结果是，如图 15-1 所示，供给曲线在利率 i_d 上变为水平的（具有无限弹性）。

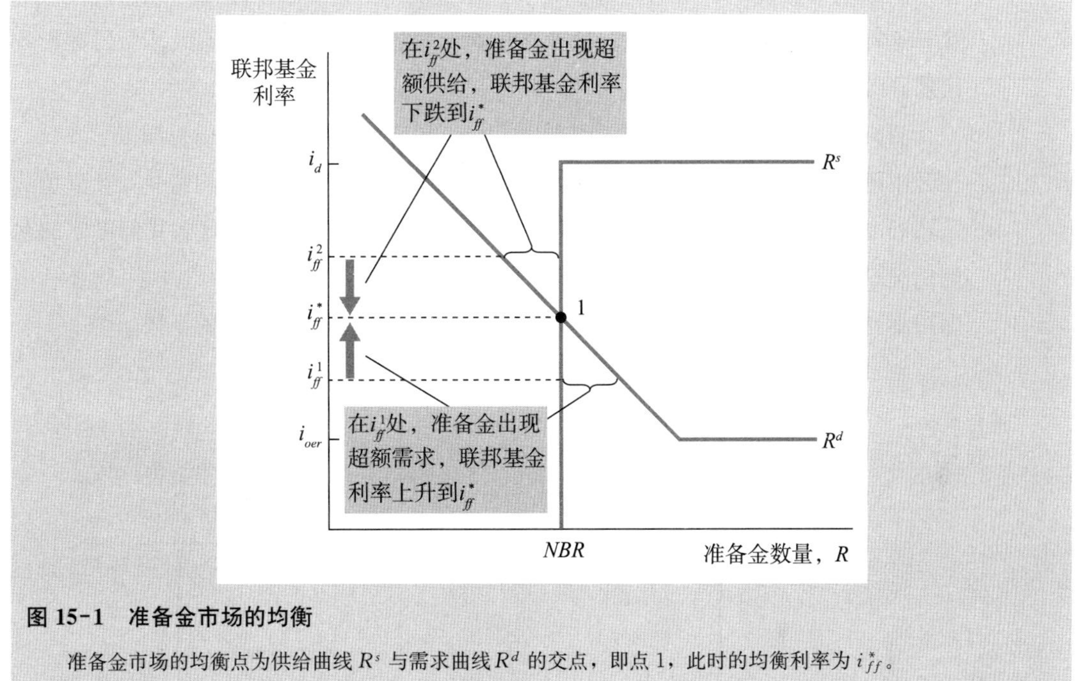

图 15-1　准备金市场的均衡

准备金市场的均衡点为供给曲线 R^s 与需求曲线 R^d 的交点，即点 1，此时的均衡利率为 i_{ff}^*。

市场均衡　当准备金的需求量等于供给量，即 $R^s=R^d$ 时，就实现了市场均衡。因此，均衡出现在供给曲线 R^s 与需求曲线 R^d 相交的点 1 上，均衡联邦基金利率为 i_{ff}^*。如果联邦基金利率为 i_{ff}^2，高于均衡利率，准备金的供给就会大于需求（超额供给），联邦基金利率就会下跌到 i_{ff}^*，如图 15-1 中向下的箭头所示。如果联邦基金利率为 i_{ff}^1，低于均衡利率，准备金的需求超过供给（超额需求），联邦基金利率就会上升，如向上的箭头所示。（注意，在图 15-1 中 i_d 高于 i_{ff}^*，这是因为联邦储备体系通常将贴现率维持在明显高于联邦基金利率目标的水平上。）

货币政策工具变动如何影响联邦基金利率

既然我们已经了解了联邦基金利率的决定机制，就可以考察四种货币政策工具（公开市场操作、贴现贷款、法定准备金要求、超额准备金利息）如何影响准备金市场和均衡联邦基金利率。

公开市场操作　公开市场操作的影响取决于供给曲线与需求曲线最初相交的位置是在需求曲线向下倾斜的部分还是水平部分。图 15-2（a）说明了最初的交点位于需求曲线向下倾斜部分的情况。我们已经了解到，公开市场购买可以增加准备金供给量，这对任意一个联邦基金利率都成立，因为有更多的非借入准备金，非借入准备金从 NBR_1 增加到 NBR_2。因此，公开市场购买推动供给曲线从

R_1^s 向右移至 R_2^s，均衡点从点 1 移动到点 2，使联邦基金利率从 i_{ff}^1 下跌到 i_{ff}^2。[①] 同理，公开市场出售会减少非借入准备金的供给量，推动供给曲线向左位移，导致联邦基金利率上升。美联储通常会令联邦基金利率目标高于超额准备金利率水平，鉴于这种典型情况，则结论是：**公开市场购买导致联邦基金利率下跌，而公开市场出售导致联邦基金利率上升。**

然而，如果供给曲线与需求曲线最初相交于需求曲线的水平部分［见图 15-2（b）］，公开市场操作对联邦基金利率没有影响。要了解这一点，我们再来观察公开市场购买增加准备金供给量的情况，这推动供给曲线从 R_1^s 移至 R_2^s。但这次我们考虑的初始情况是 $i_{ff}^1=i_{oer}$。供给曲线的位移使得均衡点由点 1 移至点 2，但联邦基金利率保持不变，仍然为 i_{oer}，因为**超额准备金利率 i_{oer} 是联邦基金利率的下限。**[②]

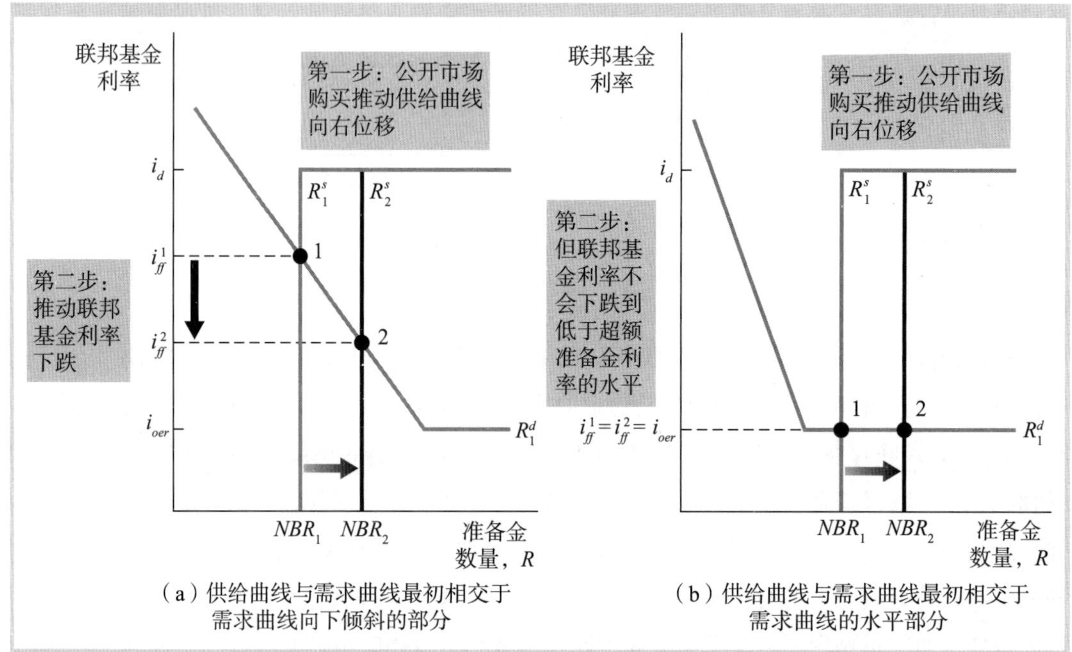

图 15-2　公开市场操作的影响

公开市场购买增加非借入准备金，进而增加准备金供给量，推动供给曲线从 R_1^s 移至 R_2^s。在图（a）中，均衡点从点 1 移动到点 2，联邦基金利率从 i_{ff}^1 下跌到 i_{ff}^2。在图（b）中，均衡点从点 1 移动到点 2，但联邦基金利率不变，即 $i_{ff}^1=i_{ff}^2=i_{oer}$。

① 利用第 14 章的货币供给理论和第 5 章的流动性偏好理论，可以得到相同的结论。公开市场购买增加了准备金和货币供给，根据流动性偏好理论，这会导致利率下跌。

② 联邦基金利率有可能略微低于超额准备金利率所设定的下限，因为联邦基金市场上有些大额贷款人（比如房利美和房地美）不是银行机构，它们不能在美联储保有存款，从而得不到美联储对超额准备金支付的利率。因此如果它们在联邦基金市场上有超额资金，它们可能不得不接受一个低于美联储超额准备金利率的联邦基金利率。为了确保联邦基金利率不会过多低于超额准备金利率设定的下限，美联储创建了另一种借款工具，即逆回购工具，利用这种工具，非银行贷款人可以贷款给美联储，赚取的利率接近美联储对超额准备金支付的利率。

贴现贷款　贴现率变动的影响取决于需求曲线与供给曲线相交于供给曲线的垂直部分还是水平部分。图 15-3（a）反映了交点位于供给曲线垂直部分的情况，没有贴现贷款，借入准备金 BR 为零。在这种情况下，如果美联储将贴现率从 i_d^1 调低到 i_d^2，供给曲线的水平部分下降到 R_2^s 的位置，而供给曲线和需求曲线的交点依然为点 1。因此，在这种情况下，联邦基金利率的均衡水平不变，仍然为 i_{ff}^1。目前美联储通常保持贴现率高于联邦基金利率目标，鉴于这种典型的情况，则结论是：**大部分的贴现率变动对联邦基金利率无影响。**

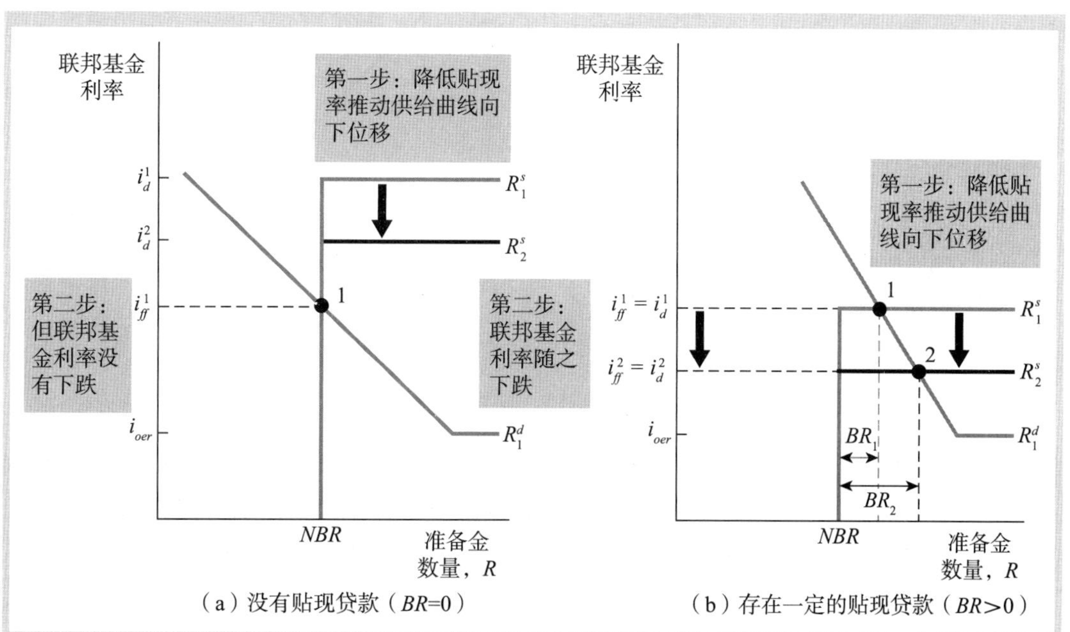

图 15-3　贴现率变动的影响

在图（a）中，美联储将贴现率从 i_d^1 调低到 i_d^2，供给曲线的水平部分下降到 R_2^s，而均衡联邦基金利率仍然为 i_{ff}^1。在图（b）中，美联储将贴现率从 i_d^1 调低到 i_d^2，供给曲线的水平部分下降到 R_2^s，随着借入准备金的增加，均衡联邦基金利率从 i_{ff}^1 下跌到 i_{ff}^2。

然而，如果需求曲线与供给曲线相交于供给曲线的水平部分，即存在一定的贴现贷款（$BR>0$），则如图 15-3（b）所示，贴现率变动的确会影响联邦基金利率。在这种情况下，初始贴现贷款为正，均衡联邦基金利率等于贴现率，即 $i_{ff}^1=i_d^1$。如果美联储调低贴现率，比如从 i_d^1 到 i_d^2，供给曲线的水平部分下降到 R_2^s，推动均衡点从点 1 移动到点 2，均衡联邦基金利率从 i_{ff}^1 下跌到 $i_{ff}^2(=i_d^2)$［见图 15-3（b）］。在这种情况下，BR 从 BR_1 增加到 BR_2。

法定准备金要求　如果法定准备金率提高，那么，在给定利率水平上，法定准备金和准备金需求量都会扩大。因此在图 15-4 中，提高法定准备金率推动需求曲线从 R_1^d 向右位移至 R_2^d，均衡点由点 1 移动到点 2，从而将联邦基金利率从 i_{ff}^1 提

高到 i_{ff}^2。结论是：**如果美联储提高法定准备金要求，联邦基金利率上升。**[①]

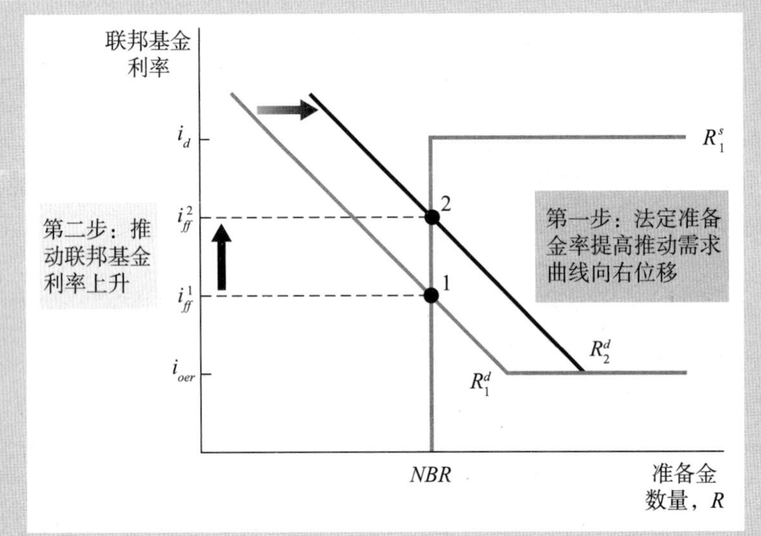

图 15-4 法定准备金率变动的影响

如果美联储提高法定准备金率，法定准备金增加，增加了对准备金的需求。需求曲线从 R_1^d 右移至 R_2^d，均衡点由点 1 移动到点 2，联邦基金利率从 i_{ff}^1 上升到 i_{ff}^2。

同理，降低法定准备金率会减少准备金需求量，推动需求曲线向左位移，导致联邦基金利率下跌。**如果美联储降低法定准备金要求，联邦基金利率下跌。**

超额准备金利息 美联储对超额准备金支付的利率的变动所产生的影响，取决于供求曲线的交点位于需求曲线向下倾斜的部分还是水平部分。在图 15-5（a）中，交点位于需求曲线向下倾斜的部分，此时均衡联邦基金利率高于超额准备金利率。在这种情况下，当超额准备金利率从 i_{oer}^1 提高至 i_{oer}^2 时，需求曲线的水平部分上移至 R_2^d，但供求曲线的交点依然为点 1。不过，如图 15-5（b）所示，如果供求曲线相交于需求曲线的水平部分，均衡联邦基金利率等于超额准备金利率，此时，超额准备金利率从 i_{oer}^1 提高至 i_{oer}^2，将均衡点推动至点 2，均衡联邦基金利率也从 $i_{ff}^1=i_{oer}^1$ 上升至 $i_{ff}^2=i_{oer}^2$。**当联邦基金利率等于超额准备金利率时，超额准备金利率上升提高了联邦基金利率。**

应用　美联储的操作程序如何限制联邦基金利率波动?

美联储操作贴现窗口以及对超额准备金付息的现行政策程序有一个重要优点，那就是限制了联邦基金利率的波动。我们可以利用准备金市场供求分析来了解其中的原因。

① 提高法定准备金率意味着同样规模的准备金所支持的存款规模减小，因此，法定准备金率提高，导致货币供给减少。根据第 5 章的流动性偏好理论，货币供给减少会提高利率，从而得到与正文相同的结论，即提高法定准备金要求导致利率上升。

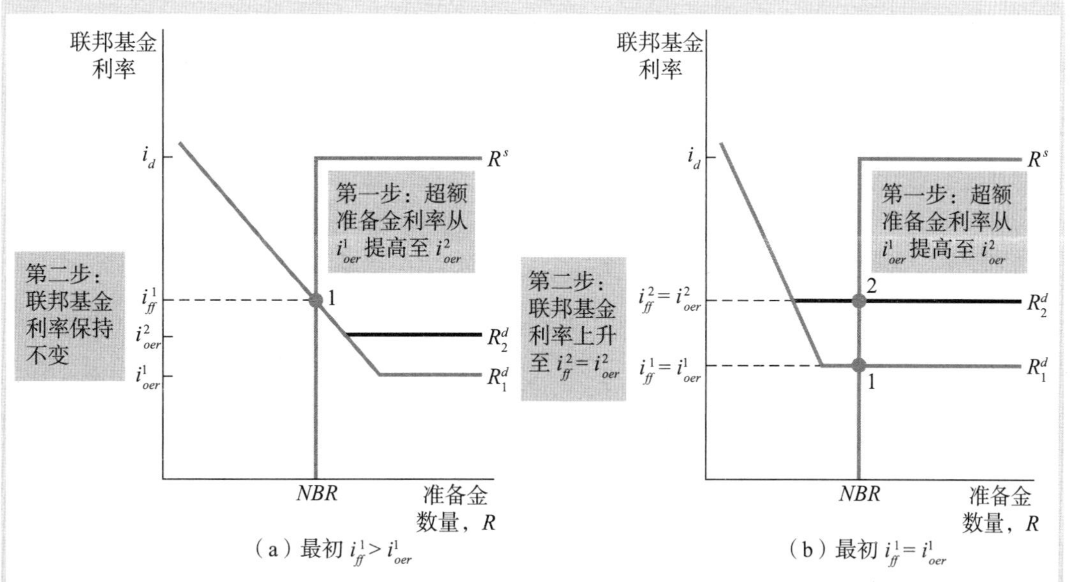

图 15-5　超额准备金利率变动的影响

在图（a）中，联邦基金利率高于超额准备金利率，超额准备金利率从 i^1_{oer} 提高至 i^2_{oer}，推动需求曲线的水平部分上移到 R^2_d，但均衡联邦基金利率保持不变，仍然为 i^1_{ff}。在图（b）中，当均衡联邦基金利率等于超额准备金利率时，超额准备金利率从 i^1_{oer} 提高至 i^2_{oer}，均衡联邦基金利率也从 $i^1_{ff} = i^1_{oer}$ 上升至 $i^2_{ff} = i^2_{oer}$。

在图 15-6 中，假定最开始时均衡联邦基金利率在联邦基金利率目标 i^T_{ff} 上。如果准备金需求出现意外的大量增加，需求曲线向右位移至 $R^{d''}$，与准备金供给曲线相交于其水平部分，那么此时，均衡联邦基金利率 i''_{ff} 等于贴现率 i_d。无论需求曲线向右位移的幅度有多大，均衡联邦基金利率 i''_{ff} 总是停留在 i_d，因为借入准备金会持续增加以适应需求扩张。同理，如果准备金需求出现意外的大量减少，需求曲线就会向左位移至 $R^{d'}$，此时供给曲线与需求曲线的水平部分相交，均衡联邦基金利率 i'_{ff} 等于超额准备金利率 i_{oer}。无论需求曲线向左位移的幅度有多大，均衡联邦基金利率 i'_{ff} 总是停留在 i_{oer}，因为超额准备金将会持续减少以便使准备金需求量等于非借入准备金供给量。①

所以我们的分析说明，联邦储备体系的操作程序将联邦基金利率的波动限制在 i_{oer} 与 i_d 之间。如果 i_{oer} 与 i_d 之间的范围被保持得足够窄，那么围绕目标利率的波动就将非常小。

15

15.2　常规货币政策工具

目标 15.2　总结如何使用常规货币政策工具，以及每种工具的相对优点和局限性。

① 注意，正如本章第二个脚注所讨论的，联邦基金利率可能略微低于超额准备金利率下限。

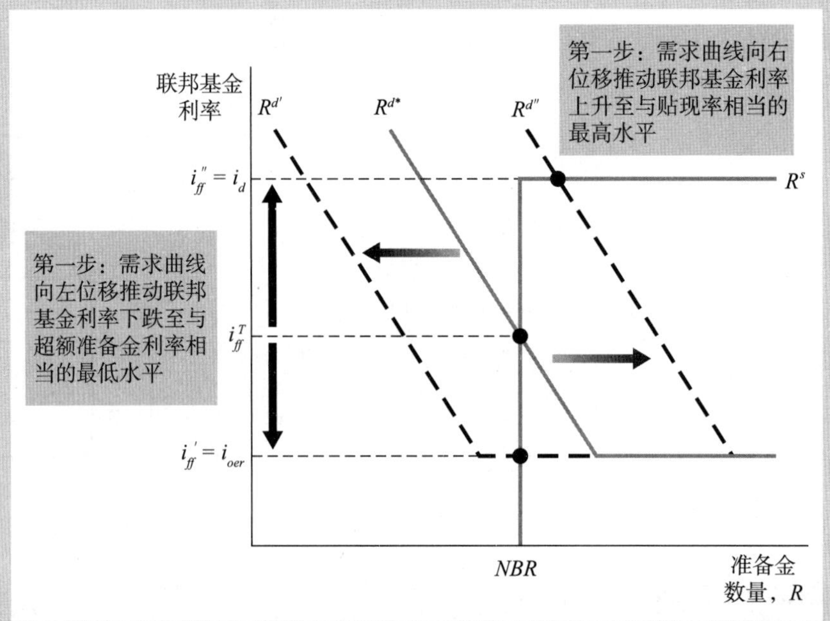

图 15-6 美联储的操作程序如何限制联邦基金利率的波动

准备金需求曲线向右位移至 $R^{d''}$ 将提高均衡联邦基金利率至其上限 $i''_{ff}=i_d$，而需求曲线向左位移至 $R^{d'}$ 将降低联邦基金利率至其下限 $i'_{ff}=i_{oer}$。

15

在正常情况下，美联储可以利用三种货币政策工具（公开市场操作、贴现贷款和法定准备金要求）控制货币供给和利率，这三种工具被称为**常规货币政策工具**（conventional monetary policy tools）。下面，我们将逐个考察这三种工具，以及超额准备金利息这个额外工具，看看美联储在实践中如何善加利用这些工具以及各种工具的相对有用性。

公开市场操作

在全球金融危机以前，公开市场操作是最重要的常规货币政策工具，因为它们是利率和基础货币变动的首要决定因素，也是货币供给波动的重要来源。公开市场购买扩张准备金和基础货币，从而增加货币供给并降低短期利率。公开市场出售减少准备金和基础货币，进而减少货币供给并提高短期利率。我们在第 14 章已经了解到美联储资产负债表中影响准备金和基础货币的因素，现在我们可以考察联邦储备体系如何进行公开市场操作，以达到控制短期利率和货币供给的目标。

公开市场操作有两类：旨在改变准备金和基础货币规模的**主动性公开市场操作**（dynamic open market operations）；旨在抵消其他因素变动（例如在美联储的财政存款和浮款变动）对准备金和基础货币影响的**防御性公开市场操作**（defensive open market operations）。美联储实施常规性公开市场操作的对象是美国国债和政府机构证券，尤其是美国国库券。因为国债市场最具流动性，且交易规模最大，所以美联储的大部分公开市场操作是针对国债进行的。这一市场有能力吸收美联储的庞大交易量，而不会引起价格的过度波动从而造成市场混乱。

如第 13 章所述，公开市场操作的决策机构是 FOMC，由其设定联邦基金利率目标。但这些操作的实际执行却是由纽约联邦储备银行的交易室进行的。走进美联储专栏“交易室的一天”描述了交易室的操作。

公开市场操作是通过一批指定的政府证券交易商（称为**一级交易商**，primary dealer）以电子方式进行的，使用的计算机系统称为 TRAPS（Trading Room Automated Processing System，交易室自动处理系统）。信息通过 TRAPS 同时地电子传送给所有一级交易商，说明安排操作的证券类型和期限。交易商经过几分钟考虑后，通过 TRAPS 回复它们在不同价格上的政府证券买卖头寸。然后所有头寸都被排列和显示在计算机屏幕上用于定价。交易室会从最有吸引力的报价头寸开始，按照排序一路下去选择投标头寸，直到可以满足意愿购买或出售证券金额的那个价格，然后，交易室将通过 TRAPS 通知那些头寸中标的交易商。整个选择过程一般在几分钟之内完成。

防御性公开市场操作有两种基本类型。在**回购协议**（repurchase agreement，repo）中，美联储购买证券的同时约定卖出方将在短期内（从购买之日起 1～15 天之内）买回这些证券。因为回购对准备金的影响在协议到期那一天是相反的，因此，回购实际上是暂时性公开市场购买，特别适合实施短期内需要反向变动的防御性公开市场操作。当美联储想要实施一项暂时性公开市场出售时，就会从事**以买回为条件的出售交易**［matched sale-purchase transaction，有时也被称为**逆回购协议**（reverse repo）］，在该交易中，美联储出售证券，买方承诺在不久的将来把这些证券再卖回给美联储。

有时，交易室会发现需要解决持续的准备金短缺或盈余，希望安排主动性公开市场操作对准备金供给产生更持久的影响。也可以通过 TRAPS 进行直接交易（outright operations），即不能自行反转的证券购买或出售。

15

走进美联储　交易室的一天

为了达成联邦基金利率目标，国内公开市场操作经理要管理分析师们和执行证券买卖的交易员们。为把握联邦基金市场当天可能发生的状况，经理上午很早（大约 7:30）就开始工作，职员会向她提交对前一天联邦基金市场动向的回顾，以及更新至当天之前的银行体系实际准备金规模。晚些时候，职员会发布最新的报告，内容包括对影响准备金供给和需求的某些短期因素的详细预测（第 14 章讨论过）。例如，如果因为全国范围的好天气提高了支票传递速度进而估计浮款减少，那么，国内公开市场操作经理就知道她将要实施防御性公开市场操作（在这种情况下为购买证券），以抵消由于浮款减少而导致的准备金和基础货币下降。但如果预计在美联储的财政存款减少，就需要进行防御性公开市场出售，以抵消预计的准备金增加。该报告也预测公众持有通货的变动。如果预计通货持有增加，那么，根据第 14 章的知识，准备金将减少，需要进行公开市场购买来重新提高准备金水平。

这些信息有助于国内公开市场操作经理及其职员确定非借入准备金需要多大幅度变动才能达到联邦基金利率目标。如果银行体系的准备金规模过大，将有许多银行要把超额准备金贷放出去但其他银行却可能没有持有意愿，那么联邦基金利率将要下跌。如果准备金水平过低，没几家银行有超额准备金可以贷放而设法借入准备金的那些银行可能推动联邦基金利率高于理想水平。同样在上午时段，职员还将监控联邦基金利率的变动，并与准备金市场的主要参与者联系，后者可能提供是否需要变动准备金以达到联邦基金利率理想水平的独立见解。

经理手下的几名职员还会联系若干一级交易商代表，他们是公开市场交易室的交易对手。职员要查明交易商对市场形势的观点，以把握交易商要交易证券的价格在当天可能会怎样变动。职员也要与财政部通话，获得在美联储的预计财政存款余额的最新信息，以修订他们对准备金供给的估计。

之后交易室会与联邦储备委员会的货币事务部联系，比较联邦储备委员会和纽约联邦储备银行对准备金供给和需求的预测。根据这些预测和对联邦基金市场状况的观察，交易室会列出并提交当天要采取的一系列行动，可能包括通过公开市场操作向银行体系增加或减少准备金的计划。如果计划采取公开市场操作，那么交易室还会就操作的类型、规模和期限等进行讨论。

大约上午9:00举行每日电话会议，交易室连线联邦储备委员会货币事务部主任，以及纽约以外四名有投票权的联邦储备银行行长中的一名。通话过程中，公开市场操作部门成员会概述交易室提议的当天准备金管理策略。计划被批准后，于9:30向市场公布，交易室则按照指令立即执行当天所计划的暂时性公开市场操作。

有时，交易室会发现需要解决持续的准备金短缺或盈余问题，希望安排对准备金供给将产生更持久影响的操作。这种操作也即直接交易，指不能自行反转的直接购买或出售证券，照惯例是在当天晚些时候（不进行暂时性操作时）执行。即使不实施直接交易，国内公开市场操作经理和职员们接下来也不会无所事事。他们持续监控着市场和银行准备金，为下一日的操作做准备。

贴现政策和最后贷款人

银行可以向美联储借入准备金的工具被称为**贴现窗口**（discount window）。要理解美联储如何影响借入准备金的规模，最简单的方法就是考察如何操作贴现窗口。

贴现窗口操作 美联储向银行发放的贴现贷款有三种类型：一级信贷（primary credit），二级信贷（secondary credit），以及季节性信贷（seasonal credit）。[①] 一级信贷是货币政策中作用最为重要的贴现贷款。健康银行可以通过一级信贷便利借

① 美联储于2003年1月调整了贴现窗口的管理程序。一级信贷便利取代了调整性信贷便利，后者的贴现率通常低于市场利率水平，因此对可以申请该贷款的银行有限制。相反地，健康银行所有想要的资金现在都可以通过一级信贷便利借入。二级信贷便利取代了中期信贷便利，更多着眼于较长期授信。季节性信贷便利基本保持不变。

入它们想要的所有极短期（通常为隔夜）资金，因此被称为**常备贷款便利**（standing lending facility）。[①] 这些贷款的利率即为我们前面提到的贴现率，通常高于联邦基金利率目标 100 个基点（1 个百分点），原因是美联储希望银行能够在联邦基金市场上进行同业拆借，这样银行间可以互相监督对方的信用风险。因此，在大部分情况下，一级信贷便利下的贴现贷款规模都非常小。如果金额如此之小，美联储为何要设置这一便利呢?

答案是，一级信贷可以作为稳健银行的后备流动性来源，从而联邦基金利率永远不会过度高于 FOMC 制定的联邦基金利率目标。图 15-6 揭示了其中的工作机理。当准备金需求出现大幅度意外增加时，无论需求曲线向右位移的幅度有多大，均衡联邦基金利率 i_{ff}^{*} 都将停留在 i_d，因为借入准备金将持续增加，而联邦基金利率不会继续上升。因此，一级信贷便利为联邦基金利率设置了上限，即 i_d。

二级信贷的发放对象是那些陷入财务困境并且面临严重流动性问题的银行。二级信贷利率通常高于贴现率 50 个基点（0.5 个百分点）。由于这些贷款是面向财务状况欠佳的银行，因此利率属于惩罚性的高利率。季节性信贷是为了满足位于度假和农业地区、存款具有季节性特征的为数不多的小银行的需要。季节性信贷利率与联邦基金利率和存单利率的平均数挂钩。由于信用市场不断健全，联邦储备体系对季节性信贷的必要性产生了质疑，并考虑未来某一时间取消这一便利。

最后贷款人　除了可以用作影响准备金、基础货币和货币供给的工具，贴现对于防范和应对金融恐慌也相当重要。联邦储备体系创办之际，就将其最主要的职责确定为**最后贷款人**（lender of last resort）：为防止银行破产陷入失控境地，美联储将向没有其他资金来源的银行提供准备金，从而防止银行恐慌和金融恐慌。贴现可以将资金立即融通给需求最迫切的银行，因而在银行业危机期间，是向银行体系提供准备金的特别有效的途径。

在履行最后贷款人职责方面，当试图阻止金融恐慌时美联储必须灵活准确地运用贴现工具。这是成功的货币政策制定极其重要的方面。金融恐慌会干扰金融中介机构和金融市场向具有投资机会的人转移资金，因而会对经济造成严重破坏（参见第 12 章）。

遗憾的是，美联储并不总能利用贴现工具成功地防止金融恐慌，大萧条期间大量银行倒闭就可以证明这一点。美联储吸取了那段时间的教训，在第二次世界大战之后令人钦佩地履行了最后贷款人职责。美联储已经多次运用贴现贷款这一武器，向陷入困境的银行机构发放贷款，防止银行进一步倒闭，避免了银行恐慌。

联邦存款保险公司（FDIC）为银行倒闭造成的损失提供每个账户不超过 25 万美元的保险，乍一看，FDIC 的存在似乎使得美联储的最后贷款人功能变得多余。

---

① 这一常备贷款便利在其他国家通常被称为伦巴第便利（Lombard facility），这类贷款的利率被称为伦巴第利率（Lombard rate）。（这一称谓得名于意大利北部的伦巴第地区，该地区在中世纪是重要的银行业中心。）

15

事实并非如此，原因有二。第一，FDIC 保险基金是银行存款总额的 1%左右。如果大量银行同时倒闭，FDIC 无力弥补所有存款人的损失。事实上，20 世纪 80 年代和 90 年代初期大范围的银行破产事件导致 FDIC 保险基金出现了巨额损失和严重萎缩，削弱了它弥补存款人损失的能力。但这一状况并没有动摇银行体系的小额存款人的信心，因为美联储是银行的强大后盾，会为防止银行恐慌提供所需准备金。第二，银行体系中有 1.6 万亿美元大额存款由于超过了 25 万美元限额，被排除在 FDIC 保险范围之外。大额存款人对银行体系丧失信心同样会造成挤提事件，即使存在 FDIC，也会引发银行恐慌。20 世纪 80 年代和 90 年代初期以及 2007—2009 年全球金融危机期间出现了大量银行破产风波，美联储的最后贷款人职能甚至今时比往日更加重要。

美联储不仅是银行的最后贷款人，而且在整个金融体系中也发挥着相同的作用。美联储的贴现窗口有助于防止并解决由银行破产以外的其他因素触发的金融恐慌，比如 1987 年“黑色星期一”股票市场崩盘和 2001 年 9 月世界贸易中心遭遇恐怖袭击（见走进美联储专栏“用贴现政策防范金融恐慌”的讨论）。虽然美联储的最后贷款人职能有防止银行恐慌和金融恐慌的收益，但也有成本。如果银行认为美联储在其陷入困境时会提供贴现贷款，就会因为寄希望于必要时的美联储救助而冒更大的风险。同存款保险一样，美联储的最后贷款人职能也会产生道德风险问题（第 10 章曾讨论过）：银行过度冒险，导致存款保险机构以及纳税人承担更大的损失。大银行的道德风险问题更为严重，因为它们相信美联储和 FDIC 对其持有“大而不倒”看法，也就是说，由于它们破产可能引发银行恐慌，因此如果陷入财务困境，它们将总能得到美联储贷款。

类似地，美联储防范金融恐慌的行为，可能鼓励银行以外的其他金融机构也承担过度的风险。它们也认为美联储将会采取救助措施，因为它们倒闭可能导致或者恶化金融恐慌。因此，如果美联储考虑运用贴现武器来防止恐慌，需要在最后贷款人职能的道德风险成本和防范金融恐慌的收益之间进行权衡。这种权衡解释了为什么美联储必须十分谨慎，不能太频繁地发挥最后贷款人的作用。

走进美联储　用贴现政策防范金融恐慌

1987 年“黑色星期一”股票市场崩盘和 2001 年 9 月恐怖分子摧毁世界贸易中心。1987 年 10 月 19 日被称为“黑色星期一”，虽然这将作为股票价格创下迄今最大单日跌幅（道琼斯指数下跌超过 20%）的一天被载入史册，但是在 1987 年 10 月 20 日星期二，金融市场几乎停摆。华尔街知名人士费利克斯·罗哈廷（Felix Rohatyn）说道：“星期二是我们 50 年来经历的最危险的一天。”[a] “黑色星期一”之后，大量防范市场崩溃的信贷请求摆在了联邦储备体系及其委员会主席艾伦·格林斯潘面前。

在 10 月 19 日星期一发生股价暴跌期间很难维持市场正常运转，这种压力意味着许多经纪公司和专家（交易商-经纪人，负责维持证券交易所的有序交易）迫切需要额外资金来提供活动经费。然而，可以理解的是，纽约银行界以及外国银行和美国地方银行由于对证券公司财务状况越发感到紧张，在证券业最需要资金的时候反而开始削减对它的贷款。空气中弥漫着恐慌。一家大型专家公司的主席在周一评论道："从下午2点开始，全部是绝望。我们被孤零零地留在战场上。"到了美联储像个骑士一样出来拯救的时候了。

得知证券业的困境之后，艾伦·格林斯潘和时任纽约联邦储备银行行长E. 杰拉尔德·科里根（E. Gerald Corrigan）以及与华尔街联系密切的美联储官员，开始担心大范围的证券公司倒闭。为了防止悲剧发生，格林斯潘在10月20日星期二股市开盘之前宣布，联邦储备体系"愿意随时提供支持经济和金融体系的流动性"。除了这个非同寻常的声明外，美联储还明确表示，它会向任何愿意为证券业提供贷款的银行发放贴现贷款，尽管结果证明这没必要。正如一名纽约银行家所言，美联储发出了"我们在这里，无论你需要什么，我们都会满足"的信号。

结果是美联储的及时行动避免了金融恐慌。星期二市场继续运行，市场恢复使得当天的道琼斯指数攀升了100多点。

2001年9月11日，星期二，美国历史上最严重的恐怖事件——纽约市世界贸易中心被摧毁，那之后美联储也发挥了相似的最后贷款人作用。由于世界上最重要的金融中心被破坏，金融体系的流动性需求飞速上升。为了满足这些需求，防止金融体系停止运转，恐怖袭击发生几个小时后，美联储发布了同1987年股灾后相似的声明："联邦储备体系仍在工作和运转。贴现窗口可以用来满足流动性需要。"[b] 之后，美联储通过贴现窗口向银行提供了450亿美元资金，比前一周的金额增加了200倍。这一行动，与美联储通过公开市场操作向银行体系注入800亿美元准备金一起，维持了金融体系继续运转。当股票市场在9月17日星期一重新开盘后，虽然道琼斯指数下跌了7%，但交易秩序井然。

恐怖分子能毁掉世界贸易中心双子大厦，造成将近3 000人死亡。但是，由于美联储及时行动，他们没能摧毁美国的金融体系。

a. "Terrible Tuesday: How the Stock Market Almost Disintegrated a Day After the Crash," *Wall Street Journal*, November 20, 1987, 1. 这篇文章对以上所述事件提供了更引人入胜且更详细的介绍，也是全部引用的来源。

b. "Economic Front: How Policy Makers Regrouped to Defend the Financial System," *Wall Street Journal*, Tuesday, September 18, 2001, A1. 这篇文章对该事件进行了更详尽的描述。

法定准备金要求

第14章已经介绍，法定准备金率变动导致货币乘数变化，进而影响货币供给。提高法定准备金要求，则一定规模基础货币所支持的存款数量减少，并导致货币供给收缩。提高法定准备金要求还增加了准备金需求，并提高了联邦基金利率。相反，降低法定准备金要求引起货币供给扩张以及联邦基金利率下跌。由于当法定准备金要求变化时银行调整准备金持有的成本高昂，所以变动法定准备金要求现在已经很少被用作货币政策工具了。

根据1980年《存款机构放松管制和货币控制法》，所有存款机构，包括商业银行、储蓄与贷款协会、互助储蓄银行和信用社，都遵循相同的法定准备金要求。直到 2020 年 3 月以前，所有支票存款，包括非付息支票账户、NOW 账户、超级 NOW 账户和自动转账储蓄（ATS）账户，低于 1 690 万美元的银行支票存款的法定准备金率为 0，1 690 万～1.275 亿美元支票存款的法定准备金率为 3%，高于 1.275 亿美元的支票存款的法定准备金率为 10%。[①] 不过，在新冠病毒危机期间，为了鼓励银行放贷，美联储在 2020 年 3 月 15 日宣布将法定准备金要求降为零。

超额准备金利息

因为美联储从 2008 年开始才对超额准备金付息，因此这一政策工具的历史不长。为了鼓励银行在联邦基金市场上进行同业拆借，使得银行可以相互监督，美联储设定贴现率高于联邦基金利率目标；出于同样的原因，美联储通常将超额准备金利率设定为联邦基金利率目标的下限。在全球金融危机之后，银行积累了大量准备金；在这种情况下，提高联邦基金利率会需要大量的公开市场操作以将这些准备金转移出银行体系。超额准备金利率工具出场拯救了，因为可以用它来提高联邦基金利率，如图 15-5（b）所示。事实上，货币政策的这个工具已经成了控制联邦基金利率的主要工具。

15.3 非常规货币政策工具与量化宽松

目标 15.3 解释在常规政策失效时使用的关键货币政策工具。

正常情况下，扩张货币供给和降低利率的常规货币政策工具足以稳定经济了。然而，如果爆发了我们最近所经历的那种全面金融危机，常规货币政策工具就无法奏效了。原因有二：首先，金融体系停摆，严重到无法将资本配置到生产性用途之中，造成投资支出骤减，经济崩溃（第 12 章曾经讨论过）。其次，对经济的负面冲击会导致**有效下限问题**（effective-lower-bound problem），即中央银行无法将政策利率（对美联储来说，指联邦基金利率）向零以下继续降低。一个远低于零的联邦基金负利率，将意味着银行会愿意通过在联邦基金市场放款赚取更低的回报，而不是如同 2008 年底那样持有库存现金赚取零回报。* 出于以上两个原因，中央银行需要非利率工具，被称为**非常规货币政策工具**（nonconventional monetary policy tools），在全球金融危机以及新冠疫情之后用来刺激经济。非常规货币政策工具有四种形式：（1）流动性提供，（2）资产购买，（3）前瞻性指引，以及（4）在中央银行的银行存款的负利率。

---

① 这些数字是 2020 年标准。每年，这一标准都要按照美国支票存款增长率的 80%向上调整。

* 这种情形明显不合理，作者意在证明政策利率不能为负。——译者注

流动性提供

在最近的金融危机和新冠疫情中，由于常规货币政策行动不足以治愈金融市场，美联储前所未有地扩大其贷款便利以向金融市场提供流动性。

1. **扩张贴现窗口**：2007年8月中旬危机刚爆发时，美联储调低了贴现率（发放给银行的贷款利率），从正常情况下高出联邦基金利率目标100个基点降低到只高出50个基点（0.5个百分点）。2008年3月，美联储进一步调低贴现率，仅高出联邦基金利率目标25个基点。类似地，2020年3月由于新冠疫情的原因，美联储将贴现率降了150个基点。但是，由于通过贴现窗口借款会留下“污点”（因为这种借入表明借款银行极度渴望资金，处于困境），所以危机期间贴现窗口的使用已被证明是不够的。

2. **期限拍卖便利**（Term Auction Facility，TAF）：为了鼓励那些避免污点问题的银行机构借款，2007年12月，美联储设立了临时的期限拍卖便利，通过竞争性拍卖方式来确定贷款利率。TAF比贴现窗口工具使用更为广泛，原因是能让银行的借款利率低于贴现率，而且利率是竞争确定的而不是惩罚性的。TAF拍卖规模最初是200亿美元，但随着危机恶化，美联储大幅度扩大了规模，目前未清偿总余额超过4 000亿美元。（欧洲中央银行实施了类似的操作，2008年6月的一次拍卖超过了4 000亿欧元。）全球金融危机之后，TAF被中止了。

3. **新贷款计划**：在全球金融危机期间，美联储将流动性提供的范围从传统上向银行机构贷款扩大为面向整个金融体系。这些行动包括向投资银行贷款，以及贷款支持购买商业票据、抵押支持证券和其他资产支持证券。此外，美联储参与了向J. P. 摩根贷款帮助其收购贝尔斯登，以及向AIG贷款避免其倒闭。2007—2009年金融危机期间美联储扩大贷款计划确实非常醒目，到2008年底，美联储的资产负债表扩张超过了1万亿美元，甚至在2008年以后资产负债表还在继续扩张。危机期间引入的多个新计划形成了一套缩写组合，包括TAF、TSLF、PDCF、AMLF、MMIFF、CPFF、TALF、PMCCF、SMCCF、PPPLF、MLF、MSNLF和FIMA。走进美联储专栏“全球金融危机和新冠病毒危机期间的美联储贷款工具”详细介绍了这些工具。

大规模资产购买

通常情况下，美联储的公开市场操作只是买入政府证券，特别是短期国债。然而，在全球金融危机期间，美联储发起了若干个新的大规模资产购买计划（通常被称为LSAP），以降低特定类型信贷利率。后来在新冠疫情下，美联储重启了这些大规模资产购买计划。

1. 2008年11月，美联储设立了政府发起企业购买计划（Government Sponsored Entities Purchase Program），依托这个计划，美联储购买了由房利美和房地美担保的总计 1.25 万亿美元抵押支持证券（MBS）。通过购买行动，美联储希望支持 MBS 市场，并降低住房抵押贷款利率以刺激房地产市场。

2.2010 年 11 月，美联储宣布购买 6 000 亿美元长期国债，每月利息约为 750 亿美元。这一大规模购买计划被称为 QE2（代表第二轮量化宽松，不是指冠达邮轮），目的是为了降低长期利率。全球金融危机期间，虽然短期国债利率达到了有效下限，但长期利率没有。由于投资项目的生命周期比较长，因此长期利率对投资决策的意义比短期利率更大。美联储购买长期国债是为了降低长期利率来增加投资支出，刺激经济。

3.2012 年 9 月，美联储公布了第三个大规模资产购买计划，即所谓 QE3，组合了 QE1 和 QE2 的元素。通过 QE3，美联储每月购买 400 亿美元抵押支持证券和 450 亿美元长期国债。然而，QE3 与之前量化宽松计划的显著差异在于，目标不是增加确定金额的资产，而是开放性的，“只要劳动力市场没有显著改善”，购买计划就将持续下去。

4.在 2020 年 3 月 15 日 FOMC 会议上，美联储开启了新一轮大规模资产购买，授权购买至少 5 000 亿美元财政部证券和 2 000 亿美元抵押支持证券。

这些流动性提供和大规模资产购买计划导致美联储资产负债表从 2008 年到 2014 年前所未有地扩张了四倍（如图 15-7 所示），此后从 2020 年 3 月开始美联储的资产负债表进一步飙升。

15

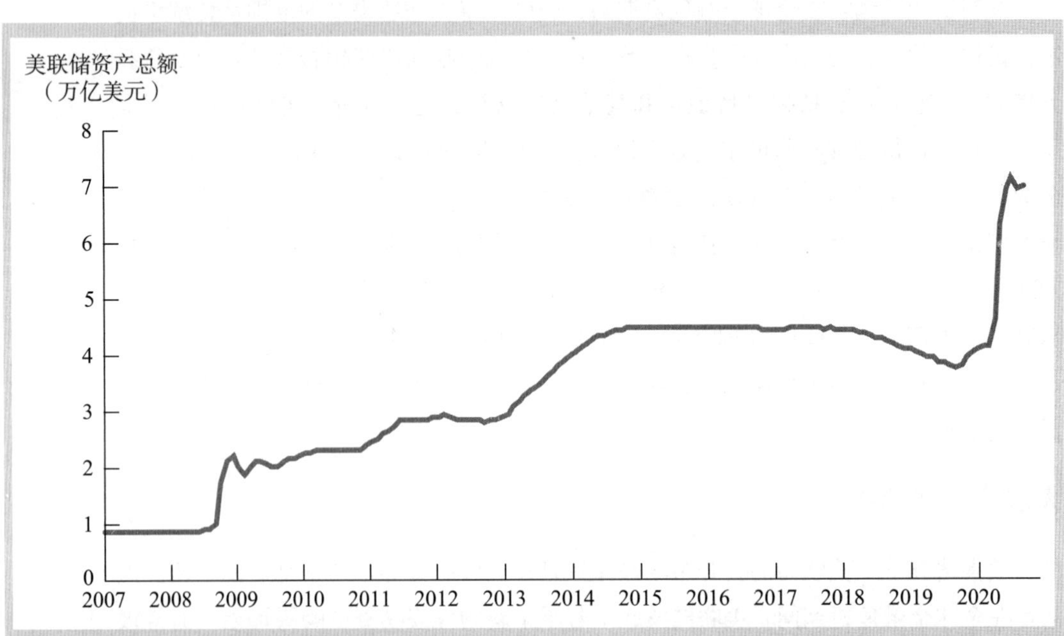

图 15-7 美联储资产负债表扩张，2007—2020 年

美联储的资产负债表规模在全球金融危机期间及其后扩张了四倍多，而后在新冠疫情期间再度猛增。

资料来源：Federal Reserve Bank of St. Louis，FRED database：https://fred.stlouisfed.org/series/WALCL.

走进美联储 全球金融危机和新冠病毒危机期间的美联储贷款工具

全球金融危机和新冠疫情期间，美联储为了帮助金融体系的各个部分恢复流动性，非常创造性地组装出了一大堆新的贷款工具。下表列出了这些新工具、它们创设的时间和主要功能。

贷款工具	创设时间	功能
期限拍卖便利（Term Auction Facility，TAF）	2007年12月12日	为增加向美联储借款，TAF向银行发放固定金额的贷款，利率由竞争性拍卖决定，不像普通贴现贷款那样由美联储制定利率。
定期证券借贷工具（Term Securities Lending Facility，TSLF）	2008年3月11日	提供充足的财政部证券作为信用市场抵押品，TSLF将财政部证券贷给一级交易商，期限长于隔夜，抵押品范围广泛。
中央银行流动性互换（Central Bank Liquidity Swaps）	2008年3月11日 2020年3月15日	互换协定把美元贷给外国中央银行，换回外币，使这些中央银行可以向其国内银行发放美元贷款。
贷款给J. P. 摩根收购贝尔斯登	2008年3月14日	向J. P. 摩根发放无追索权贷款，购买贝尔斯登的300亿美元资产，以促成J. P. 摩根收购贝尔斯登。
一级交易商信用工具（Primary Dealer Credit Facility，PDCF）	2008年3月16日 2020年3月17日	PDCF向一级交易商（包括投资银行）贷款，使其享受与银行的传统贴现窗口工具类似的借款条件。
向AIG提供贷款	2008年9月16日	向AIG发放850亿美元贷款。
资产支持商业票据货币市场共同基金流动性工具（Asset-Backed Commercial Paper Money Market Mutual Fund Liquidity Facility，AMLF）	2008年9月19日	AMLF向一级交易商贷款，帮助它们从货币市场共同基金购买资产支持商业票据，使这些基金可以卖出票据，满足投资者的赎回请求。
商业票据融资工具（Commercial Paper Funding Facility，CPFF）	2008年10月7日 2020年3月23日	CPFF为直接从发行人手中购买商业票据提供融资。
货币市场投资者融资工具（Money Market Investor Funding Facility，MMIFF）	2008年10月21日	MMIFF向特殊目的机构提供贷款，帮助其购买类别更加广泛的货币市场共同基金资产。
定期资产支持证券贷款工具（Term Asset-Backed Securities Loan Facility，TALF）	2008年11月25日 2020年3月23日	TALF以资产支持证券为抵押品，向其发行人提供贷款，目的是促进该市场正常运转。
货币市场共同基金流动性工具（Money Market Mutual Fund Liquidity Facility，MMLF）	2020年3月18日	MMLF贷款给银行购买货币市场共同基金资产。
一级市场信用工具（Primary Market Credit Facility，PMCCF）	2020年3月23日	PMCCF贷款给投资级公司。
二级市场公司信用工具（Secondary Market Corporate Credit Facility，SMCCF）	2020年3月23日	SMCCF购买二级市场投资级公司债券。
薪资保障计划流动性工具（Paycheck Protection Program Liquidity Facility，PPPLF）	2020年4月9日	PPPLF为那些向小企业发放小企业管理局薪资保障计划贷款的金融机构提供信贷。

15

续表

贷款工具	创设时间	功能
市政流动性工具（Municipal Liquidity Facility，MLF）	2020 年 4 月 9 日	MLF 购买了多达 5 000 亿美元州和地方政府债券。
大众贷款计划（Main Street Lending Program），包括大众新增贷款工具（Main Street New Loan Facility，MSNLF）和大众扩大贷款工具（Main Street Expanded Loan Facility，MSELF）	2020 年 4 月 9 日	MSNLF 和 MSELF 购买了金融机构对中小企业贷款的 95%的份额，金融机构只保留 5%的贷款份额。
临时性外国和国际货币当局（Temporary Foreign and International Monetary Authorities，FIMA）回购便利	2020 年 3 月 31 日	FIMA 回购便利提供的回购协议允许国际货币当局暂时性地把美国财政部证券换成美元。

量化宽松与信贷宽松

我们已经了解到，美联储为应对全球金融危机而引入的各种计划导致其资产负债表出现了前所未有的扩张，从大约 9 000 亿美元扩张至 2014 年超过 4 万亿美元。之后为应对新冠疫情美联储实施了类似计划，导致 2020 年 6 月资产负债表进一步扩张到超过 7 万亿美元。资产负债表的这种扩张被称为**量化宽松**（quantitative easing），因为这引起了基础货币的大幅增加（如第 14 章所述）。基础货币如此大规模增加通常会导致货币供给扩张，似乎这样的扩张可以在近短期成为刺激经济的巨大力量，并有可能在未来引发通货膨胀。

这样的假定非常可疑。理由是：首先，在第 14 章最后一个应用中，我们已经看到，美联储资产负债表和基础货币的巨大扩张没有引起货币供给大幅增加，因为大部分基础货币增加只是转化成了超额准备金持有。其次，因为联邦基金利率已经降到了有效下限，基础货币和资产负债表的扩张无法进一步降低短期利率从而刺激经济。最后，基础货币增加并不意味着银行将增加贷款，因为银行可以只是增加超额准备金而不是发放贷款。事实上，金融危机期间的情况正是如此，基础货币的大幅扩张引起超额准备金迅速增加，而银行贷款没有增加。20 世纪 90 年代日本股票市场和房地产市场泡沫破灭后，在日本银行实施量化宽松政策时也出现了类似的现象；不仅日本经济没能复苏，而且通货膨胀甚至还变为负数。

对量化宽松价值的质疑是否意味着美联储在金融危机期间刺激经济的非常规货币政策行动无效呢？时任美联储主席本·伯南克认为答案是否定的，因为美联储的政策导向不是为了扩张资产负债表，而是要实现**信贷宽松**（credit easing），即调整资产负债表的构成，以促进信贷市场的某些特定部分运转起来。事实上，伯南克坚称美联储的政策不应当被称为量化宽松。

调整美联储资产负债表的构成可以通过以下几个途径刺激经济：首先，美联储向陷入停滞的某个信贷市场提供流动性，这些流动性可以帮助解冻市场，将资本配置到生产性用途上，从而刺激经济。其次，我们在第 6 章了解到，当美联储购买某类证券时，该证券需求增加，这样的行为可以降低该证券相对于其他证券的利率。因此，即使短期利率已经触及有效下限的最底限，资产购买也可降低特定信贷市场上借款人的利率从而刺激支出。例如，购买 GSE 抵押支持证券看起来降低了这些证券的利率，导致住房抵押贷款利率显著降低。购买长期政府证券也可以使其利率水平相对于短期利率而降低，而且由于长期利率对投资决策的意义更大，这些资产市场的购买可以促进投资支出。近来的研究似乎支持了这一观点，长期利率在美联储的资产购买计划后估计下降了大约 100 个基点（1 个百分点）。[①]

前瞻性指引

虽然全球金融危机后短期利率不可能被推向零以下的更低水平，但就像我们之前介绍的，美联储可以选择其他方式努力降低长期利率从而刺激经济。该方式需要美联储承诺在较长时间里保持联邦基金利率零水平。要了解其中的作用机制，可以回顾第 6 章利率期限结构对预期理论的讨论。我们在前文看到，长期利率等于在长期债券有效期内市场预期的短期利率的平均值。通过承诺未来政策行动将长期保持联邦基金利率零水平，美联储可以降低对未来短期利率的市场预期，从而拉动长期利率下降。哥伦比亚大学的迈克尔·伍德福特（Michael Woodford）将这种策略称为**预期管理**（management of expectations），但更通俗的称谓是**前瞻性指引**（forward guidance）。

2008 年 12 月 16 日 FOMC 会议后，美联储公开宣布不仅要将联邦基金利率目标调低至 $0\sim\frac{1}{4}\%$，而且“委员会预计经济疲软状况有可能使得联邦基金利率在一定时期内保持超低水平”，这被视为美联储执行前瞻性指引策略的开端。之后几年，美联储在 FOMC 公报中继续使用这类语言，2011 年 8 月 FOMC 会议后甚至承诺联邦基金利率将持续保持零水平，直至 2013 年中期某个具体日期（之后的会议将截止时间修订为 2015 年中期）。虽然长期国债利率大幅下跌，但是不清楚其中有多少是由于美联储的前瞻性指引，又有多少是因为经济整体疲软。

对未来政策行动的承诺有两种类型：有条件的和无条件的。2008 年开始长期保持联邦基金利率零水平的承诺是有条件的，因为它指出该决定是基于对未来经济持续疲软的预测做出的。FOMC 表示，如果经济形势变化，它就会放弃这一承诺。如果是无条件承诺，美联储就会直接声明会保持联邦基金利率零水平，而不会说明该政策会根据经济状况的变化而调整。无条件承诺比有条件承诺的效力要更强，因为前者没有提及承诺将被放弃，所以可能对长期利率产生更大的影响。遗憾的是，

① 可以参见 Joseph Gagnon，Mathew Raskin，Julie Remache，and Brian Sack，“Large Scale Asset Purchases by the Federal Reserve：Did They Work?” *Federal Reserve Bank of New York Economic Policy Review* 17，No. 1（May 2011）：41-59。

15

它的缺点在于即使形势变化使放弃承诺会产生更好的效果，美联储也无法食言，因而不能放弃承诺。

2003—2006 年间美联储的经历说明了无条件承诺的缺点。2003 年，美联储担心通货膨胀率过低，而且通货紧缩的可能性值得注意。在 2003 年 8 月 12 日 FOMC 会议上，FOMC 声称："在这种情况下，委员会相信宽松政策可以继续保持相当长的时间。"后来，当美联储在 2004 年 6 月 30 日 FOMC 会议上开始紧缩政策的时候，将其声明改为"宽松政策可以逐步退出，可能以一种可量化的节奏缓慢进行"。接下来的 17 次 FOMC 会议，一直到 2006 年 6 月，美联储在每一次会议上都将联邦基金利率目标上调了正好$\frac{1}{4}$个百分点。市场将 FOMC 声明解读为无条件承诺，这也是美联储在每次 FOMC 会议上一直勉为其难不能偏离$\frac{1}{4}$个百分点行动的原因。回头来看，这一承诺导致货币政策在太长时间里太过宽松，使得通货膨胀率大大超过了意愿水平，而且可能助推了房地产市场泡沫（在第 12 章讨论过），这个泡沫破裂给经济带来了如此毁灭性的后果。

当美联储公布退出超低利率的具体日期时，许多市场参与者把这个声明视为无条件承诺，尽管美联储反对这样的解释。为避免无条件承诺所产生的问题，2012 年 12 月美联储调整了其表述，声称"至少，只要失业率保持在 6.5%以上，而且未来 1～2 年里通货膨胀率预计不超过委员会 2%的长期目标半个百分点，那么超低水平的联邦基金利率就将是合适的"，从而更加清晰地说明了附加条件。在 2014 年 3 月会议上，由于失业率已经接近 6.5%，FOMC 放弃了基于失业率和通货膨胀率阈值的前瞻性指引。接着，它宣布在确定联邦基金利率目标变动的时机和大小时，会要"综合权衡各个方面的广泛信息，包括劳动力市场状况指标、通货膨胀压力和通货膨胀预期指标，以及关于金融和国际发展的读数"。

15

银行存款的负利率

全球金融危机后，由于通货膨胀非常低，而且经济非常疲弱，欧洲和日本的中央银行最近开始试验一种新的非常规货币政策工具，对银行在中央银行的存款设定负利率。换句话说，银行在中央银行保留存款现在要给中央银行支付利息。2009 年7 月瑞典中央银行率先对银行存款设置了负利率，之后丹麦中央银行（2012 年 7 月）、欧洲中央银行（2014 年 6 月）、瑞士中央银行（2014 年 12 月）以及日本银行（2016 年 1 月）等也接踵而至。

对银行存款设置负利率，被认为可以鼓励银行将保留在中央银行的存款贷放出去，进而鼓励家庭和企业支出更多，由此可以刺激经济。但是对于负利率是否具有这种预期的扩张效应，一直都有怀疑。

首先，银行可能不会把在中央银行的存款贷放出去，反而是将其转换成现金。

这样做会有一些成本，因为银行要建更多金库并雇更多保安来保卫现金。但尽管如此，它们仍有可能宁愿这么做也不发放贷款。

其次，对银行的存款索取利息可能使银行的成本非常高（如果银行仍要对自己的存款人支付正利率的话）。在这种情况下，银行的盈利能力会下降。那么这样的结果或许让银行更不可能放贷。所以，对银行存款设置负利率可能导致银行削减贷款，从而是紧缩性的，而不是扩张性的。

对银行在中央银行的存款设置负利率能否如预期的那样刺激经济，目前仍然未有定论。事实上，因为怀疑这种非常规货币政策工具的有效性，美联储排除了用这种工具来刺激经济。不过，如果美国经济变得更疲软，如果其他国家的负利率经验表明这种工具在刺激支出方面有效，那么美联储的观点可能会改变。

15.4 欧洲中央银行的货币政策工具

目标 15.4 比较美联储与欧洲中央银行货币政策工具的异同。

欧洲中央银行体系（通常被称为欧洲中央银行）同美联储一样，通过制定**目标融资利率**［target financing rate，可以进一步确定**隔夜现金利率**（overnight cash rate）目标］来表明自己的货币政策立场。隔夜现金利率同联邦基金利率一样，是期限非常短的银行间贷款利率。欧洲中央银行使用的货币政策工具与美联储十分类似，包括公开市场操作、向银行发放贷款和法定准备金要求。

15

公开市场操作

同美联储一样，欧洲中央银行以公开市场操作为首要工具，来实施货币政策，以及根据目标融资利率来确定隔夜现金利率。**主要再融资操作**（main refinancing operations）类似于美联储的回购交易，是公开市场操作最为主要的形式。它包括每周的**反向交易**（reverse transactions，按照回购或者以合格资产为抵押品的信贷操作方式来买卖合格资产），两周内进行反向操作。信贷机构进行投标，欧洲中央银行决定接受哪些投标报价。欧洲中央银行与美国联邦储备体系一样，接受最具吸引力的竞价并进行证券买卖，直到满足意愿准备金供给数量的价位为止。不同的是，美联储只在纽约联邦储备银行一处进行公开市场操作，但欧洲中央银行将公开市场操作分散到各个国家中央银行进行。

第二类公开市场操作是**长期再融资操作**（longer-term refinancing operations），是欧元区银行体系的小额流动性来源，与美联储的直接证券买卖类似。这些操作每月实施，通常是 3 个月期证券的买卖。这些操作不是用于表明货币政策立场，而是旨在为欧元区银行提供长期资金。

向银行发放贷款

与美联储相似，欧洲中央银行的第二大货币政策工具是向银行机构发放贷款，由各个国家中央银行具体操作。该贷款通过一种被称为**边际贷款便利**（marginal lending facility）的常备贷款便利提供。借助这些工具，银行可以以**边际贷款利率**（marginal lending rate）从国家中央银行借入（需要合格抵押品）隔夜贷款，边际贷款利率被设定为超过目标融资利率 100 个基点。边际贷款利率为欧洲货币联盟的隔夜市场利率提供了上限，作用与美国的贴现率类似。

超额准备金利息

与美国、加拿大、澳大利亚、新西兰一样，欧元体系也有另外一个常备便利——**存款便利**（deposit facility），对银行超额准备金支付的利率通常低于目标融资利率 100 个基点。对存款便利预先设定的这个利率提供了隔夜市场利率的下限，而边际贷款利率则设定了上限。欧央行设定的超额准备金利率不一定总是正的。正如前面提到的，欧央行从 2014 年 6 月开始将超额准备金利率设定为负值。

法定准备金要求

欧洲中央银行同美联储一样实行法定准备金制度，要求所有吸收存款的机构对支票存款和其他短期存款保有总金额 2%的法定准备金，存入在国家中央银行的准备金账户中。遵循最低法定准备金要求的所有机构都可以使用欧洲中央银行的常备贷款便利，并能够参与公开市场操作。

总　结

1. 对准备金市场的供给-需求分析得到了下列结论：当美联储进行公开市场购买或降低法定准备金要求时，联邦基金利率下跌；当美联储进行公开市场出售或者提高法定准备金要求时，联邦基金利率上升。贴现率和超额准备金利率的变动也会影响联邦基金利率。

2. 常规货币政策工具包括公开市场操作、贴现政策、法定准备金要求、超额准备金利息。正常情况下，公开市场操作是美联储用来实施货币政策的最主要工具，由美联储主动实施，具有灵活、易对冲和实施快等优点。贴现政策的优点在于让美联储能够履行最后贷款人职责，而且在银行积累了大量超额准备金的情况下，增加超额准备金利息可以不必实施大量减少准备金的公开市场操作，就能达到提高利率的目的。

3. 当有效下限问题出现时，常规货币政策工具不再有效，中央银行无法将短期利率降至零以下的更低水平。在这种情况下，中央银行只能使用非常规货币政策工具，包括流动性提供、资产购买和前瞻性指引等。流动性提供和资产购买导致中央银行资产负债表扩张，被称为量化宽松。中央银行资产负债表扩张本身不大可能对经济产生显著影响，但是通过流动性提供和资产购买改变了资产负债表的构成，即所谓的信贷宽松，这对促进特定信贷市场的运转具有很大影响。

4. 欧洲中央银行使用的货币政策工具与美联储十分类似，包括公开市场操作、向银行发放贷款和法定准备金要求。主要融资操作（即回购协议下的公开市场操作）通常在两周内进行反向操作，是用来根据目标融资利率设定隔夜现金利率的主要工具。欧洲中央银行也有常备贷款便利，可以确保隔夜现金利率保持在目标融资利率上下各 100 个基点的范围以内。

关键术语

常规货币政策工具	前瞻性指引	非常规货币政策工具	最后贷款人	信贷宽松
长期再融资操作	隔夜现金利率	防御性公开市场操作	一级交易商	主要再融资操作
量化宽松	存款便利	预期管理	回购协议	贴现窗口
边际贷款便利	反向交易	主动性公开市场操作	边际贷款利率	常备贷款便利
以买回为条件的出售交易（逆回购协议）		目标融资利率	联邦基金利率	有效下限问题

思考题

1. 如果公开市场交易室的经理听说，纽约市将发生暴风雪，从而加大支票兑付难度，增加浮款，这位经理会进行怎样的防御性公开市场操作？

2. 圣诞节期间，当公众的通货持有增加时，通常会发生怎样的防御性公开市场操作？为什么？

3. 如果财政部刚刚向国防承包商支付了一大笔账单，导致其在美联储的存款减少，公开市场交易室的经理将进行怎样的防御性公开市场操作？

4. 如果浮款降到正常水平以下，为什么国内操作部经理认为使用回购协议来影响基础货币比直接购买债券更可取？

5. “美联储可以影响借入准备金的唯一途径是调整贴现率。”这种表述正确、错误还是不确定？解释你的答案。

6. “联邦基金利率永远不能高于贴现率。”这种表述正确、错误还是不确定？解释你的答案。

7. “联邦基金利率永远不能低于超额准备金利率。”这种表述正确、错误还是不确定？解释你的答案。

8. 为什么向超额准备金付息是美联储管理危机的重要工具？

9. 为什么大部分短期货币政策操作是通过回购协议而非直接买卖证券进行的？

10. 公开市场操作通常是回购协议。防御性公开市场操作的可能规模与主动性公开市场操作规模相比，你从中有何发现？

11. 2008 年全球金融危机后，美联储资产负债表上的资产迅速增加，2007 年底大约为 8 000 亿美元，2015 年超过了 4.5 万亿美元。许多资产持有是通过危机后设立的各类贷款计划而获得的长期证券。在这种情况下，逆回购协议（以买回为条件的出售交易）如何帮助美联储有序地减少持有的资产，同时降低未来潜在的通货膨胀问题？

12 “FDIC 的出现消除了发生银行恐慌的可能性，因此，贴现政策已经没有必要存在。”这种表述正确、错误还是不确定？

13. 利用向金融机构发放贷款来防止银行恐慌的做法有什么缺点？

14. “将法定准备金率提高到 100%，就能对货币供给实施完全的控制。国会应当授权美联储将法定准备金提高到这样的水平。”评述这个观点。

15. 2020 年 3 月新冠疫情发生后，美联储将法定准备金要求降为零，同时美联储的资产负债表规模达到 6 万亿美元。实施上述调整依据的基本原理可能是什么？

16. 当短期利率处于有效下限时，以量化宽松替代常规货币政策有何优缺点？

17. 为什么美联储资产负债表的构成是经济危机期间货币政策的潜在重要方面？

18. 无条件政策承诺的主要优点和主要缺点分别是什么？

19. 在怎样的经济状况下，中央银行会想要使用“前瞻性指引”策略？根据你的答案，我们能否很容易地衡量该策略的影响？

20. 如何比较欧洲中央银行体系与联邦储备体系的货币政策工具？欧央行有贴现贷款便利吗？欧央行是否对银行在中央银行的存款支付利息？

21. 瑞典、瑞士和日本等国对银行在中央银行的存款支付负利率，这背后的基本原理是什么？如果银行决定把超额准备金贷放出去，但却没有好的投资机会，这些经济体会发生什么？

22. 2016 年初当日本银行开始推行负利率政策时，日本的房屋销售*大幅增长。为什么会这样？这是否意味着负利率政策效力显现？

应用题

23. 如果将存款转换为现金，联邦基金利率会发生怎样的变化？利用准备金市场的供求分析来解释你的答案。

24. 为什么降低贴现率通常不会增加借入准备金？利用准备金市场的供求分析来解释。

25. 利用准备金市场的供求分析，假定其他条件保持不变，说明下列情形中联邦基金利率、借入准备金、非借入准备金的变化。

a. 经济出人意料地表现强劲，导致支票存款规模扩大。

b. 银行预期支票存款账户未来会出现罕见的大规模集中提款。

c. 美联储提高目标联邦基金利率。

d. 美联储提高超额准备金利率，使得其超过了当前的均衡联邦基金利率。

e. 美联储调低法定准备金率。

f. 美联储调低法定准备金率，但随即实施了公开市场证券出售来对冲这一政策行动。

* 原文为“safes for homes”，疑有误，应为“sales for homes”，故作此更正。——译者注

第16章 货币政策操作：战略与战术

学习目标

16.1 定义并认识名义锚的重要性。

16.2 明确货币政策制定者追求的六个潜在目标。

16.3 总结单一目标和双重目标的区别。

16.4 对比通货膨胀目标制的优缺点。

16.5 明确美联储货币政策战略长期以来的关键变化。

16.6 列举来自全球金融危机的四点启示，讨论其对于通货膨胀目标制的意义。

16.7 总结关于中央银行应对资产价格泡沫政策的正反两方观点。

16.8 描述并评价选择政策工具的四个标准。

16.9 解释并评价假设以泰勒规则为政策工具设定联邦基金利率的表现。

本章预习

正确的货币政策对于经济健康运行至关重要。过度扩张的货币政策造成高通货膨胀，降低了经济效率，阻碍了经济增长。过分紧缩的货币政策可能引起严重的经济衰退，使得产出减少、失业上升。它还有可能导致通货紧缩，比如美国大萧条期间和日本近年来出现的物价水平下跌。第 12 章介绍过，通货紧缩可能对经济极具破坏性，因为它提高了金融不稳定性，甚至可能恶化金融危机。

既然我们已经熟悉联邦储备体系等中央银行实施货币政策所使用的工具，现在要思考的是中央银行应当如何实施货币政策。为了探讨这个问题，本章我们首先来看货币政策目标，然后考察货币政策操作中最重要的一个战略——通货膨胀目标制。之后我们来讨论战术问题，也就是货币政策工具的选择和设定。

16.1 物价稳定目标与名义锚

目标 16.1 定义并认识名义锚的重要性。

过去几十年里，全世界的政策制定者都越来越注意到通货膨胀的社会成本和经济成本，而且更加关注将保持价格水平稳定作为经济政策目标。事实上，**物价稳定**（price stability，中央银行将其定义为稳定的低水平通货膨胀）越来越被看做是货币政策最重要的目标。物价稳定是合乎需要的，因为价格水平上升（通货膨胀）制造了经济中的不确定性，而这种不确定性可能阻碍经济增长。例如，当价格总水平变动时，产品和服务价格所传递出的信息就会更加难以解读，使得消费者、企业、政府的决策复杂化，从而造成金融体系的效率下降。

不仅民意调查结果显示公众对通货膨胀十分反感，而且越来越多的证据也说明通货膨胀导致经济增长下降。物价不稳定的极端情况是恶性通货膨胀（hyperinflation），像阿根廷、巴西、俄罗斯、津巴布韦等国最近都发生过的那样。恶性通货膨胀已经被证实对经济运行具有十分强的破坏力。

通货膨胀也加大了规划未来的难度。例如，在通货膨胀环境下，我们很难决定该储蓄多少才够支付孩子的大学教育费用。而且，通货膨胀可能使得一国社会结构紧张：导致利益冲突，因为社会中每个群体都要与其他群体竞争才能确保自己的收入增长跟得上物价上涨。

名义锚的作用

由于物价稳定对于经济的长期健康如此关键，所以成功货币政策的核心要素就是使用**名义锚**（nominal anchor），用一个名义变量（例如通货膨胀率或者货币供给）锁定物价水平来实现物价稳定。钉住名义锚，使名义变量保持在一个狭窄的区间内，可以直接将通货膨胀预期维持在稳定的低水平上，从而促进物价稳定。名义锚之所以重要，一个更微妙的原因在于，它能限制**时间不一致性问题**（time-inconsistency problem），即货币政策操作建立在每日相机抉择的基础上导致糟糕的长期后果。

时间不一致性问题

时间不一致性问题是我们在日常生活中经常面对的。我们通常会有一些计划，并且知道长期会产生好的结果，但是第二天为了短期收益可能会不由自主地背弃了自己的计划。例如，新年伊始我们制订了减肥计划，但很快我们可能就控制不住地想多吃一口石板街（rocky road）冰激凌了——再多吃一口，又多吃一口——接着体重又开始反弹了。换句话说，我们发现自己无法始终如一地在长期里坚持执行一个好计划，这种好计划被认为是时间不一致的（非连贯的），很快就会被抛弃。

货币政策制定者同样面对时间不一致性问题。他们总是被追求某个相机抉择的货币政策（扩张程度超过企业或民众的预期）所吸引，原因是这样的政策能在短期里增加经济产出（或降低失业率）。然而，最优政策是不去追求扩张性政策，因为工资和价格决定反映了工人和企业对政策的预期，如果发现中央银行追求扩张性政策，工人和企业就会提高通货膨胀预期，从而推高工资和价格。工资和价格上升将导致通货膨胀升高，但通常不会引起产出增加。（我们将在第 24 章正式地考察这个问题。）

如果不是用意外的扩张性政策让人们措手不及，而是始终保持通货膨胀处于控制之下，中央银行在长期里将会有更好的通货膨胀表现。然而，即使中央银行意识到相机抉择政策会导致不好的后果（产出没有增加，但通货膨胀率更高），它仍然可能无法实施更好的通货膨胀控制政策，因为政治家有可能向中央银行施加压力，要求它设法用过度扩张的货币政策来增加产出。

应该如何应对时间不一致性问题？从父母指南书籍中我们或许能够找到答案。父母都知道，为了不让孩子捣蛋而做出让步，就会培养出过分娇纵的子女。但即使这样，当孩子哭闹时，许多父母为了让孩子闭嘴还是会满足其无理要求。由于父母没有坚守"不让步"的计划，孩子预计只要他表现恶劣就将得到任何想要的东西，于是就会一次又一次地继续哭闹下去。父母指南建议，解决时间不一致性问题（尽管它们不是这种叫法）的办法是：父母应当给孩子制定行为规则并且严格遵守。

名义锚就像行为规则。规则可以帮助成年人抵制采取相机抉择政策做出让步，从而有助于解决育儿中的时间不一致性问题。与此类似，名义锚通过提供对相机抉择政策的预期约束，有助于避免货币政策中的时间不一致性问题。

16.2　货币政策的其他目标

目标 16.2　明确货币政策制定者追求的六个潜在目标。

虽然物价稳定是大部分中央银行的首要目标，但是中央银行官员在讨论货币政策目标时，还会不断地提及以下 5 个目标：（1）高就业和产出稳定，（2）经济增长，（3）金融市场稳定，（4）利率稳定，（5）外汇市场稳定。

16

高就业和产出稳定

高就业之所以是一个十分有价值的政策目标，原因有二：（1）相反的情况，即高失业，造成太多人间悲苦；（2）失业率很高时，经济中既有闲置的工人又有闲置的资源（关闭的工厂和未使用的设备），导致产出损失（更低的 GDP）。

虽然高就业令人向往，但它应该达到什么水平？在什么程度上我们可以说经济处于充分就业状态？最初，充分就业似乎应当是没有工人失业的状态，也就是说，当失业率为零的时候。但这种界定忽略了一个事实，即有些失业是对经济有利的，这就是所谓的"摩擦性失业"（frictional unemployment），指的是工人和企业相互寻找合适的匹配对象。例如，某个工人决定找一个更好的工作，在找到新工作之前，他可能会失业一段时间。工人常常决定暂时离开工作岗位从事其他活动（照顾家庭、旅游、重返学校学习），当他们决定回到劳动力市场时，可能需要一段时间才能找到合适的工作。

经济在充分就业状态下失业率不为零的另外一个原因是，存在所谓的"结构性失业”（structural unemployment），即职位要求与当地工人的技术或可用性不匹配。显然，这种失业不受欢迎。但货币政策对此无能为力。

因此，高就业目标不是零失业率，而是高于零的、与充分就业相一致的失业率水平，劳动力需求和劳动力供给在此相等。这被称为**自然失业率**（natural rate of unemployment）。

虽然这个定义听起来简洁而有权威性，但还是有一个麻烦的问题未回答：什么样的失业率符合充分就业呢？一方面，在有些情况下，失业率显然过高：例如，大萧条时期失业率在20%以上，无疑太高了。但另一方面，20世纪60年代初期政策制定者认为失业率的合理目标是4%，然而与最近对那个时期自然失业率的估计值6%左右相比，这个水平太低了；结果是，当60年代后期失业率降至4%时，通货膨胀加速了。自那以后自然失业率一直下降，目前自然失业率的估计值置于4%左右，但即使这个估计也有很大的不确定性和意见分歧。例如，适当的政府政策，如提供更多关于职位空缺或工作培训计划的信息，有可能降低自然失业率。

也可以从另一个角度来理解高就业目标。由于经济中的失业水平与经济活动水平密切相关，因此自然失业率对应着某个特定的产出水平，这一水平自然地就被称为**自然产出率**（natural rate of output），但更多时候被称为**潜在产出**（potential output）。

因此，努力实现高就业目标，意味着中央银行应当设法推动产出水平趋向自然产出率。换句话说，它们应当努力将产出水平稳定在其自然率附近。

经济增长

平稳的经济增长目标同高就业目标密切相关，因为当失业率较低时，企业更愿意投资于资本设备以提高生产力和经济增长。相反，如果失业率很高，工厂处于闲置状态，企业投资于额外设施和设备则得不到回报。虽然这两个目标密切相关，但政策制定可以特别地瞄准促进经济增长，通过直接鼓励企业投资，或者通过鼓励居民储蓄进而为企业提供更多投资资金。事实上，这就是所谓供给经济学的政策主张，旨在通过提供税收优惠，鼓励企业投资于机器设备，刺激纳税人增加储蓄，来促进经济增长。货币政策应当在促进经济增长方面发挥怎样的作用，这方面的激烈辩论一直没有停止过。

金融市场稳定

第12章的分析表明，金融危机会干扰金融市场向具有生产性投资机会的人们融通资金的能力，并可能导致经济活动急剧萎缩。因此，维持更为稳定的金融体系、避免金融危机爆发就成为中央银行的一个重要目标。事实上，第13章已经介绍了，美联储就是在1907年银行恐慌后为了促进金融稳定而创建的。

利率稳定

利率稳定十分受欢迎，因为利率波动会制造经济中的不确定性，且使得对未来更加难以规划。例如，利率波动影响消费者的购房意愿，使得消费者难以决定购房时机，建筑公司则难以计划建造多少房屋。中央银行也会希望减少利率向上波动（原因在第13章讨论过）：利率向上波动引起对中央银行的敌意，并且导致削减中央银行权力的要求。

利率稳定也促进金融市场稳定，因为利率波动给金融机构制造了巨大的不确定性。利率上升使长期债券和抵押贷款发生大额资本损失，可能导致拥有这些资产的金融机构破产。近年来，利率波动越发突出对储蓄与贷款协会以及互助储蓄银行来说一直是一个特别严重的问题，其中很多机构在20世纪80年代和90年代初期陷入了严重的财务困境。

外汇市场稳定

随着国际贸易在美国经济中的重要性不断增强，美元相对于其他货币的价值也成了美联储的一个主要考量。美元价值上升会削弱美国企业相对于外国企业的竞争力，而美元价值下跌又会加剧美国国内通货膨胀问题。另外，防止美元价值过度波动还可以使买卖国外商品的企业和个人更容易进行事前规划。因此，平抑外汇市场上美元价值的极端变动就成为货币政策的一个重要目标。在一些对外贸依赖性更大的其他国家，外汇市场稳定的重要性甚至更高。

16.3 物价稳定应当为货币政策首要目标吗？

16

目标16.3 总结单一目标和双重目标的区别。

长期看，物价稳定目标与之前提到的其他目标之间并不存在矛盾。自然失业率不因高通货膨胀而降低，所以从长期看，更高的通货膨胀不能产生更低的失业或更多的就业。换句话说，通货膨胀和就业不存在长期替代关系。从长期看，物价稳定促进经济增长，也有利于金融和利率稳定。虽然物价稳定在长期里与其他目标是一致的，但是在短期里物价稳定常常与产出稳定和利率稳定等目标冲突。例如，当经济扩张且失业下降时，经济可能变得过热，导致通货膨胀率上升。为了追求物价稳定目标，中央银行会通过提高利率来防止经济过热，这样的举措一开始会降低产出并提高利率的不稳定性。中央银行应当如何解决目标之间的这种冲突？

单一目标与双重目标

由于物价稳定对于经济的长期健康至关重要，许多国家认为应当将物价稳定作为中央银行首要的长期目标。例如，创建欧洲中央银行的《马斯特里赫特条约》有这样的表述，“欧洲中央银行体系（ESCB）的首要目标是保持物价稳定。在不伤害物价稳定目标的前提下，ESCB支持联盟的总体经济政策”，包括“高就业水平”和

“无通货膨胀的可持续经济增长”等目标。这类货币政策目标——将物价稳定目标置于优先地位，之后才说明只有在实现物价稳定的情况下才能追求其他目标——被称为**单一目标**（hierarchical mandate）。这是英格兰银行、加拿大银行、新西兰储备银行以及欧洲中央银行等中央银行的行为管理规定。

与此相对，对美国联邦储备体系的使命，法律上是这样规定的：“联邦储备委员会与联邦公开市场委员会应保持货币和信贷总量的长期增长与经济的长期产出增长潜力相称，为的是有效促成最大就业、物价稳定和温和的长期利率等目标。”正如我们在第5章了解到的，如果通货膨胀高，长期利率将会非常高。因此，这样的表述实际上是**双重目标**（dual mandate），即要实现两个同等的目标：物价稳定和最大就业（产出稳定）。

究竟是单一目标还是双重目标下的政策操作对经济更好？

物价稳定作为货币政策的首要长期目标

因为实现长期物价稳定与自然失业率之间不存在矛盾，如果最大就业被定义为自然就业率，那么这两类目标并没有很大的差异。然而，在实践中这两类目标之间可能存在着显著差异，因为公众和政治家可能认为单一目标过分强调了通货膨胀控制，但却对稳定产出重视不够。

由于稳定的低通货膨胀率促进经济增长，中央银行已经认识到物价稳定应当是货币政策的首要长期目标。但即便如此，由于产出波动也应当是货币政策关心的问题，物价稳定目标只有在长期里才应被视为首要目标。如果不管经济形势怎样都试图将短期通货膨胀率保持在相同水平上，有可能导致过多的产出波动。

只要物价稳定是长期而非短期目标，中央银行就可以允许通货膨胀短时间地偏离长期目标而聚焦于降低产出波动，于是可以在双重目标下进行政策操作。然而，如果双重目标让中央银行追求提高产出和就业的短期扩张性政策而不担心通货膨胀的长期后果，那么时间不一致性问题就会重新出现。对双重目标可能引致过度扩张性政策的担忧，是央行行长通常支持单一目标（优先追求物价稳定）的关键原因。单一目标可能也有问题，即它可能使得中央银行的行为举止看上去像英格兰银行前行长默文·金（Mervyn King）所说的“通胀疯子”，也就是说，即使在短期里中央银行也只强调通货膨胀控制，因而实施的政策导致巨大的产出波动。选择哪类目标对中央银行更好，归根结底取决于“在实践中目标将如何运行”这样的细微之处。只要在操作中将物价稳定作为长期而非短期的首要目标，任何一类目标都是可以接受的。

16.4 通货膨胀目标制

目标 16.4 对比通货膨胀目标制的优缺点。

物价稳定应当是货币政策的首要长期目标，名义锚是有助于实现这一目标的有用工具，由上述认同引出了一种被称为**通货膨胀目标制**（inflation targeting）的货币政策战略。通货膨胀目标制包括若干要素：(1) 公布中期通货膨胀率目标（指标）的数值；(2) 制度上承诺物价稳定是货币政策的首要长期目标，以及承诺实现通货膨胀目标；(3) 在制定货币政策时，使用包括多个变量（不止货币总量）的信息集合；(4) 通过与公众和市场沟通货币政策制定者的计划和目标，来提高货币政策战略的透明度；(5) 增强中央银行实现通货膨胀目标的责任。新西兰是最早正式采用通货膨胀目标制的国家（1990年），加拿大（1991）、英国（1992）、瑞典和芬兰（1993）、澳大利亚和西班牙（1994）紧随其后。以色列、智利和巴西等其他国家也已经采用通货膨胀目标制形式。①

新西兰、加拿大和英国的通货膨胀目标制

我们首先考察新西兰的通货膨胀目标制，因为新西兰是第一个采用该战略的国家。之后，我们将考察随后采用该战略的加拿大和英国。

新西兰　1989年，新西兰议会通过了新的《新西兰储备银行法》，作为全面改革政府在经济中角色的一部分，该法案自1990年2月1日起生效。该法案除了增强中央银行的独立性，使其从发达国家中独立性最差的中央银行之一变成最具独立性的中央银行之一，还承诺储备银行的唯一目标是物价稳定。该法案规定，财政部长和储备银行行长应该协商和公布《政策目标协议》，设定评估货币政策表现的指标，详细规定通货膨胀的目标值区间以及实现日期。新西兰这项法案的一个非同寻常的特征是，规定储备银行行长对货币政策的成功高度负责。如果没有满足《政策目标协议》公布的目标，行长须被免职。

1990年3月2日，财政部长和储备银行行长共同签署了第一份《政策目标协议》，要求储备银行将年通货膨胀率控制在3%～5%区间内。之后的协议将区间降到0～2%，到1996年末区间被调整为0～3%。2002年区间再次被调整为1%～3%。紧缩的货币政策将通货膨胀率从5%以上降到了1992年底的2%以下［见图16-1 (a)］，但代价是严重经济衰退和失业率大幅上升。自那时以来，通货膨胀基本都保持在目标区间内。从1992年起，新西兰增长率总体上一直较高，失业率显著下降。

加拿大　1991年2月26日，财政部长和加拿大银行行长联合公告正式确立了通货膨胀目标制。1992年底以前，目标区间是2%～4%；1994年6月以前是1.5%～3.5%；而1996年12月以前为1%～3%。1993年末新政府就职后，将1995年12月至1998年12月间的目标区间设定为1%～3%，而且这个水平一直保持至今。采用通货膨胀目标制后，加拿大的通货膨胀也大幅下降，从1991年的5%以上，降到1995年的零通胀率，之后徘徊在2%左右［见图16-1 (b)］。不过，

---

① 通货膨胀目标制战略的先驱是货币目标制。

16

和新西兰一样，通货膨胀率下降不是没有代价的：从 1991 年到 1994 年，失业率飙升到 10%以上，不过后来大幅下降。

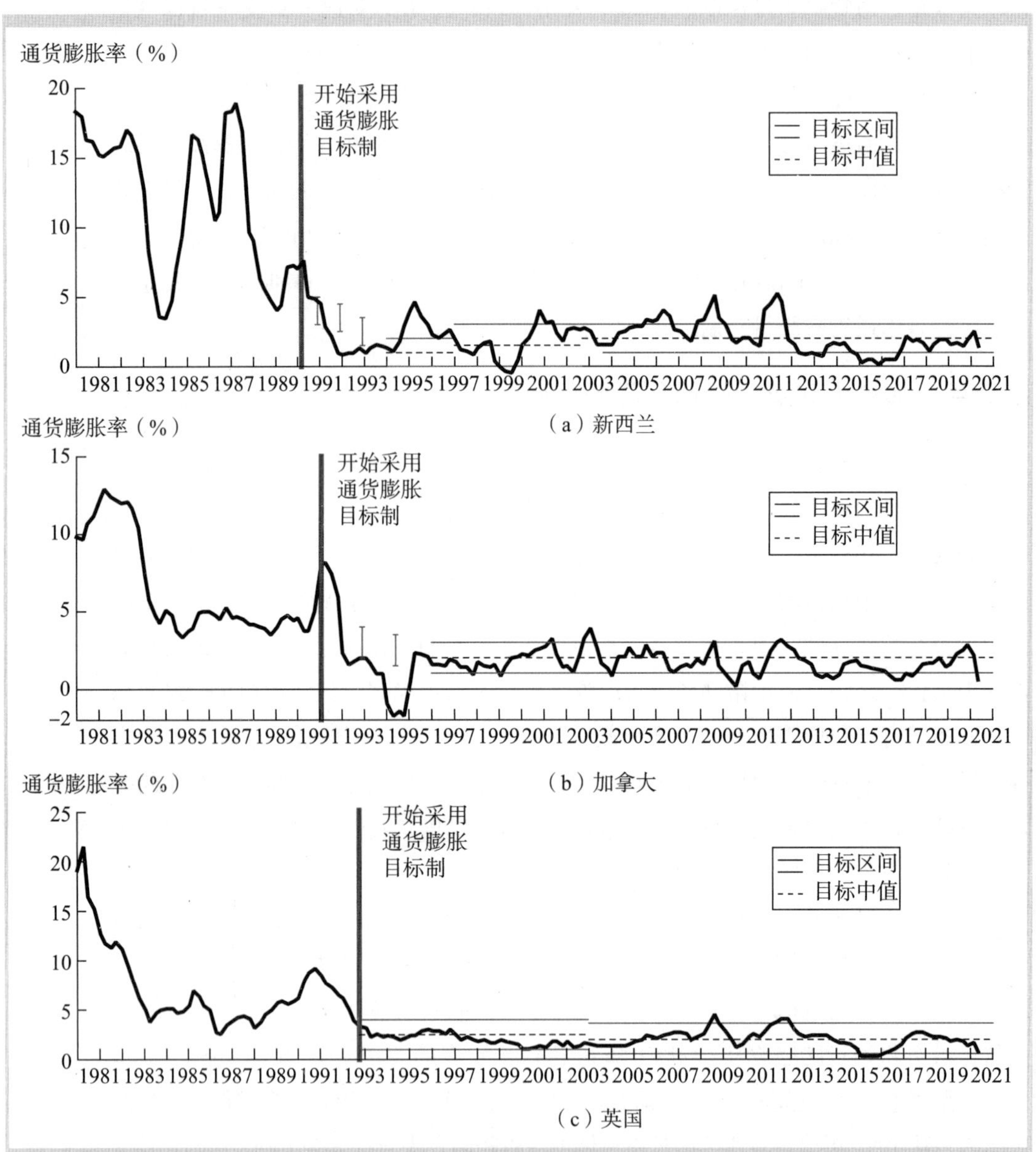

图 16-1　新西兰、加拿大和英国的通货膨胀率与通货膨胀目标，1980—2020 年

采用通货膨胀目标制的国家都显著降低了通货膨胀率，并且长期来看都实现了各自的通货膨胀目标。

资料来源：Ben S. Bernanke，Thomas Laubach，Frederic S. Mishkin，and Adam S. Posen，*Inflation Targeting：Lessons from the International Experience*（Princeton：Princeton University Press，1999）；Federal Reserve Bank of St. Louis，FRED database：https://fred.stlouisfed.org/series/NZLCPIALLQINMEI；https://fred.stlouisfed.org/series/CPALCY01CAA661N；https://fred.stlouifed.org/series/FPCPITOTLZGGBR.

英国　1992 年 10 月，英国采用通货膨胀目标作为名义锚，并且英格兰银行开始发布《通货膨胀报告》，每季度报告其在实现通货膨胀目标方面取得的进展。通货膨胀目标区间最初被设为 1%～4%直到下一届选举之前（至少到 1997 年春天），意在将通货膨胀率控制在区间下半部分（低于 2.5%）。1997 年 5 月，通货膨胀目标被设定为 2.5%，并赋予了英格兰银行从此以后设定利率的权力，使其在货币政策方面拥有更大的独立性。

在采用通货膨胀目标制之前，英国的通货膨胀已经在回落了，从 1991 年初 9%的高峰跌到采用通货膨胀目标制时的 4%［见图 16-1（c）］。到 1994 年第三季度，通货膨胀率为 2.2%，在预期的区间之内。随后通货膨胀率有所上涨，到 1995 年底缓慢爬升至 2.5%以上，但是接着下降，并且从那时起一直维持在目标附近。2003 年 12 月，通货膨胀衡量指标略微调整，目标值变为 2.0%。同时，自从 1992 年采用通货膨胀目标制以来，英国经济总体上增长强劲，而且失业率一直显著下降。①

通货膨胀目标制的优点

通货膨胀目标制有不少优点：减少时间不一致性问题；提高透明度；增强责信度；符合民主原则；改进效果。

减少时间不一致性问题　由于清晰的量化通货膨胀目标提高了中央银行的责信度，通货膨胀目标制可以防止中央银行为了在短期内增加产出和就业而推行过度扩张的货币政策，从而降低了中央银行陷入时间不一致性陷阱的概率。通货膨胀目标制的一个重要优点是，它有助于将政治辩论引向探讨中央银行在长期里能够解决的问题，即控制通货膨胀，而不是探讨它在长期里不能解决的问题——通过扩张性货币政策永久地提高经济增长率和增加就业。因此，通货膨胀目标制缓和了迫使中央银行实行通货膨胀型货币政策的政治压力，进而降低了时间不一致性问题出现的可能性。

16

提高透明度　通货膨胀目标制的优点在于，它易于为公众所理解，因而是高度透明的。事实上，通货膨胀目标制高度重视决策制定的透明度以及与公众的定期沟通。实施通货膨胀目标制的中央银行与政府之间有着频繁的沟通，有些源自法律要求，有些是对非正式质询做回应，而且央行官员们利用每一次机会对自己的货币政策战略发表公开演讲。虽然有些方法在未采用通货膨胀目标制的国家也广泛使用，但实施通货膨胀目标制的中央银行在对外宣教方面则更进了一步：它们不仅参与广泛的信息发布活动，包括分发精美小册子，而且还公开出版文件（如英格兰银行的《通货膨胀报告》）。这些文件特别引人注意，因为和中央银行通常呆板的正式报告不同，它们大量使用时尚的图表、专栏以及其他抢眼的设计元素，以引起公众的兴趣。

通货膨胀目标制国家的中央银行利用上述沟通渠道，向普通公众、金融市场参与者和政治家解释下列概念：（1）货币政策的目标和局限性，包括通货膨胀目标的

① 如果你对这些以及其他国家的通货膨胀目标制感兴趣，详细讨论见 Ben S. Bernanke，Thomas Laubach，Frederic S. Mishkin，and Adam S. Posen，*Inflation Targeting：Lessons from the International Experience*（Princeton：Princeton University Press，1999）。

基本原理；（2）通货膨胀目标的数值及其决定机制；（3）在当前经济条件下如何实现通货膨胀目标；（4）偏离目标的原因。这些沟通减少了关于货币政策、利率和通货膨胀的不确定性，改善了私人部门的计划制订；部分地通过教育大众有关中央银行能做什么、不能做什么，推动了货币政策的公开辩论；并且帮助澄清了中央银行和政治家在货币政策操作上各自的职责。

增强责信度 通货膨胀目标制的另外一个重要特征在于增强中央银行责信度的倾向。事实上，透明度和沟通与增强责信度紧密联系。通货膨胀目标制下中央银行责信度的最强版本是新西兰，一旦突破了通货膨胀目标，即使只有一个季度，政府也有权解雇新西兰储备银行行长。其他实施通货膨胀目标制的国家很少正式规定中央银行的责任。但即使如此，通货膨胀目标制的政策透明度也已经实现了中央银行对公众和政府高度负责。对照预先公布且明确的通货膨胀目标来评价，货币政策操作的持续成功为赢得公众支持中央银行的独立性及其政策有着重要作用。即使没有对业绩评估和处罚规定严格的法律标准，这种公众支持和责信度也会逐渐建立起来。

符合民主原则 责信度不仅本身非常有用，也使得货币政策操作的制度框架更加符合民主原则。通货膨胀目标制政策框架增强了中央银行对那些被选举官员的责信度，他们在设定货币政策目标并监督其经济结果方面被赋予了某些责任。不过，一般在通货膨胀目标制的实践中，中央银行对操作性决策拥有完全控制，所以要对实现预定目标负责。

改进效果 通货膨胀目标制取得了相当好的效果。通货膨胀目标制国家看上去都显著降低了通货膨胀率和通货膨胀预期，效果超过了没有通货膨胀目标时可能发生的情况。而且，这些国家的通货膨胀率一旦降下来了，就一直保持在低位；在遏制住通货膨胀之后，通货膨胀目标制国家在接下来的周期性经济扩张期间，通货膨胀率也没有反弹。

通货膨胀目标制的缺点

对通货膨胀目标制的批评总是举证该货币政策战略的四个缺点：信号迟滞、过于僵化、可能增大产出波动性以及低经济增长。我们将逐个考察这四条指责，并分析其正确性。

信号迟滞 货币当局不容易控制通货膨胀。而且，由于货币政策效应具有较长的滞后性，只有在很长一段时滞后，通货膨胀后果才会显现。由此可见，通货膨胀目标没有向公众和市场传递货币政策立场的即时信号。

过于僵化 一些经济学家批评通货膨胀目标制，因为他们认为该战略给货币政策制定者规定了严格的规则，限制了他们对无法预见的情况做出反应的能力。不过，有用的政策战略是存在的，即那些包含前瞻性行为的“类规则”，可以限制政策制定者系统地实施会造成长期不利后果的政策。此类政策避免了时间不一致性问题，可以被准确地称为“有约束的相机抉择”，这个词是由本·伯南克和本书作者造出来的。

实际上，通货膨胀目标制恰恰可以这样来描述。实践中真正的通货膨胀目标制绝不是僵化的，而且最好叫作“灵活通货膨胀目标制”。第一，通货膨胀目标制没有简单而机械地规定中央银行应该如何实施货币政策。相反，它要求中央银行使用所有可得信息来决定怎样的政策行动有助于实现通货膨胀目标。与单一政策规则不同，通货膨胀目标制从不要求中央银行只聚焦一个关键变量。第二，实践中的通货膨胀目标制包含相当程度的政策裁量权。正如我们所看到的，通货膨胀目标一直根据经济情况进行修订。而且，通货膨胀目标制下的中央银行为自己通过多种手段来应对产出增长和波动留出了可观的回旋余地。

可能增大产出波动性　对通货膨胀目标制的一条重要的批评意见是，当通货膨胀高于目标时，只关注通货膨胀可能导致货币政策过紧，从而造成更大的产出波动。然而，通货膨胀目标制并不要求只关注通货膨胀——事实上，经验表明实行通货膨胀目标制的中央银行也对产出波动表现出了极大的关注。所有通货膨胀目标制国家都将通货膨胀目标设定为大于零。① 例如，新西兰、加拿大、英国、瑞典目前设定的通货膨胀目标中间值是 2%，澳大利亚的中间值被设定为 2.5%。

通货膨胀目标制定者决定通货膨胀目标大于零，反映了货币政策制定者的担忧，即特别低的通货膨胀可能对实际经济活动造成巨大的负面影响。通货紧缩（实际物价水平下降，通货膨胀率为负）尤其是要担心的，因为有可能引起金融不稳定，并造成严重的经济收缩（第 12 章讨论过）。近年来日本的通货紧缩一直是削弱日本金融体系和经济的一个重要因素。设定一个大于零的通货膨胀目标，让出现通货紧缩时期的可能性更小。这也是日本国内外的一些经济学家呼吁日本银行采用 2%的通货膨胀目标的一个原因，最终日本银行在 2013 年采纳了他们的建议。

通货膨胀目标制也没有忽视传统的稳定目标。通货膨胀目标制国家的央行行长们不断表达他们对产出和就业波动的关注，并强调有能力追求某种程度的短期稳定化目标，这本来就是所有通货膨胀目标制所内置的。所有通货膨胀目标制国家都愿意通过朝着长期目标方向逐渐降低中期通货膨胀目标的方式，最小化产出的下降。

低经济增长　对通货膨胀目标制的另一个普遍的担忧是，它会导致产出和就业的低增长。在通货膨胀目标制下，虽然在遏制通货膨胀的过程中，通货膨胀降低伴随着产出低于正常水平，但是一旦实现了低水平通货膨胀，产出和就业就会回归到至少和以前一样的水平。一个保守的结论是，一旦实现了低通货膨胀，通货膨胀目标制就不会危害到实体经济。许多采用通货膨胀目标制的国家（例如新西兰）在遏制住通货膨胀之后经济增长强劲，有鉴于此，可以得出结论：通货膨胀目标制不仅控制了通货膨胀，而且促进了实际经济增长。

---

① 研究表明，消费者物价指数在测量实际通货膨胀时有正的偏差，所以通货膨胀目标被设置为大于零并不奇怪。然而，实际目标一直被设定为超过测量偏差的估计值，说明通货膨胀目标制定者所决定的通货膨胀目标即使在考虑了测量偏差以后也仍然大于零。

16.5 美联储货币政策战略的演进

目标 16.5 明确美联储货币政策战略长期以来的关键变化。

美联储的货币政策战略随时间推移而演进。我们首先讨论美联储在本·伯南克就任美联储主席之前的货币政策战略，之后来看从 2012 年 1 月开始货币政策是怎样逐步演变成灵活通货膨胀目标制的。

美联储“尽管去做”的货币政策战略

从 20 世纪 80 年代中期一直到 2006 年本·伯南克就任美联储主席之前，联邦储备体系实现了卓越的宏观经济成就（包括稳定的低通货膨胀），而且没有使用明确的名义锚（例如通货膨胀目标）。虽然联邦储备体系没有明确公布其战略，但是在实施货币政策时的确存在一个连贯的战略。该战略中的名义锚是隐性的而非明确的，这就是联邦储备体系对于控制长期通货膨胀的压倒一切的关注。另外，该战略还包括审慎监控未来通货膨胀信号的前瞻性行为，利用广泛信息以及货币政策周期性的“先发制人”来应对通货膨胀威胁。

正如米尔顿·弗里德曼所强调的，货币政策效应有很长的时滞。对那些有着低通货膨胀历史的工业化国家来说，通货膨胀过程似乎有巨大的惯性：例如，大型宏观经济计量模型对美国经济的估计值表明，货币政策需要一年多的时间才能影响产出，需要两年以上的时间才能对通货膨胀产生显著影响。对一些通货膨胀非常多变因而物价更加灵活的国家来说，时滞会短一些。

存在较长时滞，意味着货币政策不能等到通货膨胀出现后再做出反应。如果中央银行等到通货膨胀已经十分明显时再采取行动，要保持稳定的价格就将太晚了，至少可以说，如果没有严厉的紧缩政策，将难以稳定物价：通货膨胀预期将已经嵌入工资和价格的决定过程中，产生难以停止的通货膨胀动力。一旦任由通货膨胀动能积聚，要控制通货膨胀就更加困难了，因为更高的通货膨胀预期已经根深蒂固地体现在各种类型的长期合约和价格协议中了。

因此，为了防止发生通货膨胀，货币政策必须是前瞻性的并且先发制人。也就是说，根据货币政策和通货膨胀之间的时滞，货币政策必须在经济出现通货膨胀压力之前行动。例如，假定货币政策大概需要两年才能显著地影响到通货膨胀。在这种情况下，即使现在通货膨胀率很低，政策制定者如果认为在货币政策立场不变的情况下，通货膨胀率会在两年后上升，那么现在就必须紧缩货币政策，阻止通货膨胀上升。

在艾伦·格林斯潘和本·伯南克的领导下，联邦储备体系成功地实施了先发制人的货币政策。例如，在 1994—1995 年间，美联储在通货膨胀上涨迹象显露之前就提高了利率。结果，通货膨胀率不仅没有上升，反而下降了一点儿。美联储对经济下滑也同样先发制人。例如，2007 年 9 月在全球金融危机刚爆发时，美联储就开启了宽松的货币政策，尽管当时经济还强劲增长且通货膨胀还在上升。（然而在这种情况下，美联储的先发制人政策已不足以克服金融市场崩溃对经济造成的严重负面冲击。）这种先发制人的具有前瞻性的货币政策战略显然也是通货膨胀目标制的一个特征，因为货币政策工具调整已经考虑了其对通货膨胀的影响有着较长的时滞。

不过，全球金融危机以前的美联储的政策制度可能最好被说成是“尽管去做”政策，而且它与通货膨胀目标制不同，因为没有官方规定的名义锚，透明度差很多。然而，由于美联储的“尽管去做”方法具有通货膨胀目标制的一些重要元素，所以同样也有许多优点。同通货膨胀目标制一样，中央银行利用许多信息来源来决定货币政策的最佳设置。美联储的前瞻性行为以及强调物价稳定，有助于阻止过度扩张的货币政策，从而改善时间不一致性问题。

然而，尽管很成功，美联储的“尽管去做”方法也有一些缺点。首先是缺少透明度。美联储对它的意图缄口不言，使得市场不断猜测未来的政策行动。这种高度的不确定性导致了金融市场的不必要波动，在生产者和普通公众中间造成了对未来通货膨胀和产出进程的疑虑。而且，美联储的政策制定晦涩模糊使得国会和普通公众难以向联邦储备体系问责：如果没有预先设定美联储表现的判断标准，就不能要求美联储对其决策负责，这种缺乏责信度与民主原则不符。低责信度也可能使中央银行更易受时间不一致性问题的影响，由此可能牺牲长期目标而去追求短期目标。

走向通货膨胀目标制的漫长之路

1987—2006年期间担任美联储主席的艾伦·格林斯潘对于提高美联储透明度并不热衷。因此，即使“尽管去做”方法有缺点，即使自1991年以来通货膨胀目标制取得了成功，格林斯潘还是反对采用通货膨胀目标制，并且在1996年一次FOMC会议上撤销了这个发展方向的动议。2006年在伯南克就任美联储主席后，提高美联储透明度和通货膨胀目标制都得到了有力的支持（见走进美联储专栏“本·伯南克支持通货膨胀目标制”）。

就任联储主席后不久伯南克就明确表示，任何朝着通货膨胀目标制的发展动向都必须是FOMC内部达成共识的结果。之后，他成立了一个内部附属委员会，讨论联邦储备体系的沟通问题，其中就包括是否公布通货膨胀具体目标值的讨论。2007年11月，FOMC推出了新的沟通策略，将FOMC与会者的通货膨胀预测期延长到3年，朝着通货膨胀目标制的方向迈出了一步。在多数情况下，3年预测期足够长，“适当政策”下的通货膨胀预测可以反映每位与会者的通货膨胀目标，因为在3年时间跨度上通货膨胀应当向其长期目标收敛。①

① 参见 Frederic S. Mishkin, “Whither Federal Reserve Communications,” speech given at the Petersen Institute for International Economics, Washington, DC, July 28, 2008, http://www.federalreserve.gov/newsevents/speech/mishkin20080728a.htm。

16

2008 年 7 月，本书作者在联邦储备委员会任期内的最后一次讲话中提出，对通货膨胀目标做一些相对轻微的修正，就可以推动美联储向通货膨胀目标制前进一大步。美联储的第一个目标应当是延长通货膨胀目标的时间长度。要设置一个足够远的日期，以至于在那之前通货膨胀几乎确定可以收敛于其长期水平。2009 年 1 月，FOMC 采纳了这一建议，在对外公布 FOMC 与会者的预测中增加了“适当政策”下的长期通货膨胀预测。第二，FOMC 与会者应当乐于就单一的使命一致性通货膨胀目标值达成共识。第三，FOMC 不应当修改通货膨胀目标，除非有可靠的科学依据支持这样做。加上这样两个调整后，长期通货膨胀预测事实上就相当于对外公布了通货膨胀目标的具体数值，从而成为一个灵活版的通货膨胀目标制。2010 年 10 月，时任美联储主席伯南克在演讲中主张的正是这种方法。① 但他没能说服 FOMC 的同事们予以采纳。

2010 年，当珍妮特·耶伦离任旧金山联邦储备银行行长、就任联邦储备委员会副主席一职时，伯南克从此有了一个支持通货膨胀目标制的强大同盟，占据联邦储备体系的第二大权力位置。2010 年 10 月，伯南克任命耶伦为内部附属委员会主席，采用通货膨胀目标制已经为期不远。2012 年 1 月 25 日，FOMC 发布《长期目标与货币政策战略报告》②，终于转向了通货膨胀目标制。在该报告（每年 1 月份更新）中，FOMC 同意实施单一的、量化的通货膨胀目标，即 2% 的个人消费支出（personal consumption expenditure，PCE）平减指数（第 1 章附录有讨论）。不过，该报告也明确指出，美联储实施的是灵活通货膨胀目标制，与其双重目标保持一致，因为它不仅寻求实现通货膨胀目标，而且也会强调促进可持续的最大就业。

美联储不是唯一缓慢转向通货膨胀目标制的中央银行。全球视野专栏“欧洲中央银行的货币政策战略”说明，欧洲中央银行实施的也是一种弱式通货膨胀目标制。

走进美联储　本·伯南克支持通货膨胀目标制

本·伯南克是享誉世界的货币政策专家，他在学术界工作时，在通货膨胀目标制领域论著颇丰。他在普林斯顿大学任教时，曾与本书作者合作了多篇论文和一部著作，认为通货膨胀目标制会是美联储的重大进步，而且出于前述的许多原因，可以产生更好的经济结果。[a]

2002—2005 年伯南克担任美联储主席期间，继续坚定地支持通货膨胀目标制。在 2004 年圣路易斯联邦储备银行会议的一次重要演讲中，他阐明了联邦储备体系应如何逐步实施通货膨胀目标制：美联储应当公布长期通货膨胀目标的具体数值。[b] 伯南克强调公布这样一个通货膨胀目标完全符合美联储实现物价稳定与最大就业的双重使命（原因是通货膨胀目标要设

---

① 参见 Ben S. Bernanke，“Monetary Policy Objectives and Tools in a Low-Inflation Environment,” speech given at the Federal Reserve Bank of Boston's conference，Revisiting Monetary Policy in a Low-Inflation Environment，October 15，2010。

② 这些报告可以访问以下网站查询：http://www.federalreserve.gov/monetarypolicy/default.htm。

定在零以上，以避免出现会危害就业的通货紧缩），因而可以称作使命一致性通货膨胀目标（mandate-consistent inflation objective）。此外，本意上通货膨胀目标不会是一个短期目标，不大可能引起过紧控制通货膨胀付出过高就业波动的代价。

a. Ben S. Bernanke and Frederic S. Mishkin, "Inflation Targeting: A New Framework for Monetary Policy," *Journal of Economic Perspectives*, vol. 11, no. 2 (1997); Ben S. Bernanke, Frederic S. Mishkin, and Adam S. Posen, "Inflation Targeting: Fed Policy After Greenspan," *Milken Institute Review* (Fourth Quarter, 1999): 48-56; Ben S. Bernanke, Frederic S. Mishkin, and Adam S. Posen, "What Happens When Greenspan is Gone," *Wall Street Journal*, January 5, 2000, A22; and Ben S. Bernanke, Thomas Laubach, Frederic S. Mishkin, and Adam S. Posen, *Inflation Targeting: Lessons from the International Experience* (Princeton, NJ: Princeton University Press 1999).

b. Ben S. Bernanke, "Inflation Targeting," Federal Reserve Bank of St. Louis, *Review* 86, no. 4 (July/August 2004): 165-168.

全球视野　欧洲中央银行的货币政策战略

欧洲中央银行（ECB）向通货膨胀目标制的转变过程也很缓慢，采取一种混合型货币政策战略，其中包含通货膨胀目标制的某些元素。[a] 在欧央行1999年全面投入运作前不久，欧洲中央银行理事会将物价稳定定义为通货膨胀率低于2%。然而，2003年5月，欧央行将中期通货膨胀目标确定为"低于但接近2%"。欧央行的战略有两个关键"支柱"。首先，货币和信贷总量是根据"它们对未来通货膨胀和经济增长的影响"来评估的。其次，许多其他经济变量被用于评估未来经济展望。

欧央行的战略多少有些不清晰，并因此而饱受批评。虽然通货膨胀"低于但接近2%"听上去很像通货膨胀目标制，但欧央行多次重申自己没有通货膨胀目标。这家中央银行似乎想要通过不严格承诺通货膨胀目标制战略的方式，达到鱼与熊掌兼得的目标。结果造成了难以评价欧央行的战略，有可能降低了这种制度的责信度。

a. 对于欧央行对货币政策战略的描述，可以登录欧央行网站查看：http://www.ecb.int。

16

16.6　全球金融危机对货币政策战略的启示

目标16.6　列举来自全球金融危机的四点启示，讨论其对于通货膨胀目标制的意义。

在之前的章节我们讨论了全球金融危机的发展过程，为经济学家和政策制定者提供了有关经济如何运行的四点启示①：

1. 金融部门发展对经济活动的影响远远超出我们之前的认识。如我们在第12章看到的，金融摩擦可能对经济周期波动产生重大影响，虽然危机前经济学家和政

① 有关全球金融危机对货币政策战略的启示的更详细讨论，参见Frederic S. Mishkin, "Monetary Policy Strategy: Lessons from the Crisis," in Marek Jarocinski, Frank Smets, and Christian Thimann, eds., *Monetary Policy Revisited: Lessons from the Crisis*, Sixth ECB Central Banking Conference (Frankfurt, Germany: European Central Bank, 2011), 67-118。

策制定者们已经普遍认识到这一点，但全球金融危机充分表明，金融震荡对经济活动产生的负面效应远比当初预想的更糟糕。

2. 利率有效下限可能是一个严重的问题。第 15 章已经介绍过，不仅是自危机以来，而且在 2003—2006 年期间以及新冠疫情期间，利率有效下限迫使美联储不得不动用非常规货币政策工具。虽然这些非常规工具有助于刺激经济，但它们使用起来比常规工具更为复杂，对经济的影响更不确定，因此可能更难有效运用。

3. 金融危机后的清理成本非常高。第 12 章已经介绍过，金融危机后面紧跟着严重的经济衰退。此外，从金融危机中复苏的进程非常缓慢。卡门・莱因哈特（Carmen Reinhart）与文森特・莱因哈特（Vincent Reinhart）用文献证明了，金融危机后十年间的经济增长率显著更低，同期失业率则持续保持更高。此外，金融危机后政府负债几乎总是急剧增加，而且可能引发政府债务违约，最近一场金融危机后，这已经成为欧洲的重大担忧。①

4. 物价和产出稳定不能保证金融稳定。在最近这场金融危机之前，学术界和中央银行都有一种常见观点，即认为实现物价和产出稳定可以促进金融稳定。然而，2007 年以前，中央银行成功地稳定了通货膨胀，减少了经济周期波动的反复无常，成就了所谓的大缓和（Great Moderation），但并没有使经济免于金融不稳定。事实上，有可能还提升了不稳定。通货膨胀和产出波动的双重缓和给市场参与者造成了经济体系当前风险较低的错觉，使得他们承担了过多风险，从而助燃了全球金融危机。

16

这些启示对于货币政策战略而言有什么意义呢？我们首先考虑这些启示如何影响我们对于通货膨胀目标制的看法，之后再来看中央银行应当如何应对资产价格泡沫。

对于通货膨胀目标制的意义

本章前面介绍了支持通货膨胀目标制的观点，上述启示与这些观点之间不存在冲突。虽然对通货膨胀目标制战略的支持没有因为吸取金融危机的教训而削弱，但这些启示的确说明通货膨胀目标制需要增加灵活性，并在一些方面予以调整。我们首先来看这些启示对于通货膨胀目标水平的意义。

通货膨胀目标水平　本章前面已经介绍过，中央银行通常会将通货膨胀目标定在 2%左右。有效下限问题的严重性提出了这样的疑问：该目标水平是否太低？国际货币基金组织（IMF）的研究者们，包括其首席经济学家奥利弗・布兰查德

① 参见 Carmen M. Reinhart and Vincent R. Reinhart，"After the Fall，" *Macroeconomic Challenges*：*The Decade Ahead*，Federal Reserve Bank of Kansas City Economic Symposium，2010，manuscript available at http://www.kansascityfed.org；and Carmen M. Reinhart and Kenneth S. Rogoff，*This Time Is Different*：*Eight Centuries of Financial Folly*（Princeton，NJ：Princeton University Press，2009）。

（Olivier Blanchard）在内，在一篇论文中提出通货膨胀目标或许应从 2%提高至 4%。[①] 这一观点引起了广泛争议。该论文认为，如果将通货膨胀预期锚定在 4%的目标上，那么名义利率降至有效下限（比如 0）后，实际利率 $i_r = i - \pi^e$ 可以降低至－4%（＝0－4%），而不是 2%通货膨胀目标水平下的－2%（＝0－2%）。当利率跌至有效下限的最底限时，调整名义政策利率的常规货币政策工具可以比低通货膨胀目标情况下更具扩张性。换句话讲，在更高的通货膨胀目标下，有效下限问题对政策利率的约束力会更小。

虽然这种观点从理论上看是正确的，提高通货膨胀目标的确有益，但我们还是要看一下成本。只有出现有效下限问题时，提高通货膨胀目标的积极作用才会显现。虽然这在全球金融危机期间是个主要问题，但并非经常出现。如果有效下限问题很少出现，那么高通货膨胀目标的好处就没有那么大，因为能用的时候不多。但本章前面提到，提高通货膨胀造成经济中的种种扭曲，这种成本却是持续存在的。由此可见，虽然这些成本在一年里可能没有那么大，但随着时间的推移逐渐累积，它们就会超过高通货膨胀目标在有效下限问题出现时才断断续续体现出来的收益。

更高通货膨胀目标的另外一个问题在于，通货膨胀历史表明，将通货膨胀率稳定在 4%比 2%更难。一旦通货膨胀率超过这一水平，公众可能就会认为物价稳定不再是中央银行的可靠目标了。于是问题就出现了，如果 4%的通胀水平是可以的，那么 6%、8%或者其他通货膨胀率为什么不行？事实上，20 世纪 60 年代的情况似乎就是如此，当时麻省理工学院的保罗·萨缪尔森（Paul Samuelson）和罗伯特·索洛（Robert Solow）（两位后来都获得了诺贝尔经济学奖）等经济学家提出，政策制定者应当容忍 4%～5%的更高通货膨胀率区间。但是当通货膨胀率提高到那个水平时，政策当局无法控制其停在那个水平上，通货膨胀率继续上升，到 20 世纪 80 年代初升至两位数的水平。沃尔克时期为了将通货膨胀率恢复到之前的水平，付出了高昂的代价。没有哪个央行行长想再经历一次那样的过程，这就是他们对 IMF 研究者的建议充满敌意的原因。

虽然央行行长们不支持将通货膨胀目标提高到 2%的水平以上，但有效下限问题表明让通胀预期跌到 2%以下可能代价很高：在负面冲击重创经济以后，当利率达到有效下限时，就会提高实际利率。

尽管美联储采用 2%的通胀目标，但此后有许多年份通货膨胀一直在 2%下方运行，所以美联储开始担心通货膨胀持续向下偏离 2%的目标会导致通货膨胀预期降到 2%以下。因此，美联储对其货币政策战略进行了专门研究，随后杰罗姆·鲍威尔在 2020 年 8 月宣布将美联储的通货膨胀目标修正为平均 2%的目标，替代了年度 2%目标。这一修正是如何改变美联储的货币政策战略的，参见走进美联储专栏

① Olivier Blanchard，Giovanni Dell' Ariccia，and Paolo Mauro，"Rethinking Monetary Policy，" *Journal of Money，Credit and Banking* 42，no. S1（September 2010）：199-217.

“美联储新的货币政策战略：平均通货膨胀目标制”。

通货膨胀目标制的灵活性 我们已经注意到，实践中真正的通货膨胀目标制被称为“灵活通货膨胀目标制”更为恰当。然而，在全球金融危机之前，为了达到促进产出稳定和物价稳定的目的，这种灵活性还允许通货膨胀短期偏离其目标水平。金融危机的两个教训，即金融震荡会对经济造成破坏性打击以及物价稳定和产出稳定无法确保金融稳定，使我们认识到无论是在设计通货膨胀目标制时还是在任何货币政策框架中，中央银行都需要更多关注金融稳定。在这方面，尤为重要的问题是中央银行应当如何应对资产价格泡沫，下面就要讨论这一问题。

走进美联储 **美联储新的货币政策战略：平均通货膨胀目标制**

美联储最初的通货膨胀点目标是2%，特点是“过去的就过去了”，也就是说，无论过去通货膨胀情况怎么样，都要继续努力达到年度2%的通货膨胀率。2020年8月美联储公告称现在新目标是2%的平均通货膨胀率，意味着“过去的不再是过去了”，因为历史通货膨胀会影响其短期目标。一方面，如果通货膨胀过去一直在2%目标水平的下方运行（如同2020年之前的情形），那么平均通货膨胀就会降至2%以下，于是为了将平均值提升回到2%，美联储就要设法实现短期通货膨胀率超过2%。这就要求美联储执行比修正前更加宽松的货币政策。另一方面，如果通货膨胀过去一直高于2%，那么美联储就要暂时性地瞄准低于2%的通货膨胀率，执行更加紧缩的货币政策。

新货币政策战略有两个主要优点。第一，它使得通货膨胀预期滑降到2%的水平以下的可能性降低，因为执行宽松的货币政策慢慢地会把过去向下偏离目标的部分弥补回来。新货币政策战略的第二个优点在于，可以为经济生成一个自动稳定器。当发生负面冲击导致通货膨胀降到2%的目标下方时，平均通货膨胀目标制会要求美联储暂时提高通货膨胀到2%以上。那么通货膨胀预期就有可能暂时升高到超过2%的水平，由此自动降低了实际利率，即使美联储还没有或是尚无法调低联邦基金利率。

这个新货币政策战略有一个主要缺点。如果美联储暂时允许通货膨胀升高到2%以上，或许会有美联储不再致力于长期保持通货膨胀在2%水平上的担心。为了避免这个问题，美联储就需要让公众相信：向上偏离2%的通货膨胀目标不会削弱美联储将长期通货膨胀稳定在2%水平上的承诺。

16.7 中央银行是否应制止资产价格泡沫?

目标16.7 总结关于中央银行应对资产价格泡沫政策的正反两方观点。

几个世纪以来，经济中时而会出现**资产价格泡沫**（asset-price bubbles），即资产价格脱离其基础价值而显著上升，或称“泡沫”，最终会突然破裂。第12章所介绍的全球金融危机说明了这些泡沫会多么昂贵。房地产市场资产价格泡沫破裂摧毁了金融体系，导致经济下滑、失业率上升，给很多家庭带来了直接困难（被剥夺抵押品赎回权后被迫流离失所）。

资产价格泡沫高昂的经济成本提出了如下问题：中央银行应当怎么办？是否应当动用货币政策戳破泡沫？能否采取监管措施来驾驭资产价格泡沫？要回答这些问题，我们需要探讨是否存在不同种类的泡沫，要求我们做出不同的反应。

两种类型的资产价格泡沫

要探讨中央银行对资产价格泡沫的反应，首先应当观察不同类型的泡沫以及每种泡沫适合的解决方法。资产价格泡沫有两种类型：一类是由信贷所驱动的，另外一类则完全来自过分乐观的预期（艾伦·格林斯潘称之为“非理性繁荣”）。

信贷驱动型泡沫　当信贷繁荣开始时，资产价格泡沫可能就开始形成了。唾手可得的信贷资金可能被用于购买特定资产，推高其价格。资产价值上升后，又会鼓励更多贷款投向这些资产，要么是由于提高了抵押品的价值，使借款更加容易；要么是由于提高了金融机构资本的价值，使其放贷能力随之扩张。围绕这些资产的贷款进一步增加了资产需求，致使其价格节节攀升。这个反馈回路（即信贷繁荣推高了资产价格，进而为信贷的更加繁荣推波助澜，导致资产价格进一步升高，就这样周而复始）导致资产价格超过其基础价值，产生了泡沫。

近来的全球金融危机表明，信贷驱动型泡沫十分危险。当资产价格回归正常而泡沫破裂时，资产价格暴跌导致“反馈回路”逆转，即贷款出现损失，贷款人削减信贷供给，资产需求进一步萎缩，价格下跌更多。全球金融危机期间的房地产市场就上演了这样一幕。在次级抵押贷款的信贷繁荣驱动下，房地产价格暴涨，远远超过其基础价值，但随着房价暴跌，信贷萎缩，房价一落千丈。

由此产生的次级抵押贷款和次级抵押证券损失，侵蚀了金融机构的资产负债表，导致信贷水平下降（去杠杆化）以及企业和家庭支出急剧减少，进而引发经济活动萎缩。在全球金融危机期间，房地产价格泡沫崩溃后，房地产价格和金融机构健康程度之间相互影响，危害了整个金融体系的运行，造成了可怕的经济后果。

单纯由非理性繁荣所驱动的泡沫　这类泡沫完全来自过分乐观的预期，与信贷繁荣无关，对金融体系造成的风险要小得多。例如，20 世纪 90 年代末的科技股泡沫没有信贷火上浇油，科技股泡沫崩溃后没有跟随出现金融机构资产负债表明显恶化。因此，科技股泡沫破裂没有对经济产生十分严重的影响，随后而来的经济衰退相当和缓。因此，单纯由非理性繁荣所驱动的泡沫的危险性远远小于信贷繁荣所驱动的泡沫。

关于中央银行是否应当设法刺破泡沫的辩论

由于资产价格是货币政策传导的主要渠道，而且直接影响其效果（第 25 章将讨论货币政策传导机制），所以货币政策当然需要对资产价格泡沫做出反应，以获

16

得通货膨胀和产出方面的好结果。然而，问题不在于货币政策是否应当对资产价格变化做出反应，而在于是否应当除了稳定通货膨胀和就业目标所需的反应水平之外还要有所反应。为了使资产价格泡沫破裂对经济的破坏力最小化，货币政策应当刺破还是延缓潜在资产价格泡沫的增长？或者说，货币当局是否应当只对泡沫破裂后的资产价格下跌做出反应，以便稳定产出和通货膨胀，而不是直接对可能的资产价格泡沫做出反应？这两种相反的观点分别被称为压制泡沫和泡沫崩溃后清理，所以围绕资产价格泡沫应对策略的争论就被称作“压制对清理”之辩。

全球金融危机以前，关于中央银行是否应当刺破泡沫曾有激烈辩论，艾伦·格林斯潘明确反对这种做法。危机前，格林斯潘的立场在中央银行界极具影响力。然而，这场危机让经济学家们重新评估该观点，下面我们来看支持方和反对方的理由。

反对方观点：为什么中央银行不应刺破资产泡沫，而是应当等到泡沫破裂后采取清理行动？ 艾伦·格林斯潘提出中央银行不应当采取刺破泡沫行动，被称为“格林斯潘信条”。他的理由有5点：

1. 资产价格泡沫几乎无法确认。如果中央银行或者政府官员认为泡沫正在发展中，难道市场参与者不知道吗？如果知道，那么泡沫不可能会变大，因为市场参与者会发现价格已经脱离其基础价值。除非中央银行或者政府官员比市场参与者更精明（根据常识这不太可能，市场参与者都是特别有才华而且高收入的），否则他们不可能发现这类泡沫正在发生。因此，有很强的理由相信，不应当对可疑的泡沫做出反应。

2. 虽然一些经济分析师认为加息可以抑制资产价格上升，但加息可能无助于消除泡沫，因为市场参与者预期可以从购买泡沫驱动型资产中获取如此高的回报率。并且，人们发现加息经常会导致泡沫突然崩溃，从而加剧对经济的破坏力。另外一种解读是，泡沫是脱离正常价格变动的情况，指望用常规货币政策工具来有效应对异常状况是不现实的。

3. 资产价格有很多种，任意时点都可能有泡沫出现在某个局部资产市场上。在这种情况下，货币政策行动是非常鲁莽的工具，因为这些行动有可能会影响整体资产价格，而非正在体验泡沫生成的特定资产。

4. 刺破泡沫的货币政策行动会危及整体经济。如果为消灭泡沫而大幅度提高利率，经济将放缓，人们会失业，通货膨胀可能会降到理想水平之下。事实上，正如理由2和理由3所讲的，刺破泡沫需要利率上升到如此之高，以至于唯有工人们和经济付出巨大代价才能做到。这并不是说货币政策不应当对资产价格本身做出反应。我们在第25章会看到，资产价格水平的确会影响总需求和经济运行。如果资产价格波动影响到了通货膨胀和经济活动，货币政策就应当做出反应。

5. 资产泡沫破裂以后，只要货币政策制定者能够及时做出反应，积极地放松货币政策，泡沫破裂的破坏效应就能保持在可控水平。事实上，格林斯潘时期的美联储在1987年股票市场暴跌和2000年高科技股泡沫破裂后就是这样做的。1987年和2000年股票市场泡沫破裂后的积极宽松政策非常成功。1987年股市暴跌后经济没有进入衰退，2000 年高科技股泡沫破裂后的经济衰退也十分温和。

支持方观点：为什么中央银行应当刺破泡沫？　最近的金融危机有力地证明了，信贷驱动型泡沫的崩溃不仅会使得经济付出巨大代价，而且非常难以清理。并且，即使前期物价和产出稳定，信贷驱动型泡沫也会产生。事实上，我们已经了解到，物价和产出稳定有可能鼓励了信贷驱动型泡沫，因为它们使市场参与者低估了经济中存在的风险数量。全球金融危机有力地支持了应当压制潜在泡沫，而不能等到泡沫破裂后再去清理。

然而，两类泡沫之间的区别，一类泡沫（信贷驱动型泡沫）引发的经济成本远远超过另一类，意味着“压制对清理”之辩可能是不恰当的。不是压制潜在的资产价格泡沫（既包括信贷驱动型泡沫也包括非理性繁荣型泡沫），更有力的观点应当是压制信贷繁荣，即要压制信贷驱动型资产价格泡沫，不包括由非理性繁荣所驱动的资产价格泡沫。信贷繁荣比资产价格泡沫更容易确认。如果在信贷繁荣的同时资产价格泡沫迅速积聚，那么资产价格偏离其基础价值的可能性变大，因为信贷标准放松会推高资产价格。在这种情况下，中央银行或政府官员更有可能确认信贷繁荣正在进行。美国房地产市场泡沫期间就是这样，此时中央银行和政府官员注意到贷款人放松了贷款标准，而且抵押市场的信贷水平异常高速地扩张。

压制信贷驱动型泡沫的理由十分充足，但在压制泡沫时，什么政策最有效呢？

宏观审慎政策　首先，很重要的一点是，在制定有效压制信贷繁荣的政策时，要看到关键原则在于这一政策必须抑制过度风险承担。只有在风险承担过多时，信贷繁荣才可能发生，所以自然要依靠审慎的监管措施来抑制信贷繁荣。影响信贷市场总体运行的监管政策被称为**宏观审慎管理**（macroprudential regulation），它看起来确实是抑制信贷驱动型泡沫的恰当工具。

中央银行或者其他政府机构实施的金融监管，具备高效审慎监管体系的各种有用要素（如第 10 章所述），可以防止过度风险承担（这可能触发信贷繁荣，进而导致资产价格泡沫）。这些要素包括充分信息披露、资本金要求、即时整改行动、密切监督金融机构的风险管理程序和合规行为。更一般地，监管应当重点防止“杠杆周期”。正如全球金融危机所显示的，信贷繁荣中，资产价格上升导致金融机构有更多资本缓冲，在资本金要求不变的条件下可以支持更多贷款，从而进一步拉升资产价格，依此类推；在萧条时，资本价值急剧下跌，导致贷款减少。逆周期的资本金要求在繁荣时向上调整而在萧条时向下调整，可能有助于消除那些促进信贷驱动型泡沫的恶性反馈回路。

信贷繁荣中资产价格迅速上升传递了一个信号，即市场失灵或金融监管不力可能会导致泡沫形成。这时，中央银行和其他政府监管机构可以考虑实施直接控制信贷增长的政策，或者采取确保信贷标准足够高的措施。

货币政策　第 12 章曾讨论过，紧随 2002—2005 年美联储低利率政策而来的是过度风险承担，说明过度宽松的货币政策可能导致金融不稳定。虽然美联储是否应对房地产市场泡沫负责尚不明确，但研究结果的确表明，低利率会刺激过度冒险行为，这被称为“货币政策的风险承担渠道”。低利率会提高金融机构资产管理者寻求高收益的动力，因而提高了风险承担。低利率也会提高对资产的需求，提升了资产价格并导致抵押品价值增加，从而鼓励贷款者向风险更高的借款人放款。

货币政策的风险承担渠道说明货币政策应当被用来压制信贷繁荣。然而，格林斯潘信条中反对用货币政策刺破泡沫的许多理由仍然是合理的，那么用宏观审慎监管来抑制信贷繁荣，保持货币政策对物价和产出稳定的关注是否更好？

如果宏观审慎政策可以胜任这一工作，那么上述观点就非常正确。然而，对这一点还存在着质疑。审慎监管承受的政治压力比货币政策要大，因为它更加直接地影响着金融机构的底线。于是，这些金融机构有更大的动力去游说政治家反对旨在抑制信贷繁荣的宏观审慎政策，特别是在信贷繁荣时期当它们赚取最多利润的时候。此外，正如我们在第 11 章所介绍的，金融机构非常擅长“钻空子”来规避监管，所以宏观审慎监管可能不会有效。宏观审慎政策可能无法得以很好地贯彻实施来抑制信贷繁荣，这意味着还是需要货币政策发挥作用。

来自全球金融危机的一个重要教训是，中央银行和其他监管机构不应当采取自由放任的态度，让信贷驱动型泡沫继续发展而无所作为。然而，琢磨清楚怎么做好这件事，确实是个艰巨的任务。

16.8 战术：选择政策工具

16

目标 16.8 描述并评价选择政策工具的四个标准。

我们已经熟悉了实施货币政策的各种战略，下面来了解货币政策每天是怎样操作的。中央银行直接控制各种货币政策工具（公开市场操作、法定准备金要求、贴现率、准备金利息、大规模资产购买和前瞻性指引），但知道了实施货币政策的战略和工具，还不能告诉我们政策是宽松的还是紧缩的。要确定政策是宽松的还是紧缩的，可以观察**政策工具**（policy instrument，也被称为**操作工具**，operating instrument），它是指对中央银行工具做出反应并反映货币政策立场（宽松或者紧缩）的变量。美联储等中央银行可以选择的政策工具有两种类型：准备金总量（准备金总额、非借入准备金、基础货币和非借入基础货币）与利率（联邦基金利率和其他短期利率）。（小国中央银行可以选择另外一种政策工具——汇率，我们将在第 18 章探讨这一问题。）政策工具与货币总量（如 M2）或长期利率等**中介指标**（intermediate target）联系在一起。中介指标介于政策工具与货币政策目标（例如物价稳定、产出增长）之间，中介指标不那么直接被货币政策工具影响，但会与货币政策目标联系更为密切。为了辅助学习，图 16-2 扼要描述了货币政策工具、政策工具、中介指标与货币政策目标之间的联系。

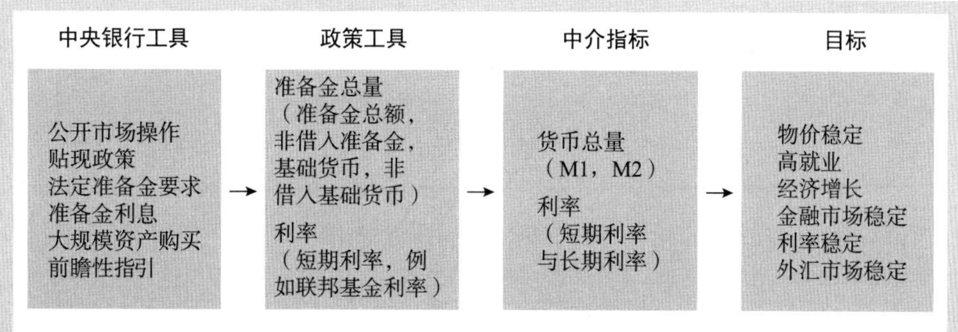

图 16-2　中央银行工具、政策工具、中介指标与货币政策目标之间的联系

中央银行工具可以调整政策工具，从而实现中介指标和货币政策目标。

举例来说，假定中央银行的就业和通货膨胀目标与 5%的名义 GDP 增长率一致。中央银行可能相信 5%的名义 GDP 增长率将通过 M2 增长率 4%（中介指标）来实现，这又可以通过非借入准备金增长率 3%（政策工具）来实现。或者，中央银行可能认为实现这一目标的最佳方式是将联邦基金利率（政策工具）设定为 4%。中央银行能否同时选择非借入准备金和联邦基金利率两个指标作为政策工具呢？答案是否定的。使用第 15 章的准备金市场供求分析，可以解释为什么中央银行只能选择其中一个指标。

首先，我们来看一下，为什么选择总量指标就意味着放弃控制利率。图 16-3 给出了准备金市场的供给-需求图。虽然中央银行预计准备金需求曲线在 R^{d*}，但其实是在 $R^{d'}$ 与 $R^{d''}$ 之间波动，原因是存款的意外波动（进而影响到法定准备金）以及银行持有超额准备金意愿的改变。如果中央银行的非借入准备金指标为 NBR^*（假定的，因为中央银行设置的货币供给增长率指标为 4%），预计联邦基金利率为 i_{ff}^*。然而，如图所示，准备金需求曲线在 $R^{d'}$ 与 $R^{d''}$ 之间波动，将导致联邦基金利率在 i'_{ff} 与 i''_{ff} 之间波动。追求总量指标意味着利率将波动。

图 16-4 的供给-需求图说明了将利率指标设定为 i_{ff}^* 的结果。同样，中央银行预计准备金需求曲线在 R^{d*}，但其实是在 $R^{d'}$ 与 $R^{d''}$ 之间波动，原因是存款或银行持有超额准备金意愿的意外变动。如果需求曲线上升到 $R^{d''}$，联邦基金利率就会上升并超过 i_{ff}^*，中央银行将进行公开市场债券购买，直到将非借入准备金的供给提高到 NBR''，此时均衡联邦基金利率返回到 i_{ff}^*。相反，如果需求曲线下跌到 $R^{d'}$，联邦基金利率下跌，中央银行将保持公开市场出售，直到非借入准备金下跌到 NBR'，此时联邦基金利率返回到 i_{ff}^*。可见，中央银行坚持利率指标，则会引起非借入准备金和货币供给的数量波动。

供求分析的结论是：利率和准备金（货币）总量指标不兼容。中央银行可以使用其中任意一个指标，但不能同时使用两个指标。由于不得不在两者之间做出选择，我们需要考察选择政策工具时需要遵循的标准。

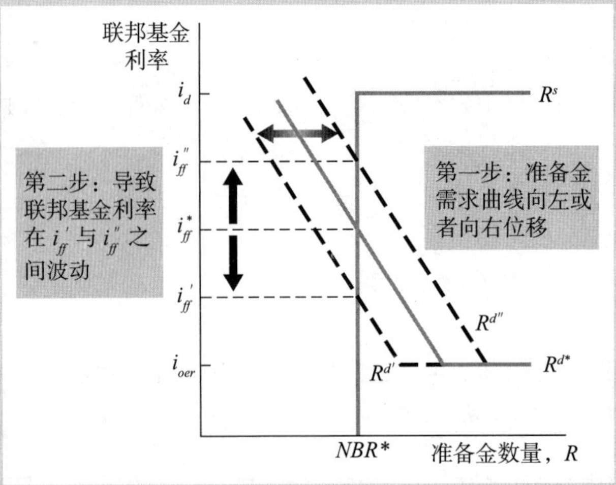

图 16-3　以非借入准备金为政策工具的结果

瞄准非借入准备金 NBR^*，由于对准备金的需求在 $R^{d'}$ 与 $R^{d''}$ 之间波动，将导致联邦基金利率在 i'_{ff} 与 i''_{ff} 之间波动。

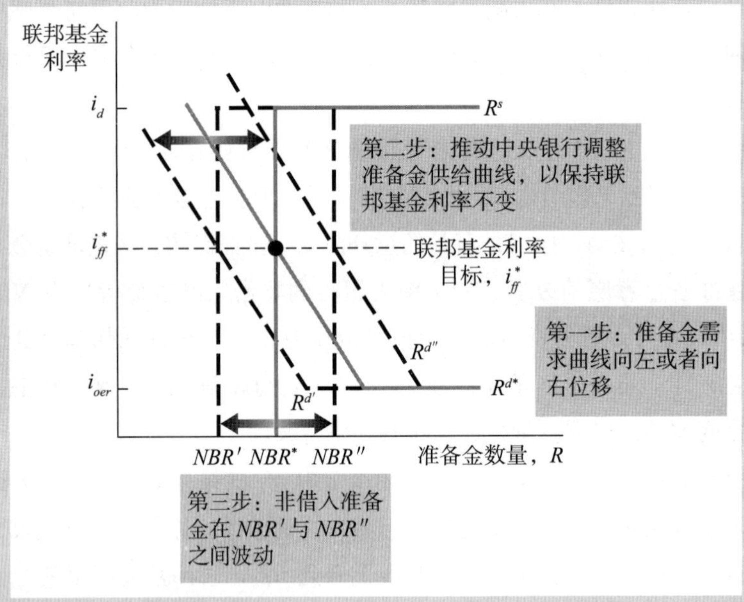

图 16-4　以联邦基金利率为政策工具的结果

瞄准利率指标 i^*_{ff}，将导致非借入准备金在 NBR' 与 NBR'' 之间波动，原因是准备金需求曲线在 $R^{d'}$ 与 $R^{d''}$ 之间波动。

选择政策工具的标准

中央银行选择政策工具时遵循三条标准：政策工具必须是可观察且可测量的、必须可以由中央银行控制以及必须对目标有着可预计的影响。

可观察性和可测量性　政策工具必须能够迅速发出有关政策立场的信号才是有

用的，所以迅速的可观察性和准确的测量是政策工具必不可少的。非借入准备金等准备金总量指标易于度量，但准备金总量的发布存在着一定时滞（两周时滞）。相反，联邦基金利率等短期利率不仅易于度量，而且可以立即观察到。因此，利率在可观察性和可测量性上似乎超过准备金，是更好的政策工具。

但我们在第 4 章了解到，便于观察和测量的利率是名义利率。它通常很难用来衡量借款的真实成本，而该成本可以较为可靠地反映实际 GDP 的变动情况。实际利率（$i_r=i-\pi^e$）即经过预期通货膨胀率调整的利率能更准确地测量借款的真实成本。遗憾的是，由于没有直接测量预期通货膨胀率的方法，因此实际利率的测量难度极大。既然利率和总量都存在可观察性和可测量性问题，那么哪一个更适合作为政策工具现在还不清楚。

可控性　一个指标要发挥政策工具的作用，中央银行必须能够对它实施有效的控制。如果中央银行不能控制政策工具，即使知道它已经偏离轨道也无济于事，因为中央银行无法使其回到正确轨道上来。

由于可以与现金相互转化，即使是非借入准备金等准备金总量，中央银行也不能对其施以完全的控制。相反，美联储可以紧紧地控制联邦基金利率等短期利率。因此，就可控性标准而言，短期利率可能优于准备金总量。然而，中央银行无法设定短期实际利率，因为它不能控制通货膨胀预期。因此，我们还是不能得到明确的结论：作为政策工具，是利率优于准备金总量，还是相反。

对目标有着可预计的影响　政策工具最重要的特征是，它必须对高就业率或者物价稳定等目标具有可预计的影响。如果中央银行能够准确而快速地度量中国的茶叶价格，并能够完全控制该价格，这有什么意义吗？中央银行不能用中国的茶叶价格去影响本国的失业率或者物价水平。因为政策工具影响目标的能力对其有用性至关重要，所以，准备金或货币总量同目标（产出、就业和通货膨胀）之间的联系强度，或者，利率同这些目标之间的联系强度，一直是许多研究和辩论的主题。近年来，大部分中央银行认为，利率与目标（比如稳定的通货膨胀）之间的联系强度要超过货币总量与目标之间的联系强度。因此，世界各国的中央银行普遍使用短期利率作为政策工具。

16

16.9　战术：泰勒规则

目标 16.9　解释并评价假设以泰勒规则为政策工具设定联邦基金利率的表现。

我们已经知道，目前联邦储备体系和大部分其他中央银行通过设定联邦基金利率等短期利率指标进行货币政策操作。但是，如何确定这个指标呢？

斯坦福大学的约翰·泰勒给出了一个答案，即所谓的**泰勒规则**（Taylor rule）。泰勒规则认为，联邦基金利率应该等于通货膨胀率加上一个“均衡”的实际联邦基金利率（实际联邦基金利率在长期里符合充分就业）再加上两个缺口的加权平均：(1) 通货膨胀缺口，即当前的通货膨胀率减去目标通货膨胀率；(2) 产出缺口，即实际 GDP 偏离其潜在（自然率）水平估计值的百分比。①

这个规则可以写做：

$$\text{联邦基金利率目标}=\text{通货膨胀率}+\text{均衡的实际联邦基金利率}+\frac{1}{2}\times\text{通货膨胀缺口}+\frac{1}{2}\times\text{产出缺口}$$

泰勒假定均衡的实际联邦基金利率是 2%，适当的通货膨胀目标也是 2%，通货膨胀缺口和产出缺口的权重都是 1/2。下面是泰勒规则的一个数字举例，假定通货膨胀率是 3%，导致通货膨胀缺口为正的 1%(=3%−2%)，而实际 GDP 高于其潜在水平 1%，有正的产出缺口 1%。因此，泰勒规则表明，联邦基金利率应该设定为 6%=[3%的通货膨胀率+2%的均衡实际联邦基金利率+1/2×(1%的通货膨胀缺口)+1/2×(1%的产出缺口)]。

泰勒规则的一个重要特征是，通货膨胀缺口的系数 1/2 为正数。如果通货膨胀率上升 1 个百分点，联邦基金利率目标就提高 1.5 个百分点，提高幅度超过一比一的比率。换句话说，通货膨胀率上升 1 个百分点导致实际联邦基金利率提高 1/2 个百分点。货币当局提高名义利率的幅度应当超出通货膨胀上升幅度的原则，现在被命名为**泰勒原理**（Taylor principle），这对于货币政策的成功至关重要。假定没有遵循泰勒原理，名义利率上升幅度小于通货膨胀上升幅度，从而当通货膨胀上升时实际利率下降。这会引发严重的动荡，原因是通货膨胀率上升导致货币政策实际放松，这会导致未来通货膨胀率进一步升高。事实上，这正是 20 世纪 70 年代货币政策的特点，结果是丧失了名义锚并迎来了所谓的“大通胀”时代，通货膨胀率攀升到了两位数的水平。幸运的是，从 1979 年开始，泰勒原理成为货币政策的一个特征，在通货膨胀和总产出前线都产生了更加可喜的结果。

一些经济学家认为，泰勒规则中存在产出缺口，说明美联储不但应该控制通货膨胀，而且应该最小化产出在其潜在水平附近的经济周期波动。既关注通货膨胀也关注产出波动，与联邦储备体系的双重目标制或者其官员声称的控制通货膨胀和稳定实际产出是美联储重要关切的言论是一致的。

对泰勒规则中产出缺口存在性的另外一个解释是，根据**菲利普斯曲线理论**（Phillips curve theory），产出缺口是未来通货膨胀状况的指示器。菲利普斯曲线理论认为，通货膨胀变动受到经济状况（相对于其生产能力）以及其他因素的影响。

① 泰勒规则最初的公式表达可以参见 John B. Taylor, “Discretion Versus Policy Rules in Practice,” *Carnegie-Rochester Conference Series on Public Policy* 39 (1993): 195-214。从历史视角进行的更为直观的讨论可以参见 John B. Taylor, “A Historical Analysis of Monetary Policy Rules,” in *Monetary Policy Rules*, ed., John B. Taylor (Chicago: University of Chicago Press, 1999), 319-341。

这里的生产能力可以用潜在 GDP 衡量，潜在 GDP 是自然失业率（符合充分就业的失业率水平）的函数。**非加速通货膨胀失业率**（nonaccelerating inflation rate of unemployment，NAIRU）是一个相关的概念，指的是不存在通货膨胀变动趋势时的失业率。简单地说，该理论认为当失业率高于 NAIRU，产出低于潜在水平时，通货膨胀率将走低；但当失业率低于 NAIRU，产出高于潜在水平时，通货膨胀率将上升。1995 年前，通常认为 NAIRU 在 6%左右。然而，随着 20 世纪 90 年代末期失业率下跌到 4%附近，通货膨胀率没有上升反而略有下降，一些评论家对菲利普斯曲线理论的价值提出了质疑。他们要么认为这一理论不再起作用，要么认为 NAIRU 的值存在着很大的不确定性，这一指标可能已经下跌到 5%以下但原因尚未完全明确。菲利普斯曲线理论现在争议很大，因而有人质疑是否还应当用它来指导货币政策操作。

如图 16-5 所示，在格林斯潘于 1987 年成为美联储主席以后，泰勒规则在描述美联储设定的联邦基金利率方面表现非常好，但并不完美。（注意，在图 16-5 中，泰勒规则没能准确地描述 20 世纪 70 年代联邦基金利率的运动，这说明当时货币当局没有遵守泰勒原理，从而解释了当时货币政策效果不佳的原因。）这是否意味着，美联储应当解雇所有经济学家，只用一台电脑来计算泰勒规则，指导设定联邦基金利率就可以了？这肯定能节约纳税人不少钱。虽然美联储没有直接使用泰勒规则来计算联邦基金利率，但是在思考如何操作货币政策的时候的确利用了泰勒规则（见走进美联储专栏“美联储对泰勒规则的使用”）。

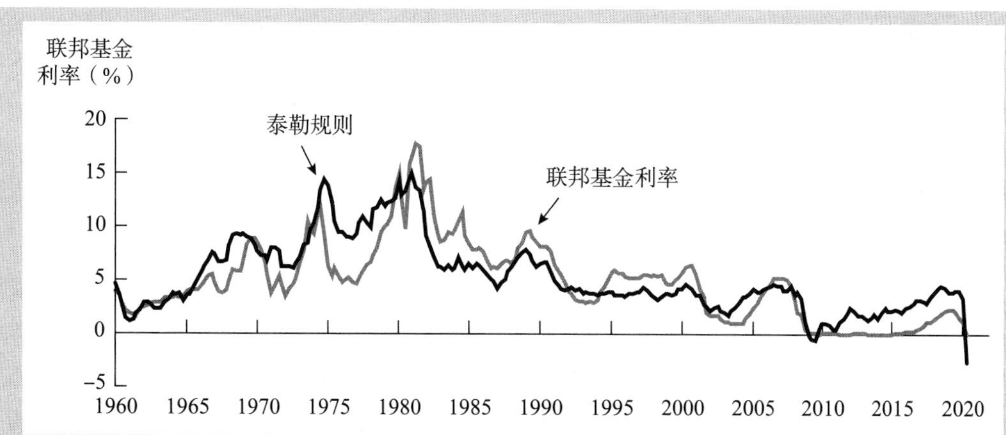

图 16-5 联邦基金利率与泰勒规则，1960—2020 年

在格林斯潘于 1987 年成为美联储主席以后，泰勒规则在描述美联储设定的联邦基金利率方面表现非常好，但没能准确地描述 20 世纪 70 年代联邦基金利率的运动。

资料来源：Federal Reserve Bank of St. Louis，FRED database：https://fred.stlouisfed.org/series/PCEPILFE；https://fred.stlouisfed.org/series/GDPC1；https://fred.stlouisfed.org/series/GDPPOT；https://fred.stlouisfed.org/series/FEDFUNDS.

16

走进美联储 美联储对泰勒规则的使用

为什么美联储不把联邦基金利率设成泰勒规则自动驾驶模式，直接由计算机操作呢？美联储没有采取极端行动有几个原因：首先也是最重要的，不存在完美的经济模型，因此即使最为睿智的顶尖经济学家也无法确切知道给定时点上的当前产出缺口。既然经济随时处于变化之中，泰勒规则的系数也不可能在任何情况下都一成不变。

即使我们能可靠地确定产出缺口，货币政策也必然是一种前瞻性活动，因为货币政策需要很长时间才能影响到经济。好的货币政策要求美联储对通货膨胀和经济活动的未来走向做出预测，之后相应调整其政策工具。因此，美联储需要观察大量信息，而不是像泰勒规则一样，只需要当前的通货膨胀缺口和产出缺口就可以制定政策了。换句话说，货币政策操作不仅是科学更是艺术，既要求精密分析，也需要人为判断。泰勒规则省略了全部的艺术成分，因此不可能产生最优的货币政策结果。例如，在2007—2009年那样的金融危机情况下，信贷利差（有信用风险的证券与无信用风险的证券之间的利差）的变动可能改变联邦基金利率对投资决策进而对经济活动的影响机制，因此要求复杂的货币政策行动。

底线就是，把货币政策设置成由使用固定系数的泰勒规则来自动驾驶，这样做有很大问题。泰勒规则是有用的，但只是作为货币政策的指导。如果提出的政策工具设定与泰勒规则建议的设定大相径庭，政策制定者应当反思是否有足够的理由偏离该规则。如果没有理由（就像20世纪70年代阿瑟·伯恩斯担任美联储主席时那样），那么他们就有可能犯错误。事实上，FOMC利用泰勒规则预测值的方式就是：参考这些预测值，为决定联邦基金利率目标提供信息。[a]

16

a. 关于FOMC在政策审议中实际使用泰勒规则的深度讨论，参见Pier Francesco Asso，George A. Kahn，and Robert Leeson，“The Taylor Rule and the Practice of Central Banking，” Federal Reserve Bank of Kansas City Working Paper RWP 10-05（February 2010）。

总　结

1. 货币政策的六个基本目标是：物价稳定（首要目标），高就业（产出稳定），经济增长，金融市场稳定，利率稳定，外汇市场稳定。

2. 强有力的名义锚是成功货币政策的关键要素。强大的名义锚通过锁定通货膨胀预期和限制时间不一致性问题而帮助促进物价稳定。时间不一致性问题是指货币政策制定者相机抉择地操作货币政策，着眼于短期目标但是导致了糟糕的长期结果。

3. 通货膨胀目标制有几个优点：(1) 将政治辩论集中于长期通货膨胀，可以降低时间不一致性问题出现的可能性；(2) 易于为公众理解且高度透明；(3) 增强了中央银行的责信度；(4) 导致更稳定的通货膨胀。不过，它也有缺点：(1) 货币当局不易控制通货膨胀，通货膨胀目标不能向公众和市场传递即时信号；(2) 可能给政策制定者规定严格的规则，尽管在实践中不是这样；(3) 只关注通货膨胀可能导致更大的产出波动或者更低的经济增长水平，虽然在实践中也不是这样。

4. 联邦储备体系的货币政策战略随时间推移而演进。从20世纪80年代直至2006年，美联储使用了隐性的而非明确的名义锚。虽然取得了成功，但这种战略缺乏透明度，并且不符合民主原则。在本·伯南克时期，美联储转向灵活版的通货膨胀目标制，与其双重目标保持一致。

5. 全球金融危机有四点启示：（1）金融部门发展对经济活动的影响远远超出我们之前的认识；（2）利率有效下限可能是一个严重的问题；（3）金融危机后的清理成本非常高；（4）物价和产出稳定不能保证金融稳定。

6. 全球金融危机的启示对更加灵活的通货膨胀目标制提供了支持，可能会有更高的通货膨胀目标。

7. 全球金融危机的启示表明，货币政策应当压制信贷繁荣，而不是资产价格泡沫。

8. 因为利率和货币总量两种政策工具不兼容，中央银行必须根据三个标准在它们之间进行选择：可测量性、可控性以及预计影响目标变量的能力。现在中央银行通常使用短期利率作为其政策工具。

9. 泰勒规则指出，联邦基金利率应该等于通货膨胀率加上"均衡"的实际联邦基金利率再加上两个缺口的加权平均：（1）通货膨胀缺口，即当前的通货膨胀率减去目标通货膨胀率；（2）产出缺口，即实际 GDP 偏离其潜在（自然率）水平估计值的百分比。根据菲利普斯曲线理论，泰勒规则中的产出缺口可以解释为未来通货膨胀的指示器。然而，该理论有很大争议性，因为相对于由低失业率所衡量的潜在水平，高产出近年来似乎没有产生更高的通货膨胀。

关键术语

资产价格泡沫	自然失业率	潜在产出	双重目标	名义锚
物价稳定	单一目标	非加速通货膨胀失业率	泰勒原理	通货膨胀目标制
泰勒规则	中介指标	操作工具	时间不一致性问题	宏观审慎管理
菲利普斯曲线理论	自然产出率	政策工具		

16

思考题

1. 使用名义锚对于货币政策操作有什么好处？

2. 中央银行出于什么动机，会追求过度扩张的货币政策，从而陷入时间不一致性陷阱？

3. 为什么中央银行以经济增长最大化作为首要目标是有问题的？

4. "既然金融危机会对经济造成严重的破坏，中央银行的首要目标应当是确保金融市场稳定。"这一表述正确、错误还是不确定？解释你的答案。

5. "与优先关注物价稳定的单一目标中央银行相比，双重目标中央银行在长期里将实现更低的失业率。"这一表述正确、错误还是不确定？解释你的答案。

6. 为什么公开发布量化的通货膨胀目标对于通货膨胀目标制中央银行的成功十分重要？

7. 通货膨胀目标制如何帮助降低相机抉择政策的时间不一致性问题？

8. 通货膨胀目标制中央银行使用什么方法加强与公众的沟通，以及提高货币政策制定的透明度？

9. 为什么通货膨胀目标制可能提高对中央银行操作货币政策独立性的支持？

10. "因为通货膨胀目标制关注实现通货膨胀目标，所以将导致过度的产出波动。"这一表述正确、错误还是不确定？解释你的答案。

11. 在艾伦·格林斯潘时期，美联储货币政策战略使用的是隐性的而非明确的名义锚，它有哪些主要优点和缺点？

12. "短期利率的有效下限不是问题，因为中央银行可以采取量化宽松政策来降低中期和长期利率。"这一表述正确、错误还是不确定？解释你的答案。

13. 如果更高的通货膨胀是坏事，那么为什么更高的通货膨胀目标会比更低的、更接近零的目标有利呢？

14. 为什么宏观审慎管理在管理资产价格泡沫上可能比货币政策更有效？

15. 为什么压制信贷驱动型泡沫可能比等到资产泡沫破裂后清理要更好？

16. 根据格林斯潘信条，中央银行在什么条件下可能对观察到的股票市场泡沫做出反应？

17. 将下列各项按照政策工具和中介指标进行分类，并解释你的选择。

a. 10 年期国债利率。

b. 基础货币。

c. M1。

d. 联邦基金利率。

18. “如果准备金需求不波动，美联储就可以同时追求准备金指标和利率指标。”这一表述正确、错误还是不确定？解释你的答案。

19. 美联储用什么程序来控制联邦基金利率？为什么这种利率控制意味着美联储将失去对非借入准备金的控制？

20. 根据可控性和可测量性两个标准，比较基础货币与 M1。你更倾向于用哪个作为中介指标？为什么？

21. “利率比准备金总量能够更快、更精确地测量，因此利率作为政策工具优于准备金总量。”你是否同意这种看法？解释你的答案。

22. 前瞻性指引作为中央银行工具，如何影响政策工具、中介指标和货币政策目标？

23. 在下列情况下，泰勒规则暗示政策制定者应当如何调整联邦基金利率？

a. 由于经济衰退，失业率上升。

b. 石油价格冲击导致通货膨胀率上升 1%、产出下降 1%。

c. 生产力增长周期延长，实际产出保持不变。

d. 潜在产出下降而实际产出保持不变。

e. 美联储向下调整了（隐含的）通货膨胀目标。

f. 均衡的实际联邦基金利率下降。

应用题

24. 如果美联储有一个利率指标，为什么增加准备金需求将导致货币供给扩张？利用准备金市场的简图来解释。

25. 由于调整联邦基金利率的货币政策存在着时滞，政策制定者通常会更关心根据预测的或者预期的通货膨胀率变动来调整政策，而不是依据当前的通货膨胀率。鉴于此，假定货币政策制定者采取泰勒规则来设定联邦基金利率，其中的通货膨胀缺口被定义为预期通货膨胀率和目标通货膨胀率的差值。假定通货膨胀缺口和产出缺口的权重都为 $\frac{1}{2}$，均衡的实际联邦基金利率为 2%，通货膨胀率目标为 2%，产出缺口为 1%。

a. 如果预期通货膨胀率为 4%，那么根据泰勒规则，联邦基金利率目标应当设定为多少？

b. 假定一半的美联储经济学家预测通货膨胀率为 3%，另外一半的经济学家预测通货膨胀率为 5%。如果美联储用两个预测值的平均数作为预期通货膨胀率指标，那么根据泰勒规则，联邦基金利率目标应当设定为多少？

c. 现在假定一半的美联储经济学家预测通货膨胀率为 0，另外一半的经济学家预测通货膨胀率为 8%。如果美联储用两个预测值的平均数作为预期通货膨胀率指标，那么根据泰勒规则，联邦基金利率目标应当设定为多少？

d. 根据上述 a～c 的答案，你认为货币政策决策者严格按照泰勒规则来制定政策是否合理？为什么？

第5篇

国际金融与货币政策

危机与应对：外汇市场震荡与国际货币基金组织

从 2002 年到 2008 年，美元的价值相对于其他货币稳步下降。事实上，政策决策者的一个主要担忧就是美元可能崩溃，对经济活动和通货膨胀造成负面影响。2008 年 9 月和 10 月，随着信贷市场陷入停顿，在雷曼兄弟倒闭后，令人惊讶的事情发生了。美元没有继续贬值，反而迅速升值。投资者纷纷向安全资产转移，增加对美国国债的购买量，也增加对美元的持有量，从而推高了美元价值。

美元价值上升意味着进口商品（从平板电视到酒）价格更为便宜，出境旅游的成本也更低。但美元的好消息通常对其他货币是坏消息。拉丁美洲和东欧许多国家发现它们的货币正在自由落体。国际货币基金组织（IMF）开始介入，推出了一个新的贷款工具，向陷入困境的国家发放贷款。与 IMF 之前的贷款项目相比，新贷款工具的附加条件要少得多。IMF 贷款规模达到了数十亿美元。随着全球金融危机蔓延到全世界，IMF 看起来从一个旁观者现在走向前台，走到了舞台中央。

全球金融危机说明，起源于美国的金融事件可以产生全球性影响，IMF 等国际金融机构在应对这类事件上发挥着重要作用，以确保国际金融体系继续正常运转。第 17 章介绍外汇市场运作机制以及不同货币之间的汇率决定机制。第 18 章则介绍国际金融体系运行方式，以及它们是如何影响货币政策的。

第17章 外汇市场

学习目标

17.1 解释外汇市场如何运转以及汇率为什么重要。

17.2 明确影响长期汇率的主要因素。

17.3 绘制外汇市场供求曲线图，解释外汇市场均衡。

17.4 列举并说明影响短期汇率的因素。

本章预习

2016年6月23日，英国投票决定脱离欧洲联盟。这一决定被称为脱欧（Brexit，Britian Exit）。一天之内，英镑兑美元贬值了9%。

一种货币以另外一种货币表示的价格被称为**汇率**（exchange rate）。正如脱欧的例子所示，汇率是非常不稳定的。汇率影响整个经济和我们的日常生活，因为当美元相对于外国货币变得更值钱时，如同脱欧后美元兑英镑汇率那样，外国商品对美国人而言变得更为便宜，而美国商品对外国人而言变得更加昂贵。当美元价值下跌时，外国商品对美国人而言变得更加昂贵，而美国商品对外国人而言变得更加便宜。

汇率波动也影响通货膨胀和产出，所以是货币政策制定者的重要关切。当美元价值下跌时，进口商品价格上升会直接导致总体价格水平上升以及通货膨胀。与此同时，美元价值下跌使美国商品对外国人而言变得更加便宜，增加对美国商品的需求，进而提高生产规模和产出水平。

货币如何交易？是什么驱使汇率波动？为什么汇率如此不稳定？我们要回答这些问题，首先来考察交易货币的金融市场，接着来看是什么影响了长期汇率，然后用供求分析来解释短期汇率决定，最后再用供求分析来解释脱欧和全球金融危机等重大事件造成的汇率波动。

17.1 外汇市场

目标 17.1 解释外汇市场如何运转以及汇率为什么重要。

世界上大部分国家都有自己的货币：美国有美元；欧洲货币联盟有欧元；巴西有雷亚尔；中国有人民币；等等。国家之间的贸易涉及不同货币（或者，更常见的是，以不同货币计价的银行存款）相互兑换。例如，当美国企业购买外国商品、服务或者金融资产时，需要将美元（通常是以美元计价的银行存款）兑换成外国货币（以外国货币计价的银行存款）。

金融新闻解读　外汇汇率

报纸和网站（比如 http://www.finance.yahoo.com 等）每天都发布外汇汇率。欧元等货币的汇率有两种报价方法：每单位本国货币兑换多少美元；每单位美元兑换多少本国货币。例如，2020 年 6 月 24 日欧元汇率报价是 1.13 美元/欧元，以及 0.88 欧元/美元。美国人看欧元汇率通常用 1.13 美元/欧元，而欧洲人则使用 0.88 欧元/美元。

通常，汇率报价有即期交易报价（即期汇率）和远期交易报价（远期汇率），远期交易将在未来 1 个月、3 个月和 6 个月进行交割。

交易货币和以特定货币计价的银行存款，发生在**外汇市场**（foreign exchange market）上。外汇市场进行的交易决定了货币兑换比率，进而决定了购买外国商品和金融资产的成本。

17

外汇汇率是什么？

汇率是用一种货币给另一种货币的标价。外汇交易有两种形式。最主要的形式被称为**即期交易**（spot transactions），指的是银行存款立即（2 天内）兑换。**远期交易**（forward transactions）指的是银行存款在未来某个特定日期兑换。**即期汇率**（spot exchange rate）是即期交易使用的汇率，而**远期汇率**（forward exchange rate）则是远期交易使用的汇率。

如果某一货币价值上升，称为**升值**（appreciation）；如果它的价值下跌，只能兑换更少的美元，就被称为**贬值**（depreciation）。例如，1999 年初，欧元价值等于 1.18 美元；如金融新闻解读专栏“外汇汇率”所示，2020 年 6 月 24 日，欧元价值为 1.13 美元。欧元贬值了 4%[(1.13−1.18)/1.18=−0.04=−4%]。对等地，我们也可以说，因为 1 美元价值从 1999 年初的 0.85 欧元变为 2020 年 6 月 24 日的 0.88 欧元，升值了 4%[(0.88−0.85)/0.85=0.04=4%]。

汇率为什么十分重要？

因为汇率会影响国内外商品的相对价格，所以相当重要。对于美国人而言，法国商品的美元价格取决于两个因素的相互影响：法国商品的欧元价格和欧元与美元汇率。

假定美国品酒家旺达决定购买 1 瓶 1961 年（非常好的年份）法国拉菲红酒来充实她的酒窖。如果这瓶酒在法国的价格为 1 000 欧元，欧元汇率为 1.13 美元，旺达购买这瓶酒的成本是 1 130 美元（=1 000 欧元×1.13 美元/欧元）。现在，假定旺达推迟 2 个月购买，到那时欧元升值到 1.50 美元/欧元。如果拉菲红酒的国内价格仍然为 1 000 欧元，其美元成本就会从 1 130 美元上升到 1 500 美元。

然而，同样的货币升值使得外国商品在法国的价格下降。在 1.13 美元/欧元的汇率水平上，程序商皮埃尔购买标价 2 000 美元的戴尔电脑，需要花费 1 770 欧元；如果汇率上升到 1.50 美元/欧元，该电脑的成本就只有 1 333 欧元。

欧元贬值会降低法国商品在美国的价格，但提高美国商品在法国的价格。如果欧元价值跌到 1.00 美元，旺达的法国拉菲红酒将只需花费 1 000 美元，而非 1 130 美元，皮埃尔的戴尔电脑将需花费 2 000 欧元，而不是 1 770 欧元。

这一推理过程可以得到下面的结论：**当一国货币升值（相对于其他货币价值上升）时，该国商品在国外就变得更加昂贵，而外国商品在该国就会变得更加便宜（假定两国国内价格保持不变）。相反，当一国货币贬值时，其商品在国外就会变得更加便宜，而外国商品在该国就会变得更加昂贵。**

货币贬值使国内制造商在国外销售商品变得更容易，而使外国商品在国内市场上的竞争力下降。2018—2020 年间美元贬值帮助美国企业卖出了更多商品，但由于外国商品更贵而损害了美国消费者的利益。法国酒和奶酪的价格以及海外度假成本都因美元疲软而上升。

而相对地，2016—2018 年间美元升值使得美国制造的产品和服务竞争力下降。但强势美元对美国消费者有利，因为法国奶酪等外国商品和海外度假都变便宜了。

外汇如何交易？

你无法到一个集中地点观察汇率决定；货币不是在交易所（比如纽约证券交易所）里进行交易的。外汇市场是以场外市场形式组织的，几百个交易商（大部分是银行）随时准备买入和卖出以外国货币计价的存款。由于这些交易商持续通过电话和电脑联系，市场是极具竞争性的，事实上，其运行与集中市场没有差别。

要注意的重要一点是，当银行、公司和政府在外汇市场上买卖货币时，它们不是攥着一把美元钞票，卖出后收取英镑纸币。反而大部分交易是以不同货币计价的银行存款买卖。因此，当我们说银行在外汇市场上购买美元时，我们实际的意思是银行购买美元计价存款。这个市场的交易量十分庞大，每天超过 6 万亿美元。

外汇市场交易是由 100 万美元以上的买卖组成的。决定汇率的市场（金融新闻解读专栏中提到的市场）可不是我们为出国旅行要购买外国货币的那个市场。事实上，我们是在零售市场上从交易商（例如，美国运通公司或者银行）手中购买外国货币。由于零售价格高于批发价格，当我们购买外汇时，1 美元所换取的外币数量较少，也就是说，我们为外币支付的价格高于报纸上公布的汇率。

17.2 长期汇率

目标 17.2 明确影响长期汇率的主要因素。

同自由市场上其他任何商品或资产的价格一样，汇率也是由供给和需求相互影响决定的。为了简化对自由市场上的汇率分析，我们将其分为两个步骤。首先，我们考察长期汇率是如何决定的；之后，我们利用长期汇率决定的知识来帮助理解短期汇率决定机制。

购买力平价理论

有关汇率决定的最著名理论就是**购买力平价理论**（theory of purchasing power parity，PPP）。该理论认为，任意两国货币之间的汇率使得一篮子产品和服务（无论在哪国生产）在两个国家的花费都相同。

假定你在美国购买一篮子产品和服务花费 100 美元。同样的产品和服务在日本花费 10 000 日元。根据购买力平价理论，美元和日元之间的汇率因此就是 100 日元/美元。在这个汇率水平上，美国一篮子产品和服务的价格就是 10 000 日元（=100 美元×100 日元/美元），与日本价格相同。同理，日本一篮子产品和服务的价格就是 100 美元（=10 000 日元×0.01 美元/日元），与美国价格相同。

17

购买力平价背后的原理是什么？假定把日本的一篮子产品和服务运到美国，而且没有运输成本或贸易壁垒。在美国销售所得的美元金额和在日本一样。同理，如果把美国的一篮子产品和服务运到日本，销售所得的日元金额也一样。只有 100 日元/美元的汇率水平可以确保两国价格保持一致。

理解购买力平价的另外一种方式，可以借助**实际汇率**（real exchange rate，国内商品与外国商品交换的比率）概念。事实上，实际汇率就是本国商品价格与以本国货币计价的外国商品价格之比。例如，如果纽约一篮子商品的价格是 50 美元，同样一篮子商品在东京的价格是 75 美元（因为这一篮子商品标价 7 500 日元，而汇率为 100 日元/美元），那么实际汇率就是 0.66(=50 美元/75 美元)。在这个例子中，实际汇率低于 1.0，说明在美国购买这一篮子商品要比在日本便宜。目前，美元相对于许多其他货币的实际汇率都很低，这就是如此多外国游客蜂拥到纽约疯狂购物的原因。实际汇率反映了一种货币相对而言是否便宜。购买力平价理论也可以用实际汇率来表述。根据 PPP 理论的预测，长期实际汇率总是等于 1.0，这样美元的购买力才能与日元或者欧元等其他货币相同。

一国物价水平相对于另一国变动时会发生什么？比如，假定日本的物价水平上升 10%，而美国的物价水平不变。结果，日本一篮子产品和服务的价格相对于美国价格上升了 10%。现在，日本一篮子产品和服务的价格上升 10%，升至 11 000 日元，而美国价格仍为 100 美元。由于美日两国一篮子商品的花费相同，所以汇率就要变为 110 日元/美元。那么，美国的一篮子商品在日本要花费 11 000 日元（=100 美元×110 日元/美元），而日本的一篮子商品在美国要花费 100 美元（=11 000 日元×0.01 美元/日元）。由此可见，根据 PPP 理论，如果日本的物价水平相对于美国物价水平上升 10%，则美元升值 10%。

我们用美国/日本例子示范了 PPP 理论的关键见解：**如果一国物价水平相对于另一国上升一定比例，则另一国货币升值同样的比例。**因为一种货币升值就是另一种货币贬值，该结论也可以表述为：**如果一国物价水平相对于另一国上升，则该国货币应当贬值。***

购买力平价的证据　正如我们用美国/日本例子所展示的，PPP 理论认为，如果一国物价水平相对于另一国上升，则该国货币应当贬值（而另一国货币应当升值）。如图 17-1 所示，该预言在长期里得到了证实。从 1973 年到 2020 年，英国物价水平相对于美国上涨了 75%，按照购买力平价理论，美元相对于英镑升值——虽然美元升值了 95%，数值上大于 PPP 理论所预计的 75%。

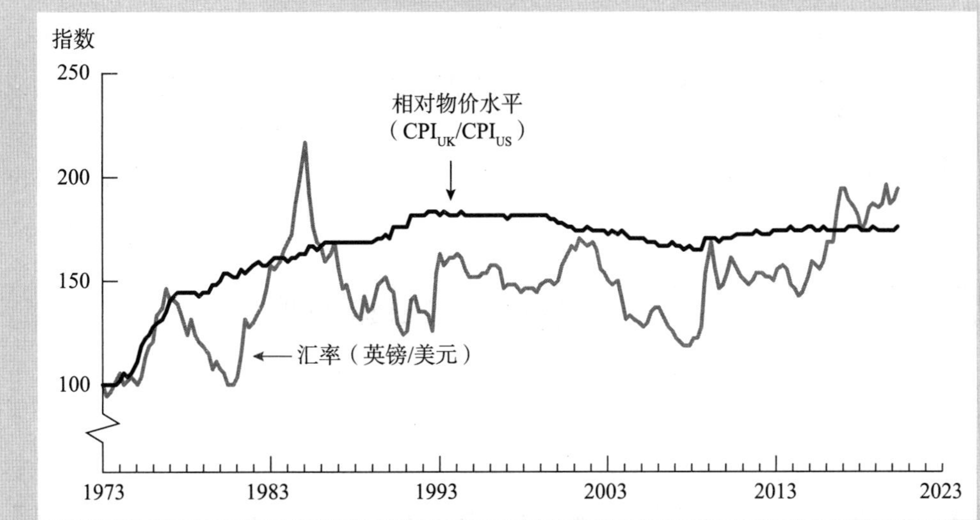

图 17-1　美国/英国的购买力平价，1973—2020 年（指数：1973 年 3 月=100）

在整个期间内，英国相对于美国的物价水平上涨，伴随着美元升值，这与 PPP 理论的预测是一致的。但在较短期间内，PPP 理论并不总是成立。

资料来源：Federal Reserve Bank of St. Louis，FRED database：https://fred.stlouisfed.org/series/GBRCPIALLMINMEIT；https://fred.stlouisfed.org/series/CPIAUCNS；https://fred.stlouisfed.org/series/EXUSUK.

* 本句原文为“If a country's price level rises relative to another's by a certain percentage，then its currency should depreciate by the same percentage.”原文表述有误，翻译时根据基本原理做了更正。——译者注

17

然而，同样的数据说明，PPP 理论对短期汇率变动的预测能力相当差。例如，从 1985 年初至 1987 年底，英国物价水平相对于美国上升。但美元不仅没有如 PPP 理论所预测的那样升值，反而相对于英镑贬值了 40%。因此，尽管 PPP 理论对于长期汇率运动提供了一些指导，但却不是特别适用于短期。

用什么解释购买力平价理论无法准确预测短期汇率呢？

为什么购买力平价理论不能充分解释汇率 PPP 理论无法充分解释短期汇率，有三个方面的原因。

1. PPP 理论没有考虑有许多产品和服务（其价格被包括在一国物价水平指标中）是**非贸易品**（nontradable），也就是说，它们不能跨境交易。住宅、土地以及餐饮、理发和高尔夫课等服务都是非贸易品。因此，即使这些商品的价格上升，导致该国相对于其他国家物价水平更高，汇率也几乎不会受到什么直接影响。

2. 两个国家的相似商品通常不会是完全一样的。比如，丰田汽车与雪佛兰汽车不一样，所以它们的价格也不必相等。丰田汽车可能比雪佛兰汽车更贵，但无论美国人还是日本人都仍然会购买丰田汽车。而且，丰田汽车相对于雪佛兰汽车的价格上升，并不一定意味着日元必须贬值且汇率变动幅度与价格变动幅度相当。

3. 存在贸易壁垒。贸易的一个障碍是运输成本，但这部分成本随着时间推移已经大大降低。当今世界上更重要的是政府实施的贸易壁垒，比如**关税**（tariffs，对进口商品所征的税）和**配额**（quotas，对商品进口数量的限制）。强制实行关税或配额显著提高了进口商品价格，特别是与没有关税和配额的其他地方相比。比如，美国政府对进口糖施加非常高的关税，导致美国糖价比其他国家糖的交易价高出若干倍。类似地，日本对进口大米施加非常高的关税，使其在日本的价格远远超过其他国家。

应用 汉堡经济学：巨无霸和 PPP

《经济学人》杂志从 1986 年开始发布巨无霸指数，作为一个“根据购买力平价理论检验货币是否在其‘正确’水平上的轻松指引”。麦当劳的巨无霸汉堡在全球销售，而且无论是在哪里出售，味道应当一样。《经济学人》收集了 50 多个不同国家和地区的巨无霸售价（以当地货币计价）。然后用这些价格计算 PPP 隐含汇率以及巨无霸指数。表 17-1 复制了部分《经济学人》2020 年 1 月首发的巨无霸指数。

表 17-1 巨无霸指数，2020 年 1 月

(1) 国家或地区	(2) 巨无霸的当地价格	(3) 真实汇率 （美元/当地货币）	(4) PPP 隐含汇率 （美元/当地货币）	(5) 巨无霸指数 （真实汇率与 PPP 隐含汇率的百分比差异，%）
瑞士	6.50 瑞士法郎	1.032 8	0.872 3	+18.4
加拿大	6.77 加拿大元	0.765 3	0.837 5	−8.6

续表

(1) 国家或地区	(2) 巨无霸的当地价格	(3) 真实汇率 (美元/当地货币)	(4) PPP 隐含汇率 (美元/当地货币)	(5) 巨无霸指数 (真实汇率与 PPP 隐含汇率的百分比差异,%)
欧元区	4.12 欧元	1.112 1	1.376 2	−19.2
日本	390 日元	0.009 1	0.014 5	−37.5
中国	21.5 元	0.145 2	0.263 7	−44.9
俄罗斯	135 卢布	0.016 2	0.042 0	−61.2

资料来源：http://github.com/theeconomist/big-mac-data/release/tag/2020-01.

- 表 17-1 第（2）列给出了以当地货币计价的巨无霸当地价格。
- 第（3）列为真实汇率。
- 第（4）列给出了如果购买力平价存在所隐含的汇率（也就是说，如果巨无霸的当地价格折算成美元后等于美国巨无霸的美元价格，当时为 5.67 美元）。
- 第（5）列给出了巨无霸指数，即真实汇率与隐含汇率之间的百分比差异。

从表 17-1 可以得出什么结论?

PPP 不完全正确，但是具有预测力 虽然巨无霸价格说明 PPP 不完全正确，但 PPP 确实有助于预测所列国家或地区的汇率。根据 PPP，当巨无霸的当地货币价格高时，以每单位当地货币表示的美元汇率就应当低。

从表中第（2）列和第（3）列可以看到这种关系。日本巨无霸的当地货币价格最高(390 日元)，同时汇率最低，0.009 1 美元/日元。欧元区巨无霸的当地货币价格最低（4.12 欧元)，同时有着最高的汇率，1.112 1 美元/欧元。

远离 PPP：高估和低估 PPP 隐含汇率经常显著地远离真实汇率。由于巨无霸是非贸易品，所以这倒也并不奇怪。想想你从中国带一个巨无霸到美国。等你到了美国，它早就坏了，搞不好还会使你食物中毒。巨无霸指数可以告诉我们真实汇率和 PPP 隐含汇率之间的差异有多大。

比如，巨无霸指数告诉我们，瑞士的真实汇率高出 PPP 隐含汇率 18.4%。去过瑞士的人都知道，这个国家物价昂贵。瑞士的巨无霸价格用瑞士真实汇率换算成美元是 6.71 美元，这比你在美国支付的 5.67 美元高出 18.4%。

当一个国家的产品和服务相比其他国家更贵的时候，我们说这种货币是购买力高估的(overvalued)。

俄罗斯的真实汇率与 PPP 隐含汇率之间的百分比差异最大。巨无霸指数表明，真实汇率低于 PPP 隐含汇率 61.2%。换句话说，如果你愿意飞到俄罗斯去吃巨无霸，只要 2.17 美元的惊人低价就能买一个。

当一个国家的产品和服务相比其他国家更便宜的时候，比如俄罗斯，我们说这种货币(俄罗斯卢布）是购买力低估的。

影响长期汇率的因素

有四个主要因素在长期里影响汇率：相对物价水平、贸易壁垒、对国内外商品的偏好以及生产能力。在其他因素不变的前提下，我们将考察每个因素对汇率的影响。

基本的推理过程遵循如下思路：任何因素增加了对本国生产商品相对于外国贸易商品的需求，都可能导致本国货币升值，因为本国商品将继续卖得很好，即使在本国货币价值更高时。同理，任何因素增加了对外国商品相对于本国商品的需求，都可能导致本国货币贬值，因为只有当本国货币价值降低时，本国商品才会继续销售得好。换句话说，**如果某一因素造成对本国商品相对于外国商品的需求增加，本币将升值；反之，如果某一因素造成对本国商品的相对需求减少，本币将贬值。**

相对物价水平 按照购买力平价理论，美国商品价格上升（假定外国商品价格不变），对美国商品的需求下降，美元趋于贬值，才能使美国商品继续销售得好。相反，如果日本商品价格上升，导致美国商品的相对价格下跌，对美国商品的需求增加，美元趋于升值，因为即使本国货币的价值更高一些，美国商品也会继续销售良好。**从长期来看，一国物价水平上升（相对于国外物价水平）导致其货币贬值，而一国相对物价水平下跌导致其货币升值。**

贸易壁垒 关税和配额等贸易壁垒可以影响汇率。假定美国提高关税，或者给日本钢材更少的配额。这些贸易壁垒会使得对美国钢材的需求增加，美元趋于升值，因为即使美元价值升高，美国钢材也会保持良好的销售态势。**增加贸易壁垒导致一国货币长期里升值。**

17

对国内外商品的偏好 如果日本人偏好美国商品，譬如说佛罗里达州柑橘和美国电影，增加对美国商品的需求（出口）导致美元升值，因为即使美元价值升高，美国商品的销售也会非常好。同样，如果相对于美国车而言，美国人更偏好日本车，增加对日本商品的需求（进口）导致美元贬值。**对一国出口的需求增加导致其货币长期里升值；相反，对进口的需求增加会导致该国货币贬值。**

生产能力 如果一国生产能力提高，它往往会增加国内贸易品部门的生产，而不是非贸易品部门的生产。因此，生产能力提高意味着国内生产的贸易品相对于外国贸易品价格下降。于是，国内生产的贸易品需求增加，本国货币趋于升值。然而，如果一国生产能力滞后于其他国家，其商品的相对价格就会比较高昂，其货币趋于贬值。**从长期来看，随着一国相对于其他国家变得更加多产，其货币就会升值。**[①]

汇总表 17-1 总结了我们的长期汇率行为理论。我们约定，汇率 E 的报价方式

① 一国可能很小，以至于生产能力或者对国内外商品偏好的改变都不能影响该国商品相对于外国商品的价格。在这种情况下，生产能力或者对国内外商品偏好的改变可以影响本国收入，但不一定能够影响货币价值。在我们的分析中，我们假定这些改变都能够影响相对价格，从而影响汇率。

为本国货币升值对应着汇率上升。就美国而言，这意味着我们的汇率报价是每 1 美元换算的外国货币数量（譬如说，每 1 美元兑换多少欧元）。①

汇总表 17-1 影响长期汇率的因素

因素	因素变动	汇率 E^a 的反应
国内物价水平[b]	↑	↓
贸易壁垒[b]	↑	↑
进口需求	↑	↓
出口需求	↑	↑
生产能力[b]	↑	↑

a. 每 1 美元的外国货币数量。↑表示本国货币升值，↓表示本国货币贬值。

b. 相对于其他国家。

注：表中只给出了各个因素提高（↑）的情况。变量下降对汇率的影响与“汇率 E 的反应”一列指示的方向相反。

17.3 短期汇率：供给-需求分析

目标 17.3 绘制外汇市场供求曲线图，解释外汇市场均衡。

我们已经构建了长期汇率行为理论。然而，由于驱使汇率长期变动的因素随时间推移而缓慢迁移，如果我们想理解为什么汇率每天呈现如此大的变动（有时是几个百分点），必须构建一个供求分析框架来解释当前汇率（即期汇率）在短期里是如何决定的。

理解汇率短期行为的关键是要认识到，汇率是以外国资产（以外国货币计价的银行存款、债券、股权等资产）衡量的国内资产（以本国货币计价的相似资产）价格。因为汇率是一种资产以另一种资产衡量的价格，所以很自然地借助资产市场供求分析方法来研究短期汇率决定机制，主要基于第 5 章所介绍的投资组合理论。然而，你将会看到，刚刚提到的长期汇率决定也在短期资产市场方法中有重要作用。

过去，汇率决定的供求方法强调进出口需求的作用。此处使用更现代的资产市场方法则更关注资产存量，而不是短期里的进出口流量，因为与任意时点上所持有的国内外资产规模相比，进出口交易规模实在太小了。例如，美国每年外汇交易总值超过美国进出口规模 25 倍。因此，在短期里，持有国内还是外国资产的决策在汇率决定方面较之进出口需求而言起到的作用更大。

17

① 汇率报价既可以是每单位本国货币相当于多少外国货币（间接标价——译者注），也可以是每单位外国货币相当于多少本国货币（直接标价——译者注）。在专业论述中，许多经济学家引用的汇率是每单位外国货币相当于本国货币的数量，这样，本国货币升值就表现为汇率下跌。本书使用了相反的约定，因为这种报价方法更加符合直觉，本国货币升值就是汇率上升。

国内资产的供给曲线

我们从供给曲线开始讨论。在这里的分析中，我们将美国视做本国，因此国内资产就是以美元计价的资产。为简便起见，我们用欧元代表任意外国货币，因此外国资产就是以欧元计价的资产。

美元资产供给主要是美国的银行存款、债券和股权数量，而且实际上，就汇率而言，我们可以将这个数量看做是固定的。在任何汇率水平上，供给量都一样，因而供给曲线 S 是垂直的（见图 17-2）。

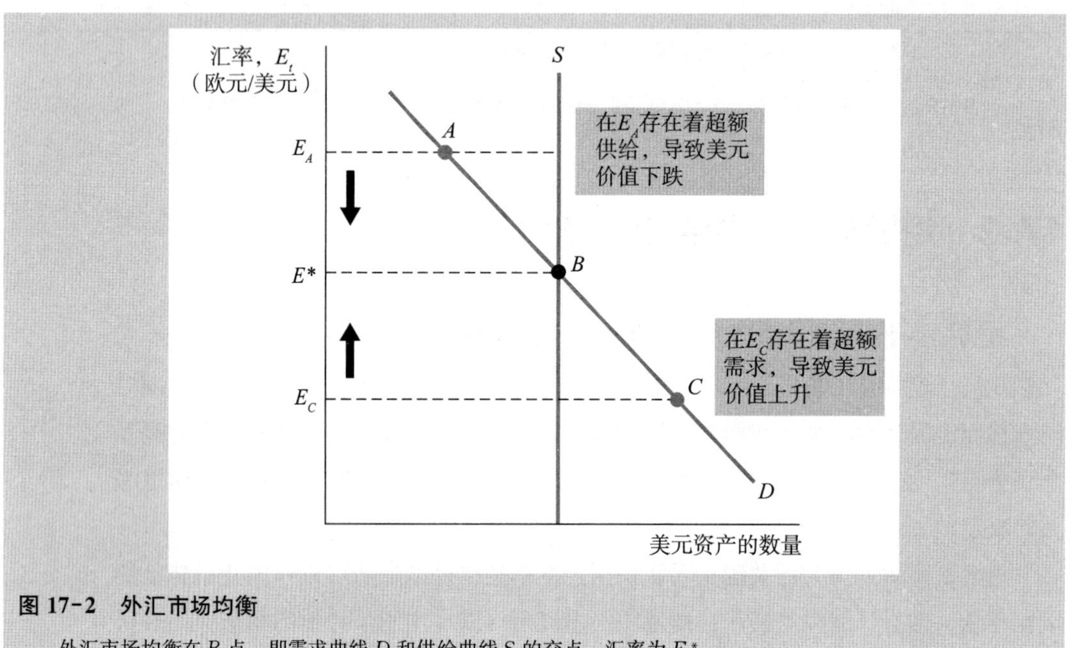

17

图 17-2 外汇市场均衡

外汇市场均衡在 B 点，即需求曲线 D 和供给曲线 S 的交点，汇率为 E^*。

国内资产的需求曲线

假定其他条件都不变，特别是预期未来汇率水平不变，需求曲线描绘了每个当前汇率所对应的对国内（美元）资产的需求数量。我们把当前汇率（即期汇率）记为 E_t，预期的下一期汇率为 E^e_{t+1}。根据投资组合理论，国内（美元）资产需求量最重要的决定因素是国内资产的相对预期回报率。让我们来看看，若当前汇率 E_t 下跌会怎样。

假定我们的起始位置在图 17-2 中的 A 点，当前汇率为 E_A。由于未来汇率的预期值 E^e_{t+1} 保持不变，更低的当前汇率（例如 E^*）意味着美元价值更有可能上升，即美元升值。美元预期上升（升值）的幅度越大，美元（国内）资产的相对预期回报率就越高。根据投资组合理论，由于现在持有美元资产更受欢迎，美元资产的需求量将增加，如图 17-2 中的 B 点所示。如果当前汇率跌到更低的 E_C，美元预期升值幅度更大，预期回报率更高，因此，美元资产的需求量更大。该效应如图 17-2 中的 C 点所示。连接这些点得到需求曲线 D，它向下倾斜，说明美元的当期价值越低（假定其他因素保持不变），美元资产的需求量就越大。

数字举例可以讲得更清楚。假定未来美元的预期值 E^e_{t+1} 为 1.20 欧元/美元，E_A 为 1.10 欧元/美元，E^* 为 1.00 欧元/美元，E_C 为 0.90 欧元/美元。在 E_A 处，汇率为 1.10 欧元/美元，预期美元将升值 10%[(1.20－1.10)/1.10≈＋0.10＝＋10%]。当汇率跌至 E^*，即汇率为 1.00 欧元/美元时，预期升值幅度增大到 20%[(1.20－1.00)/1.00＝＋0.20＝＋20%]，所以美元资产的需求量更高。当汇率进一步跌至 E_C，即汇率为 0.90 欧元/美元时，美元预期升值幅度扩大到 30%[(1.20－0.90)/0.90≈＋0.30＝＋30%]，所以美元资产的需求量再升高。

外汇市场均衡

与通常的供求分析相同，市场在美元资产供给量等于需求量时达到均衡。在图 17-2 中，均衡出现在 B 点，即供求曲线相交的位置。B 点对应的汇率水平为 E^*。

假定汇率为 E_A，高于均衡汇率 E^*。由图 17-2 可以看到，现在美元资产的供给量大于需求量，出现了超额供给。既然试图卖出美元资产的人比试图买入的人更多，美元价值将会下跌。只要汇率保持在均衡汇率上方，美元资产的超额供给就将继续存在，美元价值就将继续下跌，直至达到均衡汇率 E^*。

同理，如果汇率为 E_C，低于均衡汇率 E^*，美元资产的需求量大于供给量，出现了超额需求。既然试图买入美元资产的人比试图卖出的人更多，美元价值将上升，直至超额需求消失，美元价值重新回到均衡汇率 E^*。

17

17.4　解释汇率变动

目标 17.4　列举并说明影响短期汇率的因素。

外汇市场供给-需求分析可以解释汇率如何变动以及为什么变动。[①] 为简化分析，我们假定美元资产数量是固定的：供给曲线是垂直的，在给定的数量水平上，不会发生位移。在此假定下，我们只需要考察那些引起美元资产需求曲线位移的因素，就可以解释汇率是如何随时间变动的。

国内资产需求曲线的位移

我们已经知道，国内（美元）资产的需求量取决于美元资产的相对预期回报

---

① 汇率变动的机制和原因也可以用利率平价条件来构建理论模型。利率平价是国际金融的一个重要概念，给出了国内利率、外国利率与本币预期升值之间的关系。

率。要了解需求曲线如何发生位移，我们需要知道在即期汇率 E_t 不变的情况下，其他因素变动时，需求量是怎样变化的。

要了解需求曲线向哪个方向位移，假定你是一个投资者，正在考虑投资国内（美元）资产。当某一因素变动时，如果其他因素不变，在给定的当前汇率水平上，你必须决定将会赚取更高还是更低的美元资产预期回报率（相对于外国资产）。这个决定将告诉你想要增持还是减持美元资产，进而知道在每个汇率水平上的需求量将会增加还是减少。每个汇率水平上需求量变动的方向，说明需求曲线将朝哪边位移。换句话说，在当前汇率不变的条件下，如果美元资产的相对预期回报率上升，需求曲线向右位移。如果相对预期回报率下降，需求曲线向左位移。

国内利率 i^D 假定美元资产的利率为 i^D。假定即期汇率 E_t 以及其他所有因素不变，当美元资产的国内利率 i^D 上升时，美元资产相对于外国资产的回报率上升，则人们愿意持有更多的美元资产。在每个汇率数值上的美元资产需求量增加，如图 17-3 所示，需求曲线从 D_1 向右位移到 D_2。在 D_2 与 S 的交点 2 实现新的均衡，均衡汇率从 E_1 上升到 E_2。**国内利率水平 i^D 上升推动国内资产的需求曲线 D 向右位移，导致本币升值（$E\uparrow$）。**

17

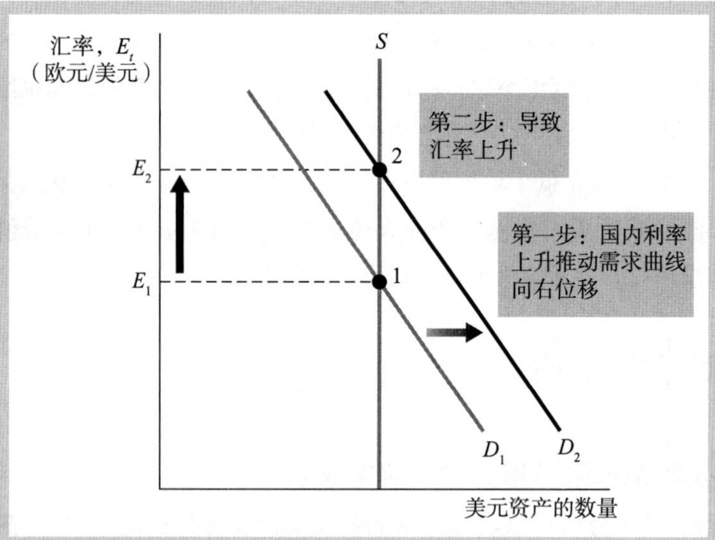

图 17-3 国内利率 i^D 上升的影响

国内利率水平 i^D 上升意味着国内（美元）资产的相对预期回报率提高，推动需求曲线向右位移。均衡汇率从 E_1 上升到 E_2。

相反，如果 i^D 下跌，美元资产的相对预期回报率下降，需求曲线向左位移，汇率下跌。**国内利率水平 i^D 下降推动国内资产的需求曲线 D 向左位移，导致本币贬值（$E\downarrow$）。**

外国利率 i^F 假定外国资产的利率为 i^F。假定当前汇率以及其他所有因素不变，如果外国利率 i^F 上升，外国资产相对于美元资产的回报率上升。于是，美元资产的相对预期回报率下降。现在人们想要持有更少的美元资产，每个汇率数值上的美元资产需求量减少。如图 17-4 所示，需求曲线从 D_1 向左位移到 D_2。在点 2 处实现新的均衡，此时美元价值下跌。相反，i^F 下降提高美元资产的相对预期回报率，推动需求曲线向右位移，提高汇率。概括来看，**外国利率水平 i^F 上升推动需求曲线 D 向左位移，导致本币贬值；外国利率水平 i^F 下降推动需求曲线 D 向右位移，导致本币升值。**

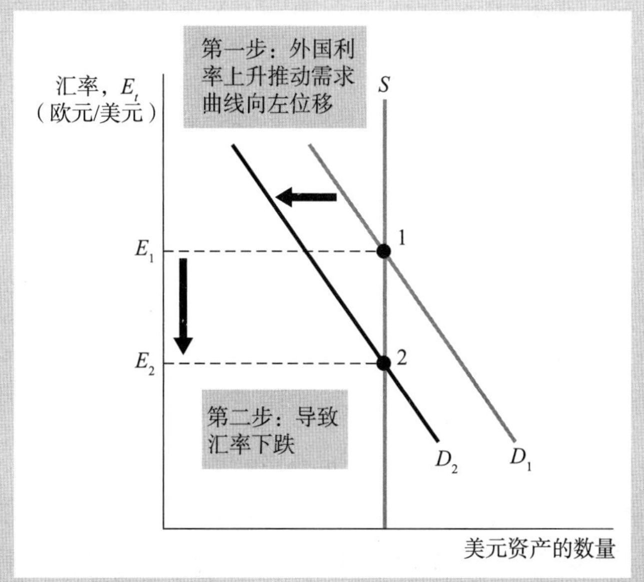

图 17-4 外国利率 i^F 上升的影响

外国利率水平 i^F 上升意味着国内（美元）资产的相对预期回报率下降，推动需求曲线向左位移。均衡汇率从 E_1 下跌到 E_2。

17

预期未来汇率 E^e_{t+1} 的变动 由于国内资产的需求（同任何实物资产或金融资产的需求一样）取决于未来再出售价格，所以关于未来汇率水平的预期对当前需求曲线的位移有重要作用。给定当前汇率为 E_t，任何引起预期未来汇率 E^e_{t+1} 上升的因素，都提高预期的美元升值。结果就是，美元资产的相对预期回报率更高，增加了每个汇率水平上的美元资产需求量，从而使图 17-5 中的需求曲线从 D_1 向右位移至 D_2。均衡汇率上升到 D_2 与 S 的交点 2。**预期未来汇率 E^e_{t+1} 上升使需求曲线向右位移，并导致本币升值。**根据同样的推理，**预期未来汇率 E^e_{t+1} 下降使需求曲线向左位移，并导致本币贬值。**

本章前面讨论了长期汇率的决定因素：相对物价水平、相对贸易壁垒、进出口需求与相对生产能力（参见汇总表 17-1）。这四个因素对预期未来汇率产生影响。购买力平价理论指出，如果更高的美国物价水平（相对于外国物价水平）预计会持续下去，那么美元将长期贬值。于是，更高的预期相对美国物价水平应当会降低 E^e_{t+1}，降低美元资产的相对预期回报率，推动需求曲线向左位移，并降低当前汇率。

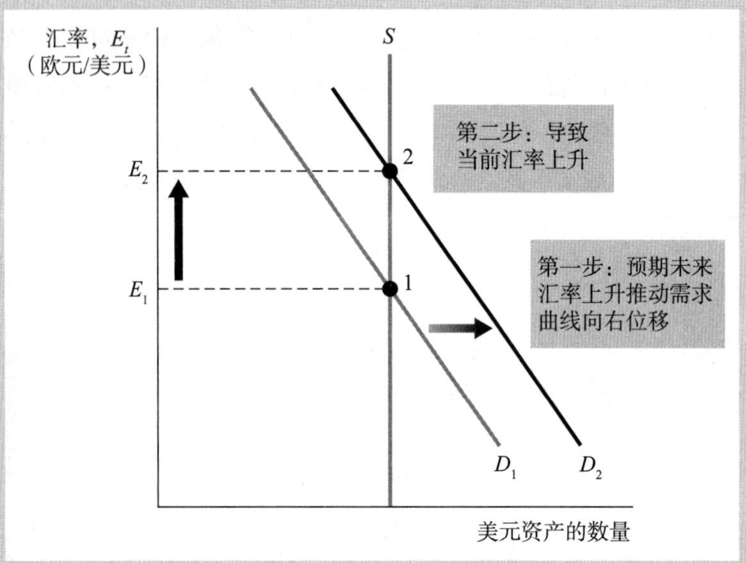

图 17-5　预期未来汇率 E^e_{t+1} 上升的影响

预期未来汇率水平上升意味着国内（美元）资产的相对预期回报率提高，推动需求曲线向右位移。均衡汇率从 E_1 上升到 E_2。

17

同理，其他长期汇率决定因素也会影响美元资产的相对预期回报率和当前汇率。简要地讲，以下变动都将提高 E^e_{t+1}，增加对国内商品相对于外国商品的需求：(1) 预期美国物价水平相对于外国物价水平下降；(2) 预期美国贸易壁垒相对于外国贸易壁垒更高；(3) 预期美国的进口需求更低；(4) 预期外国对美国出口商品的需求更高；(5) 预期美国生产能力相对于外国生产能力更高。通过提高 E^e_{t+1}，所有这些变动都会提高美元资产的相对预期回报率，推动需求曲线向右位移，导致本币（即美元）升值。

这里的分析解释了汇率如此不稳定的事实。因为预期本币升值影响了国内资产的预期回报率，所以对于物价水平、通货膨胀、贸易壁垒、生产能力、进口需求、出口需求以及货币政策等的预期，对汇率决定发挥着重要作用。当这些变量中的任何一个预期变动时（它们确实如此，而且经常如此），如我们的分析所示，国内资产的预期回报率进而汇率都将立即被影响。哪怕只是出现了一则新闻，对所有这些变量的预期也会变动，因此汇率不稳定一点也不奇怪。

简要总结：汇率变动的影响因素

汇总表 17-2 列举了引起国内资产需求曲线位移进而导致汇率变动的所有因素。假定其他所有因素（包括当前汇率）不变，当某个因素变动时，需求曲线发生位移。同样地，投资组合理论说明，美元资产相对预期回报率变动是需求曲线位移的根源。

汇总表 17-2　推动国内资产需求曲线位移并影响汇率的因素

因素	因素变动	每个汇率对应的国内资产需求量变动	汇率 E_t 的反应
国内利率 i^D	↑	↑	↑
外国利率 i^F	↑	↓	↓
预期国内物价水平*	↑	↓	↓
预期贸易壁垒*	↑	↑	↑
预期进口需求	↑	↓	↓
预期出口需求	↑	↑	↑
预期生产能力*	↑	↑	↑

* 相对于其他国家。

注：表中只给出了各个因素提高（↑）的情况。变量下降对汇率的影响与“汇率 E_t 的反应”一列正好相反。

汇总表 17-2 中有 7 个因素，我们一起回顾下每个因素发生变动时的情况。要记住的是，为了理解需求曲线将朝哪个方向位移，必须考虑该因素的变动对美元资产相对预期回报率的影响。如果相对预期回报率上升，当前汇率保持不变，则需求曲线向右位移。如果相对预期回报率下降，则需求曲线向左位移。

1. 汇总表 17-2 第一行说明，当国内资产的利率 i^D 上升时，每一汇率水平对应的美元资产预期回报率提高，需求随之扩张。因此，需求曲线向右位移，均衡汇率上升。

2. 汇总表 17-2 第二行说明，外国利率水平 i^F 上升，提高了外国资产的回报率，因而美元资产的相对预期回报率下降。美元资产的需求量随之收缩，需求曲线向左位移，汇率下降。

3. 汇总表 17-2 第三行说明，根据我们对长期汇率决定因素的分析，预期国内相对物价水平上升时，美元价值未来将下降。美元资产预期回报率随之下降，需求量下降，从而推动需求曲线向左位移，汇率下降。

4. 汇总表 17-2 第四行说明，预期贸易壁垒增加时，美元价值在长期里更高，美元资产的预期回报率提高。因此美元资产的需求增加，推动需求曲线向右位移，汇率上升。

5. 汇总表 17-2 第五行说明，预期进口需求增加时，我们预期汇率在长期里贬值，因此美元资产的预期回报率下降。于是每个当前汇率值对应的美元资产需求量都减少，需求曲线向左位移，汇率下降。

6. 汇总表 17-2 第六行说明，预期出口需求增加时，由于预期汇率在长期里升值，美元资产的预期回报率上升，推动需求曲线向右位移，汇率上升。

7. 汇总表 17-2 第七行说明，预期国内生产能力扩张时，预期汇率在长期里升值，因此，美元资产的预期回报率提高。于是每个汇率水平对应的需求量都增加，推动需求向右位移，汇率上升。

应用　利率变动对均衡汇率的影响

我们的分析揭示了影响均衡汇率水平的因素。现在我们利用这一分析结果，详细考察利率和货币增长变动对汇率的影响。

国内利率 i^D 的变动通常被认为是影响汇率的主要因素。例如，我们在金融媒体上看到这样的标题：《利率触底回升，美元反弹》。但这个标题反映出来的正相关关系总是成立吗？

并非如此。要分析利率变动的影响，我们必须仔细区分变动的原因。费雪方程式（第 4 章）认为，名义利率 i^D 等于实际利率加上预期通货膨胀率：$i=i_r+\pi^e$。所以费雪方程式表明，利率 i^D 的变化可以是由实际利率 i_r 变化引起的，也可以是由预期通货膨胀率 π^e 变动引起的。这两个原因对汇率的影响完全不一样，因此需要判断哪个因素是名义利率变动的来源。

假定国内实际利率提高，从而名义利率 i^D 上升，而预期通货膨胀率保持不变。在这种情况下，假定美元的预期升值幅度将不变是合理的，因为预期通货膨胀率不变。在这种情况下，i^D 上升提高了美元资产的相对预期回报率，增加每个汇率水平上的美元资产需求量，推动需求曲线向右位移。可以用图 17-3 描述这种情况，该图分析了 i^D 上升的情况（假定其他所有因素不变）。我们的外汇市场模型可以得到下列结论：**当国内实际利率升高时，本国货币升值。**

如果名义利率上升是由预期通货膨胀率上升引起的，我们会得到与图 17-3 截然不同的结论。预期国内通货膨胀率上升导致美元的预期升值降低，且通常认为降幅大于国内利率 i^D 的升幅。结果，对于任何给定的汇率水平，国内（美元）资产的相对预期回报率下降，需求曲线向左位移，汇率从 E_1 下跌到 E_2（见图 17-6）。我们的分析可以得到下列结论：**如果国内利率上升是由预期通货膨胀率上升引起的，本国货币贬值。**

由于这与实际利率升高引起国内利率上升时所得结论完全不同，我们在分析利率对汇率的影响时，必须区分名义变量和实际变量。

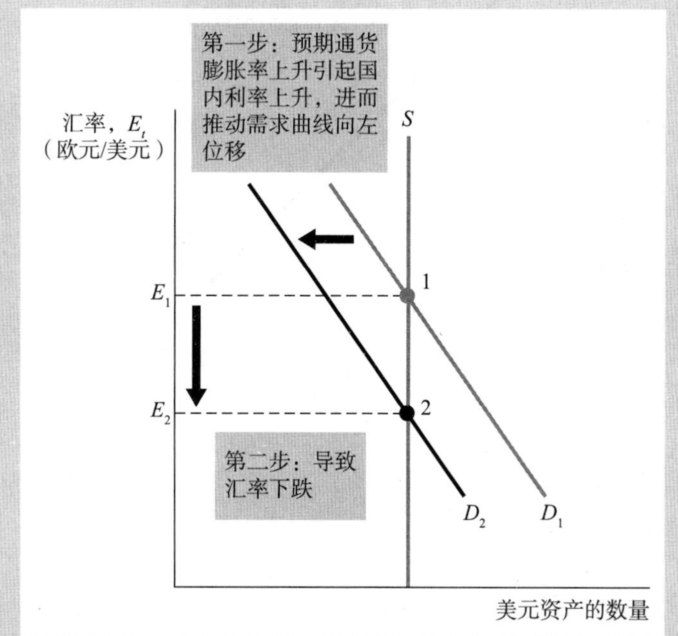

图 17-6　预期通货膨胀率上升导致国内利率上升的影响

由于国内预期通货膨胀率上升所引起的预期美元升值下降幅度大于国内利率上升幅度，国内（美元）资产的相对预期回报率下降。需求曲线向左位移，均衡汇率从 E_1 下跌到 E_2。

17

应用　全球金融危机与美元

随着 2007 年 8 月爆发全球金融危机，美元开启了加速贬值之旅，到 2008 年 7 月中旬美元对欧元贬值了 9%。7 月 11 日，美元对欧元汇率达到了历史最低点，之后美元突然反弹，到 10 月底对欧元升值超过了 20%。全球金融危机与美元价值的这些大幅度摇摆之间是什么关系？

图 17-7 演示了对美元上述情况的供求分析。因为我们是在分析对美元价值的影响，所

以还是把美元视为本国货币。图中纵轴的汇率报价为每单位美元兑换的欧元数量，所以汇率升高代表美元升值。横轴是美国（美元）资产的数量。2007 年 8 月在危机开始前，美元汇率是 0.73 欧元/美元，位置在均衡点 1。

2007 年期间，金融危机对经济活动的负面影响主要集中在美国本土。联邦储备体系积极地下调利率来对抗紧缩效应，从 2007 年 9 月到 2008 年 4 月联邦基金利率目标降低了 325 个基点。相反，其他中央银行（如欧央行）并不认为有必要下调利率，特别是因为能源价格高企已经导致了通货膨胀上扬。于是美元资产的相对预期回报率下降，推动美元资产的需求曲线从 D_1 向左位移到 D_2（见图 17-7）。市场均衡从 2007 年 8 月的点 1 移到 2008 年 4 月的点 2，导致均衡汇率下跌至 0.63 欧元/美元。我们对外汇市场的分析由此解释了为什么在全球金融危机早期出现了美元价值降低的现象。

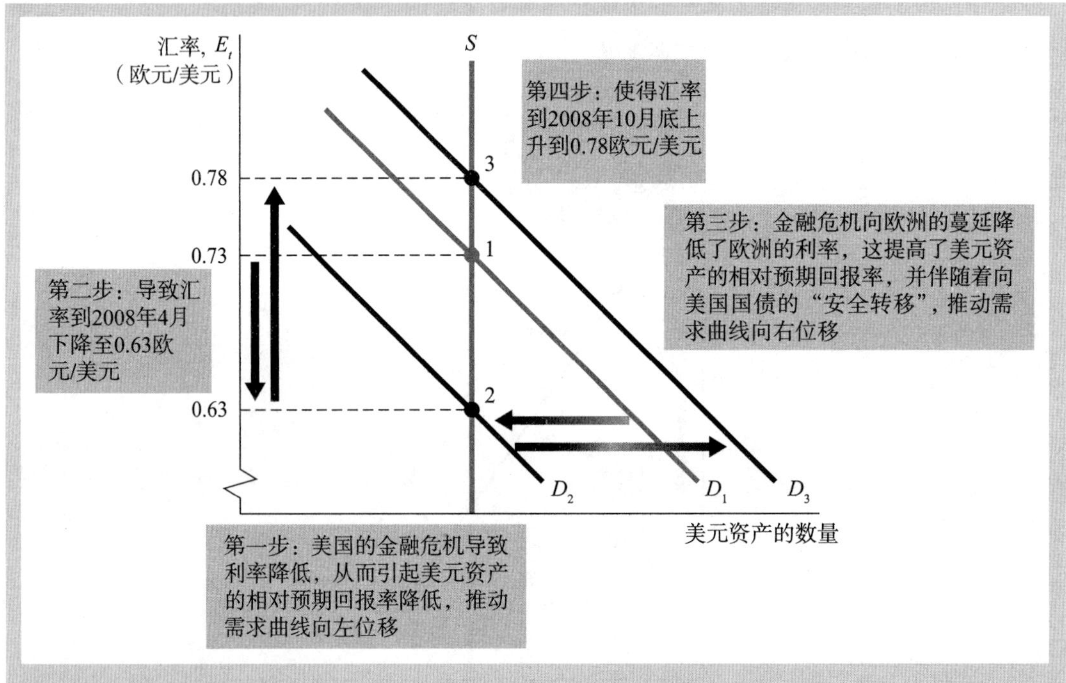

图 17-7　全球金融危机与美元

美国的金融危机导致利率降低，从而引起美元资产的相对预期回报率降低，推动需求曲线向左位移，并导致汇率到 2008 年 4 月下降至 0.63 欧元/美元。全球金融危机向欧洲蔓延降低了欧洲的利率，这提高了美元资产的相对预期回报率，而且伴随着向美国国债的“安全转移”，推动需求曲线向右位移，并使得汇率到 2008 年 10 月底上升到 0.78 欧元/美元。

17

现在我们来分析美元价值的上升。从 2008 年夏天开始，全球金融危机对经济活动的影响在全世界更大范围内蔓延。欧洲中央银行开始下调利率，并且预期未来利率会进一步下调，这种预期后来变成了现实。于是，预期外国利率下降提高了美元资产的相对预期回报率，推动需求曲线从 D_2 向右位移到 D_3，市场均衡移到点 3，到 2008 年 10 月底美元汇率升高到 0.78 欧元/美元。推动美元升值的另外一个原因是，2008 年 9 月和 10 月当全球金融危机发展到异常恶劣阶段时，发生了资产“安全转移”（flight to quality）。无论美国人还是外国人都希望把钱投到可能最安全的资产上：美国国债。由此引发的对美元资产的需求增加是美元资产需求曲线向右位移的另外一个原因，从而帮助制造了美元急速升值。

应用 脱欧和英镑

本章引言提到，2016 年 6 月 23 日英国脱欧公投导致英镑贬值近乎 10%，从 6 月 23 日公投前的 1.48 美元/英镑跌至 6 月 24 日的 1.36 美元/英镑。如何解释英镑汇率这么大的单日跌幅？

我们利用图 17-8 外汇市场供求分析来回答这个问题。因为我们是在分析对英镑价值的影响，所以把英镑视为本国货币，考察英镑的供给和需求。图中纵轴的汇率报价为每英镑相当于多少美元，所以汇率升高代表英镑升值。横轴是英国英镑资产的数量。6 月 23 日在脱欧公投之前，初始均衡在点 1，英镑的均衡汇率为 1.48 美元/英镑。

脱欧公投可能导致英国不能再进入欧盟“统一大市场”，由此可能对英国出口产品和服务设立明显的贸易壁垒，特别是英国最重要的产业金融服务业。由于预期更高的欧盟贸易壁垒，未来对英国产品和服务的需求将下降，所以预期英镑价值未来会更低。英国（英镑）资产的相对预期回报率因而下降，于是任意给定汇率上的英镑资产需求量降低，推动英镑资产需求曲线向左位移。结果是英镑的均衡汇率急剧下跌至 1.36 美元/英镑。

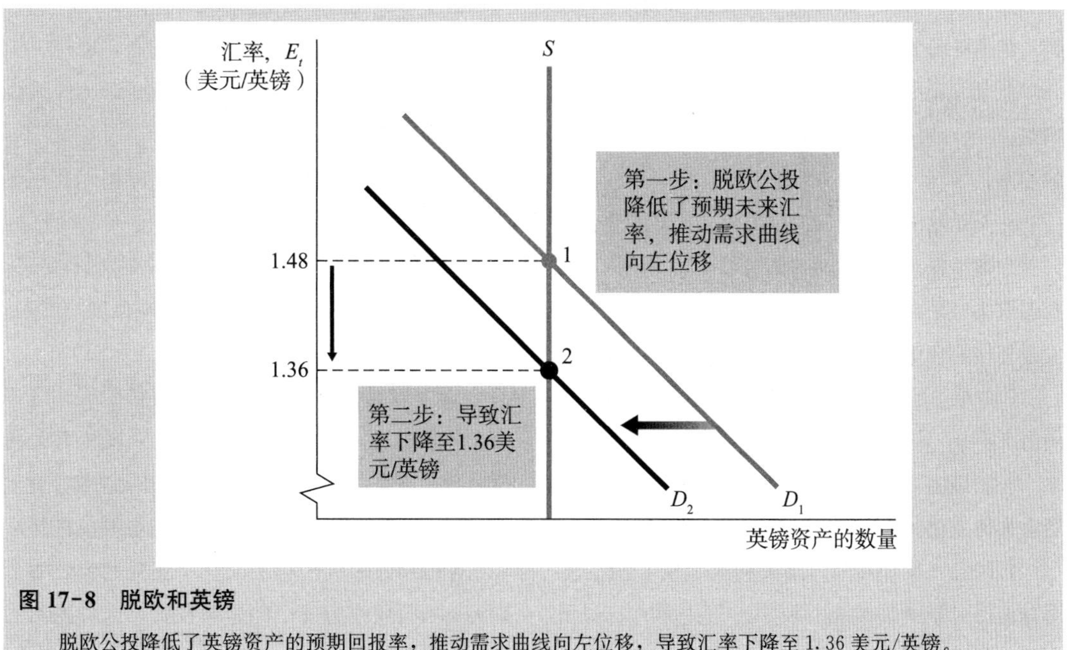

图 17-8 脱欧和英镑

脱欧公投降低了英镑资产的预期回报率，推动需求曲线向左位移，导致汇率下降至 1.36 美元/英镑。

总 结

1. 外汇汇率（一国货币用另一国货币表示的价格）非常重要，因为它影响国内生产商品在国外的销售价格，以及在国内购买外国商品的成本。

2. 购买力平价理论说明，两国货币间的长期汇率变动取决于两国相对物价水平的变动。影响长期汇率的其他因素有关税和配额、进口需求、出口需求和生产能力等。

3. 短期汇率取决于国内资产相对预期回报率的变化，它导致需求曲线位移。改变国内资产相对预期回报率的任何因素都将引起汇率变动。这类因素包括国内外资产的利率变动，以及任何影响长期汇率进而影响预期未来汇率的因素变动。

4. 汇率决定的资产市场方法可以解释全球金融危机期间的美元价值变化，以及脱欧公投后英镑价值的急剧下跌。

关键术语

升值	远期交易	即期交易	关税	贬值
非贸易品	购买力平价理论	汇率	配额	外汇市场
实际汇率	远期汇率	即期汇率		

思考题

1. 假定你正在考虑出国度假，同时假定欧元对美元升值了15%。你去罗马和巴黎的意愿是更强了还是更弱了？

2. “货币疲软（贬值）国家的经济状况总是更糟糕。”这种表述正确、错误还是不确定？解释你的答案。

3. 美元贬值时，美国的进出口会怎样变化？

4. 如果日本物价水平相对于美国上涨了5%，根据购买力平价理论，以美元表示的日元价值会发生怎样的变动？

5. 如果一国进口关税提高的同时，对该国出口的需求减少，该国货币在长期里将会升值还是贬值？

6. 如果美联储实施扩张性货币政策，货币供给会如何变化？这会如何影响美元资产的供给？

7. 2009—2011年间，澳大利亚和瑞士经济受全球金融危机的影响相对较小。与此同时，欧元区许多国家受到高失业和不可持续的政府高债务负担的沉重打击。这会如何影响欧元/瑞士法郎以及欧元/澳大利亚元的汇率？

8. 在20世纪70年代中后期，日元相对于美元升值，尽管日本的通货膨胀率高于美国。如何用日本企业生产能力改善（相对于美国企业）来解释这一现象？

9. 假定美国总统宣布，他将启动包括反通货膨胀新计划在内的一揽子新改革。假设公众相信这一方案，美元汇率将会怎样变化？

10. 如果印度政府出人意料地宣布，将在一年后提高外国商品的关税，今天的印度卢比价值会怎样变动？

11. 如果美国的名义利率升高，但实际利率下跌，预测美元汇率会怎样变动。

12. 如果美国汽车公司实现了一项技术突破，能够生产出每加仑汽油可以行驶200英里的汽车，美元汇率会怎样变化？

13. 如果墨西哥人疯狂消费，成倍购买法国香水、日本电视、英国羊毛衫、瑞士手表和意大利瓶装酒等商品，墨西哥比索的价值将会怎样变化？

14. 2008年夏秋两季，随着全球金融危机开始蔓延，国际金融机构和主权财富基金显著增加了购买美国国债作为安全的避险投资。这对美元汇率会有何影响？

15. 2012年9月，美联储公布了大规模资产购买计划（被称为QE3），目的是降低中期和长期利率。这对美元/欧元汇率会有什么影响？

16. 2016年6月23日英国投票决定脱离欧洲联盟。从6月16日到23日，英镑和美元之间的汇率从1.41美元/英镑升高到1.48美元/英镑。你觉得市场对公投结果的预期是怎样的？

应用题

17. 一辆德国跑车售价 70 000 欧元。如果汇率为 0.90 欧元/美元，这辆德国跑车在美国的美元价格是多少？

18. 如果加拿大元对美元汇率为 1.28 加拿大元/美元，英镑对美元汇率为 0.62 英镑/美元，那么加拿大元对英镑汇率必然为多少？

19. 新西兰元对美元汇率为 1.36 新西兰元/美元，英镑对美元汇率为 0.62 英镑/美元。如果你发现英镑对新西兰元的交易价格为 0.49 英镑/新西兰元，你怎么做就可以赚取无风险利润？

20. 1999 年欧元的交易价格是 0.90 美元/欧元。如果欧元现在的交易价格为 1.16 美元/欧元，欧元价值变动的百分比是多少？欧元升值了还是贬值了？

21. 墨西哥比索的交易价格为 10 比索/美元，如果预期 1 年后美国和墨西哥的通货膨胀率分别为 2%和 23%，根据购买力平价理论，1 年后的预期汇率是多少？

22. 如果英国物价水平最近上升了 20%，美国物价水平下降了 5%，如果购买力平价成立，汇率变动幅度必须是多大？假定当前汇率为 0.55 英镑/美元。

对于第 23～25 题，借助美元外汇市场的供求图说明各题中因素变动的影响。

23. 如果欧洲的预期通货膨胀率下滑，从而利率下跌，美元汇率会如何变化？

24. 如果欧洲中央银行决定实施紧缩的货币政策来对抗通货膨胀，美元价值会发生怎样的变化？

25. 如果法国工人罢工，加大了购买法国商品的难度，美元价值会发生怎样的变化？

17

第18章 国际金融体系

学习目标

18.1 利用图形和T账户说明冲销性与非冲销性外汇市场干预影响的区别。

18.2 解释国际收支经常账户与金融账户之间的联系。

18.3 明确固定汇率维持机制，评价固定汇率制度所面临的挑战。

18.4 总结资本管制的优缺点。

18.5 评价国际货币基金组织作为国际最后贷款人的作用。

18.6 说明国际货币政策和汇率安排影响国内货币政策操作的方式。

18.7 总结汇率目标制的优缺点。

本章预习

随着美国经济与世界其他经济体之间越来越相互依赖，实施货币政策再也不能不把国际因素考虑在内了。在本章我们考察国际金融交易和国际金融体系的结构是如何影响货币政策的。我们也要回顾国际金融体系在过去半个世纪的发展演变，并且思考可能的未来发展方向。

18.1 外汇市场干预

目标 18.1 利用图形和T账户说明冲销性与非冲销性外汇市场干预影响的区别。

我们在第17章分析外汇市场时，将其看作一个完全自由市场，对所有常规市场压力做出反应。然而，同其他许多市场一样，外汇市场也不能完全摆脱政府的干预；中央银行为了影响汇率，定期从事国际金融交易，买卖本币，被称作**外汇干预**(foreign exchange interventions)。在当前国际环境中，汇率每天都波动，但是中央银行通过买卖货币试图影响本国的汇率。我们可以使用第17章的汇率分析来解释中央银行干预对外汇市场的影响。

外汇干预与货币供给

要理解中央银行外汇市场干预如何影响汇率，第一步要探讨中央银行在外汇市场上出售它所持有的部分外币资产（被称为**国际储备**，international reserves）对基础货币的影响。假定美联储决定出售10亿美元外币资产，换回10亿美元美国货币。（这类交易由纽约联邦储备银行的外汇交易室具体实施，见走进美联储专栏“纽约联邦储备银行外汇交易室的一天”。）美联储购买美元有两方面的影响。第一，美联储持有的国际储备减少10亿美元；第二，由于美联储购买的货币是从公众手中转移出来的，流通中的通货减少10亿美元。从下面的联邦储备体系T账户可以看到这一变化：

联邦储备体系

资　产		负　债	
外币资产（国际储备）	－10亿美元	流通中的通货	－10亿美元

因为基础货币由流通中的通货和准备金构成，通货减少意味着基础货币减少10亿美元。

更有可能的情况是，如果购买外币资产的人对本国银行账户签发支票进行支付，不是用通货支付，那么美联储就从这些银行的准备金存款扣减10亿美元。结果是，在美联储的存款（准备金）减少10亿美元，如下面的T账户所示：

联邦储备体系

资　产		负　债	
外币资产（国际储备）	－10亿美元	在美联储的存款（准备金）	－10亿美元

在这种情况下，美联储出售外币资产和购买美元存款的结果是，准备金减少10亿美元，基础货币同样减少10亿美元，因为准备金也是基础货币的一个组成部分。

现在我们发现，中央银行出售外币资产，购买本国银行存款或本国通货，对基础货币的影响是完全相同的。这就是我们在提及中央银行购买本国货币时无须区分买入通货还是本币银行存款的原因。由此，我们得到一个重要结论：**中央银行在外汇市场上购买本国货币，同时相应地出售外币资产，导致国际储备和基础货币等量减少。**

我们可以通过更为直接的途径得到相同的结论。中央银行出售外币资产同在公开市场上出售政府债券没什么区别。我们在探讨货币供给的过程中得知，公开市场出售导致基础货币等量减少；因此，出售外币资产同样引起基础货币等量减少。同理，中央银行出售本国货币来购买外币资产，就类似公开市场购买，引起基础货币等量增加。于是，我们得到下列结论：**中央银行在外汇市场上出售本国货币，购买外币资产，引起国际储备和基础货币等量增加。**

我们刚刚所描述的干预，即中央银行买卖本国货币以对基础货币施加影响，被称为**非冲销性外汇干预**（unsterilized foreign exchange intervention）。但是，如果中央银行不希望买卖本国货币的行为影响基础货币，情况又会怎样？中央银行要做的是，在政府债券市场上实施对冲性公开市场操作，从而抵消外汇干预的影响。例如，在美联储购买 10 亿美元本币并相应出售 10 亿美元外币资产的情况下，我们知道，这会减少 10 亿美元基础货币，美联储可以在公开市场上购买 10 亿美元政府债券，增加 10 亿美元基础货币。这样外汇干预和对冲性公开市场操作不会导致基础货币变动，如下面的 T 账户所示：

联邦储备体系

资　产		负　债	
外币资产（国际储备）	−10 亿美元	基础货币	0
政府债券	+10 亿美元		

有对冲性公开市场操作，使得基础货币保持不变的外汇干预，被称为**冲销性外汇干预**（sterilized foreign exchange intervention）。

现在我们知道，外汇干预有两种类型：冲销性和非冲销性。下面要考察的是，每种干预如何影响汇率。

走进美联储　纽约联邦储备银行外汇交易室的一天

虽然美国财政部主要负责外汇政策，但干预外汇市场的决策却是由美国财政部和联邦储备体系 FOMC 共同做出的。外汇干预的实际操作由纽约联邦储备银行外汇交易室负责，该交易室就在公开市场交易室的隔壁。

18

纽约联邦储备银行外汇操作经理负责指导交易员和分析师们跟踪外汇市场的发展变化。专职交易员每天一大早就赶到纽约联储，早晨 7:30 同美国财政部的相关人员通话，提供海外金融市场和外汇市场隔夜交易的最新情况。上午晚些时候，9:30，经理和其职员与位于华盛顿的联邦储备委员会高级成员召开电话会议。下午 2:30，召开第二次电话会议，这次是联邦储备委员会和财政部官员的联合简报会。虽然根据法律，财政部在制定外汇政策方面处于领导地位，但它试图在财政部、联邦储备委员会和纽约联邦储备银行三方主体间达成意见统一。如果三方认为当天有必要进行外汇干预（不常出现，因为美国的外汇干预可能一年也没有一次），经理就会向其交易员发布指令以实施一致同意的外币买卖。由于干预汇率的资金由财政部（在外汇稳定基金中）和联邦储备体系分别持有，经理及其职员不是用纽约联邦储备银行的资金交易，他们只是财政部和 FOMC 执行这些交易的代理人而已。

他们的另外一项职责是，在每次 FOMC 会议之前，帮助准备为 FOMC 成员、其他联邦储备银行行长和财政部官员提供的文件。这些文件十分冗长，充斥着大量数据。文件描述了在过去五周或六周时间里国内外市场的发展动向。这项任务使得他们极为忙碌。

非冲销性干预

直觉告诉我们，如果中央银行希望提高本币价值，应当在外汇市场买入本币卖出外币资产。事实上，这一直觉在非冲销性外汇干预的情况下是正确的。

记得在非冲销性外汇干预中，如果中央银行决定买入美元，于是出售外币资产换回美元资产，这一交换的作用就如同公开市场债券出售一样，减少了基础货币。因此，买入美元导致货币供给减少，提高了国内利率和美元资产的相对预期回报率。结果，需求曲线从 D_1 向右位移至 D_2，汇率上升到 E_2（见图 18-1）。①

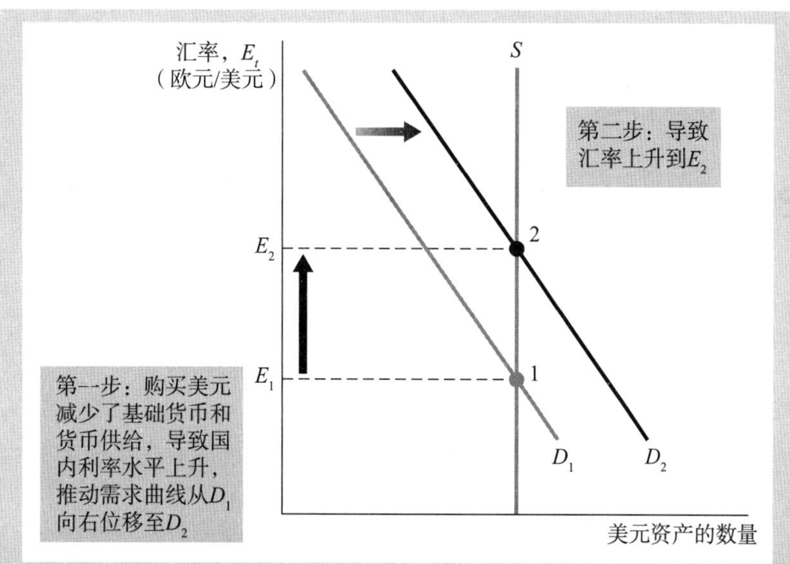

图 18-1　非冲销性美元购买和外币资产出售的影响

在公开市场上购买美元和出售外币资产，减少了基础货币和货币供给。由此造成的货币供给下降导致国内利率上升，提高美元资产的相对预期回报率。需求曲线从 D_1 向右位移至 D_2，均衡汇率从 E_1 上升到 E_2。

我们的分析可以得到外汇市场非冲销性干预的如下结论：**买入本国货币并出售外币资产的非冲销性干预，导致国际储备减少、货币供给降低和本国货币升值。**

出售本国货币并购买外币资产的非冲销性干预可以得到相反的结论。出售本国货币以购买外币资产（增加国际储备）类似于扩张基础货币和货币供给的公开市场购买。货币供给的增加降低了美元资产的利率，由此引起的美元资产相对预期回报率降低，意味着人们愿意购买更少的美元资产，于是，需求曲线向左位移，汇率下跌。**出售本国货币和购买外币资产的非冲销性干预，导致国际储备增加、货币供给扩张和本国货币贬值。**

冲销性干预

理解冲销性干预的关键在于，中央银行从事对冲性公开市场操作，因此对基础货

① 美联储买入美元的非冲销性干预使美元资产金额少量减少，原因是它引起了基础货币减少而公众手中的政府债券规模不变。美元资产的供给曲线会向左位移少许，从而也起到提高汇率的效果，得到与图 18-1 相同的结论。因为由此带来的基础货币增量只是现有美元资产总量的很小一部分，供给曲线位移幅度非常小。这就是图 18-1 中供给曲线不变的原因。

币和货币供给没有影响。我们所使用的汇率决定模型十分直观地说明了冲销性干预对汇率几乎没有影响。冲销性干预不改变货币供给，因此不会直接影响利率。① 由于美元资产的相对预期回报率不变，图 18-1 中的需求曲线仍然位于 D_1，汇率仍然是 E_1。

乍一看可能让人觉得奇怪，为什么中央银行冲销性的本币买卖没有引起汇率变动。中央银行冲销性的本币购买不能提高汇率，因为在不影响国内货币供给或利率的情况下，由此引起的任何汇率上升都会导致出现美元资产的超额供给。由于希望卖出美元资产的人比希望买入的更多，汇率必须回落到初始均衡水平，即供给曲线和需求曲线的交点。

18.2 国际收支平衡表

目标 18.2 解释国际收支经常账户与金融账户之间的联系。

因为国际金融交易强有力地影响一国的货币政策，所以懂得这些交易是怎样度量的会很有用。**国际收支平衡表**（balance of payments）是记录一国（私人部门和政府）与外国之间所有交易的簿记系统。这里介绍国际收支平衡表中的几个关键项目，你在媒体上经常听到它们的名字。

经常账户

经常账户（current account）反映了一国在给定年份经常发生的国际交易（即不包括金融资产购买或出售的交易）。经常账户由三个项目组成：贸易收支，净投资收益，以及转移。

18

产品和服务贸易收支（经常简称**贸易收支**，trade balance）等于出口产品和服务总价值减去进口产品和服务总价值。［贸易收支也被称为**净出口**（net exports）。］当商品进口大于出口时（美国 2019 年的数据为 5 770 亿美元），该国出现贸易赤字。如果出口产品和服务超过进口，该国出现贸易盈余。

2019 年，美国的净投资收益为 2 360 亿美元，因为美国人收到的海外投资收益比他们对外支付的更多。转移是国内居民和政府派送给外国人的资金；转移包括汇款（本国工人寄给外国人的钱，通常是亲属）、养老金和对外援助。因为美国人对外国人的转移比外国人对美国的转移更多，所以 2019 年的转移为－1 390 亿美元。

① 冲销性干预改变了公众手中外国证券相对于本国证券的数量，被称为资产组合平衡效应（portfolio balance effect）。在这种效应的作用下，中央银行能够影响国内资产和外国资产之间的利差，进而影响到国内资产的相对预期回报率。实证证据无法证实这种效应的显著性。然而，冲销性干预能够反映中央银行对未来汇率的想法，因此可以提供关于未来货币政策行动方向的信号，并改变预期未来汇率 E^e_{t+1}。通过这种方式，冲销性干预可以引起国内资产需求曲线位移，并最终影响到汇率。然而，汇率效应的根源在于未来货币政策的变动，而不是冲销性干预。关于信号效应和资产组合平衡效应，以及冲销性干预与非冲销性干预之间可能的差别影响，深入的讨论参见 Paul Krugman，Maurice Obstfeld，and Mark Melitz，*International Economics*：*Theory and Policy*，11th ed.（New York：Pearson，2018）。

上述两项之和再加上贸易收支（净出口）即为**经常账户余额**（current account balance），2019 年为赤字 4 800 亿美元：

$$\underset{\text{经常账户余额}}{-4\,800\text{亿美元}} = \underset{\text{贸易收支}}{(-5\,770\text{亿美元})} + \underset{\text{净投资收益}}{(+2\,360\text{亿美元})} + \underset{\text{转移}}{(-1\,390\text{亿美元})}$$

当一国出现经常账户赤字时（比如美国），其对外国人进行的经常性支付要大于向外国人的收款。同任何赤字一样，经常账户赤字也必须得到资金支持。要了解如何做到这一点，我们接着来看金融账户。

金融账户

金融账户（financial account）反映的国际交易包括资产购买或出售。当美国人增加了外国资产净持有时，这个变化被记录为金融账户中的美国净增金融资产。当外国人增加了他们净持有的美国资产时，这个变化被记录为美国净增债务，因为外国人对美国资产的债权即为美国人的债务。美国净增金融资产与美国净增债务的差额就是**金融账户余额**（financial account balance）。2019 年，金融账户余额加上其他项目，出于实用目的我们将把这些项目都包括在金融账户收支内，结果是 4 800 亿美元。① 这个金融账户余额告诉我们，在 2019 年，美国对外国人的债务增加额比美国持有的外国资产增加额超出 4 800 亿美元。换句话说，美国对外负债增加了 4 800 亿美元。

金融账户余额告诉了我们美国的净资本流入金额。当外国人增加持有美国资产时，资本流入美国。相反，当美国人增加持有外国资产时，资本流出美国。因此在 2019 年，外国人增加持有美国资产比美国人增加持有外国资产多出了 4 800 亿美元。结果是美国有 4 800 亿美元净资本流入。

你可能已经注意到，这个金融账户余额正好等于经常账户赤字的绝对值。这个等式是合理的，原因在于，如果美国人在经常账户上对外支出的多于他们所接收的，则必须向外国人借入相等金额来为这些支出提供资金。弄明白这个等式的另一种方式是借助会计原则，即资金运用必然等于资金来源。因此，经常账户赤字（为那些经常项目提供了资金运用净额）必须等于资金来源（也就是金融账户余额所提供的）。近年来经常账户的巨额赤字（2019 年超过了 4 800 亿美元）引起了严重关切，人们担心这些巨额赤字可能对美国经济产生负面后果（参见全球视野专栏“我们应当担心美国巨额经常账户赤字吗？”）。

---

① 在国际收支平衡表中，官方金融账户余额为美国净增资产减去美国净增债务。2019 年的数值为 3 950 亿美元。不过，另一个重要部分包括在金融账户收支里也讲得通，即统计误差，它反映了由于未记录交易等产生的错误，并且用来维持国际收支整体平衡。2019 年统计误差为 910 亿美元。由于许多专家认为统计误差主要是大量隐蔽性资本流动的结果，所以我们把它包括在金融账户收支里。金融账户收支还有一个组成部分，即资本账户余额，包括（1）人们移民至其他国家时携带的物品和资产，（2）非生产性非金融资产的净购买，比如知识产权或采矿权等。2019 年资本账户余额为－60 亿美元。2019 年金融账户余额、统计误差与资本账户余额的和（3 950 亿美元＋910 亿美元－60 亿美元）就是正文中的 4 800 亿美元。

全球视野　我们应当担心美国巨额经常账户赤字吗？

近年来美国经常账户的巨额赤字（2019 年是 4 800 亿美元，占 GDP 的 2.2%）引起了关注，有以下几个原因。第一，由于大部分赤字来自贸易赤字，我们可以认定，在当前汇率水平下，外国人对美国出口的需求远远小于美国人的进口需求。我们的外汇市场供求分析表明，美国出口需求低迷以及美国进口需求高企可能导致美元价值下降。

第二，巨额经常账户赤字意味着美国对外国人的负债程度正在变得更高。这个借款在未来某个时候总归是要偿还的。当账单到期时，美国人将不会还是那样富裕。

不过，巨额经常账户赤字说明有大规模资本流入美国。这些资本流入可能资助了美国高度有吸引力的投资机会。这些投资或许能极大地增加美国的财富，甚至在未来还清对外债务时，美国人里外里还能更富裕。

18.3 国际金融体系的汇率制度

目标 18.3　明确固定汇率维持机制，评价固定汇率制度所面临的挑战。

国际金融体系的汇率制度可以划分为两种基本类型：固定和浮动。**固定汇率制度**（fixed exchange rate regime）将本国货币的价值钉住另一种货币（被称为**锚货币**，anchor currency）的价值，于是汇率被固定在锚货币上。在**浮动汇率制度**（floating exchange rate regime）下，一种货币的价值可以对其他所有货币波动。如果一国通过买卖外国资产进行外汇市场干预，力图影响汇率，这种制度被称为**有管理的浮动汇率制度**（managed float regime），或称为**肮脏浮动**（dirty float）。

考察历史上的汇率制度，我们先从 19 世纪末 20 世纪初的金本位制度开始。

18

金本位制度

第一次世界大战之前，世界经济处于**金本位制度**（gold standard）之下，在这种固定汇率制度下，大多数国家的货币可按照固定比率直接兑换为黄金，因此，国家间的汇率也是固定的。例如，美国财政部可以将 1 美元纸币兑换成大约 1/20 盎司黄金。同样，英国财政部会用 1/4 盎司黄金兑换 1 英镑。因为美国人可以将 20 美元兑换成 1 盎司黄金，而这些黄金又可用来购买 4 英镑，因此，英镑和美元之间的汇率实际上固定为 5 美元/英镑。金本位制度下的固定汇率消除了汇率波动引起的不确定性，有利于促进世界贸易发展。

金本位制度的一个问题是，世界各国的货币政策在很大程度上受到黄金生产和金矿勘探的影响。19 世纪 70 年代和 80 年代，黄金产量很小，各国货币供给增长缓慢，不能跟上世界经济发展步伐，结果是通货紧缩（物价水平下降）。19 世纪 90 年代阿拉斯加和南非的黄金大发现极大地扩张了黄金产量，导致第一次世界大战之前货币供给高速增长，物价水平上涨（通货膨胀）。

布雷顿森林体系

第二次世界大战后，战胜国建立的固定汇率体系被称为**布雷顿森林体系**（Bretton Woods system），这样命名是为了纪念 1944 年协定签署所在地新罕布什尔州的小镇。布雷顿森林体系一直持续到 1971 年。

《布雷顿森林协定》创立了**国际货币基金组织**（International Monetary Fund，IMF），总部位于华盛顿特区，1945 年该组织有 30 个创始成员，目前成员超过 180 个。IMF 被赋予的职责是促进国际贸易增长，具体做法包括制定维系固定汇率的规则，以及向遭受国际收支困难的国家提供贷款。除了监督成员遵守其规则外，IMF 还承担了收集和处理国际经济数据的工作。

《布雷顿森林协定》也创立了国际复兴开发银行，通常被称为**世界银行**（World Bank）。总部也在华盛顿特区，主要职责是提供长期贷款，帮助发展中成员修建水利、公路以及有助于它们的经济发展的其他实物资本。贷款资金主要来源于世界银行在发达成员资本市场上发行的债券。此外，还成立了关税和贸易总协定（GATT），总部位于瑞士日内瓦，负责管理国家或地区间的贸易规则（关税与配额）。后来，关税和贸易总协定演变成了**世界贸易组织**（World Trade Organization，WTO）。

由于美国在二战后成为世界上最大的经济强国，拥有世界上超过一半的制造能力和世界上绝大部分黄金储备，所以，在布雷顿森林建立的固定汇率体系以美元与黄金的可兑换性（仅对外国政府和中央银行而言）为基础，兑换比例为 35 美元/盎司黄金。包括美国在内的各国中央银行通过外汇市场干预来维持固定汇率，用以买卖的美元资产被这些国家作为国际储备持有。其他国家持有的国际储备都是美元计价资产，所以美元被称作**储备货币**（reserve currency）。于是，布雷顿森林体系的一个重要特征在于，确立了美国的储备货币国地位。即使在布雷顿森林体系瓦解后，美元也仍然保持了它的储备货币地位，大部分国际金融交易都使用美元。

作为布雷顿森林体系标志的固定汇率制度于 1973 年被最终废除。1979—1990 年间，欧洲联盟在成员国间建立了自己的固定汇率体系，即欧洲货币体系（European Monetary System，EMS）。理论上，在该体系的汇率机制（exchange rate mechanism，ERM）下，任意两个成员国货币之间的汇率波动不得超过一个很窄的范围，被称为“隧道中的蛇”。在实践中，欧洲货币体系中所有国家的货币都钉住联邦德国马克。

固定汇率制度如何运行？

图 18-2 利用之前章节学到的外汇市场供求分析方法，给出了固定汇率制度在实践中是如何运作的。图 18-2（a）描述的情况是：本国货币与锚货币之间的汇率被固定在 E_{par}，需求曲线向左位移到 D_1，原因可能是外国利率上升，从而降低了

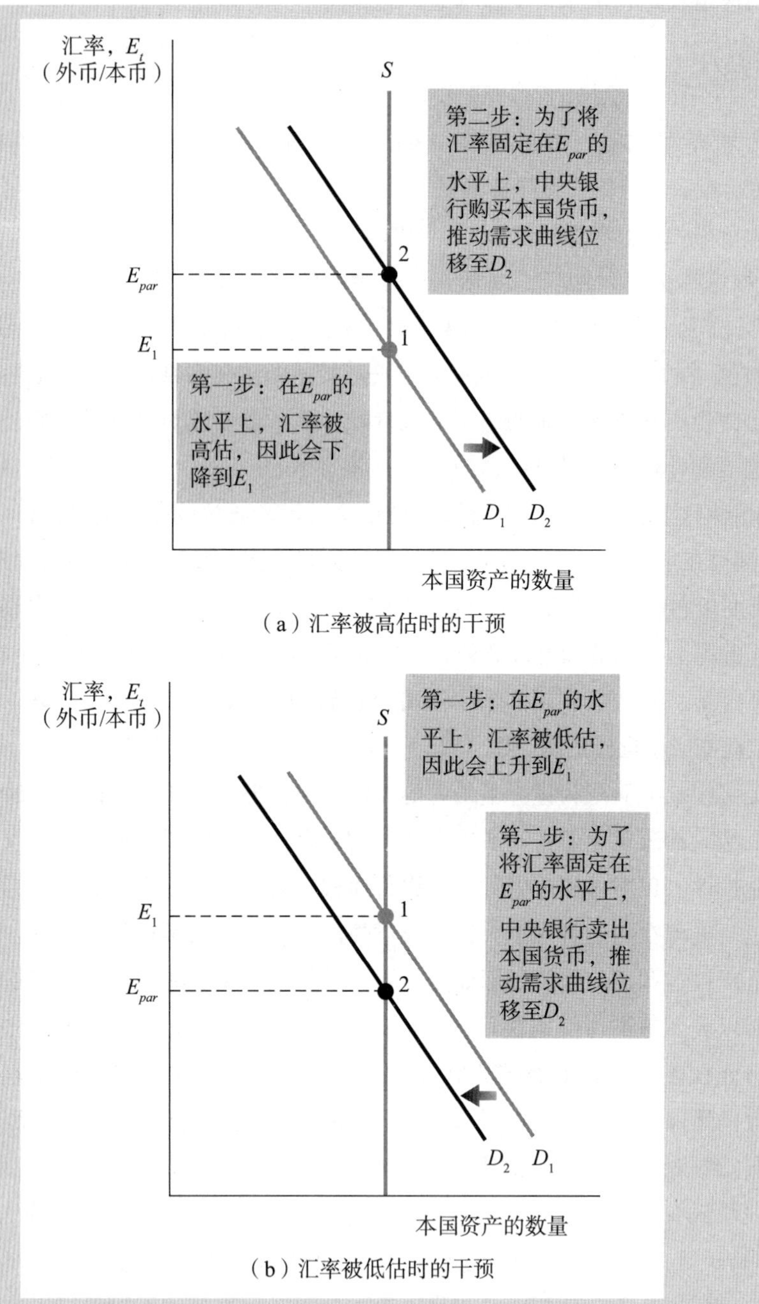

图 18-2　固定汇率制度下的外汇市场干预

在图（a）中，汇率 E_{par} 被高估，为了维持汇率在 E_{par} 上（点 2），中央银行必须购买本国货币，推动需求曲线位移至 D_2。在图（b）中，汇率 E_{par} 被低估，因此中央银行必须卖出本国货币，推动需求曲线位移至 D_2，才能维持固定汇率 E_{par}（点 2）。

18

本国资产的相对预期回报率。汇率 E_{par} 现在被高估了：需求曲线 D_1 与供给曲线交点的汇率 E_1 低于汇率的固定值（汇率平价）E_{par}。为了使汇率保持在 E_{par} 上，中央银行必须干预外汇市场，购买本国货币，出售外币资产。这一行为和公开市场出售一样，引起基础货币和货币供给减少，推高本国资产的利率 i^D。[①] 国内利率上升提高了国内资产的相对预期回报率，推动需求曲线向右位移。中央银行将继续购买本国货币，直到需求曲线到达 D_2 且均衡汇率为 E_{par} ［见图 18-2（a）中的点 2］。

于是，我们得到这样的结论：**当本国货币被高估时，中央银行必须买入本国货币以保持固定汇率，但结果是国际储备减少。**

图 18-2（b）描述的情况是：由于国内资产的相对预期回报率上升，需求曲线向右位移到 D_1。于是汇率 E_{par} 被低估：初始需求曲线 D_1 与供给曲线相交对应的汇率水平 E_1 高于 E_{par}。在这种情况下，中央银行必须卖出本国货币，购买外币资产。这一行为和公开市场购买一样，增加货币供给，拉低本国资产的利率 i^D。中央银行会继续卖出本国货币，持续拉低 i^D，直到需求曲线返回 D_2 且均衡汇率为 E_{par} ［见图 18-2（b）中的点 2］。我们的分析可以得出如下结论：**当本国货币被低估时，中央银行必须出售本国货币以保持固定汇率，但结果是国际储备增加。**

法定贬值和法定升值 我们知道，如果一国货币被高估，中央银行阻止货币贬值的行为将导致国际储备减少。如果该国中央银行最终耗尽所有国际储备，它就不能够阻止货币贬值，此时必然发生**法定贬值**（devaluation），将汇率平价重新设定在一个较低的水平上。

相反，如果一国货币被低估，该国中央银行阻止货币升值的干预导致国际储备增加。我们很快就将看到，中央银行可能不想获取这些国际储备，所以可能想将汇率平价重新设定在一个较高的水平上（**法定升值**，revaluation）。

完全资本流动性 如果完全**资本流动性**（capital mobility）存在，即本国居民购买外国资产或外国居民购买本国资产没有任何障碍，那么冲销性外汇干预无法使汇率保持在 E_{par}，因为本国资产的相对预期回报率不受影响（如前文所提到的）。例如，如果汇率被高估，冲销性本币购买将使得相对预期回报率和需求曲线保持不变，从而本币贬值压力没有被消除。如果中央银行持续买入本币，但是继续进行冲销操作，那就将不断流失国际储备，等到最后耗光了所有国际储备，只能被迫寻求一个更低的货币价值水平。

18

投机性攻击

固定汇率制度（比如布雷顿森林体系和欧洲货币体系）的一个严重缺陷在于，这样的体系可能因对货币的**投机性攻击**（speculative attack）而引发外汇危机。投机性攻击指大规模地抛售疲软的货币或买入强劲的货币，导致汇率剧烈变动。在下面的应用中，我们利用汇率决定模型来了解 1992 年 9 月重创欧洲货币体系的外汇危机是怎样发生的。

① 由于汇率将继续固定在 E_{par} 上，预期未来汇率保持不变，所以分析中没有提及。

应用 1992年9月外汇危机

1990年10月两德统一之后，德国中央银行——德意志联邦银行面对的通货膨胀压力不断增大，通货膨胀率从1990年低于3%已经加速上升到1992年接近5%。为了控制货币增长和抑制通货膨胀，德意志联邦银行将德国利率提高到将近两位数的水平。图18-3给出了德意志联邦银行的这些举动在英镑外汇市场上造成的影响。注意，图中英镑是本国货币，德国马克（DM，1999年欧元诞生之前的德国货币）是外国货币。

如图18-3所示，提高德国利率 i^F 降低了英镑资产的相对预期回报率，推动需求曲线位移到 D_2。供给曲线和需求曲线相交于点2，低于当时的汇率下限（2.778德国马克/英镑，用 E_{par} 表示）。为了提高英镑相对于德国马克的价值，使德国马克/英镑汇率恢复到汇率机制界限以内，必须采取下述两个行动中的一个。选项一，英格兰银行实行紧缩性货币政策（contractionary monetary policy），提高英国利率，足以推动需求曲线返回到 D_1，从而均衡仍然保持在点1，汇率也仍然保持在 E_{par}。或者选项二，德意志联邦银行推行扩张性货币政策，从而降低德国利率。更低的德国利率会提高英镑资产的相对预期回报率，推动需求曲线返回到 D_1，使得汇率继续保持在 E_{par}。

18

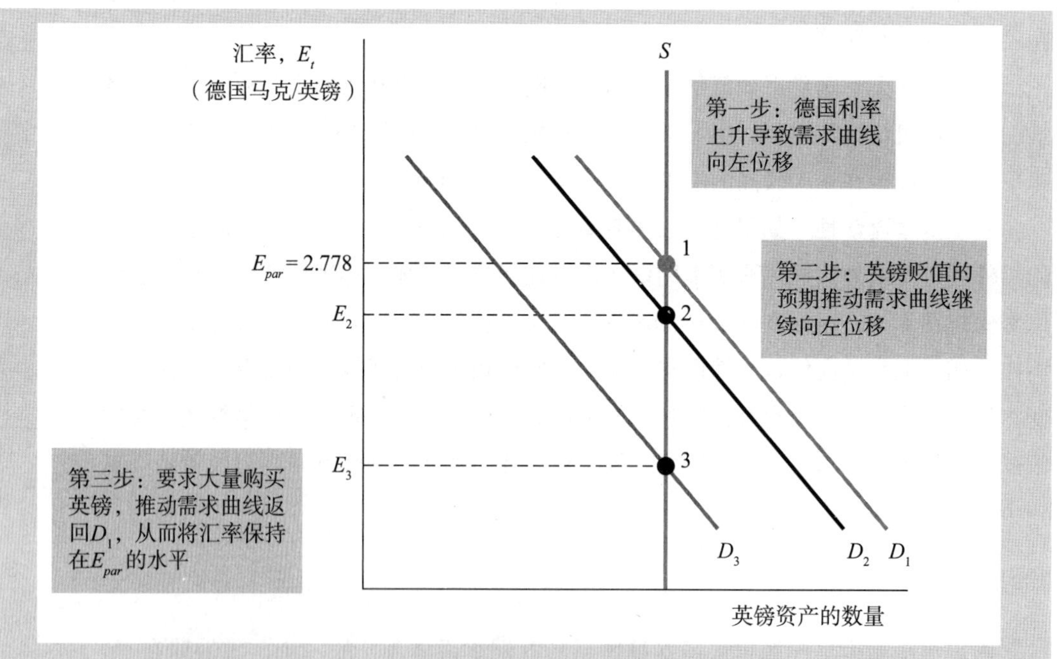

图18-3 1992年英镑外汇市场

投机者意识到英国很快会让英镑贬值，从而降低英镑资产的相对预期回报率，导致需求曲线从 D_2 向左位移至 D_3。结果，英国中央银行被迫大量购买英镑以提高利率，这样需求曲线才可以回移到 D_1，汇率 E_{par} 才能保持在2.778德国马克/英镑。

难点在于，德意志联邦银行的首要目标是对抗通货膨胀，所以不愿意实施扩张性货币政策，英国正面对战后以来最严重的衰退，也不愿意实行紧缩性货币政策来提振英镑。9月14日，在一场对斯堪的纳维亚国家货币发动的投机性攻击以后，面对来自EMS其他成员国的巨大压力，德意志联邦银行只愿意把贷款利率象征性地降低了一点点——各国政策的僵局此时已经明朗化。因此，在不久后的某个时点，英镑价值肯定要降到点 2。现在投机者知道英镑即将贬值，于是，预期的未来汇率 E^e_{t+1} 下跌。结果，英镑的相对预期回报率急剧下跌，推动需求曲线向左位移至 D_3（见图 18-3）。

随着需求曲线向左大幅位移，在汇率平价 E_{par} 上存在着大量英镑资产的超额供给，引起投机者大量抛售英镑（并购买德国马克）。英国中央银行出面干预以提高英镑价值的需要变得越来越大，而且要求英国利率必须大幅提高。英格兰银行做出了重大的干预努力，将贷款利率从 10%提到 15%，但是仍然不足以拯救英镑。9 月 16 日英国人最后被迫放弃：无限期地退出 ERM，英镑对德国马克贬值 10%。

对其他货币的投机性攻击，迫使西班牙比塞塔法定贬值 5%，意大利里拉法定贬值 15%。为了捍卫本国货币，瑞典中央银行被迫将贷款日利率水平提高到天文数字 500%！到危机结束的时候，英国、法国、意大利、西班牙和瑞典等国中央银行的干预规模达到了 1 000 亿美元；德意志联邦银行一家就花费了 500 亿美元进行外汇干预。

对这些中央银行来说，要维持欧洲货币体系可不便宜。据估计，危机期间因外汇干预而发生的损失有 40 亿～60 亿美元。中央银行的损失就是投机者的盈利。乔治·索罗斯(George Soros) 管理的一个投机基金在这场危机中赚取了 10 亿美元利润，据报道，花旗银行的交易员挣了 2 亿美元。当外汇危机发生时，汇率投机者的日子当然是甘之若饴了。

政策选择三难

前述分析的一个重要政策含义在于，一国如果将本国汇率与大国锚货币挂钩，就会丧失自己的货币政策控制。如果大国实施紧缩性货币政策，提高利率，将导致大国预期通货膨胀率下降，进而引起大国货币升值和小国货币贬值。此时，将汇率锁定锚货币的小国会发现货币被高估，因此将不得不出售锚货币，购买本国货币，以阻止货币贬值。外汇干预的结果将是小国国际储备减少，基础货币收缩，利率上升。对这个外汇干预不能进行冲销，因为冲销会导致国际储备持续减少，直到小国被迫宣布货币法定贬值。小国再也无法控制货币政策，因为其利率变动完全取决于大国利率变动。

我们的分析说明一国（或者地区，或者欧元区等货币联盟）不能同时采取以下三种政策：(1) 资本自由流动；(2) 固定汇率；(3) 独立货币政策。经济学家将这一结论称为**政策选择三难**（policy trilemma，或者更形象地，称为**不可能三角**，impossible trinity)。图 18-4 反映的就是政策选择三难。在上述三种政策中，一国（或者地区或者货币联盟）只能选择其中两种，用三角形的边表示。选择 1 是，一国（或者地区或者货币联盟）选择资本自由流动和独立货币政策，但不能是固定汇率。欧元区和美国就是这样选择的。中国香港和伯利兹采取的是选择 2，即资本自由流动和固定汇率，但放弃了独立货币政策。其他国家（或者地区或者货币联盟）例如中国采取的是选择 3，固定汇率和独立货币政策，但实施了**资本管制**（capital

18

controls）或者对跨境资本的自由流动予以限制，这些国家（或者地区或者货币联盟）没有资本自由流动。

政策选择三难使得国家（或者地区或者货币联盟）面临艰难的选择。它们是接受汇率波动性（选择 1）、放弃独立货币政策（选择 2）还是限制资本流动（选择 3）？

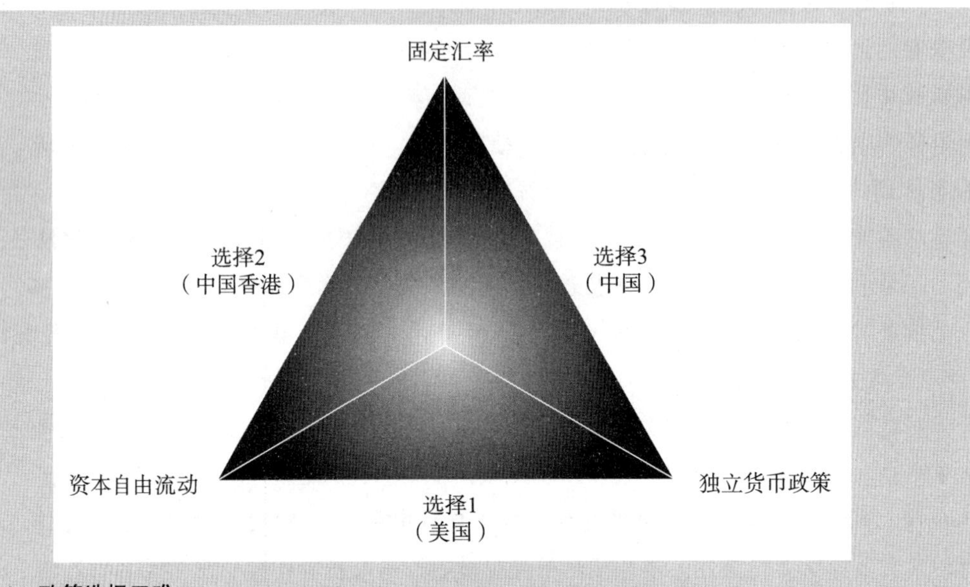

图 18-4　政策选择三难

一国（或者地区或者货币联盟）不能同时采取以下三种政策：(1) 资本自由流动；(2) 固定汇率；(3) 独立货币政策。但必须在三种政策中选择两种，用三角形的边表示。

应用　中国 4 万亿美元国际储备是如何积累起来的？

18

到 2014 年，中国已经积累了 4 万亿美元国际储备（但是到 2020 年下降到 3 万亿美元）。中国人怎样得到了如此规模庞大的外汇资产？毕竟，中国还不是一个富裕国家。

答案是，中国在 1994 年将汇率与美元挂钩，保持 12 美分/元（也称人民币）的固定汇率水平。由于中国的生产能力迅速增长，通货膨胀率却低于美国，人民币的长期价值上升，从而提高了人民币资产的相对预期回报率，推动其需求曲线向右位移。结果就是中国处于图 18-2 (b) 的情形中，即人民币被低估。为了防止人民币汇率超过 E_{par} 升值到 E_1，中国的中央银行大量购买美元资产。目前，中国政府是世界上美国政府债券的最大持有人之一。

从 1994 年直到 2005 年，中国把人民币固定在 12 美分/元的水平上。由于中国政府对资本流动进行管制，它们能够在保持汇率钉住的同时冲销掉大部分外汇干预。但尽管如此，外汇干预还是引起了货币供给快速增长，产生了通货膨胀压力。结果，在 2005 年 7 月，中国终于使其钉住制度变得更加灵活一些，将人民币价值提高了 2.1%，之后又允许汇率渐进性升值。中国的中央银行也表示不再把人民币的价值固定钉住美元，而是保持人民币相对于一篮子货币的价值稳定性。

2014 年以后，人民币不再被低估，中国的中央银行则开始买入人民币，引起外汇储备下降。到 2020 年，中国的国际储备已经降至 3 万亿美元。

货币联盟

货币联盟（monetary union，或 currency union）是固定汇率制度的变种，是指一些国家采用共同货币，从而将成员国相互之间的汇率固定下来。1787 年 13 个美洲殖民地建立的美利坚合众国是最早的货币联盟之一，它们放弃各自的货币而选择了美元。欧洲货币联盟（EMU）是最近建立的，它成立于 1999 年 1 月，11 个创始成员国采用了一种新的共同货币，即欧元。目前有 19 个国家采用欧元。

货币联盟的关键经济优势在于便利了跨境贸易，因为现在所有成员国的产品和服务都以同一种货币来计价。然而，实行固定汇率制度和资本自由流动，货币联盟意味着各个国家不再有自己独立的货币政策来解决总需求不足问题。正如全球视野专栏“欧元能继续存在吗?”所讨论的，货币联盟的这个缺点提出了一个疑问：欧元区会不会解散?

全球视野　欧元能继续存在吗?

2007—2009 年全球金融危机导致整个欧洲经济紧缩，其中，欧元区南部国家受到的打击尤为严重。遭受重创的南部国家失业率攀升速度大大超过德国等北部国家。并且，伴随着经济衰退，许多南部国家的政府预算赤字大幅增加，出现了主权债务危机。我们在第 12 章已经讨论过这种情况。投资者不再购买这些国家的债券，使得利率达到了相当高的水平。南部国家本来可以实施宽松的货币政策，刺激经济活动，缓解经济震荡，但这些国家不能做这种选择，因为欧元区的货币政策是由欧洲中央银行统一实施的，整个欧元区所遭受冲击的严重程度与个别南部国家不一样。

欧元的这种“紧身衣”效应削弱了南部国家对欧元的支持，退出欧元的说法喧嚣直上。经济强劲的北部国家由于要向经济较弱的国家提供救助，因而对欧元的支持也有所下降。因为经济强国希望摆脱对欧元的义务，限制向弱国转移资金的规模，弱国也希望摆脱对欧元的义务，这样它们可以采取更具扩张性的货币政策以及让货币贬值，所以欧洲货币联盟能否继续下去的确存在疑问。然而，要建立更加统一、更加强大的欧洲，欧元仍然被很多人视为必由之路，这种政治考量建立了对维持货币联盟的强大支持。

有管理的浮动

布雷顿森林体系解体后，大部分汇率在市场力量的影响下每日变动，但中央银行并不想放弃对外汇市场的干预。阻止汇率剧烈波动，能够使买卖国外商品的企业和个人更容易制订未来计划。并且，国际收支顺差国经常不想让本国货币升值，因为这样使本国商品在海外变得昂贵，而使外国商品在本国变得便宜。由于升值可能不利于本国企业的销售，增加失业，因此顺差国经常在外汇市场上卖出本国货币，增加了国际储备。

国际收支逆差国不想让它们的货币贬值，因为这样使本国消费者购买的外国商品变得昂贵，可能刺激通货膨胀。为保持本国货币坚挺，逆差国经常在外汇市场上买入本国货币，从而减少了国际储备。

目前的国际金融体系是固定汇率制度和浮动汇率制度的混合体。汇率随市场状况变化而波动，但是又不完全取决于市场状况。并且，许多国家还继续维持本币与其他货币的固定汇率，比如欧元诞生之前的欧洲货币体系以及 1994—2005 年间的中国。

18.4 资本管制

目标 18.4 总结资本管制的优缺点。

新兴市场国家（emerging market countries）近年来才开放了与世界其他地方的商品、服务和资本流动。政治家和一些经济学家认为，这些国家限制资本流动是为了避免金融不稳定。资本管制是个好主意吗？

资本流出管制

资本流出可能引起金融不稳定，因为当本国居民和外国人从该国抽逃资本时，由此导致的资本流出会迫使这个国家的货币法定贬值。因为想要避免这些不稳定，新兴市场国家的政治家们会发现资本管制特别有吸引力。

虽然这些管制听起来不错，但是它们存在几个缺点。第一，实证分析表明，资本流出管制在危机期间很少有效，因为私人部门总能千方百计找到规避管制的方式，毫不费力地将资金转移出去。第二，证据显示，资本外逃在管制实施以后甚至会增加，因为对政府的信心削弱了。第三，资本流出管制导致腐败，因为当本国居民试图转移资金到国外时，政府官员经常被收买而不作为。第四，资本流出管制可能麻痹政府，使其认为不需要改革金融体系来应对危机，结果丧失了改善经济运行效率的机会。

资本流入管制

虽然大多数经济学家发现反对资本流出管制的论据很有说服力，但资本流入管制却得到了较多支持。支持者的理由是，如果投机性资本无法进入，那么它们也就不会突然撤出，从而避免了潜在的危机。第 12 章关于金融危机的分析支持了这种观点，认为资本流入能够导致信贷繁荣以及银行过度承担风险，这些因素可能助攻触发金融危机。

然而，资本流入管制有一个不好的地方，就是它可能阻止了用于生产性投资机会的资金进入这个国家。虽然资本流入管制可以限制通过资本流动为贷款繁荣输送的“燃料”规模，但随着时间推移，因为家庭和企业会想办法逃避管制，管制就会引起严重扭曲和资源配置失当。实际上，就像资本流出管制一样，资本流入管制也能导致腐败。在现今的环境下，贸易开放，而且存在众多可以轻松绕开管制的金融工具，资本管制能否有效受到高度质疑。

不过，也有充分证据表明，只要加强银行监管，就可以使资本流入不大可能制造贷款繁荣以及鼓励银行机构过度承担风险。例如，限制银行借款的增长速度实际上就能限制资本流入。这种监督控制聚焦于金融脆弱性的来源而不是表面现象，能够增强金融体系的运行效率而不是阻碍它的运行。

18.5 IMF 的作用

目标 18.5　评价国际货币基金组织作为国际最后贷款人的作用。

国际货币基金组织（IMF）在布雷顿森林体系下创立，最初是为了帮助成员解决国际收支问题并维持固定汇率，方式是向逆差方贷款。在 1973 年固定汇率的布雷顿森林体系解体后，IMF 承担了新的职责。

IMF 继续发挥数据搜集作用，并继续向成员提供技术支持。虽然 IMF 不再试图鼓励固定汇率，但近来它作为国际贷款人的角色却变得越来越重要。这个角色首次走上前台是在 20 世纪 80 年代发展中国家债务危机期间，IMF 协助发展中国家偿还贷款。在 1994—1995 年墨西哥金融危机和 1997—1998 年东亚金融危机期间，IMF 向这些国家和地区以及其他受波及国家和地区提供了巨额贷款，帮助它们在财务上复苏，并阻止危机向其他国家和地区蔓延。之后，从 2010 年开始，IMF 向希腊、爱尔兰和葡萄牙提供了巨额贷款，避免这些国家发生政府债务违约。IMF 发挥国际最后贷款人的作用，帮助成员应对金融不稳定，但实际上这一作用是高度有争议的。

IMF 应该充当国际最后贷款人吗？

我们已经了解到，当中央银行履行最后贷款人职责时（如最近的全球金融危机期间美联储所做的），如此行动可以最小化金融危机的严重性，有时甚至可以防止危机发生。当 IMF 担任国际最后贷款人时，也可以带来类似的好处，特别是当贷款投向国家的中央银行没有能力应对危机的时候。

然而，当 IMF 担任国际最后贷款人时，可能会引起严重的道德风险问题。首先，知道了 IMF 将乐意承担这一职责，可能会鼓励政府不负责任，因为它们知道如果形势失控很可能会得到 IMF 的救助。其次，政府利用 IMF 资金保护存款人和银行机构的其他债权人免受损失。这个安全网造成了第 10 章所讨论的道德风险问题，因为削弱了存款人和其他债权人监督银行机构的积极性，即使银行机构承担过多风险，他们取走存款的动机也不强。

国际最后贷款人必须找到限制这两种道德风险问题的方法，否则它可能使情况更加恶化。国际最后贷款人可以明确表示，只向那些财政状况正常有序并采取措施防止银行机构过度承担风险的政府提供流动性。然而，IMF 的批评者认为，IMF 没有对接受贷款的政府施加足够的压力以抑制这两种道德风险问题，因此，他们认为 IMF 应当放弃承担国际最后贷款人职责。IMF 遭到诟病的另外一个原因是强制实施所谓的紧缩计划，迫使借款政府削减政府支出、增税和提高利率。这些改革计划可能是高度紧缩性的（见第 22 章），可能导致高失业，甚至政治动荡。

关于 IMF 充当国际最后贷款人是否让世界更加美好的争论，现在是热门话题。很多关注强调如何使 IMF 更有效率地扮演这一角色，而且在帮助降低国际金融不稳定的国际金融新体系建议方案中，IMF 改革居于核心地位。

18.6 国际因素和货币政策

目标 18.6 说明国际货币政策和汇率安排影响国内货币政策操作的方式。

到目前为止，本章已经介绍了货币政策可能受到国际事务影响的几种方式。了解这些影响，对于货币政策实施有重要意义。

外汇市场对货币政策的直接影响

当中央银行干预外汇市场时，它们买入或者卖出国际储备，从而基础货币受到影响。当一家中央银行干预外汇市场时，它放弃了对货币政策的部分控制。例如，20 世纪 70 年代初期，联邦德国中央银行就面临着两难选择。为了防止联邦德国马克对美元过多升值，联邦德国积累了大量国际储备，造成了高货币增长率和低利率，在联邦德国中央银行看来这种货币政策是通货膨胀性的。

18

德意志联邦银行本可以放弃对外汇市场的干预，重新控制其货币政策。但是当中央银行处于不让货币升值的压力之下时，这样的战略有着重大缺陷：货币升值导致的进口低价格和出口高价格，将伤害国内生产商，并提高失业率。

因为美元一直是储备货币，所以美国的基础货币和货币供给没有受到外汇市场状况的很大影响。只要外国中央银行（而非美联储）干预以保持美元价值不变，美国的国际储备持有就将继续不受影响。当一国货币是储备货币时，实施货币政策通常更简单些。①

汇率因素

如果中央银行不想看到货币价值下降，可以实施更加紧缩的货币政策，提高本国利率，从而增强自己的货币。类似地，如果一国货币升值，国内产业可能遭遇国外竞争力提高带来的困难，并可能向中央银行施压放松货币政策，以便降低汇率。

① 然而，储备货币国家中央银行要担心的是，人们不再用它的货币作为国际储备。

18.7 挂钩还是脱钩：另一种货币政策战略汇率目标制

目标 18.7　总结汇率目标制的优缺点。

我们在第 16 章讨论了有助于保持物价稳定的两种货币政策战略：通货膨胀目标制和美联储“尽管去做”战略。还有一种战略使用强力的名义锚来促进物价稳定，被称为**汇率目标制**（exchange-rate targeting，有时也被称为**汇率钉住**，exchange-rate peg）。

以汇率为目标的货币政策战略由来已久。它可以采用的形式有：将本国货币的价值固定在某种商品（比如黄金）上，这是本章前面所介绍的金本位制度的关键特征。最近，固定汇率制度已经发展成将本国货币的价值固定在美国等通货膨胀率较低大国（被称为锚定国，anchor country）的货币上。还有一种方式是采用爬行指标（crawling target）或爬行钉住（crawling peg），即允许货币以稳定的速率贬值，从而使钉住国的通货膨胀率可以高于锚定国。

汇率目标制的优点

汇率目标制有几个优点。第一，汇率目标的名义锚直接有利于控制通货膨胀的目标，做法是将国际贸易品的通货膨胀率与锚定国通货膨胀率挂钩。汇率目标能够如此是因为，国际贸易品的国外价格由世界市场决定，而这些商品的国内价格由汇率目标固定。例如，在 2002 年以前，阿根廷比索兑美元汇率恰好是 1∶1，国际上 1 蒲式耳小麦交换 5 美元，则其价格就被设定为 5 比索。如果汇率目标制是可信的（也就是预计能够坚守住），那么汇率目标制带来的额外好处就是，将通货膨胀预期锚定在锚定国通货膨胀率上。

第二，汇率目标制为货币政策操作提供了自动规则，从而缓解了第 16 章提到的时间不一致性问题。本章前面提到，当本国货币有贬值趋势时，汇率目标制强制实行紧缩的货币政策，当本国货币有升值趋势时，汇率目标制强制实行宽松的货币政策，因此，选择相机抉择的货币政策不大可能。那么，中央银行将很难掉入时间不一致性陷阱，即试图以过度扩张的货币政策来扩大短期产出和就业。

第三，汇率目标制具有简单和明晰的优点，容易为公众所理解。“可靠货币”是一个易于理解的货币政策战斗口号。比如，在法国历史上简单明了这一点非常重要，人们经常用俚语“法郎堡垒”（坚挺的法郎）为从紧的货币政策辩护。

由于以上优点，工业化国家成功运用汇率目标制控制了通货膨胀不足为奇。例如，法国和英国通过将货币价值绑定在德国马克*上，成功地使用汇率目标制降低

* 1990 年两德合并以前为联邦德国马克。——译者注

了通货膨胀。1987 年，当法国首次将汇率钉住德国马克时，它的通货膨胀率是 3%，比德国的通货膨胀率高出 2 个百分点。到 1992 年，法国的通货膨胀率降到了 2%，该水平被认为符合物价稳定目标，实际上甚至低于德国的通货膨胀率。到 1996 年，法国和德国的通货膨胀率已经收敛到一个略低于 2%的数字。类似地，英国在 1990 年将货币钉住德国马克之后，到 1992 年被迫放弃汇率目标制时，已经将通货膨胀率从 10%降到了 3%。

汇率目标制也是新兴市场国家迅速降低通货膨胀的有效手段。例如，在 1994 年墨西哥货币法定贬值之前，汇率目标制使得墨西哥能够将通货膨胀从 1988 年的 100%以上降到了 1994 年的 10%以下。

汇率目标制的缺点

尽管汇率目标制有内在的优点，但依然受到一些严厉的指责。问题（如我们在本章前面所见）在于，由于资本的流动性，钉住国不能再实施自己独立的货币政策，也不能再利用货币政策来应对国内冲击（指不同于那些影响锚定国的冲击）。而且，汇率目标意味着对锚定国的冲击会直接传递到钉住国，因为锚定国利率变动导致钉住国利率相应变动。

这些缺点最突出的例证发生在 1990 年两德统一的时候。统一及重建原民主德国需要大规模财政支出，引发了对通货膨胀压力的担忧，于是，德国长期利率攀升一直持续到 1991 年 2 月，同时短期利率上升一直持续到 1991 年 12 月。汇率机制（ERM）锚定国遭遇的冲击直接传递到了其他 ERM 国家，由于这些国家的货币钉住德国马克，它们的利率相继跟随德国利率提高。法国等仍然留在 ERM 中的国家，因为坚持采取汇率目标制，所以经济增长速度放缓，失业率升高。

汇率目标制的第二个问题是没有解决对钉住国货币的投机性攻击问题。实际上，两德统一的一个后果就是 1992 年 9 月外汇危机。如前所述，德国统一后的紧缩性货币政策使得 ERM 国家遭受负面需求冲击，导致经济增长率下滑和失业率上升。在这样的情况下，这些国家的政府当然可以维持对德国马克的汇率固定不变，但是投机者开始怀疑这些国家的汇率钉住承诺会否终将减弱。投机者断定，这些国家必须保持足够高的利率水平才能抵挡得住对其货币的攻击，但由此引起的失业上升却难以容忍。

在此阶段，呈现给投机者的实际上是一场单方向赌博，因为法国、西班牙、瑞典、意大利和英国等国的货币只会朝着一个方向变动，也就是对德国马克贬值。在可能的贬值发生之前抛出这些货币，给了投机者们有吸引力的盈利机会，潜在的预期回报率相当可观。结果就是 1992 年 9 月发生的投机性攻击。只有法国的固定汇率承诺足够强劲，没有发生法定贬值。其他 ERM 国家的政府不愿意不惜一切代价地捍卫自己的货币，最终都任由其货币价值降低。

1992 年 9 月汇率危机后法国和英国的反应迥然不同，证实了汇率目标制的潜在成本。一方面，法国继续把货币钉住德国马克，因而不能使用货币政策来应付国内状况，结果发现 1992 年以后经济增长仍然缓慢，而且失业上升。另一方面，英国退出了 ERM 汇率钉住，采用通货膨胀目标制，却获得了更好的经济结果：经济增长率提高，失业率下降，而且通货膨胀率也没有比法国更严重。

与工业化国家不同，当新兴市场国家（包括东欧转轨国家）采取汇率目标制时，放弃独立货币政策对它们来说可能损失没有那么大。因为许多新兴市场国家还没有建立起成功运用相机抉择货币政策所必需的政治或货币制度，独立货币政策之于它们可能是稳赔不赚。因此，实际上，通过汇率目标制采取像美国这样的国家的货币政策，比它们实施自己的独立政策的效果更好。这也是许多新兴市场国家采用汇率目标制的原因之一。

不过，汇率目标制对这些国家来说是高度危险的，因为容易遭到投机性攻击，而且投机性攻击对这些国家造成的严重后果远超工业化国家。实际上，对 1994 年墨西哥、1997 年东亚和 2002 年阿根廷等的成功的投机性攻击，导致这些国家和地区直接跌入全面金融危机，摧毁了它们的经济。

汇率目标制还有一个缺点，它会削弱决策者的责信度，特别是在新兴市场国家。因为汇率目标制固定住了汇率，从而消除了一个能够约束货币政策过于扩张进而限制时间不一致性问题的重要信号。在工业化国家，特别是美国，债券市场提供了关于货币政策立场的重要信号。过度扩张的货币政策或者要求实施过度扩张货币政策的强大政治压力会制造通货膨胀恐慌，导致预期通货膨胀率高涨，利率上升（由于费雪效应，见第 5 章），长期债券价格急剧下降。因为中央银行和政治家都想避免这种情况发生，所以过度扩张的货币政策不太可能实施。

在许多国家，特别是新兴市场国家，长期债券市场基本上是不存在的。不过，在浮动汇率制度下，如果货币政策过于扩张，汇率就将下降。在这些国家，汇率日常波动可以（像美国债券市场那样）提供货币政策过度扩张的预警信号。正如债券市场上看得见的通货膨胀恐慌担忧阻止了中央银行实施过度扩张的货币政策，也阻止了政治家向中央银行施压实行这样的政策，对汇率下降的担忧也可以降低过度扩张货币政策进而时间不一致性问题的可能性。

新兴市场国家对外汇市场信号的需要可能更为强烈，因为它们中央银行的资产负债表和政策行动不像工业化国家那样透明。钉住汇率可能让人更难判断中央银行的政策行动。公众监督中央银行以及政治家施压的能力更差，使得货币政策更容易变得过于扩张。

汇率目标制何时适用于工业化国家？

鉴于汇率目标制的上述缺点，何时采用才是明智的呢？在工业化国家，汇率目标制的最大成本是，无法实施独立货币政策来处理国内事务。通过比较 1992 年后法国和英国的经历，可以发现，如果中央银行能够负责任地实施独立的国内货币政策，那么损失这种政策的成本确实很大。不过，并非所有工业化国家都有能力成功地实施它们自己的货币政策，要么是由于中央银行不独立，要么是由于对中央银行的政治压力导致了货币政策的通货膨胀倾向。在这种情况下，放弃对国内货币政策的独立控制权，或许不是很大的损失，而由锚定国中央银行更好地决定货币政策所带来的收益可能是相当大的。

意大利是个好例子。意大利公众是所有欧洲国家中最支持欧洲货币联盟的，这并非偶然。意大利货币政策的历史记录不好，而且意大利公众意识到，由更负责任的外人来控制货币政策，其收益远远超过本国失去以货币政策解决国内事务的能力所产生的成本。

工业化国家可能认为汇率目标制有用的第二个原因是，它促进了本国经济和邻国经济的融合。显然，一些国家（如奥地利和荷兰）将汇率长期钉住德国马克，以及在欧洲货币联盟形成之前的汇率钉住机制，都是基于这样的原因。

总之，就控制整体经济而言，汇率目标制可能不是工业化国家的最优货币政策战略，除非（1）国内货币和政治制度不能有助于好的货币政策决策，或者（2）汇率目标制可以带来与货币政策无关的其他重要收益。

汇率目标制何时适用于新兴市场国家？

政治和货币制度特别薄弱，持续不断地与恶性通货膨胀多次较量，这个特征符合许多新兴市场（含转轨）国家，对它们来说，汇率目标制或许是打破通货膨胀心理、稳定经济的唯一途径。在这种情况下，汇率目标制是稳定化政策的最终手段。然而，如果新兴市场国家的汇率目标制不透明，则更有可能失败，通常导致灾难性的金融危机。

新兴市场国家有什么汇率战略可以使汇率制度不那么容易失败吗？近年来，货币局和美元化这两种战略引起了越来越多的注意。

货币局

在**货币局**（currency board）制度下，本国货币百分之百地由外国货币（比如说美元）支持，而货币发行当局——不论是中央银行还是政府——确定对这种外国货币的固定汇率，并且随时应公众要求按这个汇率将本国货币兑换为外国货币。货币局就是固定汇率目标的变种，其对固定汇率的承诺尤为强大，因为货币政策操作事实上是自动实施的，从而完全摆脱了中央银行和政府的控制。相对地，典型的固定或钉住汇率制度允许货币当局在实施货币政策时有一定的自由裁量权，因为它们仍能调整利率或发行货币。

因此，与单纯的汇率目标制货币政策战略相比，货币局制度具有重要优势。第一，只有当外国货币在中央银行被兑换为本国货币时，货币供给才会扩张。因此，本国货币增加数量与外汇储备等额扩张相匹配。中央银行不再有发行货币从而制造通货膨胀的能力。第二，货币局意味着中央银行更坚定地承诺维持固定汇率，因此能够更加有效地迅速降低通货膨胀，以及降低成功地投机性攻击本币的可能性。

虽然货币局解决了汇率目标制固有的透明度和承诺力问题，但它也有一些与其相似的缺点：丧失了独立货币政策，增大了锚定国冲击造成的经济风险，以及丧失了中央银行创造货币和承担最后贷款人职责的能力，等等。因此必须采用其他手段来应对潜在的银行业危机。而且，如果发生对货币局制度的投机性攻击，将本国货币兑换为外国货币会导致货币供给急剧收缩，这可能严重损害经济。

一些国家和地区已经建立了货币局，例如中国香港（1983 年）、阿根廷（1991 年）、爱沙尼亚（1992 年）、立陶宛（1994 年）、保加利亚（1997 年）和波斯尼亚（1998 年）。阿根廷 1991—2002 年间运行的货币局是其中最有意思的，规定中央银行以固定汇率 1∶1 将美元兑换为新比索。全球视野专栏“阿根廷的货币局”详细介绍了这个话题。

全球视野　阿根廷的货币局

阿根廷曾经经历了很长一段时间的货币动荡，通货膨胀率剧烈波动，有时年通货膨胀率狂升，甚至超过 1 000%。为了结束这种通货膨胀率飙升的恶性循环，1991 年 4 月，阿根廷决定实行货币局制度。阿根廷货币局的运作如下：根据《阿根廷自由兑换法》，阿根廷比索/美元的汇率固定为 1∶1，公众可以在任何时候向阿根廷中央银行要求将阿根廷比索兑换为美元，或者相反。

阿根廷货币局早期看起来相当成功。1990 年通货膨胀率高达 800%，到 1994 年底降到了 5%以下；经济增长迅速，1991—1994 年间年均增长率接近 8%。然而，在墨西哥比索危机之后，对阿根廷经济状况的担心导致公众纷纷向银行提款（存款减少了 18%），并将阿根廷比索兑换为美元，致使阿根廷货币供给紧缩。结果，阿根廷经济活动迅速下滑，1995 年实际 GDP 缩水超过 5%，失业率跳升至 15%以上。直到 1996 年经济才开始复苏。

因为阿根廷中央银行在货币局制度下无法控制货币政策，它实际上无力对抗公众行为所引发的紧缩货币效应。而且，因为货币局不允许中央银行创造比索并将其贷给银行，中央银行几乎没有能力承担起最后贷款人职责。在 IMF、世界银行和泛美开发银行等国际机构的帮助下，1995 年阿根廷得到了 50 多亿美元贷款，用以支持银行体系，货币局才得以幸存下来。

然而，1998 年阿根廷又一次出现了严重且持久的经济衰退。到 2001 年底，失业率已经接近 20%，这与 20 世纪 30 年代大萧条期间美国的情况不相上下。结果是，国内局势动荡，民选政府倒台，以及严重的银行业危机和将近 1 500 亿美元政府债务违约。由于阿根廷中央银行在货币局制度下无法控制货币政策，自然无法利用货币政策来扩张经济和走出衰退。并且，由于货币局制度限制了中央银行创造比索和承担最后贷款人职责的能力，中央银行无力帮助银行应对银行业危机。2002 年 1 月，货币局制度最终崩溃，比索贬值幅度超过了 70%，通货膨胀率一飞冲天。结果爆发了全面金融危机，引起了极其严重的经济萧条。显然，阿根廷公众已经不像当初那样看好货币局了。

美元化

解决汇率目标制缺少透明度和承诺力问题的另一种方法是**美元化**（dollarization），即：采用一种硬通货（例如，美元）作为一国的货币。实际上，美元化只是固定汇率目标的另一个变种，它所提供的承诺机制比货币局更强。只要允许货币价值变动，货币局就被放弃了，但是在美元化下，币值变动是不可能的：1美元钞票始终价值1美元，不论它是在美国还是在美国以外的地方被持有。

一些新兴市场国家拥护美元化的货币政策战略：1999年1月巴西雷亚尔贬值后，阿根廷官员曾积极讨论过这个战略；2000年3月厄瓜多尔采用了该战略。美元化的主要好处是，它完全消除了对本国货币进行投机性攻击的可能性（因为没有本国货币）。（在货币局制度下，此类攻击仍然是个危险。）

美元化也有汇率目标制的常见缺点，如丧失独立货币政策，增大锚定国冲击造成的经济风险，以及中央银行无法发行货币和充当最后贷款人。美元化还有一个货币局和其他汇率目标制所没有的缺点。由于实施美元化的国家没有自己的货币，政府就丧失了货币发行收入，即所谓的**铸币税**（seignorage）。因为政府（或中央银行）对本国货币不需要支付利息，它们在使用其货币购买债券等盈利性资产时，就可以赚取收入（铸币税）。美国联邦储备体系每年大约有超过300亿美元的这种收入。如果一个新兴市场国家使用美元化，放弃自己的货币，它需要在其他地方弥补这个收入损失，而这对一个穷国来说不是那么容易的。

总　结

1. 在非冲销性中央银行干预中，出售本国货币以购买外币资产，导致国际储备增加、货币供给扩张和本国货币贬值。然而，现有的实证证据表明，从长期来看，冲销性中央银行干预对汇率几乎没有影响。

2. 国际收支平衡表是用来记录一国与外国之间所有交易的簿记系统。经常账户余额是贸易收支、净投资收益和转移的总和。经常账户赤字由金融账户余额提供资金，所以经常账户赤字说明一国对外国人的负债变得更多。

3. 第一次世界大战前，金本位制度占支配地位。货币可自由兑换成黄金，因而国与国之间的汇率是固定的。第二次世界大战后建立了布雷顿森林体系和IMF，实行以美元为储备货币、美元可自由兑换成黄金的固定汇率制度。布雷顿森林体系在1971年解体。现行的国际金融体系既有有管理的浮动汇率制度又有固定汇率制度。即使有中央银行干预外汇市场，有的汇率也天天波动，而另一些汇率却是固定的。

4. 资本流出管制之所以得到支持，是因为可能阻止本国居民和外国人在危机期间将资本抽离该国，从而使法定贬值不大可能发生。资本流入管制基于这样的理论：如果投机资本不能流入，那么它们也就不可能突然流出。由此则避免了危机。然而，资本管制有几个缺点：很少有效，经常导致腐败，也可能使政府不愿意采取必要的金融体系改革措施来应对危机。

5. IMF作为国际最后贷款人有助于减轻金融

危机的严重程度。但 IMF 的国际最后贷款人角色也造成了严重的道德风险问题，它可能使政府不负责任，也鼓励了金融机构的过度风险承担行为，使金融危机更有可能发生。

6. 有两个国际因素影响货币政策操作：外汇市场对货币政策的直接影响和汇率因素。由于美国自第二次世界大战之后就成为储备货币国，与其他国家相比，美国的货币政策很少受外汇市场状况影响。不过，近年来，汇率因素在影响美国货币政策方面发挥了越来越显著的作用。

7. 汇率目标制货币政策战略有以下优点：（1）通过将国际贸易品的通货膨胀率与锚定国（钉住的目标货币国家）通货膨胀率联系在一起，直接控制通货膨胀；（2）提供了货币政策操作的自动规则，有利于缓解时间不一致性问题；（3）简单明了。汇率目标制也有一些严重的缺点：（1）导致钉住国丧失了独立货币政策；（2）使钉住国货币易于遭受投机性攻击；（3）由于失去了汇率信号，可能会削弱政策制定者的责信度。有两种战略可以使汇率目标制不大可能失败：货币局——中央银行随时准备以固定汇率将本国货币自动兑换为外国货币；美元化——使用像美元一样的可靠货币作为一国的货币。

关键术语

锚货币　固定汇率制度　法定升值　国际收支平衡表　浮动汇率制度
铸币税　布雷顿森林体系　外汇干预　投机性攻击　资本管制
金本位制度　冲销性外汇干预　货币局　不可能三角　经常账户
国际货币基金组织　产品和服务贸易收支（贸易收支）　经常账户余额　法定贬值
国际储备　非冲销性外汇干预　美元化　有管理的浮动汇率制度（肮脏浮动）
新兴市场国家　世界银行　汇率钉住　货币联盟　世界贸易组织
汇率目标制　净出口　金融账户　政策选择三难　金融账户余额
储备货币　资本流动性

思考题

1. 如果联邦储备体系在外汇市场出售美元，但是实施对冲性公开市场操作以冲销干预，对国际储备、货币供给和汇率有什么影响？

2. 如果联邦储备体系在外汇市场购买美元，但是不实施冲销性干预，对国际储备、货币供给和汇率有什么影响？

3. 下列各项内容会增加还是减少经常账户余额？

a. 美国人从法国航空公司购买了一张机票。

b. 日本人购买加利福尼亚柑橘。

c. 向洪都拉斯提供 5 000 万美元外国援助。

d. 加州工人给在墨西哥的父母汇款。

e. 美国一家会计公司向德国企业提供服务。

4. 假定你去卡利（哥伦比亚）旅行，那里的汇率是 1 美元兑换 2 900 哥伦比亚比索。走进麦当劳餐厅，你发现 1 个巨无霸汉堡需要 17 400 哥伦比亚比索。假定在美国 1 个巨无霸汉堡售价 5 美元，你觉得以 PPP 衡量的哥伦比亚比索是被高估了还是被低估了？

5. 参考前一题。为了保持汇率水平不出现 PPP 高估或低估的情况，哥伦比亚中央银行必须实施哪种外汇市场干预？

6. 货币对外贬值对进出口有什么影响？如果一国进口的大部分商品都包含在计算 CPI 所使用

的产品和服务篮子里，你认为贬值对该国通货膨胀率有什么影响？

7. 在金本位制度下，如果英国的生产能力相对于美国提高，对两国货币供给有什么影响？为什么货币供给变动有助于维持英美两国之间的固定汇率？

8. 如果 1 美元可兑换成 1/20 盎司黄金，1 瑞士法郎可兑换成 1/40 盎司黄金，美元和瑞士法郎的汇率是多少？

9.“在金本位制度下，不可能发生通货膨胀。”这种表述正确、错误还是不确定？解释你的答案。

10. 中国将人民币钉住美元有哪些缺点？

11. 在布雷顿森林体系固定汇率制度期间，如果一国汇率平价被低估，该国中央银行将被迫采取何种干预？这会对该国的国际储备和货币供给产生什么影响？

12. 如果本币被高估，为什么正发生经济衰退的国家可能不想干预外汇市场？假定该国采取了某种固定汇率制度。

13.“如果一国想阻止汇率变化，它必须在一定程度上放弃对货币供给的控制。”这种表述正确、错误还是不确定？解释你的答案。

14. 为什么在完全浮动汇率制度下，外汇市场对货币供给没有直接影响？这是否意味着外汇市场对货币政策没有影响？

15. 为什么在德国统一后，汇率钉住导致 ERM 国家陷入了困境？

16. 汇率目标制是如何引起对一种货币的投机性攻击的？

17. IMF 在很多接受 IMF 贷款或救助的国家当中没有得到很高的声誉。请解释为什么很多人对 IMF 发挥的作用不满意。

18. 长期债券市场如何帮助减少货币政策的时间不一致性问题？外汇市场也能发挥这一作用吗？

19. 汇率目标制作为货币政策战略有什么主要优点？

20. 在什么情况下汇率目标制可能是工业化国家明智的战略？对新兴市场国家呢？

21. 比起单纯的汇率目标制货币政策，货币局和美元化的优缺点何在？

应用题

22. 如果你在货币兑换柜台每美元可以得到 34.6 泰铢，但是一顿午餐在波士顿价值 25 美元，在曼谷的售价却为 948.25 泰铢，请计算泰铢的高估程度。

23. 假定美联储购买了价值 100 万美元的外国资产。

a. 如果美联储用 100 万美元通货购买外国资产，利用 T 账户说明这一公开市场操作的影响。基础货币会发生什么变化？

b. 如果美联储卖出 100 万美元国库券来购买外国资产，利用 T 账户说明这一公开市场操作的影响。基础货币会发生什么变化？

24. 假定墨西哥中央银行将比索钉住美元，承诺保持一个固定的比索/美元汇率。利用比索资产（外汇）市场供求图说明和解释，在美国经济冲击迫使美联储实施紧缩性货币政策的情况下，如何确保钉住汇率得以维持。你认为，在维持钉住汇率的情况下，这对中央银行解决国内问题的能力有什么影响？

第6篇

货币理论

危机与应对：大衰退和新冠衰退

2007 年和 2008 年，美国经济遭遇了完美风暴的可怕冲击。到 2007 年底的时候，石油价格已经从年初的 60 美元/桶飙升到 100 美元/桶，2008 年 7 月更是达到了超过 140 美元/桶的高点。石油价格冲击具有收缩和扩张的双重效应，结果造成了高通货膨胀和高失业同时出现——更别提加油站那么多不满意的司机了。如果说这个供给冲击还不够糟糕，2007 年 8 月爆发的全球金融危机重创了经济，导致家庭和企业支出同时紧缩。这个冲击导致失业率进一步攀升，在一定程度上削弱了未来的通货膨胀压力。

这场负面冲击的完美风暴造成了自大萧条以来最为严重的经济紧缩，现在称为大衰退，失业率从 2006 年和 2007 年的 4.6%上升到 2009 年底的 10%。通货膨胀率从 2006 年的 2.5%加速上升至 2008 年中期的 5%以上。但到了 2008 年秋天，随着失业率提高，石油和其他商品价格下跌，通货膨胀又迅速回落到原来的水平。

2020 年 3 月当新冠疫情造成大规模封锁时，美国经济又遭遇了一个更大的负面冲击。不仅产出锐减，而且家庭和企业支出坍塌。结果，从 2020 年 2 月到 4 月，失业率从 3.5%升高到迫近 15%，远远高过 2009 年的水平。随着油价大跌和失业率升高，通货膨胀从疫情前的大约 2%降到 4 月份的不足 0.5%。

两次衰退都导致了激进的货币政策行动以设法应对经济中的紧缩因素，美联储将其政策利率（联邦基金利率）降到零，同时还创建新的贷款计划来支持金融机构和企业。联邦政府也采取措施稳定经济，实施大规模财政刺激计划，2008—2009 年达到近万亿美元，然后 2020 年超过 3 万亿美元。虽然这些刺激计划帮助提升了 GDP，但它们被全球金融危机和新冠疫情的负面冲击压倒，所以这两次美国都陷入了经济不景气。

负面冲击的影响强调了，需要理解货币政策和其他政府政策如何影响通货膨胀和经济活动。第 19 章讨论货币数量论如何解释长期通货膨胀，以及货币需求理论的演进。之后在第 20～23 章建立总供给-总需求分析的基本框架，以此来研究货币政策对产出和通货膨胀的影响。第 24 章拓展总供给-总需求分析，目的是要理解如何用货币政策来稳定经济和通货膨胀。第 25 章考察货币政策影响宏观经济的传导机制。

第19章 货币数量论、通货膨胀与货币需求

学习目标

19.1 根据货币数量论，评价货币增长与长短期通货膨胀的关系。

19.2 明确在什么情况下预算赤字会引起通货膨胀型货币政策。

19.3 总结流动性偏好理论的货币需求三种动机。

19.4 明确投资组合选择理论的货币需求影响因素。

19.5 评价和解释货币需求的流动性偏好和投资组合理论有效性的实证证据。

本章预习

在前面的章节中，我们已经花费大量时间和精力学习了什么是货币供给、它是如何决定的以及联邦储备体系在其中发挥的作用。现在我们将要探讨货币供给和货币政策在决定经济中的通货膨胀以及产品和服务总产量（总产出）等方面的作用。**货币理论**（monetary theory）研究的是货币和货币政策对经济的影响，我们在第6篇的各章中考察经济学的这部分内容。

经济学家在提及供给时，肯定会提到需求，对货币的讨论也不例外。理解货币供给是理解货币政策如何影响经济的重要基础，因为货币供给揭示了经济中影响货币数量的各种因素。毫不奇怪，货币理论的另一个重要部分是货币需求。

在讨论了货币数量论及其与货币需求的联系后，我们会更深入地考察货币需求的决定因素。货币理论的一个核心问题是探讨货币需求的数量是否，或者在多大程度上，受利率变动的影响。因为这一问题对于我们如何看待货币对整体经济活动的影响至关重要，我们将集中讨论利率在货币需求中的作用。

19.1 货币数量论

目标 19.1 根据货币数量论，评价货币增长与长短期通货膨胀的关系。

古典经济学家在19世纪和20世纪初发展起来的货币数量论，解释名义总收入是如何决定的。因为该理论同时也告诉我们在总收入规模给定情况下多少货币被持有，所以它也是一种货币需求理论。该理论最重要的特点是，它认为利率对货币需求没有影响。

货币流通速度和交易方程式

美国经济学家欧文·费雪在那本1911年出版的颇具影响力的《货币购买力》(*Purchasing Power of Money*)一书中，对古典数量论作了最清晰的阐述。费雪试图考察货币总量M（货币供给）与经济体对所生产的最终产品和服务的总支出金额$P\times Y$之间的联系，其中P代表物价水平，Y代表总产出（收入）。（总支出$P\times Y$也可以看做经济体的名义总收入或名义GDP。）给出M与$P\times Y$之间联系的概念被称为**货币流通速度**（velocity of money，常简称流通速度），是指一年当中1美元被用来购买经济体所生产产品和服务的平均次数（即货币周转率）。货币流通速度V可以更精确地定义为总支出$P\times Y$除以货币数量M，即

$$V=\frac{P\times Y}{M} \tag{19.1}$$

例如，假设某年名义GDP($P\times Y$)为10万亿美元，货币数量(M)为2万亿美元，我们可以计算出货币流通速度为：

$$V=\frac{10\text{ 万亿美元}}{2\text{ 万亿美元}}=5$$

货币流通速度为5，意味着在购买经济体中的最终产品和服务时，平均每一美元被使用了5次。

19

公式(19.1)两边同时乘以M，就可以得到**交易方程式**(equation of exchange)，该方程式给出了名义收入与货币数量和货币流通速度之间的联系：

$$M\times V=P\times Y \tag{19.2}$$

交易方程式说明，货币数量乘以该年货币被使用的次数必定等于名义收入（即该年花费在产品和服务上的名义总金额）。[①]

可见，公式(19.2)只不过是一个恒等式，是根据定义而确定成立的关系式。它并不说明当货币供给M变动时，名义收入($P\times Y$)就会同向变动，因为M增

① 实际上，欧文·费雪最初在交易方程式的公式中使用的是经济中交易的名义价值PT：

$$MV_T=PT$$

其中，P为每一项交易的平均价格；T为一年中所完成的交易数量；$V_T(=PT/M)$为货币的交易流通速度。

因为交易T的名义价值难以测量，所以数量论用总产出Y来表达，如下所示：假定T与Y成比例，即$T=vY$（其中v是一个常数比例）。用vY代替费雪交易方程式中的T，就得到了$MV_T=vPY$，这又可以写成正文中的方程式(19.2)（其中$V=V_T/v$）。

加可能被 V 下降所抵消，因而 $M\times V$（继而 $P\times Y$）保持不变。如果要把交易方程式（一个恒等式）转化为一个解释名义收入如何决定的理论，我们首先必须了解决定货币流通速度的各个因素。

货币流通速度 欧文·费雪认为，货币流通速度是由经济中影响人们交易方式的制度决定的。假如人们使用赊购账和信用卡进行交易（现在通常如此），那么在购买时就会较少用到货币，只需要较少的货币来完成名义收入所产生的交易（相对于 $P\times Y$，M 下降），于是货币流通速度 $(P\times Y)/M$ 上升。相反，如果购买时可以十分方便地用现金、支票和借记卡（这些都是货币）进行支付，则由同样规模名义收入所产生的交易就需要使用较多的货币，从而货币流通速度会下降。费雪认为经济制度和技术特征都只在较长时间里缓慢地影响货币流通速度，所以一般而言货币流通速度在短期内相当稳定。

货币需求 费雪的数量论也可以用**货币需求**（demand for money）来阐释，即人们愿意持有的货币数量。

因为货币数量论说明了在名义总支出数量既定前提下所持有的货币数量，所以实际上它是一种货币需求理论。为了理解其中的缘由，我们可以在交易方程式的两边同时除以 V，那么方程式被改写成：

$$M=\frac{1}{V}\times PY$$

当货币市场均衡时，货币供给等于货币需求，因此我们可以用 M^d 代替方程式中的 M。此外，由于货币数量论假定货币流通速度为常量，我们用常数 k 代表 $1/V$，将 $1/V$ 和 M 分别替换为 k 和 M^d，可以将方程式改写成：

$$M^d=k\times PY \tag{19.3}$$

公式（19.3）说明：因为 k 为常量，所以由既定水平的名义收入 PY 所支持的交易规模决定了人们的货币需求量 M^d。因此，费雪的货币数量论表明：货币需求仅仅是收入的函数，利率对货币需求没有影响。[①]

19

从交易方程式到货币数量论

费雪认为货币流通速度在短期内相当稳定，因此 $V=\bar{V}$，从而将交易方程式转化为**货币数量论**（quantity theory of money），该理论认为，名义收入（支出）仅仅取决于货币数量 M 的变动：

$$P\times Y=M\times\bar{V} \tag{19.4}$$

---

① 在费雪以数量论方法来诠释货币需求之际，以阿尔弗雷德·马歇尔（Alfred Marshall）和 A. C. 庇古（A. C. Pigou）为首的英国剑桥大学的一些古典经济学家得到了相似的结论，只不过推理方法略有差异。他们推导出公式（19.3）是基于将人们的持币动机归结为货币的两种属性：用作交易媒介以及用作财富的价值储藏手段。

上面的货币数量论公式说明，当货币数量 M 翻番时，$M\times\bar{V}$ 也翻番，从而名义收入价值 $P\times Y$ 也一定翻番。为了理解其机理，我们假定货币流通速度为 5，起初的名义收入（GDP）为 10 万亿美元，货币供给为 2 万亿美元。如果货币供给翻番，增加到 4 万亿美元，那么根据货币数量论，名义收入也将翻番，增加到 20 万亿美元（=5×4 万亿美元）。

数量论与物价水平

因为古典经济学家（包括费雪）认为工资和价格是具有完全弹性的，所以他们相信，在正常年份，整个经济体的总产出水平 Y 总是维持在充分就业水平上，故在短期里可以认为交易方程式中 Y 是相当稳定的，因此在公式（19.4）中可以用一个固定值 $\bar{Y}$ 来代替。公式（19.4）两边同时除以 $\bar{Y}$，可以将物价水平写做：

$$P=\frac{M\times\bar{V}}{\bar{Y}} \tag{19.5}$$

公式（19.5）所表示的货币数量论说明，由于 $\bar{V}$ 和 $\bar{Y}$ 都是常量，所以在短期里如果 M 翻番，P 必定也翻番。在我们的例子中，如果总产出是 10 万亿美元，货币流通速度为 5，货币供给为 2 万亿美元，则意味着物价水平等于 1.0。

$$P=\frac{2\text{ 万亿美元}\times 5}{10\text{ 万亿美元}}=\frac{10\text{ 万亿美元}}{10\text{ 万亿美元}}=1.0$$

当货币供给翻番为 4 万亿美元时，物价水平必然也翻番，变为 2.0，原因是

$$P=\frac{4\text{ 万亿美元}\times 5}{10\text{ 万亿美元}}=\frac{20\text{ 万亿美元}}{10\text{ 万亿美元}}=2.0$$

19

古典经济学家借助货币数量论来解释物价水平的变动。根据他们的观点，**货币数量变动引起物价水平成比例变动。**

数量论与通货膨胀

现在，我们将货币数量论转化为通货膨胀理论。你可能还记得高中时学过一个数学事实，即两个变量之积变动的百分比近似等于单个变量变动百分比的和。换句话说，

$$(x\times y)\text{的百分比变动}=x\text{ 的百分比变动}+y\text{ 的百分比变动}$$

利用这一数学事实，我们可以将交易方程式改写为：

$$\%\Delta M+\%\Delta V=\%\Delta P+\%\Delta Y$$

在上述等式两边同时减去 $\%\Delta Y$，注意有通货膨胀率 π 等于物价水平增长率即 $\%\Delta P$，则得到下列等式：

$$\pi = \%\Delta P = \%\Delta M + \%\Delta V - \%\Delta Y$$

由于我们假定货币流通速度是常量，其增长率为零，因此货币数量论也是通货膨胀理论：

$$\pi = \%\Delta M - \%\Delta Y \tag{19.6}$$

因为某变量每年的百分比变动即为该变量的增长率，因此公式（19.6）可以用文字表述为：**通货膨胀数量论表明通货膨胀率等于货币供给增长率减去总产出增长率。**例如，如果总产出每年增长 3%，货币增长率为 5%，那么通货膨胀就是 2%（=5%－3%）。如果美联储将货币增长率提高至 10%，那么根据公式（19.6）的通货膨胀数量论，通货膨胀率将上升至 7%(=10%－3%)。

应用　验证货币数量论

既然我们已经全面介绍了货币数量论，现在就可以用长期和短期的实际数据来检验这一理论。

长期货币数量论　货币数量论给出了长期通货膨胀理论，因为建立在工资和价格弹性假设的基础上。图 19-1（a）绘制了 1870—2019 年间的美国十年平均通货膨胀率和十年平均货币（M2）增长率。由于十年总产出 Y 增长率变化不大，那么根据公式（19.6），十年通货膨胀率应当等于十年货币增长率减去一个常量（总产出增长率）。因此，通货膨胀率和货币增长率之间应当存在显著的正相关关系，这种联系在图 19-1（a）中得到了证实：美国货币供给增长率较高的年代，往往通货膨胀率也较高。

数量论也可以解释不同国家之间长期通货膨胀率的差异吗？当然可以。图 19-1（b）绘制了 2009—2019 年这十年间一些国家的平均通货膨胀率和货币增长率。注意，高货币增长率国家，比如俄罗斯和土耳其，一般通货膨胀率也比较高。

短期货币数量论　货币数量论也可以很好地解释短期通货膨胀率的波动吗？图 19-2 绘制了 1965—2020 年间美国的年通货膨胀率以及两年前的货币供给（M2）年增长率（货币供给需要两年时间才能影响到通货膨胀，因此通货膨胀率较货币供给增长率滞后两年），从而反映了短期内货币增长与通货膨胀之间的联系。年通货膨胀率与货币供给年增长率之间的联系完全不明显。在很多年份里，例如 1963—1967 年间、1985—1986 年间、2003—2005 年间、2010—2011 年间、2013—2015 年间，货币增长率很高，但通货膨胀很低。事实上，图 19-2 完全看不出货币增长与通货膨胀之间存在任何正相关关系。

根据图 19-2 给出的数据，可以得到结论：**货币数量论是很好的长期通货膨胀理论，但短期并非如此。**我们也可以说，**米尔顿·弗里德曼的论断——“通货膨胀随时随地都是一种货币现象”（第 1 章曾提到）在长期是准确的，但在短期无法得到数据支持。**这说明，古典理论假定工资和价格具有完全弹性，不适用于通货膨胀和总产出短期波动的情况。出于这一原因，在本书后面的章节中，我们在推导短期通货膨胀和产出波动模型时，放松了这一假定。

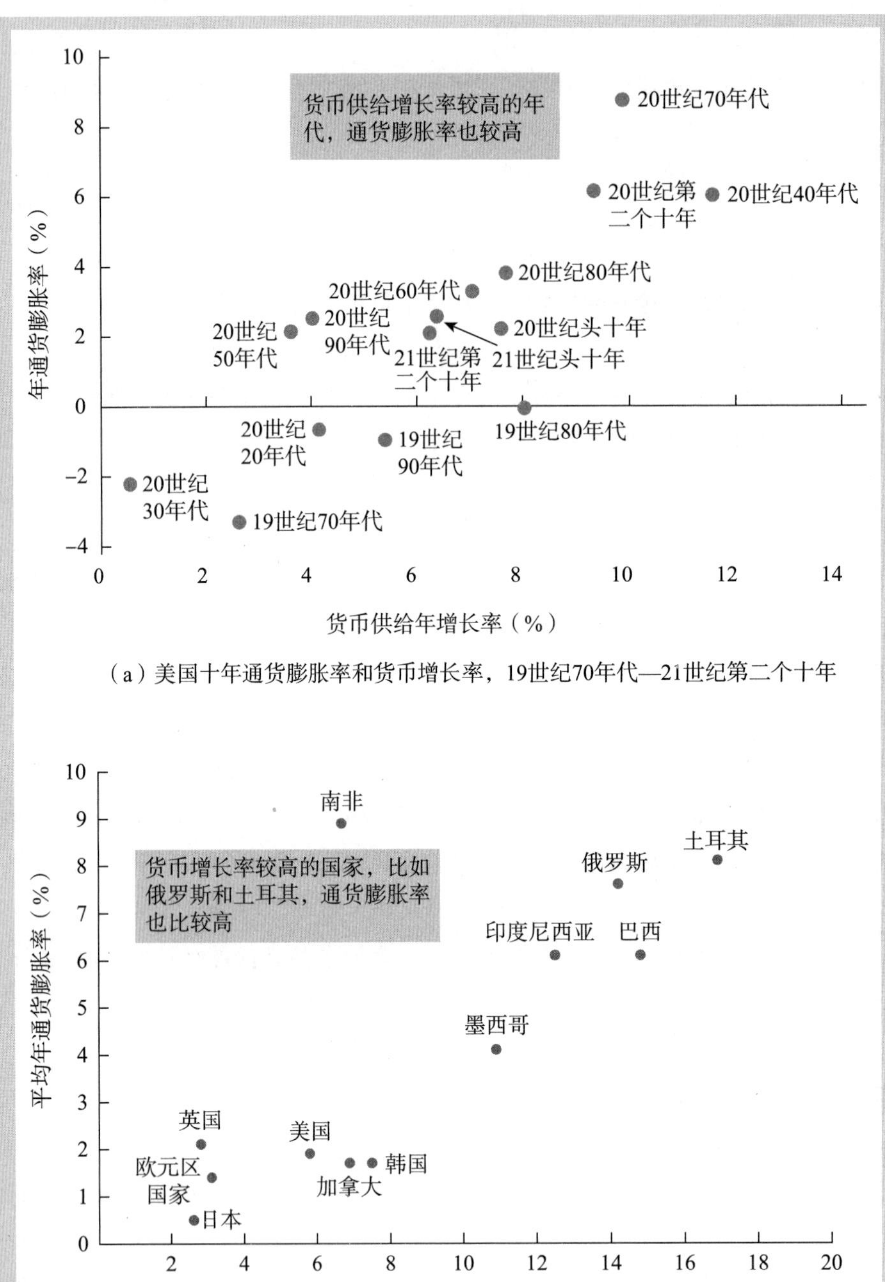

图 19-1　通货膨胀与货币增长之间的联系

在图（a）中，货币供给增长率较高的年代（例如，20 世纪第二个十年、40 年代和 70 年代），通货膨胀率也较高。图（b）也显示了这种联系，该图考察了 2009—2019 年不同国家的十年通货膨胀和货币增长率。

资料来源：(a)：Milton Friedman and Anna Schwartz，*Monetary Trend in the United States and United Kingdom：Their Relation to Incomes，Price，and Interest Rates，1867－1975*；Federal Reserve Bank of St. Louis，FRED database：https://fred.stlouisfed.org/.(b)：Federal Reserve Bank of St. Louis，FRED database：https://fred.stlouisfed.org/.

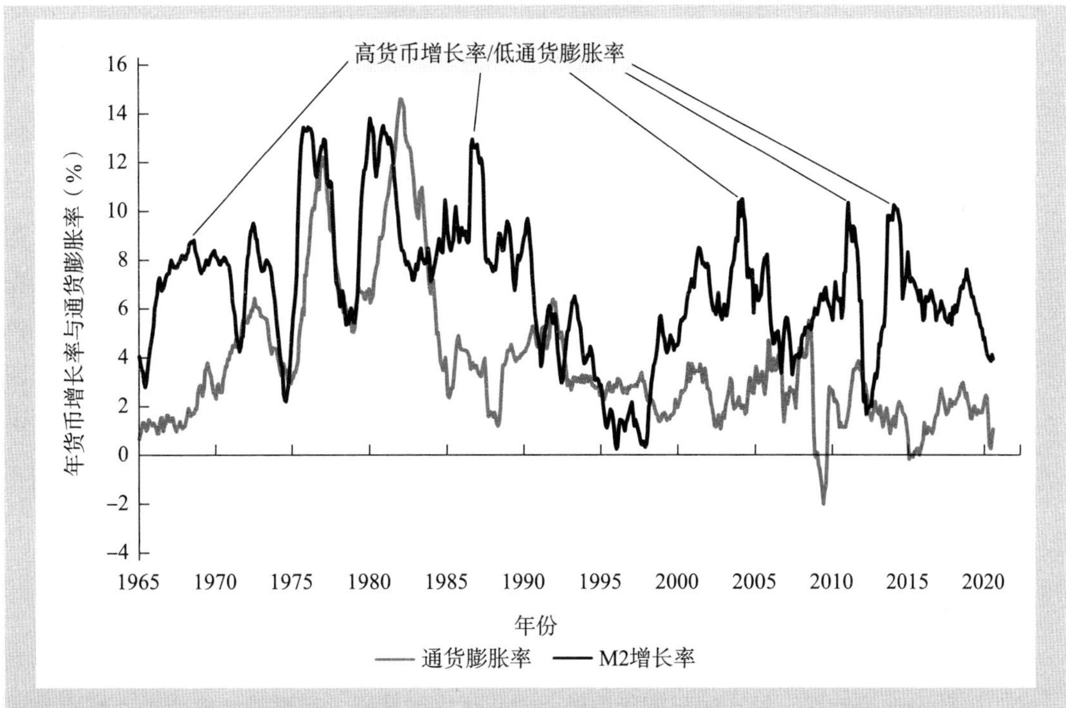

图 19-2　美国年通货膨胀和货币增长率，1965—2020 年 *

美国年通货膨胀率以及两年前的货币供给（M2）年增长率（货币供给需要两年时间才能影响到通货膨胀）的轨迹，不支持通货膨胀与货币增长之间的短期联系。在很多年份里，例如 1963—1967 年间、1985—1986 年间、2003—2005 年间、2010—2011 年间、2013—2015 年间，货币增长率很高，但通货膨胀率很低。

资料来源：Federal Reserve Bank of St. Louis，FRED database：https://fred.stlouisfed.org/series/CPIAUCSL；https://fred.stlouisfed.org/series/M2SL.

19.2　预算赤字与通货膨胀

目标 19.2　明确在什么情况下预算赤字会引起通货膨胀型货币政策。

预算赤字可以成为通货膨胀型货币政策的重要原因。为了更好地理解这一点，我们需要先来看一看政府是如何弥补预算赤字的。

政府的预算约束

政府必须像我们一样支付账单，所以政府有预算约束。我们有两种方式为自己的支出付款，一种是（通过工作）获得收入，另一种是借款。政府同样也有这两种选择：通过征税来增加收入或者通过发行政府债券而举债。然而与我们不同的是，政府还存在第三种选择：政府可以创造货币并用来支付产品和服务购买。

用来弥补政府支出的方法被称作**政府预算约束**（government budget con-

* 原文为"2019"，疑有误，故作此更正。——译者注

straint)，具体表述如下：政府预算赤字 DEF（等于政府支出 G 超过税收收入 T 的部分）必须等于基础货币变动 ΔMB 和公众持有的政府债券变动 ΔB 之和。其代数表达式为：

$$DEF = G - T = \Delta MB + \Delta B \tag{19.7}$$

为了理解政府预算约束在实际中意味着什么，我们来看一个例子。假设政府购买了一台价值 1 亿美元的超级计算机，如果政府能让选民相信购买这样的计算机物有所值，那么政府也许能够通过征收 1 亿美元税收来进行支付。如果这样的话，政府预算赤字就是零。根据政府预算约束，不需要发行货币或国债来支付计算机，因为预算是平衡的。如果纳税人认为超级计算机过于昂贵，而且拒绝交税以支持购买，政府预算约束说明，政府必须通过增发 1 亿美元债券或者实际上发行 1 亿美元货币来支付计算机。无论采取哪一种做法，都能满足预算约束。1 亿美元赤字由公众持有的国债存量变动（ΔB＝1 亿美元）或者基础货币变动（ΔMB＝1 亿美元）来抵销。

由此，政府预算约束揭示了两个重要事实：**如果通过增加公众的国债持有量来弥补政府赤字，那么对基础货币进而对货币供给量都没有影响。但如果赤字不是通过增加公众的国债持有量来弥补的，那么基础货币和货币供给都会增加。**

为什么当公众的债券持有量不增加时赤字会引起基础货币增加？要理解其中的缘由有几种方式。最简单的是政府的财政部拥有法定权力发行货币来弥补赤字的情况。则弥补赤字非常直接：政府用增发的通货来支付超过其税收收入的支出。因为增发通货直接增加了基础货币，所以基础货币增加，而且通过多倍存款创造过程货币供给也随之增加（见第 14 章）。

然而在美国和许多其他国家，政府无权发行货币来支付账单。在这种情况下，政府必须通过先向公众发行债券的方式来弥补赤字。如果这些债券最终不是由公众持有，唯一可能就是由中央银行来购买。要避免新发行政府债券最终由公众持有，中央银行必须实施公开市场购买，这就引起基础货币增加，并通过多倍存款创造过程引起货币供给增加（见第 14 章）。这种弥补政府支出的方法被称为**债务货币化**（monetizing the debt），原因正如刚刚提到的两步过程所说明的，为弥补政府支出而发行的政府债券，被从公众手中移出并被高能货币所取代。这种政府筹资方法被称为**印钞**（printing money）其实不太准确，因为在此过程中创造出的是高能货币（基础货币）。印这个词的用法有一定误导性，因为实际上没有印新钞票；相反，在中央银行实施公开市场购买时增加了基础货币，正如当更多通货（钞票）投入流通时基础货币也增加。

由此可见，如果通过创造高能货币的方法来弥补预算赤字，会导致货币供给增加。然而，由于货币数量论仅能解释长期通货膨胀，因而要产生通货膨胀的后果，预算赤字必须是持续的，也就是说必须保持相当长的时间。这带来了如下结论：**通**

过货币创造方式持续弥补预算赤字将导致长期通货膨胀。

民主党进步派最近提出了“绿色新政”，一项应对气候变化和经济不平等的庞大政府支出计划。他们认为一个被称为“现代货币理论”的新理论（在 FYI 专栏“现代货币理论”中讨论）使得绿色新政的费用很容易解决。

FYI 专栏　现代货币理论

现代货币理论认为绿色新政的费用很容易解决，只需让美联储购买政府债券即可为其产生的巨额预算赤字提供资金。如同我们这里的分析所表明的，政府支出大规模增加所导致的巨额预算赤字可以通过中央银行购买政府债券来支付，对此现代货币理论是正确的。但是它忽略了一个问题，这种通过中央银行购买政府债券而持续弥补预算赤字的做法引起了货币供给扩张。因此，由中央银行购买政府债券弥补巨额政府支出的结果可能是货币供给非常快速地增长。根据货币数量论可知，这种货币供给非常快速的增长会造成非常高的通货膨胀。

由此可见，由美联储购买政府债券给绿色新政提供资金不可能“免费”，因为会有可能导致非常高的通货膨胀。大多数主流经济学家，甚至一些左派（比如保罗·克鲁格曼等），都拒绝了现代货币理论的上述思路。他们的批评都非常符合这句经济学格言——“天下没有免费的午餐”。如果要避免通货膨胀，绿色新政就需要以未来某个时点的更高税收来支付，因此应当对其是否为生产性支出进行评估，也即评估这些新政能否收回成本，或者能否给社会带来足够多好处以使其值得这些成本。

恶性通货膨胀

这里的分析可以用来解释**恶性通货膨胀**（hyperinflation，指的是月通货膨胀率超过 50%的极高通胀时期）。许多经济体（既有穷国也有发达国家）在 20 世纪都经历过恶性通货膨胀，但美国幸免于难。21 世纪初津巴布韦的恶性通货膨胀是世界历史上最极端的情况，下面的应用中会予以讨论。

19

应用　津巴布韦恶性通货膨胀

我们现在运用货币数量论的分析来解释 21 世纪初津巴布韦发生的恶性通货膨胀。

2000 年，政府征收农场，将其重新分配给总统罗伯特·穆加贝（Robert Mugabe）的支持者，此后津巴布韦的农业产量急剧下跌，同时税收收入锐减。因此，政府支出大幅超过税收收入。政府本可以通过增加税收的方式来弥补政府支出，但考虑到经济已经进入了衰退状态，通过这种方式增加收入不仅很难做到，而且在政治上是不受欢迎的。或者，政府也可以尝试通过向公众借款为其支出融资，但是由于公众不信任政府，这种选择也不可行。于是只剩一条路可走：印钞机。政府只需要印更多钞票（增加货币供给）来偿付个人和企业，就可以付清自己的支出。这正是津巴布韦政府当时所做的，于是货币供给开始迅速增长。

根据货币数量论，货币供给飙升引起物价水平快速上扬。2007 年 2 月，津巴布韦的中央银行——津巴布韦储备银行宣布许多商品的价格上涨不合法。虽然这一方法在之前经历过恶性通货膨胀的国家也曾经被政府尝试使用，但从未奏效过：在中央银行持续印钞的情况下，认定通货膨胀非法也不能阻止通货膨胀的发生。2007 年 3 月，通货膨胀率超过 1 500%，创下了历史纪录。到 2008 年，津巴布韦官方公布的通货膨胀率已经超过 2 000 000%（非官方机构统计的通货膨胀率已经超过 10 000 000%）。2008 年 7 月，津巴布韦中央银行发行了面值为 1 000 亿津巴布韦元的新银行券，稍后不久又发行了面值为 100 万亿津巴布韦元的钞票，面值之高也创下了历史纪录。零虽然很多，但是别高兴得太早。虽然拿一张这样的钞票就能让人变成亿万富豪，但这样一张钞票甚至连一罐啤酒也买不了。津巴布韦钞票还不如厕纸值钱。

2009 年，津巴布韦政府允许在交易中使用美元等外国货币，但破坏已然造成。恶性通货膨胀对经济而言是一场大浩劫，使一个本来就很穷的国家变得更穷。

19.3 凯恩斯的货币需求理论

目标 19.3 总结流动性偏好理论的货币需求三种动机。

约翰·梅纳德·凯恩斯（John Maynard Keynes）1936 年在著名的《就业、利息和货币通论》一书中，摒弃了古典学派将货币流通速度视为常量的观点，提出了一种强调利率重要性的货币需求理论。他的货币需求理论被称为**流动性偏好理论**（liquidity preference theory），提出了货币需求的三种动机：交易动机、预防动机和投机动机。

交易动机

古典理论假定人们之所以持有货币，是因为货币所具有的交易媒介职能可以用于完成日常交易。凯恩斯最初接受了数量论观点，认为交易货币需求与收入成正比。后来，他和其他一些经济学家注意到，新的支付方式（被称为**支付技术**，payment technology）也可以影响货币需求。例如，信用卡让消费者甚至可以不需要持有货币就能完成小额购买。投资者经纪账户所进行的电子支付也减少了货币需求。根据凯恩斯的观点，随着支付技术进步，货币需求相对于收入可能会下降。

预防动机

凯恩斯也注意到，人们持有货币是将其作为应对意外之需的一种缓冲。例如，你一直想买一台新的 Xbox 游戏机，发现目前它正在减价 25%出售。此时，如果你手上有货币预备发生此类事件，就可以立即买下来。凯恩斯认为，人们愿意持有的预防性货币余额也与收入成正比。

投机动机

凯恩斯认为人们持有货币还因为货币是财富储藏手段。他将持有货币的这一理由称为投机动机。在凯恩斯的定义中，货币包括通货（没有利息）和支票账户存款（通常情况下，利息很少），因此他假定货币没有利息收入，而且相对于持有债券等其他资产，持有货币的机会成本就是债券的名义利率 i。随着利率 i 上升，货币的机会成本增加（持有货币相对于持有债券变得代价更高），货币需求下降。

综合三种动机

在将持有货币余额的三种动机整合到货币需求方程式中时，凯恩斯对名义数量和实际数量进行了严格区分。用能够买到的东西来衡量货币价值。例如，假设经济中所有价格都上涨了一倍（物价水平上涨了一倍），那么同样数量名义货币所能购买到的商品数量只相当于原来的一半。因此，凯恩斯推断人们要持有一定数量的**实际货币余额**（real money balances，用实际值表示的货币数量）。凯恩斯将持有货币余额的三种动机综合起来，推导出的实际货币余额需求被称为流动性偏好函数（liquidity preference function），其公式写做：

$$\frac{M^d}{P}=L(\underset{-}{i},\ \underset{+}{Y}) \tag{19.8}$$

公式（19.8）表明实际货币余额需求与名义利率负相关，与实际收入正相关。

后来，诺贝尔经济学奖得主詹姆斯·托宾（James Tobin）等凯恩斯学派经济学家将分析进一步拓展，指出利率在货币需求中所起的作用甚至比凯恩斯所想的更加重要。这些经济学家证明，即使交易动机和预防动机的货币需求也与利率负相关。①

凯恩斯货币需求理论的一个重要结论是：流通速度不是一个常量，而是会随着利率变动而变动。为了说明这一观点，流动性偏好函数可以改写成

$$\frac{P}{M^d}=\frac{1}{L(i,Y)}$$

方程式两边都乘以 Y，而且我们可以用 M 代替 M^d（因为在货币市场均衡时 M 与 M^d 必然相等），由此可以求解货币流通速度：

$$V=\frac{PY}{M}=\frac{Y}{L(i,Y)} \tag{19.9}$$

我们知道货币需求与利率负相关：当 i 上升时，$L(i,Y)$ 下降，从而货币流通速度加快。因为利率波动剧烈，所以凯恩斯货币需求理论认为货币流通速度的波动也很剧烈。于是，凯恩斯理论对古典数量论提出了质疑，后者认为名义收入主要是由货币数量变动决定的。

---

① 以下三篇论文详细阐述了凯恩斯的货币需求理论，分别是 William J. Baumol，"The Transactions Demand for Cash：An Inventory Theoretic Approach，" *Quarterly Journal of Economics* 66（1952）：545-556；James Tobin，"The Interest Elasticity of the Transactions Demand for Cash，" *Review of Economics and Statistics* 38（1956）：241-247；James Tobin，"Liquidity Preference as Behavior Towards Risk，" *Review of Economics Studies* 25（1958）：65-86。

19.4 货币需求的投资组合理论

目标 19.4 明确投资组合选择理论的货币需求影响因素。

与凯恩斯货币需求分析有关的是所谓货币需求的投资组合理论，即人们在其整个资产组合中愿意持有多少货币资产。①

投资组合理论与凯恩斯流动性偏好理论

我们在第 5 章介绍了投资组合理论，该理论认为对一种资产的需求与财富、该资产相对于其他资产的预期回报率、相对流动性等成正比，与该资产相对于其他资产的风险成反比。这种投资组合理论可以用来证明凯恩斯流动性偏好函数的结论，即实际货币余额需求与收入正相关，与名义利率负相关。

由于收入和财富总是同向运动的，收入增加时，财富很可能也随之增加。因此，收入增加意味着财富积累，投资组合理论说明，对货币资产的需求将增长，从而对实际货币余额的需求将更高。

随着利率上升，货币的预期回报率不会变化。然而，作为替代性资产的债券的回报率上升。因此，虽然货币的绝对预期回报率没有变化，但相对于债券的预期回报率的确下降了。换句话说，根据投资组合理论，利率升高会降低货币的吸引力，实际货币余额需求下降。

影响货币需求的其他因素

投资组合理论说明，收入和名义利率之外的其他因素也会影响货币需求。我们逐一考察这些因素。

19

财富 投资组合理论认为，随着财富增加，投资者有更多资源用于购买资产，提高对货币的需求。然而，当收入保持不变时，财富增加对货币需求的影响很小。总体而言，投资者在其投资组合中只会持有少量货币，在风险和流动性相当的前提下，投资者更加偏好货币市场共同基金等生息资产，而这些资产是不在 M1 等货币统计口径中的。通货和支票存款有时被称为**劣势资产**（dominated assets），原因是投资者可能持有回报率更高且被认为同等安全的其他资产。

风险 很难想象有什么资产的风险比货币更低。通常情况下，通货是被广泛接受的，除非发生了革命，而新政府不承认旧政府发行的货币。在存在存款保险制度的情况下，银行存款也是安全的。然而，根据投资组合理论，风险的衡量是相对于其他资产而言的。因此，如果股票市场震荡加剧，货币相对于股票的风险降低，货

① 这是米尔顿·弗里德曼在其著名论文中所采用的方法，请参见“The Quantity Theory of Money: A Statement,” in *Studies in the Quantity Theory of Money*, ed. Milton Friedman (Chicago: University of Chicago Press, 1956), 3-21。

币需求会随之增加。此外，虽然名义货币是极其安全的，但在通货膨胀更加多变的情况下，货币的实际回报率（名义回报率减去预期通货膨胀率）就是高度易变的。货币实际回报率的变动性越高，越是降低对货币的需求，人们会转向被称为**通胀对冲**（inflation hedges）的替代资产，当通货膨胀率变动时，这些资产的实际回报率受到的影响比货币要小。广为人知的通胀对冲资产包括通货膨胀保值证券（Treasury Inflation Protected Securities，TIPS）、黄金和不动产。

其他资产的流动性 近年来，金融创新推动了新型流动性资产的发展，例如货币市场共同基金和房屋净值信贷额度（home equity lines of credit），后者允许居民以其房屋作为担保签发支票。随着这些替代性资产变得更具流动性，货币的相对流动性减弱，因此货币需求相应减少。

小 结

我们运用凯恩斯理论和投资组合理论对货币需求进行了分析，说明有 7 个因素影响货币需求：利率，收入，支付技术，财富，其他资产的风险，通货膨胀风险，其他资产的流动性。为辅助学习，汇总表 19-1 说明了上述因素变动对货币需求的影响，并对其进行了简要的推理解释。

汇总表 19-1 决定货币需求的因素

变量	变量变动	货币需求的反应	理由
利率	↑	↓	货币的机会成本增加
收入	↑	↑	交易的价值增加
支付技术	↑	↓	交易中所需的货币减少
财富	↑	↑	更多的资源投入货币中
其他资产的风险	↑	↑	货币相对风险降低，更受欢迎
通货膨胀风险	↑	↓	货币相对风险上升，更不受欢迎
其他资产的流动性	↑	↓	货币相对流动性减弱，更不受欢迎

注：这里仅反映了因素上升（↑）的情况，变量下降的影响与“货币需求的反应”一列所示结果相反。

19

19.5 货币需求的实证证据

目标 19.5 评价和解释货币需求的流动性偏好和投资组合理论有效性的实证证据。

在此，我们考察两个基本问题的实证证据，这两个问题区分了不同的货币需求理论，并影响了它们关于货币数量是否为总支出主要决定因素的结论：货币需求对利率变动是否敏感？货币需求函数在长期里是否稳定？

利率和货币需求

我们已经证明，如果利率不影响货币需求，货币流通速度更有可能是一个常量，或至少是可预测的，因此数量论所谓总支出由货币数量决定的观点很可能是正确的。但是，货币需求对利率越敏感，货币流通速度越是不可预测，货币供给和总支出之间的联系就越不明朗。实际上，货币需求对利率超级敏感的极端情形被称作**流动性陷阱**（liquidity trap），此时常规货币政策对总支出没有直接影响，原因在于货币供给的变化对利率没有影响。①

货币需求对利率敏感性的证据相当一致。在名义利率没有达到零下限时，货币需求对利率敏感。然而，当名义利率降到零时，就再也无法下跌了。在这种情况下会出现流动性陷阱，因为货币需求现在完全平坦。事实上，美国近年来出现的完全就是这种情况，这也是美联储不得不求助于非常规货币政策的原因。

货币需求的稳定性

如果像凯恩斯认为的，公式（19.8）这样的货币需求函数不稳定而且会发生大幅度不可预测的变动，那么货币流通速度就不可预测，而且货币数量或许没有与总支出紧密联系（像数量论认为的那样）。货币需求函数的稳定性对于美联储应当以利率还是以货币供给作为货币政策中介指标至关重要。如果货币需求函数不稳定，货币供给与总支出之间联系不那么紧密，那么与货币供给相比，由美联储决定的利率水平将能够提供有关货币政策立场的更多信息。

直到20世纪70年代初，实证证据都有力地支持货币需求函数的稳定性。然而，1973年以后，金融创新飞速发展，改变了货币所包含的内容，导致估计得到的货币需求函数具有极大的不稳定性。货币需求函数的不稳定对我们的理论和实证分析是否准确提出了质疑。它还对货币需求函数为政策制定者提供的指导作用提出了质疑，因此对于货币政策操作也有着重要意义。特别是，由于货币需求函数变得很不稳定，货币流通速度现在更加难以预测。货币政策制定者发现货币供给不能提供关于经济未来走势的可靠信息，因此开始思考决定利率水平方面的货币政策。货币需求的不稳定性由此降低了货币政策操作中对货币供给的关注度。

总　结

1. 交易方程式 $M\times V=P\times Y$ 表示的货币数量论说明，名义支出完全由货币数量决定。数量论认为，(1) 货币数量变动引起物价水平成比例变动，因为 $P=(M\times\bar{V})/\bar{Y}$；(2) 通货膨胀率等于货币供给增长率减去总产出增长率，即 $\pi=\%\Delta M-\%\Delta Y$。货币数量论的这些结论在长期里可以得到数据支持，但短期不行。

2. 政府预算约束说明赤字要么通过货币创造弥补，要么通过发行政府债券弥补，也就是 $DEF=G-T=\Delta MB+\Delta B$。这一事实与数量论结合起来，说明通过货币创造持续弥补预算赤字将导致长期通货膨胀。这一分析有助于解释恶性通货膨胀，

---

① 如果货币需求对利率超级敏感，利率的细微变化都将引起货币需求非常大的变动。因此，在这种情况下，第5章供给-需求图中的货币需求是完全平坦的。所以，货币供给的变化——货币供给曲线向左或者向右位移——导致其与平坦的货币需求曲线的交点始终对应同一不变的利率。

即由于大规模的预算赤字，通货膨胀和货币增长都上升到极高的水平。

3. 约翰・梅纳德・凯恩斯提出了三种持币动机，即交易动机、预防动机和投机动机。由此形成的流动性偏好理论认为，货币需求的交易部分和预防部分与收入成比例，但是，货币需求的投机部分不仅对利率敏感，而且对利率未来变动的预期也很敏感。于是，这一理论认为，货币流通速度并不稳定，不能被视为常量。

4. 货币需求的投资组合理论说明，货币需求的决定因素不仅包括凯恩斯分析中的利率、收入与支付技术，而且包括财富、其他资产的风险、通货膨胀风险与其他资产的流动性。

5. 关于货币需求的研究主要得出了两个结论：货币需求对利率敏感，只要利率是大于零的。从 1973 年开始，货币需求变得不稳定，这种不稳定最有可能的原因是金融创新快速发展。由于货币需求函数不稳定，且对利率敏感，货币流通速度不能被视作常量，而且不容易预测。这些结论导致了货币政策操作中对货币供给的关注度下降，并且更加强调利率。

关键术语

货币需求	通胀对冲	支付技术	劣势资产	流动性偏好理论
印钞	交易方程式	流动性陷阱	货币数量论	政府预算约束
货币理论	实际货币余额	恶性通货膨胀	债务货币化	货币流通速度

思考题

1. 你认为在经济周期过程里，货币流通速度通常是如何变化的？

2. 如果货币流通速度和总产出都相当稳定（如古典经济学家所相信的），那么当货币供给从 1 万亿美元增加到 4 万亿美元时，物价水平会出现什么变化？

3. 如果国会立法认为信用卡非法，这将对货币流通速度产生什么影响？解释你的答案。

4. “如果名义 GDP 提高，货币流通速度必然加快。”这种表述正确、错误还是不确定？解释你的答案。

5. 为什么中央银行高度关注持续的、长期的预算赤字？

6. “持续的预算赤字总是导致更高的通货膨胀。”这种表述正确、错误还是不确定？解释你的答案。

7. 明知道债务货币化会导致更高的通货膨胀，为什么中央银行还是会这样做？

8. 假定有两家中央银行，一家保持着物价稳定和低通胀历史，另一家则有高通胀历史以及糟糕的通胀管理。其他条件相同，如果两个国家将同样水平的政府预算赤字货币化，两国通货膨胀可能如何变化？

9. 一些支付技术要求相应的基础设施（例如，信用卡要求商家安装刷卡机）。在大多数发展中国家的历史上，这些基础设施要么不存在，要么非常昂贵。其他条件相同，你认为相对于富裕国家，发展中国家货币需求的交易部分是更多还是更少？

10. 根据凯恩斯实际货币余额需求的流动性偏好理论，持有货币有哪三种动机？基于这三种动机，他认为哪些变量决定了货币需求？

11. 在很多国家，人们持有货币作为缓冲，应对一系列通常不能被保险市场所覆盖的潜在场景（例如，银行业危机，自然灾害，健康问题，失业，等等）所产生的意外需求。解释这种行为对货币需求预防部分的影响。

12. 凯恩斯认为货币流通速度将发生大幅波动，因而不能被视为常量，为什么他的投机性货币需求分析对这一观点而言很重要？

13. 根据货币需求的投资组合理论，哪四个因素决定了货币需求？这些因素如何变化会增加货币需求？

14. 根据货币需求的投资组合理论，解释下列事件会如何影响货币需求。

a. 经济出现了周期性紧缩。

b. 经纪人手续费下降，降低了债券交易成本。

c. 股票市场崩盘。（提示：既考虑市场暴跌后股票价格波动性上升，也考虑股东财富减少。）

15. 假定某国在相当长一段时间里都具有稳定的低通货膨胀率，但之后通货膨胀突然上扬，过去10年的通货膨胀水平相对较高且难以预测。根据货币需求的投资组合理论，说明新出现的通货膨胀环境会如何影响货币需求。如果政府决定发行通货膨胀保值证券，会出现何种情况？

16. 考虑货币需求的投资组合理论。你认为在恶性通货膨胀（例如，月通货膨胀率超过50%）时期，货币需求会受到怎样的影响？

17. 货币需求的投资组合理论和凯恩斯理论都认为，随着货币的相对预期回报率下降，货币需求将减少。为什么投资组合理论认为货币需求受利率变动的影响？为什么凯恩斯认为货币需求受利率变动的影响？

18. 为什么凯恩斯的货币需求观点认为货币流通速度是不可预测的呢？

19. 用来评估货币需求函数稳定性的实证证据是什么？关于货币需求的稳定性，这些证据说明了什么？该结论如何影响货币政策决策？

20. 假定某国40年来M2和名义GDP的轨迹说明这两个变量紧密相关。特别是，它们之间比率（名义GDP/M2）的轨迹非常稳定，且易于预测。根据这一实证证据，你是否建议该国货币当局在进行货币政策操作时重点关注货币供给而非制定利率？解释你的答案。

应用题

19

21. 假定货币供给 M 每年增长10%，名义GDP即 PY 每年增长20%。数据如下表所示（单位：十亿美元）：

	2021年	2022年	2023年
M	100	110	121
PY	1 000	1 200	1 440

计算每年的货币流通速度。货币流通速度按什么比率增长？

22. 当货币流通速度保持为常量5，货币供给从2 000亿美元增加至3 000亿美元时，计算名义GDP发生的变化。

23. 如果货币供给增长20%，但货币流通速度下降30%，名义GDP将发生什么变化？

24. 如果货币流通速度5和总产出1万亿美元保持不变，若货币供给从4 000亿美元减少到3 000亿美元，物价水平会出现什么变化？

25. 假定流动性偏好函数如下所示：

$$L(i, Y)=\frac{Y}{8}-1\ 000i$$

利用货币需求方程式，以及下表中的数据，计算每个阶段的货币流通速度。

	阶段一	阶段二	阶段三	阶段四	阶段五	阶段六	阶段七
Y（十亿）	12 000	12 500	12 250	12 500	12 800	13 000	13 200
利率	0.05	0.07	0.03	0.05	0.07	0.04	0.06

第20章 *IS*曲线

学习目标

20.1 解释计划支出和总需求的关系。

20.2 列举和描述决定总需求（或计划支出）四个组成部分的因素。

20.3 求解产品市场均衡。

20.4 说明为什么 *IS* 曲线向下倾斜，以及为什么经济趋向产品市场均衡。

20.5 列举推动 *IS* 曲线位移的因素，说明它们如何推动 *IS* 曲线位移。

本章预习

在20世纪30年代大萧条期间，总产出剧跌30%，失业率飙升到25%。虽然2007—2009年的经济衰退没有那么严重，但经济活动收缩也使得失业率上升到10%以上。到了新冠疫情时，失业率在2020年4月升至14.7%的高位。为了理解经济活动收缩的原因，经济学家使用了总需求概念，即经济所要求的总产出量。这个概念是约翰·梅纳德·凯恩斯在他那本具有革命性意义的著作《就业、利息和货币通论》中提出的，该书出版于1936年，认为总产出的短期波动（例如大萧条时期产出下降）由总需求的变动决定。总需求概念是总需求-总供给（*AD*-*AS*）模型的核心要素，这一模型是用来解释总产出短期波动的基本宏观经济学模型。

本章我们首先介绍 *IS* 曲线，它是理解总需求的第一步，描述在产品和服务市场（可以简称为产品市场）均衡状态下实际利率与总产出之间的联系。我们从推导 *IS* 曲线开始，之后解释引起 *IS* 曲线位移的因素。根据对 *IS* 曲线的理解，我们可以考察经济活动为什么会出现波动，以及2009年财政刺激计划如何影响经济活动。然后在下一章，我们将利用 *IS* 曲线理解货币政策在经济波动中所发挥的作用。

20.1 计划支出与总需求

目标 20.1 解释计划支出和总需求的关系。

我们首先来讨论**计划支出**（planned expenditure）概念，指家庭、企业、政府以及外国人希望用于本国生产的产品和服务的支出。相反，实际支出是指这些经济主体的实际支出数量，等于经济体所生产的产出总量。注意，本章所讨论的支出都是以不变量来衡量的，即按照实际产品和服务数量来计算。凯恩斯认为**总需求**（aggregate demand）——经济所要求的总产出量——与计划支出是相同的。稍后我们会看到，计划支出（也就是总需求）解释了产品市场均衡（产品和服务的总需求等于其实际生产量）下的总产出水平。

总需求（即计划支出）是以下四种类型支出的总和：

1. **消费支出**（consumption expenditure，C），指消费者对产品和服务（比如汉堡、手机、摇滚音乐会和医疗等）的总需求。

2. **计划投资支出**（planned investment spending，I），指企业对新的实物资本（机器、电子计算机、厂房等）及新住宅的计划支出。

3. **政府购买**（government purchases，G），指各级政府对产品和服务（航空母舰、公务员和繁缛的行政手续等）的支出，不包括转移支付（从一个人到另一个人的收入再分配）。

4. **净出口**（net exports，NX），指外国对本国产品和服务的净支出，等于出口减去进口。

因此，总需求（Y^{ad}）可以写成：

$$Y^{ad}=C+I+G+NX \tag{20.1}$$

20.2 总需求的组成部分

20

目标 20.2 列举和描述决定总需求（或计划支出）四个组成部分的因素。

要理解总需求（计划支出）的决定因素，需要详细了解其中每个组成部分。

消费支出

是什么因素决定了你对产品和服务的消费支出呢？你的收入可能是最重要的因素；如果收入增加，你会将更多的钱用于消费。凯恩斯同样认为消费支出与可支配收入之间有着密切关系。**可支配收入**（disposable income，用 Y_D 表示）是指能够用于支出的总收入，等于总产出 Y 减去税收 T(即 $Y-T$)。[1]

---

① 更准确地讲，税收 T 应当等于所缴税款减去净转移（政府向家庭和企业的支付，实际上是负的税款）。政府转移包括社会保障支付以及失业保险支付。

消费函数 凯恩斯将可支配收入 Y_D 同消费支出 C 之间的联系称为**消费函数**（consumption function），表达式如下：

$$C=\bar{C}+mpc\times Y_D \tag{20.2}$$

或者

$$C=\bar{C}+mpc\times(Y-T) \tag{20.3}$$

其中，$\bar{C}$ 代表**自主性消费支出**（autonomous consumption expenditure），这部分消费支出是**外生变量**（exogenous variable，与模型无关的变量，如可支配收入）。自主性消费支出与消费者对未来收入和家庭财富的乐观程度有关，二者都与消费者支出正相关。

mpc 代表**边际消费倾向**（marginal propensity to consume），反映的是可支配收入每增加 1 美元引起的消费支出变动。凯恩斯假设 mpc 是一个介于 0 和 1 之间的常量。例如，如果可支配收入增加 1 美元导致消费支出增加 0.6 美元，那么 mpc 的值就是 0.6。

计划投资支出

投资支出是总支出的另外一个关键组成部分。有两种类型的投资支出：固定投资和存货投资。（经济学家对投资这个词的使用与日常情况不同，下面的 FYI 专栏解释了这种差异。）

FYI 专栏　投资的含义

经济学家对投资这个词的使用与一般人有些不同。经济学家以外的人使用投资这个词通常是指购买股票或债券，这些购买并不一定导致新增产品和服务。而经济学家所说的投资支出则是购买新的实物资产（如新机器或新厂房），这些购买增加总需求。

固定投资 **固定投资**（fixed investment）是指工商企业计划用于设备（机器、计算机、飞机等）、建筑物（工厂、办公楼、购物中心等）方面的支出以及对新居民住宅的计划支出。

存货投资 **存货投资**（inventory investment）是指工商企业用于增加原材料、零部件和最终产品等持有量的支出，按一定时期（比如说 1 年）内这些物品持有量的变动来计算。

在投资的构成要素中，存货投资比固定投资小得多。我们在这里详细讨论存货投资，因为它在总产出决定中起重要作用。为说明起见，考虑下面的场景：

1. 假设 2022 年 12 月 31 日，福特汽车公司厂区有 10 万辆轿车准备交付经销商。如果每辆轿车的零售价为 2 万美元，福特公司的存货价值就是 20 亿美元。如果到 2023 年 12 月 31 日，该公司轿车存货增加至 15 万台，价值 30 亿美元，则 2023 年存货投资就是 10 亿美元，即这一年中存货水平变动 10 亿美元（2023 年 30

亿美元减去 2022 年 20 亿美元）。

2. 现在假设 2023 年 12 月 31 日，该公司轿车存货减少至 5 万台，价值 10 亿美元。2023 年存货投资就是－10 亿美元，即这一年中存货水平变动为－10 亿美元（2023 年 10 亿美元减去 2022 年 20 亿美元）。

3. 如果在这一年中，福特公司用于生产这些轿车的原材料和零部件持有水平发生变动，则可能还存在其他方面的存货投资。例如在 2022 年 12 月 31 日，公司持有价值 5 000 万美元钢材用于生产轿车，而在 2023 年 12 月 31 日，钢材持有为 1 亿美元，那么 2023 年就有 5 000 万美元新增存货投资。

存货投资的一个重要特征在于，经常有一些存货投资是非计划性的（这与固定投资正好相反，固定投资总是有计划的）。假设福特公司 2023 年 12 月 31 日轿车存货增加 10 亿美元的原因是，2023 年轿车实际销售额比预计少了 10 亿美元。2023 年这个 10 亿美元存货投资就是非计划性的。福特公司生产的轿车数量超过了销售能力，它应当削减产量，避免产品积压。我们将看到，削减生产以减少非计划的存货投资在总产出决定中起到关键作用。

计划投资支出与实际利率 计划投资支出是总需求 Y^{ad} 的一个组成部分，等于企业计划固定投资加上计划存货投资。凯恩斯认为投资的实际利率水平是决定计划投资支出的关键要素。

要理解凯恩斯的推理过程，我们需要认识到，只有预期实物资本（机器、厂房和原材料等）的投资收益高于为投资举债筹资的利息成本，企业才会投资于实物资本。当投资的实际利率水平较高时，例如 10%，实物资本的投资收益几乎无法超过借入资金的利息成本（10%），因而计划投资支出水平比较低。如果利率水平较低，例如 1%，许多实物资本的投资收益都超过借入资金的利息成本（1%）。因此，当投资的实际利率（也就是借入资金的成本）较低时，企业就更乐于进行实物资本投资，于是计划投资支出提高。

即使企业拥有盈余资金，不需要借款进行实物资本投资，其计划投资支出也将受到投资的实际利率的影响。如果不投资于实物资本，还可以购买公司债券。如果有价证券的实际利率较高（例如 10%），投资实物资本的机会成本（所放弃的利息收益）就很高。由于企业可能更愿意购买有价证券，获取 10%的高收益而非进行实物资本投资，所以计划投资支出就比较低。如果投资的实际利率（也就是投资的机会成本）下降（例如降至 1%），由于企业在实物资本投资上赚取的收入很可能高于证券投资区区 1%的收益，所以计划投资支出将提高。

计划投资支出与经营预期 凯恩斯还认为，计划投资支出会受到对未来经营预期的显著影响。对未来盈利机会比较乐观的企业就会愿意增加支出，而悲观企业则会削减支出。因此，凯恩斯认为计划投资支出中有一部分是**自主性投资**（autonomous investment，$\bar{I}$），这部分投资支出完全是外生变量，无法用产出、利率等模型中的变量来解释。

凯恩斯相信自主性支出波动是由计划投资支出不稳定的、外生的波动所支配的，它受到时而乐观、时而悲观的情绪波动影响，凯恩斯将这些因素称为**"动物精神"**（animal spirits）。凯恩斯举出大萧条时期投资支出大幅下降的例子来说明他的观点，他认为投资支出急剧变化是经济收缩的主要原因。

投资函数 将凯恩斯认为影响投资的两个因素结合在一起，就得到投资函数，该函数描述了计划投资支出与自主性投资支出、投资的实际利率的关系。我们将投资函数写做：

$$I=\bar{I}-dr_i \tag{20.4}$$

其中，d 是反映投资对实际利率（用 r_i 表示）响应程度的参数。

然而，实际利率不仅反映由中央银行控制的安全的短期债务工具利率 r，还反映**金融摩擦**（financial frictions，用 $\bar{f}$ 表示），这些在实际借款成本外的增加部分是由阻碍金融市场有效运转的各种因素造成的（我们在第 8 章详细讨论了这些摩擦的来源，即逆向选择和道德风险等信息不对称问题）。金融摩擦使贷款人更难确定借款人的信誉度。贷款人需要收取较高的利率来保护自己免受借款人违约的损失可能性，因此出现了信贷利差，即向企业收取的贷款利率与完全安全资产（确定能够偿还的）利率之间的差额。因此金融摩擦提高了投资的实际利率，可以写做：

$$r_i=r+\bar{f} \tag{20.5}$$

将公式（20.5）中的实际借款成本代入公式（20.4），可以得到：

$$I=\bar{I}-d(r+\bar{f}) \tag{20.6}$$

公式（20.6）说明投资与自主性投资支出所代表的企业乐观情绪正相关，与实际利率和金融摩擦负相关。

政府购买和税收

现在，我们将政府纳入我们的分析框架中。政府通过其购买活动以及税收两种途径影响总需求。

政府购买 我们在公式（20.1）总需求函数中已经看到，政府购买可以直接增加总需求。这里我们假定政府购买是外生的，于是政府购买可以写做：

$$G=\bar{G} \tag{20.7}$$

公式（20.7）说明政府购买被视作一个固定值 $\bar{G}$。

税收 之前我们提到，可支配收入等于收入减去税收（$Y-T$），而可支配收入影响消费支出，因此政府会通过税收影响支出。在给定收入水平上，更高的税收 T 降低了可支配收入，进而导致消费支出减少。美国等国税法十分复杂，因此出于简化模型的考虑，我们假定政府税收是外生的，可以被视作一个固定值 $\overline{T}$。[①]

$$T=\overline{T} \tag{20.8}$$

净出口

与计划投资支出一样，我们可以认为净出口由两个部分组成：自主性净出口以及受实际利率变化影响的净出口。

实际利率与净出口 实际利率通过**汇率**（exchange rate）影响净出口规模。前面提到过，汇率是一种货币（如美元）用另一种货币（如欧元）来表示的价格。[②]我们在第 17 章曾经用一个模型来解释汇率和实际利率之间的联系，这里我们只简要介绍其影响机制。当美国实际利率上升时，美元资产相对于外币资产的回报率升高。所以人们希望持有更多美元，于是提高对美元的报价，从而使美元相对于外币的价值升高。由此，美国实际利率上升引起了美元升值。

美元升值使得以外币表示的美国商品更加昂贵，因此外国人减少购买美国的出口商品，引起净出口下降。美元升值还造成以美元表示的外国商品价格下降，美国进口将增加，同样导致净出口下降。因此，我们可以看到，实际利率上升导致美元升值，进而导致净出口下降。

自主性净出口 出口规模还受到外国人对本国商品的需求的影响，进口规模则受到本国居民对外国商品的需求的影响。例如，如果中国收成不好并希望购买更多的美国小麦，美国出口将增加。如果巴西经济繁荣，巴西人将有更多钱来购买美国商品，美国出口将增加。相对地，如果美国消费者发现智利酒很好并希望购买更多，美国进口将增加。因此，我们可以认为，净出口的决定因素包括实际利率以及被称为**自主性净出口**（autonomous net exports，$\overline{NX}$）的因素，后者是被视作外生变量（在模型之外）的净出口水平。[③]

净出口函数 将净出口的两个组成部分结合起来，就可以得到净出口函数：

$$NX=\overline{NX}-xr \tag{20.9}$$

① 为简化起见，我们这里假定税收和收入无关。然而，由于税收随收入增加而增加，我们可以用如下税收函数更贴近现实地描述税收：

$$T=\overline{T}+tY$$

用这一公式替代公式（20.8）来推导本章后面的公式（20.12），其中 mpc 被替换为 $mpc(1-t)$。

② 如果某国将本国货币钉住另一国货币，那么汇率就是固定的，即第 18 章所介绍的固定汇率制度，从而实际利率就不会像公式（20.9）那样直接影响净出口，因此 $NX=\overline{NX}$。将净出口对实际利率的反应剔除，不影响本章的基本分析，但确实会使本章后面的公式（20.12）有一点不同。

③ 外国总产出是在模型之外的，它对净出口的影响是外生的，因此是影响自主性净出口的一个因素。美国国内产出 Y 也会影响到净出口，原因是更多的可支配收入增加了进口支出，从而降低了净出口。要将这一因素嵌入 IS 曲线中，我们可以将公式（20.9）净出口函数调整为：

$$NX=\overline{NX}-xr-iY$$

其中，i 是边际进口支出倾向。这种变化也会相应调整本章后面介绍的公式（20.12），那里的 mpc 应调整为 $mpc-i$。

其中，x 是反映净出口对实际利率响应程度的参数。这一函数告诉我们净出口与自主性净出口正相关，与实际利率水平负相关。

20.3　产品市场均衡

目标 20.3　求解产品市场均衡。

凯恩斯认为当经济中总产出等于总需求（计划支出）时，就实现了均衡。也就是说：

$$Y=Y^{ad} \tag{20.10}$$

当这一均衡条件满足时，产品和服务的计划支出等于生产总量。生产者能够卖出所有的产出，不存在计划外的存货投资，因此不需要调整生产水平。通过考察计划支出每个组成部分的影响因素，我们可以理解为什么总产出达到某个既定水平。

求解产品市场均衡

根据我们对总需求各个组成部分驱动要素的理解，我们可以运用公式（20.1）总需求函数说明总产出是如何决定的，首先我们要将公式（20.10）的均衡条件改写为：

$$Y=C+I+G+NX \tag{20.11}$$

总产出＝消费支出＋计划投资支出＋政府购买＋净出口

现在我们利用公式（20.3）、公式（20.6）、公式（20.7），以及公式（20.8）和公式（20.9）中的消费函数、投资函数和净出口函数来确定总产出。将它们代入公式（20.11）给出的均衡条件，可以得到：

$$Y=\bar{C}+mpc\times(Y-\bar{T})+\bar{I}-d(r+\bar{f})+\bar{G}+\overline{NX}-xr$$

重新整理，可以得到：

$$Y=\bar{C}+\bar{I}-d\bar{f}+\bar{G}+\overline{NX}+mpc\times Y-mpc\times\bar{T}-(d+x)r$$

方程式两边同时减去 $mpc\times Y$，可以得到：

$$Y-mpc\times Y=Y(1-mpc)=\bar{C}+\bar{I}-d\bar{f}+\bar{G}+\overline{NX}-mpc\times\bar{T}-(d+x)r$$

之后，方程式两边同时除以（$1-mpc$），我们就可以得到在产品市场均衡状态下确定总产出的方法[①]：

---

①　注意与 $\bar{G}$ 相乘的 $1/(1-mpc)$ 被称为支出乘数（expenditure multiplier），与 $\bar{T}$ 相乘的 $-mpc/(1-mpc)$ 被称为税收乘数（tax multiplier）。因为 $mpc<1$，所以税收乘数的绝对值小于支出乘数。

$$Y=(\bar{C}+\bar{I}-\overline{df}+\bar{G}+\overline{NX}-mpc\times\bar{T})\times\frac{1}{1-mpc}-\frac{d+x}{1-mpc}\times r \qquad (20.12)$$

推导 *IS* 曲线

我们将公式（20.12）称作 ***IS* 曲线**（*IS* curve），该曲线反映了产品市场均衡下总产出和实际利率之间的联系。公式（20.12）由两项组成。由于 mpc 介于 0 和 1 之间，$1/(1-mpc)$ 是正的，所以第一项说明在任一给定的实际利率水平上，自主性消费、投资、政府购买、净出口的增加以及税收和金融摩擦的降低都会导致产出上升。换句话说，第一项说明了有关 *IS* 曲线位移的信息。第二项表明实际利率上升导致总产出下降，说明了沿着 *IS* 曲线移动的信息。

20.4 理解 *IS* 曲线

目标 20.4 说明为什么 *IS* 曲线向下倾斜，以及为什么经济趋向产品市场均衡。

为了深入理解 *IS* 曲线，我们将按照以下步骤展开。在本节，我们首先考察从直觉可以得到的关于 *IS* 曲线的信息，之后讨论一个数字举例。在下一节，我们介绍推动 *IS* 曲线位移的因素。

IS 曲线说明了什么：直觉

IS 曲线描述了产品市场的每个均衡点。对任一给定水平的实际利率，*IS* 曲线说明了使得产品市场达到均衡所需要的总产出水平。随着实际利率上升，计划投资支出和净出口减少，进而降低总需求；要实现产品市场均衡，总产出须与总需求相等，所以也会随之降低。因此，*IS* 曲线是向下倾斜的。

IS 曲线说明了什么：数字举例

我们可以用下面的数例来分析 *IS* 曲线，这个数例给公式（20.12）中的外生变量与参数赋予了特定数值。

$\bar{C}=1.4$ 万亿美元

$\bar{I}=1.2$ 万亿美元

$\bar{G}=3.0$ 万亿美元

$\bar{T}=3.0$ 万亿美元

$\overline{NX}=1.3$ 万亿美元

$\bar{f}=1$

$mpc=0.6$

$d=0.3$

$x=0.1$

利用这些数值，我们可以将公式（20.12）重新写做：

$$Y=(1.4+1.2-0.3+3.0+1.3-0.6\times 3.0)\times\frac{1}{1-0.6}-\frac{0.3+0.1}{1-0.6}\times r$$

重新整理，可以得到 *IS* 曲线的函数，如图 20-1 所示：

$$Y=\frac{4.8}{0.4}-\frac{0.4}{0.4}\times r=12-r \tag{20.13}$$

在实际利率 $r=3\%$上，均衡产出 Y 等于 12 万亿美元－3 万亿美元＝9 万亿美元。这个实际利率和均衡产出组合对应着图 20-1 中的 A 点。在实际利率 $r=1\%$上，均衡产出 Y 等于 12 万亿美元－1 万亿美元＝11 万亿美元，即图 20-1 中的 B 点。将这些点连起来得到 *IS* 曲线，如你所见，*IS* 曲线是向下倾斜的。

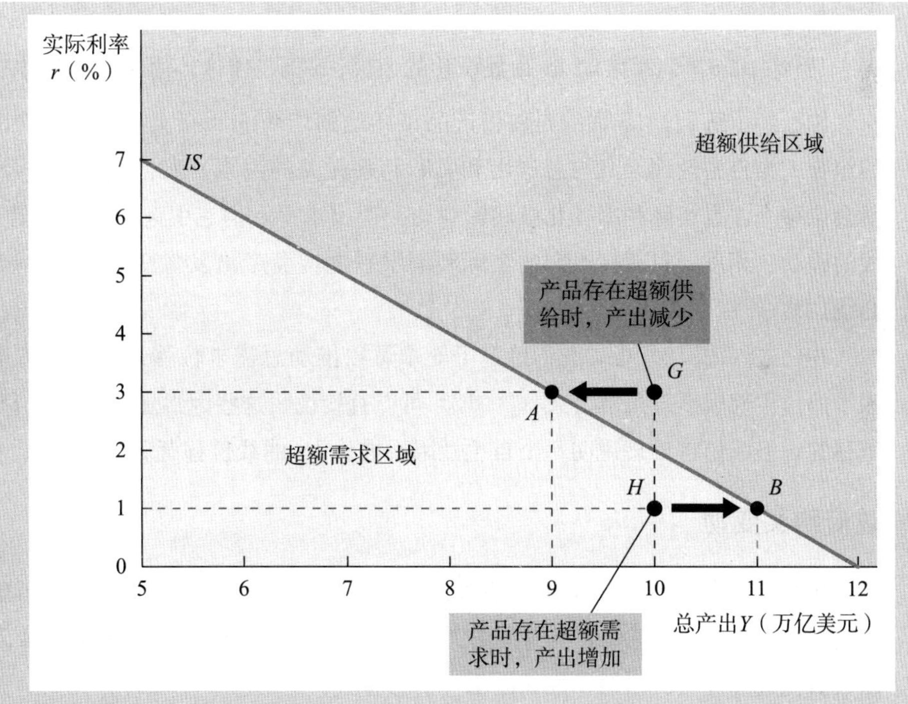

图 20-1 *IS* 曲线

向下倾斜的 *IS* 曲线上的每个点都是产品市场均衡点，例如 *A* 点和 *B* 点。注意，产出会进行充分的调整以返回市场均衡。例如，*G* 点位于深灰色阴影区域，这里存在产品的超额供给，企业将削减产出，降低总产出，从而返回 *A* 点的均衡水平。*H* 点位于浅灰色阴影区域，这里存在产品的超额需求，企业将增加生产，提高总产出，从而返回 *B* 点的均衡水平。

为什么经济趋向于均衡？

只有当经济自发地趋向于均衡状态时，均衡概念才有用。我们首先考虑经济位于 *IS* 曲线右侧区域（深灰色阴影区域）的情况。在图 20-1 中的 *G* 点，实际产出高于总需求，企业因为产品积压而头疼。为了避免积压产品卖不出去，企业将继续削减生产。只要生产高于均衡水平，产出就将超过总需求，企业就将继续削减生产，推动总产出趋向于均衡水平，在图 20-1 中，这用从 G 点到 A 点向左的箭头表示。只有当经济返回到 IS 曲线上的 A 点时，产出继续变动趋势才会消失。

如果总产出低于均衡水平，存在产品的超额需求（IS 曲线左侧浅灰色阴影区域），会发生什么？在图 20-1 中的 H 点，实际产出低于总需求，由于存货下降到合理水平之下，所以企业将希望增加生产，总产出将随之增加，在图 20-1 中，这用向右的箭头表示。当经济返回到 IS 曲线上的 B 点时，产出继续变动趋势才会消失。

20.5 推动 *IS* 曲线位移的因素

目标 20.5 列举推动 *IS* 曲线位移的因素，说明它们如何推动 *IS* 曲线位移。

你已经了解到，IS 曲线是使得产品市场达到均衡的所有实际利率和均衡产出的组合。当自主性因素（与总产出和实际利率无关的因素）发生变动时，IS 曲线就会位移。注意实际利率变化虽然影响均衡产出水平，但它引起的只是沿着 IS 曲线的移动。相反，只有在给定的实际利率水平上均衡产出发生变化，才意味着 IS 曲线位移。

在公式（20.12）中，我们确定了 6 个可以推动总需求位移进而影响均衡产出水平的自主性因素。虽然公式（20.12）可以直接说明这些因素是如何推动 IS 曲线位移的，但我们将推理说明每个自主性因素推动 IS 曲线位移背后的原因。

政府购买变动

20

我们首先来看图 20-2，看一看如果政府购买从 3 万亿美元增加到 4 万亿美元，会出现什么情况。IS_1 代表我们在图 20-1 中所推导出的 IS 曲线，我们将 4 万亿美元数值代入公式（20.12），推导出 IS_2 的方程式：

$$Y=(1.4+1.2-0.3+4.0+1.3-0.6\times3.0)\times\frac{1}{1-0.6}-\frac{0.3+0.1}{1-0.6}\times r$$

$$=\frac{5.8}{0.4}-r=14.5-r$$

基于上述结果，可以得出：在实际利率 $r=3\%$ 上，均衡产出 Y 等于 14.5 万亿美元－3 万亿美元＝11.5 万亿美元。我们将其标注为图 20-2 中的 C 点。在实际利率 $r=1\%$ 上，均衡产出 Y 等于 14.5 万亿美元－1 万亿美元＝13.5 万亿美元，我们将其标注为图 20-1 中的 D 点。于是，政府购买增加推动 IS 曲线从 IS_1 向右位移至 IS_2。

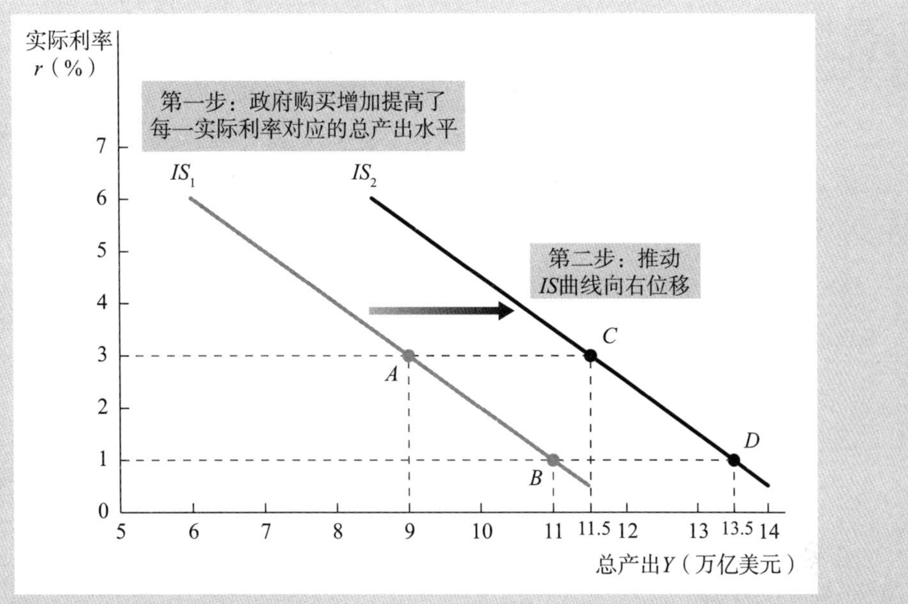

图 20-2　政府购买增加推动 IS 曲线位移

IS_1 代表我们在图 20-1 中推导得到的 IS 曲线，IS_2 反映政府购买增加 1 万亿美元的情况。政府购买增加导致总产出水平上升，推动 IS 曲线从 IS_1 向右位移到 IS_2，每个实际利率上的总产出都增加 2.5 万亿美元。

直观地，我们确认了政府购买增加导致任一实际利率水平上的总产出增加，就能够明白为什么政府购买增加推动 IS 曲线向右位移。既然在产品市场均衡下总产出等于总需求，那么，**政府购买增加导致总需求增加，也导致均衡产出水平上升，从而推动 IS 曲线向右位移。反之，政府购买减少导致任一实际利率水平上的总需求减少，并且推动 IS 曲线向左位移。**

应用　越南战争升级：1964—1969 年

20 世纪 60 年代初期，美国在越南战争中越陷越深。1964 年以后，美国对越南发起了一场全面战争。从 1965 年开始，美国扩大军费开支规模增加了政府购买。当政府购买迅速增加时，中央银行通常将提高利率以避免经济过热。然而，在越南战争期间，美联储一反常态，保持实际利率不变。这为研究决策制定者如何利用 IS 曲线分析来影响政策提供了一个极好的案例。

在图 20-3 中，政府购买增加推动 IS 曲线从 IS_{1964} 向右位移至 IS_{1969}。由于美联储决定在此期间将实际利率保持在 2%不变，均衡产出从 1964 年的 3.7 万亿美元（以 2009 年价格衡量）增加至 1969 年的 4.7 万亿美元，失业率从 1964 年的 5%稳步下降至 1969 年的 3.4%。然而，对经济来说并非一切都好：政府购买增加和实际利率不变的政策组合，造成了经济过热并且最终导致了高通货膨胀（我们将在后面的章节中讨论经济过热和通货膨胀之间的联系）。

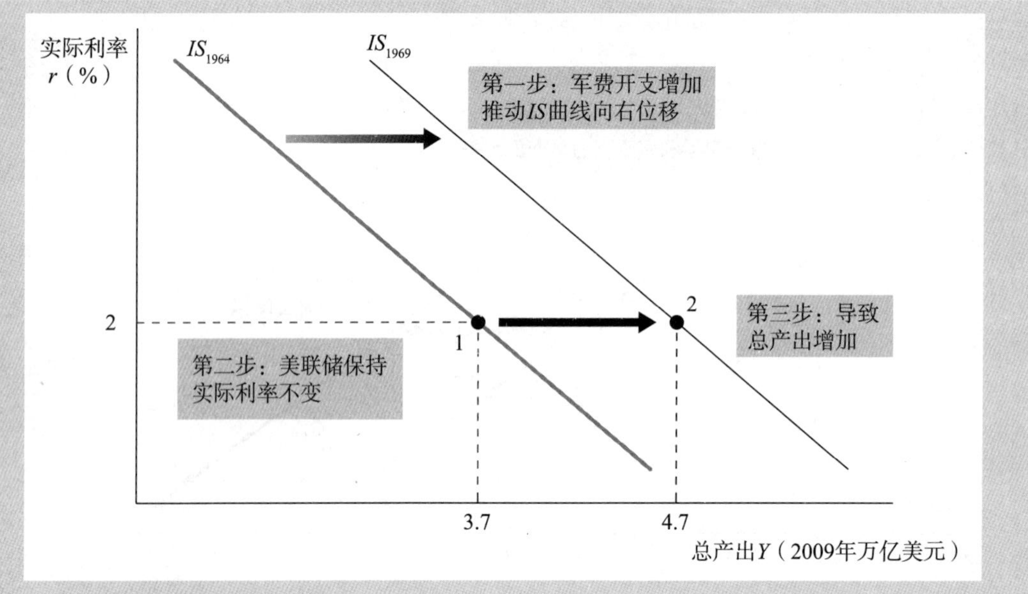

图 20-3 越南战争升级

1965 年开始的扩大军事开支，推动 IS 曲线从 IS_{1964} 向右位移至 IS_{1969}。由于美联储决定在此期间将实际利率保持在 2%不变，均衡产出从 1964 年的 3.7 万亿美元（以 2009 年价格衡量）增加至 1969 年的 4.7 万亿美元，为通货膨胀升高创造了条件。

税收变动

现在，我们来看图 20-4，看一看如果政府将税收从 3 万亿美元增加到 4 万亿美元，会出现什么情况。IS_1 代表我们在图 20-1 中推导得到的 IS 曲线，我们将 4 万亿美元数值代入公式（20.12），推导出 IS_2 的方程式：

$$Y=(1.4+1.2-0.3+3.0+1.3-0.6\times4.0)\times\frac{1}{1-0.6}-\frac{0.3+0.1}{1-0.6}\times r$$

$$=\frac{4.2}{0.4}-r=10.5-r$$

在实际利率 $r=3\%$上，均衡产出 $Y=10.5$ 万亿美元-3 万亿美元$=7.5$ 万亿美元。我们将其标注为图 20-4 中的 E 点。在这一实际利率水平上，均衡产出从 A 点减少至 E 点，用向左的箭头表示。同理，在实际利率 $r=1\%$上，均衡产出 Y 降低到 10.5 万亿美元-1 万亿美元$=9.5$ 万亿美元，导致从 B 点向左位移至 F 点。税收增加推动 IS 曲线从 IS_1 向左位移至 IS_2。

我们得到如下结论：**在任一给定实际利率水平上，税收增加导致总需求和均衡产出水平下降，推动 IS 曲线向左位移。反之，在任一实际利率水平上，减税导致可支配收入增加，导致总需求和均衡产出水平上升，推动 IS 曲线向右位移。**

20

当经济进入衰退期时，政府运用税收和政府购买手段来刺激经济，下面的应用可以说明这一点。

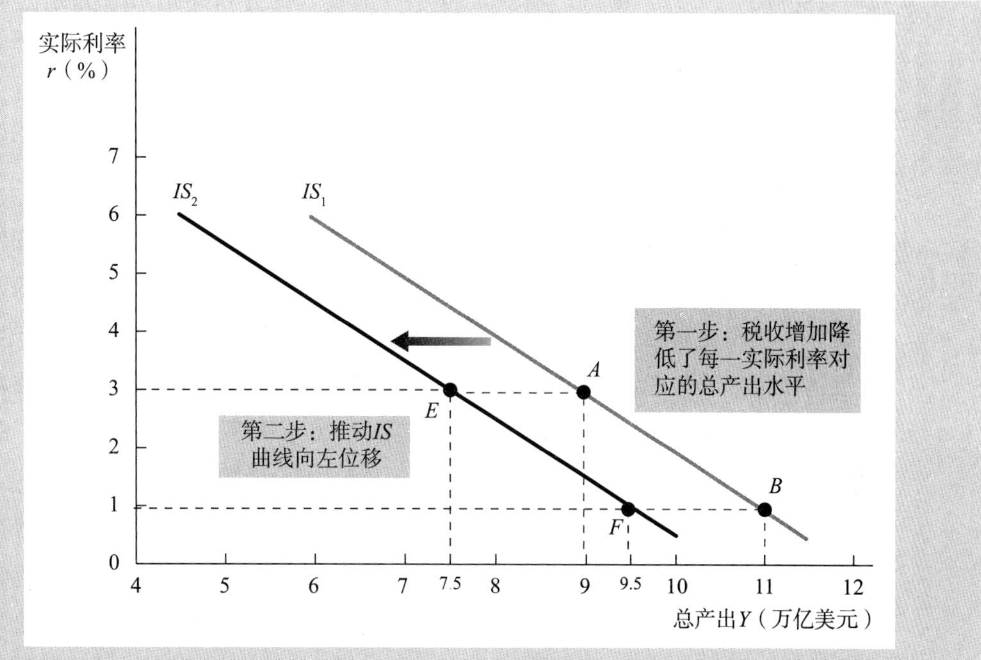

图 20-4 税收增加推动 *IS* 曲线位移

IS_1 代表我们在图 20-1 中推导得到的 *IS* 曲线，IS_2 反映了政府税收收入增加 1 万亿美元的情况。税收增加导致总产出水平下降 1.5 万亿美元，推动 *IS* 曲线从 IS_1 向左位移到 IS_2。

应用 2009 年财政刺激计划

2008 年秋季美国经济陷入了危机。到新的奥巴马政府就职时，失业率已经从 2007 年 12 月经济衰退前夕的 4.7%飙升至 2009 年 1 月的 7.6%。为刺激经济，奥巴马政府提出了财政刺激计划，并得到了国会的批准。该方案包括面向家庭和企业的 2 880 亿美元减税计划，以及包括转移支付在内的 4 990 亿美元联邦支出增加。根据 *IS* 曲线分析，经济会出现什么状况呢？

如图 20-2 和图 20-4 所示，减税和增加支出本应当提高总需求水平，从而提高任一实际利率所对应的总产出水平，推动 *IS* 曲线向右位移。遗憾的是，奥巴马政府的计划没有奏效。直到 2010 年以后，大部分政府购买都没有实现，而同时自主性消费和投资支出的下滑幅度大大超过了预期。由于金融摩擦加剧和对经济前景的担忧，消费和投资支出的疲软在很大程度上抵消了财政刺激计划的作用。结果，总需求没有上升，到头来却收缩了，*IS* 曲线没有如预期那样向右位移。尽管财政刺激计划的初衷是好的，但 2009 年失业率已经上升至 10%。不过，如果没有财政刺激计划，*IS* 曲线有可能进一步向左位移，导致更高的失业。

自主性支出变动

在公式（20.12）中可以看到，自主性消费、投资和净出口（分别是 $\bar{C}$、$\bar{I}$、$\overline{NX}$）都和 $\bar{G}$ 一样，需要与 $1/(1-mpc)$ 相乘。因此，其中任何一个变量增加对 IS 曲线的影响都同增加政府购买一样。出于这样的原因，我们将这些变量统称为**自主性支出**（autonomous spending），即与产出和实际利率等模型中变量无关的外生性支出。我们逐一推理说明每种变量的变动是如何影响 IS 曲线的。

自主性消费 假定消费者发现股市繁荣导致财富增加，或者由于经济发生了正向产出冲击而对未来收入前景变得十分乐观。这两种事件都是自主性的，也就是说，它们不受实际利率水平影响。**在任一给定实际利率水平上，由此产生的自主性消费增加导致总需求和均衡产出水平上升，从而推动 *IS* 曲线向右位移。反之，自主性消费支出减少导致总需求和均衡产出水平下降，从而推动 *IS* 曲线向左位移。**

自主性投资支出 在本章的前面，我们了解到实际利率变动影响计划投资支出，进而影响均衡产出水平。这种投资支出的变动只会导致均衡点沿 IS 曲线移动，而不是 IS 曲线位移。与实际利率无关的计划投资支出的自主性变动（原因可能是股市上涨后企业对投资的盈利性更有信心）会增加总需求。**在任一给定实际利率水平上，自主性投资支出增加导致均衡产出水平上升，从而推动 *IS* 曲线向右位移。反之，自主性投资支出减少导致总需求和均衡产出水平下降，从而推动 *IS* 曲线向左位移。**

自主性净出口 与实际利率无关的净出口的自主性增加（原因可能是美国生产的手袋比法国生产的更时尚，或者是外国经济繁荣从而增加了对美国产品的购买量）会增加总需求。**在任一给定实际利率水平上，净出口的自主性增加导致均衡产出水平上升，从而推动 *IS* 曲线向右位移。反之，净出口的自主性减少导致总需求和均衡产出水平下降，从而推动 *IS* 曲线向左位移。**

金融摩擦变动

2007—2009 年金融危机期间，金融摩擦加剧，投资的实际利率升高，导致投资支出和总需求下降。**在任一给定实际利率水平上，金融摩擦加剧导致均衡产出水平下降，从而推动 *IS* 曲线向左位移。反之，金融摩擦缓解导致总需求和均衡产出水平上升，从而推动 *IS* 曲线向右位移。**

对推动 *IS* 曲线位移因素的总结

为辅助学习，汇总表 20-1 总结了每种变量的变动是如何推动 IS 曲线位移的，以及发生位移的原因。既然我们已经充分理解了 IS 曲线，在后面的章节中，我们就可以在此基础上探讨货币政策与总需求之间的联系。

汇总表 20-1 $\bar{C}$、$\bar{I}$、$\bar{G}$、$\bar{T}$、$\overline{NX}$ 和 $\bar{f}$ 自主性变动引起的 IS 曲线位移

变量	变量变动	IS 曲线位移	推理
自主性消费支出 $\bar{C}$	↑	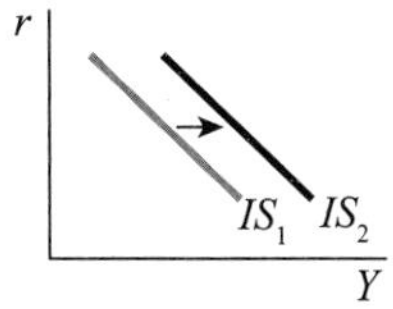 IS_1 → IS_2（右移）	$C\uparrow Y\uparrow$
自主性投资 $\bar{I}$	↑	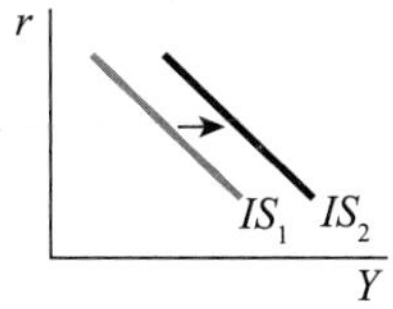 IS_1 → IS_2（右移）	$I\uparrow Y\uparrow$
政府支出 $\bar{G}$	↑	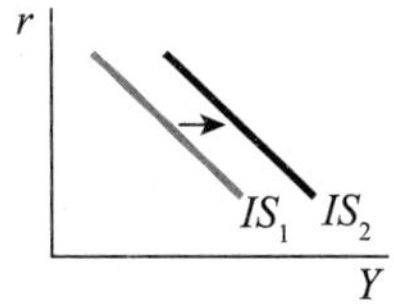 IS_1 → IS_2（右移）	$G\uparrow Y\uparrow$
税收 $\bar{T}$	↑	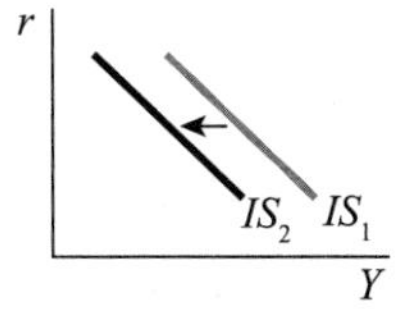 IS_1 → IS_2（左移）	$T\uparrow \Rightarrow C\downarrow Y\downarrow$
自主性净出口 $\overline{NX}$	↑	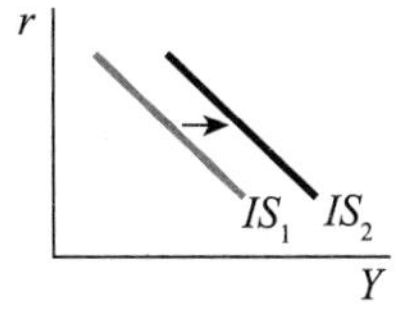 IS_1 → IS_2（右移）	$\overline{NX}\uparrow Y\uparrow$
金融摩擦 $\bar{f}$	↑	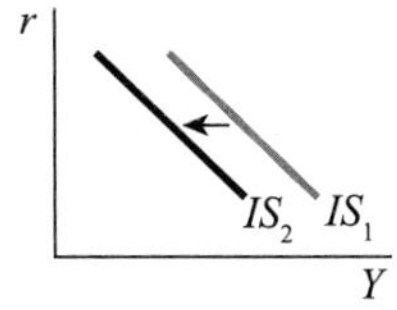 IS_1 → IS_2（左移）	$I\downarrow Y\downarrow$

注：此处仅标出了变量增加（↑）的情况，变量减少对总产出的影响与后面两列标示的方向相反。

总 结

1. 计划支出与经济要求的总产出量即总需求是相同的，等于四种类型的支出之和：消费支出，计划投资支出，政府购买，以及净出口。我们用公式（20.1）来代表总需求（Y^{ad}）：$Y^{ad}=C+I+G+NX$。

2. 消费支出用消费函数表示，表明消费支出将随着可支配收入的增加而增加。计划支出以及总需求与实际利率负相关，原因是实际利率上升同时减少计划投资支出和净出口。金融摩擦加剧导致投资的实际利率上升，从而减少投资支出和总需求。政府也通过支出影响计划支出，直接作用于总需求，或者通过税收影响可支配收入和消费支出，从而间接作用于总需求。

3. 在产品市场处于均衡状态时，总产出水平由总产出等于总需求的均衡条件确定。

4. *IS* 曲线反映了产品市场均衡下总产出和实际利率之间的联系。由于实际利率上升减少了计划投资支出和净出口，进而导致均衡产出水平下降，因此 *IS* 曲线是向下倾斜的。

5. 自主性消费、自主性投资、政府购买、自主性净出口等增加，税收下降或金融摩擦降低，都推动 *IS* 曲线向右位移。这六个因素的反方向变动则推动 *IS* 曲线向左位移。

关键术语

总需求	消费函数	*IS* 曲线	“动物精神”	可支配收入
边际消费倾向	自主性消费支出	汇率	外生变量	净出口
自主性投资	金融摩擦	计划支出	自主性净出口	固定投资
计划投资支出	自主性支出	政府购买	消费支出	存货投资

思考题

1.“当股票市场上升时，投资支出就增加。”这种表述正确、错误还是不确定？解释你的答案。

2. 存货还没有被卖给最终使用者，为什么存货投资被当作总支出的组成部分？

3.“既然存货持有需要成本，企业的计划存货投资就应当等于零，企业应当只通过非计划的存货积累获得存货。”这种表述正确、错误还是不确定？解释你的答案。

4. 2007—2009 年金融危机期间及之后，尽管实际利率显著降低，计划投资仍然大幅下降。哪些与计划投资函数相关的因素可以解释这种现象？

5. 如果家庭和企业相信未来会出现经济衰退，这将必然导致经济衰退吗？或者，这将对产出有什么影响吗？

6. 为什么实际利率升高导致净出口减少，实际利率下降导致净出口增加？

7. 房价下降或股票市场价格降低会如何影响 *IS* 曲线？

8. 如果企业突然对投资的盈利性更加乐观，从而增加了 1 000 亿美元计划投资支出，但同时消费者却更加悲观而减少了 1 000 亿美元自主性消费支出，总产出水平将会如何变化？

9. 如果自主性消费支出增加的同时，税收也等额增加，总产出将上升还是下降？

10. 如果实际利率变动对计划投资支出和净出口没有影响，这说明 *IS* 曲线的斜率是怎样的？

11. 存货通常在衰退开始时提高，到衰退快结束时开始下降。这说明经济周期中计划支出和总产出之间是怎样的关系？

12. 为什么企业会在非计划存货投资大于零时削减产量？如果它们不削减产量，会对它们的利润有何种影响？为什么？

13.“当计划投资支出低于（实际）总投资时，企业将增加生产。”这种表述正确、错误还是不确定？解释你的答案。

14. 在以下几种情况下，确定 *IS* 曲线是向右位移、向左位移、保持不变还是位移方向不确定。

a. 实际利率上升。

b. 边际消费倾向下降。

c. 金融摩擦加剧。

d. 自主性消费减少。

e. 税收和政府支出等额减少。

f. 净出口对实际利率变动的敏感性减弱。

g. 政府向企业研发项目提供税收激励。

15. “金融摩擦对经济来说不成为问题，因为它们不影响由中央银行控制的安全政策利率。”这种表述正确、错误还是不确定？解释你的答案。

16. 当美联储降低政策利率时，（如果有影响的话）会如何影响 *IS* 曲线？简要解释你的答案。

17. 假定你在媒体上看到，对未来更强劲经济增长的预测已经引起了美元走强和股票价格上升。

a. 强势美元对 *IS* 曲线有何影响？

b. 股票价格上升对 *IS* 曲线有何影响？

c. 综合考虑这两个事件对 *IS* 曲线有何影响。

应用题

18. 在下表中，如果自主性消费＝300，税收＝200，$mpc=0.9$，计算下表中各个收入水平所对应的消费函数值。

收入 Y	可支配收入 Y_D	消费 C
0		
100		
200		
300		
400		
500		
600		

19. 假定自主性消费为 1.625 万亿美元，可支配收入为 11.5 万亿美元。如果可支配收入增加 1 000 美元导致消费支出增加 750 美元，计算消费支出。

20. 假定 2022 年 12 月 31 日，戴尔公司仓库里有 2 万台计算机准备交付经销商（每台计算机价值 500 美元）。到 2023 年 12 月 31 日，戴尔公司有 2.5 万台计算机准备交付经销商（每台计算机价值 450 美元）。

a. 计算戴尔公司 2022 年 12 月 31 日的存货。

b. 计算戴尔公司 2023 年的存货投资。

c. 在经济衰退的早期阶段，存货支出会出现怎样的情况？

21. 如果消费函数是 $C=100+0.75Y_D$，$I=200$，政府支出＝200，净出口为零，均衡产出水平是多少？如果政府支出增加 100，总产出将发生什么变化？

22. 假设边际消费倾向为 0.75，为使产出增加 1 万亿美元，政府支出需要增加多少？为使产出增加 1 万亿美元，税收需要减少多少？

23. 如果税收与政府支出等量增加，推导出一个表达式来说明对均衡产出水平的影响。

24. 考虑经济有如下数据：

$\bar{C}=3.25$ 万亿美元

$\bar{I}=1.3$ 万亿美元

$\bar{G}=3.5$ 万亿美元

$\bar{T}=3.0$ 万亿美元

$\overline{NX}=-1.0$ 万亿美元

$\bar{f}=1$

$mpc=0.75$

$d=0.3$

$x=0.1$

a. 推导消费函数、投资函数、净出口函数的简化表达式。

b. 推导 *IS* 曲线的表达式。

c. 如果实际利率 $r=2$，均衡产出水平是多少？如果实际利率 $r=5$，均衡产出水平是多少？

d. 根据 c 的答案，绘制 *IS* 曲线。

e. 如果政府购买增加到 4.2 万亿美元，当 $r=2$ 时，均衡产出水平会如何变化？当 $r=5$ 时，均衡产出水平会如何变化？在 d 中绘制的曲线图上反映出政府购买增加的影响。

25. 考虑经济有如下数据：

$\bar{C}$=4 万亿美元

$\bar{I}$=1.5 万亿美元

$\bar{G}$=3.0 万亿美元

$\bar{T}$=3.0 万亿美元

$\overline{NX}$=1.0 万亿美元

$\bar{f}=0$

$mpc=0.8$

$d=0.35$

$x=0.15$

a. 推导 *IS* 曲线的表达式。

b. 假定美联储控制利率，并将利率设定在 r=4 上，均衡产出水平是多少？

c. 假定发生了金融危机，$\bar{f}$ 增加到 $\bar{f}=3$。均衡产出将怎样变化？如果美联储能够制定利率，那么为保持产出不变，利率应当设置在什么水平上？

d. 假定如 c 所述，金融危机导致 $\bar{f}$ 增加，同时还导致计划的自主性投资减少到 $\bar{I}$=1.1 万亿美元，那么美联储在 c 中所实施的利率变动能有效稳定产出吗？如果不能，还要实施哪些额外的货币或财政政策才能将产出稳定在 b 给出的初始均衡产出水平上？

第21章 货币政策与总需求曲线

学习目标

21.1 了解名义联邦基金利率变动对短期实际利率的影响。

21.2 定义并作图说明货币政策（*MP*）曲线，解释 *MP* 曲线的位移。

21.3 解释为什么总需求（*AD*）曲线向下倾斜，解释 *AD* 曲线的位移。

本章预习

2008 年 12 月金融危机达到了高潮，美联储联邦公开市场委员会出人意料地宣布了一个大胆的决定，市场陷入了狂乱。委员会将联邦基金利率（银行同业之间隔夜贷款利率）下调了 75 个基点（即 0.75 个百分点），使联邦基金利率几乎一路降到零。

要了解上述这样的货币政策举措如何影响经济，我们需要分析货币政策是如何影响总需求的。我们在本章开头先解释为什么通货膨胀升高时货币政策要提高利率，造成实际利率与通货膨胀率之间的正相关关系，这可用货币政策（*MP*）曲线来加以说明。之后，将 *MP* 曲线与上一章的 *IS* 曲线组合起来，我们推导得到总需求曲线，这是总需求-总供给模型（本书后面的章节讨论短期经济波动所使用的框架）的一个关键要素。

21.1 美联储与货币政策

目标 21.1 了解名义联邦基金利率变动对短期实际利率的影响。

世界各国中央银行都使用某种极短期利率作为主要的政策工具。在美国，美联储通过设定联邦基金利率来实施货币政策。例如，2020 年 3 月 15 日 FOMC 会议后，美联储在发布的声明中称“委员会决定将联邦基金利率的目标区间降低至 $0\sim\frac{1}{4}\%$”。

我们在第 15 章已经了解到，美联储通过调节提供给银行体系的准备金数量来控制联邦基金利率。当提供更多准备金时，意味着银行有更多钱用于相互贷放，这部分超额流动性导致联邦基金利率下跌。如果美联储将准备金抽离银行体系，银行用于贷放的资金就更少，流动性短缺造成联邦基金利率上升。

联邦基金利率是名义利率，但我们在前面的章节已经学到，影响出口和经济周期进而决定均衡产出水平的是实际利率。美联储如何通过控制联邦基金利率进而控制实际利率，从而实现货币政策对经济的影响？

回忆一下，第 4 章曾经介绍过，实际利率 r 等于名义利率 i 减去预期通货膨胀率 π^e。

$$r=i-\pi^e$$

只有在短期里实际的和预期的通货膨胀率不变时，调整名义利率才能相应调整实际利率。由于通常情况下价格变动是缓慢的（即价格是具有黏性的），货币政策调整将不会立即影响短期通货膨胀和预期通货膨胀。因此，**当美联储降低联邦基金利率时，实际利率下降；当美联储提高联邦基金利率时，实际利率上升。**

21.2 货币政策曲线

目标 21.2 定义并作图说明货币政策（*MP*）曲线，解释 *MP* 曲线的位移。

我们已经看到美联储如何能够控制短期实际利率。下一步的分析要考察货币政策如何对通货膨胀做出反应。**货币政策曲线**（monetary policy curve，*MP* 曲线）反映了中央银行所设定实际利率与通货膨胀率之间的联系。我们可以将该曲线的方程式写做：

$$r=\bar{r}+\lambda\pi \tag{21.1}$$

其中，$\bar{r}$ 代表货币政策当局所设定实际利率中的自主性（外生性）部分，它与当前通货膨胀率水平以及模型中的其他变量都无关。λ 代表实际利率对通货膨胀率的敏感性。

21

为了更具体地讨论货币政策曲线，图 21-1 给出了货币政策曲线 *MP* 的一个例子，其中，$\bar{r}=1.0$，$\lambda=0.5$：

$$r=1.0+0.5\pi \tag{21.2}$$

在 *A* 点，当通货膨胀率为 1%时，美联储将实际利率设定为 1.5%；在 *B* 点，当通货膨胀率为 2%时，美联储将实际利率设定为 2%；在 *C* 点，当通货膨胀率为 3%时，美联储将实际利率设定为 2.5%。将 *A* 点、*B* 点、*C* 点连接起来就得到了货币政策曲线 *MP*，它向上倾斜，说明当通货膨胀率上升时货币政策制定者提高实际利率。

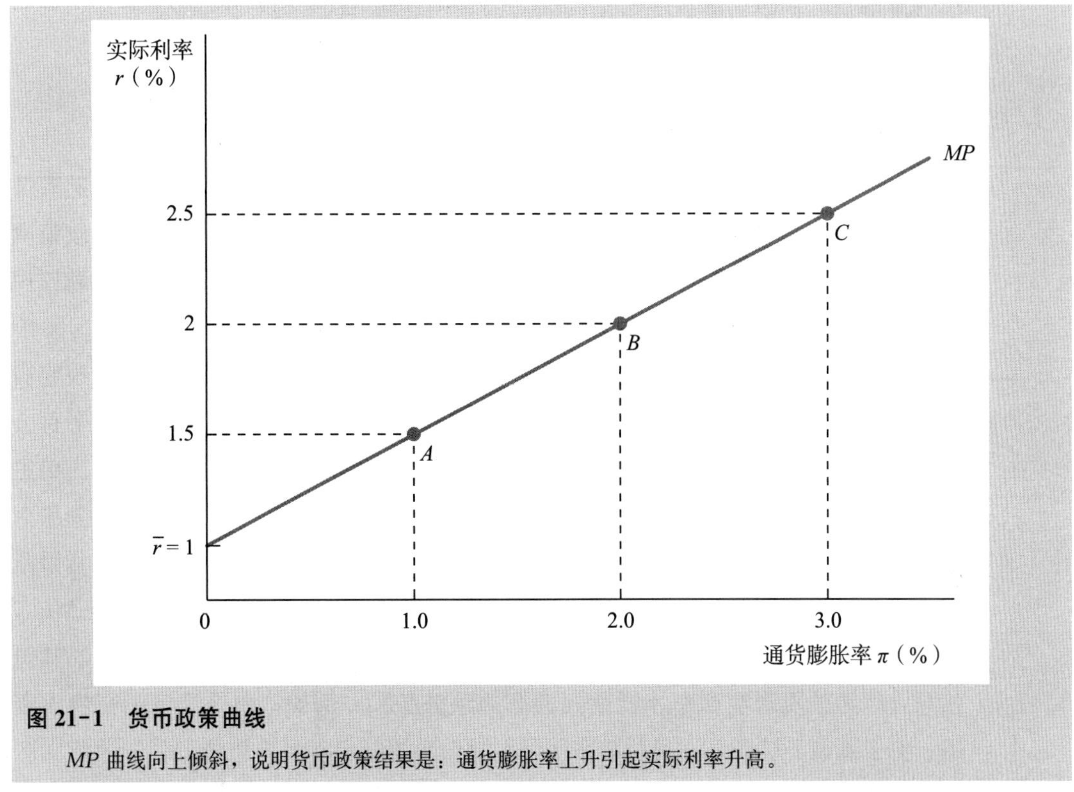

图 21-1　货币政策曲线

MP 曲线向上倾斜，说明货币政策结果是：通货膨胀率上升引起实际利率升高。

为什么货币政策曲线向上倾斜？

要弄明白为什么 *MP* 曲线向上倾斜，最简单的办法是要认识到中央银行必须设法保持通货膨胀稳定。为了稳定通货膨胀，货币政策制定者倾向于遵循**泰勒原理**（Taylor principle，以斯坦福大学的约翰·泰勒命名）：如图中的 *MP* 曲线所示，中央银行在通货膨胀率上升时提高实际利率。① 中央银行在通货膨胀率上升时提高实际利率，原因是为了使通货膨胀回落，需要实际利率升高才能紧缩经济。

对于为什么货币政策带来向上倾斜的 *MP* 曲线，另一个解释来自中央银行在通货膨胀率上升时不增加银行体系的流动性。企业和家庭持有货币以进行交易。当通货膨胀率升高时，物价水平较之前更高了，所以需要更多货币来支付他们想要购买的产品和服务。如果中央银行在通货膨胀率升高时不增加银行体系的流动性进而为家庭和企业创造更多货币，家庭和企业想要增加货币持有就必须将资金从生息资产转向货币。例如，他们可能出售债券来增加货币持有，这会拉低债券价格从而提高利率。或者，他们会减少在银行的可生息储蓄账户余额来增加货币持有，这样一来银行可贷出资金减少，也会推高利率。由此导致在货币政策不增加银行体系的流动

21

① 注意，泰勒原理不同于第 16 章所介绍的泰勒规则，因为泰勒原理没有给出货币政策应当如何对经济状况做出反应的规则，但泰勒规则给出了。

性时名义利率升高，将会提高实际利率，因为在短期里通货膨胀预期不变，所以名义利率和实际利率同时变动。

货币政策曲线的位移

按照通常的说法，美联储提高实际利率被称为“紧缩”货币政策，美联储降低实际利率被称为“宽松”货币政策。然而，重要的是要区分两种不同的货币政策调整：一种是导致货币政策曲线位移的，我们称之为自主性调整；另一种是泰勒原理驱动的调整，反映为沿着货币政策曲线移动，被称为利率自动调整。

中央银行可能出于多种原因实施自主性调整的货币政策。它们可能希望改变当前的通货膨胀率水平。例如，为了降低通货膨胀率，它们可以将 $\bar{r}$ 提高 1 个百分点，从而提高了任一通货膨胀率水平所对应的实际利率，这种变动我们称之为**自主性紧缩货币政策**（autonomous tightening of monetary policy）。在 2%的通货膨胀率上，实际利率会从 2%提高到 3%，也就是从 B 点提高到 B_2 点。这种自主性货币紧缩会推动货币政策曲线向上位移 1 个百分点，即图 21-2 中从 MP_1 上移至 MP_2，从而导致经济紧缩和通货膨胀下降。或者，中央银行可能基于通货膨胀以外的其他信息，认为必须调整利率才能达到良好的经济结果。例如，如果经济正在步入衰退，为了刺激经济和防止通货膨胀下降，货币政策制定者将希望降低任一通货膨胀率水平所对应的实际利率，实施**自主性宽松货币政策**（autonomous easing of monetary policy）。在这种情况下，在 2%的通货膨胀率上，实际利率从 2%下降到 1%，也就是从 B 点下降到 B_3 点。这种自主性宽松货币政策会导致货币政策曲线向下位移 1 个百分点，即图 21-2 中从 MP_1 下移至 MP_3。

沿着货币政策曲线的移动

许多学生在学习总需求-总供给（AD-AS）理论时都会遇到一个绊脚石，即如何理解 MP 曲线的位移和沿着货币政策曲线的移动之间的差别。沿着货币政策曲线的移动，是从图 21-1 中的 A 点移动到 B 点再移动到 C 点，可以理解为中央银行在通货膨胀率上升时提高利率的正常反应（也被称为内生性反应）。因此，我们可以将沿着货币政策曲线的移动看作是中央银行面对通货膨胀率变动时的自动反应。这样的自动反应不会引起货币政策曲线的位移。

然而，当中央银行提高任一通货膨胀率水平所对应的实际利率时，这样的行动就不是对高通货膨胀的自动反应了，而是自主性紧缩货币政策，它推动 MP 曲线向上位移，即图 21-2 中从 MP_1 上移至 MP_2。

接下来两个应用反映了沿着货币政策曲线移动和自主性货币政策调整之间的差别，分别介绍了 2004—2006 年和 2015—2019 年期间以及 2007 年秋天全球金融危机和 2020 年新冠病毒危机爆发阶段美联储所采取的货币政策行动。

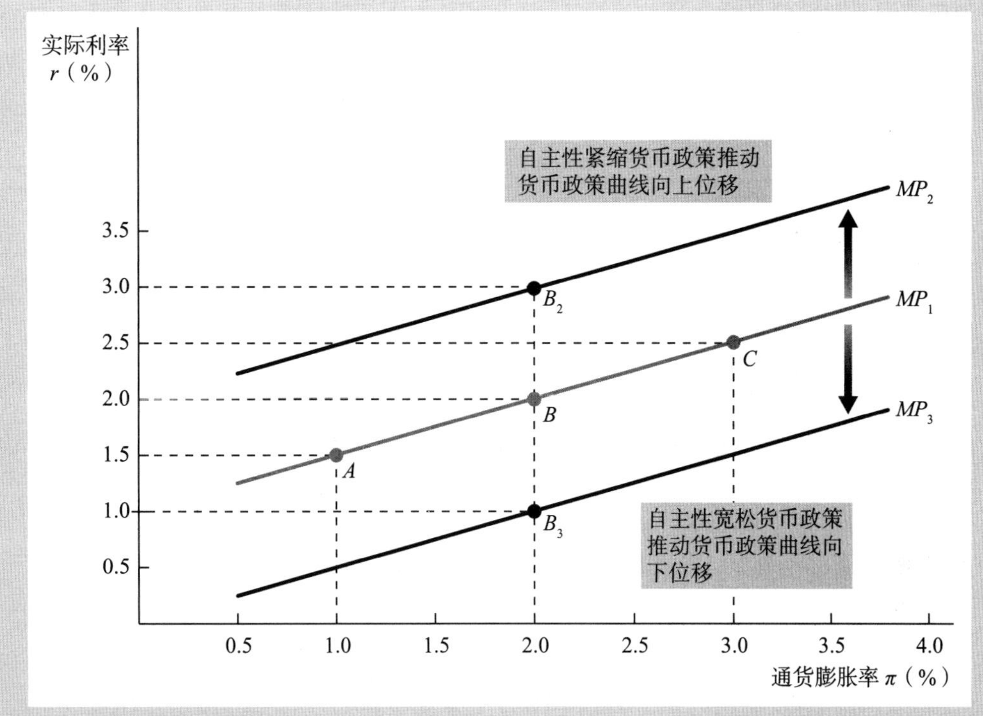

图 21-2 货币政策曲线的位移

货币政策的自主性调整推动 *MP* 曲线位移，例如当中央银行调整任一通货膨胀率水平所对应的实际利率时。自主性紧缩货币政策提高实际利率，推动 *MP* 曲线向上位移至 MP_2；自主性宽松货币政策降低实际利率，推动 *MP* 曲线向下位移至 MP_3。

应用 沿着 *MP* 曲线移动：2004—2006 年和 2015—2019 年联邦基金利率目标上调

2003 年 6 月—2004 年 6 月，由于担心通货紧缩（担心通货膨胀率可能变成负数），美联储承诺将联邦基金利率保持在非常低的水平，只有 1%。然而，随着经济加速发展，通货膨胀压力开始上升，于是，2004 年 6 月 FOMC 会议决定将联邦基金利率提高$\frac{1}{4}$个百分点。此外，FOMC 将这种利率上调变成了自动处理，一直到 2006 年 6 月，每一次 FOMC 会议都将联邦基金利率上调完全相同的幅度（见图 21-3）。然后从 2015 年到 2019 年，通货膨胀开始抬头，于是 FOMC 从 2015 年 12 月开始提高联邦基金利率，直到 2019 年达到 2%的水平。这些历史片断能告诉我们相应期间货币政策曲线的什么信息呢？

由于美联储在两个时段里都对通货膨胀压力做出反应，其货币政策行动显然是沿着 *MP* 曲线移动，例如在图 21-1 中从 *A* 点到 *B* 点再到 *C* 点。美联储遵循了泰勒原理，以提高实际利率来应对更高的通货膨胀。

应用 *MP* 曲线位移：全球金融危机和新冠病毒危机期间的自主性货币宽松

2007 年 8 月当全球金融危机开始爆发时，通货膨胀上扬同时失业率非常低，美联储却仍然开启了积极宽松的货币政策，下调了联邦基金利率（如图 21-3 所示）。2020 年 2 月，

21

通货膨胀率接近2%的目标水平，而失业率又是非常低。新冠病毒开始蔓延，无法得到控制，当这种情况变得清晰后，2020 年 3 月 3 日 FOMC 决定下调联邦基金利率 50 个基点（0.50 个百分点），随后在 3 月 15 日再调低 100 个基点至零。这些对货币政策曲线有何影响呢？

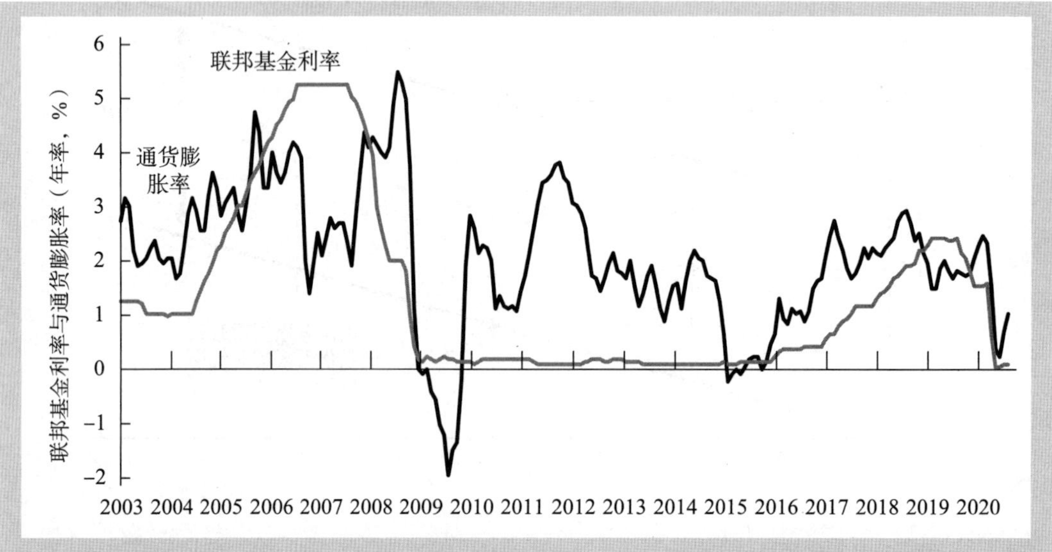

图 21-3 联邦基金利率与通货膨胀率，2003—2020 年

从 2004 年 6 月到 2006 年 6 月，由于通货膨胀上升的压力，美联储每次 FOMC 会议都将其政策利率（联邦基金利率）提高$\frac{1}{4}$个百分点。后来，从 2015 年到 2019 年，通货膨胀升高导致美联储将联邦基金利率从零提高到 2%。这些美联储行动沿着 *MP* 曲线移动。与此相反，在 2007 年 9 月和 2020 年 3 月，美联储开始实施自主性宽松货币政策，将联邦基金利率急剧下调，尽管通货膨胀当时还没下降。

资料来源：Federal Reserve Bank of St. Louis，FRED database：https://research.stlouisfed.org/fred2/series/CPIAUCSL；https://research.stlouisfed.org/fred2/series/FEDFUNDS.

在全球金融危机刚开始时，由于通货膨胀还在上升，原本按计划沿着 *MP* 曲线移动应当是美联储继续提高利率，但事实上美联储却反其道而行之。类似地，当新冠病毒危机刚开始时，鉴于低失业率和通货膨胀率迫近目标水平，按照泰勒原理本来不会建议美联储降低利率，可是它在当年 3 月就这么做了而且是如此万众瞩目。美联储的这两次行动因此都推动了货币政策曲线向下位移，如图 21-2 所示从 MP_1 下移到 MP_3。美联储实施这种自主性宽松货币政策的原因是：金融市场震荡和新冠疫情导致了对经济的负面冲击（第 12 章讨论过），说明经济有可能在不远的将来走向疲软，而且通货膨胀率会随之下降。事实上，后来情况的确如此，在全球金融危机和新冠病毒危机爆发后，经济走向了衰退。

21.3 总需求曲线

目标 21.3 解释为什么总需求（*AD*）曲线向下倾斜，解释 *AD* 曲线的位移。

现在我们准备推导产品市场均衡条件下通货膨胀率与总产出之间的联系，即**总需求曲线**（aggregate demand curve）。刚刚得出的 *MP* 曲线说明了中央银行依据泰勒原理如何通过调整利率来应对通货膨胀率的变动。第 20 章得出的 *IS* 曲线则说明了实际利率变动如何影响均衡产出。有了这两条曲线，给定公众的通货膨胀预期和货币政策立场，现在我们可以将要求的总产出量与通货膨胀率联系起来。总需求曲线是本书下一章总需求-总供给分析的核心，将让我们能够解释总产出和通货膨胀率的短期波动。

总需求曲线的图形推导

利用公式（21.2）假设的 *MP* 曲线，我们了解到当通货膨胀率从 1%上升到 2%再上升到 3%时，美联储就会将实际利率从 1.5%提高到 2%再提高到 2.5%来应对。我们将这些点连接起来，得到图 21-4（a）中的 *MP* 曲线。在图 21-4（b）中，我们按照第 20 章公式（20.13）($Y=12-r$）绘制了 *IS* 曲线。随着实际利率从 1.5%上升到 2%再上升到 2.5%，均衡点从点 1 移动到点 2 再移动到点 3，均衡产出相应地从 10.5 万亿美元减少到 10 万亿美元再减少到 9.5 万亿美元。换句话说，随着实际利率上升，投资和净出口减少，导致总需求水平下降。利用图 21-4（a）和图 21-4（b）中的信息，我们可以在图 21-4（c）中创建新曲线。在图 21-4（c）中，随着通货膨胀率从 1%上升到 2%再上升到 3%，均衡点从点 1 移动到点 2 再移动到点 3，总产出则从 10.5 万亿美元减少到 10 万亿美元再减少到 9.5 万亿美元。

将图 21-4（c）中三个点连接起来所得到的曲线即为总需求曲线 *AD*，表明三个实际利率中每一个所对应的总产出水平都满足给定通货膨胀率下的产品市场均衡。总需求曲线向下倾斜，因为通货膨胀率升高导致中央银行提高实际利率，从而减少计划支出并因此降低了均衡总产出水平。

利用代数方法（见 FYI 专栏“总需求曲线的代数推导”），图 21-4 中的 *AD* 曲线可以用数字表示如下：

$$Y=11-0.5\pi \tag{21.3}$$

21

FYI 专栏　总需求曲线的代数推导

要推导总需求曲线的数学表达式，我们首先利用第 20 章公式（20.13）给出的 *IS* 曲线：

$$Y=12-r$$

之后，我们利用公式（21.2）给出的 *MP* 曲线：$r=1.0+0.5\pi$，将 r 代入，可以得到：

$$Y=12-(1.0+0.5\pi)=(12-1)-0.5\pi=11-0.5\pi$$

这同正文中的公式（21.3）是一致的。

同理，我们利用第 20 章公式（20.12）给出的 *IS* 曲线代数表达式，得到更一般形式的 *AD* 曲线：

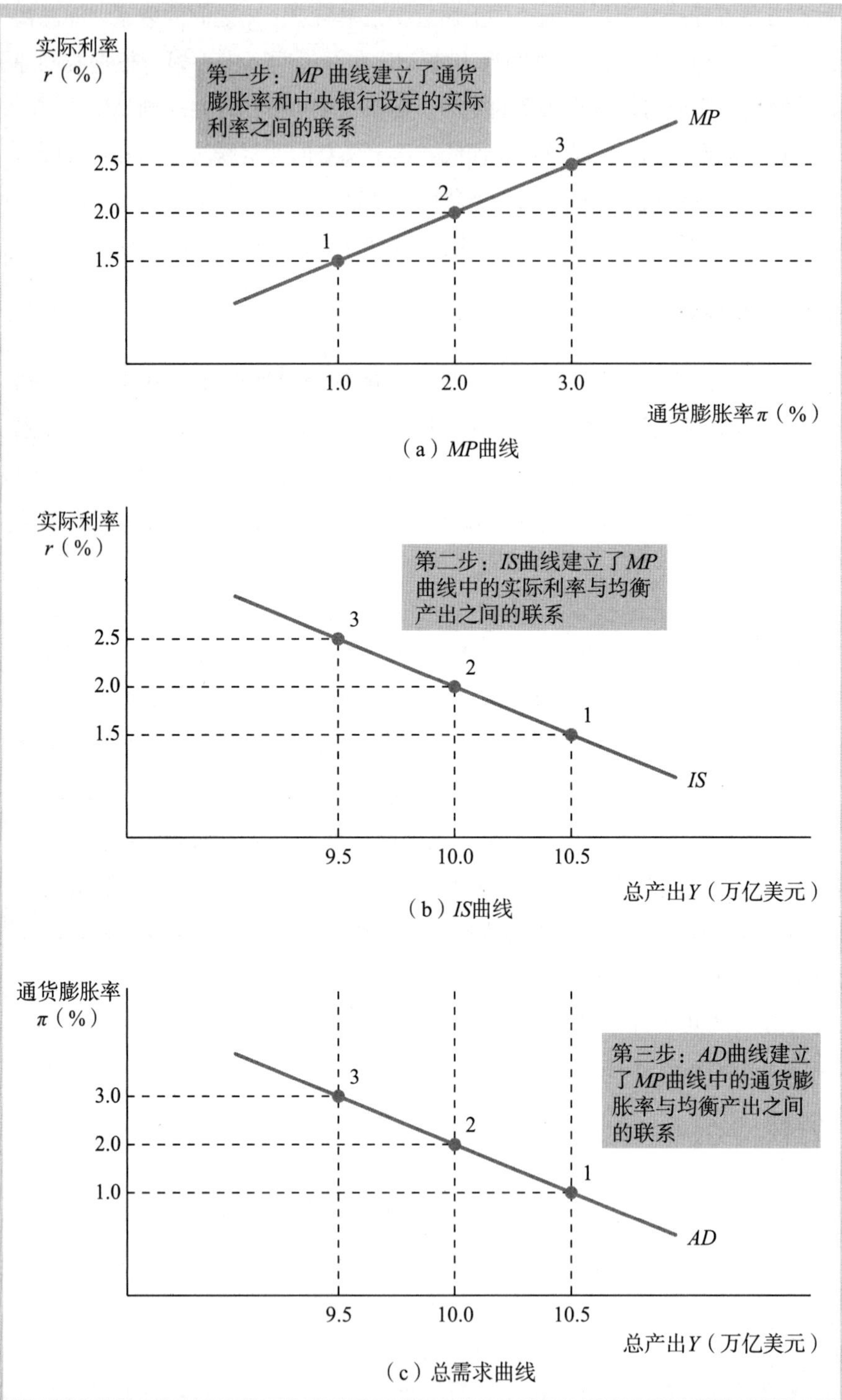

21

图 21-4　推导 *AD* 曲线

图（a）中的 *MP* 曲线表明，当通货膨胀率从 1%上升到 2%再上升到 3%时，实际利率从 1.5%上升到 2%再上升到 2.5%。图（b）中的 *IS* 曲线说明，随着实际利率上升，计划投资支出和净出口减少，总产出相应地从 10.5 万亿美元减少到 10 万亿美元再减少到 9.5 万亿美元。图（c）绘制了与三个通货膨胀率对应的三个均衡产出水平，将这些点连接起来得到 *AD* 曲线，它是向下倾斜的。

$$Y=(\bar{C}+\bar{I}-d\bar{f}+\bar{G}+\overline{NX}-mpc\times\bar{T})\times\frac{1}{1-mpc}-\frac{d+x}{1-mpc}\times r$$

之后，我们利用公式（21.1）给出的MP 曲线代数表达式$r=\bar{r}+\lambda\pi$，将r 代入，从而得到更一般意义上的AD 曲线公式：

$$Y=(\bar{C}+\bar{I}-d\bar{f}+\bar{G}+\overline{NX}-mpc\times\bar{T})\times\frac{1}{1-mpc}-\frac{d+x}{1-mpc}\times(\bar{r}+\lambda\pi)$$

推动总需求曲线位移的因素

沿着总需求曲线的移动说明了，随着通货膨胀率变化，均衡产出水平是如何变化的。然而，如果通货膨胀以外的因素发生变化，总需求曲线就会位移。我们首先回顾推动 IS 曲线位移的因素，之后再来考虑推动 AD 曲线位移的因素。

***IS* 曲线的位移** 我们在上一章了解到，有 6 个因素会导致 IS 曲线位移。结果是这些因素同样将推动总需求曲线位移：

1. 自主性消费支出。
2. 自主性投资支出。
3. 政府购买。
4. 税收。
5. 自主性净出口。
6. 金融摩擦。

我们考察这些因素的变动是如何推动图 21-5 中的总需求曲线位移的。

假定通货膨胀率为 2.0%，那么根据图 21-5（a）中的 MP 曲线，实际利率也是 2.0%。图 21-5（b）中的 IS_1 曲线说明均衡产出为 A_1 点的 10 万亿美元。它与图 21-5（c）中 AD_1 曲线上 A_1 点的 10 万亿美元均衡产出是对应的。例如，现在假定政府购买增加 1 万亿美元。根据图 21-5（b），在通货膨胀率和实际利率仍保持 2.0%不变的情况下，均衡点从 A_1 点移动到 A_2 点，产出增加到 12.5 万亿美元①，因此 IS 曲线从 IS_1 向右位移至 IS_2。在通货膨胀率和实际利率不变的情况下，产出增加到 12.5 万亿美元意味着图 21-5（c）中的均衡点从 A_1 点移动到 A_2 点，AD 曲线从 AD_1 向右位移至 AD_2。

21

图 21-5 说明，**任何推动 *IS* 曲线位移的因素也会推动总需求曲线同向位移。**因此，任何推动 IS 曲线向右位移的因素，如由“动物精神”推动的自主性消费支出和计划投资支出增加、政府购买增加、自主性净出口增加、税收减少以及金融摩擦缓解，也都会推动总需求曲线向右位移。相反，任何推动 IS 曲线向左位移的因素，如自主性消费支出减少、计划投资支出减少、政府购买减少、净出口减少、税收增加以及金融摩擦加剧，也都会推动总需求曲线向左位移。

① 我们在第 20 章的数例中了解到，政府购买增加 1 万亿美元会使得任一实际利率水平所对应的均衡产出增加 2.5 万亿美元，这就是当实际利率为 2.0%时，产出从 10 万亿美元增加到 12.5 万亿美元的原因。

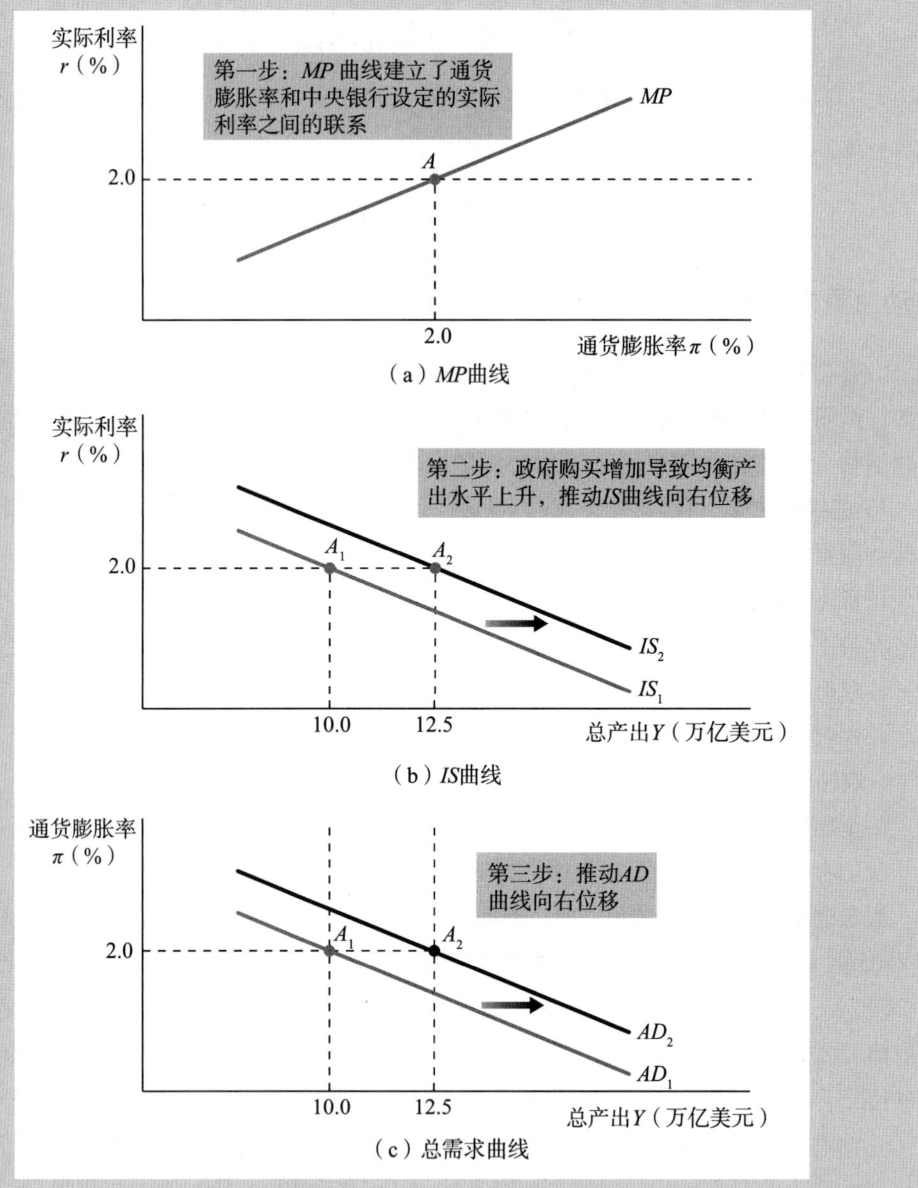

21

图 21-5　*IS* 曲线位移引起的 *AD* 曲线位移

图（a）中的货币政策曲线说明，当通货膨胀率为 2%时，实际利率也为 2%。图（b）说明政府购买增加推动 *IS* 曲线向右位移。在通货膨胀率和实际利率均为 2%的情况下，均衡产出从 10 万亿美元增加到 12.5 万亿美元，如图（c）所示，均衡点从 A_1 点移动到 A_2 点，推动总需求曲线从 AD_1 向右位移至 AD_2。任何推动 *IS* 曲线位移的因素也都会推动 *AD* 曲线同向位移。

***MP* 曲线的位移**　我们现在来考察当 *MP* 曲线位移时，总需求曲线会如何变化。假定美联储出于对经济过热的担忧，决定实施自主性紧缩货币政策，将任一通货膨胀率水平所对应的实际利率上调 1 个百分点。在图 21-6 中，当通货膨胀率为 2.0%时，实际利率从 2.0%上调到 3.0%，图 21-6（a）中的 *MP* 曲线从 MP_1 向上位

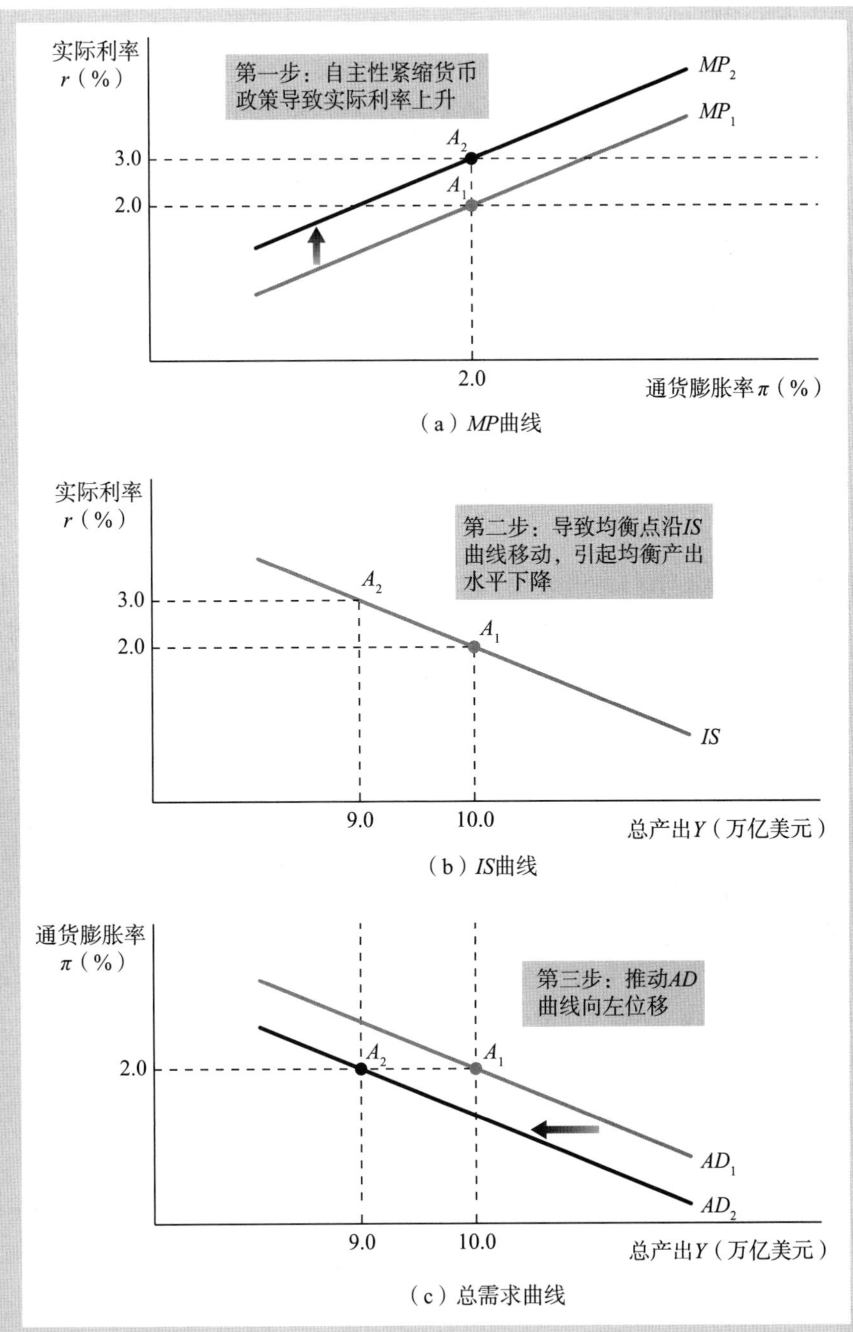

图 21-6　自主性紧缩货币政策引起的 *AD* 曲线位移

自主性货币紧缩将任一通货膨胀率对应的实际利率上调 1 个百分点，推动图（a）中的 *MP* 曲线从 MP_1 向上位移至 MP_2。当通货膨胀率为 2%时，实际利率上升到 3%，导致 *IS* 曲线的均衡点从 A_1 点移动到 A_2 点，产出从 10 万亿美元减少到 9 万亿美元。均衡产出的变化导致图（c）中的均衡点从 A_1 点移动到 A_2 点，从而推动总需求曲线从 AD_1 向左位移至 AD_2。

移至 MP_2。图 21-6（b）说明，当通货膨胀率为 2.0%时，实际利率上升到 3.0%，导致 *IS* 曲线的均衡点从 A_1 点移动到 A_2 点，产出从 10 万亿美元减少到 9 万亿美元。由于实际利率升高减少了投资和净出口，从而降低了总需求，使得产出减少到了 9 万亿美元。9 万亿美元的低产出水平意味着图 21-6（c）中的均衡产出水平从 A_1 点移动到 A_2 点，从而推动 AD 曲线从 AD_1 向左位移至 AD_2。

我们从图 21-6 得出结论：**自主性紧缩货币政策（即上调任一通货膨胀率水平对应的实际利率）推动总需求曲线向左位移。相反，自主性宽松货币政策推动总需求曲线向右位移。**

现在我们推导并分析了总需求曲线，这是下一章总需求-总供给分析框架中的关键要素。在这一分析框架中，我们将利用总需求曲线确定总产出和通货膨胀，并考察引起这些变量波动的时事。

总　结

1. 当美联储通过增加银行体系的流动性下调联邦基金利率时，短期实际利率下降；当美联储通过减少银行体系的流动性上调联邦基金利率时，短期实际利率上升。

2. 货币政策（MP）曲线反映了通货膨胀率与货币当局行动所决定的实际利率之间的联系。货币政策制定者遵循泰勒原理，面对更高通货膨胀率时提高实际利率，表现为货币政策曲线向上倾斜。当货币政策决策者对任意给定的通货膨胀率提高实际利率时，实施了自主性紧缩货币政策，导致货币政策曲线向上位移。当货币政策决策者对任意通货膨胀率下调实际利率时，实施了自主性宽松货币政策，导致货币政策曲线向下位移。

3. 总需求曲线反映了给定通货膨胀率水平所对应的均衡总产出水平（等于要求的总产出量）。总需求曲线向下倾斜，原因是当通货膨胀率升高时，中央银行上调实际利率，从而降低了均衡产出。总需求曲线与 IS 曲线同向位移，因此，当政府购买增加、税收减少、“动物精神”所推动的消费支出和企业支出增加、自主性净出口增加以及金融摩擦缓解时，总需求曲线向右位移。自主性紧缩货币政策即对任意通货膨胀率提高实际利率，导致总需求减少，推动总需求曲线向左位移。

关键术语

21

总需求曲线　自主性紧缩货币政策　货币政策（MP）曲线　自主性宽松货币政策　泰勒原理

思考题

1. 当通货膨胀率上升时，联邦基金利率如何变化？在实际操作中，美联储如何调整联邦基金利率？

2. 美联储控制实际利率的能力背后隐含的关键性假设是什么？

3. 为什么货币政策曲线必然是向上倾斜的？

4. 如果 $\lambda=0$，意味着名义利率和通货膨胀率之间有何联系？

5. 美联储的自主性紧缩货币政策或自主性宽松货币政策如何影响货币政策曲线？

6. 自主性紧缩货币政策和自主性宽松货币政策与由通货膨胀率变化引起的实际利率调整有何不同？

7. 假定新的美联储主席得到任命，他（或她）的货币政策方法论可以概括为如下表述：“我只关注提高就业。通货膨胀已经在相当长一段时间里非常低了；我的当务之急就是放松货币政策以促进就业。”你认为货币政策曲线会受到什么影响？

8. “2007 年底，即使通货膨胀还在上升，美联储依然调低了联邦基金利率。这一举动违反了泰勒原理。”这一表述正确、错误还是不确定？解释你的答案。

9. 什么因素影响总需求曲线的斜率？

10. “λ 比较高时，自主性货币政策对于调整产出更有效。”这一表述正确、错误还是不确定？解释你的答案。

11. 如果净出口对于实际利率变动不敏感，那么货币政策在影响产出方面是更有效还是更无效？

12. 如果资产价格泡沫开始形成，假定中央银行对此做出反应，有可能如何反应？这会对货币政策曲线产生什么影响？

13. 在以下几种情况下，描述 IS、MP、AD 曲线将如何受到影响（如果有影响的话）。

a. 金融摩擦缓解。

b. 税收增加以及自主性宽松货币政策。

c. 当期通货膨胀率上升。

d. 自主性消费减少。

e. 企业对于未来经济前景更为乐观。

f. 新任美联储主席开始更多关注对抗通货膨胀。

14. 美国净出口增加对总需求曲线有何影响？净出口增加是否对货币政策曲线有影响？解释你的答案。

15. 为什么当“动物精神”变化时，总需求曲线会发生位移？

16. 如果在增加政府支出的同时，实施自主性紧缩货币政策，总需求曲线的位置会如何变化？

17. 如果金融摩擦加剧，将如何影响信贷利差？中央银行可能如何回应？为什么？

18. “如果 $\bar{f}$ 上升，美联储可以在金融摩擦加剧时通过同等降低实际利率来保持产出不变。”这一表述正确、错误还是不确定？解释你的答案。

应用题

19. 假定货币政策曲线由 $r=1.0+0.5\pi$ 给定。

a. 当通货膨胀率为 2%、3%、4%时，计算实际利率。

b. 绘制 MP 曲线图，并在其中标注 a 中各点。

c. 现在假定货币政策曲线由 $r=2.5+0.75\pi$ 给定。新的货币政策曲线代表了自主性紧缩货币政策还是自主性宽松货币政策？

d. 当通货膨胀率为 2%、3%、4%时，计算实际利率，并绘制新的 MP 曲线图，指出与 b 相比发生了怎样的位移。

20. 在坐标图上，利用 IS 曲线和 MP 曲线推导 AD 曲线。

21. 假定货币政策曲线由 $r=1.5+0.75\pi$ 给定，IS 曲线由 $Y=13-r$ 给定。

a. 计算总需求曲线的表达式。

b. 当通货膨胀率为 2%、3%、4%时，计算实际利率和总产出。

c. 绘制 IS、MP、AD 曲线图，并在图中对应标注 b 中各点。

22. 考虑经济符合以下描述的情况：

$\bar{C}=4$ 万亿美元

$\bar{I}=1.5$ 万亿美元

$\bar{G}=3.0$ 万亿美元

$\bar{T}=3.0$ 万亿美元

$\overline{NX}=1.0$ 万亿美元

$\bar{f}=0$

$mpc=0.8$

$d=0.35$

$x=0.15$

$\lambda=0.5$

$\bar{r}=2$

a. 推导 MP 曲线和 AD 曲线的表达式。

b. 当 $\pi=2$ 和 $\pi=4$ 时，计算实际利率和总产出。

c. 绘制 MP 曲线和 AD 曲线图，并标注 b 中各点。

23. 考虑经济符合以下描述的情况：

$\bar{C}=3.25$ 万亿美元

$\bar{I}=1.3$ 万亿美元

$\bar{G}=3.5$ 万亿美元

$\bar{T}=3.0$ 万亿美元

$\overline{NX}=-1.0$ 万亿美元

$\bar{f}=1$

$mpc=0.75$

$d=0.3$

$x=0.1$

$\lambda=1$

$\bar{r}=1$

a. 推导 MP 曲线和 AD 曲线的表达式。

b. 假定 $\pi=1$，计算实际利率、均衡产出水平、消费、计划投资和净出口。

c. 假定美联储将 $\bar{r}$ 提高到 $\bar{r}=2$。计算新水平 $\bar{r}$ 下的实际利率、均衡产出水平、消费、计划投资和净出口。

d. 如果 c 中产出、消费、计划投资和净出口都下降，为什么美联储还要提高 $\bar{r}$?

24. 考虑第 23 题所描述的经济。

a. 推导 MP 曲线和 AD 曲线的表达式。

b. 假定 $\pi=2$，实际利率和均衡产出水平是多少?

c. 假定政府支出增加到 4 万亿美元。均衡产出会如何变化?

d. 如果美联储希望保持产出水平不变，货币政策应当如何调整?

25. 假定货币政策曲线由 $r=2+\pi$ 给定，IS 曲线由 $Y=20-2r$ 给定。

a. 推导 AD 曲线的表达式，绘制 AD 曲线图，并标注 π 分别为 0、4、8 的各点。

b. 假定 λ 上升至 $\lambda=2$。推导新的 AD 曲线表达式，并在 a 的坐标图中绘制新的 AD 曲线。

c. b 的答案说明中央银行对通货膨胀的厌恶与 AD 曲线斜率之间有什么关系?

21

第22章 总需求-总供给分析

学习目标

22.1 描述总需求-总供给分析要解释的变量。

22.2 总结和说明总需求曲线以及推动其位移的因素。

22.3 说明和解释短期与长期总供给曲线。

22.4 说明和解释短期与长期总供给曲线的位移。

22.5 说明和解释短期与长期均衡，以及自我纠错机制的作用。

22.6 说明和解释总需求冲击的短期与长期效应。

22.7 说明和解释供给冲击的短期与长期效应。

22.8 概括总供求分析的结论。

本章预习

在前面几章我们特别关注了货币政策，因为它既影响通货膨胀又影响招聘数量，与我们的日常生活息息相关。在本章我们建立总需求-总供给分析（简称总供求分析），这个基本工具使我们能够解释货币政策对通货膨胀、总产出和失业等变动的影响。（接下来的金融新闻解读专栏“总产出、失业与通货膨胀”说明了总产出、失业和通货膨胀率数据在哪里公布以及多长时间更新。）该分析不仅能帮助我们解释过去也能帮助我们理解经济周期的最近情况，例如2007—2009年全球金融危机和2020年新冠疫情导致的严重衰退。它还能帮助我们预测未来事件可能如何影响总产出和通货膨胀。

22.1 经济周期和通货膨胀

目标22.1 描述总需求-总供给分析要解释的变量。

在建立总供求分析前，我们先来看看该分析试图解释的内容：经济周期和通货膨胀。首先来讨论经济周期。

经济周期

经济周期（business cycles）指经济所产生的总体经济活动的高低起伏运动。实际 GDP（使用不变价格计算的产品和服务年总产量）是使用最广泛的总体经济活动衡量指标，也被称为**总产出**（aggregate output）。许多经济变量在经济周期里一起上下变动。最重要的是，如图 22-1 所示，在实际 GDP 上升时就业升高，在实际 GDP 下降时就业降低。**衰退**（recession）指总体经济活动减少或者收缩时期，即图 22-1 中的阴影区域。**扩张**（expansion）也称**繁荣**（boom），指总体经济活动增加或者膨胀时期。

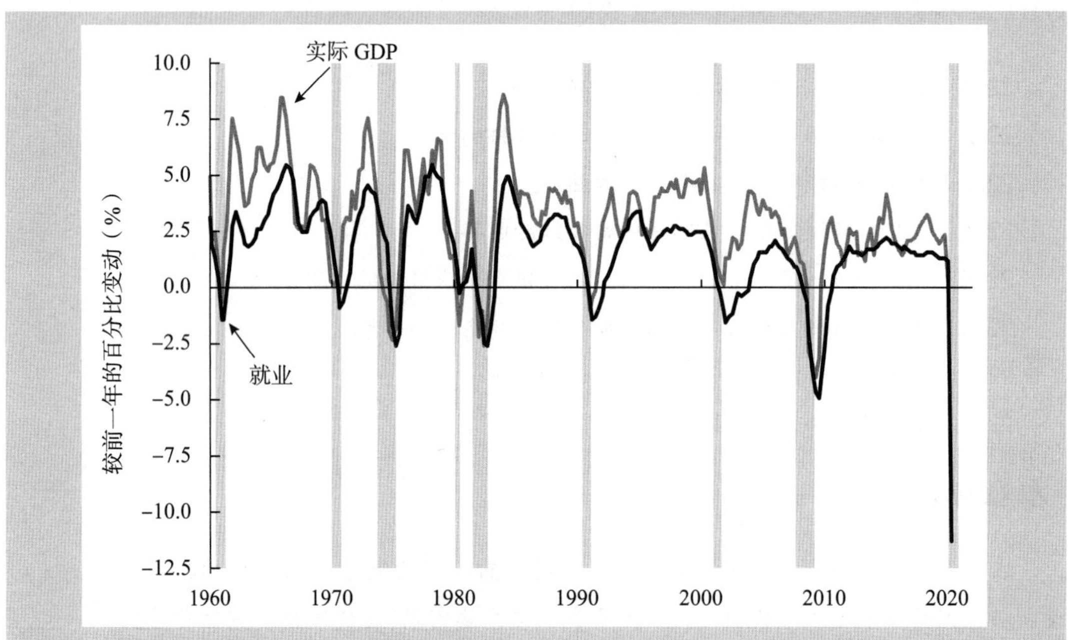

图 22-1 GDP 和就业增长率，1960—2020 年

图中给出了实际 GDP 和就业相对于前一年的增长率，衰退期（从顶峰到谷底阶段）用阴影表示。注意看实际 GDP 和就业增长率的同步变动有多紧密。（注意：阴影区域表示衰退。）

资料来源：Federal Reserve Bank of St. Louis，FRED database：https://fred.stlouisfed.org/series/GDPC1；https://fred.stlouisfed.org/series/PAYEMS.

考察经济周期的一种方法是把总产出（实际 GDP）分成两个部分：随时间推移平稳增长的长期趋势，以及围绕这一趋势发生的波动。总产出的长期趋势，随时间推移平稳增长，也被称作**潜在产出**（potential output）或**潜在 GDP**（potential GDP）。这个总产出水平发生在经济达到充分就业而且企业生产平均实现长期利润最大化的情况下。

我们可以把经济周期看作是总产出对其长期趋势（即潜在产出）的一系列短期

偏离。**产出缺口**（output gap）指实际总产出与潜在产出的百分比差额。[①] 产出缺口用实际 GDP 与潜在 GDP 的百分比差额来衡量。例如，2020 年第二季度产出缺口为−10.0%，说明总产出低于潜在产出 10%。图 22-2 给出了 1960 年以来产出缺口波动的情况，阴影区域表示衰退。产出缺口让我们能够比较不同经济周期的波动程度。例如，图中 1981—1982 年衰退、2007—2009 年大衰退和 2020 年新冠衰退都有大幅度的负向产出缺口，实际 GDP 低于潜在 GDP 超过 6%。其他衰退如 1960—1961 年、1969—1970 年、1990—1991 年以及 2000—2001 年等就要温和得多，产出缺口都没有达到比−3%更小的负值（即绝对值没有超过 3%）。

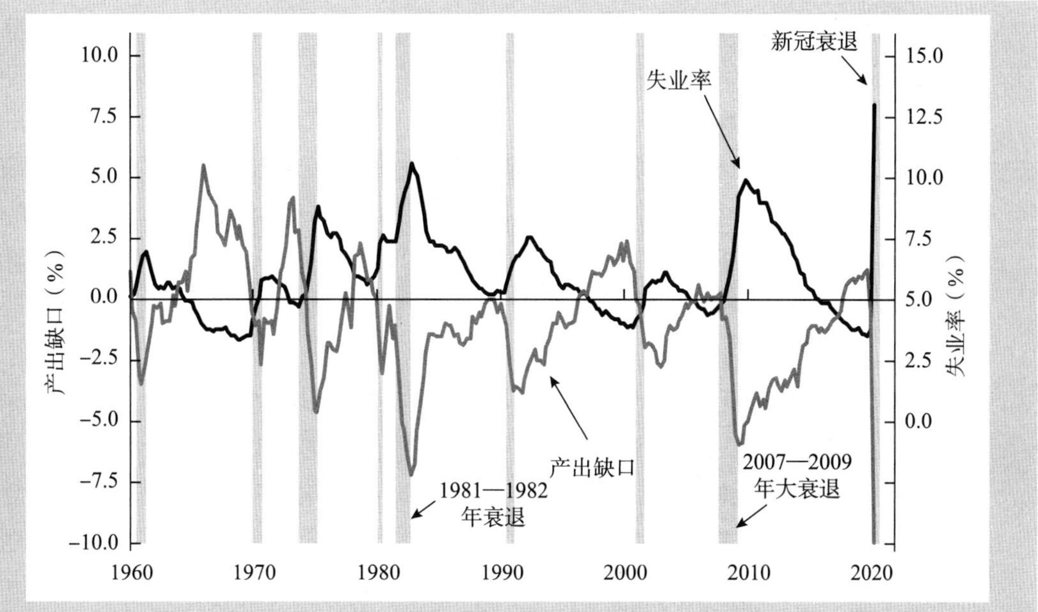

图 22-2　产出缺口和失业率，1960—2020 年

产出缺口是经济周期波动程度的衡量指标，据此给出了自 1960 年以来三次最严重的衰退，分别是 1981—1982 年衰退、2007—2009 年大衰退和 2020 年新冠衰退。图中显示产出缺口与失业率之间有很强的负相关关系，所以当产出缺口下降时，失业率升高，反过来也一样。（注意：阴影区域表示衰退。）

资料来源：Federal Reserve Bank of St. Louis，FRED database：https://fred.stlouisfed.org/series/GDPC1；https://fred.stlouisfed.org/series/GDPPOT；https://fred.stlouisfed.org/series/UNRATE.

虽然 1981—1982 年与 2007—2009 年衰退的产出缺口下降到差不多的水平，但是由图可知 2007—2009 年衰退后的恢复要慢得多，从 2009 年 6 月衰退结束到产出缺口归零（达到充分就业产出水平）足足用了九年。为此，2007—2009 年衰退被认为要比 1981—1982 年衰退严重得多。事实上，2007—2009 年衰退在当时是自

① 产出缺口的计算为：实际 GDP 与潜在 GDP 的差，除以潜在 GDP，然后乘以 100%。2020 年第二季度，实际 GDP 为 17.282 万亿美元，潜在 GDP 为 19.204 万亿美元。该季度的产出缺口计算为：

$$产出缺口=\frac{实际\ GDP-潜在\ GDP}{潜在\ GDP}=\frac{17.282-19.204}{19.204}=-0.100=-10.0\%$$

1929—1933 年大萧条以来最严重的一次，从而获得了“大衰退”的称号。

图 22-2 也给出了我们关心经济周期的一个关键原因，其中不仅标出了用产出缺口表示的经济周期波动，而且还给出了**失业率**（unemployment rate，正在找但还没有找到工作的工人百分比）。如图 22-2 所示，失业率与产出缺口之间有很强的负相关关系。在繁荣期间，总产出相对于潜在产出升高且产出缺口升高。[注意从图中能看到，如果产出低于潜在产出，则产出缺口是负数，当产出缺口升高时，负的产出缺口变得更大（即负产出缺口的绝对值变得更小）。若产出高于潜在产出，那么当产出缺口升高时正的产出缺口变得更大。] 在经济周期繁荣期间，当产出缺口升高时，企业雇用更多工人，所以失业率下降。

例如，在 2001 年 11 月到 2007 年 12 月经济周期扩张期间，真实实际 GDP 相对于潜在 GDP 上升，产出缺口从－2.0％升高到＋0.2％（负缺口变得更小）。这期间上升的产出缺口伴随着失业率从 5.5％降到 5.0％。随后在 2007 年 12 月到 2009 年 6 月大衰退期间，实际 GDP 急剧下降，产出缺口降到－6.0％，同时失业率升高到 9.5％。要注意图中的一个重要事实，即在经济周期扩张期间失业率可以保持在非常高的水平，特别是在扩张的早期阶段。例如，开始于 2009 年 6 月的经济周期扩张期，已经过去一年半之久，但失业率仍然保持在 9％以上。

显然，经济周期波动产生了失业率的大幅摇摆，在失业率急剧上升时，衰退带给工人们的打击很大。当失业率在高位时，你丢掉工作的可能性更大了。而且，如果你很倒霉，在失业率居高时毕业，要想找到心目中的理想工作将会非常艰辛。

衰退期间当人们失去工作时，很多人无法再负担住房抵押贷款，到头来连房子也失去了。贫困率也升高了。很多人在衰退期间还会变得抑郁，因为在失业找不到工作时他们的自尊受到了伤害。如果无法支付足够的医疗费用，他们的健康也会进一步恶化。

与工人们一样，企业在衰退期间也过得不好，它们经常发现（1）无法卖掉已经生产出来的所有产品，以及（2）它们收到对产品的更低报价。在衰退期间，企业利润下滑。许多企业不得不关闭工厂，或者无法再还清贷款并最终宣布破产。很多企业关了门，就再没打开过。

我们关心经济周期，是因为它们引起失业和产出的大幅波动。繁荣对工人和企业都好，而衰退造成巨大的经济困难。我们需要理解是什么驱动了经济周期，而且我们将看到，总供求分析完全可以让人做到这一点。事实上，我们将用这个分析去解释 1981—1982 年衰退、2007—2009 年大衰退以及 2020 年开始的新冠衰退等主要经济周期事件。

通货膨胀

我们也关心通货膨胀，因为稳定的低通货膨胀降低了企业频繁调整价格的需要，频繁调整价格会是代价很大的事。稳定的低通货膨胀也降低了经济的不确定性，使得家庭和企业更容易做出经济决策，因而提高了经济效率。

图 22-3 表明，通货膨胀并不总是低而平稳的。例如，通货膨胀率在 1980 年达到高点超过 14%。相反，通货膨胀率在 2007—2009 年衰退期间急转直下，甚至短暂地一度为负。我们也将用总供求分析来解释通货膨胀波动，其中就包括上述这两段时间发生的故事。

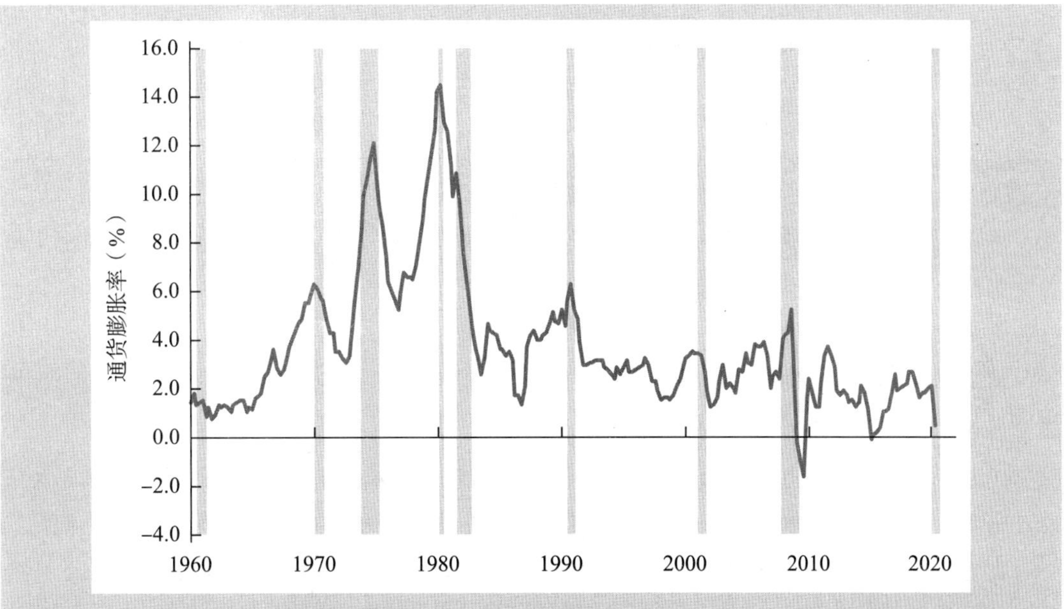

图 22-3 通货膨胀率，1960—2020 年

通货膨胀并不总是低而平稳的。1980 年曾冲高到超过 14%，而 2009 年一度短暂为负。（注意：阴影区域表示衰退。）

资料来源：Federal Reserve Bank of St. Louis，FRED database：https://fred.stlouisfed.org/series/CPIAUCSL.

22.2 总需求

目标 22.2 总结和说明总需求曲线以及推动其位移的因素。

我们以考察总需求的组成部分为起点，展开总需求分析。

总需求的构成

总需求量（aggregate quantity demanded）是在给定通货膨胀率下，家庭、企业、政府和外国人在一个特定时期（比如 1 年）想要购买（需求）的产品和服务总量。为了理解是什么决定总需求量，我们来考察其构成情况。

总需求由四个部分组成：**消费支出**（consumption expenditure），是指消费者对产品和服务的总需求；**计划投资支出**[①]（planned investment spending），是指工

① 回忆一下，经济学家严格界定了投资的定义，他们所说的投资是指对新机器和新房屋等新的实物资本的购买，这增加了对新生产的产品或服务的支出。非经济学家日常使用的投资一词与此不同，他们用投资这个词来描述购买普通股或债券，这种购买不一定涉及新生产的产品和服务。当经济学家说投资支出时，他们指的是可以增加总需求的购买活动。

商企业对新机器、厂房和其他资本品的计划支出总额，加上对新住宅的计划支出；**政府购买**（government purchases），是指各级政府（联邦政府、州政府和地方政府）对产品和服务（纸夹、计算机、计算机程序、导弹、公务员等）的支出；**净出口**（net exports，NX），是指外国对本国产品和服务的净支出，等于出口减去进口。用 C 代表消费支出，I 代表计划投资支出，G 代表政府支出，NX 代表净出口，我们可以得到总需求 Y^{ad} 的如下表达式：

$$Y^{ad}=C+I+G+NX \tag{22.1}$$

金融新闻解读　　总产出、失业与通货膨胀

许多报纸和网站都定期报道有关总产出水平、失业和通货膨胀率的数据。下面列出了有关数据以及它们的发布频率和时间。

总产出和失业

实际 GDP（real GDP）：每季度发布一次（1—3 月、4—6 月、7—9 月、10—12 月）。发布时间通常在每个季度结束后的第 3—4 周之间。

工业产值（industrial production）：按月公布。工业产值不像实际 GDP 那样能综合反映总产出水平，它只能反映制造业产出，通常在每个月中旬发布上一个月此项指标的估计值。

失业率（unemployment rate）：按月公布。通常在每个月第一周的周五发布上个月的数据。

通货膨胀率

不同的通货膨胀率指标是依据不同的物价水平指标计算出来的。

GDP 平减指数（GDP deflator）：每季度发布一次。此指标能综合反映物价水平（在第 1 章附录中我们已经介绍过这个指标），此项数据通常与实际 GDP 数据同时发布。

消费者物价指数（consumer price index，CPI）：按月公布。CPI 是一个与消费者相关的、衡量物价水平的指标（同样在第 1 章附录中介绍过）；每个月第 3 周或第 4 周会公布上个月的数据。

PCE 平减指数（PCE deflator）：每季度发布一次。这是另一个与消费者相关的、衡量物价水平的指标。计算方法类似于 GDP 平减指数，但它计算的依据是 GDP 中属于个人消费支出部分的价格。它同实际 GDP 的数据同时发布，是美联储偏爱的通货膨胀指标。

生产者物价指数（producer price index，PPI）：按月公布。PPI 是衡量生产者支付的批发物价平均水平的指标，它通常与工业产值的数据同时发布。

推导总需求曲线

总供求分析的第一块积木就是**总需求曲线**（aggregate demand curve），它反映了总需求量与通货膨胀率之间的关系（当其他所有变量保持不变时）。

推导总需求曲线，首先需要明确的是，当通货膨胀率上升（$\pi\uparrow$）时，实际利率升高（$r\uparrow$）。出现这种情况可能有两个原因：当通货膨胀率上升时，（1）货币当局采取措施提高了实际利率，以防止通货膨胀失控，或者（2）货币当局只不过在通货膨胀升高时不增加银行体系的流动性，所以实际利率升高了。

接下来我们可以考察更高的实际利率对总需求各个组成部分的影响。当实际利率更高时，筹资购置新实物资本的成本更高，降低了投资的盈利性，导致计划投资支出减少（$I\downarrow$）。根据公式（22.1），因为计划投资支出是总需求的组成部分，计划投资支出减少导致总需求下降（$Y^{ad}\downarrow$）。所以更高的通货膨胀率导致更低的总需求产量水平（$\pi\uparrow\Rightarrow Y^{ad}\downarrow$），因此，图 22-4 中的总需求曲线向下倾斜。

我们可以将总需求曲线向下倾斜的原因图示如下[①]：

$$\pi\uparrow\Rightarrow r\uparrow\Rightarrow I\downarrow\Rightarrow Y^{ad}\downarrow$$

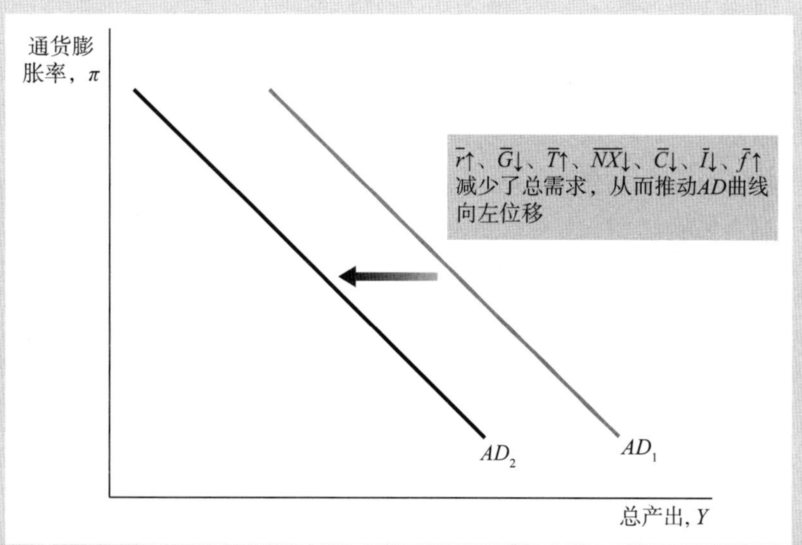

图 22-4 总需求曲线向左位移

当出现自主性紧缩货币政策（$\bar{r}\uparrow$）、政府购买减少（$\bar{G}\downarrow$）、税收增加（$\bar{T}\uparrow$）、自主性净出口减少（$\overline{NX}\downarrow$）、自主性消费支出减少（$\bar{C}\downarrow$）、自主性投资减少（$\bar{I}\downarrow$）或者金融摩擦加剧（$\bar{f}\uparrow$）时，总需求曲线从 AD_1 向左位移至 AD_2。

推动总需求曲线位移的因素

7 个基本因素（通常被称为**需求冲击**，demand shocks）可以推动总需求曲线位移至新的位置：（1）自主性货币政策；（2）政府购买；（3）税收；（4）自主性净出口；（5）自主性消费支出；（6）自主性投资；（7）金融摩擦。（上述因素中使用的“自主性”一词有时会使学生感到迷惑，FYI 专栏“自主性意味着什么？”对此进行

① 如果你已经学过第 20 章和第 21 章，这里的总需求讨论只是那些章所给出分析的要点概述。注意，净出口的作用是总需求曲线向下倾斜的另外一个机制，见第 20 章和第 21 章的讨论。

了讨论。）在考察每种情况时，我们的问题是，在通货膨胀率保持不变时，每种因素的变动会对总需求曲线产生什么影响。

1. 自主性货币政策。我们已经注意到，当通货膨胀上升时，实际利率升高。然而，中央银行经常希望实现的实际利率调整是自主性的（以 $\bar{r}$ 表示），这种变动与模型中变量（比如当前通货膨胀率水平）无关。当美联储决定提高这部分自主性实际利率（$\bar{r}$）时，任一通货膨胀率对应的实际利率更高，导致投资项目的融资成本更高，造成投资支出和总需求数量下降，见如下示意图：

$$\bar{r}\uparrow \Rightarrow I\downarrow \Rightarrow Y^{ad}\downarrow$$

因此，任意通货膨胀率下总需求减少，推动图 22-4 中的总需求曲线向左位移。

2. 政府购买。任意通货膨胀率下的政府购买增加，直接增加了总需求支出，因此总需求上升：

$$\bar{G}\uparrow \Rightarrow Y^{ad}\uparrow$$

因此，任意通货膨胀率下总需求增加，推动图 22-5 中的总需求曲线向右位移。

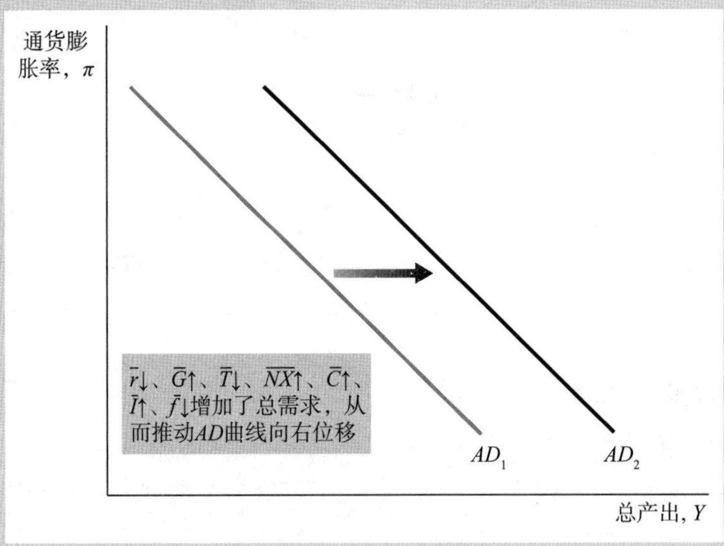

图 22-5　总需求曲线向右位移

当出现自主性宽松货币政策（$\bar{r}\downarrow$）、政府购买增加（$\bar{G}\uparrow$）、税收减少（$\bar{T}\downarrow$）、自主性净出口增加（$\overline{NX}\uparrow$）、自主性消费支出增加（$\bar{C}\uparrow$）、自主性投资增加（$\bar{I}\uparrow$）或者金融摩擦缓解（$\bar{f}\downarrow$）时，总需求曲线从 AD_1 向右位移至 AD_2。

3. 税收。在任意通货膨胀率下，税收增加意味着可支配收入减少，从而降低了消费支出和总需求，因而总需求下降：

$$\bar{T}\uparrow \Rightarrow C\downarrow \Rightarrow Y^{ad}\downarrow$$

任意通货膨胀率下总需求减少，推动图 22-4 中的总需求曲线向左位移。

4. 自主性净出口。在任意通货膨胀率下，净出口的自主性增加直接增加总需求，引起总需求上升。

$$\overline{NX}\uparrow \Rightarrow Y^{ad}\uparrow$$

任意通货膨胀率下总需求增加，推动图 22-5 中的总需求曲线向右位移。

5. 自主性消费支出。当消费者变得更加乐观时，自主性消费支出增加，从而消费者在任意通货膨胀率下都支出更多。总需求随之上升：

$$\bar{C}\uparrow \Rightarrow Y^{ad}\uparrow$$

任意通货膨胀率下总需求增加，推动图 22-5 中的总需求曲线向右位移。

6. 自主性投资。当企业变得更加乐观时，自主性投资增加，在任意通货膨胀率下的企业支出都更多。计划投资增加，总需求上升：

$$\bar{I}\uparrow \Rightarrow Y^{ad}\uparrow$$

任意通货膨胀率下总需求增加，推动图 22-5 中的总需求曲线向右位移。

7. 金融摩擦。实际借款成本不仅反映无违约债务工具的实际利率 r，也反映金融摩擦（以 $\bar{f}$ 表示），即由金融市场中信息不对称问题引起的实际借款成本中的其他部分（第 8 章介绍过）。随着金融摩擦加剧，实际借款成本上升，于是任意通货膨胀率下的计划投资支出减少，总需求下降：

$$\bar{f}\uparrow \Rightarrow I\downarrow \Rightarrow Y^{ad}\downarrow$$

任意通货膨胀率下总需求减少，推动图 22-4 中的总需求曲线向左位移。

我们分析的结论是：**当出现（1）自主性宽松货币政策（$\bar{r}\downarrow$）、（2）政府购买增加（$\bar{G}\uparrow$）、（3）税收减少（$\bar{T}\downarrow$）、（4）自主性净出口增加（$\overline{NX}\uparrow$）、（5）自主性消费支出增加（$\bar{C}\uparrow$）、（6）自主性投资增加（$\bar{I}\uparrow$）或者（7）金融摩擦缓解（$\bar{f}\downarrow$）时，任意通货膨胀率下总需求增加，从而推动总需求曲线向右位移。反之，当上述因素反向变动时，总需求曲线向左位移。**作为学习辅导，汇总表 22-1 总结了上述 7 个因素变动时总需求曲线的位移。

FYI 专栏 自主性意味着什么？

当经济学家使用“自主性”一词时，他们的意思是经济变量的这个组成部分是外生的（独立于模型中其他变量）。例如，自主性货币政策是中央银行设立的那部分实际利率，与通货膨胀率以及模型中其他变量不相关。因此，自主性部分的变动从不引起沿着曲线的移动，而是推动曲线位移。于是，自主性货币政策调整推动 AD 曲线位移，而不是沿着这一曲线移动。

汇总表 22-1　引起总需求曲线位移的因素

因素	变动	总需求曲线的位移
自主性货币政策 $\bar{r}$	↑	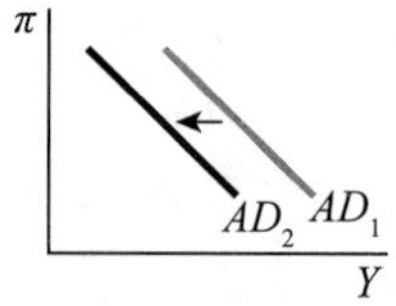 π ← AD_2 AD_1 Y
政府购买 $\bar{G}$	↑	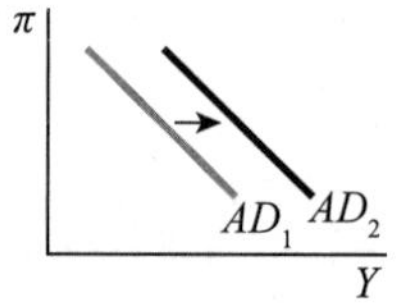 π → AD_1 AD_2 Y
税收 $\bar{T}$	↑	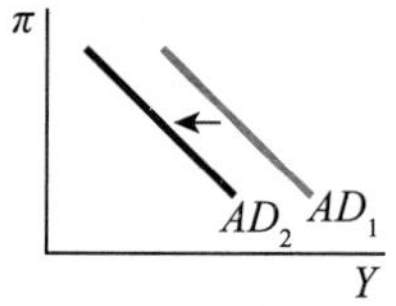 π ← AD_2 AD_1 Y
自主性净出口 $\overline{NX}$	↑	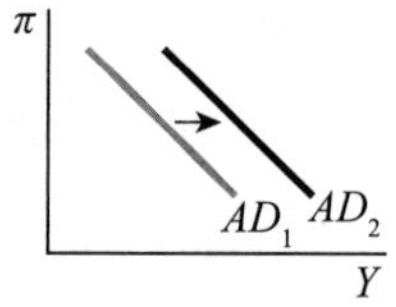 π → AD_1 AD_2 Y
自主性消费支出 $\bar{C}$	↑	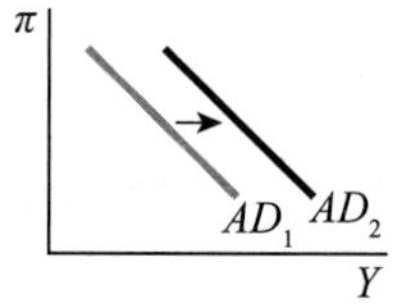 π → AD_1 AD_2 Y
自主性投资 $\bar{I}$	↑	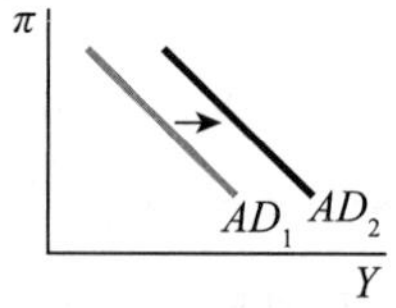 π → AD_1 AD_2 Y
金融摩擦 $\bar{f}$	↑	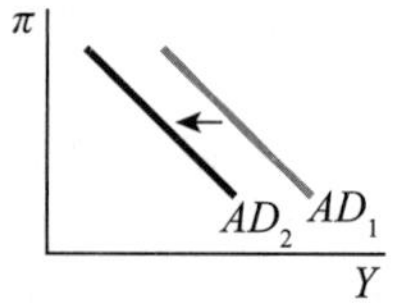 π ← AD_2 AD_1 Y

注：这里只标出了因素上升（↑）时的情况，因素下降时的效果与“总需求曲线的位移”一列标示出的结果相反。

22.3　总供给

目标 22.3　说明和解释短期与长期总供给曲线。

要完成分析，我们还需要推导**总供给曲线**（aggregate supply curve），即供给的产出量与通货膨胀率之间的联系。典型供求分析只有一条供给曲线，但是由于工资和价格需要经过一段时间的调整才能达到其长期水平，因而总供给曲线要区分短期与长期两种情况。首先，我们要考察长期总供给曲线，之后再推导短期总供给曲线。最后，我们将讨论两条总供给曲线是如何随时间推移而位移的，以及经济是怎样从短期过渡到长期的。

长期总供给曲线

经济在长期里所能生产的产出规模取决于经济中的资本数量、充分就业下的劳动力供给数量以及可用的技术。根据第 16 章的讨论，摩擦性和结构性失业是无法避免的。因此在充分就业情况下，失业率不等于零，而是高于零，此时劳动力市场处于均衡。这个**自然失业率**（natural rate of unemployment）水平是经济的长期趋向。① 许多经济学家认为自然失业率目前大约在 4%。

自然失业率下生产的总产出水平被称为**自然产出率**（natural rate of output），但更通常的称谓是**潜在产出**（potential output）：这个产出水平是在所有企业的生产平均实现长期利润最大化时形成的，而且此时经济实现长期稳定，无论通货膨胀率如何。假定潜在产出是 10 万亿美元，那么长期总供给曲线（*LRAS*）就是位于 10 万亿美元潜在产出水平的垂直线（以 Y^P 表示），如图 22-6 所示。

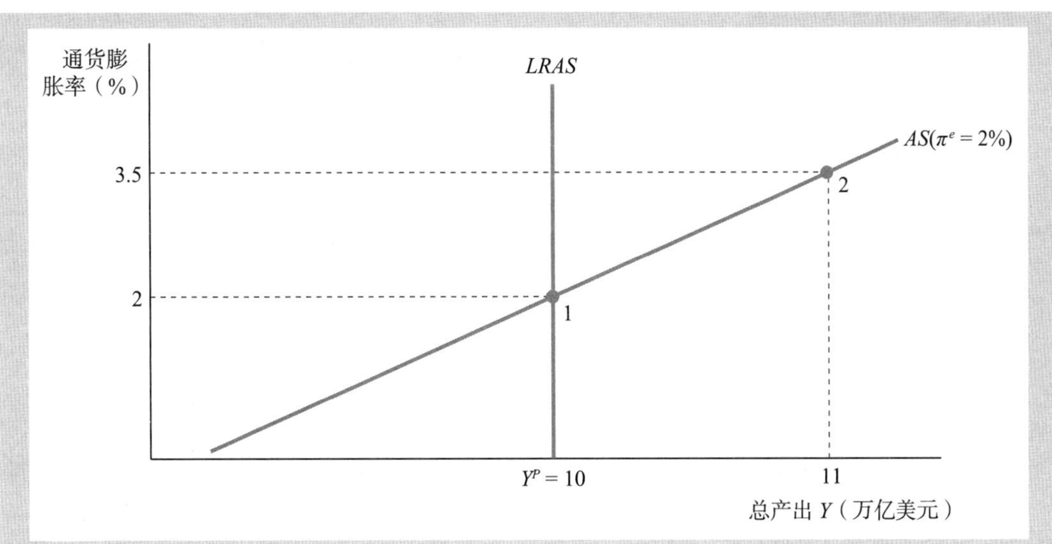

图 22-6 长期和短期总供给曲线

长期里，任意通货膨胀率下供给的总产出量均为潜在产出 10 万亿美元，因此长期总供给曲线 *LRAS* 是在 $Y^P=$ 10 万亿美元位置的垂直线。$\pi^e=2\%$时的短期总供给曲线 *AS* 向上倾斜，原因是当 Y 相对于 Y^P 上升时，劳动力市场更加紧张，通货膨胀上升。*AS* 曲线与 *LRAS* 曲线相交于点 1，此时的当前通货膨胀等于预期通货膨胀，都为 2%。

① 根据菲利普斯曲线（给出了失业与通货膨胀之间的联系），对短期总供给曲线更加详细的推导见本章附录。

短期总供给曲线

短期总供给曲线基于这样的想法，驱动通货膨胀的因素有三个：(1) 预期通货膨胀，(2) 产出缺口，以及 (3) 通货膨胀（供给）冲击。

预期通货膨胀 π^e 工人和企业关注的是实际工资，也就是说，他们关注的是工资能买到的产品和服务。当工人预期通货膨胀率为正时，他们会根据预期通货膨胀率将名义工资同步向上调整，从而保证实际工资不下降。因此，假定其他条件保持不变，工资上涨与预期通货膨胀率上升是一一对应的。由于工资是产品和服务生产中最为重要的生产成本，总体通货膨胀率上升与预期通货膨胀率也是一一对应的。

产出缺口 **产出缺口**（output gap）被定义为总产出与潜在产出的百分比差额 $(Y-Y^P)$。当产出超过其潜在水平时，产出缺口为正，经济已经马力全开了。工人将要求更高的工资，企业将借此机会抬高价格。最终结果将是更高的通货膨胀。相反，当产出缺口为负时，经济非常不活跃。因此工人将接受较小的工资上涨幅度，企业将需要降低价格才能卖出商品，导致更低的通货膨胀。

通货膨胀（供给）冲击 当经济所生产的产品和服务供给受到冲击时，就发生了**供给冲击**（supply shocks），也可称为**通货膨胀冲击**（inflation shocks），即与经济饱和程度或预期通货膨胀率无关的通货膨胀变动。例如，在中东国家发生战争时，曾数次限制石油供给，由此引发了石油价格上涨，企业为应对生产成本增加就要更大幅度地提高价格，从而推动了通货膨胀。当需求增加时，也会发生能源价格上涨冲击（例如，2007—2008 年间一些发展中国家增加需求），同样推高了通货膨胀。通货膨胀冲击也可能来自进口价格上涨，或者来自**成本推进型冲击**（cost-push shocks），即指工人要求的工资增长幅度超过了生产率的提高，从而推高了成本和通货膨胀。

短期总供给曲线 综合上述分析，我们可以得到关于短期总供给曲线的下列方程式：

$$\pi = \pi^e + \gamma(Y-Y^P) + \rho$$

通货膨胀率＝预期通货膨胀率＋γ×产出缺口 ＋通货膨胀冲击 (22.2)

22

其中，π 为通货膨胀率，π^e 为预期通货膨胀率，$Y-Y^P$ 为产出缺口，γ 为通货膨胀对产出缺口的敏感性，ρ 为通货膨胀冲击。

公式（22.2）的短期总供给曲线说明，通货膨胀取决于三个因素：(1) 预期通货膨胀率，(2) 产出缺口，以及 (3) 通货膨胀冲击。

为什么短期总供给曲线向上倾斜？ 要说明为什么图 22-6 中的短期总供给曲线 *AS* 是向上倾斜的，我们假定预期通货膨胀率为 2%，不存在通货膨胀冲击。当实际产出等于潜在产出 10 万亿美元时，产出缺口 $Y-Y^P$ 为零。根据公式（22.2），通货膨胀率等于预期通货膨胀率，即 2%。*AS* 曲线上的点 1 就是 10 万亿美元总产出和 2%通货膨胀率的组合。[注意，在图 22-6 中，短期总供给曲线被标注为 AS ($\pi^e=2\%$)，说明该曲线是在假定 $\pi^e=2\%$的条件下确定的。]

现在假定总产出增加到 11 万亿美元，因为产出缺口为正（$Y=11$ 万亿美元$>Y^P=10$ 万亿美元），公式（22.2）表明，通货膨胀率将上升到 2%以上，比如 3.5%，即图 22-6 中的点 2。将点 1 和点 2 连接起来，即为总供给曲线 AS，它是向上倾斜的。当 Y 相对于 Y^P 上升且有 $Y>Y^P$ 时，劳动力市场更加紧张，企业以更快速度提高价格，从而导致通货膨胀率上升。因此 AS 曲线是向上倾斜的。

价格黏性与短期总供给曲线

短期里工资和价格是**黏性的**（sticky），意即工资和价格调整是缓慢进行的。工资和价格越有弹性（也就是说，它们的黏性程度越低），它们和通货膨胀对于产出偏离潜在产出做出反应的速度就越快；换句话说，工资和价格越有弹性意味着 γ 值越大，也就意味着短期总供给曲线越陡峭。如果工资和价格具有完全弹性，那么 γ 就会变得非常大，以至于短期总供给曲线与长期总供给曲线一样变成垂直的。

22.4　总供给曲线的位移

目标 22.4　说明和解释短期与长期总供给曲线的位移。

既然已经考察了长期和短期总供给曲线，现在就来看看这些曲线为什么会发生位移。

长期总供给曲线的位移

长期总供给取决于三个因素，这三个因素导致潜在产出发生变化，继而推动长期总供给曲线位移。它们是：（1）经济中的资本总额；（2）经济的劳动力供给总量；（3）将劳动力和资本合在一起生产产品和服务的可用技术。上述任何一个因素提高，潜在产出都增加，比如从 $Y_1^P=10$ 万亿美元增加到 $Y_2^P=11$ 万亿美元，图 22-7 中的长期总供给曲线从 $LRAS_1$ 向右位移至 $LRAS_2$。

所有这三个因素的长期增长通常都相当稳定，因此 Y^P 和长期总供给曲线会稳步、持续地向右位移。为了使本章和之后章节的坐标图尽量简单，当 Y^P 稳步增长时，我们将把 Y^P 和长期总供给曲线视作固定的。

长期总供给曲线位移的另外一个原因是自然失业率发生变化。如果自然失业率下降，意味着劳动力得到更大量的使用，所以潜在产出将增加。因此自然失业率降低推动图 22-7 中的长期总供给曲线从 $LRAS_1$ 向右位移至 $LRAS_2$。自然失业率上升的影响相反，推动长期总供给曲线向左位移。

上述分析的结论是：**当（1）经济中的资本总额增加，（2）经济的劳动力供给**

总量增加，（3）可用技术提高，或（4）自然失业率降低时，长期总供给曲线向右位移。这些变量的反方向变动推动 *LRAS* 向左位移。

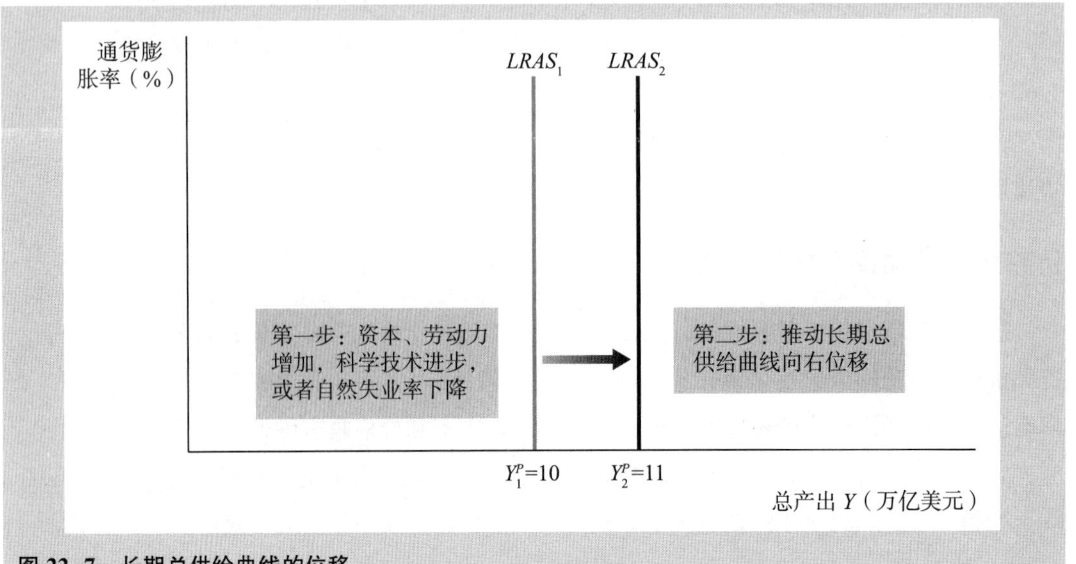

图 22-7　长期总供给曲线的位移

当（1）经济中的资本总额增加，（2）经济的劳动力供给总量增加，（3）可用技术提高，或（4）自然失业率降低时，长期总供给曲线从 $LRAS_1$ 向右位移至 $LRAS_2$。上述变量的反方向变动将推动 *LRAS* 向左位移。

短期总供给曲线的位移

公式（22.2）右边三项说明这三个因素会推动短期总供给曲线位移：（1）预期通货膨胀率，（2）通货膨胀冲击，以及（3）持续的产出缺口。

预期通货膨胀率　如果新任美联储主席不认为通货膨胀代价很高，他愿意容忍的通货膨胀率比当前通货膨胀率高出 2 个百分点，那会发生什么？家庭和企业可能认为美联储所采取的政策会使未来通货膨胀率上升 2 个百分点，因此会希望工资和物价也按照这个幅度增长。在这种情况下，预期通货膨胀率 π^e 就会上升 2 个百分点，图 22-8 中的短期总供给曲线将从 AS_1 向左上方位移至 AS_2。**预期通货膨胀率上升导致短期总供给曲线向左上方位移。相反，预期通货膨胀率下降导致短期总供给曲线向右下方位移。预期通货膨胀率变动越大，曲线位移幅度就越大。**

通货膨胀冲击　假定由于恐怖分子破坏了多个油田，能源价格突然飙升。这种供给约束（指负向供给冲击）导致公式（22.2）的通货膨胀冲击项 ρ 增大，于是图 22-8 中的短期总供给曲线从 AS_1 向左上方位移至 AS_2。与此相反，有利（正向）供给冲击拉低通货膨胀，所以具有相反的影响：导致短期总供给曲线向右下方位移。**负向供给冲击推高通货膨胀率并导致短期总供给曲线向左上方位移，正向供给冲击拉低通货膨胀率并导致短期总供给曲线向右下方位移。**

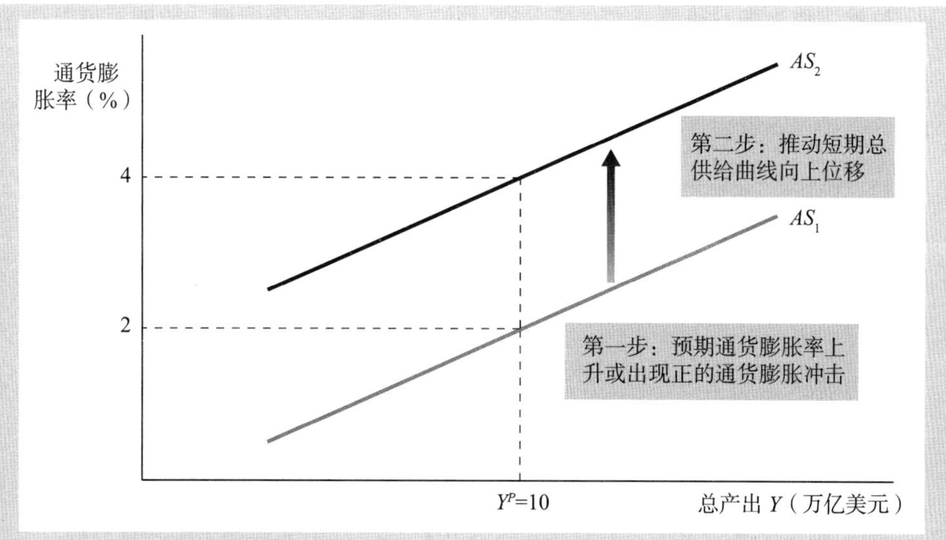

图 22-8　预期通货膨胀率和供给（通货膨胀）冲击变动引起的短期总供给曲线位移

预期通货膨胀率上升或负向供给冲击（正的通货膨胀冲击）推动短期总供给曲线由 AS_1 向上位移至 AS_2。（预期通货膨胀率下降或者负的通货膨胀冲击会引起 AS 曲线向下位移。）

持续的产出缺口　我们已经看到，产出缺口变大导致通货膨胀率上升，引起沿着短期总供给曲线的移动。这种情况可以表示为图 22-9 中初始短期总供给曲线 AS_1 上从点 1 移动到点 2。然而，持续的产出缺口将通过影响预期通货膨胀率而导致短期总供给曲线位移。要说明这一结论，考虑如果总产出保持在 11 万亿美元（大于潜在产出 $Y^P=10$ 万亿美元），从而产出缺口持续为正。在初始总供给曲线 AS_1 上的点 2 处，产出已经增加到 11 万亿美元，通货膨胀率从 2%上升到 3.5%。这个更高水平的通货膨胀率将导致下一阶段预期通货膨胀率升高，因此下一阶段短期总供给曲线 AS_2 将向上位移。在点 3 处，如果产出保持在潜在产出之上，通货膨胀率将进一步上升至 5%。这个更高的通货膨胀将导致更高的预期通货膨胀，如垂直箭头所示，短期总供给曲线在下一阶段将向上位移至 AS_3。

短期总供给曲线何时将停止上升呢？只有当产出回归其潜在水平，产出缺口消失时，它才会停止位移。在这时，实际通货膨胀进而预期通货膨胀都没有理由再上升了。假定这发生在通货膨胀为 10%且总产出 $Y=10$ 万亿美元$=Y^P$ 的时候。现在产出缺口为零，经过点 4 的总供给曲线 AS_4 没有理由再位移，因为通货膨胀率和预期通货膨胀率都已停止上升。

同理可知，如果总产出保持低于潜在水平一段时间，即 $Y<Y^P$，那么短期总供给曲线将向右下方位移。只有当总产出回归其潜在水平，经济回到长期总供给曲线上时，短期总供给曲线的这种向下位移才会结束。

我们的分析得到如下结论：**当总产出高于潜在产出，从而产出缺口持续为正时，短期总供给曲线向左上方位移。相反，当总产出降至低于潜在产出时，短期总供给曲线向右下方位移。只有当总产出回归潜在产出时，短期总供给曲线才会停止**

位移。作为学习辅导，汇总表 22-2 总结了由上述三个因素导致的短期总供给曲线位移。

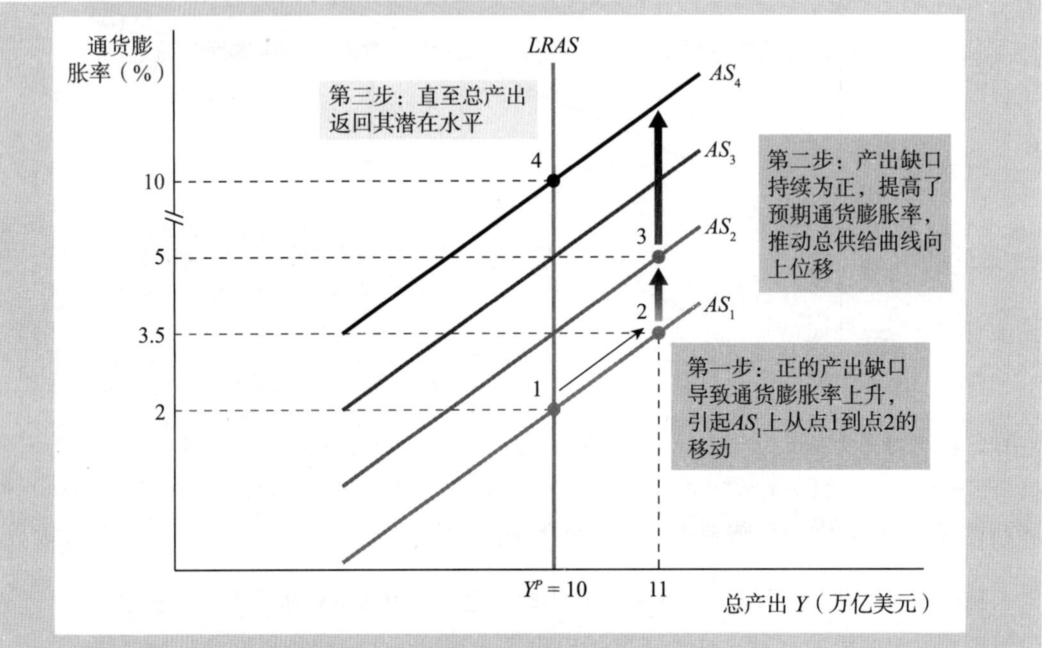

图 22-9　持续为正的产出缺口引起的短期总供给曲线位移

当产出高于其潜在水平时，经济沿着 AS_1 曲线从点 1 移动到点 2，通货膨胀升高到 3.5%。如果产出保持在潜在水平之上，产出缺口为正，短期总供给曲线将向上位移至 AS_2，再到 AS_3。在经济到达短期总供给曲线 AS_4 上的点 4 时，产出缺口再次为零，短期总供给曲线停止向上位移。

汇总表 22-2　引起短期总供给曲线位移的因素

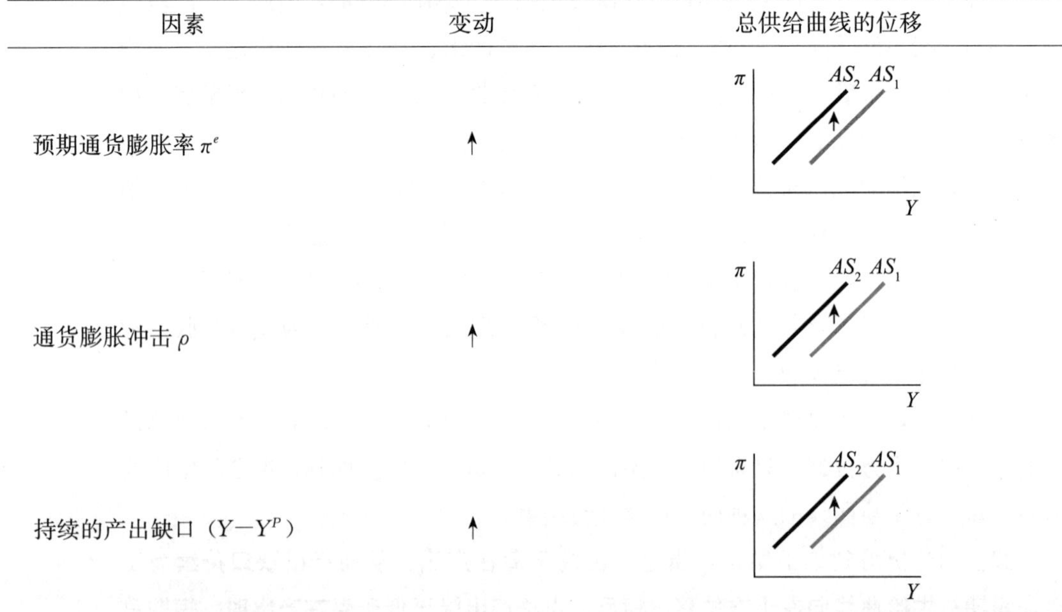

因素	变动	总供给曲线的位移
预期通货膨胀率 π^e	↑	AS_1 向上位移至 AS_2
通货膨胀冲击 ρ	↑	AS_1 向上位移至 AS_2
持续的产出缺口 $(Y-Y^P)$	↑	AS_1 向上位移至 AS_2

注：这里只标出了因素上升（↑）时的情况，因素下降时的效果与“总供给曲线的位移”一列标示出的结果相反。

22.5 总供求分析的均衡

目标 22.5　说明和解释短期与长期均衡，以及自我纠错机制的作用。

现在我们可以将总需求和总供给曲线放到一起来描述**宏观经济均衡**（macroeconomic equilibrium），在这一点上，所有市场同时实现均衡，总产出需求数量等于总产出供给数量。在坐标图中，宏观均衡出现在总需求曲线和总供给曲线相交的位置。然而，回顾之前的讨论，总供给曲线有两条，一条是短期总供给曲线，另一条是长期总供给曲线。因此，在总供求分析模型中，存在着短期均衡和长期均衡。在本节我们解释短期均衡和长期均衡。在下一节我们讨论引起均衡变化的总需求冲击和总供给冲击。

短期均衡

图 22-10 为 ***AD/AS* 曲线图**（*AD/AS* diagram），给出了总需求曲线（*AD*）、短期总供给曲线（*AS*）以及宏观均衡。该图说明了短期均衡状态，此时总产出需求数量等于总产出供给数量。在图 22-10 中，短期总需求曲线 *AD* 与短期总供给曲线 *AS* 相交于 *E* 点，此时均衡总产出水平为 $Y^*=10$ 万亿美元，且均衡通货膨胀率为 $\pi^*=2\%$。

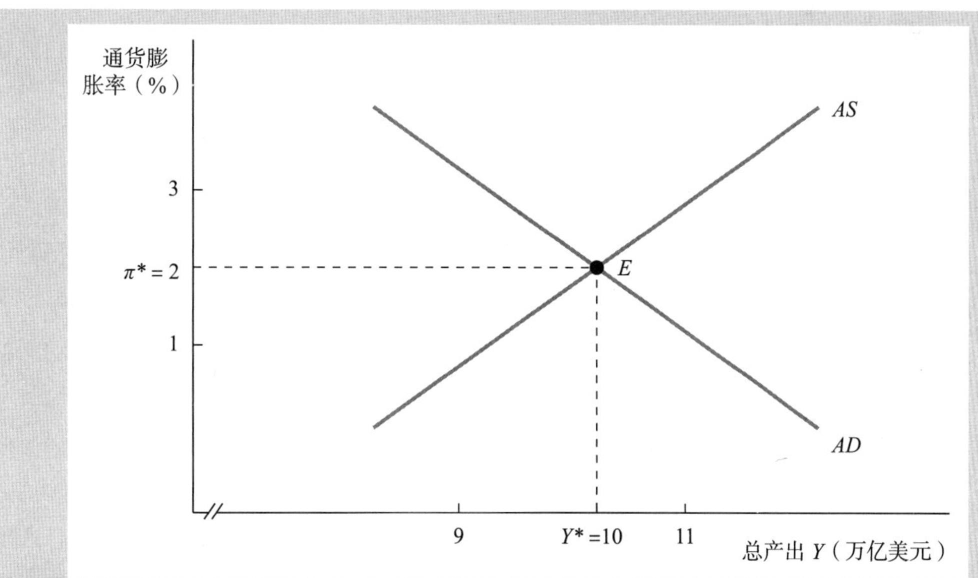

图 22-10　短期均衡

短期均衡出现在短期总需求曲线 *AD* 和短期总供给曲线 *AS* 的交点 *E*。

22

用总产出指数进行总供求分析

如图 22-10 所示，潜在产出随时间推移稳定增长，因而长期总供给曲线随时间推移而持续向右位移。所以，了解一个经济体的均衡总产出水平很有用，但它没有告诉我们经济是否做到了最好。例如，2007 年第三季度，也就是大衰退开始前，美国实际 GDP 为 15.7 万亿美元（以 2012 年价格计算）。2020 年第二季度实际 GDP 数值增长到 17.3 万亿美元。然而，知道实际 GDP 在这 13 年里增长了，没有告诉我们经济是否充分发挥了潜力。

本章前面提到，经济学家们对经济周期波动特别感兴趣，即总产出围绕潜在产出的短期偏离，用产出缺口衡量，指真实的实际 GDP 与潜在 GDP 的百分比差额。

在 2007 年第三季度（大衰退开始前），产出缺口为＋0.2%，到 2019 年第四季度仅仅升高到＋1.2%，尽管这段时间里实际 GDP 增长了 23%，从 15.7 万亿美元增加到 19.3 万亿美元（以 2012 年价格计算）。为了考察经济周期波动，修订 *AD*/*AS* 曲线图以显示均衡总产出水平相对于潜在 GDP 的情况（也即产出缺口），这是非常有用的。修订 *AD*/*AS* 曲线图时，我们把实际 GDP 表示为**总产出指数**（aggregate output index），也就是把潜在 GDP 设定为 100，而将实际 GDP 的所有其他数值设定为与 100 的比。

计算总产出指数 总产出指数计算公式为

$$\text{总产出指数}=\frac{\text{总产出}}{\text{潜在产出}}\times 100$$

为了看清楚如何计算总产出指数，假定潜在 GDP 为 10 万亿美元，那么：

- 在 9 万亿美元上，总产出指数是 90［＝(9 万亿美元/10 万亿美元)×100＝0.9×100］。换言之，总产出低于潜在产出 10%，产出缺口为－10%。
- 在 10 万亿美元上，该数值等于潜在 GDP，总产出指数是 100［＝(10 万亿美元/10 万亿美元)×100＝1.0×100］。换言之，总产出等于潜在产出，产出缺口为零。
- 在 11 万亿美元上，总产出指数是 110 ［＝(11 万亿美元/10 万亿美元)×100＝1.1×100］。换言之，总产出高于潜在产出 10%，产出缺口为＋10%。

22

使用总产出指数的 *AD*/*AS* 曲线图 图 22-11 是使用总产出指数的 *AD*/*AS* 曲线图。我们将横轴上的总产出替换为总产出指数。

我们将 9 万亿美元总产出数值替换为总产出指数值 90。将 10 万亿美元总产出数值（等于潜在 GDP）替换为总产出指数值 100。将 11 万亿美元总产出数值替换为总产出指数值 110。现在，均衡点 E 说明均衡总产出 $Y^*=100$，在这里总产出位于潜在产出水平 10 万亿美元（与上一幅图一样）。

如图中文字所示，从总产出指数可以直接得到产出缺口数值。在均衡上，总产出指数 $Y^*=100$，所以产出缺口为零。当总产出指数值是 90 时，总产出比潜在

GDP 低 10%，所以产出缺口为−10%。当总产出指数值是 110 时，总产出比潜在产出高 10%，所以产出缺口为+10%*。

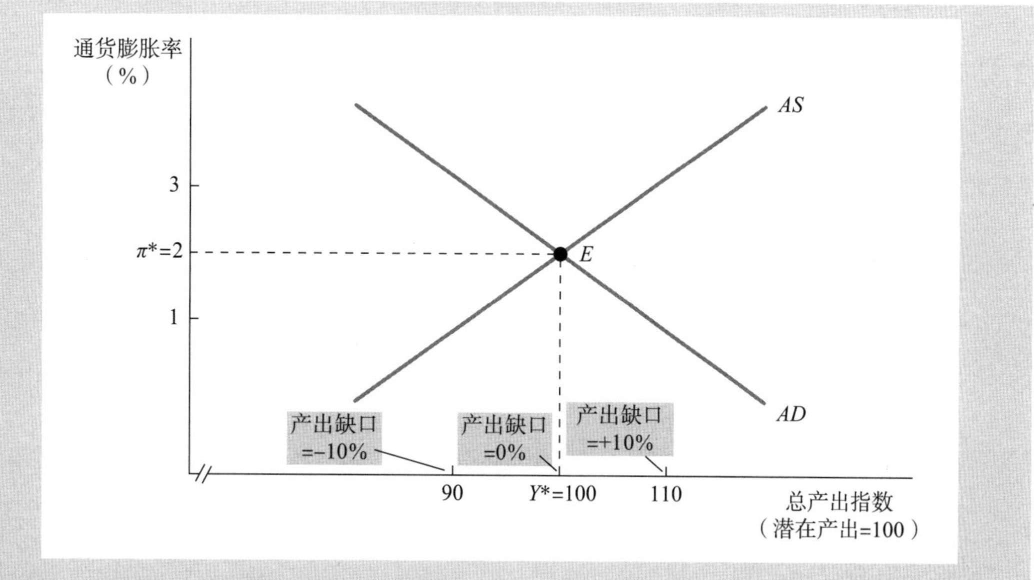

图 22-11　使用总产出指数的 *AD*/*AS* 曲线图

将横轴改为总产出指数且潜在产出为 10 万亿美元，总产出值 9 万亿美元被替换为总产出指数 90，总产出值 10 万亿美元被替换为总产出指数 100，总产出值 11 万亿美元被替换为总产出指数 110。图中也给出了对应每个总产出指数值的相应产出缺口。

短期均衡如何趋向于长期均衡?

在供求分析中，只要发现了供求数量相等的均衡点，通常就不需要其他分析了。然而，在总供求分析中，情况不是这样的。即使在总需求曲线和短期总供给曲线的交点处总产出需求数量等于供给数量，但如果产出不等于其潜在水平（$Y^* \neq Y^P$），短期均衡也将随时间不断移动。要理解其中的原因，可以回顾之前的讨论：如果当前通货膨胀水平离开其初始水平，随着工资和价格向着新的预期通货膨胀率调整，短期总供给曲线将发生位移。

我们分两种情况来讨论短期均衡如何随时间推移而相应变动：一种是当短期均衡产出初始高于潜在产出（自然产出率）的时候，另一种是当它初始低于潜在产出的时候。

在图 22-12（a）中，初始均衡出现在点 1，即总需求曲线 AD 与初始短期总供给曲线 AS_1 的交点。长期总供给曲线 $LRAS$ 是总产出指数为 100 处的垂直线，因为在长期总供给曲线上，无论通货膨胀率如何，总产出总是等于潜在产出。点 1 的总产出指数水平为 110，所以总产出大于潜在产出，劳动力市场存在过度紧张。因此，在 110 处，正的产出缺口推动工资上调，使得企业以更快速度提高价格。于是

* 原文为 110，疑有误，已更正。——译者注

通货膨胀上升，超过初始通货膨胀率至 2.5%。在这个更高的通货膨胀率上，企业和家庭调整其下一期的预期，而且预期通货膨胀变得更高。之后工资和物价上升得更快，总供给曲线从 AS_1 向左上方位移至 AS_2。

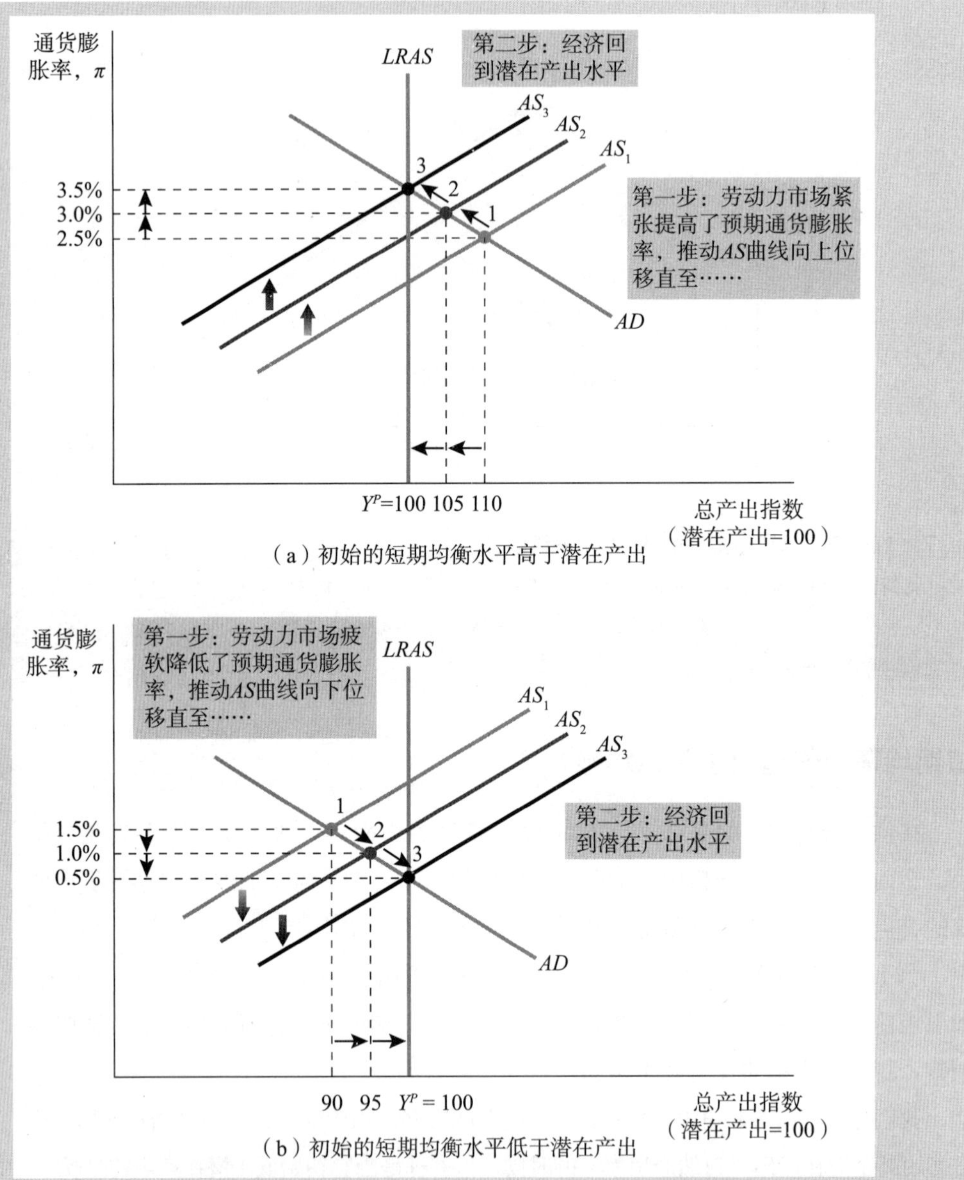

图 22-12　总供求分析中的长期均衡调整

在两种情形下，初始短期均衡都在点 1，即 AD 和 AS_1 的交点。在图（a）中，初始的短期均衡水平高于长期均衡的潜在产出，因此短期总供给曲线向上位移直至到达 AS_3，此时总产出指数回归 100，而通货膨胀升高到 3.5%。在图（b）中，初始的短期均衡水平低于潜在产出，因此短期总供给曲线向下位移直至总产出指数回归 100，而通货膨胀降低到 0.5%。在两种情形下，经济的自我纠错机制都推动经济回到潜在产出水平。

新的短期均衡点 2 是沿着总需求曲线的向上移动，此时总产出指数降到 105 而通货膨胀升高到 3.0%。然而，由于总产出仍然高于潜在产出，通货膨胀继续保持高于前期数值。预期通货膨胀率进一步上升，最终使总供给曲线向左上方位移至 AS_3。经济在垂直的长期总供给曲线 $LRAS$ 上的点 3 处达到长期均衡，此时总产出指数为 100 而通货膨胀率为 3.5%。由于产出达到了潜在水平，通货膨胀没有进一步上升的压力，因此总供给曲线不会继续位移了。

图 22-8（a）中的曲线移动说明，经济不可能长期保持在超过潜在产出的产出水平上。具体而言，短期总供给曲线将向左上方位移，提高通货膨胀率并导致经济（均衡点）沿着总需求曲线向上移动，直至来到潜在产出所在的长期总供给曲线 $LRAS$ 上的某个点，此时总产出指数为 100。

在图 22-8（b）中，初始均衡位于点 1，总产出指数等于 90，低于潜在产出水平 10%。由于失业高于其自然率水平，劳动力市场存在过度疲软。总产出指数 90 上的这种疲软使通货膨胀降至 1.5%，降低了预期通货膨胀并推动下一期的短期总供给曲线向右下方位移至 AS_2。

均衡现在移动到点 2，总产出指数升高到 95，同时通货膨胀下降到 1.0%。然而，由于总产出指数 95 上的总产出仍然低于潜在产出，通货膨胀率同样低于其前期数值，导致预期通货膨胀进一步下降。预期通货膨胀的这种下降推动总供给曲线向下位移，直至达到 AS_3 时停止。经济（均衡点）沿着总需求曲线向下移动，直至到达长期均衡点 3，即总需求曲线 AD 与长期总供给曲线 $LRAS$ 的交点，总产出指数为 100，通货膨胀率为 0.5%。此时，同图 22-10（a）一样，在产出再次回归其潜在水平时经济稳定下来。

自我纠错机制

注意在图 22-12 的两种情形下，无论初始产出在什么位置，最终都回归到潜在产出，我们将这一特征称为**自我纠错机制**（self-correcting mechanism）。自我纠错机制之所以发生，是因为短期总供给曲线上下平行位移以使经济逐步复原到充分就业（潜在总产出）下的长期均衡状态。

22.6　均衡的变化：总需求冲击

目标 22.6　说明和解释总需求冲击的短期与长期效应。

理解了短期均衡和长期均衡的区别后，我们就可以来分析经济遭遇需求冲击（引起总需求曲线位移的冲击）时会怎么样。图 22-13 给出了正向需求冲击引起总需求曲线向右位移的影响，这可能是由以下原因引起的：

- 自主性宽松货币政策（$\bar{r}\downarrow$，降低了给定通货膨胀率下的实际利率）。
- 政府购买增加（$\bar{G}\uparrow$）。
- 税收减少（$\bar{T}\downarrow$）。
- 自主性净出口增加（$\overline{NX}\uparrow$）。

- 自主性消费支出增加（$\bar{C}\uparrow$）。
- 自主性投资增加（$\bar{I}\uparrow$）。
- 金融摩擦缓解（$\bar{f}\downarrow$）。

如图 22-13 所示，经济最初位于长期均衡点 1，即初始总需求曲线 AD_1 与短期总供给曲线 AS_1 的交点，此时总产出指数为 100 而且通货膨胀率为 2%。假定消费者和企业乐观情绪高涨，自主性消费和投资增加形成了正向需求冲击，推动总需求曲线向右位移至 AD_2，经济沿着短期总供给曲线 AS_1 移动到点 2，总产出指数和通货膨胀率分别上升到 110 和 3.5%。然而，经济不会长期保持在点 2，因为总产出指数 110 高于潜在产出。预期通货膨胀率将上升，短期总供给曲线最终将向上位移至 AS_3。因而经济（均衡点）将沿着 AD_2 曲线从点 2 移动至点 3，点 3 是长期均衡点，此时的通货膨胀率为 5%，产出回归到潜在水平即总产出指数为 100。**虽然总需求曲线向右位移的初始短期影响是通货膨胀和产出同时上升，但最终的长期影响只有通货膨胀上升，因为总产出指数回归到初始水平 100。**[1]

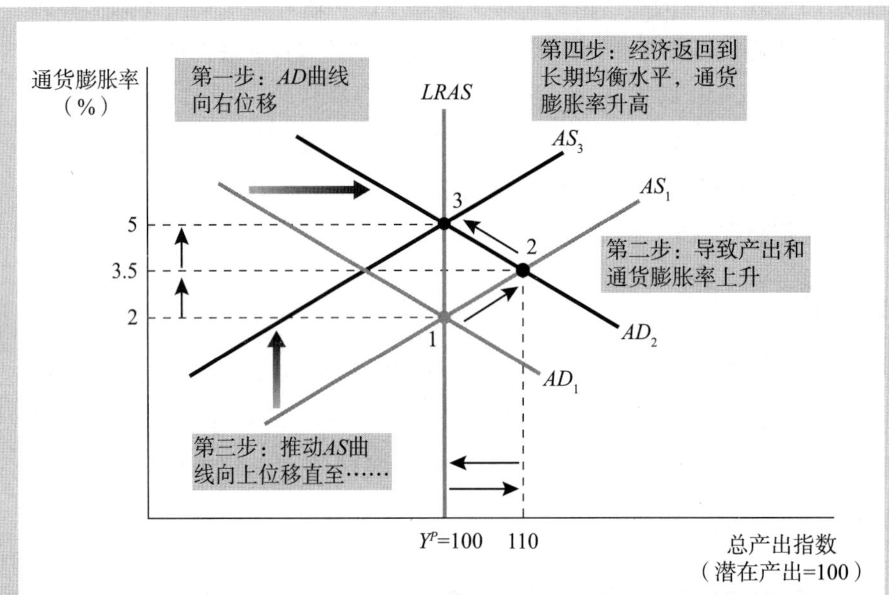

图 22-13　正向需求冲击

正向需求冲击推动总需求曲线从 AD_1 向上位移至 AD_2，经济从点 1 移动至点 2，结果是更高的通货膨胀率 3.5%和更高的总产出指数 110。由于产出高于潜在产出，所以预期通货膨胀提高，短期总供给曲线开始向上位移，最终到达 AS_3。在点 3 处，经济回到长期均衡，此时总产出指数为 100 而通货膨胀率水平上升到 5%。

资料来源：Economic Report of the President.

22

① 此处分析假定每种正向需求冲击发生时其他条件保持不变，即标准供求分析中通常使用的“其他情况均相同”假定。具体地，这意味着假定中央银行不对需求冲击做出反应。在下一章我们将放松这个假定，允许货币政策制定者对这些冲击做出反应。我们将看到，如果货币政策制定者希望阻止通货膨胀率因正向需求冲击而上升，他们将采取自主性紧缩货币政策。

在辛苦构建了总供求模型之后，现在我们用它来分析需求冲击。在本章后面我们将用总供求模型分析一系列经济周期事件。为了简化分析，我们假定所有例子里的初始总产出都为潜在产出水平。

应用　沃尔克反通货膨胀，1980—1986 年

1979 年 8 月当保罗·沃尔克就任美联储主席时，通货膨胀率超过了 10%，已经失去控制。沃尔克决心把通货膨胀压下来。通货膨胀率从 1979 年的 11.3%降到 1982 年的 6.2%，再降到 1988 年的 4.1%。但是通货膨胀降低的代价高昂：经济遭遇了自二战以来最严重的衰退，总产出指数降到 1982 年的 93.9（相应的产出缺口为−6.1%，失业率为 9.7%）。经济直到 1988 年才得以恢复，总产出指数升至 99.3，此时总产出迫近其潜在水平而且失业率回落到 5.5%。

图 22-14 给出了总供求分析如何能够解释这些结果。注意：为了使这里以及后面应用的图更加简洁，我们在 *AD*/*AS* 曲线图中不再画出长期总供给曲线，因为它永远是一条总产出指数为 100 的垂直线。作为替代，在总产出指数 100 处有一个刻度，用来提醒你长期总供给曲线本来应在的位置。

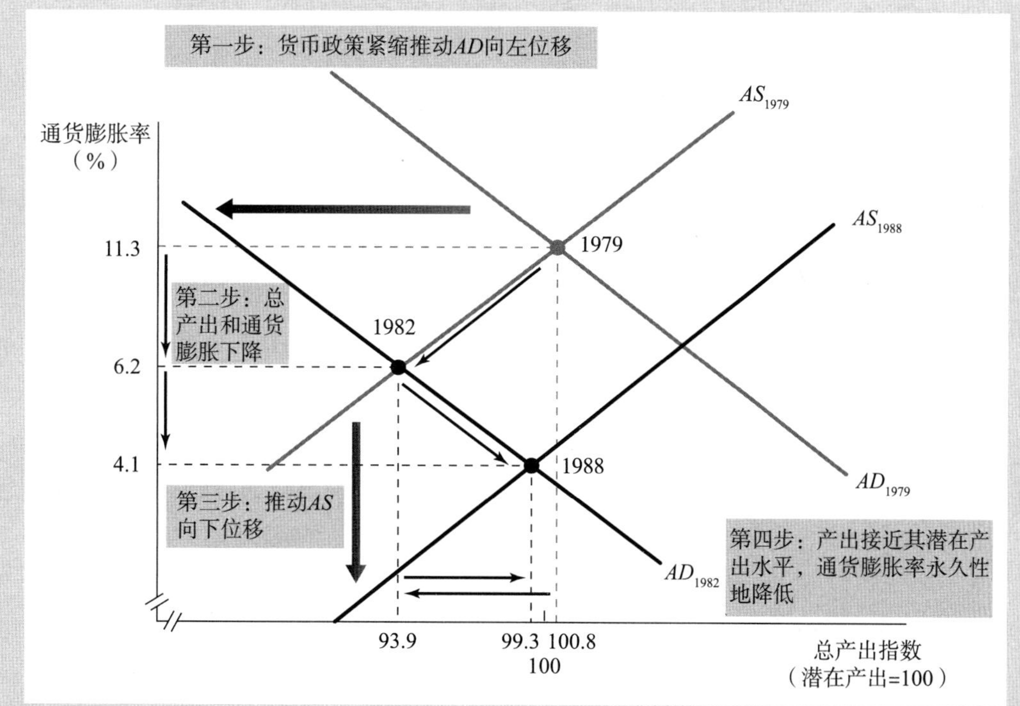

图 22-14　沃尔克反通货膨胀

图中展示了美联储前任主席沃尔克降低通货膨胀的行动是成功的，但是代价高昂：自主性紧缩货币政策导致了负向需求冲击，推动总需求曲线从 AD_{1979} 向左位移到 AD_{1982}，并将通货膨胀率从 11.3%降低到 6.2%以及将总产出指数从 100.8 * 降低到 93.9**。后来，随着短期总供给曲线进一步向下位移到 AS_{1988}，1988 年通货膨胀率下降到 4.1%，同时总产出指数恢复到 99.3***。

* 原文有误，已更正。——译者注

** 原文有误，已更正。——译者注

*** 原文有误，已更正。——译者注

初始均衡在点 1979 上。1979 年初始均衡位于总需求曲线 AD_{1979} 与短期总供给曲线 AS_{1979} 相交之处。由此得到 1979 年通货膨胀率为 11.3%，总产出指数为 100.8，所以经济接近达到长期均衡。

货币紧缩导致了任一通货膨胀率下的实际利率更高。结果，消费支出和投资支出急转直下，导致任一通货膨胀率下的总产出需求数量降低。货币紧缩从 1979 年开始并在 1981 年继续进行，到了 1982 年已经推动总需求曲线向左位移到 AD_{1982}。均衡点沿着短期总供给曲线移动到点 1982 上，即初始短期总供给曲线 AS_{1979} 与总需求曲线 AD_{1982} 相交之处。于是均衡通货膨胀率下降到 1982 年的 6.2%，同时均衡产出指数降到 93.9（即低于潜在产出 6.1%）。由此导致的衰退非常严重，失业率从 1979 年的平均 5.9%升高到 1982 年的 9.7%。

由于总产出低于其潜在产出水平，短期总供给曲线向右*下方位移至 AS_{1988}。到 1988 年的时候，经济朝向均衡点 1988 移动。通货膨胀率进一步下降到 4.1%而产出回升到接近潜在产出，即总产出指数提高到 99.3**。而后，总产出指数升高导致失业率回落到 5.5%。

22.7 均衡的变化：总供给（通货膨胀）冲击

目标 22.7 说明和解释供给冲击的短期与长期效应。

前面讨论短期总供给曲线时，我们证明了如果存在供给冲击（例如石油供给减少导致价格上升），通货膨胀上升将与劳动力市场紧张或者预期通货膨胀率升高无关。当冲击涉及供给约束时，我们把这类供给冲击称为负向（或不利）供给冲击，它导致商品价格上升。负向供给冲击的例子包括石油供给中断、货币贬值引起的进口价格上升，或者工人强烈要求工资提高速度超过生产力增长速度所带来的成本推进型冲击，推高成本和通货膨胀。当供给冲击涉及供给增加时，被称为正向（或有利）供给冲击。正向供给冲击包括特大丰收或者进口价格下降等。

为了理解供给冲击如何影响经济，我们可以利用总供求分析来考察。首先，我们假定产出位于其潜在水平，总产出指数为 100，通货膨胀率为 2%，即图 22-15 中的点 1。假定一场中东战争引起了负向供给冲击。当负向供给冲击重创经济且石油价格上升时，价格冲击项 ρ 变动意味着通货膨胀将上升至超过 2%，短期总供给曲线将从 AS_1 向左上方位移至 AS_2。

22

之后，经济将沿着总需求曲线从点 1 向上移动到点 2，此时通货膨胀率升至 3.5%，但总产出指数下降到 100 以下。我们使用**滞胀**（stagflation，经济停滞与通货膨胀的组合词）这个术语，来描述图 22-15 刻画的这种通货膨胀率升高而总产出水平下降的情况。由于点 2 的产出低于其潜在水平（总产出指数为 90），因此通货膨胀下降。通货膨胀下降引起预期通货膨胀下降，推动短期总供给曲线回落至初始

* 原文有误，已更正。——译者注

** 原文有误，已更正。——译者注

位置 AS_1。经济（均衡点）沿着总需求曲线 AD_1 向下移动（假定总需求曲线位置不变），回归到长期均衡位置点 1，此时总产出指数再次达到 100 而且通货膨胀再次回到 2%。

虽然负向供给冲击引起短期总供给曲线向左上方位移，起初提高通货膨胀并降低产出，但最终的长期影响是产出和通货膨胀都不变。

正向（或有利）供给冲击，例如中西部小麦大丰收，推动图 22-15 中的所有曲线朝着相反方向运动，因此具有相反的影响。**正向供给冲击推动短期总供给曲线向右下方位移，起初引起通货膨胀降低和产出上升。但是在长期里，产出和通货膨胀都不变（假定总需求曲线位置不变）。**

现在我们将用总供求模型来研究 1973—1975 年以及 1978—1980 年负向供给冲击。（与前面一样，假定总产出最初在其潜在水平，即总产出指数为 100。）

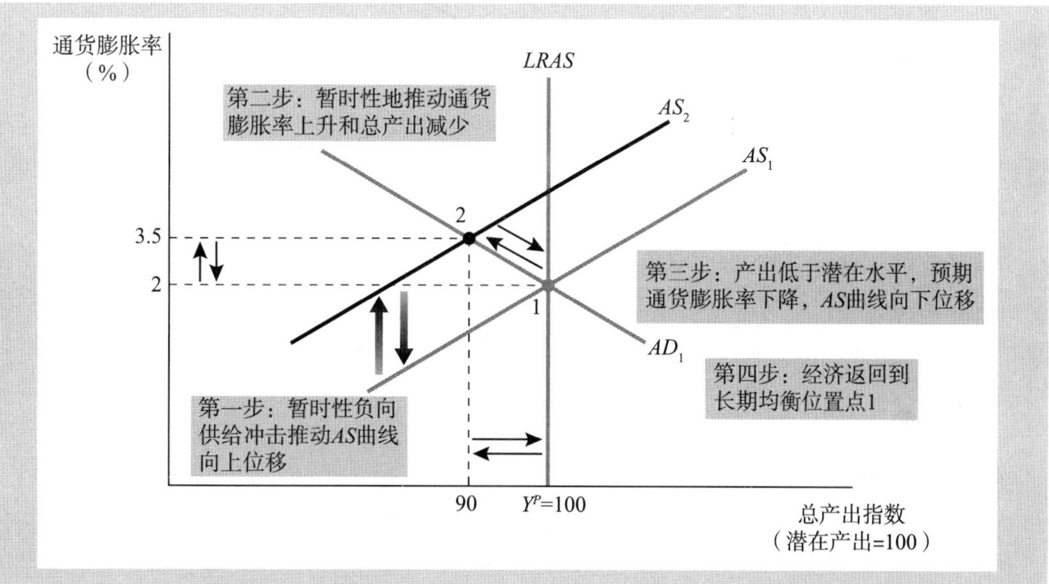

图 22-15　负向供给冲击

负向供给冲击推动短期总供给曲线由 AS_1 移至 AS_2，经济由点 1 移至点 2，此时通货膨胀上升到 3.5%，总产出指数下降到 90。由于产出低于其潜在水平，负的产出缺口降低了通货膨胀和预期通货膨胀。预期通货膨胀下降推动短期总供给曲线回落，最终回归到 AS_1，经济再次回到初始长期均衡位置点 1。

22

应用　负向供给冲击，1973—1975 年和 1978—1980 年

1973 年，美国经济被一系列负向供给冲击重创：

1. 1973 年阿拉伯国家-以色列战争导致了石油禁运，使得石油输出国组织（Organization of Petroleum Exporting Countries，OPEC）决定限制石油产量，操纵石油价格上涨了四倍。

2. 世界范围的农产品歉收导致粮食价格飞速上涨。

3. 1973—1974 年结束了工资物价管制政策，导致工人要求增加工资，这在过去的管制政策中是被禁止的。

如图 22-16 中的均衡点 1973 所示，1973 年通货膨胀率为 6.3%，同时总产出指数达到 103.4。上述三重负向供给冲击叠加，推动短期总供给曲线急剧地从 AS_{1973} 向左上方位移至 AS_{1975}，经济移动到点 1975。如图 22-16 所示，1975 年通货膨胀上升到 9.1%，总产出指数下降到 95.9。总产出降低引起了失业率陡然升高，从 4.8%升高到 8.3%。

1978—1980 年几乎完全就是 1973—1975 年的翻版。到 1978 年，经济刚刚从 1973—1975 年供给冲击中完全恢复过来，此时农作物歉收和石油价格翻倍（伊朗巴列维王朝被推翻的结果）导致 1979 年短期总供给曲线再次向左上方大幅度位移。图 22-16 的预测模式再次得到了验证——通货膨胀与失业同时大幅上升。

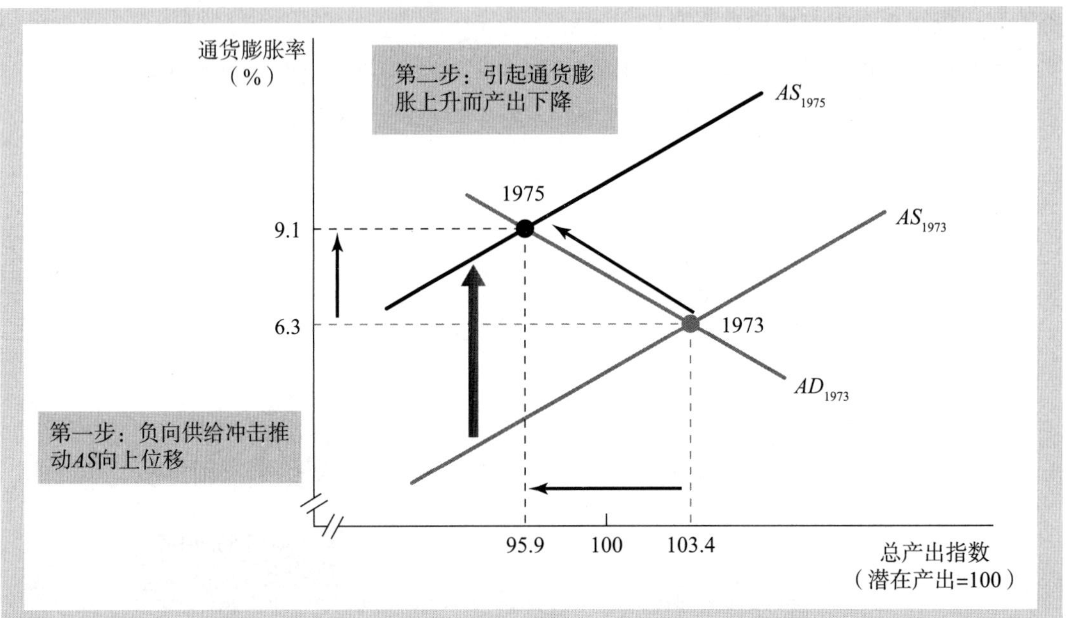

图 22-16 负向供给冲击，1973—1975 年

1973 年负向供给冲击引起短期总供给曲线从 AS_{1973} 向上位移至 AS_{1975}。经济从点 1973 移动到点 1975，其中总产出指数从 103.4 下降到 95.9，同时通货膨胀率从 6.3%上升到 9.1%。

22.8 总供求分析的结论

目标 22.8 概括总供求分析的结论。

总供求分析可以得到如下结论①：

1. 经济具有自我纠错机制，使之逐步回归潜在产出和自然失业率。

2. 总需求曲线的位移——由自主性货币政策（导致任一通货膨胀率对应的实际利率变动）、政府购买、税收、自主性净出口、自主性消费支出、自主性投资、金融摩擦等引起——只在短期里影响产出缺口，而在长期里没有影响。并且，通货膨

① 总供求分析也可以用来理解宏观经济冲击对资产价格的影响。

胀的初始变动低于在短期总供给曲线充分调整后的通货膨胀长期变动。

3. 供给冲击只在短期里影响产出缺口和通货膨胀，而在长期里没有影响（假定总需求曲线固定不变）。

经常地，总需求冲击和总供给冲击同时发生，既影响短期总供给曲线也影响总需求曲线。这就是 2007—2009 年大衰退和始于 2020 年 3 月的新冠衰退期间的情况，详见以下应用。

应用　2007—2009 年大衰退的 *AD*/*AS* 分析

我们把大衰退的 *AD*/*AS* 分析拆分成两个阶段。第一阶段发生在 2008 年秋季全球金融服务公司雷曼兄弟破产以前，这是美国历史上的最大破产案。（我们在第 12 章讨论了雷曼兄弟破产。）

第二阶段发生在从 2008 年秋季一直到 2009 年衰退结束时。随着 2008 年秋季雷曼兄弟破产，银行等大型贷款人停止贷放资金，导致了投资支出暴跌。与此同时，股票市场崩盘而且消费者乐观情绪垂直下跌。结果是消费支出剧减。

第一阶段　2006 年时，通货膨胀率为 2.4%，而总产出接近潜在产出，总产出指数为 100.4。这用图 22-17 的 *AD*/*AS* 曲线图中的均衡点 2006 表示，该图用来说明大衰退第一阶段的情况。

2007 年初，中国、印度等高速增长的发展中国家对石油的高需求，以及墨西哥、俄罗斯、尼日利亚等地的石油生产放缓，共同推高了石油价格。油价从年初 60 美元/桶飙升到年底 100 美元/桶，并于 2008 年 7 月创出了超过 140 美元/桶的高点。油价上涨，再加上其他商品价格提高，造成了负向供给冲击，推动短期总供给曲线从 AS_{2006} 向上大幅位移至 AS_{2008}（见图 22-17）。雪上加霜的是，2007 年 8 月一场金融危机重创了经济，导致金融摩擦显著加剧，造成家庭和企业支出同时收缩（第 12 章讨论过）。这一负向需求冲击推动总需求曲线从 AD_{2006} 向左位移至 AD_{2008}，经济移动到点 2008，通货膨胀上升到 3.8%，而总产出指数下降到 98.1。根据我们总供求分析的预测，这场负向冲击的完美风暴导致经济从 2007 年 12 月开始进入衰退，失业率从 2006 年的 4.6%上升到 2008 年的 5.8%。

第二阶段　图 22-18 给出了大衰退第二阶段的 *AD*/*AS* 曲线图。初始均衡位于点 2008，与图 22-17 中的数据一样，此时总产出指数为 98.1 而通货膨胀率为 3.8%。大衰退第二阶段从 2008 年秋季雷曼兄弟破产开始。此冲击波重创金融体系，引起了严重的信贷紧缩，造成投资支出暴跌。与此同时，股票市场崩盘，股价暴跌超过 50%。消费者乐观情绪垂直下跌。结果是消费支出剧减，推动总需求曲线从 AD_{2008} 向左大幅位移至 AD_{2009}。

当金融危机扩散到世界其他地方时，商品价格暴跌。特别地，油价从 2007 年初的接近 60 美元/桶跌至 2009 年初的 40 美元/桶。油价下跌以及总产出低于其潜在水平的实际情况，推动短期总供给曲线大幅下降到 AS_{2009}。如图 22-18 所示，均衡移动到点 2009，此时的总产出指数跌到 94.3 而通货膨胀降至－0.3%。总产出大幅减少造成了 2009 年失业率上升到 9.3%，但是在金融危机之后，经济复苏非常缓慢，直到金融危机发生十年以后总产出才回归其潜在水平（见图 22-3）。这就是 2007—2009 年衰退被命名为大衰退的原因。

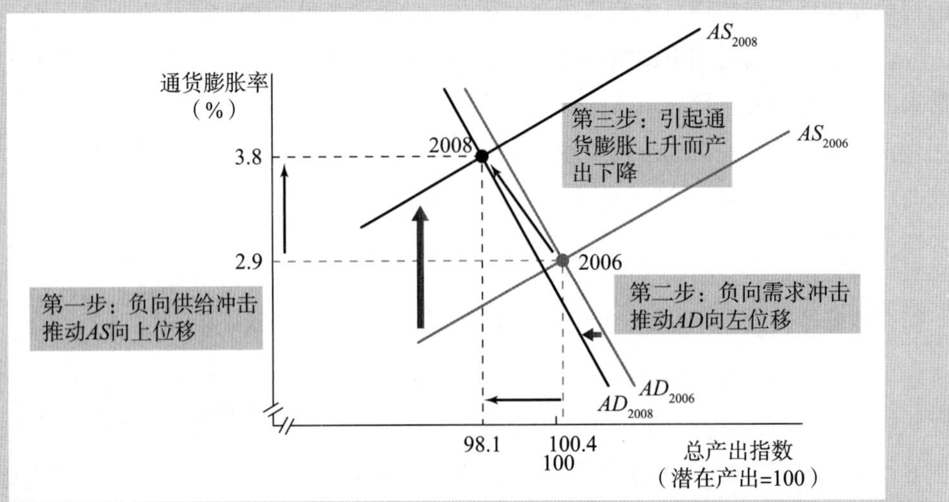

图 22-17　大衰退第一阶段

油价上涨导致的负向供给冲击推动短期总供给曲线从 AS_{2006} 向上位移到 AS_{2008}，同时金融危机导致的负向需求冲击引起总需求曲线从 AD_{2006} 向左位移到 AD_{2008}。经济移动到点 2008，使得总产出指数从 100.4 下降到 98.1，而通货膨胀率从 2.9%升高到 3.8%。

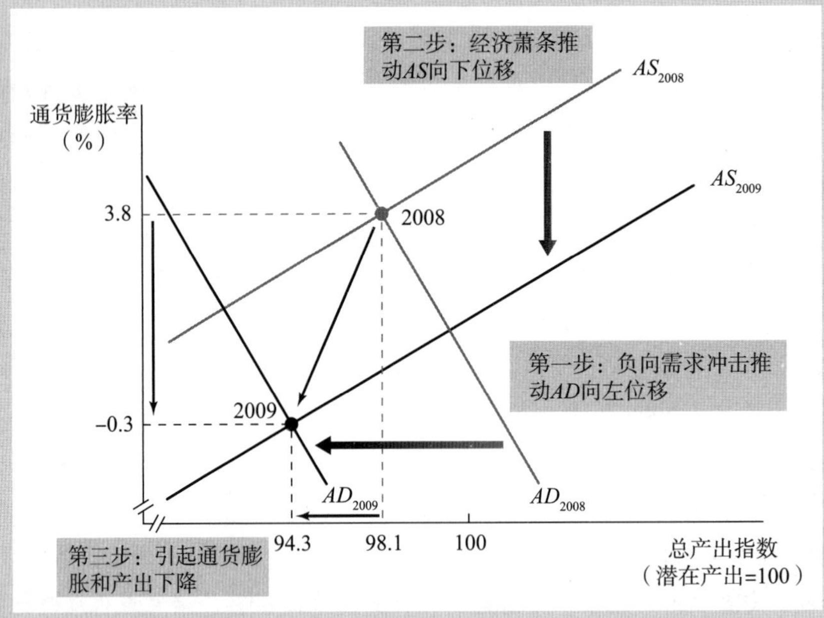

图 22-18　大衰退第二阶段

雷曼兄弟破产后，进一步恶化的金融危机引起总需求曲线从 AD_{2008} 向左大幅位移到 AD_{2009}。由于全球范围商品价格下跌，以及总产出低于潜在产出，短期总供给曲线从 AS_{2008}* 向下移动到 AS_{2009}。经济移动到点 2009，此时通货膨胀率降至−0.3%而总产出指数下降到 94.3。

* 原文有误，已更正。——译者注

应用　新冠衰退的 *AD*/*AS* 分析

2020 年 3 月当新冠病毒开始指数级地传播而且全美各地都实施封锁时，经济陷入了困境。经济发生了美国历史上的最急速下降，总产出指数从 2019 年第四季度的 101.2 一路急降到 2020 年第二季度的 90.0。由于产出突然急跌，失业率从 2019 年第四季度的 3.5%飙升到 2020 年第二季度的 13%。与此同时，通货膨胀率从 2.0%降到 0.4%。

新冠衰退的不同寻常在于：大规模总供给冲击引起了大规模总需求冲击，结果触发了衰退。2020 年 3 月开始的封锁造成了美国很多经济部门停产。结果是短期总供给曲线从 $AS_{2019:Q4}$ 向左上方位移到 $AS_{2020:Q2}$（见图 22-19）。因为封锁意味着居民不能冒险前往商店，家庭支出急剧削减。而且，由于难以得知新冠疫情会持续多久以及经济何时能够重启，不确定性大大提高，所以企业的大量投资计划被束之高阁。不确定性和股价崩盘也进一步降低了消费者的支出意愿。结果是（任一给定通货膨胀率上的）总产出需求数量大幅度减少，于是总需求曲线从 $AD_{2019:Q4}$ 向左急剧位移到 $AD_{2020:Q2}$。

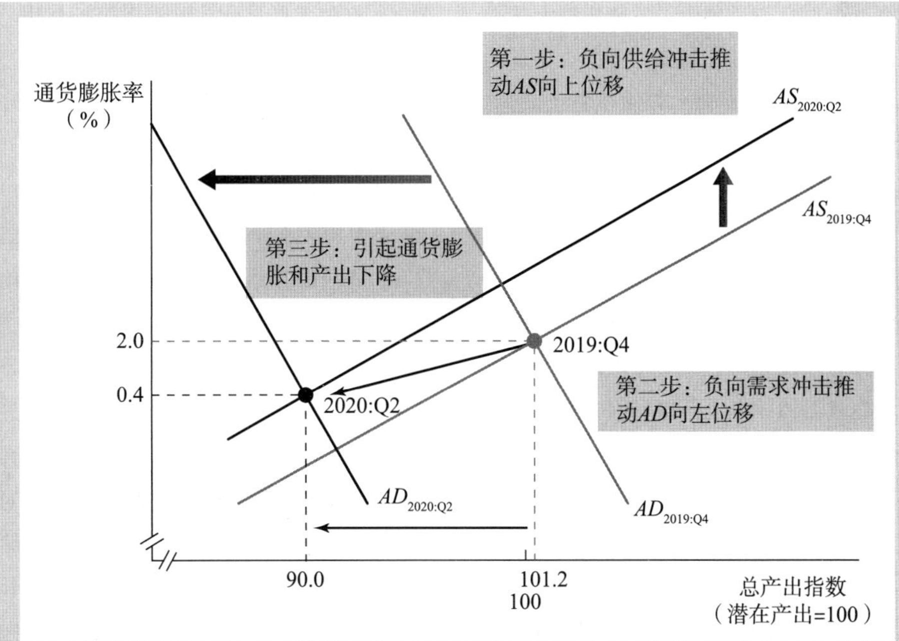

图 22-19　新冠衰退

美国的经济封锁引起短期总供给曲线从 $AS_{2009:Q4}$ 位移到 $AS_{2020:Q2}$，同时也引起总需求曲线从 $AD_{2019:Q4}$ 向左位移到 $AD_{2020:Q2}$。宏观经济均衡从点 2019：Q4 移动到点 2020：Q2，此时总产出指数下降到 90.0 而通货膨胀下降到 0.4%。

新的均衡从点 2019：Q4 移动到点 2020：Q2。从点 2019：Q4 到点 2020：Q2，总产出指数从 101.2 降到 90.0，同时失业率升高到 13%。虽然我们的分析预测总产出必然会下降，原因在于总需求曲线和短期总供给曲线二者都向左位移，但是并不清楚通货膨胀会升还是降，原因是供给约束会提高通货膨胀而总需求下降会降低通货膨胀。不过，另外发生的一个事件（沙特阿拉伯和俄罗斯之间的价格战）导致了油价下跌，从大约 60 美元/桶跌至 2020 年下半年的不足30美元/桶。油价急转直下起到了正向供给冲击的作用，抵消了疫情造成的部分负向供给冲击。结果，短期总供给曲线的移动幅度小于总需求曲线，因而通货膨胀率从2019年第四季度的2.0%下降到2020年第二季度的0.4%。

总 结

1.经济周期是总体经济活动的高低起伏运动，是用总供求分析来解释的重要内容，因为总产出下降伴随着失业提高造成了经济困难。总供求分析也被用来解释通货膨胀波动这个重要问题，因为稳定的低通货膨胀降低了企业进行高成本产品价格调整的需要，也降低了经济的不确定性，让家庭和企业更容易做出经济决策。

2.总需求曲线反映了每个通货膨胀率上的总产出需求数量，该曲线向下倾斜。引起总需求曲线位移的主要原因包括：(1) 自主性货币政策；(2) 政府购买；(3) 税收；(4) 自主性净出口；(5) 自主性消费支出；(6) 自主性投资；(7) 金融摩擦。

3.长期总供给曲线是位于潜在产出上的垂直线。当技术变化、劳动力或资本数量发生长期变化或者自然失业率变化时，长期总供给曲线发生位移。短期总供给曲线向上倾斜，因为随着产出相对于潜在产出增加，通货膨胀也上升。当存在预期通货膨胀变动、通货膨胀冲击或者持续的产出缺口时，短期总供给曲线发生位移。

4.短期均衡状态出现在总需求曲线与短期总供给曲线的交点上。然而这是经济暂时性的趋向，自我纠错机制会带动经济永久性地稳定在其长期均衡状态，即总需求曲线与长期总供给曲线的交点上，且总产出位于其潜在水平。总需求曲线或者长、短期总供给曲线的位移，都能导致总产出和通货膨胀的变动。

5.正向需求冲击推动总需求曲线向右位移，起初导致通货膨胀和产出同时上升。但是，在长期里，这种冲击只会导致通货膨胀上升，因为产出回归其潜在初始水平。

6.正向供给冲击推动短期总供给曲线向右下方位移，起初降低通货膨胀并提高产出。但是在长期里，产出缺口和通货膨胀都不变。

7.从总供求分析可以得出三个结论：(1) 经济具有自我纠错机制，使之逐步回归潜在产出和自然失业率；(2) 总需求曲线的位移——由自主性货币政策（导致任一通货膨胀率对应的实际利率变动）、政府购买、税收、自主性净出口、自主性消费支出、自主性投资、金融摩擦等引起——只在短期里影响产出缺口，而在长期里没有影响；并且，通货膨胀的初始变动低于其长期变动；(3) 供给冲击只在短期里影响产出缺口和通货膨胀，而在长期里没有影响（假定总需求曲线固定不变）。

关键术语

AD/AS 曲线图	繁荣	政府购买	产出缺口	滞胀
总需求曲线	经济周期	通货膨胀冲击	计划投资支出	黏性的
总产出	消费支出	宏观经济均衡	潜在GDP	供给冲击
总产出指数	成本推进型冲击	自然产出率	潜在产出	失业率
总需求量	需求冲击	自然失业率	衰退	总供给曲线
扩张	净出口	自我纠错机制		

思考题

1. 解释为何总需求曲线向下倾斜而短期总供给曲线向上倾斜。

2. 指出能够推动总需求曲线向右位移的三个因素，以及能够推动总需求曲线向左位移的另外三个因素。

3. “从 2012 年至 2018 年的美元升值对美国总需求具有负向影响。”这种表述正确、错误还是不确定？解释你的答案。

4. 世界上许多国家都正经历着人口老龄化，而且大部分人口处于退休或快要退休的状态。这对一国长期总供给曲线会有什么影响？这将对总产出造成什么后果？

5. 如果劳动力逐步提高生产能力，会如何影响长期总供给曲线？

6. 为什么中央银行如此重视通货膨胀预期？

7. “如果价格和工资具有完全弹性，那么 $\lambda=0$，总需求变动对产出的影响更小。”这种表述正确、错误还是不确定？解释你的答案。

8. 什么因素推动短期总供给曲线位移？这些因素中有推动长期总供给曲线位移的吗？为什么？

9. 如果巨额的预算赤字使公众认为未来通货膨胀将更高，那么当预算赤字增加时，短期总供给曲线有可能会发生什么变化？

10. 在美国，金融危机过后，劳动力流动性显著降低。如果可能的话，这会如何影响自然失业率？

11. 在总产出低于自然产出率时，如果总需求曲线保持不变，通货膨胀率随时间推移会如何变化？为什么？

12. 假定公众相信最近公布的反通货膨胀计划将会有效，从而降低了对未来通货膨胀的预期。短期里总产出和通货膨胀率将发生什么变化？

13. 如果失业率高于自然失业率，假定其他因素保持不变，这对通货膨胀和产出将产生什么影响？

14. 减税对通货膨胀和产出的长、短期影响是什么？

15. 如果滞胀不好（高通货膨胀和高失业），是否一定意味着低通货膨胀和低失业就是好的？

16. 20 世纪 80 年代早期美联储为什么推行内在衰退性的经济政策？

17. 从什么角度看，沃尔克反通货膨胀的政策是成功的？从什么角度看，这一政策的实施是失败的？

应用题

18. 假定总统请求国会通过一项鼓励对新技术研发投资的法案。假设该政策会为美国经济带来正向生产率变化，利用总供求分析预测对通货膨胀和产出的影响。作图说明这些影响。

19. 国会收到了要求推出国内销售税的议案。预测这项税收对总供给曲线和总需求曲线产生的影响，说明其对产出和通货膨胀的影响。利用总供求图证明这些影响。

20. 假定在产出减少和失业率上升时通货膨胀率保持相对稳定。利用总供求图说明为什么这样的情景是可能的。

21. 将下列事件按照供给冲击和需求冲击分类。作图说明对通货膨胀和产出的长、短期影响。

a. 金融摩擦加剧。

b. 家庭和企业对经济变得更加乐观。

c. 有利的天气创造了中西部小麦和玉米的丰收纪录。

d. 汽车工人罢工进行了四个月。

22. 2017 年期间，一些美联储官员讨论是否要提高利率，以应对预期通货膨胀的潜在上升。如果公众预期未来通货膨胀率上升，这对短期总供给曲线会产生什么影响？用总供求图说明你的答案。

第22章附录 菲利普斯曲线与短期总供给曲线

本附录讨论描述失业和通货膨胀关系的菲利普斯曲线，并介绍如何利用这种关系来推导本章给出的短期总供给曲线。

22.A1 菲利普斯曲线

1958 年，新西兰经济学家 A. W. 菲利普斯（A. W. Phillips）发表了一篇著名的实证论文，考察英国失业率与工资增长率之间的关系。① 他发现在 1861—1957 年期间，低失业时期的工资高增长，而高失业时期的工资低增长。很快，其他经济学家在其他国家也发现了这种关系。由于在宏观经济学问题中，通货膨胀比工资增长重要得多，所以这些经济学家研究了失业与通货膨胀之间的关系。他们在很多国家发现了失业与通货膨胀之间的这种负相关性，很自然地它被称为菲利普斯曲线（Phillips curve）。

菲利普斯曲线背后的道理是显而易见的。在劳动力市场紧张时期，即失业率比较低的时期，企业很难雇到合适的工人，甚至留住现有的工人都很困难。由于劳动力市场上工人短缺，企业就会提高工资来吸引工人，物价上升速度也会比较快。

20 世纪 60 年代的菲利普斯曲线分析

因为工资上涨是直接计入整体通货膨胀的，20 世纪 60 年代菲利普斯曲线作为解释通货膨胀率波动的模型变得非常流行，当然与它很好的数据适配性也有关。图 22A-1（a）反映的是 1950—1969 年美国的通货膨胀率和失业率。从图中我们可以看出，失业率和通货膨胀率之间存在着显著的负相关关系。这一时期的菲利普斯曲线意味着失业和通货膨胀之间存在长期替代关系。也就是说，政策制定者要选择

① A. W. Phillips, "The Relationship Between Unemployment and the Rate of Change of Money Wages in the United Kingdom, 1861-1957," *Economica* 25 (November 1958): 283-299.

长期更低失业率的政策，就将导致更高的通货膨胀率。从 FYI 专栏“20 世纪 60 年代的菲利普斯曲线替代和宏观经济政策”中可以看出，在 20 世纪 60 年代，这种明显的替代关系在政策圈的影响力非常大。

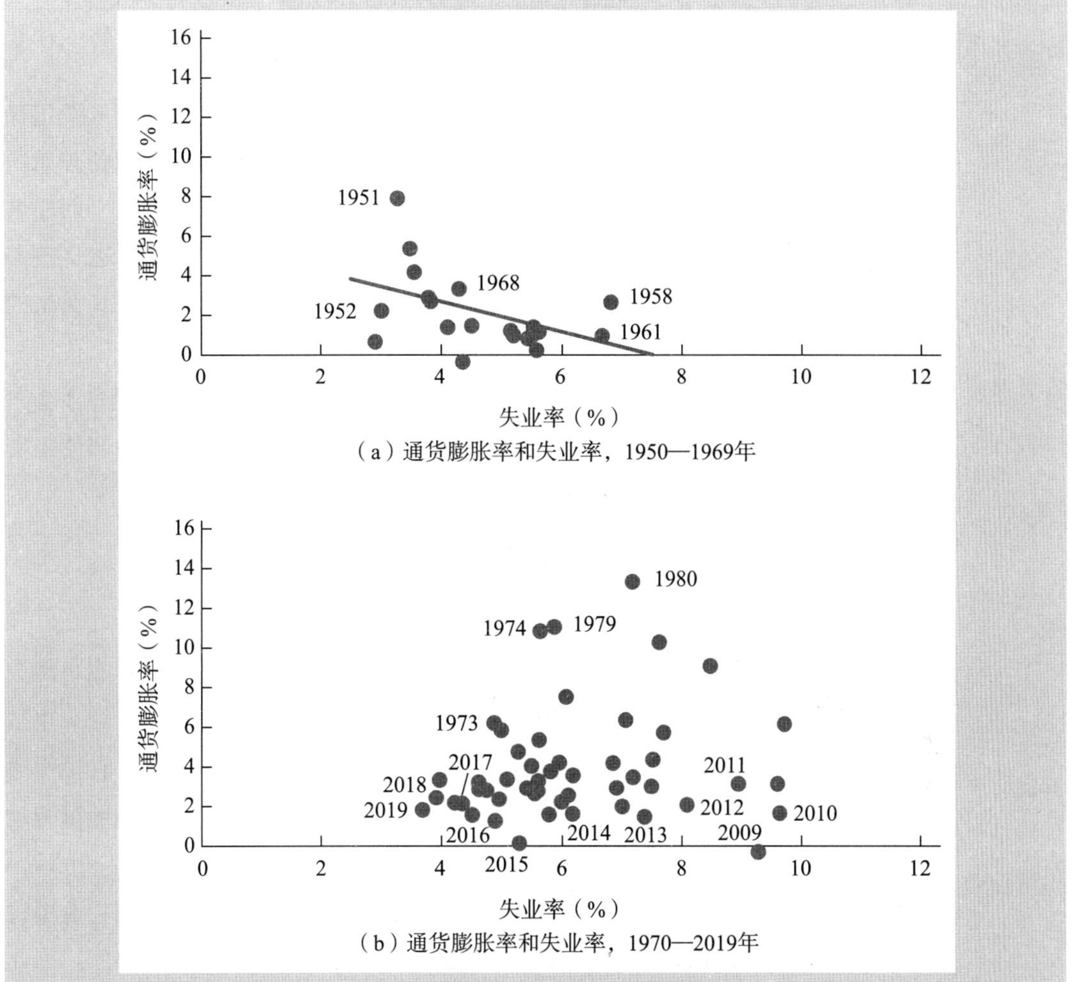

图 22A-1　美国的通货膨胀率和失业率，1950—1969 年和 1970—2019 年

图（a）中通货膨胀和失业的轨迹说明 1950—1969 年间高通货膨胀率通常和低失业率相关联。图（b）说明 1970 年以后，通货膨胀和失业之间的负相关性消失了。

FYI 专栏　20 世纪 60 年代的菲利普斯曲线替代和宏观经济政策

1960 年，保罗·萨缪尔森和罗伯特·索洛发表了一篇论文，概述了政策制定者可以如何利用菲利普斯曲线的替代关系。政策制定者需要在通货膨胀和失业这两个相互冲突的目标中做出取舍，要确定为了降低失业率愿意接受多高的通货膨胀率。[a] 萨缪尔森和索洛甚至提出政策制定者可以实现一个“非完美”目标——3%的失业率与 4%～5%的年通货膨胀率（他们认为是可以忍受的）。这种思想在肯尼迪总统和约翰逊总统执政期间很有影响力，为 20 世纪 60 年代中期政府采用刺激经济和降低失业率的政策做出了贡献。起初，这些政策都是很成功的，在通货膨胀率升高的同时，降低了失业率。然而，幸福的时光总是短暂的：从 20 世纪 60 年代末期到整个 70 年代，通货膨胀加速升高的同时，失业率却依然很高。

a. Paul A. Samuelson and Robert M. Solow, "Analytical Aspects of Anti-Inflation Policy," *American Economic Review* 50 (May 1960, Papers and Proceeding): 177-194.

弗里德曼-费尔普斯的菲利普斯曲线分析

1967 年和 1968 年，诺贝尔经济学奖得主米尔顿·弗里德曼和埃德蒙·费尔普斯（Edmund Phelps）发现了菲利普斯曲线分析中严重的理论缺陷。[①] 菲利普斯曲线不符合工人和企业更关注实际工资（指工资能够购买的产品和服务数量）而非名义工资的观点。因此当工人和企业预期物价水平上升时，他们将向上调整名义工资从而确保实际工资不变。换句话说，随着预期通货膨胀上升，在劳动力市场紧张的影响下，工资和整体通货膨胀将一比一地同步上升。此外，弗里德曼-费尔普斯分析认为，经济在长期里会达到的失业水平是只有所有工资和价格都有弹性时才会出现的，即所谓的自然失业率。[②] 自然失业率是充分就业的失业水平，因为即使工资和价格都具有弹性，依然会存在一定的失业。

弗里德曼-费尔普斯的推理意味着菲利普斯曲线可以写做如下形式：

$$\pi=\pi^{e}-\omega(U-U_{n}) \tag{1}$$

其中，π 代表通货膨胀率，π^{e} 代表预期通货膨胀率，U 代表失业率，U_{n} 代表自然失业率，ω 代表通货膨胀对 $U-U_{n}$ 的敏感性。π^{e} 项的出现解释了为什么公式（1）也被称为附加预期的菲利普斯曲线（expectations-augmented Phillips curve）：它说明通货膨胀率与失业率和自然失业率之差（$U-U_{n}$）是负相关的，这个差值是衡量劳动力市场紧张程度的指标，被称为失业缺口（unemployment gap）。

根据弗里德曼和费尔普斯的理论，附加预期的菲利普斯曲线表明长期失业率将等于自然失业率。要知道，在长期里预期通货膨胀必然趋向于实际通货膨胀，因此公式（1）说明 U 必然等于 U_{n}。

22

弗里德曼-费尔普斯附加预期的菲利普斯曲线反映出，失业和通货膨胀之间不存在长期替代关系。为了说明这一点，图 22A-2 展示了附加预期的菲利普斯曲线 PC_{1}，已知预期通货膨胀率为 2%、自然失业率为 5%。[PC_{1} 经过点 1，因为根据公式（1），当 $\pi=\pi^{e}=2\%$，$U=U_{n}=5\%$时，曲线的斜率为 $-\omega$。] 假定经济最初位

① 我们在第 16 章讨论过，经济中总会存在一定的失业，可能是摩擦性失业，即工人在寻找工作的过程中发生的失业，也可能是结构性失业，即岗位与技能不匹配所产生的失业，这是劳动力市场的一个结构性特征。因此，即使工资和价格具有完全弹性，自然失业率也是大于零的。

② 米尔顿·弗里德曼在 1967 年美国经济学会的主席报告中概述了对菲利普斯曲线的批评：Milton Friedman, "The Role of Monetary Policy," *American Economic Review* 58 (1968): 1-17。费尔普斯修订了菲利普斯曲线分析，发表在 Edmund Phelps, "Money-Wage Dynamics and Labor-Market Equilibrium," *Journal of Political Economy* 76 (July/August 1968, Part 2): 687-711 中。

于点 1，此时失业率等于自然失业率 5%，但刺激经济的政府政策导致失业率下降到 4%，低于自然失业率水平。经济沿着 PC_1 移动到点 2，通货膨胀率上升至超过 2%，比如上升到 3.5%。预期通货膨胀率随之上升，因此附加预期的菲利普斯曲线从 PC_1 向上位移至 PC_2。持续刺激经济、努力保持失业率在 4%（低于自然失业率水平），这将导致实际的和预期的通货膨胀率继续上升，致使附加预期的菲利普斯曲线继续向上位移。

什么时候附加预期的菲利普斯曲线会停止向上运动呢？答案是只有当失业率重新回到自然失业率水平即 $U=U_n=5\%$ 时才会停止。假定这时的通货膨胀率达到 10%，那么预期通货膨胀率也会是 10%，只有这样通货膨胀率才能稳定在这一水平上，此时附加预期的菲利普斯曲线在 PC_3（见图 22A-2）。经济现在移动到点 4，此时 $\pi=\pi^e=10\%$，失业率等于自然失业率即 $U=U_n=5\%$。因此，我们可以看出，在长期里，当附加预期的菲利普斯曲线停止位移时，经济会稳定在点 1 和点 4。将这些点连接起来，可以得到长期菲利普斯曲线，在图 22A-2 中被标记为 *LRPC*。

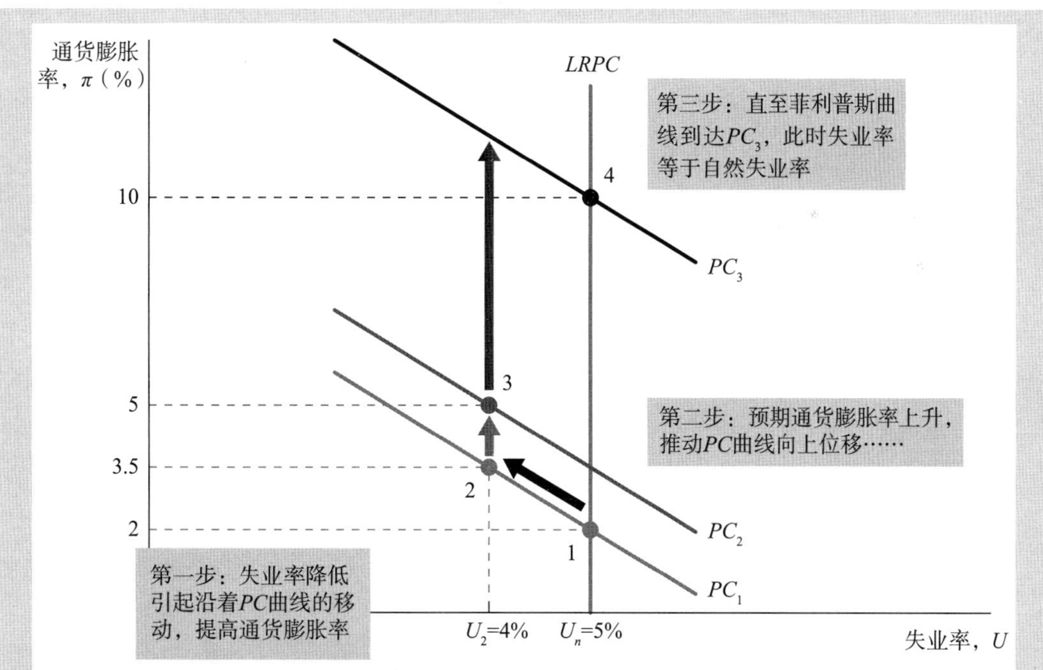

图 22A-2　短期和长期菲利普斯曲线

附加预期的菲利普斯曲线是向下倾斜的，因为对应任意水平的预期通货膨胀率，失业率降低都会引起通货膨胀率升高。如果由于失业率降低而使得经济从 PC_1 上的点 1 移动到点 2，那么通货膨胀率上升。如果失业保持在 4%，通货膨胀率将继续上升，推动短期附加预期的菲利普斯曲线向上位移至 PC_2，经济移动到点 3。最终当经济到达点 4 时，$\pi=\pi^e=10\%$，由于失业率等于自然失业率，附加预期的菲利普斯曲线 PC_3 停止位移。连接点 1 和点 4 的线就是长期菲利普斯曲线 *LRPC*，表明对应任意通货膨胀率，长期失业率都等于自然失业率。

22

由图 22A-2 可以得到三个重要结论：

1. **失业和通货膨胀之间不存在长期替代关系。**这是因为，如垂直的长期菲利普斯曲线所示，更高的长期通货膨胀率没有对应更低水平的失业。

2. **失业和通货膨胀之间存在短期替代关系。**这是因为，如图 22A-2 中的点 2 所示，在给定预期通货膨胀率上，政策制定者可以以某个更高的通货膨胀率为代价，实现更低的失业率。

3. **有两种类型的菲利普斯曲线：长期的和短期的。**附加预期的菲利普斯曲线 PC_1、PC_2 和 PC_3 事实上是短期菲利普斯曲线：它们在预期通货膨胀率的给定数值下画出，并且，如果失业偏离自然失业率导致通货膨胀率和预期通货膨胀率变动，则曲线将发生位移。

20 世纪 60 年代以后的菲利普斯曲线

从图 22A-2 可以看出，附加预期的菲利普斯曲线说明，当失业率在任意更长时间里保持低于自然失业率时，失业和通货膨胀之间的负相关关系就会被打破。事实证明，弗里德曼和费尔普斯的这一预测完全正确。如图 22A-1（b）所示，在非常低失业率的时期结束后，从 20 世纪 70 年代开始，20 世纪 50 年代和 60 年代曾经清晰可见的失业和通货膨胀之间的负相关关系消失了。弗里德曼和费尔普斯的研究工作如此卓越，因而双双获得诺贝尔经济学奖也不足为奇。

现代菲利普斯曲线

1973 年和 1979 年，受油价急剧上涨的影响，通货膨胀突然跳升［参见图 22A-1（b）］，菲利普斯曲线的研究者们意识到，他们需要在附加预期的菲利普斯曲线中再增加一个特征。供给冲击是在资本和劳动力数量不变的条件下，对于能改变经济产出数量的供给面形成的冲击。这些供给冲击可以解读为通货膨胀冲击，也就是说，与劳动力市场紧张程度以及预期通货膨胀率无关的通货膨胀变化。例如，1973 年阿拉伯国家与以色列战争后石油限产，石油价格上涨幅度超过了 4 倍，企业不得不提高价格以应对生产成本的上升，从而推高了通货膨胀。将通货膨胀率冲击（ρ）加到附加预期的菲利普斯曲线之中，就可以得到短期菲利普斯曲线的现代形式：

$$\pi=\pi^{e}-\omega(U-U_{n})+\rho \tag{2}$$

现代的短期菲利普斯曲线意味着工资和价格是黏性的。工资和价格弹性越大，它们和通货膨胀对失业偏离自然失业率就越敏感。也就是说，工资和价格弹性越大意味着 ω 的绝对值越大，说明短期菲利普斯曲线越陡峭。如果工资和价格具有完全弹性，ω 就会非常大，短期菲利普斯曲线就会和长期菲利普斯曲线一样，变成垂直的。在这种情况下，失业和通货膨胀之间无论在短期还是长期都不存在替代关系。

适应性(后顾性)预期的现代菲利普斯曲线

要完成有关菲利普斯曲线的分析，我们还需要理解企业和家庭是如何形成通货膨胀预期的。一个简单的模型假定他们通过对以往通货膨胀的观察来形成预期：

$$\pi^{e}=\pi_{-1}$$

其中，π_{-1} 是指上一个时期的通货膨胀率。这种形式的预期是基于历史回顾形成的，只会随着时间的推移缓慢调整，因此被称为适应性预期（adaptive expectation）或者后顾性预期（backward-looking expectation）。[①] 用 π_{-1} 替换 π^{e}，可以得到下面的短期菲利普斯曲线：

$$\pi = \pi_{-1} - \omega(U-U_{n}) + \rho \tag{3}$$

通货膨胀率 ＝预期通货膨胀率 －ω×失业缺口＋通货膨胀冲击

这种形式的菲利普斯曲线与公式（2）的一般形式相比，有两个优点。首先，它采取了非常简单的数学形式，方便运用。其次，它说明了通货膨胀黏性还有另外两个现实的原因。一个原因是，通货膨胀预期是随着通货膨胀率变化非常缓慢地调整的。因此，预期通货膨胀率是有黏性的，这是通货膨胀黏性的部分来源。另外一个原因是，菲利普斯曲线公式中出现了历史通货膨胀率，说明一些工资和价格合约是后顾性的，也就是说，与以往的通货膨胀率是绑定的。因此短期内通货膨胀率无法随着预期通货膨胀率实现完全调整。

然而，公式（3）适应性预期的菲利普斯曲线有一个重要缺陷：它对通货膨胀预期形成机制的解释非常机械。第 24 章将介绍关于预期形成机制的更加复杂的分析，这些分析对于宏观经济政策的实施有很重要的意义。暂时我们先利用菲利普斯曲线的简单形式加上适应性预期，要记住 π_{-1} 代表预期通货膨胀率。

了解适应性预期的菲利普斯曲线，还有一种简便的方法。在公式（3）两边同时减去 π_{-1}，可以写做：

$$\Delta\pi=\pi-\pi_{-1}=-\omega(U-U_{n})+\rho \tag{4}$$

菲利普斯曲线写成这种形式，说明失业缺口为负（劳动力市场紧张）导致通货膨胀率上升或者加速。因此公式（4）形式的菲利普斯曲线通常被称为加速性质的菲利普斯曲线（accelerationist Phillips curve）。在这种形式下，U_{n} 有另外一种解释。因为当失业率等于 U_{n} 时，通货膨胀停止加速（变化），我们可以将这一项称作非加速通货膨胀失业率（nonaccelerating inflation rate of unemployment，NAIRU）。

---

① 另外一种现代形式的预期使用了**理性预期**（rational expectation）概念，即预期是基于所有可得信息形成的，因此对新信息的反应更加迅速。第 24 章将讨论理性预期及其在宏观经济分析中的作用。

22.A2 短期总供给曲线

要完成总供求分析，我们需要利用菲利普斯曲线分析来推导短期总供给曲线，后者代表企业愿意生产的产出总量与通货膨胀率之间的关系。

将失业缺口（$U-U_n$）替代为产出缺口（$Y-Y^P$）（指产出和潜在产出之间的差额），我们可以将现代菲利普斯曲线转化为短期总供给曲线。为此我们需要用到经济学家阿瑟·奥肯（Arthur Okun，曾经的美国总统经济顾问委员会主席，后来是布鲁金斯学会经济学家）发现的失业和总产出之间的关系。[①] **奥肯定律**（Okun's law）描述了失业缺口和产出缺口之间的负相关关系。

奥肯定律 图 22A-3 给出了奥肯定律，反映了失业缺口和产出缺口的轨迹。两个变量之间的确存在着紧密的负相关关系。当产出高于潜在水平时，产出缺口为正，失业率低于自然失业率；也就是说，失业缺口为负。图 22A-3 中穿过数据点的直线描述了这种负相关关系，用数学形式可以表示为[②]：

$$U-U_n=-0.5\times(Y-Y^P) \tag{5}$$

因此，奥肯定律说明产出每高出潜在产出 1 个百分点，失业率就低于自然失业率 0.5 个百分点。或者说，失业率每高出自然失业率 1 个百分点，产出就低于潜在产出 2 个百分点。

理解奥肯定律的另外一种方法是，产出每上升 1 个百分点，就会使得失业率降低 0.5 个百分点。[③] 为什么失业率降低仅仅是产出增幅的一半呢？当产出增加时，企业不会与产出增幅成比例地增加就业，这一现象被称为劳动窖藏（labor hoarding）。企业宁愿争取让雇员增加劳动量和劳动时间。此外，在经济扩张时期，由于就业前景转暖，更多的人会加入劳动力行列，所以随着就业增加，失业率不会下降那么大的幅度。

---

① Arthur M. Okun, "Potential GNP: Its Measurement and Significance," in *Proceedings of the Business and Economics Section: American Statistical Association* (Washington, D. C.: American Statistical Association, 1962), 98-103; reprinted in Arthur M. Okun, *The Political Economy of Prosperity* (Washington, D. C.: Brookings Institution, 1970), 132-145.

② 奥肯定律中的产出缺口（$Y-Y^P$）用百分比表示最准确，因此 Y 和 Y^P 都是对数形式的。但为了简便起见，在本章和后面各章的奥肯定律公式以及此处推导的短期总供给曲线中，我们将把 Y 和 Y^P 看作数量而不是对数。

③ 从代数形式看，假定 U_n 保持不变（因为自然失业率随时间的调整非常缓慢，因此这一假定是合理的），对公式（5）取差分，得到：

$$\%\Delta U=-0.5\times(\%\Delta Y-\%\Delta Y^P)$$

其中，$\%\Delta$ 表示百分点变化。既然潜在产出以每年 3%左右的速度非常稳定地增长，那么 $\%\Delta Y^P=3\%$，奥肯定律也可以写做：

$$\%\Delta U=-0.5\times(\%\Delta Y-3\%)$$

或者

$$\%\Delta Y=3\%-2\times\%\Delta U$$

因此我们可以这样表述奥肯定律：产出（实际 GDP）每增长 1 个百分点，失业率就下降 0.5 个百分点。或者说，失业率每上升 1 个百分点，实际 GDP 就下降 2 个百分点。

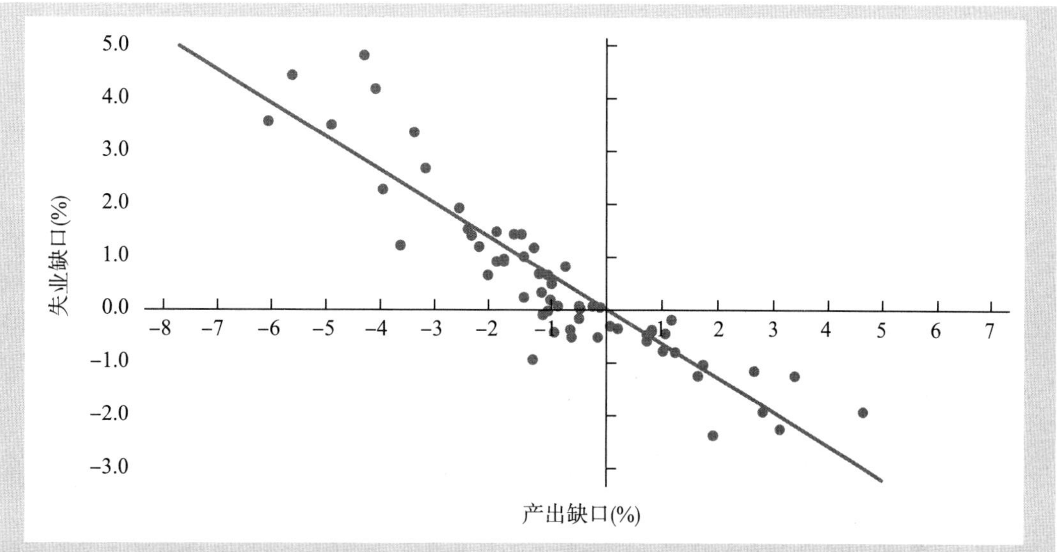

图 22A-3 奥肯定律，1960—2019 年

失业缺口和产出缺口的轨迹揭示了二者间的线性关系，用斜率为$-\frac{1}{2}$的实线表示。

资料来源：Federal Reserve Bank of St. Louis，FRED database：https://fred. stlouisfed. org/series/UNRATE；https://fred. stlouisfed. org/series/GDPC1；https://fred. stlouisfed. org/series/GDPPOT；https://fred. stlouis. org/series/NROU.

推导短期总供给曲线 我们用公式（5）奥肯定律来替代短期菲利普斯曲线［本附录公式（2）］中的$U-U_n$，可以得到：

$$\pi=\pi^e+0.5\omega(Y-Y^P)+\rho$$

将 0.5ω 替换为γ，它反映通货膨胀对产出缺口的敏感度，从而得到本章公式（22.2）给出的短期总供给曲线：

$$\pi \quad = \quad \pi^e \quad +\gamma(Y-Y^P) \quad + \quad \rho$$

通货膨胀率 ＝预期通货膨胀率＋γ×产出缺口＋通货膨胀冲击

第23章 货币政策理论

学习目标

23.1 说明和解释货币政策制定者在总需求冲击和总供给冲击等情况下面对的政策选择。

23.2 了解政策过程中的时滞，总结为什么时滞削弱了积极干预政策主张。

23.3 解释货币政策制定者为什么可以瞄准任意长期通货膨胀率，但不能瞄准长期总产出水平。

23.4 明确通货膨胀的根源，以及货币政策对扩大通货膨胀所起的作用。

23.5 解释货币政策制定者在有效下限处面对的独特挑战，说明非常规货币政策在这种情况下如何能够有效。

本章预习

从2007年9月到2008年12月，美联储将政策利率目标（联邦基金利率）从$5\frac{1}{4}$%一直降低到了零，并在之后7年多时间里继续保持零利率。美联储为什么如此积极地降低利率，并且持续保持这么低的利率水平呢？

这么宽松的货币政策会引起讨厌的通货膨胀吗？许多媒体评论人士认为会。20世纪60年代初期，通货膨胀率徘徊在1%和2%之间，在那之后经济就开始了更加多变的更高通货膨胀的痛苦时期。到20世纪60年代末通货膨胀率已经超过了5%，1974年达到了两位数的水平。1975—1978年通货膨胀有所缓和，但1979—1980年却飙升到超过10%，1982—1990年间下降到5%左右，20世纪90年代末进一步下降至2%左右，然后在2008年又爬升到超过5%。再后来通货膨胀率降到了2%以下。通货膨胀已经成为政治家和公众最关心的问题，如何最优地控制通货膨胀经常成为经济政策讨论的热点和焦点。

在本章，我们运用第22章构建的总供求（AD/AS）分析框架来研究货币政策理论。具体而言，我们将考察货币政策在制造通货膨胀和稳定经济过程中所起的作用。我们应用该理论解决 4 个大问题：通货膨胀稳定了是否产出就稳定了？应当采取主动应对经济活动波动的积极干预政策，还是被动的非积极干预政策？通货膨胀的根源是什么？当利率无法再降到零以下的时候，货币政策如何发挥作用？

23.1 货币政策对冲击的反应

目标 23.1 说明和解释货币政策制定者在总需求冲击和总供给冲击等情况下面对的政策选择。

我们在第 16 章看到，中央银行的主要目标是物价稳定，也就是说，它们希望通货膨胀率 π 能够接近目标水平 π^T，这被称为**通货膨胀目标**（inflation target），数值略高于零。大部分中央银行将 π^T 设定在 1%和 3%之间。换句话说，中央银行实施的货币政策旨在缩小通货膨胀率和通货膨胀目标之间的差距（$\pi-\pi^T$）——经济学家称之为**通货膨胀缺口**（inflation gap）——以此实现物价稳定。

我们在第 16 章了解到，中央银行也关心稳定经济活动。因为经济活动只有在潜在产出上才可以持续，我们可以将货币政策的这个目标表述为：货币政策制定者希望总产出尽量接近其潜在水平 Y^P。中央银行希望最小化总产出与潜在产出的差额（$Y-Y^P$），也即产出缺口（output gap）。在第 22 章的总供求分析中，我们考察了两种经济冲击（需求冲击和供给冲击）及其各自对通货膨胀和产出的影响。在本节我们会描述在既定目标下中央银行对每种冲击做出的政策反应。在需求冲击情况下，政策制定者可以同时追求物价稳定和经济活动稳定。但是在供给冲击之后，政策制定者只能在物价稳定和经济活动稳定之间做出取舍，而无法二者兼得。这种权衡使得肩负双重使命的中央银行陷入了痛苦的两难困境。

对总需求冲击的反应

由于我们是在讨论稳定经济活动，所以我们需要聚焦于产出缺口而不是总产出水平。因此，在本章和下一章里，我们将使用总产出指数（而不是总产出水平）来进行所有 AD/AS 分析，其中潜在产出取值为 100。在接下来的所有 AD/AS 曲线图中，横轴的标记从现在开始都将是指总产出指数，Y 代表总产出指数而不是总产出。

我们先来考察总需求冲击的影响（见图 23-1）。例如，2020 年 3 月新冠疫情开始，导致消费者和企业支出同时下降。图中，经济最初位于点 1，此时产出在其潜在水平，所以总产出指数在 $Y^P=100$ 上，而通货膨胀为 π^T。负向需求冲击降低了总需求，推动 AD_1 向左位移至 AD_2。政策制定者对该冲击的反应有两种可能的方式。

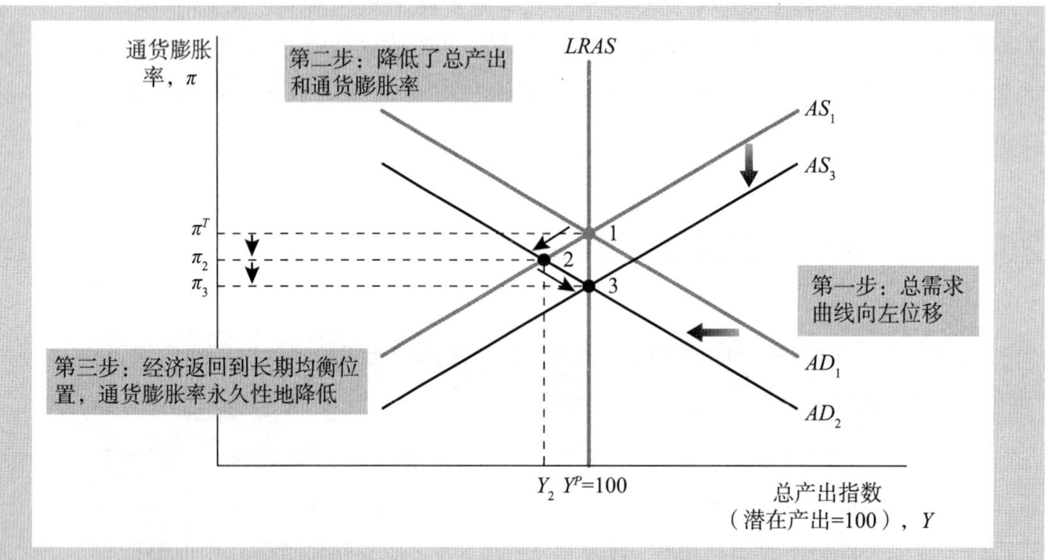

图 23-1　总需求冲击：无政策反应

总需求冲击推动总需求曲线从 AD_1 向左位移至 AD_2，经济从点 1 移动到点 2，总产出指数下降为 Y_2，通货膨胀降低到 π_2。由于产出低于潜在水平，短期总供给曲线向下位移至 AS_3，经济移动到了点 3，此时产出回归到 $Y^P=100$，但通货膨胀下降到 π_3。

无政策反应　如果中央银行对此不做反应，不改变货币政策的自主性部分，总需求曲线依然保持在 AD_2，则经济移动到 AS_1 和 AD_2 的交点。此时，总产出指数下降到 Y_2，所以总产出低于潜在产出，而通货膨胀下降到 π_2，低于通货膨胀目标 π^T。由于通货膨胀下降而且产出低于潜在水平，预期通货膨胀将下降，短期总供给曲线将向右下方位移，直至到达 AS_3，经济将移动到点 3。产出将回归其潜在水平，总产出指数在 $Y^P=100$ 上，而且通货膨胀将下降到更低水平 π_3。乍一看，这个结果似乎挺不错，通货膨胀更低了，而产出回到了潜在水平。但总产出将在低于潜在水平保持一段时间，而且如果初始通货膨胀率在其目标水平，那么通货膨胀的下降并不受人欢迎（原因在第 12 章和第 16 章有概述）。

稳定短期经济活动和通货膨胀的政策　政策制定者在短期里能同时消除产出缺口和通货膨胀缺口，做法是要瞄准将总需求提高至其初始水平，使经济重返冲击前的状态。为此，中央银行实施自主性宽松货币政策，降低任意通货膨胀率对应的实际利率水平。这一行动刺激投资支出，增加任意通货膨胀率上的总产出需求数量，从而推动 AD 曲线向右位移。结果，图 23-2 中的总需求曲线从 AD_2 回移到 AD_1，经济返回到点 1。（美联储采取的完全就是这样的步骤，在从 2007 年 9 月开始的 15 个月时间里，将联邦基金利率从 5%降低到$\frac{1}{4}$%再降到 0。）

我们对货币政策反应的分析说明，**在总需求冲击的情况下，物价稳定和经济活动稳定这两个目标之间不存在替代关系。**着眼于稳定通货膨胀和着眼于稳定经济活动的货币政策反应是完全一致的。稳定通货膨胀和稳定经济活动这两个目标之间没有冲突，奥利维尔·布兰查德（Olivier Blanchard，国际货币基金组织首席经济学家，之前为麻省理工学院教授）将此称为**"神作之合"**（divine coincidence）。

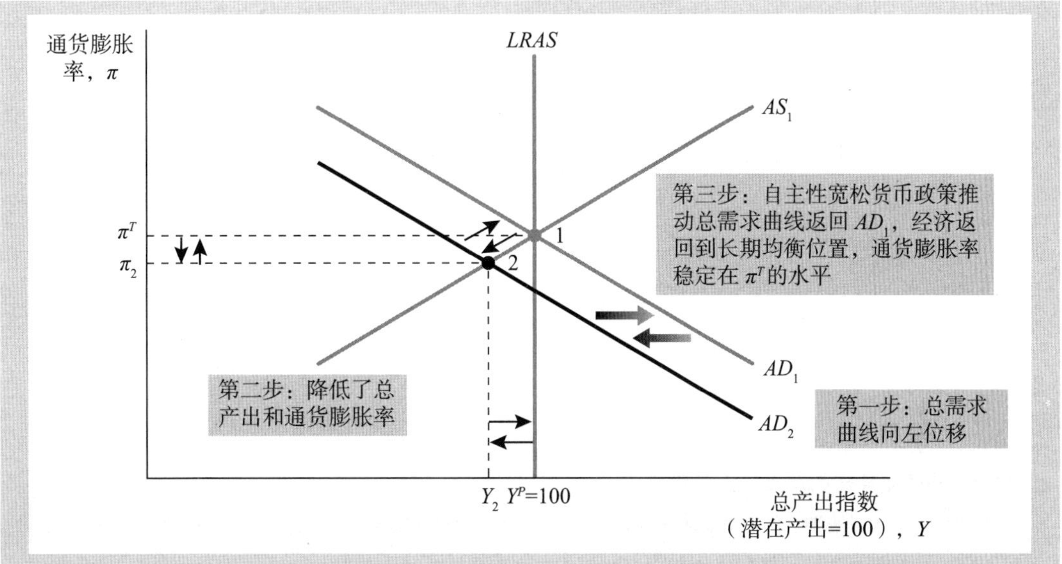

图 23-2　总需求冲击：稳定短期产出和通货膨胀的政策

总需求冲击推动总需求曲线从 AD_1 向左位移至 AD_2，经济从点 1 移动到点 2，总产出指数下降到 Y_2，通货膨胀率降低到 π_2。自主性宽松货币政策降低了任意通货膨胀率对应的实际利率水平，推动 AD 曲线回到 AD_1。总产出回到点 1 的潜在水平，通货膨胀率回到目标水平。

对供给冲击的反应

当供给冲击发生时，例如油价飞涨的原因在于中东政治动荡，或者在于佛罗里达超级飓风这样的天灾，则神作之合就不成立了。政策制定者面对着在稳定通货膨胀和稳定经济活动之间的短期取舍。为了说明，我们假定经济最初位于图 23-3 中的点 1 处，此时总产出在其自然率水平，所以总产出指数在 $Y^P=100$ 上，通货膨胀率为 π^T。油价上涨等负向供给冲击推动短期总供给曲线从 AS_1 向左上方位移至 AS_2，但是长期总供给曲线保持不变，因为冲击是暂时性的。经济移动到点 2，通货膨胀率上升到 π_2，总产出指数下降为 Y_2。政策制定者对供给冲击的政策反应可能有三种方式。

无政策反应　一种可能的政策选择是不进行自主性货币政策调整，因此总需求曲线保持不变。由于总产出低于潜在产出，最终短期总供给曲线将向右下方回移，返回 AS_1。经济将返回点 1（见图 23-3），随着产出和通货膨胀分别返回其初始水平 $Y^P=100$ 和 π^T，产出缺口与通货膨胀缺口都将消失。随着时间的推移，通货膨胀和经济活动都将趋于稳定。但是在等待长期均衡结果的过程中，经济将遭受一个产出减少和通货膨胀高企的痛苦期。为了避免低产出、高通胀时期，货币政策制定者可能会在短期里采取措施以稳定经济活动或通货膨胀。

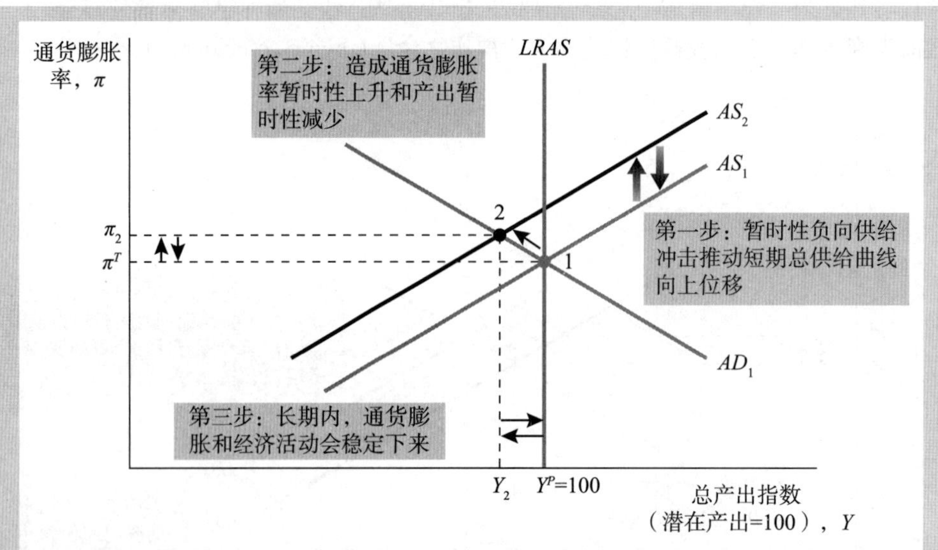

图 23-3　对供给冲击的反应：无政策反应

负向供给冲击推动短期总供给曲线从 AS_1 向上位移至 AS_2，经济移动到点 2，通货膨胀上升到 π_2，总产出指数下降到 Y_2。如果自主性货币政策保持不变，短期总供给曲线在长期里将向右下方回移，最终返回 AS_1，经济将返回到点 1。

短期内稳定通货膨胀的政策　货币当局的第二种政策选择是短期内将通货膨胀率保持在目标水平 π^T 上，为此要实施自主性紧缩货币政策，提高任意通货膨胀率对应的实际利率。这样做将导致每个通货膨胀率上的投资支出和总需求减少，推动总需求曲线向左位移至 AD_3（见图 23-4）。经济现在将移动到点 3，即总需求曲线 AD_3 与短期总供给曲线 AS_2 相交于通货膨胀率 π^T 上。由于点 3 的产出低于潜在水平，短期总供给曲线将向下回移到 AS_1。为了保持通货膨胀率为 π^T，货币当局需要对冲自主性紧缩，使总需求曲线返回到 AD_1，从而经济最终将返回到点 1。

如图 23-4 所示，稳定通货膨胀在短期内将总产出指数降低到 Y_3，只有随着时间的推移，产出才能回到潜在产出。**面对供给冲击，稳定通货膨胀的政策反应导致总产出更大幅度地偏离潜在水平，所以这样行动不能稳定经济活动。**

短期内稳定经济活动的政策　货币政策制定者的第三种政策选择是通过增加总需求在短期内稳定经济活动，而非稳定通货膨胀。根据图 23-5，这种政策决定将推动总需求曲线向右位移至 AD_3，与短期总供给曲线 AS_2 以及长期总供给曲线 *LRAS* 相交于点 3。为了取得这个结果，政策制定者需要实施自主性宽松货币政策，降低任意通货膨胀率对应的实际利率。在点 3 处，产出缺口回到零，所以货币政策稳定了经济活动。然而，通货膨胀已经升到 π_3，高于 π^T，所以货币政策未能稳定通货膨胀。**面对供给冲击，稳定经济活动的政策反应导致通货膨胀更大幅度地偏离目标水平，而不是使通货膨胀稳定下来。**

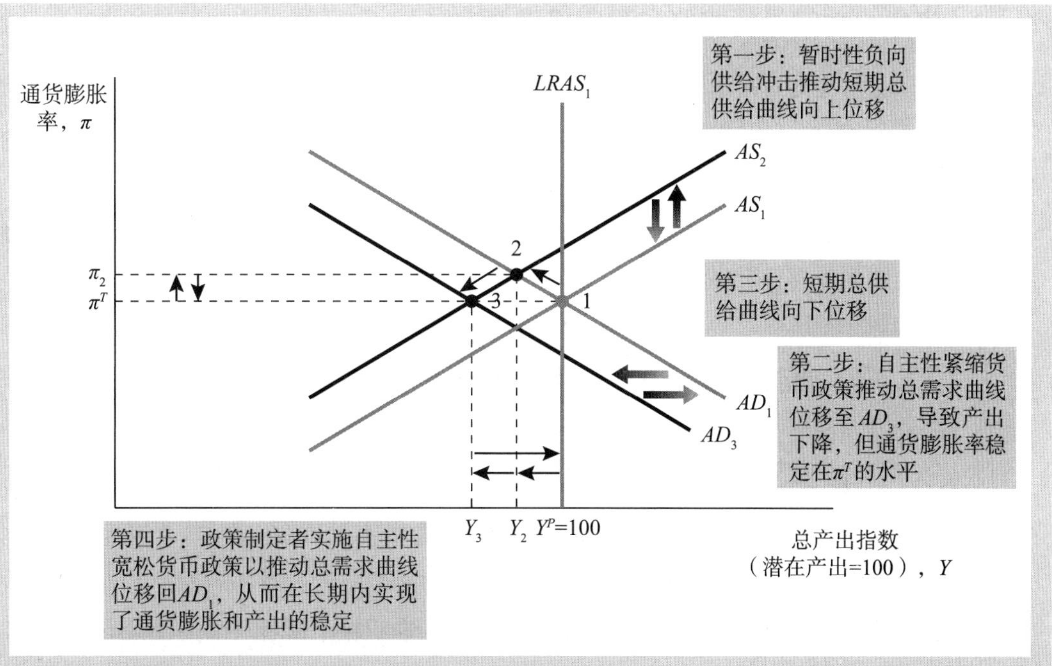

图 23-4　对供给冲击的反应：短期通货膨胀稳定

负向供给冲击推动短期总供给曲线从 AS_1 位移至 AS_2，经济移动到点 2，通货膨胀上升到 π_2，总产出指数下降到 Y_2。自主性紧缩货币政策推动总需求曲线向左位移至 AD_3，经济移动到点 3，此时的通货膨胀为 π^T。因为点 3 的产出低于潜在产出，短期总供给曲线回移到 AS_1。为了保持通货膨胀率在 π^T 上，对冲自主性紧缩货币政策，推动总需求曲线回到 AD_1，经济返回到点 1。

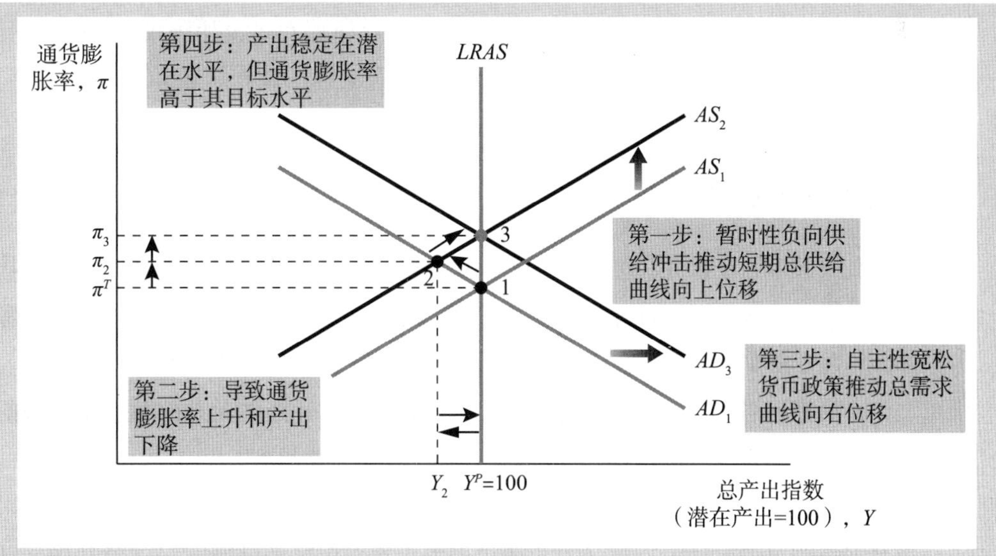

图 23-5　对供给冲击的反应：短期产出稳定

负向供给冲击推动短期总供给曲线从 AS_1 位移至 AS_2，经济移动到点 2，通货膨胀上升到 π_2，总产出指数下降到 Y_2。为了稳定产出，自主性宽松货币政策推动总需求曲线向右位移至 AD_3。在点 3 处，货币政策行动稳定了经济活动，但通货膨胀 π_3 高于目标水平 π^T。

23

底线：稳定通货膨胀和稳定经济活动的联系

从前面的分析中，我们可以得到以下结论：

1. 如果大部分经济冲击是总需求冲击，那么稳定通货膨胀的政策也将稳定经济活动，即使是在短期内。

2. 如果供给冲击是最常见的冲击类型，那么中央银行必须在短期内就两个稳定目标做出选择。

23.2 政策制定者应当多积极才能稳定经济活动？

目标 23.2 了解政策过程中的时滞，总结为什么时滞削弱了积极干预政策主张。

所有经济学家都有相似的政策目标（促进高就业和物价稳定），但他们在实现这些目标的最优方法方面经常有分歧。假定政策制定者面对的局面是，负向需求冲击或供给冲击降低了总产出，造成了高失业。**非积极干预者**（nonactivists）认为工资和物价具有很强的弹性，自我纠错机制很快发挥作用。他们认为短期总供给曲线将很快向下位移，推动经济迅速返回到充分就业水平。他们因此相信政府消除失业的政策举动没有必要。**积极干预者**（activists）中大部分是凯恩斯的追随者，因而被称为**凯恩斯主义者**（Keynesian），他们认为由于工资和物价具有黏性，所以通过工资和物价调整发挥作用的自我纠错机制是一种非常缓慢的机制。因此他们认为经济要经过很长时间才能达到长期状态，就如凯恩斯那句名言所说的："在长期里，我们都已经死了。"因此，积极干预者主张政府应当实施积极政策，增加总需求，消除高失业。

时滞和政策实施

如果政策制定者可以立即推动总需求曲线位移，那么根据上一节的分析，积极干预政策很快就能使经济达到充分就业水平。然而，由于存在几种类型的时滞，总需求曲线不能立即实现位移，而且货币政策和财政政策的这些时滞长短也有所不同。

23 1. **数据时滞**（data lag）。它指政策制定者获得描述经济动态的数据所花费的时间。例如，特定季度的准确 GDP 数据要几个月后才能得到。

2. **认识时滞**（recognition lag）。它指政策制定者确定数据信号所反映的未来经济趋向所需要的时间。例如，为了减少失误，美国国家经济研究局（公开确定经济周期时间的私人组织）至少在确认衰退已经开始 6 个月后才会对外宣布经济处于衰退状态。

3. **立法时滞**（legislative lag）。它指为实施特定政策而通过相关法案所需要的时间。大多数货币政策（例如降低利率）不会有立法时滞。然而，在执行财政政策时，立法时滞十分普遍，因为通常需要6个月至1年时间通过法案来改变税收或政府支出。

4. **执行时滞**（implementation lag）。它指政策制定者从决定执行新政策到调整政策工具所花费的时间。同样，货币政策实施中较少产生这种时滞，因为美联储可以立即变动政策利率，但是在执行财政政策时这种时滞就显得非常重要。实施新的财政政策可能要花费很多时间，例如改变政府部门的支出习惯需要时间，改变征收税款所用的税目表也要费些周折。

5. **影响时滞**（effectiveness lag）。它指政策对经济产生实际影响所需要的时间。影响时滞既漫长（通常有1年甚至更长时间）又多变（即该时滞的具体长度存在相当大的不确定性）。

这些时滞的存在加大了政策制定者的工作难度，削弱了积极干预政策主张。当失业率很高时，积极干预政策旨在推动总需求曲线向右位移，以使经济恢复充分就业状态，但这未必会产生理想的结果。事实上，如果上述政策时滞非常长，那么等到总需求曲线向右位移时，自我纠错机制可能已经推动经济返回到充分就业状态。那么，当积极干预政策奏效时，可能导致产出高于潜在水平，使得通货膨胀率上升。在政策时滞长于自我纠错机制见效时间的情况下，非积极干预政策可以产生较好的结果。

当奥巴马政府在2009年执政之初提出财政刺激计划时，积极干预/非积极干预的论战走向了前台（见FYI专栏“对奥巴马财政刺激计划的积极干预/非积极干预论战”）。在第24章我们考察预期在货币政策中的作用时，将再次回到这个政策制定者应当多积极的问题上。

FYI专栏 对奥巴马财政刺激计划的积极干预/非积极干预论战

2009年1月奥巴马总统就职，当时美国经济正陷入非常严重的衰退，失业率超过7%并且还在迅速上升。一方面，虽然政策制定者已经采取了非常激进的货币政策来稳定经济（见第12章和第15章），但许多积极干预者主张政府需要采取更多行动，应推出大规模的财政刺激计划。他们认为货币政策已经将联邦基金利率降低到接近零的水平，无法再进一步降低名义利率，所以，如果没有财政刺激计划，就不能增加总需求以达到充分就业水平。而另一方面，非积极干预者反对财政刺激计划，他们认为由于执行时滞太长，财政刺激需要很长时间才能奏效。他们警告说如果在经济已经复苏后财政刺激才奏效，结果会是加剧通货膨胀和经济的波动性。

关于财政刺激计划是否可取，经济学界发生了分裂。大约200名反对财政刺激的经济学家签署了请愿书，将其刊登在2009年1月28日《华尔街日报》和《纽约时报》上。另外200名经济学家签署了完全相反的请愿书，于2月8日递交给了国会。奥巴马政府选择站在积极干预者一方，提交了《2009年美国经济与再投资法案》，这份7 870亿美元的财政刺激计划于2009年2月13日在国会通过。众议院对该方案的投票结果是244票支持对188票反对，有177名共和党人和11名民主党人反对这一方案。参议院的投票结果是61票对37票，所有58名民主党人和3名共和党人支持这一方案。即使在事后，财政刺激计划的价值仍然被热烈争论，一些人相信它帮助稳定了经济，另一些人则认为它是徒劳无功的。

23.3 通货膨胀：随时随地都是货币现象

目标 23.3 解释货币政策制定者为什么可以瞄准任意长期通货膨胀率，但不能瞄准长期总产出水平。

长久以来，米尔顿·弗里德曼都以其著名论断“通货膨胀随时随地都是货币现象”而闻名。我们的总供求分析支持了这种论断，货币政策制定者可以通过实施自主性货币政策，推动总需求曲线位移，从而实现任何长期通货膨胀目标。如图 23-6 所示，经济位于点 1，总产出等于潜在产出，所以总产出指数在 $Y^P=100$ 上，通货膨胀在初始通胀目标 π_1^T 上。

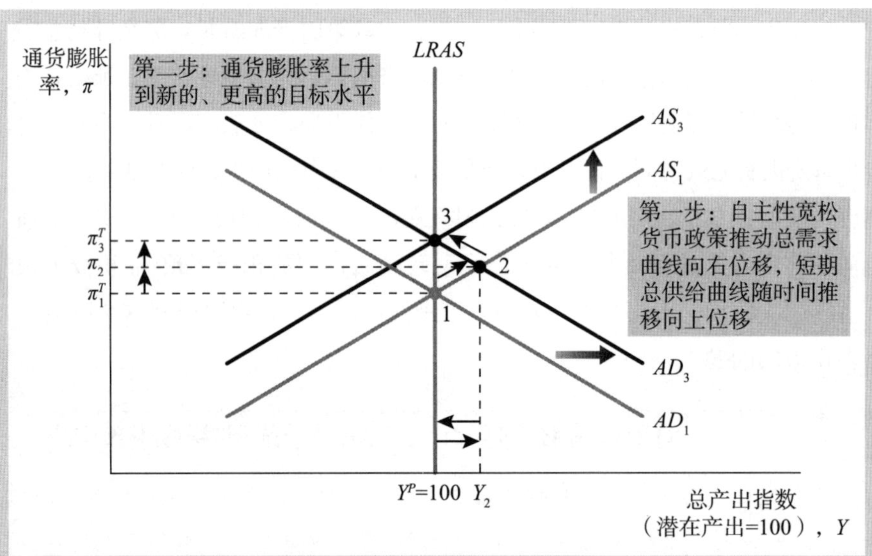

图 23-6 提高通货膨胀目标

为了将通货膨胀目标提高至 π_3^T，中央银行采取自主性宽松货币政策，降低任意通货膨胀率对应的实际利率，推动总需求曲线向右位移至 AD_3。经济随后移动到点 2，短期总供给曲线向左上方位移，最终停在 AS_3。经济相应地移动到点 3，产出缺口为零，通货膨胀为 π_3^T。

假定中央银行认为这个通货膨胀目标太低了，决定提高至 π_3^T。中央银行实施自主性宽松货币政策，降低任意通货膨胀率对应的实际利率，增加投资支出和总需求。在图 23-6 中，总需求曲线位移至 AD_3。经济随后移动到 AD_3 与 AS_1 的交点 2，通货膨胀上升到 π_2。由于总产出高于潜在产出，$Y_2>Y^P$，短期总供给曲线向左上方位移，最终停在 AS_3。经济移动到点 3，此时通货膨胀位于更高的目标水平 π_3^T，产出缺口回归到零。

图 23-6 的分析说明了以下两个关键结论：

1. 货币当局通过自主性货币政策调整，可以实现任何长期通货膨胀目标。

2. 潜在产出以及由此推知的长期总产出生产数量，独立于货币政策。

23.4　通货膨胀型货币政策的起因

目标 23.4　明确通货膨胀的根源，以及货币政策对扩大通货膨胀所起的作用。

如果每个人都同意高通货膨胀对经济不好，为什么我们还看到如此多的高通胀情况呢？政府会故意寻求通货膨胀型货币政策吗？我们知道，货币当局能够设定长期通货膨胀率，因此一定是在追求其他某些目标的过程中，政府实施了过度扩张的货币政策，结果造成了高通货膨胀。在本节我们将考察那些成为通货膨胀最常见根源的政府政策。

高就业目标与通货膨胀

高就业是大部分政府的一个主要目标，寻求实现该目标可能造成高通货膨胀。美国政府在法律上（1946 年《就业法》和 1978 年《汉弗莱-霍金斯法》）有责任采取积极干预政策促进高就业。两个法案都要求在物价稳定的情况下实现高就业水平，但是在实际中，美国政府和美联储经常在寻求高就业目标时很少顾及这一政策的通货膨胀后果。这一倾向在 20 世纪 60 年代中期和 70 年代尤其明显，当时政府和美联储开始在稳定失业方面表现活跃。

旨在促进高就业的积极干预的稳定化政策可能造成两类通货膨胀：

1. **成本推进型通货膨胀**（cost-push inflation），来自负向供给冲击，或者是由工人要求的工资增长幅度超过了产出增长率推动的。

2. **需求拉动型通货膨胀**（demand-pull inflation），当政策制定者实施的政策增加了总需求时所导致的结果。

现在我们将利用总供求分析来考察高就业目标对这两类通货膨胀的影响。

成本推进型通货膨胀　如图 23-7 所示，假定经济的初始位置在点 1，即总需求曲线 AD_1 与短期总供给曲线 AS_1 的交点。假设工人们成功地推高了工资，要么是因为他们希望将实际工资（工资所能购买到的产品和服务）提高到与产出增长率对应的水平之上，要么是因为他们预期通货膨胀率将会上升并因此希望工资相应上升。这种成本推进型冲击（相当于负向供给冲击）提高了通货膨胀率，并推动短期总供给曲线向左上方位移至 AS_2。如果中央银行不采取任何政策调整均衡利率，货币政策曲线保持不变，经济将移动到点 2′，即新的短期总供给曲线 AS_2 与总需求曲线 AD_1 的交点。总产出指数将降至 Y'，此时的产出低于潜在产出，而通货膨胀率将升至 $\pi_{2'}$，导致失业上升。

相比之下，以高就业为目标的积极干预政策制定者会实施增加总需求的政策，比

23

如减税、增加政府购买或者自主性宽松货币政策。这些政策会推动图 23-7 中的总需求曲线位移至 AD_2，使经济迅速地恢复到点 2 的潜在产出，并提高通货膨胀率至 π_2。工人们会如愿以偿，既赚到了高工资，又享受到了防止过度失业的政府保护。

工人们的成功可能鼓励他们要求更高的工资。而且，其他工人现在可能意识到相对于工友，自己的工资水平下降了，这让他们也寻求增加工资。这些行动将引起另一种负向供给冲击，将导致图 23-7 中的短期总供给曲线再次向左上方位移至 AS_3。当经济移动至点 3′时，失业将再次上升，促使额外的积极干预政策，将推动总需求曲线向右位移至 AD_3，使经济在更高通货膨胀率 π_3 上回到充分就业。如果这个过程一直继续，结果就将是通货膨胀持续升高，即成本推进型通货膨胀。

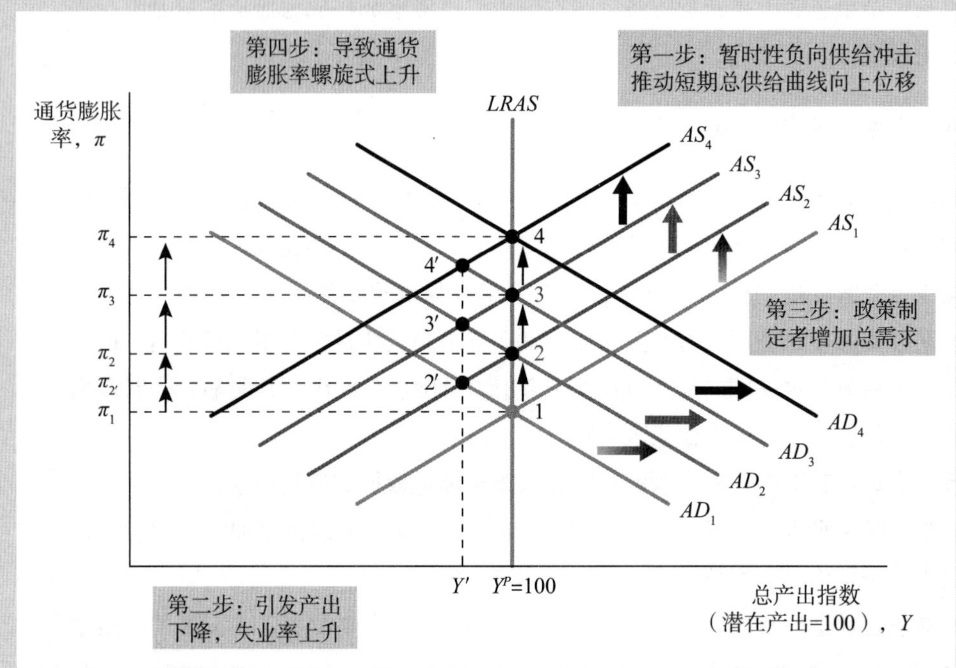

图 23-7　成本推进型通货膨胀

成本推进型冲击（相当于负向供给冲击）推动短期总供给曲线向左上方位移至 AS_2，经济移动到点 2′。为了将总产出保持在潜在水平并降低失业率，政策制定者推动总需求曲线位移至 AD_2，从而经济将迅速恢复到点 2 的潜在产出，而通货膨胀率为 π_2。短期总供给曲线继续向左上方位移至 AS_3 甚至更高的位置，使得政策制定者继续增加总需求，造成通货膨胀持续升高，即成本推进型通货膨胀。

23

需求拉动型通货膨胀　高就业目标也可能以另一种方式导致通货膨胀型财政和货币政策。由于劳动力市场存在着摩擦，失业工人和雇主之间很难实现完全匹配，因此，即使在充分就业（自然失业率）状态下，失业现象仍然存在，也就是说，充分就业时的失业率依然大于零。如果政策制定者错误地低估了自然失业率水平，因此设定的失业率目标过低（例如，低于自然失业率水平），就可能会造成过度扩张的货币政策，进而引发通货膨胀。

图 23-8 利用总供求分析说明了这一情景是如何发生的。如果自然失业率水平为 5%，而政策制定者的失业率目标是 4%，那么他们所希望达到的产出目标高于潜在产出。我们在图 23-8 中将总产出指数的这个目标水平用 Y^T 标出。假设经济初始位于点 1：此时经济在潜在产出上，但是低于总产出指数的目标水平 Y^T。为了达成 4%的失业率目标，政策制定者必须采取扩张性财政政策或者自主性宽松货币政策以增加总需求。图 23-8 中的总需求曲线向右位移直至到达 AD_2，经济移动至点 2′，此时的总产出指数为 Y^T，而政策制定者实现了 4%的失业率目标。但事情还未结束。在 Y^T 上，4%的失业率低于自然率水平，而且产出高于潜在水平，导致工资升高。短期总供给曲线将向左上方位移，最终到达 AS_2，经济也将从点 2′移动到点 2，此时又回到了潜在产出但是通货膨胀率上升到 π_2。由于失业再次高于目标水平，政策制定者为达成点 3′的产出目标将再次推动总需求曲线向右位移到 AD_3——整个过程将继续推动经济移动到点 3 甚至更高的位置。总的结果是通货膨胀率稳定上升。

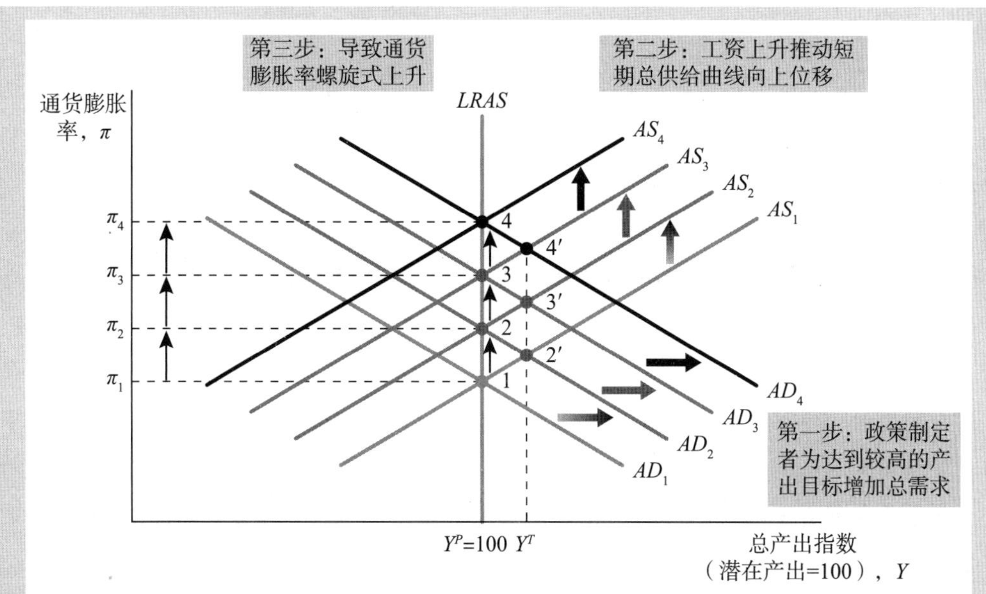

图 23-8　需求拉动型通货膨胀

失业率目标过低（或者总产出指数 Y^T 目标过高）导致政府增加总需求，推动总需求曲线从 AD_1 向右位移至 AD_2、AD_3，并且继续移动。由于在 Y^T 上，失业率低于自然率水平，工资将升高，短期总供给曲线将从 AS_1 向左上方位移至 AS_2、AS_3，并且继续移动。结果是通货膨胀率持续上升，即需求拉动型通货膨胀。

因此，追求过低的失业率目标，或者等价地，过高的产出目标，就会导致通货膨胀型货币或财政政策。政策制定者在两个方面都落空：他们未能达成自己的失业率目标，而且还加剧了通货膨胀。如果失业率目标低于自然率水平，在政策制定者意识到自己的错误之前，图 23-8 所述过程就将一直持续下去。

成本推进型与需求拉动型通货膨胀　当通货膨胀发生时，我们如何知道是成本推进型还是需求拉动型通货膨胀？通常情况下，当失业率低于自然失业率时，可能是需求拉动型通货膨胀；当失业率高于自然失业率时，可能是成本推进型通货膨胀。遗憾的是，经济学家和政策制定者在如何准确衡量自然失业率的问题上还在苦苦探索。更复杂的是，成本推进型通货膨胀可以由需求拉动型通货膨胀引起，这进一步模糊了二者之间的区别。当需求拉动型通货膨胀造成了更高的通货膨胀率时，预期通货膨胀率也终将上升，工人们为保证实际工资不下降将要求增加工资（成本推进型通货膨胀）。最后，扩张性的财政和货币政策制造了两类通货膨胀，所以我们不能基于根源来区分通货膨胀的类型。

在下面的应用中我们将看到，政策制定者追求高就业目标一直是美国通货膨胀型政策的主要原因。我们在第 19 章已经了解到，依靠基础货币增长来弥补持续的政府预算赤字也会造成高通货膨胀。

应用 大通胀

在考察了通货膨胀型货币政策的根源之后，现在我们可以来研究 1965—1982 年间美国通货膨胀上升的原因了。这个时期被称为“大通胀”。

图 23-9（a）记录了这些年里通货膨胀上升的情况。大通胀开始前的年通货膨胀率低于 2%；到了 20 世纪 70 年代末，平均通货膨胀已达 8%左右。1979 年石油价格冲击后，通货膨胀率在 1980 年达到了超过 14%的高点。图 23-9（b）对比了实际失业率和自然失业率的估计值。需要注意的是，1960—1973 年间，除了 1 年外，其余各年的失业率都低于自然失业率（用阴影区域标记）。这说明 1960—1973 年间美国经济经历了图 23-8* 所描述的需求拉动型通货膨胀。也就是说，为了实现过高的产出目标，政策制定者实施了自主性宽松货币政策，推动总需求曲线向右位移，造成了正向产出缺口，从而加剧了通货膨胀。20 世纪 60 年代中期，政策制定者、经济学家、政治家们全都笃定 4%的失业率目标，他们认为这个失业率水平与物价稳定是相符的。事后看，今天大部分经济学家都同意 20 世纪 60 年代和 70 年代的自然失业率水平要高得多，应当在 5%和 6%之间，如图 23-9（b）所示。4%这一不恰当的失业率目标造成了美国历史上持续时间最长的通货膨胀时期。

图 23-9（b）说明 1974 年以后，除了 1978—1979 年这一短暂时期之外，失业率都保持在自然失业率上方（见阴影区域），然而图 23-9（a）显示通货膨胀仍在持续，说明发生了图 23-7 所描述的成本推进型通货膨胀（其动力来自更早时候的需求拉动型通货膨胀）。对于政府坚决追求高就业目标，公众是知情的，这解释了通货膨胀的持续存在。需求拉动型通货膨胀引发的预期通货膨胀率上升，推动图 23-7 中的短期总供给曲线向左上方位移，造成了失业率上升。政策制定者为降低失业率而实施自主性宽松货币政策，推动总需求曲线向右位移。结果是通货膨胀持续上升。

在时任主席保罗·沃尔克的领导下，美联储坚定地实施了反通货膨胀的货币政策，包括将联

* 原文疑有误，已更正。——译者注

邦基金利率提高到 20%的水平——只有到了这时，通货膨胀才降了下来，结束了大通胀。

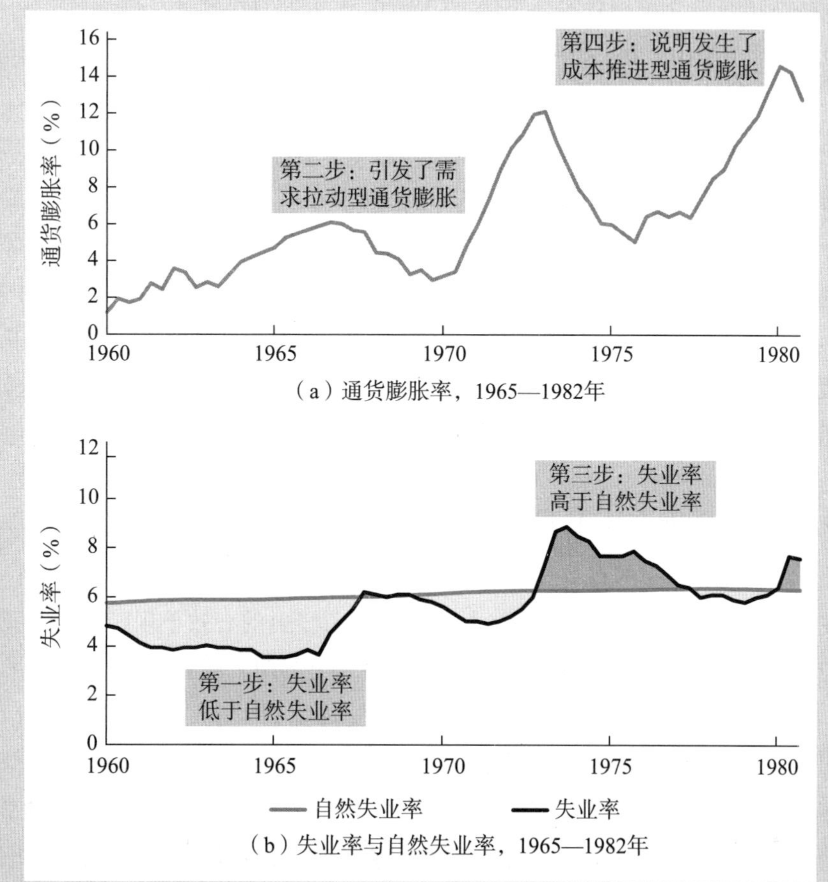

图 23-9　通货膨胀与失业，1965—1982 年

如图（a）所示，20 世纪 60 年代初期，CPI 通货膨胀率低于 2%/年，但到了 20 世纪 70 年代末，平均通货膨胀达到 8%左右。1979 年石油价格冲击后，通货膨胀率在 1980 年达到了超过 14%的高点。如图（b）所示，1960—1973 年间，除了 1 年外，其余各年的失业率都低于自然失业率，说明出现了图 23-8 所描述的需求拉动型通货膨胀。1975 年之后，失业率总是高于自然失业率，说明发生了图 23-7 所描述的成本推进型通货膨胀。

资料来源：Economic Report of the President.

23.5　位于有效下限的货币政策

23

目标 23.5　解释货币政策制定者在有效下限处面对的独特挑战，说明非常规货币政策在这种情况下如何能够有效。

迄今为止，我们都是假定中央银行能够持续地降低实际利率，因为下调政策利率（例如，联邦基金利率）可以降低通货膨胀，从而货币政策曲线总是向上倾斜。然而，由于联邦基金利率是名义利率，永远不可能大降到零值以下。一个远低于零的联邦基金负利率可能意味着，与持有库存现金的零回报相比，银行会愿意在联邦基金市场放款赚取更低的回报。第 15 章讨论过，政策利率最底限被称为有效下限，它给货币政策实施制造了一个特殊问题。

推导有效下限总需求曲线

为了更深入地理解有效下限给货币政策实施制造的问题，我们来看一看当中央银行不能将政策利率大降到零以下时总需求曲线会怎么样。该分析的关键事实在于，实际利率是经过预期通货膨胀调整后的利率，也就是说，实际利率等于名义利率减去预期通货膨胀，$r=i-\pi^e$。图 23-10（a）给出了达到有效下限的 *MP* 曲线，为简化起见我们将假定其取值为零，尽管也可以略低于零。为达到分析目的，我们假定预期通货膨胀紧密跟随实际通货膨胀率而运动（通常情况下的确如此），用图 23-10（a）中的横轴表示。我们从 *MP* 曲线上的点 3 开始，此时的通货膨胀率为 3%，实际利率为 2%。现在来看一看当通货膨胀率从 3%降低到 2%时会发生什么。在这个通货膨胀水平上，货币当局将希望降低实际利率，比如降到－2%[图 23-10（a）中的点 2]，这将要求其将政策利率降到零（$r=0-2\%=-2\%$）。在图 23-10（a）中的点 2 处，达到了 *MP* 曲线上的有效下限。至此，我们的分析与第 21 章的分析完全一样，*MP* 曲线有着常见的向上倾斜形状。

现在，如果通货膨胀率进一步降低，比如降到 1%，会怎么样？货币当局还是想要通过降低政策利率来降低实际利率，但因为政策利率已经达到了有效下限的最底限（我们假定其值等于零），所以无法这样操作。事实上，如 *MP* 曲线上的点 1 所示，由于名义政策利率的有效下限为零，通货膨胀率 1%上的实际利率现在已经上升到－1%($r=0-1\%=-1\%$)。于是我们看到了 *MP* 曲线连接点 2 和点 1 的部分向下倾斜，与第 21 章所述的形状相反。

现在我们看看图 23-10（b）中的总需求曲线会怎样。当通货膨胀率为 3%、实际利率为 2%时［图 23-10（a）中 *MP* 曲线上的点 3］，总产出指数的均衡水平为 90，标记为图 23-10（b）中总需求曲线上的点 3。现在，当通货膨胀率降低为 2%，实际利率降低为－2%时［即图 23-10（a）中 *MP* 曲线上的点 2］，随着实际利率下降，计划投资支出增加，总产出指数增加到 100。通货膨胀率 2%和总产出指数 100 在图 23-10（b）中被标记为 *AD* 曲线上的点 2。这个点也位于有效下限。从点 3 到点 2 的总需求曲线为常见的向下倾斜形状。

23

然而，如果通货膨胀降低到 1%，*MP* 曲线上的点 1 说明实际利率将上升到－1%，因为在有效下限情况下，名义政策利率被困在零附近，通货膨胀率和预期通货膨胀率同时下降将提高实际利率。实际利率上升将导致总产出指数下降到 95，即图 23-10（b）中 *AD* 曲线上点 1 的位置。因此，从点 1 到点 2，总需求曲线向上倾斜而非向下倾斜。由此可见，有效下限的存在造就了折弯形状的总需求曲线［如图 23-10（b）所示］。

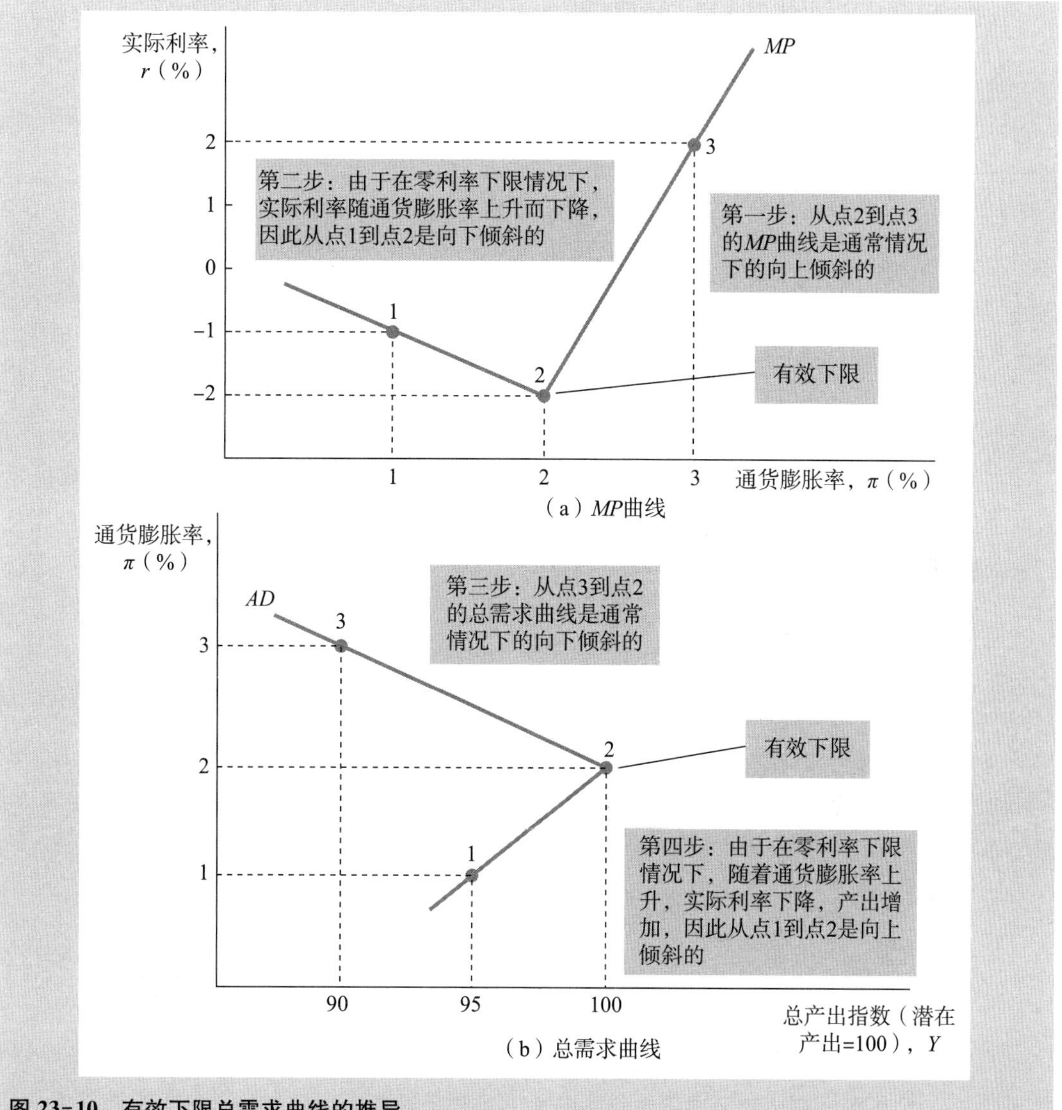

图 23-10　有效下限总需求曲线的推导

在图（a）中，*MP* 曲线上从点 2 到点 3 之间的部分有着常见的向上倾斜形状，但随着政策利率达到有效下限的最底限，通货膨胀率和预期通货膨胀率下降导致实际利率上升，因此点 1 和点 2 之间的部分是向下倾斜的。这使得图（b）中的总需求曲线呈现出折弯的形状。

在有效下限处自我纠错机制消失

23

现在我们来分析，当经济遭遇严重的负向冲击（如第 12 章提到的，2007—2009 年全球金融危机期间发生的那类冲击）以至于有效下限成为强约束时，总供求曲线图会怎样。在这种情况下，图 23-11 中的初始短期总供给曲线与总需求曲线的向上倾斜部分相交于点 1，此时总产出指数为 Y_1，低于潜在产出 $Y^P=100$。由于 $Y_1<Y^P$，经济不够活跃，所以短期总供给曲线将下降到 AS_2，经济将移动到 AS_2 与 AD 曲线的交点 2，此时通货膨胀和总产出指数分别下降到 π_2 和 Y_2。现在相对

于 Y^P，Y_2 更低了，所以短期总供给曲线将继续向下位移至 AS_3，经济移动到点 3，通货膨胀和总产出指数分别进一步降低至 π_3 和 Y_3。

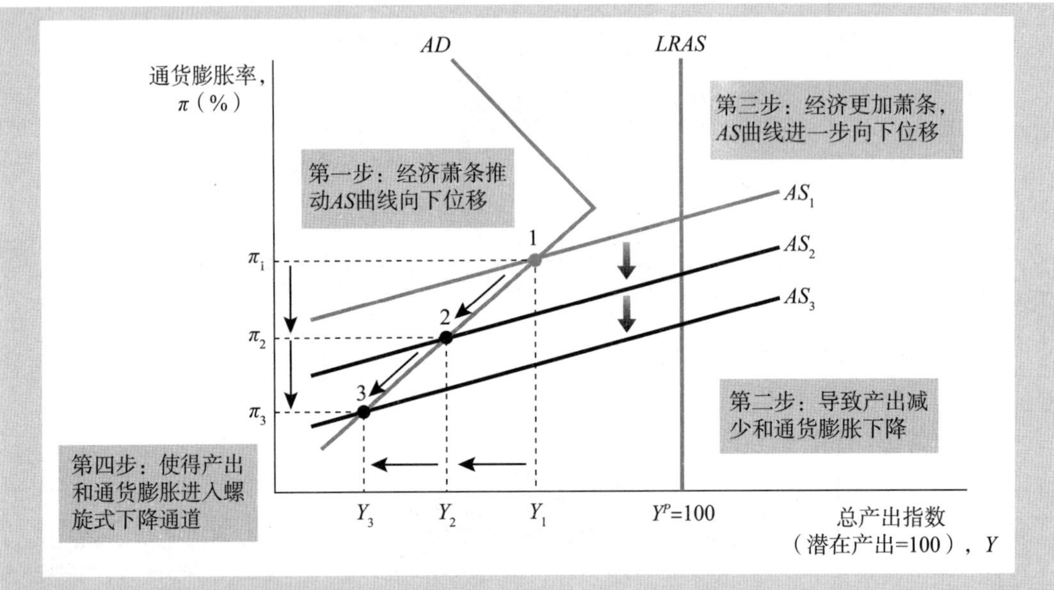

图 23-11　在有效下限处自我纠错机制缺失

在初始均衡点 1，$Y_1<Y^P$，因此短期总供给曲线向下位移到 AS_2，经济移动到点 2，此时总产出指数和通货膨胀率分别下降到 Y_2 和 π_2，由于 Y_2 相对于 Y^P 更低了，短期总供给曲线继续向下位移至 AS_3，经济移动到点 3，此时总产出指数和通货膨胀率分别进一步降低至 Y_3 和 π_3。因而产出和通货膨胀都进入螺旋式下降通道。

我们对图 23-11 的分析揭示了两个关键结果：

首先，自我纠错机制不再可用。当经济处于均衡产出低于潜在产出且政策利率达到有效下限之情形中时，如果政策制定者不采取任何行动，产出不会自动恢复到潜在水平。事实上还会出现相反的情况：经济进入螺旋式下降通道。

其次，在这种情况下，经济陷入了通货紧缩螺旋，特点是通货膨胀和产出持续下降。

这两种结果背后的机理非常显而易见。当产出低于潜在水平且政策利率已经达到有效下限的最底限时，由此导致的通货膨胀下降引起实际利率上升，从而进一步抑制产出，使通货膨胀再下降，依此类推。这一系列事件的传导链条可以如下示意图所示：

23

$$Y<Y^P \Rightarrow \pi\downarrow \Rightarrow r\uparrow \Rightarrow Y\downarrow \Rightarrow Y<<Y^P \Rightarrow \pi\downarrow \Rightarrow r\uparrow \Rightarrow Y\downarrow$$

最终结果就是产出和通货膨胀都螺旋式下降。

应用　非常规货币政策和量化宽松

在有效下限处，货币政策当局无法降低政策利率，因此常规货币政策不能再用。结果，中央银行将不得不求助于第 15 章讨论的非常规货币政策来刺激经济。这里我们将分析几种不同的非常规货币政策是如何推动经济扩张，而又避免如图 23-11 所示产出和通货膨胀同时陷入螺旋式下降通道的。

之前提到过，非常规货币政策有三种形式：流动性提供，资产购买（量化宽松），以及预期管理。要了解每种形式如何发挥作用，第 20 章讲过，投资的实际利率 r_i 不仅反映中央银行设定的短期实际利率 r，而且反映另外一项 $\bar{f}$，即我们之前提及的金融摩擦。这种联系用数学公式表达如下：

$$r_i = r + \bar{f} \tag{23.1}$$

这里的每一个非常规货币政策指标都通过降低总供求模型中的 $\bar{f}$，帮助提高了总产出和通货膨胀率。我们来依次考察每个指标。

流动性提供

图 23-12 描述的有效下限情况，经常出现在信贷市场失灵和流动性突然短缺的时候，就像 2007—2009 年全球金融危机期间发生的那样。流动性短缺导致金融摩擦急剧提高，推动图 23-12 中的总需求曲线 AD_1 位移，与总供给曲线相交于点 1，此时政策利率达到有效下限的最底限，而且产出低于潜在水平。中央银行可以直接缓解金融摩擦，通过增加贷款便利向受损的市场提供更多流动性，帮助市场恢复正常功能，从而降低 $\bar{f}$ 项的数值。我们在第 22 章看到，金融摩擦缓解降低了投资的实际利率 $r_i = r + \bar{f}$，从而增加了任意通货膨胀率对应的投资支出和总产出需求数量。总需求曲线于是向右位移至 AD_2，经济移动到点 2，产出和通货膨胀双双上升。事实上，如果流动性提供足够成功的话，经济可以恢复到充分就业水平，如图中点 2 所示，此时产出将回归其潜在水平。

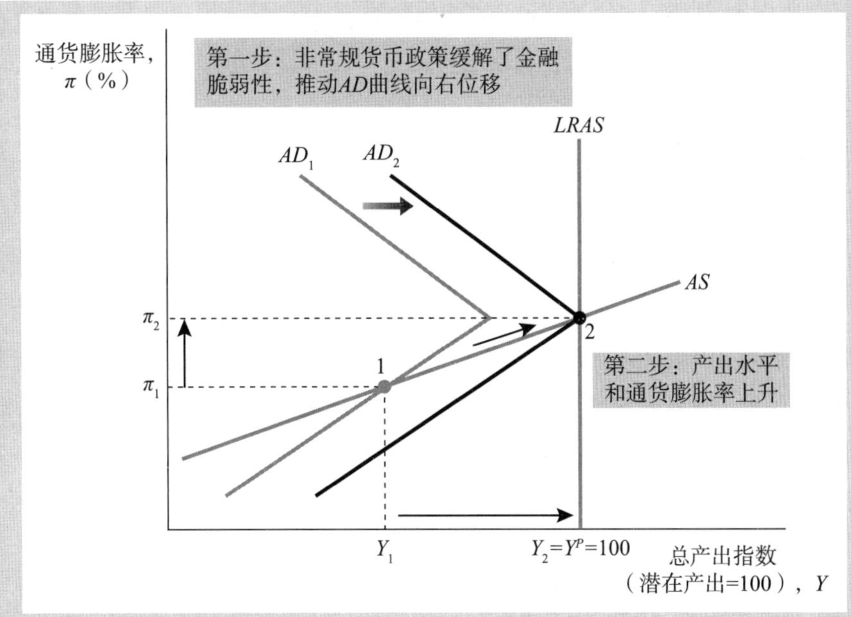

图 23-12　对非常规货币政策的反应

无论是流动性提供、资产购买还是预期管理，非常规货币政策都降低了 $\bar{f}$，进而降低了任意通货膨胀率对应的投资的实际利率，推动总需求曲线位移至 AD_2。经济移动到点 2，此时总产出指数和通货膨胀分别上升到 Y_2 和 π_2。

资产购买和量化宽松

货币当局也可通过购买私人发行证券来降低信贷利差，进而降低 $\bar{f}$ 项。当货币当局购买私人证券时，该证券价格上升、利率下降，进而降低信贷利差，因此降低 $\bar{f}$ 和投资的实际利率。如图 23-12 所示，任意通货膨胀率所对应的投资实际利率下降，导致总需求曲线向右位移，使产出和通货膨胀都升高。

由于投资通常是长期项目，投资的实际利率很可能是长期利率，所以与短期实际利率 r 不同。因此，对公式（23.1）中 $\bar{f}$ 项可以这样理解：不仅反映了金融摩擦和信贷利差，而且反映了长短期利率之差。这意味着长期国债等资产购买也可降低投资的实际利率。例如，当美联储购买长期美国国债时，该行动提高了债券价格，降低了长期利率。结果就是 $\bar{f}$ 以及对应任意通货膨胀率的投资实际利率下降，因此图 23-12 中的总需求曲线将向右位移至 AD_2，从而提高产出和通货膨胀。

当中央银行从事流动性提供或者资产购买时，它的资产负债表必然随之扩张。事实上，我们在第 15 章已经看到，从 2007 年 9 月金融危机开始前一直到 2014 年，美联储的资产价值从大约 8 000 亿美元飙升至 4 万亿美元以上，后来从 2020 年 3 月开始为应对新冠疫情再次急剧升高。资产负债表的这种扩张被称为量化宽松，原因在于，它大幅增加了经济中的流动性，可以形成在短期内刺激经济的巨大力量，但也有可能制造未来的通货膨胀。

然而，中央银行资产负债表扩张就其本身而言，可能还不足以刺激经济。在有效下限的 AD/AS 分析中，我们看到，除非量化宽松能够降低投资的实际利率，即美联储前主席本·伯南克所说的信贷宽松，否则将不会对总需求曲线产生影响，因而也就对产出和通货膨胀没有影响。如果资产购买计划只购买短期政府证券，该计划不可能影响信贷利差或者长短期利率之差，因此 $\bar{f}$ 和投资的实际利率将保持不变。结果对总体经济仅产生非常小的影响。[①] 事实上这就是日本所经历的情况，当时日本银行实施大规模资产购买计划主要就是购买短期国债。不仅经济没能复苏，甚至通货膨胀率也变成负数。

预期管理

预期管理的一种形式是前瞻性指引，即中央银行承诺长期保持政策利率低水平，这是降低长短期利差进而降低 $\bar{f}$ 和投资的实际利率的另一种方式。我们在第 6 章看到，由于投资者可以选择投资于长期债券，而不是连续投资于一系列短期债券，因此长期债券利率与其有效期内市场预期的短期利率平均值密切相关。通过承诺未来政策行动将保持联邦基金利率长期为零，中央银行可以降低对未来短期利率的市场预期，从而拉动长期利率下降。结果将是 $\bar{f}$ 和投资的实际利率下降，将推动图 23-12 中的总需求曲线向右位移，使产出和通货膨胀都上升。

① 量化宽松本身不一定能够刺激经济，还有另外两个原因。首先，中央银行资产负债表大幅扩张不一定导致货币供给大幅增加。第 14 章的应用“量化宽松与货币供给：全球金融危机及新冠病毒危机期间”说明，这正是美国 2007—2014 年期间以及 2020 年再次遭遇的情况，当时美联储资产负债表和基础货币的巨幅扩张没有导致货币供给大量增加，原因是大部分增加的基础货币都转化为超额准备金持有了。其次，基础货币增加不一定意味着银行会扩大贷款，因为银行还可以选择持有超额准备金，而不是增加贷款发放。全球金融危机和新冠疫情期间就是如此，当时基础货币的大幅增加主要造成了超额准备金大量增加，但银行贷款没有增加。

至此，非常规货币政策的生效机制都是通过 $\bar{f}$ 项以及图 23-12 中的总需求曲线向右位移实现的。然而，预期管理还可以通过提高预期通货膨胀率实现短期总供给曲线位移（见图 23-13）来发挥作用。第 22 章曾经介绍过，通货膨胀预期上升（例如，中央银行承诺未来将竭尽全力提高通货膨胀）将推动图 23-13 中的短期总供给曲线向上位移至 AS_2，经济移动到点 2，此时总产出指数和通货膨胀分别上升到 Y_2 和 π_2。这背后的机理显而易见：由于政策利率固定在有效下限处，预期通货膨胀上升将引起实际利率下降，如图所示，随着经济沿着总需求曲线从点 1 移动到点 2，将导致投资支出和总产出增加。然而，这一策略的问题在于，公众必须相信未来通货膨胀率确实将会上升。如果中央银行提高通货膨胀率的承诺不可信，那么通货膨胀预期可能不会上升，这种特殊类型的预期管理将无效。

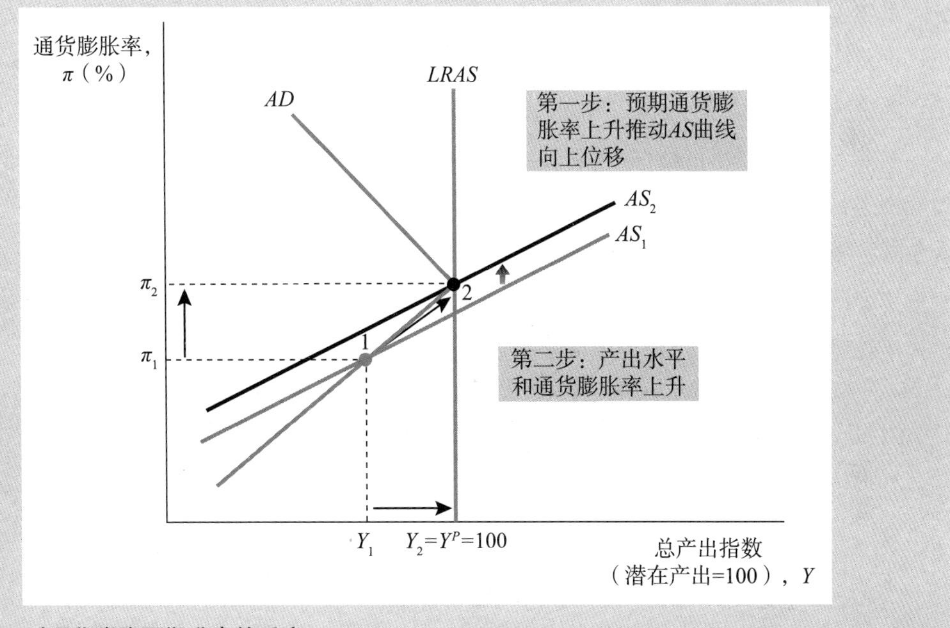

图 23-13　对通货膨胀预期升高的反应

通货膨胀预期升高导致短期总供给曲线向上位移至 AS_2，经济移动到点 2，此时总产出指数和通货膨胀分别上升到 Y_2 和 π_2。

应用　安倍经济学与 2013 年日本货币政策的转变

到 2012 年，日本经济萎缩已经超过了 10 年，增长率非常低，政策利率陷入有效下限接近零的困境，经济遭遇了通货紧缩。2012 年 12 月安倍晋三（Shinzo Abe）赢得日本首相大选，当时的经济背景就是如此。就任后，他提出了旨在刺激经济增长的重大经济政策转变，媒体将他的政策称为“安倍经济学”。安倍经济学的一个关键要素就是货币政策彻底转变。首先，2013 年 1 月，安倍不顾时任日本银行行长白川方明（Masaaki Shirakawa，后来在 3 月辞职）的反对，施压日本银行将通货膨胀目标从 1%翻番至 2%。新行长黑田东彦（Haruhiko Kuroda）在 2013 年 3 月就任后宣布对日本银行的未来货币政策操作进行重大调整。首先，与前任行长从来没有正式承诺过要实现 1%的通货膨胀目标不同，黑田东彦承诺要在两年内实现2%以上的通货膨胀目标。其次，他表示日本银行将启动大规模资产购买（量化宽松）计划，该计划不仅会将日本银行的资产负债表扩张两倍，而且购买的资产组合会发生很大变化。具体而言，不是购买短期国债，而是日本银行会购买长期债券，包括不动产投资信托等私人证券。

我们可以运用上一节的分析来说明这种方法为什么可以修复日本经济。首先，与之前的量化宽松不同，安倍经济学计划通过购买长期资产寻求降低$\bar{f}$。具体而言，该项目通过购买私人证券降低信贷利差，也通过购买长期国债降低长期利率，进而降低$\bar{f}$。如我们所知，由于政策利率位于有效下限，$\bar{f}$降低会带动投资的实际利率下降，进而推动图23-14中的总需求曲线向右位移至AD_2。

其次，根据我们的分析，通货膨胀目标调高，以及更重要的是黑田东彦为此做出坚定承诺，会提高预期通货膨胀率，进而推动短期总供给曲线位移至AS_2。从图23-14中可以看出，经济会移动到点2，此时产出和通货膨胀都会上升。

换句话说，新货币政策的两面进攻不仅会通过资产购买计划直接降低投资的实际利率，而且会直接提高通货膨胀预期，为降低实际利率提供另一个动力。这两种机制共同作用于推动经济扩张，帮助日本从过去15年的通货紧缩中退出。虽然这一新政策战略已经帮助日本将通货膨胀提高到零以上，并且降低了失业，但仍然没有成功地实现2%的通货膨胀目标。该失败说明，一旦发生了持续的通货紧缩，想要提高通货膨胀预期有多么困难。

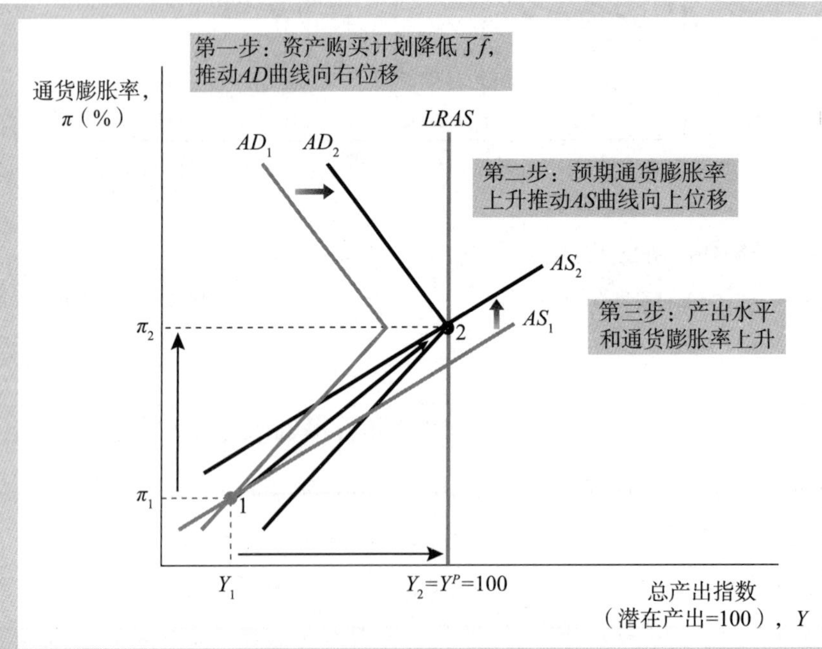

图23-14 对2013年日本货币政策转变的反应

日本银行调整后的资产购买计划降低了$\bar{f}$，进而降低了任意通货膨胀率对应的投资的实际利率，推动总需求曲线从AD_1向右位移至AD_2。通货膨胀预期上升推动短期总供给曲线从AS_1向上位移至AS_2。经济移动到点2，此时总产出指数和通货膨胀分别上升到Y_2和π_2。

总 结

1. 对于总需求冲击，物价稳定和经济活动稳定这两个目标是一致的：稳定通货膨胀即可稳定经济活动，即使在短期也是如此。然而，对于供给冲击，短期内必须在稳定通货膨胀和稳定经济活动两个目标之间做出取舍。但在长期里，稳定通货膨胀和稳定经济活动之间不存在冲突。

2. 积极干预者认为通过工资和物价调整发挥作用的自我纠错机制是一种非常缓慢的机制，因此主张政府采取积极的适应性政策来解决出现的高失业问题。与此相反，非积极干预者坚信自我纠错机制作用迅速，因此主张政府避免采取积极消除失业的政策。

3. 米尔顿·弗里德曼认为长期里"通货膨胀随时随地都是一种货币现象"，对此总供求分析可以证明：该分析说明，货币政策制定者可以在长期里盯住任意通货膨胀目标，通过自主性货币政策利用联邦基金利率工具来调整总需求水平，进而改变均衡通货膨胀率。

4. 旨在提高就业的积极干预稳定化政策会造成两种类型的通货膨胀：成本推进型通货膨胀（负向供给冲击或者工人要求工资增长幅度超过产出增长率所引起的）；需求拉动型通货膨胀（政府为实现高产出和高就业目标而采取增加总需求的政策所导致的）。需求拉动型和成本推进型通货膨胀共同造成了美国1965—1982年间的大通胀。

5. 当名义政策利率达到有效下限的最底限时，总需求曲线就变成向上倾斜的，这意味着推动经济返回其充分就业状态的自我纠错机制不再可用。在有效下限处，为促进产出和提高通货膨胀，货币当局必须求助于三种非常规货币政策：流动性提供、资产购买（通常被称为量化宽松）和预期管理。

关键术语

积极干预者	影响时滞	立法时滞	成本推进型通货膨胀	执行时滞
非积极干预者	数据时滞	通货膨胀缺口	认识时滞	需求拉动型通货膨胀
通货膨胀目标	神作之合	凯恩斯主义者		

思考题

1. 当我们提到通货膨胀缺口为负时，这意味着什么？

2. "如果自主性支出减少，中央银行应当降低通货膨胀目标以稳定通货膨胀。"这种表述正确、错误还是不确定？解释你的答案。

3. 对于下列每种冲击，说明货币政策制定者会如何应对（或者无政策反应）以稳定经济活动。假定经济最初位于长期均衡位置。

a. 消费者减少自主性消费。

b. 金融摩擦缓解。

c. 政府支出增加。

d. 税收增加。

e. 本币升值。

4. 全球金融危机期间，美联储在无法进一步降低利率的情况下，如何才能抵消金融摩擦的显著加剧？美联储的计划是否奏效？

5. 为什么神作之合简化了政策制定者的工作？

6. 为什么负向供给冲击使政策制定者陷于两

难境地？

7. 假定三个经济体都遭遇了同样的负向供给冲击。A国通货膨胀开始时上升且产出下降，之后通货膨胀进一步上升且产出提高。B国通货膨胀开始时上升且产出下降，之后通货膨胀和产出双双下降。C国通货膨胀开始时上升且产出下降，之后通货膨胀下降而产出最终提高。每个国家采取了什么类型的稳定化政策？

8.“面对正向供给冲击时，政策制定者永远不会采取稳定产出的政策。”这种表述正确、错误还是不确定？解释你的答案。

9. 企业需要很长时间才能使新的厂房和设备投入运转，这一事实说明了什么政策问题？

10. 在美国，近年来很多观察家对“华盛顿特区政治僵局”提出过批评，并称国会是“不作为国会”。这里描述的是哪类政策时滞？

11. 稳定化政策更有可能通过货币政策还是财政政策来实施？为什么？

12.“如果数据时滞和认识时滞可以缓解，积极干预政策或许会让经济受益更多。”这种表述正确、错误还是不确定？解释你的答案。

13. 如果经济的自我纠错机制作用非常缓慢，政府是否一定要实施相机抉择政策来解决失业问题？为什么？

14. 20世纪70年代初，生产率意外下降导致大多数经济学家以为潜在产出大于其实际水平。在这种情况下政策决策者有可能如何反应？你认为结果会怎样？

15. 20世纪60年代和70年代的美国，通货膨胀显著增长。但这两个年代的失业表现非常不同。为什么？

16. 相对陡峭和相对平缓的短期总供给曲线，哪条曲线会支持非积极干预政策主张？为什么？

17.“因为政府的政策制定者认为通货膨胀是不受欢迎的，因此他们的政策不可能是通货膨胀的来源。”这种表述正确、错误还是不确定？解释你的答案。

18. 货币当局如何能够以它们所希望的任何通货膨胀率为目标？

19. 当自然失业率实际为5%时，如果政策制定者错误地认为自然失业率为7%，并追求稳定化政策，将会发生什么？

20. 需求拉动型通货膨胀如何能够引发成本推进型通货膨胀？

21. 政策利率达到略低于零的最底限如何引起总需求曲线向上倾斜？

22. 为什么当政策利率达到有效下限时，自我纠错机制失效？

23. 当经济达到有效下限时，非常规货币政策以何种方式影响投资的实际利率？如何影响信贷利差？

应用题

24. 假定现任政府决定减少政府支出，以缩小当前政府预算赤字。

23

a. 利用总供求图说明这一决定对经济的短期影响。描述对通货膨胀和产出的影响。

b. 如果美联储决定稳定通货膨胀率，对实际利率、通货膨胀率和总产出指数将产生什么影响？

25. 利用总供求图说明政策时滞是如何造成产出和通货膨胀的不利波动的。

26. 随着货币政策制定者日益关注通货膨胀稳定，总需求曲线的形状变得更加平坦。当经济遭遇负向供给冲击时，总需求曲线形状的这一变化如何有助于稳定通货膨胀？利用总供求图说明。

27. 2003年，随着美国经济似乎终于退出了持续衰退，美联储开始担忧经济的“阶段性疲软”，特别是通货紧缩的可能性。因此，美联储开始先发制人地将联邦基金利率从2002年底的1.75%降至2003年中期的1%，从而创下了当时联邦基金利率的最低纪录。此外，美联储承诺在相当长的时期里将联邦基金利率保持在这一水平上。这一政策被认为是高度扩张性的，而且在有些人看来具有通货膨胀潜在性并且是不必要的。

a. 即使经济并没有实际进入衰退，害怕有效下限如何能证明该政策是正确的？

b. 利用 MP 曲线和总供求图说明这些政策的影响。务必要给出2003年的初始状态，以及对通货紧缩威胁的政策影响。

28. 假定 $\bar{f}$ 取决于两个因素：金融恐慌和资产购买。

a. 利用 MP 曲线和总供求图说明严重的金融恐慌如何将经济拖入有效下限境地并使其陷入动荡的通货紧缩螺旋。

b. 利用 MP 曲线和总供求图说明大规模资产购买如何能够对冲a所描述的金融恐慌影响。

第24章 货币政策中预期的作用

学习目标

24.1 总结卢卡斯批判。

24.2 比较政策规则和相机抉择政策的使用。

24.3 总结和说明中央银行可信度的好处。

24.4 明确中央银行建立和保持可信度的几种途径。

本章预习

第二次世界大战后，以我们在第20～23章所构建模型武装起来的经济学家们，认为相机抉择政策可以降低经济周期波动的严重性而又不必制造通货膨胀。20世纪60年代和70年代，这些经济学家终于有机会将他们的理论应用于实践了，但是结果却不及预期。那段时间的经济记录令人沮丧：通货膨胀加剧，通货膨胀率经常爬升至10%以上，而且就业数据甚至比20世纪50年代还要糟糕。①

在20世纪70年代和80年代，诺贝尔经济学奖得主、芝加哥大学的罗伯特·卢卡斯（Robert Lucas）和现在供职于纽约大学的托马斯·萨金特（Thomas Sargent）等经济学家利用我们在第7章讨论过的理性预期理论，考察了相机抉择政策表现如此糟糕的原因。他们的分析对于宏观经济模型是否可以用来评估政策的潜在效果，以及被公众预料到的政策是否还能有效等提出了质疑。由于卢卡斯和萨金特的分析对于政策应当如何操作具有很强的政策含义，因此被贴上了理性预期革命（rational expectations revolution）的标签。②

本章考察的是理性预期革命背后的分析。我们先从卢卡斯批判入手，它说明了，因为预期是经济行为的重要部分，所以要预测相机抉择政策将有什么后果可能

---

① 经济状况恶化的部分原因要归咎于1973—1975年和1978—1980年的供给冲击。

② 其他在推动理性预期革命中表现活跃的经济学家有哈佛大学的罗伯特·巴罗（Robert Barro），卡内基-梅隆大学的贝内特·麦卡勒姆（Bennett McCallum），诺贝尔经济学奖得主、亚利桑那州立大学的爱德华·普雷斯科特（Edward Prescott）以及宾夕法尼亚州立大学的尼尔·华莱士（Neil Wallace）。

非常困难。然后，我们来研究理性预期对第 22 章所构建的总供求分析的影响，并探讨这一理论突破是如何塑造当前的政策决策模型和政策辩论的。

24.1　政策评价的卢卡斯批判

目标 24.1　总结卢卡斯批判。

经济学家一直使用**宏观经济计量模型**（macroeconometric model）来预测经济活动和评估政策选择的潜在影响。模型由一系列方程式组成，实质上是描述许多经济变量之间的统计联系。经济学家们可以将数据代入这些模型，从而得到大量预测或预报。

罗伯特·卢卡斯在其著名论文《计量经济学政策评价：一个批判》（Econometric Policy Evaluation：A Critique）中，对当时使用宏观经济计量模型来评价政策的做法提出了压倒性的反对意见，推动了理性预期革命。①

计量经济学政策评价

为了理解卢卡斯的理论，我们首先必须理解计量经济学政策评价是怎样进行的。举例来说，比如联邦储备体系希望评估调整现行联邦基金利率（假定是 5%）会有什么潜在影响。如果运用传统方法，美联储经济学家会将不同的联邦基金利率（比如 4%和 6%）输入模型的计算机程序中，模型就可以预测不同场景下失业和通货膨胀会如何变化。之后，政策制定者们就可以根据模型预报的最理想结果来选择政策。

卢卡斯基于理性预期理论指出，如果模型中没有引入理性预期，那么该方法就存在着错误推理，当时政策制定者广泛使用的宏观经济计量模型就是如此。当政策调整时，公众预期也会随之变化。例如，如果美联储将联邦基金利率上调到 6%，这一行动可能改变公众对于未来利率将朝向哪里的预期形成方式。正如我们所看到的，这些预期改变可能对经济行为和政策结果产生实际影响。然而，没有引入理性预期的计量经济模型忽略了预期改变的影响，因此用来评估政策选择是不可靠的。

应用　利率的期限结构

现在我们把卢卡斯理论应用于一个具体例子，只涉及一个常用的计量经济学公式：期限结构公式。该公式将长期利率同短期利率的当期和历史水平联系在一起。这是宏观经济计量模型中最重要的公式之一，因为长期利率（而非短期利率）被认为是对总需求影响更大的那个因素。

在第 6 章我们已经看到，长期利率与预期未来短期利率的平均值有关。假设在过去，当短期利率上升后，很快就会再跌回来，也就是说，任何上升都是暂时性的。因为理性预期理论认为短期利率的任何上升总被理解为暂时现象，所以，这样的上升应当只对预期未来短期利率的

① *Carnegie-Rochester Conference Series on Public Policy* 1（1976）：19-46.

平均值有极小影响。因此，短期利率上升所引起的长期利率上升程度应当只是微不足道的。于是，根据历史数据估计的期限结构关系式说明，短期利率变动对长期利率将只有很弱的影响。

假设在可预见的未来有可能将短期利率从当前的5%提高到6%，美联储希望评估该政策对经济的影响。用历史数据估计的期限结构公式表明，长期利率只会发生很小变化。然而，理性预期理论说明，如果公众认为短期利率是永久性地上升到一个更高水平，那么人们将不再预期短期利率只是暂时性升高。相反，当他们看到利率上升到6%时，他们将预期未来短期利率的平均值大幅上升，因此，长期利率也将大幅上升，而不像利率期限结构公式所估计的那样只有很小的上升。你可以看到，运用计量经济模型来评估联邦储备体系政策调整的可能结果，有可能产生严重错误的信息。

期限结构应用也证明了卢卡斯批判的另一个方面。特定政策的效应严重依赖于公众的政策预期。如果公众认为短期利率升高仅仅是暂时的，那么，如前所述，长期利率的反应就将是微不足道的。但如果公众认为升高是永久性的，那么，长期利率的反应就将大得多。**卢卡斯批判指出，不仅不能用传统的计量经济模型进行政策评价，而且公众的政策预期将会影响该项政策的反应。**

这里讨论的期限结构公式仅仅是适用卢卡斯批判的许多计量经济学公式中的一个。实际上，卢卡斯在论文中使用了消费公式和投资公式的例子。期限结构例子的引人注目之处在于其讨论的是金融市场的预期，实证证据表明理性预期在该经济部门中的作用更加强大。不过，卢卡斯批判应当也适用于那些在理性预期理论上更有争议的经济部门，因为卢卡斯批判的基本原理并非预期永远是理性的，而是当被预测变量的行为变化时，预期形成方式也随之改变。这一不太严格的原理，在金融市场以外的很多经济部门也都得到了证据支持。

24.2 政策操作：规则还是相机抉择？

目标 24.2 比较政策规则和相机抉择政策的使用。

卢卡斯批判揭示了需要新的政策模型来反映理性预期理论的核心观点。这里，我们基于经济学家之间的一场长期辩论来探讨卢卡斯批判的政策含义：货币政策制定者是应当保留根据经济形势变动调适政策的灵活性，还是应当遵循政策**规则**（rules），即具有约束力的计划，规定政策将如何对失业和通货膨胀等特定数据做出反应（或者不做反应）。

24

相机抉择和时间不一致性问题

当政策制定者不对未来行动做出任何承诺，而是根据当时情况采取他们相信是正确的政策决策时，我们说这是**相机抉择**（discretion）政策操作。当政策制定者有权随时制定政策的时候，这就引入了复杂性。第16章讨论的时间不一致性问题揭示了相机抉择政策的潜在局限性。所谓时间不一致性问题，指政策制定者在做出短期决策时有偏离长期好计划的倾向。政策制定者总是想实施比企业或人们预期更具扩张性的政策，因为这些政策将在短期里刺激经济产出（和减少失业）。然而最优政策是不实施扩张性政策，因为工资和价格反映了工人和企业的政策预期（理性预期革命的政策含义）。例如，当工人和企业发现中央银行实施相机抉择的扩张性政策时，他们将意识到该政策很可能引起未来更高的通货膨胀。因此他们将提高通货膨胀预期，推动工资和价格上升。工资和价格上升将引起更高的通货膨胀，但一般不会导致更高的产出。

如果不是以意外的扩张性政策使公众措手不及，而是保持通货膨胀可控，政策制定者将在长期里促进更好的通货膨胀表现。做到这一点的方法，就是放弃相机抉择，并且采取规则来管理政策制定。

规则的类型

与相机抉择不同，规则必然是自动性的。**货币主义者**（monetarists）即米尔顿·弗里德曼和他的追随者们主张采取的著名规则是**单一货币增长率规则**（constant-money-growth-rate rule），这是指无论经济状况如何，政策制定者都应当保持货币供给增长率不变。其他货币主义者如贝内特·麦卡勒姆与艾伦·梅尔茨（Alan Meltzer）提出了该规则的变形，允许货币供给增长率根据货币流通速度（即名义收入除以货币数量，经常被发现在短期里很不稳定）的变动进行调整。这类规则因为不对经济状况“做出反应”，所以也被视作非积极干预主义政策规则。货币主义者主张采取这类政策规则，因为他们相信货币是总需求波动的唯一来源，并且如果对失业做出积极的政策反应，那么货币政策漫长且多变的时滞效应将引起经济活动和通货膨胀更加反复无常（第 23 章讨论过）。

与此相反，积极干预主义政策规则指出，货币政策应当对产出和通货膨胀水平做出反应。这类规则中最著名的就是第 16 章讨论过的泰勒规则。它认为美联储应当使用同时考虑了产出缺口（$Y-Y^P$）和通货膨胀缺口（$\pi-\pi^T$）的公式来设定联邦基金利率目标。

支持规则的理由

我们对时间不一致性问题的讨论说明，相机抉择政策可能导致糟糕的经济后果。如果货币政策制定者相机抉择地行事，他们将总想着追求过度扩张的货币政策，这将提升短期就业，但在长期里制造更高的通胀（而不是更高的就业）。像泰勒规则或者单一货币增长率规则这样的政策规则承诺解决了时间不一致性问题，因为政策制定者不能相机抉择，只能遵循已经设定的计划，因此可以防止他们利用通货膨胀和就业之间的短期替代关系。由于被政策规则束缚了手脚，所以政策制定者可以实现理想的长期结果。

支持规则的另外一个理由认为，不能指望政策制定者和政治家们做出好决定。

米尔顿·弗里德曼与安娜·施瓦茨（Anna Schwartz）的经典著作《美国货币史》① 记录了无数次联邦储备体系严重的政策失误，最糟糕的一次发生在大萧条期间，当时的美联储袖手旁观，放任银行体系和经济走向崩溃（第 12 章讨论了大萧条时期的美联储政策行动）。这种观点的支持者们认为，制定财政政策的政治家不可信，因为他们有强烈的动机去实施可以帮助自己赢得下次选举的政策。所以他们更有可能强调在短期内增加就业，而不去担心他们的行为是否将引起未来更高的通货膨胀。他们的扩张性政策主张可能引起所谓的**政治经济周期**（political business cycle），即在选举前财政和货币政策总是扩张性的，结果更高的通货膨胀紧随其后（例如，参见 FYI 专栏“政治经济周期与理查德·尼克松”）。

FYI 专栏　政治经济周期与理查德·尼克松

你可能知道理查德·尼克松（Richard Nixon）与他的同僚们为了在 1972 年总统选举中取得压倒性大胜，采取了一些非常的举动，例如潜入政治对手在水门大厦的办公室。但选举前在经济方面的类似举动就没那么出名了。在 1972 年大选前，尼克松政府对工资和价格实行经济管制，暂时地降低了通货膨胀率。大选过后，正是这些举动导致了通货膨胀飙升。尼克松还实施了减税等扩张性财政政策。有传言称尼克松曾向当时的联邦储备委员会主席阿瑟·伯恩斯直接施压，要求在选举日保持低利率水平。后果很是不堪。经济过热，在当时负向供给冲击的共同作用下，到 20 世纪 70 年代末通货膨胀已经超过了 10%（见第 22 章）。

尼克松时期使得经济学家和政治学家形成了新的理论：政治家在选举年将采取措施粉饰自己。具体地讲，这一理论认为政治家在选举前将设法刺激经济，希望出现经济繁荣和失业降低，这样的结果将提高他们的胜选机会。遗憾的是，这些行动的后果将是未来的高通货膨胀，到时为了把通货膨胀降到可控范围将需要紧缩性政策，这又将造成未来的经济衰退。由此造成的经济起伏就是政治图谋的直接结果，所以这种特征被称为政治经济周期。虽然尼克松时期证实了政治经济周期的存在，但这种现象是否普遍还没有得出确切的研究结论。[a]

a. 启动了对政治经济周期的研究的论文是：William Nordhaus，“The Political Business Cycle,” *Review of Economic Studies* 42（1975）：169-190.

支持相机抉择的理由

虽然政策规则有其重要的优势，但也存在着严重弊端。第一，规则可能过于死板，因为无法照顾到每一种可能性。例如，几乎没有人能够预料到金融体系一个小部分（次级抵押贷款）的问题会引发 70 多年来最严重的金融危机，对世界经济造成了如此毁灭性的影响。在这场危机中，美国联邦储备体系为防止发生经济衰退，采取了前所未有的措施（第 12 章和第 15 章有介绍），这些不可能提前写入政策规

24

① Milton Friedman and Anna Jacobson Schwartz，*A Monetary History of the United States*，*1867－1960*（Princeton，NJ：Princeton University Press，1963).

则。因此，相机抉择的灵活行事能力可能是成功货币政策的一个关键要素。

政策规则的第二个问题在于，不容易加入判断工具。货币政策是科学也是艺术。货币政策制定者必须关注非常广泛的信息，才能确定最优货币政策路线，而其中的一些信息难以计量。因此判断就是好的货币政策必不可少的要素，但是很难写进规则里。只有基于相机抉择，货币政策才能运用好判断力。

第三，没有人确切了解真实经济模型是怎样的，因此任何一种政策规则都是基于特定模型，如果模型存在缺陷，规则就将被证明是错误的。如果用于推导政策规则的模型不够好，那么相机抉择就可以避免穿上错误政策锁定的紧身衣。

第四，即使模型很好，经济的任何结构变化都将必然改变模型的系数。例如，卢卡斯批判指出，政策调整引起的结构性变化可能引起宏观经济计量模型的系数改变。另外一个经济结构性变化的例子发生在 20 世纪 80 年代，当时金融创新的发展打破了 M1、M2 等货币总量与总支出之间的关系。如果遵循的规则是上述某个总量指标保持固定增长率，就会造成不良后果。事实上，这就是 20 世纪 80 年代末期和 90 年代初期瑞士的情况，当时它坚持了货币总量的特定增长率规则，结果造成了通货膨胀激增（全球视野专栏“瑞士货币目标制的终结”讨论了这一事件）。相机抉择在经济遭遇结构性变化时，使得政策制定者可以灵活调整政策设置。

全球视野 **瑞士货币目标制的终结**

1975 年，瑞士国民银行（瑞士的中央银行）采取货币目标制，对外公布了 M1 货币总量的增长率目标。1980 年，瑞士将其增长率目标调整为口径更小的货币总量——基础货币。虽然瑞士的货币目标制在很多年里都非常成功，但是在 1988 年引入了新的银行间支付体系即瑞士银行同业清算系统，并大幅调整了商业银行的流动性要求之后，瑞士经济遭遇了严重问题。这些结构性变化导致银行愿意存放在瑞士国民银行的存款骤减，而这些存款正是基础货币的主要组成部分。现在，完成交易所需要的基础货币数量减少，改变了基础货币和总支出之间的关系，因此 2%的基础货币增长率目标突然变得过于扩张了。通货膨胀紧接着上升至 5%以上，远远高于其他欧洲国家。

瑞士一直以成功保持低利率环境而自豪，即使在其他欧洲国家情况不好时也是如此。因此，高通货膨胀震惊了瑞士。这些问题使得瑞士在 20 世纪 90 年代放弃了货币目标制，采取了更加灵活的货币政策操作框架。[a]

a. 关于瑞士货币目标制的进一步讨论，参见 Chapter 4 of Ben S. Bernanke，Thomas Laubach，Frederic S. Mishkin，and Adam S. Posen，*Inflation Targeting：Lessons from the International Experience*（Princeton，NJ：Princeton University Press，1999）。

有约束的相机抉择

过去几十年里，规则与相机抉择之争深刻地影响了货币政策的学术讨论。但是选择其中任何一种似乎都过于死板了。正如我们所看到的，规则和相机抉择都存在问题，因此对规则和相机抉择做简单二分法，可能无法把握宏观经济政策制定者所面对的现实。相机抉择可能是个程度问题。相机抉择可以是相对随意的方法，根据政策制定者的个人观点或者政治风向而调整政策，或者，也可以是对政策制定者的总体目标和策略（但并非具体行动）做出明确规定并且需要事先承诺的制度框架。美联储前主席本·伯南克与本书作者将这类框架命名为**有约束的相机抉择**（constrained discretion）。[①] 有约束的相机抉择对政策制定者提出了概念结构和内在纪律要求，但没有取消所有的灵活性。它将规则和相机抉择的部分优点有机结合在一起。

24.3 可信度和名义锚的作用

目标 24.3 总结和说明中央银行可信度的好处。

第 16 章讨论过，约束相机抉择的一种重要方法是承诺名义锚，即一个束缚物价水平或通货膨胀以实现物价稳定目标的名义变量，比如通货膨胀率、货币供给或者汇率。例如，如果中央银行有一个明确的通货膨胀率目标，比如说 2%，并设法采取行动实现该目标，那么这个通货膨胀率目标就成为一个名义锚。或者，政府可以承诺保持本币与美元等硬通货之间的固定汇率，把汇率作为名义锚。如果对名义锚的承诺具有**可信度**（credibility），也就是说得到了公众信任，那么就会带来重要的好处。

可信任名义锚的好处

首先，可信任名义锚具有行为规则的特征。规则可以帮助成年人抵制采取相机抉择政策而让步，从而有助于解决育儿中的时间不一致性问题。与此类似，名义锚通过提供对相机抉择政策的预期约束，有助于避免货币政策中的时间不一致性问题。例如，如果货币政策制定者承诺了一个实现具体通货膨胀目标（比如 2%的通货膨胀率）的名义锚，这就意味着如果不能达到这一目标，或者实行了与这一目标明显不一致的政策，例如制定的利率目标过低，他们就将面临公众监督和责难。为了避免这种尴尬局面以及可能的法律惩戒，政策制定者将不那么想实施短期过于扩张的相机抉择政策，因为这些政策与其对名义锚的承诺不一致。

其次，对名义锚的可靠承诺有助于锚定通货膨胀预期，从而降低通货膨胀波动。这样的承诺有助于实现物价稳定和总产出稳定。因此，对名义锚承诺的可信度是确保货币政策能够实现物价稳定和经济活动稳定双目标的关键要素。换句话说，可信任名义锚有助于提高货币政策有效性。

我们将借助总供求框架来分析为什么可信任名义锚有助于实现这个理想结果。

24

① 参见 Ben S. Bernanke and Frederic S. Mishkin, "Inflation Targeting: A New Framework for Monetary Policy?" *Journal of Economic Perspectives* 11 (Spring 1997): 97-116。

首先我们来看面对总需求冲击时稳定化政策的有效性，之后来看面对总供给冲击时的有效性。我们也将考察可信度对反通货膨胀政策的好处。

可信度与总需求冲击

我们现在要考察的是，当存在正向和负向需求冲击时，可信度在短期里的重要性。

正向需求冲击　首先我们来看当正向总需求冲击发生时，短期会出现什么情况。例如，假定企业突然收到了使得它们对未来更加乐观的新信息，于是增加了投资支出。结果，这种正向需求冲击推动总需求曲线从 AD_1 向右位移至 AD_2，经济从点 1 移动到点 2［见图 24-1（a）］。总产出指数增加到 Y_2，通货膨胀率上升到 π_2，超过了通货膨胀目标 π^T。我们在第 23 章已经了解到，如果货币当局希望稳定通货膨胀和经济活动，恰当的反应是紧缩货币政策，推动总需求曲线回移到 AD_1，从而使经济返回到点 1。然而，由于从货币政策行动到其对总需求产生影响之间有很长的时滞，短期总需求曲线将需要一些时间才能返回到 AD_1。

现在我们来看短期总供给曲线会发生什么变化。第 22 章介绍过短期总供给曲线可以表示为：

$$\pi \quad = \quad \pi^e \quad + \gamma(Y - Y^P) \quad + \quad \rho$$

通货膨胀率＝预期通货膨胀率＋γ×产出缺口＋通货膨胀冲击

如果对名义锚的承诺是可信的，那么公众的预期通货膨胀率 π^e 将保持不变，短期总供给曲线将仍然在 AS_1。通货膨胀率将不会超过 π_2，并且随着时间的推移，当总需求曲线回移到 AD_1 时，通货膨胀率也将回落到通货膨胀目标 π^T。

但是，如果货币政策不可信，情况会怎样呢？公众会担心货币当局愿意接受超过 π^T 的通货膨胀率，并且不希望短期总需求曲线迅速返回 AD_1。在这种情况下，货币当局可信度低会导致预期通货膨胀率 π^e 上升，于是短期总供给曲线也会从 AS_1 向上位移至 AS_3，经济在短期内移动到点 3，此时通货膨胀率进一步上升至 π_3。即使货币当局紧缩货币政策，推动总需求曲线回移到 AD_1，破坏也已然形成：通货膨胀已经上升到超过了如果中央银行可信的水平。于是我们的总供求分析得到下面的结论：**当面临正向需求冲击时，货币政策可信度具有在短期内稳定通货膨胀的优势。**

负向需求冲击　图 24-1（b）说明了负向需求冲击发生时的情况。例如，假定消费者信心下降，消费支出减少。总需求曲线从 AD_1 向左位移至 AD_2，经济在短期内移动到点 2，此时总产出指数减少到 Y_2，低于潜在产出 Y^P，通货膨胀率下降到 π_2，低于其目标水平 π^T。为了稳定产出和通货膨胀，中央银行将实施宽松的货币政策，推动总需求曲线回移到 AD_1。如果中央银行可信度高，预期通货膨胀率 π^e 将保持不变，短期总供给曲线将仍然在 AS_1，经济将返回点 1，此时产出回归其潜在水平 Y^P。

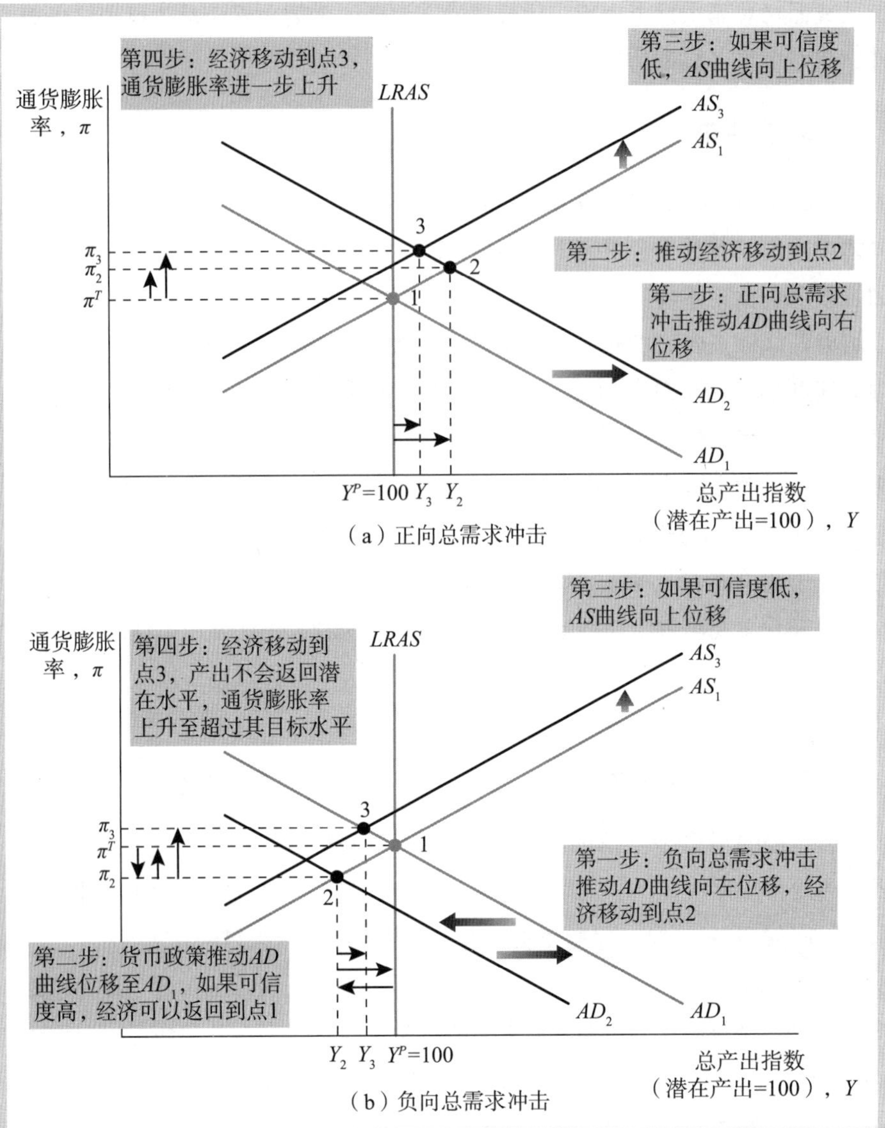

图 24-1 可信度与总需求冲击

在图（a）中，正向总需求冲击推动总需求曲线从 AD_1 向右位移至 AD_2，经济从点 1 移动到点 2。如果货币政策不可信，预期通货膨胀将上升，短期总供给曲线将从 AS_1 向左上方位移至 AS_3，经济移动到点 3，通货膨胀率进一步上升至 π_3。在图（b）中，负向总需求冲击推动总需求曲线从 AD_1 向左位移至 AD_2，经济移动到点 2。如果中央银行不可信，通货膨胀预期可能升高，短期总供给曲线将向左上方位移至 AS_3。货币政策宽松会将经济推动到点 3，此时总产出指数 Y_3 低于其潜在水平 $Y^P=100$。

但是，如果中央银行可信度不高，情况会怎样呢？当公众看到宽松的货币政策时，可能会担心中央银行在削弱对名义锚的承诺，而且未来打算实施通货膨胀型政策。在这种情况下，通货膨胀预期可能会升高，于是短期总供给曲线将会向上位移至 AS_3，经济移动到点 3，此时总产出指数仅从 Y_2 小幅增至 Y_3，仍然低于潜在水平 Y^P。在负向需求冲击下，可信度低使得产出低于潜在产出的时间将长于可信度高的情况。我们还可以得到下面的结论：**当面临负向需求冲击时，货币政策可信度具有在短期内稳定经济活动的优势。**

可信度与总供给冲击

现在，如果发生负向总供给冲击，我们来看一下图 24-2 会怎样。如果能源价格上升，短期总供给曲线将向左上方位移。然而，总供给曲线将位移多少取决于货币当局可信度的程度。如果名义锚的可信度非常高，通货膨胀预期将不会升高，那么短期总供给曲线向左上方位移至 AS_2 的幅度将很小。当经济在短期内移动到点 2 时，通货膨胀率上升到 π_2 和总产出指数下降到 Y_2 的幅度都很小。然而，如果中央银行对名义锚的承诺被认为很弱，那么通货膨胀预期将显著升高，短期总供给曲线向左上方位移至 AS_3 的幅度将会大得多。现在，经济将在短期内移动到点 3，通货膨胀和产出的结果都更糟糕，通货膨胀率上升到 π_3，总产出指数下降到 Y_3。我们得到下面的结论：**当面临负向供给冲击时，货币政策可信度具有在短期内同时实现通货膨胀和产出的更好结果的优势。**

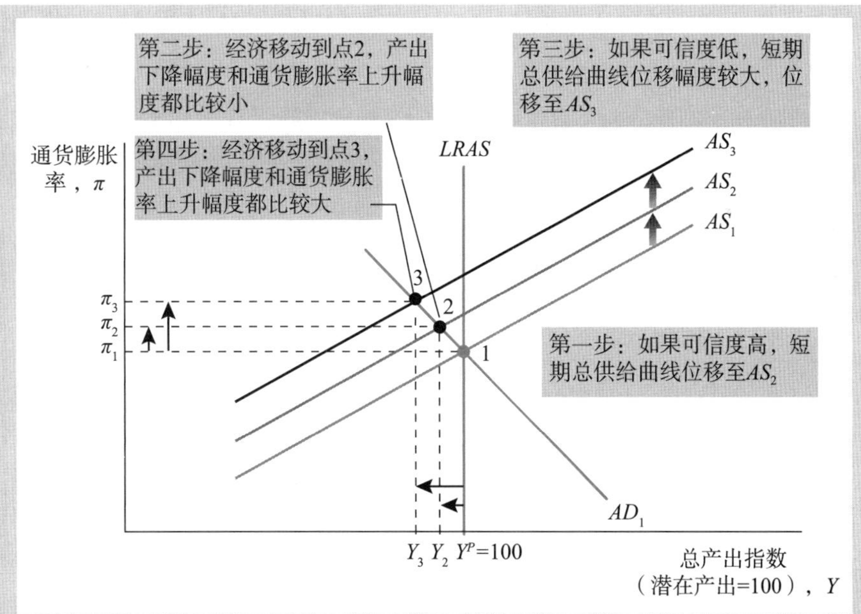

图 24-2　可信度与总供给冲击

如果货币政策的可信度高，负向总供给冲击将推动短期总供给曲线仅仅位移至 AS_2，经济移动到点 2，通货膨胀率小幅上升到 π_2，产出小幅下降到 Y_2。如果可信度低，那么通货膨胀预期将显著上升，短期总供给曲线向左上方位移到 AS_3 的幅度将会大得多。经济将移动到点 3，通货膨胀和产出的结果都更糟糕，通货膨胀率将上升到 π_3，总产出指数将下降到 Y_3。

下面的应用说明，当经济遭遇负向供给冲击时，理论上可信度所具有的优势都可以得到数据的证实。

24

应用 三次石油价格冲击的故事

1973 年、1979 年和 2007 年，石油价格飞涨使得美国经济遭遇严重的负向供给冲击。然而，从图 24-3（a）可以看出，前两个时期通货膨胀率大幅上升，但最近一次通货膨胀率上升的幅度要小得多。在前两个时期，由于美联储没能控制住通货膨胀，经济深受高通货膨胀

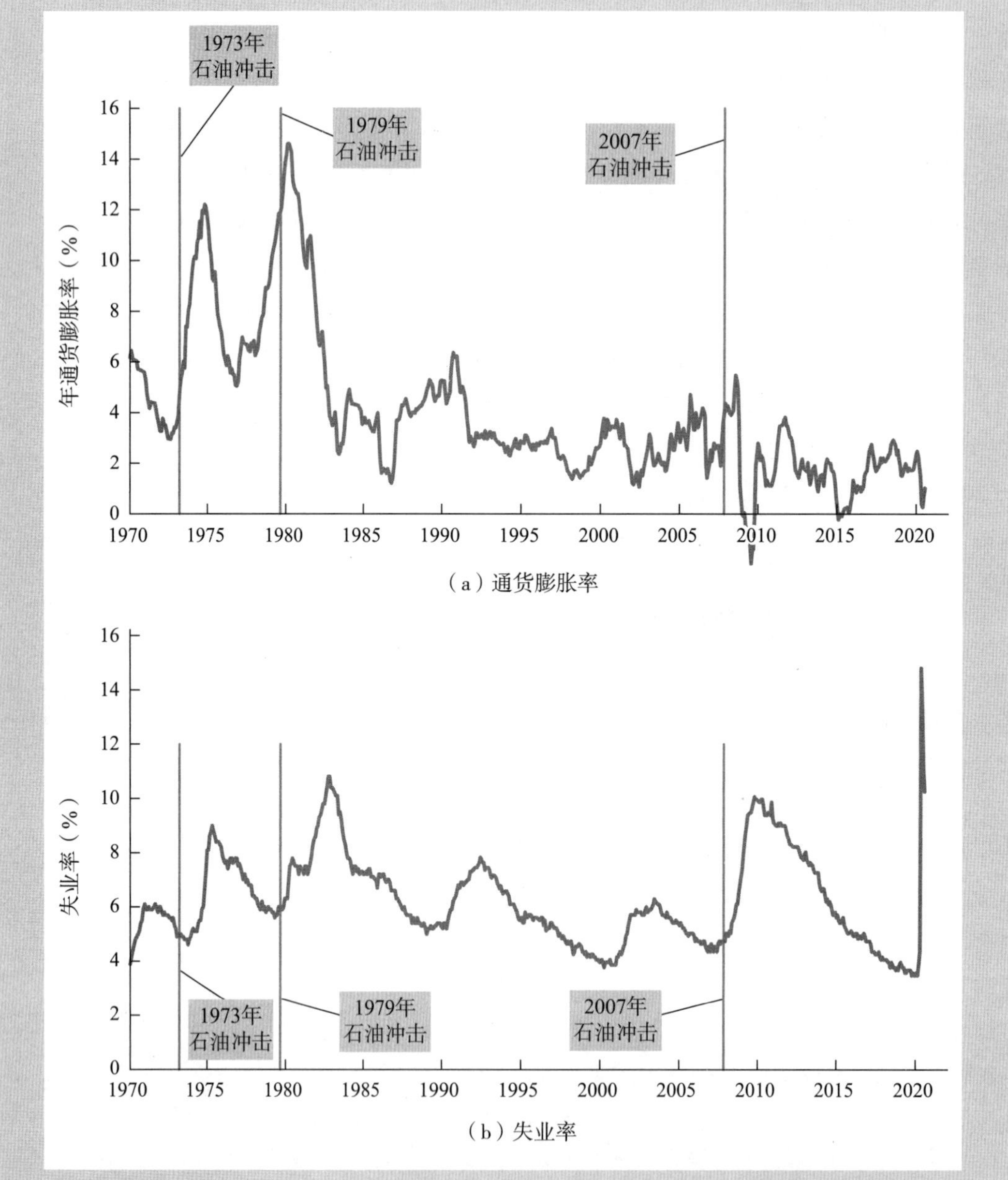

图 24-3 通货膨胀率与失业率，1970—2020 年

1973 年和 1979 年石油冲击发生时，通货膨胀率起初很高，美联储对名义锚的承诺很差，而在 2007 年时，通货膨胀率起初很低，美联储的可信度比较高。结果，前两次通货膨胀率和失业率的上升幅度都大于最后一次。其中，第三次只是在 2007—2009 年全球金融危机到了 2008 年 10 月灾难性拐点之后，失业率才开始大幅上升。

困扰，货币政策可信度极差。相反，在2007—2008年第三次石油价格冲击发生时，稳定的低通货膨胀已经保持了相当长时间，因此美联储在保持通货膨胀可控的意向方面具有更高的可信度。第三次石油价格冲击对通货膨胀的影响较小，原因可能在于当时的货币政策可信度更高。我们的总供求分析给出了这一观点背后的推理过程。

在前面两次的时候，美联储对名义锚的承诺以及美联储的可信度都很差，石油价格冲击会导致通货膨胀预期大幅上升，短期总供给曲线向左上方大幅位移到 AS_3（见图24-2）。因此，根据总供求分析的预测，经济活动会严重收缩，通货膨胀会大幅上扬。这正是图24-3（a）和图24-3（b）所展现的情况。1973年和1979年石油价格冲击发生后，经济紧缩非常严重，失业率上升至超过8%。此外，这两个时期的通货膨胀率都达到了两位数水平。

2007—2008年间的情况完全不同。由于长期建立起来的更高政策可信度，当石油价格冲击发生时，通货膨胀预期依然保持稳定。结果，图24-2中短期总供给曲线向左上方位移的幅度很小，仅达到 AS_2。根据总供求分析的预测，负向供给冲击引起的通货膨胀上升幅度会小很多，经济活动收缩也不严重。事实上，情况正是如此，直到2008年秋季全球金融危机进入恶性发展阶段。通货膨胀上升幅度比前两次小很多，而且经济也还能勉力维持，一直到2008年10月金融危机发生灾难性的转折（见第12章）。只有到了那个时候经济才陷入混乱，但是很显然这次经济紧缩并非负向供给冲击的结果。通货膨胀率实际上非常戏剧性地下降，说明经济活动急剧收缩的根源在于严重的负向需求冲击。

可信度与反通货膨胀政策

至此我们考察了当经济遭遇需求和供给冲击重创时可信度所具有的优势。到20世纪70年代末，严重的通货膨胀（当时通胀率超过10%）帮助将政策制定者的首要关注点转换成降低通货膨胀。可信度对于反通货膨胀政策的有效性有什么作用呢？图24-4的总供求图有助于回答这一问题。

假定经济稳定在点1，通货膨胀率持续保持在10%，总需求曲线在 AD_1，短期总供给曲线在 AS_1。现在假定新任美联储主席痛下决心一定要制止通货膨胀。新主席说服FOMC实施自主性紧缩货币政策，推动总需求曲线向左位移至 AD_4，从而在长期里将经济推动到点4，使通货膨胀减慢速度，达到2%的目标水平。

如果中央银行没什么可信度，那么公众就不会相信中央银行将坚持降低通货膨胀的政策取向，因此将不会把他们的通货膨胀预期从10%的水平向下调整。结果，短期总供给曲线依然停留在 AS_1，经济将移动到点2。虽然通货膨胀率将下降到 π_2，但总产出指数也将减少到 Y_2。

24

现在假定中央银行可信度非常高，而且公众相信中央银行将会竭尽所能降低通货膨胀率，情况又会怎样？在这种情况下，通货膨胀预期将下降，短期总供给曲线将下降到 AS_3，经济移动到点3。于是，通货膨胀率将会进一步下降到 π_3，总产出指数下降幅度会减小，达到 Y_3。事实上，在中央银行完全可信的极端情况下，甚至存在通货膨胀预期立即降到2%的可能性，则短期总供给曲线将直接向下位移至

AS_4。在这种情况下经济将立即移动到点 4，此时通货膨胀率下降到 2%的通货膨胀目标，而总产出指数将仍然保持在 Y^P，所以经济保持在充分就业状态。因为没有任何产出损失，所以这种情况下的反通货膨胀政策将是无成本的。虽然最后这种场景不可能发生，但我们仍然可以得到下面的结论：**中央银行作为通货膨胀斗士的可信度越高，在设法实现通货膨胀目标时，通货膨胀下降速度就越快，产出损失就越小。**

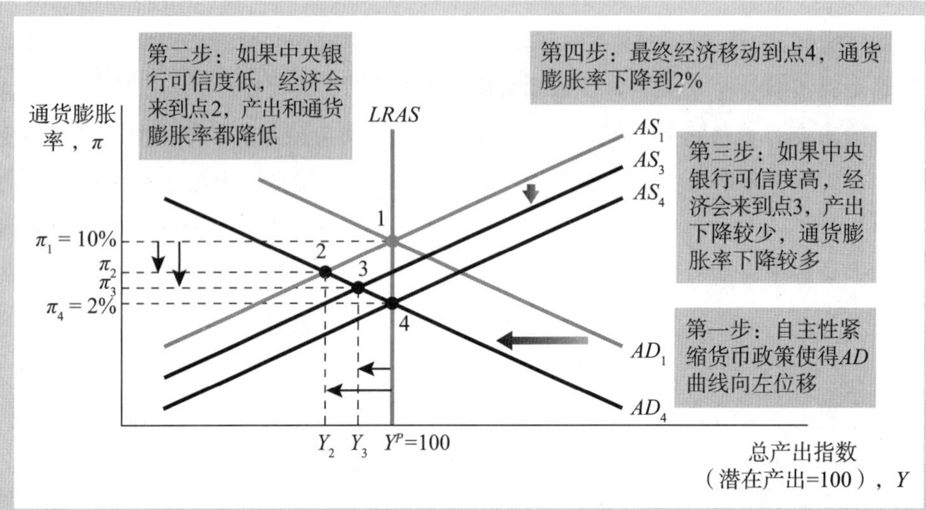

图 24-4 可信度与反通货膨胀政策

反通货膨胀政策推动总需求曲线从 AD_1 向左位移至 AD_4。如果中央银行缺乏可信度，则短期总供给曲线依然停留在 AS_1，经济移动到点 2，此时总产出指数下降到 Y_2，通货膨胀率下降到 π_2。如果中央银行具有可信度，则预期通货膨胀下降，短期总供给曲线向下位移至 AS_3。经济移动到点 3，此时总产出指数下降幅度会减小，达到 Y_3，通货膨胀率会下降更多，达到 π_3。最终经济移动到点 4，但是有了可信度，反通货膨胀政策更加有效，通货膨胀下降得更快，产出下降的代价更小。

可信度在成功的反通货膨胀政策中发挥着重要作用，1985 年玻利维亚戏剧化地终结了恶性通货膨胀即为此提供了有力证据（见全球视野专栏“终结玻利维亚恶性通货膨胀：成功的反通货膨胀计划”）。但是建立可信度说易行难。你或许以为，联邦储备体系的政策制定者公告说他们计划实施反通货膨胀政策就可以了。公众就将预期该政策会被严格遵守，并将采取相应的行动。然而，这一结论假定了公众会相信政策制定者的公告。遗憾的是，现实世界并非如此。

美国联邦储备体系的政策制定历史表明，美联储并不总是言行如一。实际上，在 20 世纪 70 年代，时任美联储主席阿瑟·伯恩斯反复宣称联邦储备体系要实施强势的反通货膨胀政策，然而当通货膨胀率上升时，美联储不仅没有提高实际利率，反而事实上降低了实际利率。这一幕降低了联邦储备体系在公众心目中的可信度，并且，如图 24-4 所预测的那样，由此造成的可信度缺失具有严重后果。1981—1984 年间，为降低通货膨胀付出了极其高昂的成本：帮助拉低通货膨胀率的

1981—1982 年经济衰退是第二次世界大战以来最严重的衰退之一。

美国政府在建立反通货膨胀政策可信度的过程中可以发挥重要作用。我们已经看到，巨额财政赤字容易推动通货膨胀型货币政策，所以当政府和美联储宣布将实施限制性反通货膨胀政策时，除非联邦政府展现出财政责任感，否则不可能得到公众信任。“事实胜于雄辩”，这句古老的谚语正好说明了这个经济例子。当政府采取的行动有助于美联储坚持反通货膨胀政策时，该政策就会变得更可信。不幸的是，这个经验常常被美国和其他国家的政治家们所忽略。

全球视野　终结玻利维亚恶性通货膨胀：成功的反通货膨胀计划

近年来最引人注目的反通货膨胀计划在玻利维亚实施。1985 年上半年，玻利维亚的通货膨胀率高达 20 000%，而且还在上升。事实上，当时的通货膨胀率如此之高，以至于经常是人们排队买票时，电影票价就在上涨。1985 年 8 月，玻利维亚新总统宣布了他的反通货膨胀计划——新经济政策。为了控制货币增长率和建立可信度，新政府采取了极端激烈的措施来大幅度削减预算赤字：关停许多国有企业，取消补贴，冻结公共部门工资，并开征新的财富税。财政部也要采取新措施：每天实现预算平衡。财政部长不会批准超出前一天税收收入的支出，没有例外。玻利维亚的通货膨胀在 1 个月内就得到了控制，而且产出损失非常小（不足 GDP 的 5%）。

第二次世界大战前也有一些通过实施类似玻利维亚的政策、以很小的产出损失便终结了恶性通货膨胀的案例[a]，1985 年以色列的反通货膨胀计划也包括大幅减少预算赤字，几乎没有任何明显的产出损失，但却极大地降低了通货膨胀。毫无疑问，可信的反通货膨胀政策可以获得消除通货膨胀的极大成功。

a. 对 20 世纪 20 年代四次恶性通货膨胀的终结所进行的精彩讨论，见 Thomas Sargent，“The Ends of Four Big Inflations，” in *Inflation：Causes and Consequences*，ed. Robert E. Hall（Chicago：University of Chicago Press，1982），41-98。

24.4 建立中央银行可信度的方法

目标 24.4　明确中央银行建立和保持可信度的几种途径。

我们的分析证明可信任的名义锚可以锚定通货膨胀预期，是成功货币政策的关键要素。但货币当局如何赢得公众信任呢？我们在之前的章节中讨论了几种方法。一种方法是我们在第 16 章介绍的保持政策行动的一致性，通过持续地成功控制通货膨胀而建立可信度。这种方法在格林斯潘和伯南克执掌联邦储备体系时期得到了成功验证。另一种方法也是第 16 章介绍的、近年来日渐普及的通货膨胀目标制，这种方法公开宣布中期通货膨胀率目标值，并承诺要实现这一目标。一些国家将本币汇率钉住有着强有力名义锚的锚定国货币，也成功地控制住了通货膨胀。这种策略在第 18 章讨论过，有时也被称为汇率目标制。另外一种提高中央银行可信度的方法，是第 13 章讨论的赋予中央银行脱离政治程序的更多的独立性。还有两种方法在前面章节中没有提到，即下面要讨论的名义 GDP 目标制，以及任命“保守派”中央银行行长。

名义 GDP 目标制

名义 GDP 目标制（nominal GDP targeting）是通货膨胀目标制的变形，近年来受到了广泛关注，指中央银行宣布以达到特定水平名义 GDP 增长率为政策目标（回忆一下，名义 GDP 等于实际 GDP 乘以价格水平）。例如，如果中央银行的通货膨胀目标为 2%，潜在 GDP 预期年增长率为 3%，那么名义 GDP 目标制就意味着中央银行承诺要保持名义 GDP 年增长 5%。名义 GDP 目标制具有通货膨胀目标制的某些特征，因为名义 GDP 的目标增长率与特定数值的通货膨胀目标密切联系。此外，名义 GDP 目标制意味着即使通货膨胀率没有下降，中央银行也须对实体经济增长放缓做出反应。为了解这一点，注意在通货膨胀不变的情况下，实际 GDP 增长放缓会导致名义 GDP 增长放缓，因此货币当局就应实施更具扩张性的货币政策。

名义 GDP 目标制的一个潜在优点是它不仅关注控制通货膨胀，也明确表示要稳定实际 GDP。另一个潜在优点是，在名义 GDP 目标制下，实际 GDP 增长率低于潜在水平，或者通货膨胀率低于通货膨胀目标，都将鼓励更具扩张性的货币政策，因为真实的名义 GDP 将进一步下降，低于其目标水平。对更具扩张性货币政策的预期将有助于刺激总需求，在产生有效下限问题而货币当局无法降低政策利率的时候将尤为有用。

对名义 GDP 目标制的批评意见主要围绕其两个缺点展开。首先，名义 GDP 目标制要求准确估计潜在 GDP 增长率，要达到这个要求非常不易。其次，名义 GDP 目标制不像通货膨胀目标制那样易于向公众解释，因而公众可能搞不清楚中央银行的目标到底是什么。目前，没有中央银行采用名义 GDP 目标制，但未来情况或许会有变化。

任命“保守派”中央银行行长

哈佛大学的肯尼斯·罗格夫（Kenneth Rogoff）认为中央银行建立可信度的另外一种方法是，政府任命极度厌恶通货膨胀的人做中央银行行长。[①] 他将这样的中央银行行长称为“保守派”，但最准确的描述可能是“强硬派”或“通货膨胀鹰派人物”（参见走进美联储专栏“任命保罗·沃尔克——反通货膨胀之鹰”，了解有关任命“保守派”中央银行行长的内容）。

① Kenneth Rogoff, “The Optimal Degree of Commitment to an Intermediate Monetary Target,” *Quarterly Journal of Economics* (November 1985): 169-189.

当公众发现任命的中央银行行长是“保守派”时，就会预期中央银行不大可能实施扩张性货币政策以利用通货膨胀和失业之间的短期替代关系，而是会竭尽所能控制住通货膨胀。因此，通货膨胀预期和实现的通货膨胀率可能会更加稳定，从而实现前面所述的各种好处。

对这种解决可信度问题的方法，问题在于能否在长期里持续有效尚不明确。如果中央银行行长对通货膨胀的“保守”态度超过了公众偏好，公众是否需要一位更符合其偏好的中央银行行长？毕竟，在民主社会里，政府官员应当是代表公众愿望的。

走进美联储　**任命保罗·沃尔克——反通货膨胀之鹰**

1979 年 8 月，吉米·卡特（Jimmy Carter）总统任命保罗·沃尔克为美国联邦储备委员会主席。在此之前，通货膨胀率稳步攀升，到沃尔克就职时，年 CPI 通货膨胀率已经达到了 11.8%。沃尔克是一位典型的“保守派”中央银行行长，是著名的通货膨胀鹰派人物，他向总统明确表示要控制并消除通货膨胀。1979 年 10 月，沃尔克执掌美联储不久，FOMC 开始大幅提高利率，到 1980 年 4 月，联邦基金利率上浮了超过 8 个百分点，接近 20%的水平。然而，从 1980 年 1 月开始，由于出现了严重的经济紧缩，沃尔克犹豫之余停止了对经济的刹车，允许联邦基金利率到 7 月时回落到 10%左右的水平，此时经济开始了复苏。遗憾的是，这一剂货币政策药方没有奏效，通货膨胀率仍然很高，CPI 通货膨胀率超过了 13%。沃尔克这时展现出了他反通货膨胀的鹰派作风：1981 年 1 月，美联储将联邦基金利率提高至 20%，并且直到当年 7 月，一直保持在这一高水平上。之后，面对二战后最为严重的经济衰退，即使失业率已经接近 10%，美联储在 1981 年 7 月至 1982 年 7 月之间，仍将联邦基金利率保持在 15%左右的水平。最终，直到 1982 年 7 月通货膨胀率开始下降时，美联储才开始调低联邦基金利率。

至此，沃尔克反通货膨胀的形象已经完全树立起来，到 1983 年，通货膨胀率下降到 4%以下，并且从那时到 1987 年，在沃尔克的美联储任期内，通货膨胀率都依然保持在这一水平附近。沃尔克将美联储塑造成了反通货膨胀斗士，结果就是稳定了通货膨胀预期，终结了美国被称为“大通胀”的那段高通货膨胀历史。沃尔克成为货币政策领域的英雄，被看作迄今为止最伟大的中央银行行长之一。事实上，即使沃尔克后来离开了美联储，他在政策决策过程中依然发挥着十分重要的作用。例如，他是奥巴马总统经济顾问委员会成员，还负责起草了所谓的“沃尔克法则”（第 10 章曾经讨论过），限制银行利用自有资金交易（自营交易）。

总　结

1. 当被预测变量的行为发生变化时，预期形成方式也发生变化，这个简单原则（由理性预期理论推导得到）引出了著名的计量经济政策评估的卢卡斯批判。卢卡斯指出，当政策发生变化时，预期形成方式也发生变化，这样经济计量模型中的关系式也将改变。基于历史数据创建的经济计量模型将不再是评估政策变化效应的有效模型，而且可能被证实是高度误导性的。卢卡斯批判同时指出，特定政策的效果关键取决于公众的政策预期。

2. 货币政策操作规则的支持者相信规则解决了时间不一致性问题，因为政策制定者要遵循事先制订的计划，这就消除了其偏离计划的冲动，并确保达成长期理想结果。相机抉择的支持者认为规则太过死板，因为它不可能预测到每一种可能性，而且还不允许运用判断。有约束的相机抉择对政策制定者提出了概念结构和内在纪律要求，但没有消除所有的灵活性。它将规则和相机抉择的部分优点有机结合在一起。

3. 货币当局实施有约束的相机抉择，一种重要方式是通过承诺某个可信任名义锚（例如通货膨胀率、货币供给或者汇率等名义变量）束缚物价水平或通货膨胀以实现物价稳定目标。可信任名义锚有助于解决时间不一致性问题和锚定通货膨胀预期。可信度的好处是可以同时稳定产出和通货膨胀波动，并且使反通货膨胀政策能够以较小的产出损失为代价来降低通货膨胀率。

4. 建立可信度的方法包括采取实际政策行动来保持低通货膨胀、通货膨胀目标制、汇率目标制以及增强中央银行的独立性。建立中央银行可信度的另外两种方法是，中央银行宣布以达成某个特定名义 GDP 增长率为目标的名义 GDP 目标制，以及任命在治理通货膨胀方面秉承鹰派作风的“保守派”中央银行行长（如保罗·沃尔克）。

关键术语

单一货币增长率规则	相机抉择	名义 GDP 目标制	有约束的相机抉择	宏观经济计量模型
政治经济周期	可信度	货币主义者	规则	

思考题

1. 卢卡斯批判认为我们目前对经济运行方式的理解存在着什么局限性？

2. “卢卡斯批判本身对相机抉择的稳定化政策能否有用提出了质疑。”这种表述正确、错误还是不确定？解释你的答案。

3. 假定基于历史数据的经济计量模型预测美联储提高联邦基金利率会导致国内投资小幅下降。假定美联储正在考虑提高联邦基金利率目标以对抗通货膨胀，以及营造低通货膨胀环境从而鼓励投资和经济增长。

a. 如果人们将联邦基金利率目标上调解读为美联储将长期保持低通货膨胀的信号，讨论经济计量模型预测的含义。

b. 对该模型的卢卡斯批判会是什么？

4. 如果公众认为美联储可能会实施将短期利率永久性地提高至 5%的政策，但美联储没有批准这一政策调整，长期利率会怎样变化？解释你的答案。

5. 在何种意义上，更高的中央银行独立性可能恶化时间不一致性问题？

6. 支持和反对政策规则的理由分别是什么？

7. 如果公众认为将会实施通货膨胀型政策的新一届政府出人意料地在选举中获胜，预测产出和通货膨胀水平会有怎样的变化，即使在这届政府走马上任之前。

8. 许多经济学家都担心巨额预算赤字会导致将来出现通货膨胀型货币政策。预算赤字对当前通货膨胀率会有影响吗？

9. 在一些国家，由总统选择中央银行行长。同样，总统可以解雇中央银行行长，也可在任何时候撤换中央银行行长。解释这样的情况对货币政策操作有何含义。你认为中央银行会遵循货币政策规则，还是会实施相机抉择政策？

10. 均衡的联邦基金实际利率意外变动如何成为反对使用泰勒规则来实施货币政策的理由？

11. 有约束的相机抉择与相机抉择货币政策有何差异？这些政策的结果有何不同？

12. 一般而言，可信度（或者缺乏可信度）如何影响总供给曲线？

13. 日本政府和中央银行近来致力于通过政策永久性地提高通货膨胀以使通货膨胀脱离持续的低水平，但通货膨胀继续停留在零附近。如何用中央银行的可信度来解释这种低通胀的持续性？

14. 作为全球金融危机政策反应的一部分，2008 年 12 月美联储将联邦基金利率目标调低至几乎为零，并在 2008—2014 年间将基础货币扩大了 4 倍，货币政策的宽松程度十分可观。然而，基于问卷调查计算出来的 5 年和 10 年通货膨胀预期在此期间的大部分时间里依然很低。请对联邦储备体系对抗通货膨胀的可信度进行点评。

15.“实施反通货膨胀政策的政策制定者越可信，政策就将越成功。”这种表述正确、错误还是不确定？解释你的答案。

16. 为什么 20 世纪 70 年代石油价格冲击对经济的影响不同于 2007 年石油价格冲击？

17. 实施通货膨胀目标制的中央银行通常会公布通货膨胀目标以及相应的时间区间。此外，中央银行官员要对其行为负责（例如，如果无法达成目标，他们可能会被解职），而他们成功与否也是公开信息。解释为什么透明度是通货膨胀目标制的基本要素。

18. 近年来，中央银行大大提高了与市场参与者和公众的沟通程度，而且与此同时，其中许多国家的平均通货膨胀有所下降且变动更小。这是巧合，还是存在关联？请解释。

19. 通货膨胀目标制的目的是什么？这一货币政策战略是如何实现其目的的？

20. 在稳定通货膨胀方面记录不佳的中央银行，建立汇率目标如何能够为其带来可信度？

21.“保守派”中央银行行长具备哪些特征？

应用题

22. 假定中央银行实施的是单一货币增长率规则，且经济遭遇了严重衰退。借助总供求图说明这对经济可能产生的影响。如果中央银行继续秉承货币增长规则，这种情况对中央银行的可信度会有什么影响？如果经济下滑时中央银行放弃货币增长规则，这种情况对中央银行的可信度会有什么影响？

23. 假定 A 国中央银行可信度非常高，而 B 国中央银行可信度非常差。政策公布后，两国中央银行的可信度会如何影响总供给曲线的调整速度？该结果如何影响产出稳定性？借助总供求图说明。

24. 假定两国有相同的总需求曲线和潜在产出水平，且两国的 γ 也相同。假设 2022 年两国遭遇了相同的负向供给冲击。下表列举了两国的通货膨胀数值，从中你能看出两国中央银行的可信度如何？解释你的答案。

年份	A 国	B 国
2021	3.0%	3.0%
2022	3.8%	5.5%
2023	3.5%	5.0%
2024	3.2%	4.3%
2025	3.0%	3.8%

25. 当经济面临正向总需求冲击时，可信任名义锚如何有助于改善经济结果？当经济面临负向总供给冲击时，可信任名义锚又是如何发挥作用的？借助总供求图说明。

第25章 货币政策传导机制

学习目标

25.1 列举和总结货币政策影响实体经济的传导机制。

25.2 总结并运用本章概括的对货币政策操作的四个启示。

本章预习

自1980年起，美国经济如同坐上了过山车，产出、失业和通货膨胀都出现了巨大的波动。20世纪80年代初期，通货膨胀率达到了两位数的水平，而在1980年衰退后，紧接着出现了历史上为期最短的一次经济扩张。一年后，经济又陷入1981—1982年衰退，失业率爬升到超过10%，而只有在那个时候，通货膨胀率才开始下降到5%以下。1981—1982年衰退后，美国迎来了较长时间的经济扩张，失业率在1987—1990年期间降到了6%以下。1990年下半年，伊拉克入侵科威特，石油价格升高，经济再次陷入衰退。之后的经济增长起初势头缓慢，但最终还是加快了速度，在20世纪90年代后期，失业率降至5%以下。2001年3月，经过美国历史上最长的10年扩张期后，经济逐渐步入衰退，失业率攀升到6%左右。到2007年，经济复苏已经把失业率降低到5%以下，但是由于全球金融危机爆发，随着失业率升至10%，经济在2007年12月再进入衰退。一直到2009年7月经济才开始复苏，使得2007—2009年衰退成为二战以来最长时间的经济衰退。在经历了十余年扩张期后，新冠疫情造成了2020年2月开始的另一次衰退，失业率在当年4月升高到14.7%。鉴于总产出（体现为失业率）和通货膨胀剧烈波动，以及同时出现的经济不稳定性，政策制定者们陷入了困境：如果需要，未来应当采用什么政策或政策组合才能减小产出和通货膨胀波动呢？

为了回答这个问题，货币政策制定者们必须准确估计政策对经济的影响及发生作用的时间。要做出这样的估计，他们需要理解货币政策对经济的影响机制。在本章我们将考察货币政策传导机制，评估有关这些机制的实证证据，以更好地理解货币政策在经济中所起的作用。我们会发现货币政策传导机制强调了金融体系（我们在本书头三篇中对此进行了讨论）和货币理论（本篇主题）之间的联系。

25.1 货币政策传导机制

目标 25.1 列举和总结货币政策影响实体经济的传导机制。

本节考察货币政策影响总需求和经济的各种方式，可以称之为**货币政策传导机制**（transmission mechanisms of monetary policy）。我们最先考察的是利率渠道，因为它是 AD/AS 模型（第 20、21 和 22 章构建的，第 23、24 章应用于货币政策）中最为关键的传导机制。

传统的利率渠道

传统观点认为，货币传导机制是通过如下示意图发挥作用的，它反映了宽松性货币政策降低实际利率的影响：

$$r\downarrow \Rightarrow I\uparrow \Rightarrow Y^{ad}\uparrow \tag{25.1}$$

这个图示说明，宽松性货币政策导致实际利率水平下降（$r\downarrow$），进而降低了借款的实际成本，引起投资支出增加（$I\uparrow$），最终导致总需求上升（$Y^{ad}\uparrow$）。

尽管凯恩斯本人最初强调该渠道通过企业投资支出决策发挥作用，然而经济学家们在寻找新的货币传导机制时发现，消费者关于住宅以及**耐用消费品支出**（consumer durable expenditure，消费者对汽车和冰箱等耐用品支出）的决定也是投资决策。因此公式（25.1）所概括的货币传导的利率渠道也同样适用于消费支出，而这种情况下 I 代表对住宅建筑和耐用消费品的支出。

利率传导机制的重要特征，在于强调影响消费者和企业决策的是实际利率，而非名义利率。而且，对支出产生重要影响的通常被认为是长期实际利率，而不是短期实际利率。中央银行改变短期名义利率的行为是如何导致长、短期债券的实际利率都发生相应变动的呢？我们已经知道答案在于价格黏性（sticky price）现象——价格总水平随时间推移缓慢调整的事实，因此降低短期名义利率的扩张性货币政策同样也降低短期实际利率。利率期限结构的预期理论（第 6 章介绍的）认为长期利率等于预期未来短期利率的平均值，这意味着短期实际利率降低（只要预期这种降低将持续）会导致长期实际利率降低。实际利率降低导致企业固定资产投资、住宅建筑投资、存货投资和消费者耐用消费品支出增加，而这些都导致总需求增加。

影响支出的是实际利率而非名义利率，该事实说明了一个重要作用机制：即使是在通货紧缩时期名义利率达到零下限（有效下限的最底限）时，货币政策依然能够刺激经济。当名义利率触及零下限时，承诺未来实施扩张性货币政策，会提高预期通货膨胀率（π^e），因而降低实际利率（$r=i-\pi^e$），即使在名义利率固定为零时，也可以通过利率渠道刺激支出：

$$\pi^e \uparrow \Rightarrow r \downarrow \Rightarrow I \uparrow \Rightarrow Y^{ad} \uparrow \tag{25.2}$$

该机制表明，即使货币当局已经将名义利率水平降至零，货币政策依然可以有效。实际上，该机制解释了为什么美联储 2008 年 12 月会求助于非常规货币政策，承诺在相当长时间里保持联邦基金利率零水平。通过这种方式，美联储努力避免通货膨胀预期继续下降，从而确保实际利率保持低水平，以达到刺激经济的目的。此外，承诺在相当长时间里保持低利率，也有助于降低长期利率，同样可以引致更多的支出。

斯坦福大学的约翰·泰勒等经济学家认为，有足够的实证证据表明，通过改变借款的实际成本，利率对消费和投资支出具有重要影响，这使得货币政策的利率传导机制作用很强大。然而他们的观点引发了高度争议，包括美联储前主席本·伯南克和纽约大学马克·格特勒（Mark Gertler）等人在内的许多研究者认为，实证证据并不支持利率通过借款的实际成本发挥强大的影响力。[①] 实际上，这些研究人员认为传统的货币政策利率传导机制没有通过实证检验，但却激励了他们去探寻货币政策的其他传导机制。

其他传导机制分为两个基本类型：一类是通过利率以外的其他资产价格起作用，另一类则是通过信贷市场的信息不对称效应来发挥作用［即**信贷渠道观点**（credit view）］。这些机制在示意图 25-1 中总结。

其他资产价格渠道

之前各章总需求分析的一个缺点在于，它仅仅关注利率这一种资产价格形式，而忽略了其他众多资产的价格。除了债券价格外，其他两种资产价格作为货币政策影响渠道也受到了极大的关注：外汇汇率和权益（即股票）价格。

汇率对净出口的影响　随着世界范围内经济国际化趋势的加强和浮动汇率制度的到来，更多人开始关注货币政策如何影响汇率进而影响净出口和总需求等问题。

汇率渠道也包括利率效应，第 17 章曾经介绍过，当国内实际利率下降时，国内美元资产相对于外币资产的吸引力降低。结果，美元资产的价值相对于其他货币资产下降，美元贬值（以 $E\downarrow$ 表示）。本币价值下跌使得本国商品相对于外国商品更加便宜，因此导致净出口增加（$NX\uparrow$），于是总需求也增加（$Y^{ad}\uparrow$）。通过汇率发挥作用的货币传导机制示意图为：

25

$$r \downarrow \Rightarrow E \downarrow \Rightarrow NX \uparrow \Rightarrow Y^{ad} \uparrow \tag{25.3}$$

① 参见 John Taylor，"The Monetary Transmission Mechanism：An Empirical Framework，" *Journal of Economic Perspectives* 9（Fall 1995）：11-26，and Ben Bernanke and Mark Gertler，"Inside the Black Box：The Credit Channel of Monetary Policy Transmission，" *Journal of Economic Perspectives* 9（Fall 1995）：27-48。

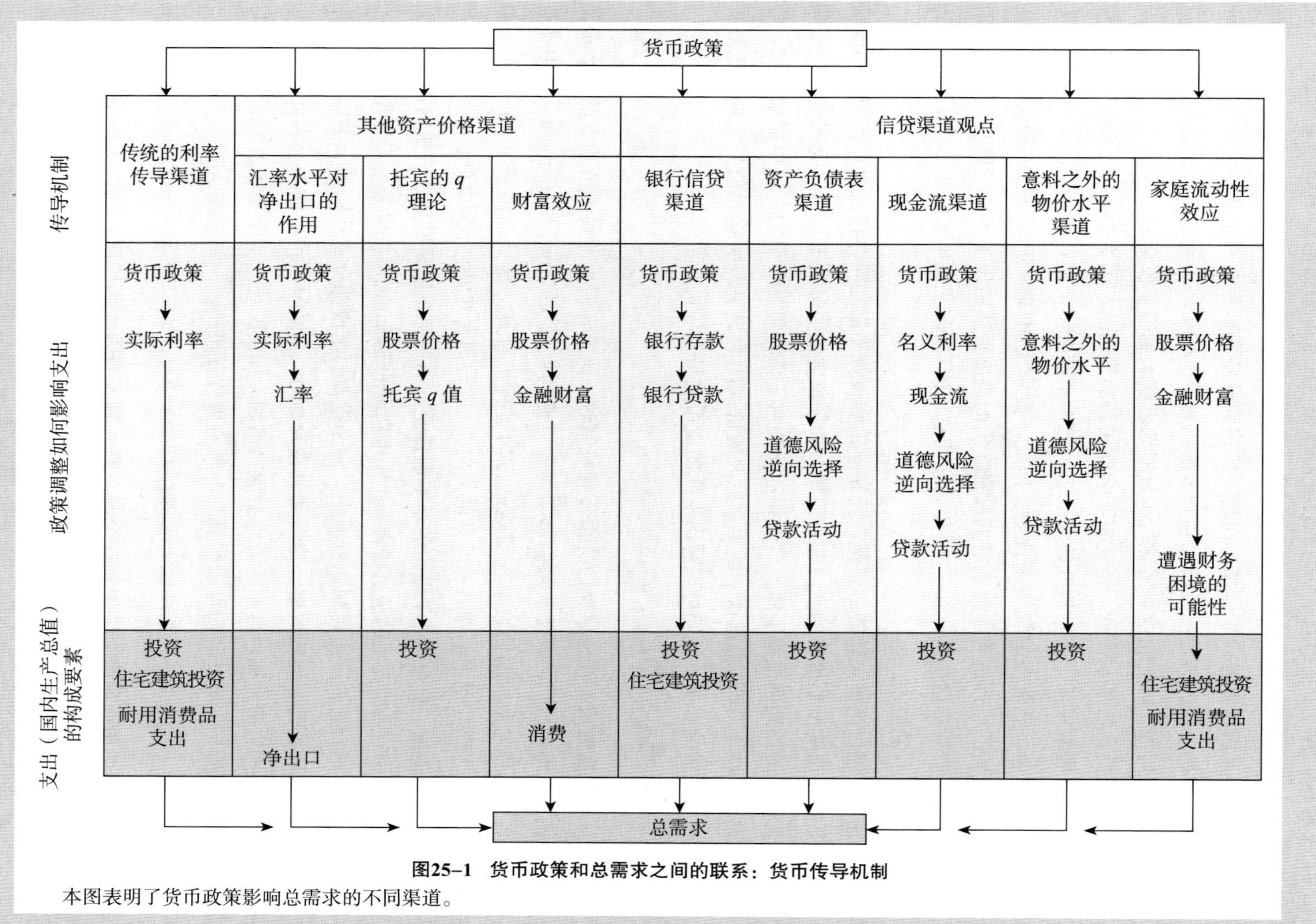

图25-1　货币政策和总需求之间的联系：货币传导机制

本图表明了货币政策影响总需求的不同渠道。

托宾的 q 理论 诺贝尔经济学奖得主詹姆斯·托宾创立的理论，被称为托宾的 q 理论，解释了货币政策如何通过其对权益（股票）估值的影响而作用于经济。托宾将 q 定义为企业市场价值与资本重置成本之比。如果 q 值高，那么企业市场价值相对于其资本重置成本较高，而新的厂房和设备资本相对于企业市场价值来说较便宜。于是公司就会发行股票，股票价格相对于所购买厂房和设备的成本较高。投资支出将增加，因为企业只需发行少量股票就能买到很多投资品。

相反，如果 q 值低，企业将不会购买新的投资品，因为企业市场价值相对于资本重置成本较低。在 q 值低的情况下，如果企业希望增加资本，它们可以低价购买其他企业，获取旧的资本来代替。因此，投资支出即对新投资品的购买就将非常少。托宾的 q 理论为大萧条时期投资支出的极度低迷给出了很好的解释。在那段时间里，股票价格暴跌，到 1933 年，股票总市值只有 1929 年底的 1/10，q 值也降到前所未有的低点。

上述讨论最关键的一点是，托宾 q 值和投资支出之间存在关联性。但货币政策是如何影响股票价格的呢？非常简单，如果债券的实际利率下降，意味着这个股票替代品的预期回报率下降。这使得股票相对于债券更具吸引力，股票需求增加，导致其价格上升。[①] 根据这一结果，以及股价（P_S）升高将引起 q 值变大从而投资支出 I 增加的事实，我们可以写出下面的货币政策传导机制：

$$r \downarrow \Rightarrow P_S \uparrow \Rightarrow q \uparrow \Rightarrow I \uparrow \Rightarrow Y^{ad} \uparrow \tag{25.4}$$

财富效应 在探索新的货币传导机制时，研究者们也考察了消费者的资产负债表如何影响他们的支出决策。佛朗哥·莫迪利亚尼（Franco Modigliani）使用他著名的消费生命周期假说率先对这一方向进行了研究。这里的**消费**（consumption）指消费者对非耐用消费品和服务的支出。[②] 它与消费支出的不同之处在于不包括耐用消费品支出。莫迪利亚尼理论的基本前提是，消费者在长期里平滑安排自己的消费。因此，决定消费支出的是消费者一生中可利用的资源，而不仅仅是今天的收入。

在消费者的一生可利用资源中，一个重要的组成部分是他们的金融财富，其中的主要比例是普通股股票。当股票价格升高时，金融财富价值增加，因此消费者一生可利用资源增加，这意味着消费应当增加。如前所述，由于宽松性货币政策会导致股票价格升高，我们可以得到另一种货币传导机制：

$$r \downarrow \Rightarrow P_S \uparrow \Rightarrow \text{财富} \uparrow \Rightarrow \text{消费} \uparrow \Rightarrow Y^{ad} \uparrow \tag{25.5}$$

莫迪利亚尼研究发现，这个联系是一种十分强大的机制，会极大地增强货币政策效力。

25

① 考察这种传导机制的另外一种方法是利用第 7 章的模型，实际利率下调降低了股票投资的必要回报率，从而提高了股票价格。于是，股票收益率下降意味着通过股票发行为投资支出融资的成本减少。这种看待股票价格和投资支出之间关联性的方法，形式上与托宾的 q 理论是等价的。

② 消费还包括另外一个很小的部分，即消费者因住宅和耐用消费品的所有权而获得的服务。

财富和托宾 q 值两个渠道考虑的是权益的一般定义，因此也可以运用于住房市场，其中的住房是产权。住宅价格升高会提高住宅价格与重置成本之比，导致房产的托宾 q 值升高，从而刺激住宅生产。同样，房价是财富中极其重要的组成部分，所以住宅价格升高也会增加财富，进而增加消费。货币扩张通过上述托宾 q 值和财富机制提高住宅价格，最终导致总需求增加。

信贷渠道观点

传统上用利率效应来解释货币政策对耐用资产支出的影响，对此的不满情绪促成了基于信息不对称概念的新解释（信息不对称问题导致了金融市场上的金融摩擦，参见第 8 章）。这种解释被称为信贷渠道观点，认为信贷市场的金融摩擦导致出现了两类货币传导渠道：一类是通过对银行信贷的影响发挥作用，另一类则是通过对企业和居民资产负债表的影响发挥作用。

银行信贷渠道　第 8 章的分析证明了，银行在金融体系中扮演着一种特殊的角色，因为它们特别适合解决信贷市场上的信息不对称问题，这也是银行信贷渠道的理论基础。正因为银行的这种特殊角色，一些借款人只有向银行借款才能进入信贷市场。只要没有其他资金来源能完全替代零售银行存款，货币传导的银行信贷渠道就运行如下：扩张性货币政策增加了银行的准备金和存款，从而增加了银行可贷资金的数量。因为许多借款人都依赖于银行贷款为业务活动筹资，所以贷款增加必然导致更多数量的投资支出（可能还有消费支出）。货币政策影响的示意图可以表达如下：

$$\text{银行准备金}\uparrow\Rightarrow\text{银行存款}\uparrow\Rightarrow\text{银行贷款}\uparrow\Rightarrow I\uparrow\Rightarrow Y^{ad}\uparrow \tag{25.6}$$

信贷渠道观点的一个重要含义是，货币政策将对小企业支出有着更大的影响，小企业比大企业更加依赖于银行贷款，大企业可以通过股票和债券市场进行直接融资（而不是只通过银行融资）。

尽管该机制已经得到一些研究者的证实，但是文献中对银行信贷渠道的影响也提出了质疑，而且有理由怀疑美国的银行信贷渠道可能不如过去那样强大了。第一个理由是，现在的美国监管已经不再对银行设置限制从而妨害其筹资能力（参见第 11 章）。在 20 世纪 80 年代中期以前，定期存单（CD）要受到法定准备金率和《Q 条例》存款利率上限约束，使得银行很难替代在货币紧缩时期流出银行体系的存款。而当这些监管约束被取消后，银行可以更加容易地应付准备金减少和零售存款损失，它们可以发行定期存单，执行市场利率，而且不必缴纳法定准备金。第二个理由是，全世界范围的传统银行信贷业务下降（参见第 11 章）使得银行信贷渠道的效力下降。尽管如此，许多经济学家还是认为，在美国从 2007—2009 年经济衰退中缓慢复苏的过程中，银行信贷渠道发挥了重要作用。

资产负债表渠道　尽管银行信贷渠道的重要性在降低，但是显然并不代表其他信贷渠道（例如资产负债表渠道）也是这样。和银行信贷渠道一样，资产负债表渠道也是由于信贷市场存在金融摩擦而出现的。我们在第 8 章了解到，工商企业净值越低，向这些企业贷款的逆向选择和道德风险问题就变得越严重。净值越低意味着贷款人实际上为贷款所持有的抵押品越少，因此由逆向选择所造成的潜在损失就越大。企业净值下降加重了逆向选择问题，由此减少了为投资支出提供资金的银行贷款。企业净值降低也加剧了道德风险问题，因为这意味着所有者在企业的股份减少，使之有更大动力从事风险投资项目。当借款人从事更高风险的投资项目时，贷款人无法得到偿付的可能性就更大，因此，企业净值降低导致贷款减少进而投资支出减少。

货币政策可以通过若干种方式影响企业的资产负债表。如前所述，宽松性货币政策导致股票价格升高（$P_S\uparrow$），提高企业净值，并由此带来更多的投资支出（$I\uparrow$）和更高的总需求（$Y^{ad}\uparrow$），因为降低了逆向选择和道德风险问题。下面的示意图就是货币传导的这种特殊的资产负债表渠道：

$$r\downarrow\Rightarrow P_S\uparrow\Rightarrow \text{企业净值}\uparrow\Rightarrow\text{逆向选择}\downarrow,\text{道德风险}\downarrow\Rightarrow\text{贷款}\uparrow\Rightarrow I\uparrow\Rightarrow Y^{ad}\uparrow \quad (25.7)$$

现金流渠道 还有一种资产负债表渠道是通过影响现金流（企业现金收入与支出的差额）发挥作用的。宽松性货币政策降低了名义利率，也引起企业的资产负债表改善，因为提高了现金流。现金流提高增加了企业（或者家庭）的流动性，于是贷款人可以更加容易地了解企业（或者家庭）能否履行偿债义务。结果是逆向选择和道德风险问题得以缓解，导致贷款和经济活动增加。下面的示意图描述了这种不同的资产负债表渠道：

$$i\downarrow\Rightarrow\text{企业的现金流}\uparrow\Rightarrow\text{逆向选择}\downarrow,\text{道德风险}\downarrow\Rightarrow\text{贷款}\uparrow\Rightarrow I\uparrow\Rightarrow Y^{ad}\uparrow \quad (25.8)$$

这种传导机制的重要特点在于名义利率影响企业的现金流。所以这种利率机制与前面讨论的传统利率机制不同，在那里是实际利率影响投资。而且，在现金流渠道中，短期利率起着特殊的作用，因为通常对家庭和企业现金流影响最大的是短期（而非长期）债务利息偿付。

与逆向选择问题有关的传导机制还有信贷配给现象。通过这种机制，降低利率的扩张性货币政策可以刺激总需求。第 9 章已经讨论过，当借款人即使愿意支付更高利率也被拒绝发放贷款时，就出现了信贷配给。贷款被拒绝是因为投资项目风险最高的个人和企业，恰恰是那些愿意支付最高利率的借款人，因为一旦高风险项目成功，他们将是最大受益人。由此可见，高利率加剧了逆向选择问题，而低利率则缓解了逆向选择问题。当扩张性货币政策降低利率时，高风险偏好的借款人在贷款需求中占比减小，因此贷款人更乐于发放贷款，同时提高投资和总需求。这与公式（25.8）给出的部分示意图一致。

意料之外的物价水平渠道 第三种资产负债表渠道是通过货币政策影响一般物

价水平发挥作用的。因为在工业化国家中，债务付款总是在合同中以固定的名义利率计息，意料之外的物价水平上升降低了企业债务的实际价值（减轻了债务负担），但是不降低企业资产的实际价值。于是，宽松性货币政策提高了通货膨胀进而引起物价水平意料之外的上升（$P\uparrow$），提高了企业实际净值，缓解了逆向选择和道德风险问题，导致投资和总需求增加。上述过程可以用下面的示意图表示：

$$r\downarrow\Rightarrow\pi\uparrow\Rightarrow\text{意料之外的 }P\uparrow\Rightarrow\text{企业的实际净值}\uparrow\Rightarrow\text{逆向选择}\downarrow\text{，}$$
$$\text{道德风险}\downarrow\Rightarrow\text{贷款}\uparrow\Rightarrow I\uparrow\Rightarrow Y^{ad}\uparrow \tag{25.9}$$

物价水平意料之外的变动影响总需求的观点在经济学界由来已久：这也是关于大萧条的债务紧缩观点（见第 12 章）的关键特征。

家庭流动性效应　虽然大部分关于信贷渠道的文献都集中在企业支出上，但信贷渠道观点也应当同样适用于消费支出，特别是家庭对耐用消费品和住宅的消费。货币紧缩引起银行贷款减少，对于无法通过其他信贷渠道获取资金的消费者而言，这会减少他们对耐用消费品和住宅的消费。同样，利率升高对消费者的现金流有负面影响，因而会恶化家庭资产负债表。

资产负债表渠道也可以通过对消费者耐用消费品和住宅支出的流动性效应发挥作用。这些效应被认为是大萧条时期的重要因素（见 FYI 专栏“消费者资产负债表与大萧条”）。在流动性效应观点看来，资产负债表效应发挥作用是通过它们对消费者支出意愿的影响，而不是对贷款人放款意愿的影响。由于对其质量存在着信息不对称，耐用消费品和住宅都属于流动性很差的资产。例如，由于严重的收入冲击，消费者需要立即出售自己的耐用消费品和住宅来筹集资金，就要不可避免地遭受相当大程度的财务损失，因为在旧货拍卖中他们不可能取得这些资产的全部价值（这就是第 8 章讨论的柠檬问题的具体表现）。相反，如果消费者持有金融资产（例如银行存款、股票或债券），就可以迅速而容易地以完全市场价值出售变现。因此，如果消费者预计自己有可能遭遇财务困境，他们将愿意持有更多流动性较高的金融资产，减少持有流动性较差的耐用消费品和住宅。

消费者资产负债表的状况对估计其未来遭遇财务困境的可能性有重要影响。具体而言，当消费者拥有的金融资产规模与债务相比较大时，估计其遭遇财务困境的可能性较小，他们就更乐于购买耐用消费品和住宅。当股票价格升高时，金融资产价值也随之增加，耐用消费品支出也将增加，因为消费者的财务状况更加安全，从而估计未来遭遇财务困境的可能性更小。这就是货币政策的另外一种传导机制，通过货币和股票价格之间的联系发挥作用：

$$r\downarrow\Rightarrow P_S\uparrow\Rightarrow\text{家庭金融资产的价值}\uparrow\Rightarrow\text{遭遇财务困境的可能性}\downarrow\Rightarrow$$
$$\text{对耐用消费品和住宅的支出}\uparrow\Rightarrow Y^{ad}\uparrow \tag{25.10}$$

耐用消费品和住宅的流动性不足从另一个角度说明了，为什么宽松性货币政策

（降低利率进而增加消费者的现金流）引起耐用消费品和住宅支出增加。消费者的现金流增加，降低了遭遇财务困境的可能性，增强了消费者持有耐用消费品和住宅的意愿，从而增加了对这些商品的支出，进而提高了总需求。这里的现金流效应观点和公式（25.8）概括的现金流渠道之间的唯一区别在于，现在导致支出增加的不是贷款人对消费者的放款意愿，而是消费者的支出意愿。

FYI 专栏　消费者资产负债表与大萧条

1929—1933 年间，美国消费者的资产负债表恶化到历史最差水平。1929 年股票市场崩盘，造成了经济低迷并一直持续到 1933 年，使消费者的财富价值减少了 1.02 万亿美元（用 2009 年价格衡量），而且如预料的那样，消费大大降低（减少了 1 990 亿美元）。因为在那段时间里物价水平降低，消费者的实际债务水平也大大提高了（提高了 20%以上）。结果，金融资产的价值相对于债务金额大大降低，提高了遭遇财务困境的可能性。毫不意外地，耐用消费品和住宅支出急剧下降：1929—1933 年，耐用消费品支出减少了 50%以上，而住宅支出减少了 80%。[a]

a. 有关大萧条期间消费者资产负债表对支出影响的更深入讨论，参见 Frederic S. Mishkin, "The Household Balance Sheet and the Great Depression," *Journal of Economic History* 38 (1978): 918-937。

为什么信贷渠道可能很重要?

信贷渠道被认为是重要的货币传导机制，有三个原因。第一，有关单个企业行为的大量证据支持这一观点，即对信贷渠道运行至关重要的这类金融摩擦确实影响企业的员工雇用和支出决策。第二，有证据表明，在紧缩性货币政策下，小企业（更有可能受到信贷约束）比大企业（不大可能受到信贷约束）受到的伤害更大。第三个原因可能也是最有说服力的，信贷渠道分析的核心——基于信息不对称解释金融摩擦的观点，是一个已经被证实有助于解释许多其他重要经济现象的理论架构，例如为什么我们的许多金融机构会存在，为什么我们金融体系的结构是现在这个样子，为什么金融危机对经济的破坏力这么大（第 8 章和第 12 章讨论的主题）。对一个理论最好的支持是其在广泛的应用领域被证明有用。按照这个标准来说，信息不对称理论非常成功，它对确认信贷渠道作为一种货币传导机制的重要性提供了理论支撑。

FYI 专栏　大衰退

2007 年夏天金融危机爆发后，美联储开始实施激进的宽松性货币政策。从 2007 年 9 月到 2008 年 12 月，美联储在 15 个月里将联邦基金利率目标从 $5\frac{1}{4}$%调到 0。最初，美联储的行为看上去可以保持经济增长温和放缓并防止衰退。然而，事实证明经济的脆弱程度超出了美联储和私人预测机构之前的预期，从 2007 年 12 月开始了二战后截至当时最严重的经济衰退。为什么尽管美联储这么反常地快速调低政策工具，经济仍然变得如此脆弱呢?

这场金融灾难通过上面提到的多个渠道对经济产生了负面影响。次级抵押贷款违约率上升，降低了抵押支持证券和 CDO 的价值，使得金融机构资产负债表遭受了严重损失。由于资产负债表恶化，金融机构开始去杠杆化并削减贷款。由于没有其他机构可以收集信息和发放贷款，信贷市场的逆向选择和道德风险问题进而金融摩擦都加剧了，导致经济减速。多个金融市场无法正常运行导致不确定性上升，信贷利差也冲上了历史高点。股票市场和住宅价格下跌减少了家庭财富，同样也削弱了经济。家庭财富缩水导致托宾 q 值降低，这又导致消费支出被抑制、投资支出更疲软。

正是在所有这些渠道的作用下，毫不奇怪地，虽然美联储积极行动调低联邦基金利率，但经济依然遭受了重创。

25.2 货币政策启示

目标 25.2 总结并运用本章概括的对货币政策操作的四个启示。

从本章的分析中，对于货币政策的合理操作我们可以得出哪些有用的启示呢？四个基本启示应当汲取。

1. 始终把货币政策的松紧同短期名义利率的下降与上升联系在一起是危险的。 大多数中央银行将短期名义利率（通常是银行同业拆借利率）作为货币政策的关键操作工具，正因为如此，存在着中央银行和公众过度关注短期名义利率、将之作为货币政策立场指标的危险。将货币紧缩与银行同业拆借利率上升相联系，或者将货币宽松与银行同业拆借利率下降相联系，这样的陈述其实非常普遍。本书不会犯这种错误，因为我们特别注意了把货币松紧与实际利率而非名义利率联系起来。

2. 除了短期债务工具的价格以外，其他资产价格中也包含着货币政策立场的重要信息，因为它们是各种货币政策传导机制的重要因素。 我们在本章了解到，经济学家在弄明白除利率之外其他资产价格同样对总需求有重大影响的事情上已经取得了很大进展。如图 25-1 所示，股票价格、外汇汇率、住宅价格等其他资产价格在货币传导机制中扮演着重要角色。而且，通过汇率、托宾 q 值以及财富效应等发挥作用的那些其他渠道，为其他资产价格在货币传导机制中发挥重要作用提供了额外的证据。尽管在经济学家内部对于哪种货币传导渠道最重要还存在很大分歧（这一点儿不奇怪，经济学家特别是学术圈里的经济学家总是热衷于辩论），不过他们都一致同意，除了短期债务工具的价格，其他资产价格也在货币政策影响经济中起重要作用。

短期利率之外的资产价格也很重要，这个观点对于货币政策有着重要含义。在我们想要评估货币政策立场时，除了短期利率，务必要考察其他资产价格。例如，如果短期利率很低，甚至接近零，但同时股票价格是低的，房价是低的，而本币价值是高的，那么货币政策显然是紧缩的，而不是宽松的。

3. 即使短期利率已经接近零，货币政策对于复苏疲软的经济也能起作用。 我们已经进入一个通货膨胀不再是常态的世界。例如，日本近年来饱受通货紧缩的困扰，其物价水平其实在不断下降。美国从 2008 年底一直到 2015 年底、后来又在 2020 年 3 月时联邦基金利率达到了零下限。一种普遍的观点是，当中央银行将名义利率压低至接近零时，货币政策就无法再进一步刺激经济。然而本章介绍的货币政策传导机制说明，该观点是错误的。第 14 章讨论基础货币的影响因素时指出，扩张性货币政策的目的在于增加经济中的流动性，可以通过公开市场购买来实施，而且购买对象不必只是短期政府证券。例如，像美联储在 2009 年和 2020 年所做的那样，购买私人证券可以缓解金融摩擦，具体途径是降低信贷利差，刺激投资支出。此外，承诺未来实施扩张性货币政策通过提高通货膨胀预期以及推高其他资产价格也有助于恢复经济，而这会再通过本章所述的传导渠道刺激总需求。第 15 章讨论的非常规货币政策就是这类政策。对于陷入通货紧缩境地且短期利率接近零的经济体而言，非常规货币政策可以成为拉动经济的强大力量。事实上，我们在第 12 章已经看到，在最近的金融危机期间，激进的非常规货币政策有助于防止经济由大衰退转化升级成大萧条，避免经济陷入大萧条时期那样的通货紧缩漩涡。新冠疫情暴发后，激进的非常规货币政策再度被用于刺激经济。

4. 避免物价水平的意外波动是货币政策的重要目标，这就为物价稳定成为货币政策的首要长期目标提供了理论基础。第 16 章已经介绍过，近些年来中央银行更多强调把物价稳定作为货币政策的首要长期目标。对该目标已经提出了一些理论解释，包括：未来物价水平的不确定性对企业决策进而对生产率具有不利影响，名义合约和税收制度与通货膨胀之间相互影响引起了扭曲，以及通货膨胀引起社会冲突不断增加。我们对货币传导机制的讨论为物价稳定的重要性提供了另外一个理由。如我们所知，通货膨胀率的意外变动可能造成产出意外波动，这个结果显然是不利的。在这方面尤其重要的是我们在第 12 章了解到的，即价格紧缩可能是导致长时间金融危机的重要因素（如大萧条期间发生的情况）。对货币传导机制的理解使我们明确了，物价稳定目标的合理性在于它降低了未来物价水平的不确定性。物价稳定目标表明，负通货膨胀率至少跟通货膨胀率过高一样是不利的。事实上，鉴于金融危机的威胁，中央银行必须全力以赴避免出现价格紧缩。

应用 将货币政策启示应用于日本“失去的二十年”

1990 年以前，看起来日本有望在人均收入方面超越美国。20 世纪 90 年代初到 2012 年间成为人们所熟知的“失去的二十年”，在这段时间里日本经济停滞不前，通货紧缩与低经济增长并存。结果，日本人的生活标准降低，越来越落后于美国。许多经济学家认为，日本的货币政策是这一时期日本经济糟糕表现的罪魁祸首之一。如果日本应用了上面所概括的四个启示，日本的货币政策表现会不会更好一些呢？

第一个启示说明，总是将利率下降理解为货币政策宽松的标志十分危险。20 世纪 90 年代中期，短期利率开始下跌，在 20 世纪 90 年代末和 21 世纪初降到接近零，日本货币当局认为货币政策已经足够扩张了。现在，人们普遍认为这种观点不正确，因为日本通货膨胀率持续下降并且最终为负，意味着实际利率其实非常高，货币政策是紧缩的而非宽松的。如果日本货币当局当时能采纳第一个启示的建议，或许就会追求更加扩张的货币政策，从而帮助经济走出泥沼。

第二个启示说明，货币政策制定者在评估货币政策立场时，应当高度关注短期债务工具价格以外的其他资产价格。日本在利率下降的同时，股票和不动产价格飞速下跌，由此从另一个角度说明了日本的货币政策并不宽松。如果了解第二个启示，或许能让日本货币政策的制定者早一点认识到他们需要更加扩张的货币政策。

第三个启示说明，即使短期利率接近零，货币政策依然可以有效。日本银行的官员经常声称他们对刺激经济已经无能为力，因为短期利率已经下跌到接近零。第三个启示认为即使短期利率接近零，货币政策也可以有效，如果认识到这些，日本货币当局就可以采取货币政策行动通过提高其他资产价格和通货膨胀预期来刺激总需求。

第四个启示说明，应当避免物价水平的意外波动。如果日本货币当局坚持这个启示，可能就会意识到，允许通货紧缩发生可能会对经济造成严重破坏，而且这样的通货紧缩与物价稳定目标不符。

这四个货币政策启示最后终于得到了日本银行的认真对待。如同我们在第23章讨论过的，日本的货币政策自2013年起经历了急剧变化，转向了高度扩张性的、追求更高通货膨胀目标的非常规货币政策。从那时开始，日本经济有所起色，失业率下降。然而，尽管有所升高，但通货膨胀率仍然顽固地保持在低水平，远低于日本银行的2%通货膨胀目标。

总　结

1.货币政策传导机制包括：传统的利率渠道，通过实际借款成本发挥作用，可以影响投资；其他资产价格渠道，比如汇率影响、托宾的 q 理论、财富效应；信贷渠道观点，包括银行信贷渠道、资产负债表渠道、现金流渠道、意料之外的物价水平渠道以及家庭流动性效应。

2.本章得出了有关货币政策的四个启示：(1) 把货币政策的松紧简单地同短期名义利率的降与升联系起来是危险的；(2) 短期债务工具价格以外的其他资产价格包含着货币政策立场的重要信息，因为它们是货币政策传导机制的重要因素；(3) 即使短期利率已经接近零，用货币政策复苏疲软的经济也能起作用；(4) 避免物价水平的意外波动是货币政策的重要目标，由此为物价稳定成为货币政策的首要长期目标提供了理论基础。

关键术语

耐用消费品支出　　信贷渠道观点　　货币政策传导机制　　消费

25

思考题

1.2008—2015年，美国的汽车贷款利率从8%左右下降到4%左右，接近历史最低位。与此同时，汽车销售急剧增加。这与货币传导机制有什么关系？

2.“考虑到消费在GDP中的比重高达三分之二，这意味着利率、财富和家庭流动性等渠道是美国最重要的货币政策渠道。”这种表述正确、错误还是不确定？解释你的答案。

3.当短期名义利率位于有效下限时，利率渠道是如何继续发挥作用的？

4.前普林斯顿大学教授、瑞典中央银行副行长拉尔斯·斯文森（Lars Svensson）声称，当经济有陷入通货紧缩的危险时，中央银行应当“有责任不负责任”地实施货币扩张政策。这是什么意思？这与货币传导机制有什么关系？

5.货币政策可以通过多种不同渠道发挥作用，这有什么优点和缺点？

6.“如果一国实行固定汇率，那么货币政策的汇率渠道就不存在了。”这种观点正确、错误还是不确定？解释你的答案。

7.2007—2009年衰退期间，按不变价格衡量的普通股股票价格下降超过了50%。股票市场下跌可能如何影响总需求，以及如何作用于衰退的严重性？请具体说明股票市场下跌影响经济的作用机制。

8.“投资的融资成本只与利率相关，因此，货币政策影响投资支出的唯一方式就是通过对利率的效应。”这种观点正确、错误还是不确定？解释你的答案。

9.从2009年3月到2020年2月，标普500股票指数升高了超过350%。同一时期，密歇根大学的消费者信心指数从57.3升高到101.0（升高了75%）。请解释这与货币传导机制有何关系。

10.从2008年中期到2009年初，道琼斯工业平均指数下降超过50%，而实际利率很低或者下降了。这一场景说明投资发生了怎样的变化？

11.诺贝尔经济学奖得主佛朗哥·莫迪利亚尼发现，货币政策最主要的传导机制与消费支出有关。请描述其中至少两种机制是如何运行的。

12.20世纪90年代末期，股票市场迅速上涨，经济在成长，美联储将利率保持在相对较低的水平。根据与托宾q值传导机制的关系，评论该货币政策立场会如何影响经济。

13.在全球金融危机期间及以后，美联储将联邦基金利率下调到接近零。与此同时，股票市场急剧下跌，住宅市值大幅降低。对这一时期通过财富渠道发挥作用的货币政策有效性做出评价。

14.从2014年8月到2017年8月，美联储一直重申货币政策是“适应性的”。而且在此期间，银行的超额准备金从大约2.67万亿美元降低到大约2万亿美元，降幅约为25%。关于银行信贷渠道，这说明了什么？

15.为什么信贷渠道观点隐含着货币政策对小企业的影响超过对大企业的影响？

16.为什么现在银行信贷渠道可能不如以前那么有效了？

17.如果逆向选择和道德风险加剧，这如何影响货币政策应对经济下滑的能力？

18.大萧条是如何证实意料之外的物价水平渠道的？

19.财富效应和家庭流动性效应有何相似之处？有何不同？

20.在新冠疫情重创经济后，抵押贷款利率在2020年达到了创纪录的最低水平。

a.根据家庭流动性效应渠道，这对经济应当会产生什么影响？

b.在此期间，大部分银行大幅提高了信贷标准，家庭申请贷款及其展期变得更加困难。这一信息会如何改变你对a的回答？

21.“如果联邦基金利率为零，美联储无法再实施有效的适应性政策。”这种观点正确、错误还是不确定？解释你的答案。

22.美联储在2015年12月提高联邦基金利率，这是近十年来首次，而且自此之后在相当长一段时间里保持了逐步提高利率的节奏。但是在同期的政策声明里美联储继续重申“货币政策立场仍然保持为适应性的”。请对此看似矛盾的情况做出解释。

23. 一般地，如果股票价格上涨，消费增长强劲，房价升值较多，且失业率较低，你会把货币政策归类为可能是紧缩的还是可能是宽松的？

24. 日本经历的“失去的二十年”如何支持本章所概括的四个货币政策启示？

应用题

25. 假定经济处于衰退之中，货币政策制定者为了稳定经济而下调了利率。利用总供求图说明当传导机制正常发挥作用时货币宽松的影响，以及在传导机制很差时（比如经济深度下滑，或者存在明显金融摩擦的情况下）货币宽松的影响。

词汇表

积极干预者（activists） 这些经济学家认为由于工资和物价具有黏性，因此通过工资和物价水平调整发挥作用的自我纠错机制是一种非常缓慢的机制。面对失业问题，积极干预者主张实施消除高失业的积极的经济政策。

适应性预期（adaptive expectations） 根据变量的历史平均值对变量做出的预期。

***AD/AS* 曲线图**（*AD/AS* diagram） 给出总需求曲线、短期总供给曲线和宏观经济均衡的坐标图。

逆向选择（adverse selection） 在金融交易之前，信息不对称所导致的问题：被交易对手方认为最不受欢迎的人就是最有可能想要参与该金融交易的人。

代理理论（agency theory） 该理论分析的是信息不对称问题如何影响经济行为。

总需求（aggregate demand） 在不同物价水平上对经济中产出的需求总量。

总需求曲线（aggregate demand curve） 在商品市场和货币市场都处于均衡状态时，表示物价水平与总产出需求数量之间关系的曲线。

总收入（aggregate income） 经济中生产要素（土地、劳动力和资本）的收入总和。

总产出（aggregate output） 经济中最终产品和服务的生产总量。

总产出指数（aggregate output index） 该指数将潜在GDP设定为100，将其他所有实际GDP值设定为对100的比值。

物价总水平（aggregate price level） 经济中各类产品和服务的平均价格。

总需求量（aggregate quantity demanded） 在给定通货膨胀率下，家庭、企业、政府和外国人在一个特定时期（比如1年）想要购买（需求）的产品和服务总量。

总供给曲线（aggregate supply curve） 表示总产出供给数量与物价水平之间关系的曲线。

锚货币（anchor currency） 其他国家货币所钉住的货币。

“动物精神”（animal spirits） 影响消费者和企业支出意愿的乐观情绪或悲观情绪波动。

升值（appreciation） 货币价值的上升。

套利（arbitrage） 消除市场上无风险利润机会的行为。

资产（asset） 作为价值储藏手段的一种金融索取权或一处房产。

资产管理（asset management） 购买违约风险小的资产并使所持资产多样化，从而提高收益的行为。

资产市场方法（asset market approach） 使用资产存量而非流量决定资产价格的方法。

资产价格泡沫（asset-price bubbles）

股票和房地产市场资产价格在投资者心理的推动下远远超过其基础经济价值的情况。

资产转换（asset transformation） 设计并出售适合投资者风险偏好的资产，并将出售资产所得资金用于购买风险程度较高的资产，从而帮助投资者将风险资产转化为安全资产的过程。

信息不对称（asymmetric information） 交易各方对其他对手方的了解程度不对等。

自动柜员机（automated teller machine, ATM） 这种电子化机器可以一天 24 小时不间断地提供银行服务。

自主性消费支出（autonomous consumption expenditure） 与可支配收入无关的消费支出金额。

自主性宽松货币政策（autonomous easing of monetary policy） 降低任意通货膨胀率所对应的实际利率。

自主性投资（autonomous investment） 计划投资支出的一部分，无法用模型中变量来解释，完全属于外生变量。

自主性净出口（autonomous net exports） 作为外生变量（在模型之外）的净出口水平。

自主性支出（autonomous spending） 与产出和实际利率等模型中变量无关的外生性支出。

自主性紧缩货币政策（autonomous tightening of monetary policy） 提高任意通货膨胀率所对应的实际利率。

国际收支平衡表（balance of payments） 记录与一国和外国之间资金移动有直接关系的所有收支活动的簿记系统。

资产负债表（balance sheet） 银行（或公司）资产和负债的平衡表：总资产等于总负债加资本之和。

银行破产（bank failure） 银行无法履行对存款人和其他债权人的支付义务，只得停止营业。

银行控股公司（bank holding companies） 拥有一家或多家银行的公司。

银行恐慌（bank panic） 在金融危机期间，许多银行同时破产的情形。

银行（banks） 接受货币存款、发放贷款的金融机构（例如商业银行、储蓄与贷款协会和信用社）。

《巴塞尔协议》（Basel Accord） 要求银行资本至少占其风险加权资产 8%的协议。

巴塞尔银行监管委员会（Basel Committee on Banking Supervision） 由位于瑞士巴塞尔的国际清算银行发起的一个国际银行业监管委员会。

行为金融（behavioral finance） 借助人类学、社会学特别是心理学等其他社会科学领域的概念来解释证券价格行为的金融学分支。

联邦储备委员会（Board of Governors of the Federal Reserve System） 由七名委员（包括委员会主席）组成的委员会，在联邦储备体系的决策制定中起重要作用。

债券（bond） 承诺在一个特定时间段中对持有人进行定期支付的债务证券。

繁荣（boom） 见扩张（expansion）。

借入准备金（borrowed reserves） 银行向美联储的借款。

分支机构（branches） 银行开展业务的其他办公地点。

布雷顿森林体系（Bretton Woods system） 1945—1971 年间的国际货币体系，实行固定汇率且美元可自由兑换成黄金（仅限于外国政府和中央银行）。

经纪人（broker） 投资者的代理人，负责匹配买卖双方。

泡沫（bubble） 资产价格偏离其基础价值的情形。

预算赤字（budget deficit） 政府支出大于税收收入。

预算盈余（budget surplus） 税收收入超过政府支出。

经济周期（business cycles） 总体经济活动的高低起伏运动。

资本（capital） 可以用来创造财富的财富，它可以是金融资本，也可以是实物资本。

资本充足性管理（capital adequacy management） 银行决定其应当保持的适度资本规模以及获取所需资本的最好方式。

资本管制（capital controls） 对资本跨境自由流动实施的限制。

资本市场（capital market） 交易长期债务（初始期限通常超过一年）和权益工具的金融市场。

资本流动性（capital mobility） 指外国人能够十分容易地购买本国资产以及本国居民可以十分容易地购买外国资产的情况。

现金流（cash flows） 对证券持有者的现金支付。

中央银行（central bank） 监管一国银行体系并对经济中货币和信贷供给数量负责的政府机构，在美国指的是联邦储备体系。

抵押品（collateral） 抵押给贷款人的财产，在借款人无力归还债务时用来保证还款。

商品货币（commodity money） 由贵金属或其他价值较高商品构成的货币。

普通股（common stock） 代表对公司收益和资产要求权的证券。

社区银行（community banks） 根植于本地的小银行。

补偿余额（compensating balance） 银行要求借款企业必须在银行支票账户中保有的最低金额的资金。

利益冲突（conflicts of interest） 这是道德风险的一种表现。当一家金融机构提供目标冲突的多元服务时，利益冲突就可能产生，这种情况可能让企业隐瞒重要信息或者散布误导性信息。

统一公债（consol） 一种没有到期日、不偿还本金、定期支付固定金额票面利息的永久性债券。

单一货币增长率规则（constant-money-growth-rate rule） 货币主义学派主张的政策规则，无论经济状况如何，政策制定者都保持货币供给增长率不变。

有约束的相机抉择（constrained discretion） 这种政策框架对政策制定者的总体目标和策略（但并非具体行动）做出了明确规定且需事先承诺。该框架对政策制定者提出概念结构和内在纪律要求，但没有取消所有的灵活性。

耐用消费品支出（consumer durable expenditure） 消费者对汽车和家用电器等耐用品的支出。

消费（consumption） 消费者对非耐用消费品和服务的支出，包括他们从住宅和耐用消费品所有权上得到的服务。

消费支出（consumption expenditure） 对消费品和服务的总需求。

消费函数（consumption function） 可支配收入与消费支出之间的关系式。

常规货币政策工具（conventional monetary policy tools） 美国联邦储备体系用来控制货币供给和利率的经典货币政策工具：公开市场操作、贴现贷款和法定准备金要求。

成本推进型通货膨胀（cost-push inflation） 由于工人要求增加工资而导致的通货膨胀。

成本推进型冲击（cost-push shocks） 工人要求的工资增长幅度超过了产出增长率时出现的价格冲击，由此会增加成本和加剧通货膨胀。

高成本状态核实（costly state verification） 指费时又费钱的高成本监督企业的行为。

息票债券（coupon bond） 一种在到期之前每年向持有人支付固定利息，到期时再向持有人支付固定金额本金的信用市场工具。

息票利率（coupon rate） 每年支付的息票利息占债券面值的百分比。

可信度（credibility） 对政策的承诺得到了公众信任。

信贷繁荣（credit boom） 金融机构加速扩张贷款，贷款增加十分迅速。

信用违约互换（credit default swaps） 如果债券违约，这种金融保险合约可以赔付债券的持有者。

信贷宽松（credit easing） 调整美联储资产负债表的构成，以促进某些特定信贷市场正常运转。

信贷配给（credit rationing） 即使借款人愿意支付规定利率，甚至更高利率，贷款人也不愿发放贷款或发放贷款金额小于贷款申请额度。

信用风险（credit risk） 借款人可能违约所造成的风险。

信贷利差（credit spread） 家庭和企业贷款利率与美国国库券等肯定可以偿付的安全资产利率之间的差额。

信贷渠道观点（credit view） 通过信息不对称对信贷市场的影响而发挥作用的货币传导机制。

信用评级机构（credit-rating agencies） 根据违约概率对公司债券和市政债券质量做出评级的投资顾问公司。

通货（currency） 纸钞（例如美元现钞）和硬币。

货币局（currency board） 本国货币百分之百地由外国货币（如美元）支持的货币制度，而其中的货币发行当局——无论是中央银行还是政府——确定对这种外国货币的固定汇率，并且随时应公众要求按照该汇率将本币兑换成外币。

经常账户（current account） 反映经常生产的产品和服务的国际交易的账户。

经常账户余额（current account balance） 贸易收支、净投资收益和转移的总和。

当期收益率（current yield） 到期收益率的近似值，等于年息票利息除以息票债券的价格。

数据时滞（data lag） 政策制定者获取经济状况数据所需的时间。

交易商（dealer） 通过按照既定价格买卖证券从而将买卖双方联系在一起的人。

债务紧缩（debt deflation） 物价水平持续下跌的过程，由于加重了企业的债务负担，进一步侵蚀了企业的净值。

违约（default） 债务工具发行人无力偿付利息或当债务工具到期时无力偿还所欠金额的情况。

无违约风险债券（default-free bonds） 没有违约风险的债券，例如美国政府债券。

防御性公开市场操作（defensive open market operations） 旨在抵消其他因素变

动（例如在美联储的财政存款变动或浮款变动）对基础货币的影响而实施的公开市场操作。

去杠杆化（deleveraging） 金融机构因为资本不足而收缩贷款时出现的情形。

需求曲线（demand curve） 描述在其他经济变量不变时需求数量与价格之间关系的曲线。

货币需求（demand for money） 人们希望持有的货币数量。

需求冲击（demand shocks） 指能够使总需求曲线发生移动的冲击，包括货币供给量变化、政府支出和税收变化、净出口变化、消费者和企业支出变化以及金融摩擦。

需求拉动型通货膨胀（demand-pull inflation） 由于政策制定者实施的政策推动了总需求曲线位移而引发的通货膨胀。

存款便利（deposit facility） 欧洲中央银行体系的常备便利，银行可以据此得到低于目标融资利率 100 个基点的固定利率。

存款外流（deposit outflows） 存款人提取现金或要求支付而引起的存款减损。

存款利率上限（deposit rate ceiling） 对存款支付的最高利率的限制。

贬值（depreciation） 货币价值的下跌。

法定贬值（devaluation） 将货币的固定价值重新设定在一个较低的水平上。

贴现债券（discount bond） 购买价格低于面值、到期时按面值偿还的信用市场工具；这种债券不支付任何利息，又称零息债券（zero-coupon bond）。

贴现贷款（discount loans） 银行从联邦储备体系的借款；也称预支款。

贴现率（discount rate） 联邦储备体系向银行提供贴现贷款时收取的利率。

贴现窗口（discount window） 联邦储备体系向银行办理贴现贷款的工具。

相机抉择（discretion） 政策制定者根据当时情况采取他们相信是正确的政策决策，以解决当时经济中存在的问题。

脱媒（disintermediation） 流入银行体系的资金减少，导致间接融资额减少。

可支配收入（disposable income） 可用于支出的总收入，等于总收入减税收。

多样化（diversification） 投资于一组资产（资产组合），各种资产的回报不总是同步变动，从而可以将总体风险降低到单个资产的风险之下。

股利（dividends） 按股东所拥有股票数量进行的定期支付。

神作之合（divine coincidence） 奥利维尔·布兰查德命名的一种情况，即稳定通货膨胀的政策同时也是稳定经济活动的最好的政策。

美元化（dollarization） 采用一种硬通货如美元作为一国的货币。

劣势资产（dominated assets） 指通货和支票存款等资产，它们的收益率低于安全性一样的其他资产。

双重银行体系（dual banking system） 指美国当前的银行体系，由联邦政府监管的银行和由州政府监管的银行并存。

双重目标（dual mandate） 中央银行将物价稳定和最大就业两个目标放到平等的地位上。

久期分析（duration analysis） 度量银行资产和负债的市场价值对利率变动的敏感性。

主动性公开市场操作（dynamic open market operations） 旨在改变准备金和基础货币规模的公开市场操作。

电子现金（e-cash） 在互联网上购买产

品和服务时所使用的电子货币。

电子金融（e-finance） 利用电子设施提供金融服务的新方式。

货币政策的宽松（easing of monetary policy） 降低联邦基金利率。

规模经济（economies of scale） 随着交易金额（规模）增大，单位交易成本随之减少。

范围经济（economies of scope） 运用同一种资源提供多种产品和服务的能力。

《埃奇法案》公司（Edge Act corporation） 在美国银行业中，主要从事国际银行业务的特殊分支机构。

影响时滞（effectiveness lag） 政策对经济产生实际影响所需要的时间。

有效下限问题（effective-lower-bound problem） 指中央银行无法将短期利率大幅降到零以下的情形。

有效市场假说（efficient market hypothesis） 理性预期理论在金融市场的应用。也被称为有效资本市场理论。

电子货币（electronic money，e-money） 以电子形式存在的货币，可以代替现金使用。

新兴市场国家（emerging market countries） 最近才向世界其他国家开放商品、服务和资本流动的国家。

交易方程式（equation of exchange） 即$MV=PY$，该方程式将名义收入与货币数量联系起来。

权益（equities） 对公司净收入和资产份额的索取权（例如普通股）。

权益资本（equity capital） 参见净值（net worth）。

股本乘数（equity multiplier，EM） 单位权益资本所对应的资产金额。

欧洲债券（Eurobonds） 用债券发行国以外的其他货币计价的债券。

欧洲货币（Eurocurrencies） 欧洲债券的变种，是指存放在母国境外银行的外国货币。

欧洲美元（Eurodollars） 存放在美国以外的外国银行或美国银行海外机构的美元。

超额需求（excess demand） 需求数量超过供给数量的情形。

超额准备金（excess reserves） 超过法定准备金的准备金。

超额供给（excess supply） 供给数量超过需求数量的情形。

汇率（exchange rate） 以一种货币表示的另外一种货币的价格。

汇率钉住（exchange-rate peg） 将本币的价值固定在另一种货币上，从而汇率是固定的。也被称为汇率目标制。

汇率目标制（exchange-rate targeting） 参见汇率钉住（exchange-rate peg）。

交易所（exchanges） 证券买卖双方（或他们的代理人或经纪人）在一个集中场所进行交易的二级市场。

外生变量（exogenous variable） 与模型无关的变量。

扩张（expansion） 总体经济活动增加或膨胀时期，也称繁荣（boom）。

预期理论（expectations theory） 认为长期债券利率等于在该债券到期之前人们预期的短期利率平均值的理论。

预期回报率（expected return） 对某项资产在下一阶段回报率的预期。

面值（face value，或 par value） 在到期日支付给息票债券持有人的规定的最终金额。

联邦基金利率（federal funds rate） 以

在美联储的存款发放隔夜贷款的利率。

联邦公开市场委员会（Federal Open Market Committee，FOMC） 对公开市场操作制定决策的委员会，由联邦储备委员会的七名成员、纽约联邦储备银行行长以及其他四名联邦储备银行行长（轮流担任）组成。

联邦储备银行（Federal Reserve Banks） 联邦储备体系的 12 家地区银行。

联邦储备体系（美联储）（Federal Reserve System，the Fed） 负责美国货币政策的中央银行当局。

不兑现纸币（fiat money） 被政府宣布为法定偿还货币的纸币，但是不能兑换成铸币或贵金属。

金融账户（financial account） 反映包括资产买卖的国际交易的账户。

金融账户余额（financial account balance） 净增金融资产与净增金融债务的差额。

金融危机（financial crisis） 以众多金融机构和非金融企业破产以及资产价格暴跌为特征的金融市场大震荡。

金融衍生工具（financial derivatives） 盈亏与已发行证券相关联的工具，通常被用作降低风险的工具。

金融工程（financial engineering） 研究和开发能够满足客户需求且具盈利性的创新金融产品和服务的过程。

金融摩擦（financial frictions） 阻碍了资本的有效配置的信息不对称问题。

金融创新（financial innovation） 向经济中引入新型的金融产品。

金融中介机构（financial intermediaries） 从储蓄者手中借入资金并将之贷放给其他人的机构（例如银行、保险公司、共同基金、养老基金和财务公司）。

金融媒介（financial intermediation） 金融中介机构将贷款人-储蓄者与借款人-支出者联系起来从事间接融资的过程。

金融自由化（financial liberalization） 取消对金融市场的管制。

金融市场（financial markets） 将资金盈余方的资金转移到资金短缺方的市场。

金融恐慌（financial panic） 指经济中出现大范围的金融市场崩溃和金融中介机构破产。

金融监管（financial supervision）**或审慎监管**（prudential supervision） 对金融机构及其业务活动的监管。

紧急抛售（fire sale） 为筹集需要的资金，被迫迅速地抛售资产。

财政政策（fiscal policy） 有关政府支出和税收的决策。

费雪效应（Fisher effect） 指预期通货膨胀率上升时利率将上升这一结果，它是以经济学家欧文·费雪的名字命名的。

固定汇率制度（fixed exchange rate regime） 中央银行通过买卖本币将汇率稳定在一个固定水平上的汇率制度。

固定投资（fixed investment） 企业对设备（计算机、飞机）和建筑物（工厂、办公楼）的支出以及对居民住宅的计划支出。

固定支付贷款（fixed-payment loan） 一种信用市场工具，它向借款人提供了一笔资金，要求借款人根据约定的偿还期限定期偿还固定数额的资金。

浮款（float） 美联储的应收在途现金减去待付现金。

浮动汇率制度（floating exchange rate regime） 在这种汇率制度下，货币相互之间的对外价值是可以波动的。

外国债券（foreign bonds） 在国外发行并以发行国货币计价的债券。

外汇干预（foreign exchange intervention） 中央银行通过买卖货币来影响外汇汇率的国际金融交易。

外汇市场（foreign exchange market） 决定汇率的市场。

外汇汇率（foreign exchange rate） 参见汇率（exchange rate）。

远期汇率（forward exchange rate） 远期交易的汇率。

前瞻性指引（forward guidance） 中央银行对未来政策利率路径做出承诺。

远期交易（forward transactions） 在未来约定时间进行不同币种银行存款交换的交易。

免费搭车问题（free-rider problem） 指没有对信息支付费用的人利用了其他人的付费信息时出现的问题。

完全分期等额偿还贷款（fully amortized loan） 参见固定支付贷款（fixed-payment loan）。

基础经济价值（fundamental economic values） 基于对未来收入流的现实预期而形成的资产价值。

期货合约（futures contract） 出售方同意在未来约定时间按照约定价格向买方提供一定数量标准化商品的合约。

缺口分析（gap analysis） 计量银行利润对利率变动的敏感性指标，计算时将利率敏感型负债从利率敏感型资产中扣除。

广义股利估值模型（generalized dividend model） 股票价格只取决于股利现值的模型。

目标独立性（goal independence） 中央银行设定货币政策目标的能力。

金本位制度（gold standard） 货币直接兑换为黄金的固定汇率制度。

戈登增长模型（Gordon growth model） 假定股利增长率固定，用来计算股票价值的简化模型。

政府预算约束（government budget constraint） 政府预算赤字必须等于基础货币变化量与公众持有的政府债券变化量之和。

政府购买（government purchases） 各级政府（联邦政府、州政府和地方政府）购买产品和服务的支出。

国内生产总值（gross domestic product，GDP） 经济在一年内所生产的所有最终产品和服务的价值。

估值折扣（haircuts） 抵押品金额超出贷款金额的部分。

对冲（hedge） 保护自己免受风险。

单一目标（hierarchical mandate） 中央银行将物价稳定看做首要目标，只有在实现物价稳定的情况下才能追求其他目标。

高能货币（high-powered money） 即基础货币。

恶性通货膨胀（hyperinflation） 月通货膨胀率超过50%的极端严重的通货膨胀。

执行时滞（implementation lag） 一旦决定执行新政策，政策制定者调整政策工具所花费的时间。

不可能三角（impossible trinity） 政策选择三难的另一种说法，即一国不能同时采用以下三种政策：资本自由流动，固定汇率，独立货币政策。

激励相容（incentive-compatible） 使合约双方利益协调的激励措施。

收入（income） 收益的流量。

通货膨胀（inflation） 物价水平持续上

涨的经济状态。

通货膨胀缺口（inflation gap） 通货膨胀率和通货膨胀目标之间的差距。

通胀对冲（inflation hedges） 当通货膨胀率变动时，其实际回报率所受影响比货币小的替代资产。

通货膨胀率（inflation rate） 物价水平变动的比率，通常以年度变动百分比来衡量。

通货膨胀冲击（inflation shocks） 与经济饱和程度或者预期通货膨胀率无关的通货膨胀变动。

通货膨胀目标（inflation target） 中央银行的通货膨胀率目标。

通货膨胀目标制（inflation targeting） 对外公布中期通货膨胀目标数值的货币政策战略。

工具独立性（instrument independence） 中央银行设定货币政策工具的能力。

利息平价条件（interest parity condition） 国内利率等于外国利率加上外国货币的预期升值率。

利率（interest rate） 借款的成本或为借入资金支付的价格（通常用年率表示）。

利率风险（interest-rate risk） 由利率变动造成的收益减少的可能性。

中介指标（intermediate target） 美联储试图影响的、对就业和物价水平会产生直接作用的一组变量中任何一个，例如货币总量或利率。

中期（intermediate-term） 对于债务工具而言，中期指的是期限在 1～10 年之间。

国际银行业设施（international banking facilities，IBFs） 可以吸收外国居民的定期存款，且不必缴纳法定准备金和接受有关利息支付限制的美国银行机构。

国际货币基金组织（International Monetary Fund，IMF） 根据《布雷顿森林协定》成立的国际组织，目标是通过向遭遇国际收支困难的成员发放贷款来促进世界贸易的发展。

国际储备（international reserves） 中央银行持有的以外币计价的资产。

存货投资（inventory investment） 公司对额外持有的原材料、零部件和产成品的支出。

翻转的收益率曲线（inverted yield curve） 向下倾斜的收益率曲线。

投资银行（investment banks） 在一级市场上协助证券首次发行的公司。

***IS* 曲线**（*IS* curve） 描述使总产出等于总需求（产品市场均衡）的总产出与利率水平之间关系的曲线。

垃圾债券（junk bonds） 信用等级低于 Baa（BBB）、违约风险很大的债券。

凯恩斯主义者（Keynesian） 约翰·梅纳德·凯恩斯的追随者，他们认为物价水平与总产出的波动不仅受货币供给影响，还受政府支出和财政政策影响，并且不认为经济具有自发的稳定功能。

立法时滞（legislative lag） 通过法律实施特定政策所需要的时间。

最后贷款人（lender of last resort） 在其他人都不愿意的时候向金融机构提供准备金的贷款人，发放这种贷款通常是为了防止金融危机。

杠杆循环（leverage cycle） 这一反馈回路是指信贷繁荣推高资产价格，金融机构的资本缓冲增加，支持其扩大放款，从而进一步推高资产价格，依此类推；在泡沫破裂的过程中，资产价格暴跌，导致贷款收缩，进而推动资产价格继续下降，周而复始。

杠杆比率（leverage ratio） 银行资本与资产之比。

负债（liabilities） 借据或债务。

负债管理（liability management） 以低成本获取资金以增加利润。

流动（liquid） 很容易转化为现金。

流动性（liquidity） 某种资产转化为现金的相对容易程度和速度。

流动性管理（liquidity management） 银行为保有足够的流动资产来应付存款人提款要求而做出的决策。

流动性偏好分析框架（liquidity preference framework） 约翰·梅纳德·凯恩斯构建的在货币供求基础上预测均衡利率的模型。

流动性偏好理论（liquidity preference theory） 约翰·梅纳德·凯恩斯的货币需求理论。

流动性溢价理论（liquidity premium theory） 认为长期债券利率等于该债券到期之前所有预期短期利率的平均值加上正的期限（流动性）溢价的理论。

流动性服务（liquidity services） 金融中介机构向其客户提供的金融服务，可以使得客户更容易完成交易。

流动性陷阱（liquidity trap） 货币需求对利率超敏感的极端情形，在这种状况下货币供给变化对利率没有影响，因此常规货币政策对总支出没有直接影响。

贷款承诺（loan commitment） 银行承诺（在未来规定时段内）向企业提供给定金额以内的贷款，利息则与某种市场利率挂钩。

贷款出售（loan sale） 根据合约将特定贷款的部分或全部现金流出售，从而将其从银行资产负债表中剥离出去，又被称为二次参与贷款（secondary loan participation）。

长期（long-term） 就债务工具而言，指期限在10年或10年以上。

长期再融资操作（longer-term refinancing operations） 欧洲中央银行实施的一种公开市场操作，与美联储的直接证券买卖类似。

M1 货币的一种统计指标，包括通货、旅行支票和支票存款。

M2 货币的一种统计指标，在M1基础上加上货币市场存款账户、货币市场共同基金份额、小额定期存款、储蓄存款、隔夜回购协议和隔夜欧洲美元。

宏观经济计量模型（macroeconometric model） 用来预测政策对经济活动影响的模型；宏观经济计量模型使用一系列方程式描述许多经济变量之间的统计联系。

宏观经济均衡（macroeconomic equilibrium） 在所有市场同时实现均衡时出现，在这一点上，总产出需求数量等于总产出供给数量。

宏观审慎管理（macroprudential regulation） 影响信贷市场总体状况的监管政策。

宏观审慎监管（macroprudential supervision） 着眼于金融体系整体安全性和稳健性的监督管理。

主要再融资操作（main refinancing operations） 欧洲中央银行首要的货币政策工具，是指每周的反向交易（以合格资产作为抵押品，按照回购或者信用操作方式买卖合格资产），在两周内会进行反向操作。

有管理的浮动汇率制度（managed float regime） 在这种汇率制度下，中央银行试图通过买卖货币来影响本国汇率，也被称为肮脏浮动。

预期管理（management of expectations） 由迈克尔·伍德福特提出，是指美联储通过承诺在未来一定期间内保持联邦基金利率零水平，从而拉动长期利率下降。

边际贷款便利（marginal lending facility） 欧洲中央银行的常备贷款便利，银行（需要提供合格抵押品）借此可以向国内中央银行借入隔夜贷款，利率高于目标融资利率 100 个基点。

边际贷款利率（marginal lending rate） 欧洲中央银行边际贷款便利所收取的利率。

边际消费倾向（marginal propensity to consume） 消费函数曲线的斜率，衡量单位可支配收入增加所引起的消费支出变动。

市场均衡（market equilibrium） 人们愿意购买的数量（需求）等于人们愿意出售的数量（供给）的情形。

市场基本面（market fundamentals） 对证券未来收入流有直接影响的因素。

以买回为条件的出售交易（matched sale-purchase transaction） 在该交易中，美联储出售证券，买方承诺在不久的将来将这些证券回售给美联储；有时也被称为逆回购协议（reverse repo）。

期限（maturity） 债务工具距离到期日的时间。

交易媒介（medium of exchange） 用于购买产品和服务的东西。

微观审慎监管（microprudential supervision） 着眼于单个金融机构安全性和稳健性的监督管理。

货币主义者（monetarist） 米尔顿·弗里德曼的追随者，他们认为货币供给变动是引起物价水平和总产出变动的首要原因，并且认为经济具有自我稳定功能。

货币总量（monetary aggregates） 联邦储备体系使用的货币供给指标（M1 与 M2）。

基础货币（monetary base） 联邦储备体系的货币性负债（流通中的通货和准备金）以及美国财政部的货币性负债（流通中的财政通货，主要是硬币）之和。

货币政策（monetary policy） 对货币供给和利率的管理。

货币政策曲线（monetary policy curve，*MP* curve） 反映中央银行设置的实际利率与通货膨胀率之间关系的曲线。

货币理论（monetary theory） 研究货币数量变动与经济活动变化之间关系的理论。

货币联盟（monetary union，或 currency union） 一些国家决定采用共同的货币，从而将成员国相互之间的货币汇率固定下来。

债务货币化（monetizing the debt） 弥补政府支出的一种融资方法，其中，为弥补政府支出而发行的政府债券没有被公众所持有，而是被高能货币所替代。又被称为印钞（printing money）。

货币（money）**或货币供给**（money supply） 被普遍接受用来购买产品或服务或者用于偿还债务的任何东西。

货币中心银行（money center banks） 位于主要金融中心（伦敦、芝加哥和旧金山）的大银行。

货币市场（money market） 仅交易短期债务工具（通常初始期限小于 1 年）的金融市场。

货币乘数（money multiplier） 货币供给变动与给定的基础货币变动的比率。

货币供给（money supply） 货币的数量。

道德风险（moral hazard） 交易一方从事对另一方不利的行为的风险。

抵押支持证券（mortgage-backed securities） 这种证券将基础性的高风险抵押贷款以较低成本打包，并通过增信手段使其违约风险达标。

抵押贷款（mortgages） 向家庭或企业发放的用于购置房屋、土地或者其他建筑物的贷款，这些建筑物或者土地本身即为贷款的抵押品。

多倍存款创造（multiple deposit creation） 指当美联储向银行体系投放1美元新增准备金时，存款增加了数倍于该金额的扩张过程。

国民银行（national banks） 在联邦政府注册的银行。

自然产出率（natural rate of output） 见潜在产出（potential output）。

自然失业率（natural rate of unemployment） 与充分就业相对应的失业率水平，此时，劳动力供给等于劳动力需求。

净出口（net exports） 外国对本国产品和服务的净支出，等于出口减进口。

净值（net worth） 公司资产（它所拥有的以及别人欠它的）与其负债（它欠别人的）之间的差额。也被称为权益资本（equity capital）。

名义锚（nominal anchor） 货币政策制定者用来锁定物价水平的名义变量，例如通货膨胀率、汇率或者货币供给。

名义 GDP 目标制（nominal GDP targeting） 这一货币政策战略是指中央银行宣布以达到特定水平的名义 GDP（实际 GDP 乘以价格水平）增长率为目标。

名义利率（nominal interest rate） 没有考虑通货膨胀因素的利率。

非加速通货膨胀失业率（nonaccelerating inflation rate of unemployment，NAIRU） 不存在通货膨胀变动趋势时的失业率。

非积极干预者（nonactivists） 这些经济学家认为工资和物价具有很强的弹性，自我纠错机制可以很快发挥作用。他们认为推动经济返回到充分就业水平的政策举动是没有必要的。

非借入基础货币（nonborrowed monetary base） 基础货币减去贴现贷款（借入准备金）。

非常规货币政策工具（nonconventional monetary policy tools） 中央银行用来刺激经济的非利率工具：流动性提供，资产购买，对未来货币政策行动的承诺。

不可贸易的（nontradable） 不能跨境交易的产品和服务。

表外业务（off-balance-sheet activity） 指包括金融工具交易以及收费和贷款出售等产生收入的银行业务，这些业务都会影响银行利润，但却不体现在银行资产负债表上。

公开市场操作（open market operation） 美联储在公开市场上的债券买卖。

公开市场购买（open market purchase） 美联储对债券的购买。

公开市场出售（open market sale） 美联储对债券的出售。

操作工具（operating instrument） 对中央银行工具做出反应，并反映货币政策立场的变量，又被称为政策工具（policy instrument）。

机会成本（opportunity cost） 由于没有持有其他替代性资产而损失的利息（预期回报）。

最优预测（optimal forecast） 运用掌握的所有信息，对未来情况所作的最好估计。

发起—分销商业模式（originate-to-distribute business model） 在这种商业模式下，抵押贷款由分散的个体（通常是抵押经纪人）发起，之后作为证券标的资产被分销给投资者。

产出缺口（output gap） 总产出与潜在产出的百分比差额。

场外市场［over-the-counter（OTC）market］ 属于二级市场，分处各地、拥有证券存货的交易商随时准备与联系他们并愿意接受其报价的人在“柜台”上买卖证券。

隔夜现金利率（overnight cash rate） 欧元区超短期银行间贷款利率。

面值（par value） 参见面值（face value）。

支付技术（payment technology） 包括信用卡和电子支付等支付方式。

支付体系（payments system） 经济中进行交易的方式。

永续债券（perpetuity） 参见统一公债（consol）。

菲利普斯曲线理论（Phillips curve theory） 该理论认为，与生产能力和其他因素相关的经济状态会影响通货膨胀率的变动。

计划支出（planned expenditure） 指家庭、企业、政府以及外国人希望用于本国生产的产品和服务的支出总金额。

计划投资支出（planned investment spending） 企业对新的实物资本（如机器、电子计算机、办公楼等）计划支出的金额，加上对新住宅的计划支出。

政策工具（policy instrument） 对中央银行工具做出反应，并反映货币政策立场的变量，又被称为操作工具（operating instrument）。

政策选择三难（policy trilemma） 一国不能同时采取以下三种政策：资本自由流动，固定汇率，独立货币政策。

政治经济周期（political business cycle） 选举前实施扩张性政策所导致的经济周期。

资产组合（portfolio） 一系列资产或一组资产。

潜在 GDP（potential GDP） 见潜在产出（potential output）。

潜在产出（potential output） 当经济处于充分就业（失业率在自然失业率上）而且企业生产平均实现长期利润最大化时所生产的总产出水平（也被称为自然产出率）。

期限偏好理论（preferred habitat theory） 该理论认为长期债券利率等于该长期债券有效期内预期短期利率的平均值加上正的期限溢价。与流动性溢价理论密切相关。

现期贴现值（present discounted value） 见现值（present value）。

现值（present value） 利率为 i 时未来收到的支付款在今天的价值。又被称为现期贴现值。

物价稳定（price stability） 稳定的低通货膨胀率。

一级交易商（primary dealer） 指在私人公司或商业银行之外，同美联储公开市场交易室交易政府证券的交易商。

一级市场（primary market） 向初始购买者出售新发行证券的金融市场。

委托-代理问题（principal-agent problem） 由于动机不同，实际控制企业的经理（代理人）从自身利益而非所有者（委托人）的利益出发采取行动所产生的道德风险问题。

印钞（printing money） 见债务货币化（monetizing the debt）。

私募股权公司（private-equity firm） 该金融中介机构的结构与风险投资公司类

似，但不是投资于新公司，它是买入老公司的股份。

审慎监管（prudential supervision） 见金融监管（financial supervision）。

量化宽松（quantitative easing） 美联储资产负债表的扩张。

货币数量论（quantity theory of money） 该理论认为名义收入仅仅取决于货币数量的变动。

配额（quotas） 对外国商品进口数量的限制。

随机游走（random walk） 在当前价值给定的条件下，变量未来的价值既可能上升，也可能下降，因此变量的未来价值是无法预测（随机）的。

资本利得率（rate of capital gain） 证券价格相对于最初购买价格的变动。

回报率（rate of return） 见回报（return）。

理性预期（rational expectations） 该预期反映根据所有可得信息做出的最优预测（对未来状况的最佳猜测）。

实际汇率（real exchange rate） 国内商品与外国商品交换的比率，即国内商品价格与以本币计价的外国商品价格之间的比率。

实际利率（real interest rate） 经过预期价格水平变动（通货膨胀）调整的利率，能够更准确地反映真实借款成本。

实际货币余额（real money balances） 按不变价格计算的货币数量。

不变价格（real terms） 代表某人可以实际购买的产品和服务数量的价格。

衰退（recession） 总产出水平不断下降的阶段。

认识时滞（recognition lag） 政策制定者确定经济数据所反映的未来经济趋向所需要的时间。

监管套利（regulatory arbitrage） 银行在其账面资产中会保留那些资本规定中风险权重相同但风险较高的资产（如向信用评级较低公司发放的贷款），而会剔除风险较低的资产（如向信用评级非常高的公司发放的贷款）。在监管套利的过程中，高风险资产和低风险资产的以风险为基础的资本金要求是相同的。

回购协议（repurchase agreement，repo） 根据这种协议，美联储或其他市场参与者购买证券，而卖出方承诺在短期内（通常在一周之内）买回这些证券。

法定准备金率（required reserve ratio） 美联储要求作为准备金持有的存款的一定比例。

法定准备金（required reserves） 美联储要求对每一笔银行存款都必须将其中一定比例作为准备金而持有，银行为满足该要求而持有的准备金就是法定准备金。

储备货币（reserve currency） 被其他国家用来计价所持有国际储备资产的货币，例如美元。

法定准备金制度（reserve requirements） 要求存款机构将存款的一部分存放在美联储账户中的强制性规定。

准备金（reserves） 银行在美联储账户中的存款加上银行实际持有的库存现金。

剩余索取权（residual claimant） 股东对于公司资产在满足了其他所有债权要求后的剩余部分享有的索取权。

限制性条款（restrictive covenants） 限制、指定了借款人可以从事的活动的条款。

回报（return） 证券持有人的利息收入

与有价证券价值变动的总和占证券购买价格的比率。更准确的说法应为回报率。

资产回报率（return on assets，ROA） 单位资产的税后净利润。

股本回报率（return on equity，ROE） 单位权益资本的税后净利润。

法定升值（revaluation） 将货币的固定价值重新设定在一个较高的水平上。

反向交易（reverse transactions） 欧洲中央银行以合格的资产作为抵押品，按照回购或者信用操作的方式买卖合格资产，两周内进行反向操作。

风险（risk） 资产收益率的不确定性。

风险溢价（risk premium） 有违约风险债券与无违约风险债券之间的利差。

风险分担（risk sharing） 设计并出售适合投资者风险偏好的资产，并将出售资产所得资金用于购买风险程度较高的资产的过程。

利率风险结构（risk structure of interest rates） 到期期限相同的各种债券利率之间的关系。

规则（rules） 具有约束力的计划，规定了政策将如何对失业和通货膨胀等特定数据做出反应（或者不做反应）。

二级市场（secondary market） 买卖先前已发行在外证券的金融市场。

二级准备金（secondary reserves） 银行持有的短期美国政府证券和政府机构证券。

担保债务（secured debt） 由抵押品担保的债务。

证券化（securitization） 将不具有流动性的金融资产转换为可上市交易的资本市场工具的过程。

证券（security） 由借款人向贷款人出售的、对借款人未来收入的索取权。又被称为金融工具。

分割市场理论（segmented markets theory） 一种期限结构理论，该理论将到期期限不同债券的市场看做是完全独立和相互分割的，所以特定期限债券的利率仅由这种期限债券的供求决定。

铸币税（seignorage） 政府通过发行货币所获取的收入。

自我纠错机制（self-correcting mechanism） 不论最初的产出水平位于何处，经济都有使得产出逐渐回归到自然率水平的特征。

影子银行体系（shadow banking system） 在这一体系中，银行贷款被通过证券市场的放款所代替。

卖空（short sales） 从经纪人手中借入股票，之后在市场上销售，寄希望于待价格下跌后再将股票买回（平仓）并赚取利润。

短期（short-term） 就债务工具而言，指期限在1年以下。

简单存款乘数（simple deposit multiplier） 银行体系准备金增加所引起的存款增加的倍数。在这个简单模型中，存款人和银行的行为都不起作用。

普通贷款（simple loan） 借款人必须在到期日将所借资金连本带息归还给贷款人的信用市场工具。

智能卡（smart card） 带有一个计算机芯片，能在需要时将所有者银行账户中的货币以数字现金的形式存入其中的储值卡。

投机性攻击（speculative attack） 投机者大举抛售某种疲软的货币，买入某种强劲的货币，从而推动汇率大幅波动的情况。

即期汇率（spot exchange rate） 即期交易所采用的汇率。

即期交易（spot transactions） 外汇交易中最主要的形式，是指以不同货币计价的银行存款间即刻兑换的交易。

滞胀（stagnation） 通货膨胀率升高而总产出水平下降的情况。

常备贷款便利（standing lending facility） 借助这一贷款工具，财务健全银行可以从中央银行借入它们所需要的所有借款。

州银行（state banks） 在州政府注册的银行。

国有银行（state-owned banks） 由政府所有的银行。

冲销性外汇干预（sterilized foreign exchange intervention） 伴随有对冲性公开市场操作的外汇干预，因而不会引起基础货币的变动。

黏性的（sticky） 指工资和价格缓慢调整的情况。

股票（stock） 对公司收益和资产拥有索取权的证券。

股东（stockholders） 持有某一公司股票的人。

价值储藏（store of value） 在时间推移过程中购买力的储藏。

压力测试（stress tests） 金融机构利用该方法计算在虚拟的极端情景下的潜在损失与资本金补充需求。

结构化信用产品（structured credit products） 基于标的资产的现金流，根据不同投资者的风险偏好设计而成的具有特定风险特征的证券。

次级抵押贷款（subprime mortgages） 向信用记录较差借款人发放的抵押贷款。

超地域银行（superregional bank） 规模类似货币中心银行，但总部不在任何一个货币中心城市（纽约、芝加哥和旧金山）的银行控股公司。

供给曲线（supply curve） 描述在其他经济变量不变情况下供给数量与价格之间关系的曲线。

供给冲击（supply shocks） 导致总供给曲线发生位移的技术变动或原材料供给变动。

流动账户（sweep account） 在这种安排之下，在每个工作日结束时，企业支票账户余额中一定金额以上的部分都会被“清除”出该账户，并投资于隔夜回购协议，从而可以向企业支付利息。

系统重要性金融机构（systemically important financial institutions，SIFIs） 被金融稳定监管委员会认定为具有系统重要性的金融机构，需要接受美联储的额外监管。

T 账户（T-account） 以英文字母 T 的形式表示的简化资产负债表，仅仅列举了资产负债表上的项目自某一初始状态开始所发生的变化。

目标融资利率（target financing rate） 欧洲中央银行的隔夜现金利率目标，其中，隔夜现金利率是指欧元区超短期银行间贷款的利率。

关税（tariffs） 对进口商品所征的税。

泰勒原理（Taylor principle） 该原理指出，货币当局提高名义利率的幅度应当超出通货膨胀率的上升幅度。

泰勒规则（Taylor rule） 经济学家约翰·泰勒提出的有关联邦基金利率目标设置的货币政策规则。

利率期限结构（term structure of interest rates） 到期期限不同的债券利率之间的关系。

有效资本市场理论（theory of efficient capital markets） 见有效市场假说（efficient market hypothesis）。

投资组合理论（theory of portfolio choice） 该理论说明了人们在投资组合中愿意持有某资产的数量，它取决于财富、预期回报率、风险与流动性。

购买力平价理论（theory of purchasing power parity，PPP） 该理论认为，任何两种货币间的汇率调整都要反映两国物价水平的变动。

储蓄机构（thrift institutions，thrifts） 储蓄与贷款协会、互助储蓄银行及信用社。

货币政策的紧缩（tightening of monetary policy） 上调联邦基金利率。

时间不一致性问题（time-inconsistency problem） 指货币政策制定者相机抉择地实施货币政策时出现的问题，追求扩张性政策在短期里有吸引力，但可能导致糟糕的长期后果。

"大而不倒"问题（too-big-to-fail problem） 指监管者不愿意关停大型金融机构的问题，因为这样做可能引发金融危机。

贸易收支（trade balance）**或产品和服务贸易收支**（trade balance on goods and services） 商品出口和进口之间的差额。

交易成本（transaction costs） 交易金融资产、产品和服务所耗费的时间和金钱。

货币政策传导机制（transmission mechanisms of monetary policy） 货币供给影响经济活动的各种渠道。

问题资产援助计划（Troubled Asset Relief Program，TARP） 布什政府 2008 年《紧急经济稳定法案》的组成部分，授权财政部将 7 000 亿美元用于从受困的金融机构手中购买次级抵押贷款资产，或者向这些机构注入资本。

承销（underwrite） 按照事先确定的价格向公司购买证券，然后在市场中转售出去的行为。

证券承销（underwriting） 为公司证券提供价格保证，然后再把这些证券卖给公众。

失业率（unemployment rate） 未就业的劳动力的比例。

未被利用的盈利机会（unexploited profit opportunity） 投资者可以获取超额收益的情况。

记账单位（unit of account） 用于衡量经济中的价值的任何东西。

无担保债务（unsecured debt） 没有抵押品作为担保的债务。

非冲销性外汇干预（unsterilized foreign exchange intervention） 中央银行可以买卖本国货币来影响基础货币的外汇干预。

在险价值（value at risk，VaR） 按照 1/100 的概率，计算一个交易组合在较短时间区间（例如，2 周）内可能出现的损失规模。

库存现金（vault cash） 银行实际持有的以及隔夜存放在金库中的现金。

货币流通速度（velocity of money） 货币周转的比率；1 美元在一年间被用来购买经济中最终产品和服务总额的平均次数。

风险投资公司（venture capital firm） 集聚合伙人的资金，并用来资助企业家启动新事业的金融中介机构。

虚拟银行（virtual bank） 没有固定工作场所而是存在于网络空间中的银行。

财富（wealth） 个人拥有的所有资源，包括所有的资产。

世界银行（World Bank） 国际复兴开发银行，这是一个向发展中国家和地区提供长期贷款，以支持其建设有利于其经济发展的水坝、公路和其他实物资本的国际组织。

世界贸易组织（World Trade Organization，WTO） 该国际组织总部位于瑞士日内瓦，负责管理国家和地区间的贸易规则（关税与配额）。

收益率曲线（yield curve） 将期限不同的某类债券的利率连接起来的曲线。

到期收益率（yield to maturity） 使信用市场工具所得支付流的现值等于其今天价值的利率。

零息债券（zero-coupon bond） 见贴现债券（discount bond）。

尊敬的老师：

您好！

为了确保您及时有效地申请培生整体教学资源，请您务必完整填写如下表格，加盖学院的公章后传真给我们，我们将会在 2～3 个工作日内为您处理。

请填写所需教辅的开课信息：

采用教材			□ 中文版 □ 英文版 □ 双语版
作　者		出版社	
版　次		ISBN	
课程时间	始于　　年　月　日	学生人数	
	止于　　年　月　日	学生年级	□ 专科　□ 本科 1/2 年级 □ 研究生　□ 本科 3/4 年级

请填写您的个人信息：

学　校			
院系/专业			
姓　名		职　称	□ 助教 □ 讲师 □ 副教授 □ 教授
通信地址/邮编			
手　机		电　话	
传　真			
official email（必填） （eg：×××@ruc. edu. cn）		email （eg：×××@163. com）	
是否愿意接受我们定期的新书讯息通知：　□ 是　□ 否			

系/院主任：_______________（签字）

（系 / 院办公室章）

________年____月____日

资源说明：

——教材、常规教辅（PPT、教师手册、题库等）资源：请访问 www. pearsonhighered. com/educator；（免费）

——MyLabs/Mastering 系列在线平台：适合老师和学生共同使用；访问需要 Access Code。（付费）

100013　北京市东城区北三环东路 36 号环球贸易中心 D 座 1208 室

电话：(8610) 57355169

传真：(8610) 58257961

Please send this form to：Service. CN@pearson. com

中国人民大学出版社经济类引进版教材推荐

双语教学用书

为适应培养国际化复合型人才的需求，中国人民大学出版社联合众多国际知名出版公司，打造“高等学校经济类双语教学用书”，该系列聘请国内外著名经济学家、学者及一线教师进行审核，努力做到把国外真正高水平的适合国内实际教学需求的优秀教材引进来，供国内外读者参考、研究和学习。

中国人民大学出版社将陆续修订出版该系列丛书中的经典之作，以飨读者。想要了解更多图书具体信息，可扫描下方二维码。

高等学校经济类双语教学用书书目

经济科学译丛

20世纪90年代中期，中国人民大学出版社推出了“经济科学译丛”系列丛书，引领了国内经济学汉译的第二次浪潮。“经济科学译丛”出版了上百种经济学教材，克鲁格曼《国际经济学》、曼昆《宏观经济学》、平狄克《微观经济学》、博迪《金融学》、米什金《货币金融学》等顶尖经济学教材的出版深受国内经济学专家和读者好评，已经成为中国经济学专业学生的必读教材。

中国人民大学出版社将陆续修订出版该系列丛书中的经典之作，以飨读者。想要了解更多图书具体信息，可扫描下方二维码。

经济科学译丛书目

金融学译丛

21世纪初，中国人民大学出版社推出了“金融学译丛”系列丛书，引进金融体系相对完善的国家最权威、最具代表性的金融学著作，将实践证明最有效的金融理论和实用操作方法介绍给中国的广大读者，帮助中国金融界相关人士更好、更快地了解西方金融学的最新动态，寻求建立并完善中国金融体系的新思路，促进具有中国特色的现代金融体系的建立和完善。

中国人民大学出版社将陆续修订出版该系列丛书中的经典之作，以飨读者。想要了解更多图书具体信息，可扫描下方二维码。

金融学译丛书目